中国少数民族经济史丛书

杨思远 主编

蒙古族经济史

上卷

中国社会科学出版社

图书在版编目（CIP）数据

蒙古族经济史／杨思远主编 . —北京：中国社会科学出版社，2016.7
ISBN 978-7-5161-8543-8

Ⅰ.①蒙…　Ⅱ.①杨…　Ⅲ.①蒙古族-少数民族经济-经济史-中国
Ⅳ.①F127.26

中国版本图书馆 CIP 数据核字（2016）第 154220 号

出 版 人　赵剑英
责任编辑　任　明
特约编辑　乔继堂
责任校对　韩天炜
责任印制　何　艳

出　　版　中国社会科学出版社
社　　址　北京鼓楼西大街甲 158 号
邮　　编　100720
网　　址　http：//www.csspw.cn
发 行 部　010-84083685
门 市 部　010-84029450
经　　销　新华书店及其他书店

印刷装订　北京市兴怀印刷厂
版　　次　2016 年 7 月第 1 版
印　　次　2016 年 7 月第 1 次印刷

开　　本　880×1230　1/32
印　　张　29.375
插　　页　2
字　　数　371 千字
定　　价　98.00 元（全二卷）

总　序

刘永佶

　　家族、氏族、氏族联合体、部族、部族联盟、民族，是人类历史阶段性演进的社会存在方式，其中，"族"是每个阶段的普遍性。《说文解字》释"族"为"矢鏠也。束之族族也。"衍义同类之聚结、集合。中国古人很早就用族字来表示社会存在，虽然早在两千年前就形成了由统一的集权专制国家支撑和限定的汉民族，却因"天朝独大"、"华夷之别"而未用"民族"这个概念。民族概念是农业文明落后的欧洲在文艺复兴之后，由主张效法中国建立专制制度的学者提出的，要求在类似中国春秋、战国时的诸候称霸兼并中形成统一专制国家。其民族与国家是内在统一的。民族之"民"，即国民，"族"即国家。不论种族血缘和部族传统，在同一国家地域内的国民因统一的政治、经济制度和文化而构成一个民族。英吉利、法兰西、意大利、西班牙、德意志、荷兰等民族就是在这个过程中形成的，其国家大体与中国战国时的诸国相当。由于这些国家都奉行重商主义，国王利用商人发展工商业，以为其对内专制对外兼并之财政基础。而商业资本的迅速增长使势力壮大的资产阶级不再屈从专制统治，资本主义运动在欧洲各国家建立了资本主义制度。欧洲大一统和形成类似中华民族的欧罗巴民族的内在逻辑，在各国的矛盾和战争中缓慢地推进。拿破仑曾是最有希望成为秦始皇那样的欧罗巴的"皇帝"，滑铁卢失败中止了这个进程。而后欧洲的工业化和两次世界大战，虽然使国家民族之对立加剧，却也为欧洲的统一创造了条件，现在的"欧盟"、"欧元"正是这一进程的体现。

虽然中国最早形成了国家民族，却在20世纪初才从欧洲引入民族概念。中华民国"五族共和"，意在明确大一统的中华民族。中国共产党的民族理论源自苏联，其民族政策也受苏联制约，随着革命进程而演变。1949年建国以后，开始按斯大林的民族定义识别中国的民族。斯大林认为"民族是人们在历史上形成的一个有共同语言、共同地域、共同经济生活以及表现在共同文化上的共同心理素质的稳定的共同体。"[①] 在这段被奉为经典的论述中，斯大林没有明确民族构成的基本和主要条件——国家，而他在同一篇文章却强调民族与种族、部族（落）的不同，"现今的意大利民族是由罗马人、日耳曼人、伊特拉斯坎人、希腊人、阿拉伯人等组成。法兰西民族是由高卢人、罗马人、不列颠人、日耳曼人等组成的。英吉利民族、德意志民族等也是如此，都是由不同的种族和部落的人们组成的。"[②] 或许，他所说的"共同体"就是国家，这在"苏维埃社会主义共和国联盟"的各"加盟共和国"及俄罗斯共和国内部的21个共和国等各个民族国家体现出来。但从"共同体"定义民族，确实会造成诸多误解和误事。

与苏联面对的是刚形成的俄罗斯民族及其对周边部族联盟、部族尚未达到严格的政治控制不同，中国作为文明古国，两千多年来以集权官僚制度为内容和外延限制，形成了统一的民族国家，虽然有与周边部族或部族联盟的冲突，甚至也有内部割据，却在不断地

---

① 斯大林：《马克思主义和民族问题》，《斯大林选集》，上卷，第64页。
② 同上书，第61页。

扩张融合。元、明、清三朝六、七百年的历史，筑就了今天中国的版图。尤其清朝，由满洲部族联盟主导，运用集权专制和怀柔的部族政策维系国家的统一，中华民族基本上形成。但因制度落后未能工业化而受列强侵略，不仅使中国失去了一百多万平方公里的领土，也唤醒了中国人的民族意识。孙文革命虽说未能成功，却引发了毛泽东领导的以社会主义为旗帜的大革命，中华民族在革命中凝结，中华人民共和国是中华民族的现代国家形式，屹立于世界。

由于美国为首的资本主义阵营的打压封锁，新中国不得不加入苏联为首的社会主义阵营，并在制度、理论、政策上受其制约。对斯大林民族定义的解读，忽视了其强调民族不是种族、部落（族）这层含义，也没注意到其"共同体"实为国家。而以其"四特征"为依据的"民族识别"，将在中国疆域之内存在的部族联盟、部族、氏族联合体和氏族确定为民族，其中还包括明、清两朝就已"改土归流"的某些部族。这样，在强调中国人统为中华民族时，又将中华民族分为56个（支）民族。汉族之外的各族因人口数量少，又被称为"少数民族"。

虽然中华人民共和国成立以前并无"少数民族"的称谓，但作为中国内部的部族联盟、部族、氏族联合体、氏族却是历史的存在，且大都有共同语言，在共同地域进行共同经济生活，是中国经济史的重要内容。作为中国社会科学一部分的民族经济学，有必要对之展开历史的研究，以充实对中国经济史的认识。

中央民族大学"985工程""中国民族地区经济社会发展哲学社会科学创新基地"将中国少数民族经济史列为重点研究项目，由杨思远教授主持，其成果以"中国少数民族经济史丛书"出版。这是一项艰难而繁琐的工作，既要明确理论，更要掌握充分材料，而这一点尤其困难，历史上除几个较大的部族联盟之外，其他部族、氏族联合体和氏族很少关于其经济的文字记载，只能通过田野调查等了解情况。历史研究是实证性抽象，绝不能靠臆断编造，因此要求思远及他带领的团队必须将收集、占有历史材料放在第一位，至于传说、文艺作品等只能作为参考。在此基础上注重归纳和写作的系统性。不必急于求成，一族一族地扎实研究，在充实中国经济史研究的同时，为民族经济学研究打下必要的基础。

刘永佳

二〇一四年五月二十三日

总　目

上　卷

前言 ……………………………………………………………………（1）

导论 ……………………………………………………………………（1）

第一篇　元代以前蒙古族经济史 ……………… 吕育昌（35）

第一章　蒙古族先人早期社会经济活动 …………………（37）
第二章　蒙兀室韦人崛起的经济基础 ……………………（63）
第三章　蒙古部族奴隶制到部族联盟封建制的发展 …………（87）
第四章　成吉思汗开创的经济事业 ………………………（126）

第二篇　元代蒙古族经济史 ………………………… 萨尔那（179）

第五章　元帝国经济的建立 ………………………………（181）
第六章　元帝国的经济制度及其民族性 …………………（203）

第七章 元代蒙古族的经济制度 ……………………………… （246）

第八章 元帝国倾斜经济政策扶持下的蒙古族经济 ………… （267）

第九章 元帝国经济崩溃与蒙古族经济的衰落 ……………… （300）

第十章 元代蒙古族和其他民族间的经济关系 ……………… （315）

第三篇 明代蒙古族经济史 …………………………… 马旦杰 （337）

第十一章 明初蒙古族封建领主制经济的衰退 ……………… （339）

第十二章 明中晚期蒙古族经济逐渐复苏 …………………… （367）

第十三章 明代蒙古族经济制度 ……………………………… （408）

第十四章 明代蒙古族主要经济部门 ………………………… （436）

第十五章 明代蒙古族与其他民族间的经济关系 …………… （477）

下 卷

第四篇 清代蒙古族经济史 ………………………… 韩 强 （515）

第十六章 满族对蒙古族的经济统治 ………………………… （517）

第十七章 盟旗制度下的蒙古族畜牧业 ……………………… （541）

第十八章 清代汉族移民对蒙古族经济的影响 ……………… （567）

第十九章 清代蒙古族寺院经济 ……………………………… （594）

第二十章 清代蒙古族与其他民族的经济关系 ……………… （620）

第五篇 晚清至民国蒙古族经济史 ………………… 李 静 （645）

第二十一章 帝国主义列强对蒙古族的经济侵略与满蒙

"新政" ……………………………… （647）

第二十二章　晚清蒙古族经济从集权官僚制到半殖民地
　　　　　　　半官僚制的转变 …………………………（694）
第二十三章　民国时期多个反动政权对蒙古族的经济剥削 …（747）
第二十四章　民国时期殖民和半殖民化的蒙古族经济 ………（798）
第二十五章　抗日根据地和解放区的蒙古族新民主主义经济…（833）
第二十六章　晚清至民国蒙古族与其他民族的经济关系 ……（853）

参考文献 ………………………………………………………（870）

目　　录

上　卷

前言 ……………………………………………………………………（1）

导论 ……………………………………………………………………（1）

    一　蒙古族经济史研究的意义 …………………………………（1）

    二　蒙古族经济史研究的主要文献 ……………………………（9）

    三　蒙古族经济史研究的基本线索 ……………………………（27）

第一篇　元代以前蒙古族经济史 …………………… 吕育昌（35）

第一章　蒙古族先人早期社会经济活动 ……………………（37）

    第一节　蒙古族的起源 …………………………………………（37）

    第二节　多部族联盟时期的社会经济活动 ……………………（43）

    第三节　主体部族室韦的游牧业经济 …………………………（52）

    第四节　蒙古各部族间及与其他部族的经济交往 ……………（61）

第二章　蒙兀室韦人崛起的经济基础 ………………………（63）

第一节　蒙古诸部的分布及经济发展的不平衡性………（64）

第二节　蒙古诸部的经济形式及特点………………（66）

第三节　游牧生产方式从"古列延"到"阿寅勒"……（74）

第四节　蒙古诸部的经济交融及其与中原汉族的经济

关系……………………………………（81）

第三章　蒙古部族奴隶制到部族联盟封建制的发展………（87）

第一节　蒙古部族内部私有制的产生………………（88）

第二节　蒙古部族的统治阶级………………………（91）

第三节　蒙古部族内部的奴隶……………………（102）

第四节　蒙古部族联盟封建制的形成……………（118）

第四章　成吉思汗开创的经济事业………………………（126）

第一节　蒙古汗国的封建领主制…………………（126）

第二节　蒙古汗国的经济制度……………………（143）

第三节　成吉思汗取得的经济成就………………（154）

第四节　蒙古族与其他民族的经济联系…………（167）

第二篇　元代蒙古族经济史…………………………萨尔那（179）

第五章　元帝国经济的建立………………………………（181）

第一节　蒙古族建立元朝的经济基础……………（181）

第二节　建立政权后元帝国中央及地方经济管理机构的

设置…………………………………………（188）

第三节　元代实现全国一统的经济条件…………（197）

第六章　元帝国的经济制度及其民族性…………………（203）

第一节　土地制度…………………………………（203）

第二节　货币制度…………………………………（216）

第三节　财政制度…………………………………（226）

第四节　海外贸易政策 ……………………………………（238）

第七章　元代蒙古族的经济制度 …………………………（246）

　　第一节　元代的"蒙古旧制" ……………………………（246）

　　第二节　元代蒙古社会等级结构 …………………………（254）

　　第三节　蒙古族内部阶级矛盾不断激化 …………………（263）

第八章　元帝国倾斜经济政策扶持下的蒙古族经济 ………（267）

　　第一节　全盛的畜牧业 ……………………………………（267）

　　第二节　农耕经济扩大 ……………………………………（281）

　　第三节　官办手工业带动蒙古族手工业经济 ……………（287）

　　第四节　"富夸塞北"的草原城镇及商贸业 ……………（293）

第九章　元帝国经济崩溃与蒙古族经济的衰落 ……………（300）

　　第一节　蒙古统治集团内部纷争不断，经济濒临崩溃 …（300）

　　第二节　元末农民起义 ……………………………………（307）

　　第三节　元代蒙古族经济衰落 ……………………………（312）

第十章　元代蒙古族和其他民族间的经济关系 ……………（315）

　　第一节　与国内其他民族之间的经济关系 ………………（315）

　　第二节　与四大宗藩之国的经济关系 ……………………（322）

　　第三节　与亚洲其他民族的经济关系 ……………………（328）

　　第四节　与欧洲、非洲以及阿拉伯半岛的经济关系 ……（333）

第三篇　明代蒙古族经济史 ………………………… 马旦杰（337）

第十一章　明初蒙古族封建领主制经济的衰退 ……………（339）

　　第一节　明初蒙古族封建领主制经济 ……………………（340）

　　第二节　明初蒙古族生产方式的变化 ……………………（349）

　　第三节　明初蒙古族经济的衰退 …………………………（357）

第十二章　明中晚期蒙古族经济逐渐复苏 …………………（367）

第一节　达延汗推动蒙古族经济复苏 ……………………（367）

第二节　俺答封贡促进蒙古族经济发展 …………………（377）

第三节　半农半牧型经济的形成 …………………………（392）

第十三章　明代蒙古族经济制度 …………………………（408）

第一节　明代蒙古族土地所有制 …………………………（408）

第二节　明代蒙古族经济组织 ……………………………（418）

第三节　明代蒙古族的阶级构成 …………………………（423）

第四节　明代蒙古族的赋税制度及交换 …………………（430）

第十四章　明代蒙古族主要经济部门 ……………………（436）

第一节　畜牧业 ……………………………………………（436）

第二节　狩猎业及野生资源开发 …………………………（447）

第三节　农业 ………………………………………………（451）

第四节　手工业 ……………………………………………（460）

第五节　寺院经济 …………………………………………（471）

第十五章　明代蒙古族与其他民族间的经济关系 ………（477）

第一节　蒙古族与明朝经济关系的艰难恢复 ……………（477）

第二节　蒙古族与明朝经济关系的全盛时期 ……………（498）

第三节　蒙古族与其他少数民族的经济关系 ……………（510）

· 上　卷 ·

前　言
中国少数民族经济史研究的
几个理论问题

一

自新中国成立至 20 世纪 80 年代，民族识别工作已经结束。五十五个少数民族在国家政治、经济和文化中的法律地位已经获得确立。改革开放后尤其是世纪之交国家实行西部大开发战略以来，如何借鉴各族历史上经济发展的经验和教训，推动各民族经济共同繁荣，共享中华民族经济发展成果，成为民族经济学的一项重要理论任务。

开展中国少数民族经济史研究的客观条件基本成熟。民族识别工作的结束，为少数民族经济主体的确立提供了研究的政治和法律前提。我国少数民族经济发展总体水平较为落后，成为全面建设小康社会的一个重点；西部大开发战略的落实，其成就和不足从正反两个方面都提出了该项研究的重要性和急迫性。近年来，在各民族经济社会较快发展的历史条件下，出现了民族经济关系一度紧张的不和谐声音，又迫使我们把眼光投向历史包括经济史。社会主义市场经济的发展，工业化和城市化的进步，对外开放和全球化的日益深入，对民族经济发展又提出了新的课题，要求我们为知新而温故。

培根说："读史使人明智"，丰富的中国少数民族经济史给予我们极其深刻的教益。一些少数民族经济在历史上出现过鼎盛时期，之后衰落了。当我们忙着从西方探寻大国崛起经验时，少数民族经济繁荣的经验和衰落的教训被遗忘了。当前我们在极力推动生产方式转型，可历史上有多少少数民族曾经在不同的条件下完成了多次的转型，这个经验没有得到系统的总结。民族特色产业的形成可以说是一个民族经济史的产物，但我们现在却是靠广告宣传、人为拼合出特色产业来。我国少数民族对中华民族乃至人类的经济贡献是巨大的，在猎产品、农产品、畜产品、手工业品等方面都出现了一大批珍贵的独特的品种。在民族贸易中，少数民族所开创的各种贸易形式在世界其他民族那里，可以说闻所未闻，少数民族经济市场化的顺利推进不可能忽视这些作为进一步创造的既定历史条件。国家与少数民族的关系上，民族区域自治制度如何完善，历史上的和亲政策、羁縻政策、贸易制度、政教合一制度、军屯制度、土官制度、土司制度、土流并举、改土归流等制度和政策的经验，能给我们以深刻的启示。

民族经济学是一门新学科，自 20 世纪 70 年代末初创以来，在理论研究和学科理论体系建设方面，取得了不可小视的成就。在论证西部开发国家战略中，民族经济学功不可没；进入 21 世纪，民族经济学成为国家培育学科。完善民族经济学学科理论体系，开展中国少数民族经济史的研究是其中不可或缺的一环。作为经济学的一个独立的分支学科，中国少数民族经济学有两块基石：少数民族经济史和少数民族经济思想史。没有这两史的扎实研究成果，学科理论体系走向成熟是不可能的，也没有其他道路可寻。以往民族经济学研究中出现的演绎性倾向也说明了这个问题，少数民族经济史的研究将为民族经济学走上实证道路奠定一块关键性的基石。

对于民族学研究来说，历来的重点是政治、语言、历史、宗教、文化和国际关系，经济方面没有得到应有的重视。像世界性的蒙古学和藏学，其中的蒙古经济学和藏族经济学的研究成果就相当薄弱，更不用说经济史的研究。应当看到，中国少数民族经济史研究，在少数民族学科理论体系中占有基础学科的地位。

中国经济史的研究自古就得到了重视，在二十四史中，均有历代关于经济史的资料。平准书、食货志是必不可少的内容。先秦诸子的思想中，不仅有经济思想，也有大量的经济史材料。历代思想家的著作中，也有大量经济史的篇什。新中国成立后，中国经济史研究成果很多，各大学经济专业开设相应的课程，大学和研究机构出现了一批有成就的中国经济史学者和研究成果。与此不相适应的是，中国经济史中少数民族经济史的篇幅很少，多数尚付阙如。除鲜卑、蒙古、满族、藏族等民族经济史外，少数民族经济史缺乏连贯性和整体性。

各民族都有自己独特的经济史。限于各族文化发展的差异，有的有文字记载，有的有专门著作，有的民族经济史为其他民族文献所记载，还有不少民族停留在口头传承中。由于中国少数民族经济史千头万绪，一些民族经济消亡了，融合了，一些新的民族经济体出现了，一些民族迁徙了，同一民族的分散居住、多民族的杂居和不停顿的民族经济交往，造成中国少数民族经济史的基本线索难以分辨。关于这个丰富的研究对象的完整著作，至今没有出现。但这不等于说，中国少数民族经济史研究是空白，相反，个别民族经济史研究成果、断代经济史研究成果、经济史专题研究成果十分丰富。系统总结这些成果是中国少数民族经济史研究的重要任务。

坦率地说，当前中国少数民族经济史研究的客观条件比主观条件要成熟得多。从主观上看，这项研究是任何一个学者个人毕生根本完不成的课题，在一个最多三两年就要验收成果的时代，谁也不会中意这个选题。即便有尝试愿望的，语言障碍足以使任何人止步。此外，任何个人的知识结构也不可能独立承担如此民族众多、如此纷繁复杂、如此绵长悠久的少数民族经济史研究。这一定是一个集体项目，一定是接力项目。中央民族大学"985 工程"将这个项目纳入了中长期建设规划，目标也只能是"奠定基础"。不过，有了"985 工程"的支撑，项目研究就具备了初步条件。

二

在从氏族、氏族联合体、部落、部落联盟发展到民族的历史长河中，我国少数民族众多，经济形态各异，有的氏族和部落经济共同体融合了、分裂了、迁移了、消亡了，如何全面再现我国多民族经济发展的历史轨迹，在方法论上是个需要认真思虑的问题。大致来说，有两个思路，一是按照中央王朝的兴替，对历代的少数民族经济作总体性研究，这种研究的好处是可以看到不同时代少数民族经济的总体面貌，较易于处理那些已经消亡的民族经济体同新兴的民族经济体的衔接问题。不足之处是不追求单个少数民族经济发展的连贯性，在民族之间经济关系的处理方面，易于将主体民族和少数民族的经济关系作为重点，而少数民族之间，以及少数民族同世界上其他民族之间的经济交往常被忽视。另一种思路是以各单个少数民族为主体，完整再现该少数民族经济发展轨迹，再将所有少数民族经济史综合起来。这种思路的长处是便于掌握某个少数民族经济的来龙去脉，无论对历史上存在而如今已经不存在的氏族、部落和民族经济体，还是对现在仍然存在的民族经济体，都一视同仁，分别进行研究。不足之处是，这样一来，难度大大增加了，那么多曾经出现过的中国少数民族经济体，有些尚未达到民族发展水平，都要进行研究，那些在历史上存在时间较短的氏族经济、部落经济，资料收集尤为困难。各民族之间的整体联系，特别是整个中华民族经济体的形成，难以从少数民族经济史研究中获得整体性认识，易于忽略少数民族经济对中华民族经济的贡献。

我们的办法是以第二种思路为主，吸收第一种思路的长处。即使以第二种思路来说，我们也进行了若干改造。我们不以历史上出现的所有氏族、部落、民族为经济史研究的主体，而是以现存的且在法律上已经确立的五十五个少数民族为主体，分别对各民族做经济史的考察。这样一来，经济史的研究服务于少数民族经济发展的现实意义更为突出，不足之处是历史上存在而后来又融合、独立出去的民族经济体难以照顾到，为了克服这个毛病，我们的办法有两个：一是在现有少数民族经济史上，作为现有少数民族经济体形成来源的古代氏族、部落、民族经济，给予相应的篇幅，如吐谷浑经济之于土族史，乌孙经济之于哈萨克经济史，匈奴经济之于蒙古族经济史等。二是在不同历史阶段每个民族与其他民族经济关系中，对那些在经济史上对现有民族经济有较大影响的民族给予重点研究。至于吸收第一种思路的长处，主要体现在重点关注少数民族与主体民族以及少数民族之间的经济交往上，力图展现我国少数民族对中华民族经济体形成所做出的特殊贡献。

在理论上确立以现有中国各少数民族作为经济史研究的主体，可能有人会提出这样的疑问，这是不是强调少数民族在经济上的独立性呢？我们认为，主体性不等于独立性，而是承认有特殊性。正是这种特殊性才构成民族经济史研究的独立的学术价值，中华民族经济发展的一般性在少数民族那里的具体表现是这种特殊性的存在基础。这种特殊性是今天我国实行民族区域自治政策的经济史根源，探讨这种特殊规律对于少数民族经济现代化具有重要的现实意义。

少数民族经济史主体一经确立，在历史分期上就不能以主体民族的朝代更替作为标准。这是因为，主体民族的朝代更替尽管也会引起但不必然引起各少数民族经济史的重大变迁，以致在各少数民族经济史上成为划时代的标志。所谓天高皇帝远，主体民族政治经济变革的力度、广度和深度不足，就很难波及少数民族经济生活。因此，在历史分期上，我们坚持以少数民族为主体，以少数民族经济自身里程碑式的变化为分期标准。但是，少数民族经济史作为中国经济史之一部，我们在以各少数民族为经济史主体的前提下，分期也尽量同中央王朝的变化统一起来。例如，在土族经济史中，唐宋辽夏金时期吐谷浑人畜牧经济因东迁内附一变为农牧并举，中央王朝虽几经变迁，但在土族经济史研究中则放到一个阶段来处理。相反，中央王朝没有发生更替，但少数民族经济已经发生了重大变化，如晚清藏族经济的殖民地化，则要独立成章进行研究。这样做不单纯是坚持少数民族为经济史主体的原则，而且是坚持将少数民族经济史作为中国经济史整体一部分的原则。

以少数民族自身为经济史的主体，是指现今中国存在的五十五个少数民族，历史上已经融合、独立出去、消失的少数民族除个别有重要经济史影响之外，不在考虑之列；但又从民族融合视角将其纳入现有的中国少数民族经济史研究当中。我们把现有中国少数民族经济，在整体上视作是中国历史上一切少数民族经济发展及其内外经济长期交往的产物。一切经济史上存在的氏族、部落和民族，都对今天各族经济体和中华民族经济总体的形成及其存在面貌做出过自己的贡献，留下了自己的烙印。土族经济史就把吐谷浑经济，藏族经济史就把吐蕃经济包括其中。

以少数民族为经济史的主体，对于那些在历史上分散到祖国各地的少数民族来说，就要给予关注。由于散居民族经济资料的异常匮乏、零碎、不连续特点，在实际研究中殊难兼顾。我想这是可以求得经济史学界原谅的。但是，对那些虽然分散各地但又以小聚居的形式出现的民族，在经济史研究中则要考虑有所体现。例如，藏族经济史研究中就要注意康巴藏区和安多藏区的藏族经济，而不能局限于卫藏地区。蒙古族经济史研究要考虑到青海、新疆、甘肃等地的蒙古族经济，而不能局限于内蒙古。这种处理方法使中国少数民族经济史研究既同中国区域经济史研究区别开来，又能见到二者的统一，毕竟民族和区域是联系在一些的，这在今天民族区域自治制度中仍然可见。

以中国少数民族为经济史的主体，对于那些在历史上分裂出去的民族以及那些在历史上融入中国的少数民族，就获得了一个较好的处理原则。在哈萨克斯坦、外蒙古分裂出去之前，作为历史上中国一个少数民族的一部分，其经济史在相应的历史阶段是应当考察的，而在分裂出去之后的历史时期不再作为中国的少数民族，则不予关注。同样，那些在历史上从外部迁入中国的少数民族，如朝鲜族，则迁入之前的经济史不属于中国少数民族经济史范畴，迁入之后则应当属于这个范畴。

鲜卑拓跋部、蒙古族和满族在历史上均建立过全国性政权，遵循以中国少数民族为经济史的主体的原则，建政后的历史阶段，我们重点研究的是在全国政权下作为统治多民族国家的这些少数民族经济自身的演化史，因此，不能把元代经济史同元代蒙古族经济史相混淆，也不能把清代经济史同清代满族经济史相混淆。

三

经济史包含无限的经济关系和经济矛盾，经济史的资料浩如烟海，如果没有明确的目的和科学方法，经济史的研究不是成为史料的堆砌，就是为了某种逻辑体系的需要去剪裁丰富的历史。根据不同的方法论，著作家们可以写出不同的经济史。

由弗里德里希·李斯特开创，以威廉·罗雪尔、布鲁诺·希尔德布兰德和卡尔·克尼斯等为代表的德国历史学派，就属于前一类。历史学派把经济学的研究对象规定为一国经济的发展，把他们的方法称为历史的方法。罗雪尔认为，政治经济学是"论述一个国家的经济发展诸规律的科学，或论述它的国民经济生活的科学"[①]。希尔德布兰德批评英法古典经济学关于一切资本主义国家都具有共同规律的观点，认为经济关系是依地点和时间的差异而相互区别的，反对古典经济学从复杂的经济现象中探求不变的相同的规律，将经济科学的任务规定为仅仅

---

① 季陶达编：《资产阶级庸俗政治经济学选辑》，商务印书馆 1963 年版，第 322 页。

是研究某一国经济的"国民科学"。克尼斯也认为，人们的经济生活中并不存在什么规律，规律只存在于自然界。经济的发展和变化，不存在普遍规律的可能性。社会生活只有相似，没有等同。历史不会重复，各民族的发展道路是不同的，人们只能找出类似的法则，在经济生活中只存在因果关系。

历史学派把经济学对象规定为国民经济发展，只承认具体国家的具体发展的特点，因此，他们摒弃古典经济学的抽象法，提出历史的方法。他们把这种历史方法比喻为社会经济或国民经济的解剖学和生理学。罗雪尔首次把法学历史学派的主要代表人物弗里德里希·卡尔·冯·萨维尼的历史方法引入经济学，并把经济学历史方法归纳为四条基本原理：（1）经济学的"目的在于论述各个国民在经济方面想了些什么，要求了些什么，发现了些什么；他们做了些什么努力，有了些什么成就；以及他们为什么要努力，又为什么获得成功。这样的论述只有同有关国民生活的其他科学，特别是同法制史、政治史以及文化史紧密地结合起来，才能做到"。（2）研究国民经济不能仅仅满足于对现代经济关系的观察，对过去各文化阶段的研究同样重要。（3）为发现事物的本质和规范性，可采取类比方法从过去的国民经济与新国民经济的比较中得到启示。（4）历史的方法对任何一种经济制度绝对不轻易地一律予以颂扬或一律予以否定。"经济学的主要任务在于指出：为何以及如何逐渐发生'从合理的变为不合理的'、'从幸福的变为有害的'。"①

历史学派强调各个民族经济发展的特殊性，把经济发展视

---

① 威廉·罗雪尔：《历史方法的国民经济学讲义大纲》，商务印书馆1981年版，第7—8页。

为历史过程，对于中国少数民族经济史研究有可资借鉴的合理因素，也是对古典经济学将资本主义各种经济关系永恒化的有力批判。但是，否定抽象法，把历史方法和抽象法对立起来是对古典经济学方法的退步。由于丢弃合理的科学抽象，历史学派的著作就只能成为杂乱的史料堆砌，在必要时又只能借用古典经济学的理论概念。马克思评价历史学派的方法："这种形式是'从历史的角度'进行工作的，并且以明智的中庸态度到处搜集'最好的东西'，如果得到的结果是矛盾的，这对它说来并不重要，只有完备才是重要的。这就是阉割一切体系，抹去它们的一切棱角，使它们在一本摘录集里和平相处。在这里，辩护论的热忱被渊博的学问所抑制，这种渊博的学问宽厚地俯视着经济思想家的夸张的议论，而只是让这些议论作为稀罕的奇物漂浮在它的内容贫乏的稀粥里。因为这类著作只有在政治经济学作为科学已走完了它的道路的时候才会出现，因此它们同时也就是这门科学的坟墓。"①

以道格拉斯·诺思为首的经济史学家们在 1959 年宣布要改变人们研究美国经济史的方式，并且宣称他们的工作将创造一门"新"经济史，1963 年，即这场变革初露端倪时，诺思就宣布："在美国经济史中正进行着一场革命。"② 19 年后，即 1982 年，特里·安德森、本奈特·贝克、格雷·沃尔顿、理查德·萨特、雷蒙·迈耶斯等诺思的 17 个学生为纪念诺思，出版了一本论文集，在他们看来，诺思们宣布的任务"已经很好

---

① ［德］马克思：《剩余价值理论史》，人民出版社 1975 年版，第 558 页。

② Douglass C. North, "Quantitative Research in American Economic History", American Economic Review, March, 1963.

地完成。今天，新经济史已经成熟，也不再是少数人的事业。在今天的英语世界，经济史被那些信奉新经济史哲学与方法论的经济史学家统治着"，"新经济史不仅将经济理论和统计方法引入对历史的分析，而且带来了新的成果。在过去的23年中，在经济史领域，所有的论题都已经不同程度地被运用新经济史视角重新观察过、重新理解过和被革命。这一过程仍然在继续"。①

1993年诺贝尔经济学奖授予罗伯特·福格尔和诺思，诺思在授奖讲话中指出，他们获奖的理由是"他们为了解释经济和制度变化，应用经济理论和定量方法，更新了经济史的研究"。他们"尝试把经济学和历史结合起来，……而且指出了研究和了解经济增长和变化的新途径。他们使用了经济科学的最佳分析技术并把它们与历史资料结合起来。换言之，他们把经济理论，定量方法，假设检验，假设不同条件及传统的经济史方法结合起来，为了分析和了解深刻的问题以及解释深刻的变化"，"换言之，是他们研究经济历史问题的方式方法，比其他任何东西更能把今天的获奖者提升到称为'新经济史'的学者们的前列。罗伯特·福格尔和道格拉斯·诺思是这项研究的先驱，这项研究对经济史作为一门学问的继续发展有永久性的影响。福格尔和诺思以他们的不同方式使经济史的研究新生，使它更加严格和更多联系理论。同时他们证明经济分析需要一个历史

---

① Preface, in Roger L. Ransom (Co-edited): "Explorations in the New Economic History", Academic Press, 1982.

量纲。"①

"新经济史"的"革命性"表现在：（1）在经济史研究的方法论层面，"新经济史"强调经济理论的分析框架意义。A. K. 凯恩克罗斯在一篇"称颂经济史"的演讲中划分了两种经济史，即历史学家的经济史和经济学家的经济史。前者像历史学家那样，煞费苦心地收集事实，对事件和过程做连贯的描述，这种经济史与历史的唯一区别是它研究的对象是经济制度和经济现象。经济学家的经济史则运用一般的理论来说明历史事件，使这些事件从本质上成为原理的例证，而不单是就事论事。两类经济史学家往往互相排斥。例如克拉彭拒绝使用经济理论，他认为经济理论与经济史毫无关系。② 与此相反，新经济史学家们指出的，传统的经济史研究与经济理论是脱节的，因此，在方法论、分析工具、资料运用、研究结论的可信性以及学术价值等方面都存在缺陷。正如福格尔所指出的，经济理论是历史计量分析的理论指导，要把不能直接比较的数字变成可比数字，必须首先有经济理论作指导，一方面，经济理论被用来决定究竟在哪些方面需要计量；另一方面，经济理论被用来指导间接计量中数字换算问题。③ 实际上，新经济史学家在进行历史计量分析时，主要是以宏观经济理论、经济增长理论等理论为分析框架的。新经济史学家们还认为，经济理论也是

---

① 转引自王宏昌主编：《诺贝尔经济学奖金获得者演讲集》（下），中国社会科学出版社1993年版，第216—218页。

② A. K. Cairncross："In Praise of Economic History", Economic History Review, 2ed ser. XLII, 2 (1989), p. 174.

③ 参见谭崇台主编《发展经济学的新发展》，武汉大学出版社1999年版，第268页。

制度分析的理论指导，新经济史学家主要用制度经济学特别是产权理论的最新成果，解释整个人类经济史，特别是欧洲的兴起。

（2）在经济史研究的逻辑学与方法论层面，"新经济史"强调"间接计量"和"反事实度量法"。传统经济史的研究主要限于把可比的数字拿来直接比较和分析，这约束了经济史学研究的范围和领域。"间接计量"即通过运用经济理论的指导，把不能直接相比的数字通过核算，使之成为可比的数字。这不仅充分利用了现有数据资料，而且扩大了经济史研究的范围，可以对以往因为缺乏数据资料或因资料无法量化而无从着手的课题进行研究。"反事实度量法"是指在经济史研究中，可以根据推理的需要，不以历史事实为依据，提出一种与事实相反的假设，并以此为依据估计经济史上可能出现而没有出现的情况，拿来同历史事实作比较。例如，19 世纪后期，美国西部已经建成了铁路，但为了推理的需要，可以假设当时没有铁路；又例如，18 世纪 70 年代以前，北美殖民地的存在是历史事实，但是，可以假设当时美国是独立的。

（3）在经济史研究的分析工具层面，"新经济史"强调历史计量分析。无论是"间接计量"还是"反事实计量法"，都是运用历史计量分析。应该看到，历史计量分析方法可以使经济史研究尽可能精确化和定量化，可以弥补传统定性分析为主的方法之不足。在历史统计资料相对贫乏的情况下尤其如此，正如福格尔和恩格尔曼指出的："如果资料十分完备，简单的统计方法就够用了。资料越是贫乏，就越需要使用高深的统计方法。但无论如何，可以利用的资料的确总是低于标准统计方法需要的最低限度。在这种情况下，如果要获得成就，关键就在于研究者要能够设计出在利用资料方面特别有效的方法，也就是说，尤其要发现一种可以靠有限的资料来解决问题的方法。"① 这是对历史计量分析方法的一个比较公正的评价。但是，经济史不是简单的数学问题，量化分析必须与质态分析相结合。应该说，诺思、福格尔等人坚持了定性分析与定量分析结合的方法。他们先从庞杂的历史资料中抽取最有用的部分加以定量分析，然后，再从"质"的角度去解释"量"的结果之所以产生的原因，把政治、法律、经济、文化等制度因素加以内生化处理，从而对经济史进行有说服力的解释。但是，也有一部分经济史学家出于将经济史"科学化"的意愿，盲目使用过多的数量分析方法，以至于出现了历史计量分析的庸俗化。正如索罗所批评的："当我考察目前在经济史方面的一些著作时，我有一种消沉的感觉，因为很多著作看起来正是我讽刺过的那种经济分析：千篇一律地用积分、回归、t系数来替代思想"，"经济史已经被经济学腐蚀了"。②

历史总是今天人的历史。从这个意义上讲，如果作为历史学家的经济史与作为经济学家的经济史的划分成立的话，经济史应该是经济学家的经济史。问题不在于经济史的研究是否需要经济学的指导，而在于用什么样的经济学来指导经济史研究。现代西方宏观经济理论、经济增长理论、新制度经济学特别是产权理论等，本质上是一种平面的均衡理论，一种排斥经

① Fogel. , R. & Engerman. , S. , "Time on the Cross", Little Brown, 1974.

② Solow, R. , "Economics: is Something Missing", in Economic History and the Modern Economist, ed. , Packer, W. Blackwell, 1986.

济矛盾的非历史的经济学，以这种经济学指导经济史研究，经济史本身成为经济理论的案例库，充满矛盾的、非连续的、动态的和具有整体性的经济演化的内在结构被平面化和均衡化。从新经济史来看，经济史不过是经济学帝国主义侵略下的一块新殖民地而已。所以，经济理论的经济史是新经济史学的合理内核，在拯救这个内核的同时，包裹这个内核的现代西方经济学则必须扬弃。至于"间接计量""反事实度量法"等历史计量分析方法，可以借鉴，但也需要在马克思主义经济理论基础上加以改造。

抽象法是科学的经济学方法，也是作为经济学的经济史学方法，这是毫无疑问的。抽象法的对象是经济关系，这种经济关系本身是一种历史存在。经济史研究需要经济学的指导，但经济史不是经济学的历史，相反经济学自身是一门历史科学。马克思只承认一门科学，那就是历史学。这种历史科学不是历史材料的堆砌，从本体论看来，经济史是建立在劳动基础上的生产方式及其经济关系的演化过程在思维中的重建。

这种重建要从现实的经济矛盾出发，经济史是经济矛盾在时间维度的展开，现实经济矛盾是经济史的产物。马克思在阐明这种方法时指出："人体解剖对于猴体解剖是一把钥匙。反过来说，低等动物身上表露的高等动物的征兆，只有在高等动物本身已被认识之后才能理解。因此，资产阶级经济为古代经济等等提供了钥匙。"[①] 这对于中国少数民族经济史的研究尤为重要，许多氏族、氏族联合体、部落、部落联合体和民族在历

---

① ［德］马克思：《〈政治经济学批判〉导言》，《马克思恩格斯选集》第2卷，人民出版社1995年版，第23页。

史上已经消失了，融合了，迁徙了，独立出中国了，但是这些共同体为后来少数民族经济和整个中华民族经济发展所做出的贡献，必须从"人体"出发才能得到准确的把握。在《资本论》中，马克思是在阐明了资本的直接生产过程之后再来研究作为资本前史的原始积累，就是在理解人体基础上处理猴体的一个经典例证。

抽象法坚持历史与逻辑的统一，这里的逻辑是历史本身的逻辑，不是黑格尔绝对精神的逻辑。在黑格尔那里，思想范畴是主体和实体，"历史与逻辑的统一"表现为"思想的历史与逻辑相统一的运动过程"，即概念范畴由"抽象的同一性"逐次地升华到"具体同一性"的运动。黑格尔的历史与逻辑相统一建立在虚假的本体论基础上，但其深刻之处在于，以概念辩证法的方式洞见到了资本主义生产关系的内在矛盾性必然促使其走向自我的反面；商品交换原则的"同一性"构成了全部社会生活的根本模式，现实的人正在受一只无形之手的操纵或役使。马克思认为，黑格尔的"从抽象到具体"的辩证法，以"最抽象的"形式表达了人类"最真实的"生存状态，即人们正在处于受"抽象的统治"的状态。由此马克思以"现实的人及其历史发展"的视野，通过对现代资产阶级社会内部结构的解剖，以及对现代资本主义生产关系这种"特殊的以太"的批判，揭示了历史是"感性的人的活动"的历史，人的历史性生成——从"原始的丰富性"到"自由个性"——构成了历史的内在逻辑。马克思在《政治经济学批判（1857—1858 年手稿)》的"资本"章中所提出的人与社会发展的"三形态"理论，绝不是依照历史编纂学的尺度所进行的"历史分期"，而是依照人与人的现实历史关系，从带有美感假象的"原始的丰富性"如何生成"独立性"，以及最终实现"自由个性"的历史发展进程。

四

中国少数民族经济史研究的主要内容是随着少数民族生产方式的进步所造成的经济关系的变革。

生产方式是个长期存在争讼的概念。斯大林说："生产、生产方式既包括社会生产力，也包括生产关系，而体现着两者在物质资料生产过程中的统一。"① 另一种观点将生产方式理解为最基本的、基础性的生产关系。如卫兴华教授认为资本主义生产方式"也是广义的资本主义生产关系的构成部分，不过它是最基本的、基础性的生产关系。而与资本主义相适应的生产关系，则是直接生产过程的生产关系，即狭义的生产关系"②。吴易风教授对生产方式不同理解进行了认真梳理和批判，指出应从"生产力—生产方式—生产关系"的原理来看待生产方式的含义。马克思从1846年致安年科夫的信、1847年《哲学的贫困》，直到《资本论》第三卷，都坚持了这个原理，生产力决定生产方式，生产方式决定生产关系，生产方式和生产关系具有历史暂时性。对于马克思所说的"资本主义生产方式"，吴易风认为"是指生产的资本主义的社会形式，即资本主义条

---

① 《斯大林选集》下卷，人民出版社1979年版，第443页。
② 卫兴华：《政治经济学研究（二）》，陕西人民出版社1987年版，第68页。

件下劳动者和生产资料相结合以生产人们所需要的物质资料的非凡方式，也就是雇佣劳动和资本相结合以生产人们所需要的物质资料的非凡方式。在马克思的著作中，'资本主义生产方式'和'资本主义生产'具有相同的含义"①。这样一来，生产方式和生产关系基本上同义，生产方式的特定内涵仍然是不明确的。

马克思生产方式概念有两种含义，一种指社会生产类型，如资本主义生产方式、社会主义生产方式等；一种指生产的劳动方式。关于后者，马克思说："在一定的生产方式本身中具有其活生生的现实性，这种生产方式既表现为个人之间的相互关系，又表现为他们对无机自然界的一定的实际的关系，表现为一定的劳动方式。"② 在《资本论》第一卷论述相对剩余价值时，马克思对协作、工场手工业和机器大工业的论述，就是在"劳动方式"的意义上来阐明生产方式的。中国少数民族经济史研究的生产方式同样包含双重意义，既是社会生产类型，又是劳动方式；既包括人与自然的关系，又包括人与人的关系。

从人与自然的关系来看，中国少数民族历史上主要的生产方式有采集狩猎、游牧、农耕，到近代才逐步出现工业生产方式。从人的角度来看，生产方式的转变就是人的能力在不断提高，采集狩猎只能收获自然界已经提供的动植物，游牧的牲畜

---

① 吴易风：《论政治经济学或经济学的研究对象》，《中国社会科学》1997年第2期。

② 《马克思恩格斯全集》（第46卷上），人民出版社1979年版，第495页。

则不是自然界提供的动物，而是人工蓄养的家畜，农耕的作物也不是自然界提供的植物，而是人工培育的品种。从自然这方面来看，生产方式的转变就是自然对人的限制在退缩，是人的自由在增长。在采集狩猎生产中，自然界不提供动植物，人类无法获得产品；但在农牧业生产中，在自然界不提供动植物产品时，人类可以种植和养殖；而靠天吃饭的农牧业，只有到工业生产方式中才能将自然限制降到最低限度。所以马克思说："工业的历史和工业的已经生成的对象性的存在，是一本打开了的关于人的本质力量的书。"① 从产品来说，劳动作为一种有意识的目的论设定，创造出自然界所没有的对象性存在。卢卡奇指出："在这个问题上只想到那些高度发展了的劳动形式，那就错了。譬如在自然界任何地方都不存在的车轮，就是在比较初期的劳动阶段发明和制造出来的。"② 生产方式的进步则创造了越来越社会化的存在形式，创造了第二自然。中国少数民族生产方式至今主要停留在农牧业阶段，工业化仍是艰巨的经济任务，对于北方个别狩猎民族来说，甚至农牧化的任务尚未完成或尚未很好完成。

　　中国少数民族经济关系是生产方式的一个重要方面，包括民族内部经济关系和民族间经济关系。经济关系也就是经济矛盾。说到经济矛盾，政治经济学总是把它"归根结底为阶级矛盾"。如果我们这样理解民族经济矛盾，那么用不着单独从民

---

　　① ［德］马克思：《1844 年经济学哲学手稿》，《马克思恩格斯全集》42卷，人民出版社 1979 年版，第 127 页。

　　② 卢卡奇：《关于社会存在的本体论》（上卷），重庆出版社 1993 年版，第 11 页。

族经济学视角研究经济史，因为一般的经济史归根到底是阶级经济矛盾史，民族经济史如果等同于这种阶级经济矛盾史，那就无须民族经济学作为理论指导，只需要政治经济学来指导就可以了。那种把民族问题看作是阶级总问题一部分的观点，虽然看到了民族和阶级之间的内在联系，但是片面强调二者之间的一致性，必然忽视民族问题的特殊性。因此，这里需要对民族经济关系做出符合概念的规定。

民族是一种共同体，是作为社会关系总和的人的一种社会关系。正如一个人有阶级属性（阶级社会）一样，一个人也有他自己的民族属性。人与人之间的经济矛盾可以表现为阶级关系，也可以表现为民族关系。对于一个民族内部的不同个人来说，他们作为同一共同体成员，民族关系不是对立的，而是同一的；不是阶级的，而是民族的。民族经济关系不同于阶级经济关系在于，后者强调对立，而前者强调同一。民族经济关系是人们在经济生活中形成的共同性，表现为在共同经济生活中产生了共同体一致的经济利益，即民族经济利益。这种利益是不分阶级、种族、性别、职业和文化教养的。民族经济关系的形成过程实际是人的合类性增长的过程，在民族经济史上，大致来说，氏族、氏族联合体、部落、部落联盟和民族是这种合类性发展的几个里程碑式的阶段。

人的合类性增长是充满矛盾的辩证的历史过程，是通过劳动异化和阶级对立来开辟道路的，劳动异化和劳动同化是这同一过程的两个方面。在《1844年经济学哲学手稿》中，马克思详细地考察了劳动异化和私有财产的关系并论证了作为异化劳动的扬弃——共产主义。马克思从四个方面对异化劳动作出规定：工人同自己的劳动产品的异化，劳动过程的异化，人本质的异化，人同人相异化。这种异化关系就是阶级对立的关系。[①] 过去，人们只看到劳动异化和阶级矛盾方面，没有看到，正是这个劳动异化中包含着劳动同化的现实因素，劳动同化通过劳动异化表现出来。所谓劳动同化，就是人通过自己的劳动建立起同他人的共同的合类性。劳动同化同样可以从产品、过程、人本质和人与人关系四个方面来规定，劳动产品尽管不属于劳动者自己，但他创造了自然中没有的对象性存在，即为（他）人的存在，因而，他的劳动是一定共同体所需要的，他劳动得越多，越是异化，就越是能满足一个更大的共同体，或一个共同体更多的人的需要。他的劳动过程越是没有欢乐，越是不作为自己生命活动的表现，他的活动就越是为他所在的共同体不可缺少。他的人本质越异化，越不作为人存在，他就越能够在更大范围和更深程度上成为共同体的成员。他越异化出对立的人，对立的人就越离不开他，他的社会关系就越是能充分地发展起来。无论是人受人的统治，还是受物的统治，人的社会关系总是随着异化劳动而扩展，从而人的劳动之共性、无差异性、一般性才能获得现实基础。在原始战俘转变为奴隶的过程中，异化劳动的最初形式就已经确立了共同体成员的一般性，因为原始战俘会被杀掉，而奴隶虽然处于生产工具的地位，但生存下来是发展人的共同性的历史前提。直到现代资本主义社会，价值范畴作为等同的、无差异的、一般人类劳动的地位才全面确立，并以规律的形式支配着整个社会，尽管这个

---

① ［德］马克思：《1844年经济学哲学手稿》，《马克思恩格斯全集》42卷，人民出版社1979年版，第91—98页。

阶段异化劳动达到了顶峰。马克思说："正是在改造对象世界中，人才真正地证明自己是类存在物。"① 异化劳动夺去了人生产的对象，夺去了类生活和人的本质，建立了人对人的统治，但不仅没有消灭人对世界的改造，相反是迫使人加大、加快、加深和加强着这种改造。

异化劳动作为内在动力推动着劳动同化，推动着社会从小共同体不断走向大共同体，最终结束人类"史前时期"，从氏族、部落、部落联盟和民族过渡到"真正人类"。人的类特性的增长是通过合类性过程取得的。卢卡奇深刻指出："阶级（阶级对立）的产生，则把公开的利益对抗这个新要素引入了促使人们在生活中采取行动的存在基础之中。可是这样，代表着一定的整个社会的不再是无声的合类性就成了许多必然是截然相反的社会评价的客体，而个人的再生产过程又以互相对立的方式规定着这样的评价。这里，我们当然不能追述历史上的详细情况。不过谁都必定明白，在这样的情况下，对于现行制度的肯定或否定，会在对立的双方都表现出许多重大的差别：从老老实实地适应现行制度到公开地反抗现行制度，从对于过去尚无这类对立的时代的怀恋到对于将消除这类对立的未来的向往，等等。这类肯定或否定在社会存在中互相斗争，并构成了这类对立的规定性。我们在这种情况下从客观社会方面当作现有的合类性而加以考察的那种东西，虽然在直接的实践中显得就是这些斗争力量的结果，然而这种社会存在的本质却恰恰在这些斗争中表现出来，而且同这些斗争的单纯的现实结局相

---

① ［德］马克思：《1844年经济学哲学手稿》，《马克思恩格斯全集》42卷，人民出版社1979年版，第97页。

比，它们的全面的公开化和现实的对抗，能以更加深刻和更加完整的存在性体现出一定的合类性的客观本质。斯巴达克体现着他那个时代的合类性，同样，战胜他的那些人即当时罗马的官方统帅们，也体现着这种合类性，而且这种合类性在双方体现得至少是同样明确的。"① 民族和氏族、部落一样，都是人的合类性发展的一个阶段，而结束"史前时期"的人类是整个合类性的最高阶段。从这个意义上说，民族经济史的最终目的是探索人类经济学产生的历史条件，当然，我们这里说到人类经济学和西方专门以原始氏族和部落经济为对象的人类经济学有着完全相反的含义。至新中国成立，少数民族有停留在原始氏族和氏族联合体阶段的，有进入部落阶段的，还有处于部落联盟阶段的，当然也有发展到民族阶段的，少数民族经济史可以说是合类性发展过程的一块活化石。

民族间经济关系是中国少数民族经济史关注的重要内容。历史上各类共同体的发展有一个基本规律，就是小共同体被大共同体所取代。民族间经济交往是造成大共同体形成的经济条件，作为民族形成基础的"共同经济生活"是在民族间经济交往基础上产生的。民族间经济交往，无论是通过战争或是和亲、贡赐或是贸易，都是合类性过程的具体历史形式。在所形成的较大共同体中，各小共同体都做出了自己的经济贡献。若不是这样理解少数民族经济史，像茴香豆的"茴"字有六种写法，像成语"半斤八两"等现象，就都是不可思议的。民族融合是通过大共同体的形成达到的，这个过程在今天不仅在全球

---

① 卢卡奇：《关于社会存在的本体论》（上卷），重庆出版社 1993 年版，第 81—82 页。

范围内存在着，而且通过民族间劳动异化在加速进行。我国民族政策及其执行中所造成的民族固化的倾向，也越来越引起人们的关注。[1] 吸取少数民族经济史上各民族经济交往的经验，促进各民族的经济联合进而为民族融合奠定经济基础，是当前一项重要的理论任务。

杨思远

2012 年 5 月 1 日

---

[1]　统战部副部长朱维群在《学习时报》（2012 年 2 月 14 日）发表《对当前民族领域问题的几点思考》，提出："斯大林认为，到共产主义社会，各民族的民族语言消失和全人类共同语言的形成，是民族差别消失和民族融合实现的主要标志。而我们一些学者认为，历史上两个以上的民族，由于互相接近、互相影响，最终成为一个民族的现象，也可称为民族融合。我以为这两种看法都成立，前者是讲人类社会民族的最终融合，后者是讲现实生活中具体民族的融合。如果要求今天就实现斯大林讲的融合，是错误的；如果认为后一种融合也是不能允许的，则也是不当的。"

导　　论

一　蒙古族经济史研究的意义

蒙古族是我国少数民族中人口较多，在中国历史和世界历史上有重要影响的民族。蒙古族主要分布于蒙古国、中国内蒙古自治区、新疆、青海以及俄罗斯联邦等地。据 2010 年第六次人口普查资料显示，我国现有蒙古族人口总数为 5981840 人。蒙古族在历史上融合了众多部族，最终在成吉思汗和忽必烈的统治下创建了庞大的蒙元帝国，是中国历史上建立过统一的中央政权的三个少数民族之一。族源以及分布区域决定了蒙古族以游牧经济为基本生计方式。

蒙古族经济史是中国少数民族经济史研究的重要组成部分，也是世界蒙古学研究的重要组成部分。

元代以前的蒙古诸部族经济，在漫长的历史进程中经历了从原始的狩猎采集经济文化类型为主导过渡到以草原游牧经济文化类型为主导，并有少量农业经济作为畜牧经济的补充形式。凭借游牧经济优势建立的蒙古汗国，一度成为世界上疆域最为广大的帝国，横行欧亚大陆，为建立多民族的统一国家和东西方的经济文化交流做出了卓越贡献。

蒙古族起源于东胡，8世纪始，主体部族室韦兴起，在同北方游牧各部族的经济交往与战争中，蒙古诸部社会经济得到了较快发展，游牧经济的开放性也促进了北方游牧部族间的融合，为蒙古族的统一奠定了较为坚实的经济基础。伴随蒙古社会生产力的提高和畜牧业的发展，私有财产范围逐渐扩大，数量日益增加。财产占有的不平衡，导致贫富分化和私有制的产生，蒙古诸部族逐步由氏族公社过渡到了阶级社会，完成了生产关系的重大变革。

12世纪末，蒙古社会经济已完成了从氏族公社，经部族奴隶制，逐步向部族联盟封建领主制过渡，为蒙古族的最终形成提供了基本的历史条件。蒙古汗国的建立，不仅结束了历来部族与部族之间的厮拼和称霸，统一了分散林立的各个游牧部族，而且通过实行千户分封制，将操不同语言的各部族民众按千户重新编组，原来的部族界限被打破，蒙古诸部及其他部族置于"蒙古"这个统称之下。共同的语言、共同的地域、共同的经济生活和共同的文化使蒙古族这个民族共同体在封建国家中得到了发展的可能。蒙古政权借助中原官僚集权王朝典章制度和经济条件改造蒙古帝国政权机构和经济基础，而且充分利用了被征服地区的社会资源，包括物质财富、劳动力等，为漠北草原服务，使这一荒远的亚洲腹地经济进入一个超常繁荣的黄金时期。此时，以畜牧业为社会基础的经济走向了稳定发展时期，屯田制的实施更标志着传统的游牧生产方式发生了根本性的改变，农牧经济相互补充的生产方式使蒙古政权朝着更为专权、更为稳固的方向发展，尤其是所实行的经济、军事、政权统一的制度，适应了当时社会生产力的发展。蒙古文字的创制和使用，使蒙古民族取得了长足的进步，实现了"向文明时代"的过渡，从此，中国北方第一次出现了统一各部族而形成的强大、稳定和不断发展的民族——蒙古族。

元代以前蒙古族经济史的研究，无论是对于民族史，还是对于经济史，都有重要的理论和学术意义。研究这样一个曾经极其辉煌并对中国历史有着重要影响的游牧民族，从经济角度观察这个民族的源起和发展，对于认识北方少数民族经济发展规律具有重要的借鉴意义。蒙古族游牧经济代表着长城以北独特的经济类型，与中国南方稻作经济和中国北方旱作经济相并列而成为三大经济类型之一。游牧经济是蒙古族对中华民族经济做出的重要贡献，也是中国经济的重要组成部分。因此，研究这种经济类型的发展史，其学术价值自不待言。

历史上，蒙古族的经济生活不是孤立的，它与周边民族发生过战争、贸易、宗教等重要联系，是中国少数民族经济史中不可分割的一部分，为了解民族间的经济、政治、文化关系提供了一个独特视角。研究蒙古族经济的起源、特征、运行规律以及它与农耕经济的交往，具有重要的现实意义。一方面，它是保护、发展和弘扬蒙古族传统经济文化，促进蒙古族及整个民族地区劳动者素质技能提高和全面发展的必要前提；另一方面，草原畜牧业同南方稻作农业和北方旱作农业不同，照搬农区经济模式对牧区经济产生了严重的负面影响：草场退化严重，牲畜品质下降，牧民收入难以持续增加。研究蒙古畜牧经济，探索符合草原畜牧业发展规律的经济模式，制定符合实际的少数民族发展政策，正确处理国内民族关系，推动各民族共同繁荣和发展，具有重要的现实意义。

13—14 世纪是蒙古社会和经济高速发展的时期，国家机器的完善使其在亚洲甚至世界范围内都耀眼夺目。元帝国时代的亚欧，是以蒙古族为代表的中国时代。元朝在创造中华民族大一统的伟业中树立起一座威震世界的历史丰碑，对世界历史产生了极为深远的影响，也使后来的蒙古学成为世界性学科。元王朝的建立为蒙古族经济长远发展打下了丰厚而坚实的基础。自唐以降，纷乱割据，战火绵延，纵观这五百年中国史，土地荒废、人民流离，社会进步受到极大阻碍。元王朝的统一，使长达五世纪之久的割据对抗与战乱局面得以终止，这是元朝对中华民族所做出的最大贡献。

元代蒙古族经济史不仅在蒙古族经济史上，而且在整个中国少数民族经济史上都占有极为重要的地位。蒙古族在元代登上世界历史舞台，在中华民族的历史长河中谱写了浓墨重彩的篇章，对民族融合与经济发展做出了不可磨灭的重要贡献。元代经济基本完成由奴隶制经济向封建领主制经济的过渡，生产力发展水平在较为先进的生产关系中得到了进一步提高，奴隶变为牧奴，蒙古族经济意识开始出现。元代蒙古族经济在蒙古中央政权的指导下得到了前所未有的发展，与元朝以前蒙古诸部族兴起及明代蒙古族失去中央政权的时期形成鲜明对照，若将元朝蒙古族经济发展水平沿时间轴线画出轨迹，则会呈现出一个"倒 U"形曲线。对元代蒙古族经济史的研究是蒙古族经济史的重中之重，对于今天促进少数民族经济繁荣仍具重要的现实意义。

元帝国经济在蒙古族经济史上盛极一时，它对整个蒙古族的长远发展具有重要作用。蒙古族与其他游牧民族都是在脆弱的游牧经济基础上建立起自己的政权与国家，二者在经济结构上并没有本质区别，但蒙古族并没有像其先民匈奴、突厥等民族那样，在狂飙崛起之后又倏然从历史舞台上消失，蒙古族至今仍然作为一个重要少数民族存在于中华民族的大家庭中，元朝的建立为蒙古民族延续做出的贡献是不可磨灭的。蒙古族是我国 56 个民族中最重要的游牧民族，元代蒙古族畜牧业经济的繁盛，达到了蒙古民族自身及其他游牧民族前所未有的高度，中国少数民族经济有必要对其进行深入研究，从历史留给我们的宝贵财富中总结蒙古族游牧经济的发展经验，探索元代蒙古族游牧经济中人与自然、人与人的矛盾以及中央与地方之间矛盾的解决方式，对于现阶段指导草原畜牧业经济具有现实借鉴价值。

明代是蒙古族史上大分裂、大动荡，阶级矛盾、民族矛盾空前激化，封建制度进一步发展的重要时期。明代蒙古族继元代之后失去全国政权，退守草原，史称北元时期。虽然元代蒙古族统治者曾对其经济进行过集权官僚制的改造，但是并不彻底且封建性质非常浓厚，可谓集权官僚制是外观，封建领主制是内里。进入明代，蒙古族的封建制度重新恢复，这种波浪式的发展情况，在中国少数民族经济史上异常罕见。

明代蒙古族经济史在蒙古族经济史研究中占有非常独特的地位。明代作为蒙古族经济由盛而衰的一个重要时期，对其经济史的研究，既是洞察少数民族经济衰落原因的重要窗口，也是世界蒙古学研究的重要组成部分。元廷曾举全国之力向蒙古族聚居区的经济实施倾斜，形成了蒙古族经济的繁荣局面，而明代蒙古族则要靠本民族自身的力量发展经济。比较元、明两代蒙古族经济，能够透彻理解中央政权对少数民族经济发展的重要性。明代蒙古族从拥有全国政权转变为只拥有地方政权，对经济发展产生了重要影响，特别是封建领主制游牧经济的恢复是经济史上最为奇特的景观。这一时期蒙古族农业的出现同样值得关注，今天，内蒙古以呼和浩特为政治、经济和文化中心的格局，就是在明代形成的，与明代蒙古族农业的兴起有着密切的关联。明代蒙古社会动荡、战争频繁，极大地影响了经济的发展，也使我们认识到和平稳定的环境对于民族地区经济发展的重要性。终明一代，蒙古族与中原王朝之间贡赐贸易关系的时断时续，从一个独特视角揭示出游牧民族和农耕民族之间的经济互补性，因而成为整个中华民族经济史极为重要的内容。

清代以前，蒙古族是独立的民族，尤其是盛元时期，成为统治全国的民族，其政治、经济、文化各方面都达到了一个巅峰。北元时期的蒙古族仍是独立自治的民族，不受外界势力干扰。至清代，蒙古族成为清王朝的藩属臣民，蒙古族王公贵族均节制于清朝皇帝，蒙古族的草场所有权也最终归于清廷。（北）元亡清初，不过短短两百余年时间，蒙古族经济体系为何发生如此翻天覆地的变化，值得深思。清初，蒙古族经济尚可聊生，何以到了清末，蒙古族牧民困苦不堪，畜牧业盛世不再，这是清代蒙古族经济史研究的重中之重。

明末，生活在东北地区的女真人在努尔哈赤和皇太极统治下励精图治，发展迅速，农业、畜牧业、手工业等都取得了巨大进步，成为雄踞一方的重要力量。满族人重视发展与蒙古族的关系，通过联姻、贸易、馈赠等方式，拉拢蒙古族贵族，使蒙古族成为其征服明王朝的重要盟友。在满族问鼎中原后，又利用蒙古族经济凋敝的形势，怀柔蒙古，分封王公，设旗划界，将蒙古族完全置于其统治之下。只不过，相较于中原地区，蒙古族还拥有较大的自治权，王公贵族在不违反清廷政令的前提下，可以自由处理相关旗内事务，牧民的生命财产也皆依附于蒙古王公贵族。满族将蒙古族置于臣属地位，考其经济根源计有四端：一是蒙古族畜牧业的衰落。畜牧业是蒙古族的支柱产业，是蒙古族自立于世的根本，然而，北元时期的蒙古族各部纷争不断，大量人力、物力、财力被争战湮灭，导致蒙古族的基业日渐衰落。二是蒙古族各部经济独立，每个蒙古部族都是一个独立王国，察哈尔大汗已经空有其名，而无实际管辖权。由于游牧业的脆弱性，蒙古各部的人口和牛羊相对稀少，难以抵抗外来的攻掠。三是与明廷的经济关系恶化。蒙古族历来都与中原民族存在贸易关系，北元时期，明王朝为限制蒙古族各部势力，关停互市，将岁币直接交予林丹汗，从而切断了蒙古族从中原地区获取生活必需品的来源，蒙古族只得与满洲通商通贡。四是满洲统治者深知以其一己之力难以攻入中原，见蒙古族有意结盟，喜不待言，通过联姻、馈赠等方式，逐步收拢蒙古族人心，以达其目的。

清代蒙古族的畜牧业衰落，也是蒙古族经济史研究的难题。通过系统梳理清代蒙古族经济史，可以发现以下几点：一是北元时期畜牧业遭到严重破坏，虽然清政府有意帮助蒙古族恢复畜牧业，但是蒙古族畜牧业的强大势力必会影响到全国政权的安危，所以，扶助政策也只是点到为止，加之各种苛捐杂税，有清一代，蒙古族畜牧业基本处于走下坡路状态。二是汉族移民的大量涌入，给清代蒙古族畜牧业带来三方面的影响：大面积草场被垦为耕地，蒙古族赖以生存的生产资料遭到严重破坏；新兴地主阶级大量涌现，与新兴牧主阶级一道成为蒙古族牧民的又一大剥削者；旅蒙商的经商之道发生转变，由以往的以物易物、平等交换，演变为金融盘剥、不平等贸易。三是世俗经济与寺院经济之争。自元代以降，藏传佛教渐次成为蒙古族的民族宗教，清政府"以黄教怀柔蒙古"，赐封高级喇嘛、广修庙宇，蒙古族王公贵族和普通牧民虔诚信仰藏传佛教，大量的劳动力进寺修行，大批物品被信众送进寺院，各级寺院成为清代蒙古族经济的重要节点。寺院经济兴盛，势必影响世俗经济的发展。清代蒙古族畜牧业的衰落，对于当今国家处理民族间经济关系和促进少数民族经济发展的政策制定都有很重要的借鉴意义。

蒙古族经济史有两个低谷时期：一是蒙元经济于元朝末期走向衰落，至明朝出现第一个低谷；二是满清盟旗制度下蒙古族经济恢复，到鸦片战争后，帝国主义列强、晚清政府、北洋政府、国民政府、蒙古族王公贵族的多重掠夺，使蒙古族经济遭受了严重破坏，陷入历史最低谷。

晚清至民国时期，蒙古族经济在外力的冲击下发生了多方面的变化，帝国主义对牲畜和畜牧业无休止的掠夺、各政权日渐高涨的蒙地开垦和变本加厉的牲畜征调，使蒙古族畜牧业逐渐衰退；以牺牲畜牧业为代价的蒙古族农业则有了较明显的发展；外国资本主义生产方式的进入以及晚清"新政"的实施，使蒙古族工商业呈现出畸形繁荣；各政权多种货币的泛滥使这一时期的蒙古族货币金融体系混乱不堪；新增剥削阶级与原有剥削阶级的联合盘剥，使蒙古族农牧民的经济负担有增无减。蒙古族经济出现如此状况的根源在于殖民掠夺、官僚压迫和封建王公贵族的统治，只有中国共产党领导下的蒙古族新民主主义经济，才能从封建制、集权官僚制和殖民统治下解放出来。

晚清至民国时期的蒙古族经济呈现出了由盛转衰的发展趋势，在这个过程中，蒙古族社会经济性质由半封建半集权官僚制转为半殖民地、封建制和官僚制三重统治，又由半殖民地转为殖民地；行政建制由盟旗制度转变为旗县并存；社会经济性质与行政建制演变使蒙古族在经济制度、生产生活方式以及农、牧、工、商、金融等多个方面发生巨变。

晚清至民国时期蒙古族经济史，凸显了社会经济制度对于少数民族经济发展的极端重要性，成为整个中国近代经济史的一个侧面。近代帝国主义入侵中国，少数民族地区首当其冲，蒙古族近代经济矛盾的复杂性超过了国内所有其他民族。研究这一阶段蒙古族经济史，不仅能揭示帝国主义和民族分裂对少数民族经济的巨大破坏作用，而且最能凸显中国革命的巨大民族经济意义。乌兰夫同志在内蒙古牧区的民主改革中所提出的"三不两利"政策，为蒙古族聚居区"土改"和"畜改"的顺利进行提供了正确指导，"三不两利"政策无论在理论上和实践上都具有重要的历史和现实意义。

这一时期蒙古族经济史上的一个重大事件是"蒙垦"，它对于今天思考西部民族地区开发问题仍具有重要的现实意义。"蒙垦"贯穿于晚清至民国时期蒙古族经济史的始终，对"蒙垦"政策从计划到实施再到结果评估的研究，不仅找到了蒙古族畜牧业衰落的重要原因，也找到了今天草原荒漠化和生态失衡的历史根据。以史为鉴，在今天西部大开发过程中，处理好经济发展与生态平衡的关系，因地制宜发展民族及民族地区经济尤为关键。

外蒙古独立是民国时期蒙古族经济史研究的一个重点。通过对外蒙古独立经济原因的挖掘，不难得出如下结论：脱离了祖国大家庭的外蒙古如同一枚棋子任由沙俄摆布，永远难以摆脱帝国主义的经济侵略。历史是一面镜子，呈现过去，照出现实，今天的"台独""藏独"或"疆独"一旦得逞，失去祖国庇护的少数民族，必然沦为帝国主义国家的殖民地和附属国。

二　蒙古族经济史研究的主要文献

蒙古族经济史的研究可以追溯到蒙古族古人类的形成，蒙古汗国作为蒙古族发展史上建立的第一个统一政权，留下了大量有价值的文献史料，为现代学者的研究提供了相关依据。近年来，学术界及蒙古学研究者对于蒙古族经济的研究有许多重要的成果。

英国、法国、日本、美国和蒙古国关于蒙古学研究成果较为突出。波斯大史学家拉施特在 14 世纪初主编的《史集》是一部内容丰富、卷幅浩繁的历史巨著，其内容包括了中世纪时世界各国、各民族的历史。这部历史巨著对研究蒙古史尤其重要，它包含有研究 14 世纪初以前蒙古族经济史的极为丰富的第一手材料。其他国外学者如原苏联学者弗拉基米尔佐夫编著的《蒙古社会制度史》、法国学者勒内·格鲁塞编著的《草原帝国》、瑞典学者多桑编著的《多桑蒙古史》、波斯史学家志费尼编著的《世界征服者史》等，这些著作研究的多是蒙古族具有悠久历史的游牧经济生活与文化，研究重点在历史、语言、文学、宗教、风俗等方面，研究视角多为民族学、人类学、史学、语言学、考古学等，经济学视角的研究较少，其经济方面的成果很有限。

在蒙古族经济研究方面，围绕草原游牧经济发展、蒙古经济史、元代经济史以及蒙古族经济社会发展等方面，国内学术界取得了为国际蒙古学界望尘莫及的成果。

成书于 1240 年的蒙古族史学作品《蒙古秘史》（《元朝秘史》），不仅是研究蒙古历史和古代蒙古语文的珍贵文献，也是一部卓越的传记文学作品。其从成吉思汗 22 代先祖写起（约公元 700 年），至五百多年后成吉思汗儿子窝阔台汗十二年（公元 1240 年）为止。书中记载了蒙古民族发展的历史脉络，它以编年体和纪传体相结合的形式，运用简练生动、淳朴自然的笔触记述了成吉思汗的生平事迹，在广阔的社会背景上描绘了 12、13 世纪蒙古草原上的时代风云，把古史传说、宫闱秘闻、朝野生活、民情风习，特别是当时发生的重要历史事件和历史人物，按照年代顺序紧密地贯穿起来，构成了一幅雄伟壮阔的历史画卷。它以丰富可靠的史料，真实地记载了蒙古族原始社会的遗迹，奴隶制的阶级关系，以及封建制度兴起及确立的过程。作者站在新兴封建阶级的立场上，赞扬了成吉思汗为代表的民族统一事业，指出了没落奴隶主和分裂割据势力必然灭亡的历史命运。后世对成吉思汗"一代天骄"的印象，主要来自《蒙古秘史》。《蒙古秘史》是蒙古民族现存最早的一部历史文学典籍，被中外学者誉为解读草原游牧民族的"百科全书"。

《元史》是系统记载元朝兴亡过程的一部纪传体断代史，成书于明朝初年。虽然由于编修时间仓促，而且出于众手，使它不可避免地存在许多不足之处，但也因为它多照抄史料，所以保存了大量原始资料，较好地保留了史料的原貌。仅以其志书部分为例，其对元朝的典章制度作了比较详细的记述，而散见于如"食货"章节内有关经济部分的论述，更为后世研究蒙古族经济史提供了大量珍贵的史料。其他如《蒙鞑备录》《黑鞑事略》《建炎以来朝野杂记》等古籍，这些历史文献对元代以前蒙古族的社会发展史进行了较多描述，虽然对其经济生活的描述涉猎较少且散见于全书，但仍为元代以前蒙古族经济史研究提供了大量的历史依据和写作素材。应该说，没有这些历史资料，远古蒙古族经济史研究是不可想象的。

近年来，国内学术界不仅对蒙古族的主要经济部门畜牧业做了较全面的研究，而且对蒙古族的农业、商业、手工业、交通运输各个领域展开了研究。1999 年阿岩、乌恩在其《蒙古族经济发展史》一书中阐述了从古代到社会主义时期的蒙古族经济发展的基本脉络，探索了蒙古族经济发展的规律和特点，这是蒙古族经济史研究的新成果，也是对蒙古族经济进行专题讨论的一部著作。2004 年陈献国主编的《蒙古族经济思想史研究》一书出版，其中涉及成吉思汗、窝阔台汗等蒙古统治阶级代表人物及其他人物的经济贸易思想、观念和取得的经济成果。2007 年额斯日格仓、包赛吉拉夫《蒙古族商业发展史》是一部较为系统的阐述蒙古族商业贸易发展的著作，也是一部总结以往研究成果的著作。乌日陶克套胡《蒙古族游牧经济及其变迁》阐述了蒙古族游牧经济及其变迁，是蒙古族社会经济变迁的重要组成部分，也是中国北方游牧民族社会经济变迁的典型代表。其以蒙古族游牧经济的劳动者——牧民为主体，以蒙古族游牧经济生产关系的变迁为主线，勾勒出从蒙古族形成至内蒙古自治区成立为止近千年的蒙古族游牧经济变迁的基本线索。书中界定了游牧民族、蒙古族游牧经济等基本概念，以新的视角划分了蒙古族社会发展阶段，认为蒙古族社会发展阶段应是氏族社会、封建领主制、集权官僚制、社会主义社会等阶段，在此基础上，对蒙古族游牧经济的特征、组织形式和基本矛盾等进行了大胆的探索，为整个蒙古族早期经济史的研究提供了宝贵的线索资料。该书的不足之处主要在于：对元代蒙古族经济的"内里封建制和外观集权官僚制"特点缺乏认识，因而忽视了北元时期封建制恢复在所难免。内蒙古大学出版社《蒙古民族通史》第一卷主要记述了 1271 年忽必烈建立元朝以前蒙古族及其先祖的历史，该著作就蒙古族起源及其奴隶制度、早期社会经济、蒙古地区的统一和封建政权的建立等都做了相关介绍，书中对于早期蒙古族经济的发展有一定的记述。朱耀廷《成吉思汗传》则是以历史人物为主线反映了当时的政治、经济、文化等社会状况。林占德《呼伦贝尔考古》通过对该区域内的考古资料，对早期蒙古先民的生产生活进行了阐释。但纵观上述著作，除《蒙古族经济发展史》外，多从某一角度或某一区域对早期蒙古先民的社会经济发展进行梳理、研究，而从整个社会经济全面进行挖掘整理的甚少。

相关论文方面也有许多专题性研究。包高娃《成吉思汗经济改革探讨》阐述了游牧经济对古代蒙古民族的生存和发展至关重要，并且在蒙古民族经济发展史上起着主导作用。文中说明了统一前的蒙古草原诸部由于他们所处的自然环境和地理位置的差异，社会形态和经济形态、生产力发展水平都处在不同发展阶段。1206 年铁木真统一蒙古各部以后对蒙古国家的政治、经济、军事等方面进行了一系列变革，其中对蒙古汗国的经济改革取得了巨大的成功，对蒙古汗国的强盛和蒙古民族的繁荣起着不可估量的作用。王来喜《试论成吉思汗重商思想》谈到成吉思汗是一个"重商主义"者，他重视发展和保护商业贸易，是具有商业精神、提倡自由贸易、实行开放型经济政策的开明君主。成吉思汗的重商思想是游牧民族固有的商业精神的具体体现，来自畜牧业生产方式本身。他的重商思想和政策措施对当时蒙古社会经济的恢复和发展，促进东西方经济文化交流曾产生过巨大的影响。

1987 年《蒙古族经济史》（第一集）中共收入 25 篇论文和资料，其中涉及蒙古族商业和商业思想方面的内容。1988 年《蒙古族经济发展史》（第二集）中收入了几篇关于蒙古族商业方面的文章，其中王路的《历史上蒙古族的社会分工和商品经济发展简述》一文中，从社会分工与商品经济关系的角度阐述了蒙古族商品经济、商业贸易发展的脉络。1990 年内蒙古社会科学联合会学术刊物共收入了 13 篇学术论文，涉及蒙古族的生产交换情况、蒙古帝国时期的漠南漠北蒙古的贸易、蒙古族与中原地区的互市贸易等内容。1987 年出版的《蒙古族经济发展史研究》主要是以论文集的形式，收集了从古代到现代蒙古族社会经济发展的相关问题研究，其中留金锁、萨纳赛汗的《蒙古部向畜牧业过渡及其所有制形态》一文专门针对远古蒙古部畜牧业经济形态的发展做了细致研究。巴音图《有游牧业特色的成吉思汗兵制》、道润梯步《成吉思汗合罕兵法的社会根源》等文章则侧重于对 12 世纪时期蒙古族具有游牧特色的兵制分析，结合当时社会经济的发展状况，对成吉思汗时期的兵制做了有力的论证。王路《论蒙古族从渔猎经济向畜牧业经济过渡》、盖山林等《阴山史前狩猎文明》、胡和鲁《内蒙古五畜史话》等文章则侧重研究古代蒙古畜牧业发展。

游牧经济是古代蒙古族谋生的基本手段，蒙古族商业贸易的起源和发展与游牧经济的这一基础有着密切联系。1995 年包玉山在《蒙古帝国游牧经济和商业贸易》一文中阐述了游牧经济自身特征、蒙古商业模式、蒙古族内部未形成商业阶层的原因以及蒙古社会的货币形态、商贸发展的内在制约因素等，并指出游牧经济内在结构和游牧经济发展阶段的特点决定了蒙古地区商业贸易的产生和发展。额斯日格仓《基于游牧经济基础上的蒙古商贸特征》等文章中在游牧经济基础上分析了蒙古贸易的特征以及蒙古地区商品经济不发达的根源。

元代蒙古族经济史研究的成果较元代以前远未丰富。元代是蒙古族以主体民族的身份统治中国，由于文字的创制，留下了大量有价值的文献史料，为现代学者的研究提供了相关依据。

在历史方面，《元史》是系统记载元朝兴亡过程的一部纪传体断代史，成书于明朝初年，全书二百一十卷，包括本纪四十七卷、志五十八卷、表八卷、列传九十七卷，记述了从蒙古族兴起到元朝建立和灭亡的全部历史。其中，尤其是五十八卷志涵盖了元代生活的方方面面，包括地理、河渠、祭祀、百官及食货等，提供了元代经济生活的第一手重要史料。《蒙古民族通史》《蒙古史纲要》《蒙古族通史》《元朝简史》是按照历史时间顺序记述蒙古民族从形成到内蒙古自治区成立时的历史，其中《蒙古民族通史》第一、二卷详细讲述了蒙元帝国的历史变化与蒙古社会发展，其中内容涉及以蒙古族为主体的经济发展情况，但内容略显笼统，并不全面，史料运用的出处标注不明。对蒙古民族的经济发展只是作为历史发展的一个附带部分来阐述。韩儒林的《元朝史》是我国第一部用马列主义观点全面、系统研究蒙元历史的断代史，提出了与以往长期认为元代是中国历史上的黑暗、倒退时代的看法截然不同的新见解，此书涉及元代社会经济的研究，提供了关于元代土地问题、元代不同时期的农业生产状况、手工业、交通运输和商业经济等资料，但对元代蒙古族经济并无过多研究。法国历史学家勒内·格鲁塞的《草原帝国》描绘了斯基泰、匈奴、突厥、蒙古这些马背上的民族建立的帝国风貌，虽对元代蒙古经济并无过多介绍，但通过此书，我们对成吉思汗及蒙古人有了清晰了解。周清澍的《元蒙史札》主要是作者从民族史、历史人物、历史地理、史学家和史籍以及职官等方面描写元代社会的 40 篇研究性论文合稿，对于元代经济方面研究较少。李治安的《忽必烈传》对忽必烈的一生进行了全面系统的介绍，详细描述了忽必烈所制定和实行的一系列政治、经济、军事及文化政策，以忽必烈其人为切入点，揭示了忽必烈在少数民族中首次统一和治理中国南北的动因、背景和利弊得失。这本人物传记虽涉及了元初经济发展的概况，但为数不多的经济研究实则穿插在了元初的具体历史事件中，对怯薛、站赤、四等人种族压迫政策和东道诸王叛乱等部分提供了部分历史资料。本书关于忽必烈这位君王的经济思想研究颇具启发性。历史文献以政治军事史为主要线索，经济生活只是作为一个侧面得到表现，从中能够获得元代社会及经济发展的大致概况。

在社会经济方面，随着蒙古学研究的深入，我国出现了一些对于蒙元经济研究的专著，虽从横向扩展及纵向深入上都达到了一定的新高度，但都不是以蒙古族为主体来分析元代蒙古族社会经济，而更多是从汉族、中原王朝的角度来描述整个元代社会的发展状况。中国社会科学院文库《中国经济通史·元代经济卷》在论述元代社会各产业经济发展状况之余，分析了元代全国人口、民族、阶级状况及中央下属的各经济管理机构，对于元代社会的起源、发展与灭亡都没有进行论述与研究，只是从产业经济的角度剖析了元朝社会的发展，内容也以元朝中原及江南地区的经济发展为主，几乎没有涉及蒙古族经济发展的内容。李干的《元代民族经济史》较全面地分析了元代各社会集团的经济关系、土地制度、租佃制度等，详细叙述了元代农业、手工业、交通运输业以及元代财政，内容丰富全面，但对元代蒙古族聚居区的经济生活却并无多少展现。阿岩、乌恩的《蒙古族经济发展史》仍是从历史的角度探索蒙古族经济发展规律，元代蒙古族经济只是本书其中一章，其研究深度及广度都不足以完整展现元代蒙古族的经济生活，内容仍显单薄。乌日陶克套胡的《蒙古族游牧经济及其变迁》以蒙古族牧民为主体，以社会经济制度变迁为线索，分析了蒙古族游牧经济的演变，在封建领主制阶段对元代经济以及元代蒙古族游牧经济的研究叙述仍较少。李治安的《元代分封制度研究》对根植于草原家产分配和黄金氏族共权原则的分封制做了多层次多角度的系统性考察，对兀鲁思封国、五户丝食邑及投下私属等分封实体进行了深入研究，勾画出了元代分封制度的基本面貌和发展线索，具有重要的学术价值。在学术论文方面：《略论元代流通纸币》《元代"钞本"初探》《纸币在中国元代的流通和发展的特点》基本对元朝货币制度做出了系统的介绍，完整地串联起元朝频繁变动的钞本间的联系。《元代的畜牧业及马政之探析》《略论元代的马政》《元代官牧场及相关问题研究》《元朝的马政制度》《略论忽必烈的畜牧业政策》都是对元朝畜牧业经济方面的马政与官营牧场所做的研究。《元代怯薛入仕契机探析》与《元代怯薛新论》对具有蒙古民族特色的宫廷守卫及皇帝近臣团体——怯薛军进行了细致研究，指出怯薛的本质及其在朝廷政务中所带来的影响。《元代农业生产的发展及其原因探讨》《元代北方地区的屯田》《元代司农司和劝农使的建置及功过评价》《元代屯田的发展和演变》《元代粮食生产和粮食商品化》《游牧与农耕民族关系研究》《试论元代岭北行省农牧业的发展》《试论元代北方水利灌溉事业成就》都是对元朝农业经济发展进行的专门性研究，研究内容包括元代农业生产水平，水利灌溉技术的运用，漠北地区屯田概况，通过农业而产生的蒙汉间交流，等等。

在以政治、文化、科技、外交等为主题的文献中，涉及元代蒙古族经济活动的有《元代上都大都研究》《元上都研究文集》《元上都研究资料选编》《元代社会与三部农书》《元代蒙古地区行中书省研究》《元代文化史》《蒙古族古代战例史》《蒙古学百科全书》等。

在史书、史料的翻译、解读方面，主要有：《元史辞典》《元史选译》《蒙古秘史跨学科文化研究》《蒙古源流研究》《蒙古源流新译校注》等，是研究元史等重要史料的参照来源。

由此可见，有关元代蒙古族经济方面的研究远不及对其文化、历史、语言方面的研究。前人所研究的元代蒙古族经济大多涵盖在以简史出现的综合性历史描述中，或是专题性的研究，如游牧经济、分封制研究等。总之，以元代蒙古族为主体，全面描写其经济生活方面的材料仍显单薄及不充分。研究元代蒙古族经济史，应以蒙古族为主体，以经济为主线，揭示出元代蒙古族经济矛盾演变轨迹。

关于明代蒙古族经济史方面的研究，有达力扎布的《明代漠南蒙古历史研究》。作者在吸收前人成果的基础上，紧紧围绕古代蒙古地区与中原密不可分的政治经济联系，阐明推动蒙古各部南迁的内外原因。蒙古南迁对周邻民族以及蒙古族本身社会发展带来的影响，同时对漠南蒙古历史上前人尚未解决的有关社会、经济、地理等问题做了进一步的探索。薄音湖、王雄编辑点校的《明代蒙古汉籍史料汇编》主体史料即"北元"时期的史料，汇编者顾及史实接续，略有溯、延。这套汇编的特点是史料来源宏富，除官修史书、方志外，还有私修史书、边疆图籍、奏议书牍、私家记事、笔记杂说等等。所辑篇、章、节、段重题旨而不论长短，长则单篇成辑，如第3辑为《全边略记》（方孔炤）；短则三两千字，如第2辑收汉籍史料34种，其中《款塞始末》（刘英箕）全文仅2000多字。所收史料体例亦不拘泥，有编年、纪事本末、典章制度等。史料作者的身份不同，翰林内阁作王朝正史，边镇将史绘写边防图籍，官员写奏议，关心国事的有识之士或做笔记、或作杂说。这部史料汇编的另一特点是按史料成书先后编次、点校，在每种史料之前作题解，简要介绍著者情况及全书概貌、史料价值等。题解虽然语言简短但信息含量大，如介绍著者一般都含有籍贯、官级、主要经历、作品及特色、原书刊刻始末等信息。可以说，汇编中记载了大量生动的明代蒙古族经济史料，全景式地展现了明代蒙古族的经济生活情况。中国第一历史档案馆和辽宁省档案馆编辑的《中国明朝档案总汇》，包括最早的洪武四年（1371年）的户贴田契和永乐八年（1410年）颁给失家摄聂喇嘛的敕谕。其中宣德、成化、正德、嘉靖、隆庆时期的档案为数较少；万历时多为档簿；保存最多的是天启、崇祯两朝的档案。全书共分四编，其中：第一编为散件类，共计收录明朝档案3535件。主要是兵部、礼部的题行稿、题稿、行稿，及科抄题本、奏本、启本、揭帖、塘报、咨呈、剳付、禀文，以及契约、手札、讼状、供状、告示、税票等，兼有少量敕谕、诏诰。第二编为簿册类，共收录明朝档案 102 卷，其中主要是《武职选簿》。第三编为典籍类，均为抄存或誊印的书册，共有《鲁斋全书》《掌诠题稿》等 12 部。第四编为明代辽东问题档案，共有 710 件（卷）。主要是洪武至崇祯年间，明代辽东都指挥使司所属二十五卫与安乐、自在二州，以及明中期后设置的辽东经略、巡抚、巡按、总兵等衙署的档案。档案总汇中有大量关于明廷对蒙古族的经济政策和明蒙经济关系的记载，是研究明代蒙古族经济史的重要素材。杨绍猷、莫俊卿编著的《明代民族史》介绍了明代我国各民族尤其是蒙古族的社会、经济、政治、文化状况和发展变化以及明代民族关系和民族政策等。

一批专题论文对明代蒙古族各部族的经济生活方面进行过比较深入的研究。如加·奥其尔巴特的《察哈尔部源流浅说》一文透过多方面的材料，条分缕析，廓清了"察哈尔部"的演变轨迹，还原了"庐山"的本来面目。该文对"察哈尔部"起源的研究具有科学严谨性，是对中外蒙古学界既有观点的创新。乌云毕力格的《喀喇沁万户研究》是第一部全面系统论述喀喇沁万户的学术专著，首次完整地论及喀喇沁万户的产生、发展及消亡的过程。此书开拓性研究蒙古部族万户，对元亡后的封建割据大混乱时期的达延汗的东蒙古六万户的研究具有重要的理论意义。胡日查、长明编著的《科尔沁蒙古史略》是一部全景式探索科尔沁万户从古至今兴衰变迁的研究专著。

一些关于蒙古族经济发展的专门研究成果，涉及明代蒙古族的经济情况，如《蒙古族经济发展史》《蒙古族游牧经济及其变迁》《蒙古族商业发展史》《蒙古商贸制度研究》《蒙古族经济思想史研究》等，此类文献都以蒙古族为主体对其经济发展包括明代蒙古族经济从多方面进行研究。特别是《蒙古族经济发展史》，罗列了有蒙以来包括明代蒙古族经济发展情况，从牧农工商几个方面进行大篇幅论述，数据较为充实，以经济制度和社会制度为铺垫，行文严谨；

《蒙古族游牧经济及其变迁》，介绍了北方游牧民族与游牧经济，特别是蒙古族游牧经济的形成和演变，包括蒙古族生存的自然环境与生产方式，蒙古族封建领主制时期、集权官僚制时期的游牧经济情况，其中对明代蒙古族游牧经济情况进行了详细介绍。在一些中国通史和蒙古民族通史中也有关于明代蒙古族经济生活的内容，如《明史》《蒙古社会制度史》《蒙古族简史》《蒙古族通史》《蒙古民族通史》《明代蒙古史论集》《明代蒙古史研究》《内蒙古通史》《内蒙古历史概要》《明代东蒙古（1368—1634）》《北元史》等著作。

但是，总体来说，明代蒙古史研究领域是一个相对冷僻而且学术积累较少的新领域，是蒙古史研究的薄弱环节。尤其对蒙古族经济发展历史的研究更少，且较分散。目前国内外对明代蒙古族研究依然集中在军事、文化、宗教、语言、艺术等领域，经济方面的研究大部分只对经济发展状况作地域、产业等方面的史实罗列。明代蒙古族经济史的研究跨越两百余年，这一时期蒙古族经济生活处于十分不稳定的阶段，此外，明代蒙古族经济生活在不同地区也表现出差异性，这给明代蒙古族经济史的研究带来很大的困难。

清代蒙古族经济史也跨越两百余年，这一时期蒙古族经济生活大体处于衰落阶段。此外，清代蒙古族经济生活在不同地区也表现出差异性，漠南、漠北、卫拉特蒙古部落都需要专门研究，且具有同等重要性。但关于清代蒙古族经济历史的研究成果较少，且较分散。

记载清代蒙古族经济发展状况的史书，主要集中在皇家史集和外国游记、著作中。《理藩院则例》是清廷治蒙的重要律书，也是清代蒙古族经济史研究非常重要的一份资料。《则例》中系统记录了关于清廷治蒙的政治、经济、文化、社会等诸多方面的信息，其中关于经济统治的数据尤为可贵。例如关于俸银、赏赉、贡物、赈济等，都是很权威的第一手资料。各朝实录，如《清太宗实录》《清高宗实录》等，也可查阅到相关的对蒙古族经济治理的史料。外国游记以俄国人著作居多，这些游记通过作者亲身经历的描述，可以给我们展现很直观的关于清代蒙古族经济生活的场景。波兹德涅耶夫的《蒙古及蒙古人》提供了大量的可供参考的数据。弗拉基米尔佐夫的《蒙古族社会制度史》更是系统地梳理了蒙古族历史发展中的社会制度问题，虽然关于清代的篇幅有限，但通过研读元明时期的蒙古族社会制度，对清代的制度则会有更加清晰、理性的认识。

全面叙述清代蒙古族经济生活的史料主要源自通史著作。《蒙古民族通史》《清代蒙古史》《蒙古族简史》《清代蒙古史札记》《蒙古史论文选集》等著作中可以获得部分清代蒙古族经济发展的资料。如在《清代蒙古史》一书中，对清代蒙古族地区的牧业、农业、商品贸易与新兴城镇的发展、蒙古族对俄贸易、手工业和森林采矿业做了详尽记载，从中可以大致了解当时蒙古族的经济发展状况，但是此书的缺憾在于平铺直叙，没有主线穿插，所以材料显得比较琐碎，缺乏系统性。

以蒙古族聚居地为基础，对当地经济发展作研究的文献也主要分散在该地的通史、全史中，如《内蒙古通史纲要》《清代内蒙古东三盟史》《准噶尔史略》《清代新疆社会经济史纲》《青海蒙古族历史简编》等，这些文献以蒙古族主要聚居地——内蒙古、青海和新疆为研究对象，通过史料分析、整理了当地蒙古族的经济发展状况，对从不同地域了解清代蒙古族经济状况颇有益处。在《内蒙古通史纲要》中，着重讲内蒙古地区在清代的经济多元化，分析每个产业的发展状况和发展特点，阐释清代蒙古族经济的发展特色，但其史料的搜集不是很全面，且对一些问题的论述有待商榷。

清代蒙古族经济史的专题研究成果有《清代西部开发》《清代蒙古族社会转型及语言教育》《清代区域社会经济研究》《清代边疆开发研究》《清代西北民族贸易史》《清代内蒙古地区寺院经济兴衰

研究》等。这些文献着重以地域性和产业差异为出发点，不能从总体上把握蒙古族整体的经济史实。

经济史是经济矛盾在时间上的展开。虽然关于蒙古族经济史的专门研究成果有《蒙古族经济发展史》《蒙古族游牧经济及其变迁》《蒙古族商业发展史》《蒙古商贸制度研究》《试论清代内蒙古蒙旗财政的类型与特点》等，但都未涉及蒙古族经济发展的矛盾分析，罗列史实，平铺直叙居多。特别是《蒙古族经济发展史》，罗列了有蒙以来的所有关于蒙古族的经济发展情况，从牧农工商几个方面进行大篇幅论述，然而此书一大特点是数据比较充实，且在分析经济发展之前以经济制度和社会制度为铺垫，使其行文在逻辑上比较严密。《蒙古族游牧经济及其变迁》一书主要阐释了有清一代蒙古族的阶级结构以及这一时期蒙古族经济的显著特点——蒙垦对蒙古族社会经济的影响，该书将这一时期的蒙垦分为四个阶段，详尽罗列了清代蒙古族地区农业发展的历程，是清代蒙古族经济史研究不可多得的重要参考。但该书对汉族移民对蒙古族游牧经济的影响缺乏深入分析，也缺乏对蒙古族商业、手工业和城镇化的研究。

清代蒙古族的社会、文化、宗教等史料，可以折射出蒙古族经济生活的一些信息。如《游牧文明史论》《清代蒙古社会制度》《清代蒙古族盟旗制度》《游牧文化》《蒙古族生活掠影》《清代内蒙古地区的汉人移民史研究》等，这些文献从文化、社会关系、政治制度、日常生活等方面展示了蒙古族的社会状况，从中可以挖掘一些经济史料。纵览《清代蒙古社会制度》，其中对清代蒙古族的社会制度变迁做了全面论述，且其附录中补充了一些重要史料，诸如对漠西蒙古族经济社会发展有深刻影响的《卫拉特法典》，另外还有关于汉族移民的相关史料，都是非常珍贵的，在其他文献中并不常见。喇嘛教在清代蒙古族社会中地位极重，关于寺院经济的研究文献却不多见，主要有胡日查的《清代内蒙古地区寺院经济研究》一书，但该书主要研究内蒙古地区的寺院经济，对其他蒙古族地区涉及很少。故在本书研究中，借助了《清代蒙古寺院经济研究》一文、罗莉博士论文《论寺庙经济》以及国家图书馆文献微缩复制材料《清代蒙古高僧传译辑》，力争在较全面的史料支撑下，系统研究清代蒙古族的寺院经济。

晚清至民国时期蒙古族经济史研究文献可归为以下五类：通史类、专门类、相关类、地区类和专题类。

通史类中，《蒙古族通史》《蒙古族通史纲要》《蒙古族简史》《蒙古族全史》《蒙古史纲要》等对晚清至民国时期蒙古族经济发展状况的研究较少，但具有重要的参考价值。但由于时间跨度大及涉猎面过宽，经济方面的叙述限于粗线条，从中获取所需要的资料需要仔细分辨。

专门类的蒙古族经济史研究著作有《蒙古族经济发展史》《蒙古族经济思想史研究》和《蒙古族游牧经济及其变迁》。阿岩、乌恩编著的《蒙古族经济发展史》提供的材料相对丰富。该书以蒙古族经济的发展变迁为主线，涉及晚清至民国时期蒙古族经济的动态变化。从列强对蒙古族的经济掠夺、畜牧业的衰落、资本主义萌芽和传统经济的变革四方面阐述了这一时期的蒙古族经济状况，有较高参考价值。其局限性表现在只涉及了蒙古族产业经济的演变，对金融有零星涉及，而对货币政策、土地制度、人口政策等均未提及。

陈献国的《蒙古族经济思想史》是以经济思想为主线，将各个时期发展蒙古族经济的主要思想集中呈现，对于晚清至民国时期的蒙古族经济思想作者提到了货币改革论、维新改良经济思想以及经济建设主权论等，对该时期蒙古族经济史的研究提供重要资料补充。但蒙古族经济思想史比蒙古族经济史的研究范围要狭窄得多。

乌日陶克套胡的《蒙古族游牧经济及其变迁》是以经济制度变迁为主线，将蒙古族游牧经济发展分为奴隶制时期、封建领主制时期和集权官僚制时期。作者将晚清至民国时期的蒙古族经济归属于集权官僚制末期，粗线条叙述了晚清政府、北洋政府、国民政府、伪满洲国以及共产党领导时期的内蒙古经济概况。乌日的写作思路别具一格，内容虽不全面但分析深刻，抓住了蒙古族游牧经济及其变迁的根源。

相关类文献主要是指在其他民族那里可以找到蒙古族的相关史料。晚清至民国时期的蒙古族被满族和汉族统治，其经济发展必然会受到统治阶级相关经济政策的影响，因此，晚清至民国经济发展的相关研究成果便成了研究蒙古族经济史研究的重要参考文献。其中《民国财政史》《民国金融史料汇编》《民国人口户籍史料汇编》《民国产业经济思想研究》《民国对外贸易思想研究》《民国时期的货币政策：清末民初紊乱的货币制度》等著作和文章能为晚清至民国时期蒙古族经济史的研究提供背景性材料，也可以从中获取相应的资料和数据。统治阶级颁布的相关经济制度会部分地施行于蒙古族地区，从而影响到蒙古族的经济发展，所以，对相关类经济史料进行收集和研究十分必要。

地区类文献主要有《内蒙古金融志》《内蒙古畜牧业发展史》《内蒙古商业发展史》。这类文献对金融业、商业、畜牧业等进行的专门研究不仅指向性强，而且研究细致，资料丰富，具有重要的参考价值。《青海蒙古族历史简编》《新疆建省后蒙古族社会经济变化》《甘肃蒙古族史话》《伊犁文史资料》等概述了青海、新疆、甘肃等地的蒙古族经济生活。尽管不是专门的经济研究，但仔细筛选的经济史料，对于认识不同地区蒙古族经济特点大有裨益。晚清至民国时期蒙古族不同聚居区更为微观的研究成果同样值得关注：红梅硕士学位论文《清末民国时期达尔罕王旗经济结构变迁问题研究》、田军博士学位论文《民国时期后套地区的农业开发》、冯君硕士学位论文《清代归化城商业贸易的兴衰及其影响》、乌云娜硕士学位论文《清末到民国时期乌审旗的蒙地放垦》、刘茗硕士学位论文《热察绥改省对国家整合的影响研究（1928—1937年)》、牛玉军硕士学位论文《近代绥远地区的鸦片烟祸》、鲍格根图雅硕士学位论文《民国前期察哈尔地区开垦研究》、戴学稷《西方殖民者在河套、鄂尔多斯等地的罪恶活动——帝国主义利用天主教侵略中国的一个实例》、王卫东《鄂尔多斯地区近代移民研究》、樊磊《民国时期察哈尔绥远盐业资源研究》、庆格勒图《内蒙古东部区的土地改革》等均是以小范围的蒙古族聚居区为研究对象，以该区域蒙古族经济结构、农牧工商和货币等经济方面为研究内容。

专题类研究文献包括晚清至民国时期蒙古族人口、畜牧业、工商业、金融货币、外蒙古独立、民族关系和新民主主义经济研究。需要指出的是，这一时期蒙古族经济史研究的几乎每个方面前人都有过系统且详细的专门论述，在研究的深度和细致程度上，均为其他时期所不逮。

晚清至民国蒙古族人口研究成果有孟楠的《民国时期新疆蒙古族人口分布状况及数量》、张植华的《清代至民国时期内蒙古地区蒙古族人口概况》、王龙耿和沈斌华的《蒙古族历史人口初探（17世纪中叶—20世纪中叶)》、王卫东的《鄂尔多斯地区近代移民研究》等。这些论文均对晚清至民国时期的蒙古族人口状况进行了详细且深入的研究，为我们提供了宝贵的参考资料。

晚清至民国蒙古族畜牧业研究方面：王建革的两篇文章《定居于近代蒙古族农业的变迁》和《农业渗透与近代蒙古草原游牧业的变化》，都从农牧业关系入手研究了晚清农业渗透对蒙古族畜牧业的影响；白拉都格其《关于清末对蒙新政同移民实边的关系问题——与邢亦尘同志商榷》一文深刻探讨了"新政"和"移民实边"两项政策的异同及对蒙古族畜牧业发展的影响，其认为"移民实边"政策应属晚清新政范畴，该政策的实施极大地破坏了蒙古族畜牧业的发展；朱峰《清朝时期内蒙古社会土地（草牧场）所有制及阶级关系之变化》，重点研究了清代，包括晚清在内内蒙古土地（草牧场）所有权的变化，以及这种变化引发的蒙古族阶级关系的变化，对研究晚清时期蒙古族社会性质和经济制度变化有较大帮助。

晚清至民国时期蒙古族工商业包括的内容较为丰富。丁晓杰通过《日本东洋拓殖株式会社在伪蒙疆的经营计划及活动述论》《日伪时期蒙疆畜产股份有限公司及其活动析论》两篇文章，研究了日本伪蒙疆政权在所占领蒙古族聚居区的掠夺性贸易活动；《日本伪蒙疆政权时期的鸦片专卖政策——以专卖制度为中心》《九一八事变后日本对西蒙的鸦片毒品入侵》等论文，讲述了民国时期日本殖民者在蒙古族聚居区进行的毒品贸易；米镇波《光绪初年俄商偷运砖茶倾销蒙古地区问题考述》，记述了沙俄殖民者通过向蒙古族聚居区输送砖茶掠夺蒙古族资源的史实；王艺丹的硕士学位论文《旅蒙商与蒙古城市的形成和发展》和马春英的《旅蒙商与蒙古族谋生手段的变迁》，通过对蒙古族城镇和旅蒙商经济活动的研究揭开了晚清至民国时期蒙古族商业发展之一角，此类研究成果特别丰富。

晚清至民国蒙古族金融货币研究方面，《内蒙古金融志》是最为重要的参考文献，但马长林的《民国时期的货币政策：清末民初紊乱的货币制度》、张明的《论伪蒙疆银行》、杜承武的《大青山抗日游击根据地的货币金融》、李鸿的《大青山抗日游击根据地的财政经济工作》、贾可佳的《试论大青山抗日游击根据地的特货》、赵敏的《内蒙古自治政府成立前后的货币》等，对晚清或民国时期蒙古族聚居区货币金融的专题研究成果，同样不能忽视。

外蒙古独立是晚清至民国蒙古族经济史研究的一个重点，研究成果也较为丰富。刘国俊《1914—1915 年中俄蒙恰克图谈判与〈中俄蒙协约〉》什·桑达克《19 世纪末 20 世纪初外蒙古政治经济状况》和田志和《关于蒙古封建王公制度向民国延续问题》，均对外蒙古独立的背景、经济状况以及清政府的应对措施做了相应研究；熊建军、陈少牧《关于民国时期外蒙古独立事件的回顾与思考》、金伯雄《外蒙古独立之真相》、海纯良《末新政与外蒙古独立》等文则是对外蒙古独立过程、原因及后果进行了详细阐述。

晚清至民国蒙古族与其他民族经济关系方面，闫天灵《清代及民国时期塞外蒙汉关系论》和《论汉族移民影响下的近代蒙旗经济生活变迁》、肖锐《浅论清朝的满蒙联姻政策晚清民族国家构建中的"满蒙联姻"地位研究》、冯建勇《晚清民族国家构建中"满蒙联姻"地位研究》、李玉伟《北洋政府的民族政策与内蒙古的民族问题》、薛子奇、于春梅《近代日本满蒙政策的演变》以及赵天福的《边疆内地化背景下的蒙汉民族贸易变迁（1368—1949）——以宁夏地区的蒙汉贸易为例》，从蒙古族与其他民族经济关系入手，研究蒙汉经济关系和满蒙经济关系。

蒙古族新民主主义经济主要是指抗日根据地和解放区经济。在中国共产党的领导下，蒙古族最终摆脱了"三座大山"的经济压迫，走上了民族区域自治的发展道路。这方面的文献主要有吉雅泰《第一批蒙古族共产党员是这样产生的——追记李大钊与内蒙古初期的革命活动》、毛泽东《中华苏维埃中央政府对内蒙古人民宣言》、包玉清《共产党与蒙古族的解放》、郭金玫《试论中国共产党成立初期对蒙政策不能忘却的一段历史——简述李大钊等共产党人对内蒙古地区民族解放的卓越贡献》、庆格勒图《内蒙古东部区的土地改革》、赵敏《内蒙古自治政府成立前后的货币》等，这些文献对于探索共产党带领蒙古族走向自治、自主发展道路的经济原因具有重要的史料价值。

三　蒙古族经济史研究的基本线索

蒙古族起源于北方各游牧部族，匈奴、东胡以及属于东胡族系的鲜卑、柔然、契丹、乌桓、室韦等部族，对蒙古族这个新的民族共同体的形成产生了重要影响。部族联盟时期的经济发展情况及与其他部族的经济交往，尤其是蒙古族主体部族室韦的兴起及其初期经济活动，开启了蒙古族经济史的端绪。蒙古族统一前的主要经济形式是游牧经济，游牧经济具有脆弱性、季节性、流动性的特点。随着生产力的发展，蒙古部族经济从原始的狩猎采集经济文化类型过渡到以草原游牧经济文化类型为主导，并有少量农业经济作为畜牧经济的补充形式而存在。游牧生产方式逐渐从"古列延"过渡到"阿寅勒"，游牧经济的开放性也促进了北方游牧部族间的融合，为蒙古各部的统一奠定了较为坚实的经济基础。

蒙古社会生产力的提高，畜牧业的发展，私有财产范围逐渐扩大，数量日益增加，财产占有的不平衡，导致贫富分化和私有制的产生。而富人和穷人、自由人和奴隶、贵族和平民的出现，打破了蒙古社会人与人自由、平等的关系，形成了人剥削人、人奴役人的阶级关系，蒙古部族逐步由氏族公社过渡到了阶级社会，完成了生产关系的重大变革。富有者不仅占有生产资料，也逐渐占有劳动者本身，这就导致奴隶制的产生。奴隶主要来源于战争、买卖、陪嫁、世袭、罪犯和自动投靠为奴，供那颜贵族家内役使、从事生产劳动和用于军队，处于完全被统治、被役使的地位。蒙古族奴隶制社会持续时间不长，随着蒙古诸部统一，蒙古各部族经济迅速发展，那可儿和合剌出等构成的社会关系，形成了处于萌芽状态的封建关系，这种封建关系一经出现，便以巨大的力量冲击奴隶制。为适应社会发展需要，打破原有奴隶制生产关系对生产力继续发展的桎梏，奴隶主与奴隶之间、各阶级、各政治集团之间展开了激烈的错综复杂的斗争，斗争的结局——蒙古社会逐步实现了由奴隶制向封建制的过渡，中国北方第一次出现了统一各个部族而形成的强大、稳定和不断发展的民族——蒙古族。

成吉思汗凭借蒙古族游牧经济的优势建立了蒙古汗国，成为世界上疆域最为广大的帝国，横行欧亚大陆。成吉思汗所开创的经济事业和取得的经济成就主要表现在：蒙古汗国建立了封建领主制，实行了千户分封制，制定了大札撒成文法。在经济制度上，实行了封建领主土地制度、赋税制度、徭役制度、货币制度等；在经济成就上，蒙古汗国的畜牧业、农业、手工业及商业都有了快速发展，同时，蒙古汗国加强与东西方各民族的经济技术文化交流，有力地促进了东西方经济联系和文明的相互传播。

公元 1260 年，忽必烈在上都即位称汗，由他创建的元王朝结束了中国连续五百余年的纷乱割据与战火横飞的局面，逐渐走上了和平统一与繁荣昌盛的经济发展之路。以蒙古族为主体的元王朝将蒙古族经济发展至鼎盛。与蒙古汗国时期不同，蒙古贵族统治集团走出了大漠南北，在"祖述变通"的指导方针下，建立了中央集权官僚制统治，但大量"蒙古旧制"因与诸王领主的经济利益密切相关而被保留下来，元代蒙古族经济始终具有蒙汉杂糅的二元性。"汉法"与"蒙古旧制"的斗争贯穿元朝历史的始终，两条线索交叉影响，推动元代蒙古族经济的矛盾发展。

蒙古汗国已基本完成奴隶制经济向封建领主制经济的过渡，蒙古族劳动者由奴隶转化为牧奴，提高了自我经济意识的蒙古族已展开了一定程度的农牧业生产经营活动，生产力进步迅速，蒙古统治者建立了全国政权后积极吸收"汉法"，建立了完善的经济管理机制，最终实现了全国一统。

蒙古贵族统治集团掌管全国经济后，首先按照草原家产本位制对土地进行了分封与再分配，大量农民失去土地，土地兼并导致国家与大地主之间的矛盾越发尖锐。社会经济的其他方面因蒙古统治者的开明与重商态度而呈现出一幅欣欣向荣的景象，统一的货币制度、完善的税赋体系、开放的海外贸易政策共同打造出大元盛世。但繁盛背后均有危机潜伏，军费支出浩大，官员冗繁，财政收入逐渐由平衡转为失衡。

蒙古族作为世代生活在大漠草原的游牧民族，其符合游牧经济的大量"蒙古旧制"在与"汉法"的斗争过程中，仍然顽强地在元廷集权官僚化的道路上留存下来，占据元朝政治经济政策的内核部分，始终影响元代蒙古族的经济发展与社会进步。"蒙古旧制"和保障蒙古统治者地位的"四等人制"都没有将广大蒙古族劳动人民从贫困状况中解救出来，反而成为剥削及压迫蒙古族劳动者的最大武器。蒙古族内部阶级矛盾日益尖锐，对中央王朝的统治带来了巨大的挑战。

蒙古族统治全国的经济成果大部分被转移到大漠南北的蒙古本部，蒙古统治者运用了大量"倾斜性"的扶持政策来促进蒙古族经济发展。畜牧业得到了最大限度的官方保护与赈济，农耕经济扩大，官办手工业全面带动蒙古族手工业经济，草原城镇与商贸业一片繁荣，依靠"输血"式发展的蒙古族经济昌盛但又脆弱。

忽必烈辞世后，元廷皇权更迭频繁，社会动荡。变钞与治河成为元末农民起义的导火线，在社会矛盾、阶级矛盾与民族矛盾无法调和的状况下，元帝国经济崩塌，皇室被迫北迁。蒙古族经济最终失去中央扶持，顷刻瓦解。

蒙古族统治者一直热衷政治扩张，其背后无不隐藏着巨大的经济利益，蒙古族注定要与其他民族展开多角度、多维度的交往与联系。元代蒙古族在国内与汉族、藏族间展开了以农业合作和宗教渗透为主的交往，与四大宗藩国及亚欧各国之间都进行了以朝贡贸易与互市贸易为主的经济往来。伴随着经济关系的展开与延伸，东西方文化、宗教及科技方面的交流为人类文明的发展做出了巨大贡献，中国在元朝时期成为世界舞台的中心。

元朝末年，以红巾军为首的大起义，摧毁了元朝的统治。之后，朱元璋建立明朝，元朝灭亡。元朝末代皇帝妥欢帖木儿（元顺帝）退往上都，以后的一段时期，史称"北元"。由于北元与明朝南北对立，双方为争夺正统地位而进行连绵不断的战争，蒙古一些地区是双方拉锯的主战场，破坏更加严重；加之在明朝的军事和政治双重压力下，蒙古部族军民或被迫纷纷北迁，或络绎南降明朝，大批劳动力在战争中死伤，使蒙古一些地区的蒙古族人口锐减。明朝为防止蒙古贵族南下，对蒙古地区实行经济封锁，将大批塞外从事农业、手工业的居民迁入塞内，禁止汉人出塞，蒙汉之间正常的经济交往基本中断。战乱使蒙古地区原有的农业破坏殆尽，农田荒芜，城镇、村庄被毁；封锁使蒙古地区缺乏原料、工具、技术和专业人员，原有的手工业、商业也衰落了，蒙古地区又退回到单一的游牧经济，而且由于战争、自然灾害并缺乏市场，畜牧业也处于凋敝状态。总体来说，明初蒙古族经济是衰退的。元代蒙古族"汉法"与"蒙古旧制"并存现象让位于"蒙古旧制"一制独存，蒙古族封建领主制复辟。

明中晚期蒙古族经济逐渐复苏。从 15 世纪中后期开始，随着蒙古地区相对统一，南北经济交流的闸门开启，畜牧业渐渐得以恢复发展。尽管内战并未完全结束，但相互间的火并已大为减少。相对和平稳定的环境，使蒙古族经济得以休养生息并进一步发展。其主要表现，一是达延汗通过统一战争以及分封诸子等方式，形成了较为稳定的政治环境，推动了蒙古族经济的复苏；二是俺答汗通过多次积极求贡，进而封贡成功，实现了南北经济正常交往，促进了蒙古族经济的发展；三是通过丰州川板升的建设，明代蒙古族半农半牧型经济逐渐形成。

明代蒙古族经济制度系封建领主为了建立、维护和发展有利于其统治的经济秩序，而确认或创设的各种有关经济问题的规则和措施的总称。明代蒙古族复辟了封建领主制经济，并获得继续发展，成为这一时期经济史的重要特征。明代蒙古族经济因政治、历史、地理环境等各方面的原因，发展是不平衡的，但都以畜牧业为主，辅之以狩猎、手工业和其他副业，部分地区出现较大规模的农业生产。此外，黄教在蒙古族内部逐渐取代萨满教并广泛传播，进而产生了寺院经济。

明代蒙古族和其他民族的经济关系是这一时期经济史的重要内容。元代形成了蒙古高原和中原地区广泛的经济交流，促进了经济发展。太祖洪武年间，北元与明朝双方剑拔弩张，战争绵延，蒙古族与中原地区的经济联系基本上被人为切断，南北方统一市场被破坏。明成祖后，蒙古族与明朝的经济关系进入了艰难的恢复期。直到俺答封贡后，这种经济关系得到进一步发展并逐渐进入了全盛发展期。此外，明代蒙古族还与西域各民族、回族等保持着经济联系。

公元 1636 年，清太宗皇太极在龙兴之地建立清朝；1644 年，顺治入关，坐拥九州，中国历史上最后一个集权官僚制王朝由此拉开大幕。作为满族统治者的得力盟友的蒙古族，有清一代，备受关注。北元时期，蒙古族各部独立为政，互不统属，直至明末清初，逐渐臣服于满，成为满洲的藩属。这一历史性的巨变，在其背后有着深刻的社会经济根源。

盛元时期，蒙古族是统治全国的少数民族；没落北元，蒙古族依然是完全的民族自治；至清，则沦为满族的藩属，向满称臣纳贡，并且逐渐成为与内地无异的集权官僚制统治社会。经济基础决定上层建筑，满族征服蒙古族是一系列经济矛盾促成的结果。在这些矛盾的支配下，蒙古族在明末清初完成社会转型，满族统治者对蒙古族的经济统治政策起到了关键作用。在一系列改革之后，蒙古族传统的封建领主制经济被集权官僚制经济所取代，为此后蒙古族经济史的演变埋下了伏笔。

清代蒙古族的生存之本是畜牧经济。为了达到"分而治之"的构想，清王朝推翻蒙古族旧的社会体制，以盟旗制度架构出新的政治、经济体制，势必影响到蒙古族畜牧业的发展。随着蒙旗的逐步设立，蒙古族经济社会开始出现分化，新的阶级和剥削方式规定了蒙古族社会财富的流向。有清一代，蒙古族贫富差距扩大，大量的财富被清政府和蒙古族王公贵族以及新兴的牧主攫取，广大的阿勒巴图生活贫困不堪。蒙古族畜牧业在清政府的扶持下虽然得到了恢复和一定的发展，但是整体来看，蒙古族畜牧业呈颓败之势。

蒙汉来往，亘古未绝，至清代则更为紧密。农业在清代已成为蒙古族经济非常重要的组成部分，虽然蒙古族地区的农业从业人员以汉族移民为主，但是农业生产的基础生产资料——土地，则是由蒙古族的牧场开垦而来，农进牧退，汉族移民的大量涌入势必改写蒙古族经济的发展走向。农业不仅侵蚀畜牧业赖以生存的草场，而且衍生出新型的财产关系，土地典押制、永佃制的出现，使土地由公共占有制向私人占有制转变，蒙汉地主阶级成为继清廷和蒙古族王公之后又一大剥削阶级，蒙古族牧民创造的价值被无限量敲取。伴随汉族移民而来的，还有城镇的兴起和手工业的发展，蒙古族出现了市民阶层，社会发育程度得到了提升。

自忽必烈拜宗喀巴为国师起，喇嘛教便成为蒙古族的共同信仰，至今不衰。在清政府的大力扶持以及蒙古族各阶层的推崇之下，喇嘛教的兴起催生了畸形发展的寺院经济，寺院成为当时蒙古族经济的重要节点。喇嘛教与其他宗教共同特点是聚敛社会财富。不仅如此，喇嘛教寺院依靠雄厚的资本，还可进行再生产。最终导致喇嘛、庙丁过多，寺院收入极度膨胀。由于这一经济形式的兴起源于俗世社会的赞助，当外部的扶持减弱，加之内部管理混乱、奢靡成风，寺院经济的衰落就在所难免。

清代蒙古族与其他民族的经济关系具有特殊性。满族与蒙古族的经济关系更多具有政治意义，以满洲的赏赐和蒙古族的贡赋为主要形式，以官市贸易为重要补充。在汉族与蒙古族的经济关系中，旅蒙商是关键一环。旅蒙商的出现进一步催化了蒙古族近代商品经济的发展，其对蒙古族的经济压榨不逊于帝国主义的长枪短炮。此外，藏族以及西北诸民族与蒙古族的经济关系也得到了发展。从地区层面来看，清代蒙古族与国外民族经济联系主要发生在西北、长城沿线以及蒙俄交接地带，这与蒙古族的分布范围大体一致。

晚清至民国蒙古族经济史可分为两个阶段。第一阶段是晚清，从1840年鸦片战争开始，到1912年辛亥革命结束。这一时期，帝国主义列强开始对蒙古族展开经济侵略，晚清政府的"新政"和"移民实边"政策加重了对蒙族人民的经济剥削。被逼无奈的蒙古族人民发动了多起反帝、反官僚和反蒙古王公的抗租、抗丁、抗垦斗争。在此情况下，晚清蒙古族经济从半封建半官僚制转变为殖民地、封建制和官僚制三重统治。在繁重的经济剥削下，晚清蒙古族人口增长缓慢、畜牧业由盛转衰、农业获得长足进步、商业畸形繁荣，货币金融秩序混乱不堪。

第二阶段为民国时期，以1912年辛亥革命为开端，到1949年新中国成立。民国时期蒙古族经济史的显著特点是政权众多。北洋政府与国民政府的治蒙政策对蒙古族经济产生重大影响，各路军阀肆无忌惮的蒙地开垦与蒙古族民众的抗垦斗争，外蒙古独立以及日本侵略者通过伪满兴安政权和伪蒙疆政权对蒙古族人民进行的残酷经济掠夺，构成了这一阶段蒙古族经济史的主要内容。这一时期，蒙古族经济呈现出半殖民地化和殖民化特点。相较晚清而言，民国时期蒙古族人口增长依旧缓慢但发展不平衡；畜牧业持续衰退但各项技术有所改良；农业仍发展较快，但却呈现出越来越突出的破坏性；工商业依然畸形繁荣，但半殖民地化程度进一步加深，几乎完全殖民化；货币依然混乱，但金融业处在了由传统金融向近代金融转变的交替阶段，虽有发展但仍被日本侵略者操纵。

需要强调的是，中国共产党领导的蒙古族抗日根据地和解放区的新民主主义经济预示着蒙古族经济史的崭新篇章。中国共产党在大青山革命根据地和解放区领导蒙古族人民反抗侵略，制定了繁荣蒙古族经济的各项经济政策。在中国共产党新民主主义政策指引下，蒙古族人民获得了政治经济上的彻底解放。

晚清和民国时期，蒙古族与其他民族间的经济关系有了新的发展。蒙满、蒙汉、蒙藏、蒙维以及蒙古族与外国民族经济交往，在这一时期呈现出纷繁多样的格局。

第 一 篇

元代以前蒙古族经济史

吕育昌

第　一　章
蒙古族先人早期社会经济活动

　　蒙古族是我国少数民族中历史悠久、人口较多、影响力较大的民族。据蒙古人的传说已有三千多年的历史，有文字记载的史书亦有一千多年的历史。那么，蒙古民族是怎样登上历史舞台并影响了世界历史呢？研究这样一个曾经极其辉煌并对中国有着重要影响的游牧民族的经济活动，从经济角度研究观察这个民族的源起和发展，对于认识今天北方少数民族的经济发展具有重要借鉴意义。

第一节　蒙古族的起源

　　自夏、商以来，蒙古地区是诸游牧部族的活动场所，大大小小的部族作为蒙古人的先人出没在这块广阔的草原地带，各部族上演着一幕幕兴衰、更替的历史。

一　自然环境与北方游牧部族

　　从新石器时代的考古发现可以看出，中国存在着不同的文化系统。黄河流域以种粟为主和长江流域以种稻为主的农耕文化，以及北方以细石器为主的游牧文化，大致反映了当时的民族分布情况。虽然社会变革主要受经济和技术进步的驱使，但也与地理和自然生态环境相联系。因此，追溯蒙古民族祖先和族源需要先从蒙古高原这一独特的自然地理和生态环境以及古人类活动的场所来考察。

距今约 2500 万年—200 万年的晚第三世纪时期，喜马拉雅造山运动使青藏高原隆起，形成了蒙古高原。蒙古高原属于降水量较少的干旱和寒冷地区，冬季长，夏季短，气候温差大，只能适宜多年生、旱生低温的草木植物生长；地势虽较平坦，但以森林、草原和戈壁为主，其气候和自然条件显然不适合农耕生产，生活于这一区域的人们只能依赖游牧、狩猎等生产方式生存繁衍，形成了独特的游牧文化。在漫长的岁月中，曾有许多血缘氏族和部族出没在广阔的蒙古高原，这一地带，自远古以来一直是游牧民族活动的历史舞台。[1]

北方游牧集团内部并不是单一的共同体，其中均包含着许多大小部族，也存在着部族差别。由于这些原始的部族集团所处的自然地理环境有差别，文化起源各异，生产生活方式不同，其经济社会的发展水平也很不平衡。

当中原地区从部族状态发展为国家状态——夏朝建立，当时的北方游牧部族虽然还是分散的状态，但也进入青铜时代。鄂尔多斯青铜器时代和夏家店下层文化作为中国北方青铜时代的早期，其年代约为公元前 2500—前 1500 年。赤峰市临西县大井村发现的夏家店上层文化的古铜矿遗址包括了露天开采、选矿、冶炼、铸造等全套的工艺技术。青铜器出土数量、品种之多，工艺水平之高，其应用

---

① 黄健英：《北方农牧交错带变迁对蒙古族经济文化类型的影响》，中央民族大学出版社 2009 年版，第 6 页。

遍及军事、生产、生活等，都可以断定，当时北方游牧部族已进入文明时代。

《史记》曾记载："各分散居溪谷，自有君长，往往而聚者者百有余戎，然莫能相一。"① 这说明部族内部已有阶级分化。

这些部族相互之间不仅有着天然的和政治的联系，而且与中原历代王朝也保持着密切关系，有和平的商业贸易，有喜庆的联姻，时而也有残酷的战争。北方游牧部族的一些活动从夏商周时期就已经开始，其对相互间的经济、政治、文化都有着不容忽视的影响。

二　源起东胡

东胡，是包括同一族源、操有不同方言、各有名号的大小部族的总称。② 据司马迁《史记》记载："在匈奴东，故曰东胡。"关于蒙古民族的族源，从史书记载和大多数学者的考证来看，大都认为出自东胡。如在我国古代文献《魏书·失韦传》《通典·室韦》《太平寰宇记》《册府元龟》《文献通考·室韦》等书中都有蒙古族源于东胡的记载，近现代的一些学者如《蒙兀儿史记》的作者屠寄也认为，"蒙兀儿者，室韦之别种也，其先出于东胡"。

中国历史上距今 3000—4000 年的夏商时期，从大兴安岭里走出的东胡人，已开始出现在今内蒙古自治区境内的呼伦贝尔市、兴安盟、锡林郭勒、通辽市、赤峰市境内的大兴安岭两侧和今辽宁省西部的西拉木伦河、拉哈河流域。著名蒙元史学者易邻真先生对东胡的方位认定为："东胡人及其后裔的居地大体上就是内蒙古东部地区。从昭乌达松漠到额尔古纳河流域，是以东胡人和他们的后裔－

---

① 司马迁：《史记》，卷110《匈奴列传第五十》。

② 阿岩、乌恩：《蒙古族经济发展史》，远方出版社1999年版，第6页。

鲜卑人，后来的契丹人、室韦－达怛人为主体的语言相同或相近，地域相连，风俗习惯也相似的各个部族的居住地，可以称作东胡及其后裔历史民族区。"① 历史学家翦伯赞在《内蒙访古》一文中也认为呼伦贝尔草原是蒙古人的历史摇篮。

在蒙古高原游牧的匈奴、东胡、突厥、肃慎四个族系中，东胡族系见于历史记载最早，演变过程最为复杂，集中代表了草原游牧文化，在世界的文化宝库中熠熠生辉。东胡族系不但在中国历史和世界历史上产生过巨大影响，而且至今仍在发挥着重要作用。东胡人被专家学者认定为是第一批走出大兴安岭的人，他们在大兴安岭的两侧、在西拉木伦河和老哈河流域上演了一幕幕动人的历史剧，直到被其西邻强敌匈奴所破，但东胡族系顽强的生命力，后来又在鲜卑、乌桓、室韦、契丹、蒙古的身上延续……

那时东胡还没形成民族，只能把他们称作"族群"，这些族群基本上处于原始社会的部族或部族联盟阶段。在其西部，即今赤峰市克什克腾旗以西至阴山、阿尔泰山一带的草原上，生活着另一支强大的匈奴族群，被称作"胡"。② 因为当时这一族群活动地域位于匈奴族群的东部，故被称作"东胡"。③

东胡的经济生活以畜牧业为主，也保留有狩猎经济。在大兴安岭东南部接近农耕地带，出现了农业和手工业，尤其是青铜铸造业

---

① 亦邻真：《亦邻真蒙古学文集》，内蒙古人民出版社 2001 年版，第 556 页。

② "胡"原为古代中原农耕民族对草原游牧民族的泛称，后北方草原上的游牧民族也自称为"胡"《汉书·匈奴传》（卷九四上）载，匈奴单于曾说："南有大汗，北有强胡。胡者，天之骄子也。"

③ 东胡之称，最早见于《山海经·海西内经》所载"东胡在大泽东"（大泽即今呼伦贝尔市呼伦湖）。林幹先生在《东胡史》中称，东胡之名，并非自称，《史记·匈奴列传》"索隐"引东汉学者服虔之说曰："东胡，乌丸之先，……在匈奴东，故曰东胡。"

比较发达。东胡语言属阿尔泰语系，后来活动于蒙古高原上的许多游牧部族如鲜卑、室韦、契丹、蒙古均属于阿尔泰语系。许多持东胡说的学者认为东胡后裔诸语言与蒙古语有共同的祖源，他们的语言是现代蒙古语的古老形态。

公元前 17—前 15 世纪，东胡就与商王朝和西周建立了朝贡关系。《逸周书·王会篇》曾有"东胡黄罴，山戎戎"的记载。公元前 771—前 256 年（春秋战国时期），东胡在史书记载中频频出现。

公元前 5—前 3 世纪，东胡各部还处于原始氏族社会发展阶段，各部族过着"俗随水草，居无常处"的生活。公元前 3 世纪末，形成东胡人的部族联盟，与匈奴为敌，不断向西侵袭。冒顿单于（前209—前174 年）时，匈奴遂强，东袭东胡，破灭东胡各部，大掠其民众及牲畜。东胡各部受匈奴人统治达三个世纪（公元前 3 世纪末至公元 1 世纪末）之久。公元 48 年，匈奴分裂为南匈奴和北匈奴，势力渐衰，乌桓、鲜卑（乌桓、鲜卑是东胡人的后裔）乘机而起。公元前 209 年，冒顿单于破灭东胡以后，一部分东胡人居于辽河流域的乌桓山，一部分居于潢水流域的鲜卑山，故称乌桓、鲜卑。据《后汉书》记载，汉和帝永元年间（89—105 年），汉朝击破匈奴，北单于出走，鲜卑人转徙到该地驻牧。匈奴余者 10 万余落，皆自称鲜卑，鲜卑至此便强盛起来。至 2 世纪中叶，即檀石槐统治时期，据《三国志》描述："尽据匈奴故地"，占据"东西万二千余里，南北七千余里"的广大地区，建立起一个空前强大的鲜卑部族军事联盟。各部首领割地统御，各有分界。檀石槐死后，鲜卑部族军事联盟也随之瓦解。根据考古发掘以及汉籍中记载的有关鲜卑人有关的风俗习惯和语言，也基本证明了蒙古人与鲜卑人有渊源。4 世纪中叶，鲜卑人的一支，自号"契丹"，生活在潢水和老哈河流域一带。居于兴安岭以西（今呼伦贝尔地区）的鲜卑人的一支，称为"室韦"。室韦，始见于《魏书》，作失韦。室韦与契丹同出一源，以兴安岭为界，"南者为契丹，在北者号为失韦"①。6 世纪以后，室韦人分为南室韦、北室韦、钵室韦、深末怛室韦、大室韦五部，各部又分为若干分支。按语言学家从语系方面的推论，活动在蒙古地区的诸部分为蒙古语系和突厥语系两大部分。在突厥文史料中，称室韦为"达怛"（鞑靼）。732 年在斡尔浑河右岸建立的《阙特勒碑》文中，记有三十姓达怛。三十姓达怛可能是紧邻突厥的一个强大的室韦部族或部族联盟的名称，突厥人用这一名字称呼所有的室韦部族，后来，达怛又成为蒙古诸部的总称。因为，"他们在远古的大部分时间内，就是大部分部落和地区的征服者和统治者，伟大、强盛和充分受尊敬"，"由于〔他们〕极其伟大和受尊敬的地位，其他突厥部落，尽管种类和名称各不相同，也逐渐以他们的名字著称，全都被称为塔塔尔〔鞑靼〕"。② 由于蒙古部的强大，"达怛"一名逐渐又被"蒙古"所代替，成为室韦诸部的总称。文字记载蒙古之称谓，始见于《旧唐书》，称作"蒙兀室韦"，是大室韦的一个成员，居住在额尔古纳河以南地区，这和拉施特《史集》记载的蒙古历史传说也基本吻合。③

翦伯赞先生在《内蒙访古》中写道：从狩猎转向游牧生活并不是一种轻而易举的事，这要求一个民族从森林地带走到草原，因为游牧民族必须依靠草原。森林是一个比草原更为古老的人类的摇篮。恩格斯曾经说过，一直到野蛮低级阶段上的人们还是生活在森林里；但是当人们习惯于游牧生活以后，人们就再也不会想到从河谷的草原自愿地回到他们祖先住过的森林区域里去了。恩格斯的话说明了

---

① 李延寿：《北史》列传第八十二。

② ［波斯］拉施特主编：《史集》卷 1 第 1 册，余大钧、周建奇译，商务印书馆 1988 年版，第 164 页。

③ 同上书，第 251 页。

人类在走出森林以后再回到森林是不容易的，在我看来，人类从森林走到草原也同样是不容易的，因为这需要改变全部的生活方式。要告别一种陈旧的生活方式，那就要触犯许多传统的风俗习惯，而这种传统的风俗习惯对于一个古老的民族来说是神圣不可侵犯的。[①]研究鲜卑史的专家杨军、吕净植先生在《鲜卑帝国传奇》中也同翦老有相同的论述。

第二节　多部族联盟时期的社会经济活动

在蒙古高原地区，历史上在这里生活过许多游牧民族，如匈奴、东胡以及属于东胡族系的鲜卑、柔然、契丹、乌桓、室韦等，其或多或少都为形成蒙古族这个新的民族共同体做出了自己的贡献。

一　匈奴的游牧业经济

林幹先生认为，匈奴族源应包括"荤粥、鬼方、猃狁、'戎'、'狄'、'胡'在内的所有原先活动于大漠南北的各族"，不应当说"来自单一的氏族或部落"。[②] 林先生的论断说明匈奴是几经混杂、融合的共同体。樊保良在《蒙古族族源说述评》一文中引方壮猷《匈奴语言考》中"古匈奴语言上之通则，与今蒙古之通则不相违背。是则就比较语言学上以推测匈奴民族之种属问题，与其认此民族为土耳其种之祖先，实不若认此民族为今蒙古种之远祖之为近真"，即认为方壮猷持蒙古族族源匈奴说，这样的推测似有误。方壮

---

① 翦伯赞：《内蒙访古》，文物出版社1963年版，第23—24页。
② 林幹：《匈奴通史》，人民出版社1986年版，第3页。

猷在这里只是论证了匈奴属蒙古人种，匈奴语之特点"似亦当属今蒙古语系"，而未论证蒙古族源。

匈奴兴起于公元前3世纪，衰落于公元1世纪，在大漠南北活跃了约300年，其后又在中原地区继续活跃了200年。公元前3世纪，蒙古高原和东亚大陆战火燃烧。公元前221年，秦始皇统一中国。面对北方游牧民族匈奴的袭扰，秦始皇在原来秦、赵、燕修筑的长城的基础上，又增筑了长城，将原来三国修筑的长城连为一体，形成了举世闻名的万里长城。同时派著名战将蒙恬出征，两次北伐匈奴，夺回了富饶的河套地区，匈奴被迫北迁蒙古草原，继续与秦抗衡，并开始了其在蒙古高原上的征战活动。公元前206年，匈奴大败东胡，部分东胡人投降了匈奴，余部撤退至大兴安岭。在东胡人撤入大兴安岭之后，匈奴单于又征服了蒙古草原各部族，匈奴人控制了东起大兴安岭、西至中亚、北及贝加尔湖、南至长城的广大地域，并重新夺回了河套地区。

面对实力强大的匈奴，中原新建的西汉王朝在与匈奴的征战中节节败退，不得不以屈辱的"和亲"政策来面对匈奴。送匈奴美女、绢缯绸缎及粮食换取暂时的和平。此后60余年中，均以此政策对待匈奴。

匈奴作为雄踞一方的统一政权，社会经济不断发展，尤其是畜牧业相当可观。公元前200年，冒顿单于以三十余万骑兵围汉高祖于平城（今山西大同），并以马的颜色按方向编队，西方尽白马、东方尽青马、北方尽黑马、南方尽红马，如此景象，使人惊叹。史载公元前127年，汉将卫青率兵北击，击败楼烦、白羊王时，一次就掳获马、牛、羊100余万头。[1] 公元前124年，卫青将兵出朔方高阙

---

① 司马迁：《史记》，卷111《卫将军列传》。

（今内蒙古自治区临河县狼山山口）击右贤王，获其牲畜"数千百万"。① 通过以上事例，不难看出，匈奴人的畜牧业生产规模已相当可观。从匈奴墓葬出土许多铁器，有刀、剑、镞等武器，镰、铧等生产工具和马嚼、铁环等生活用具。② 匈奴人对蒙古高原的社会发展做出了重要贡献。

二　鲜卑从狩猎游牧经济到农业经济的转变

公元91年，北匈奴受到窦宪的沉重打击，逃往西方，随之而来的是鲜卑民族在领土和人力两方面的突然扩张。鲜卑不但迁入匈奴空出的所有土地，而且同化了剩下的匈奴人，留在漠北的匈奴十多万户均并入鲜卑，势力逐渐强盛。蔡邕的奏议中说："自匈奴遁逃，鲜卑强盛，据其故地，称兵十万，……加以关塞不严，禁网多漏，精金良铁，皆为贼有。汉人逋逃，为之谋主，兵利马疾，过于匈奴。"③

鲜卑以游牧为生，善骑射，所制"角端弓"为古代有名的武器。在占据老哈河及其以南地区以前，主要生产方式是畜牧和射猎捕鱼，这与它所处地理环境密切相连。直至东汉末桓帝、灵帝时，鲜卑人还保持着游牧兼狩猎的生活方式。到檀石槐统治时期，虽在军事方面稍占优势，但社会生产力却不高，畜牧业、狩猎业和稀少的农业均不甚发达，因而往往不能维持日益增长的本族人口的日常生活，

---

① 司马迁：《史记》卷111《卫将军列传》。

② 孟广耀：《蒙古民族通史》第1卷，内蒙古大学出版社2007年版，第28页。

③ 《后汉书》卷90《鲜卑传》。

这时就只得依靠捕鱼作为补充。① 史载鲜卑"种众日多，田、畜、射猎不足给食"，檀石槐便把从"倭人国"俘虏来的"倭人"千余家迁徙到乌侯秦水上，"令捕鱼以助粮食"。②

对外战争和掠夺以及与中原地区互市，迅速地增加了鲜卑部族大人等的财富，促进了内部的贫富悬殊和阶级分化，当时社会已逐渐形成部族豪帅、大人等统治、剥削阶级。鲜卑人将许多有益于中国封建社会发展的政治、经济、文化因素，在其改革过程中，与中原固有制度相结合，创建了一些对后世有重大影响的制度，如北魏均田制、北周府兵等。

柔然，鲜卑人的一支，最先称部族首领为"可汗"。柔然是"东胡之苗裔"（《魏书·蠕蠕传》），柔然被突厥系民族击败后，分为南北两支。南支逃到辽河上游，成为契丹人的祖先；北支逃到雅布洛诺夫山脉以东、外兴安岭以南地区，是室韦的祖先。《旧唐书》有"蒙兀室韦"，"蒙兀"与"蒙古"是同名异译，在蒙古语中意为"永恒的火焰"。

蒙古人称部族长为"可汗"，成吉思汗统一蒙古后，"可汗"成为最高统治者的专用词。《南齐书·魏虏传》记下了十三个鲜卑语官职的名称，都带有蒙古语式的后缀"真"。"室韦"一词是"鲜卑"的转音，蒙兀室韦语言属东胡后裔的语言这一说法是十分明确的。蒙古人在没有经历突厥化以前使用的语言属东胡后裔语言，这种语言在《元朝秘史》所记载的人名、氏族名、部族名中留下了一些痕

---

① 申友良：《中国北方民族及其政权研究》，中央民族大学出版社 1998 年版，第 158 页。

② 《后汉书》卷 90《鲜卑传》。关于倭人的种族问题，《魏书》上把"倭人"写作"汗人"；清人惠栋又谓"汗人"应作"污人"。实际上"倭""污""夫余"的古音共通。故倭人当是汉人、污人，亦即夫余；倭人国当为夫余国的一部分。参见三江《北方文物》1987 年第 3 期。

迹。以后的蒙古语是在东胡后裔语言的基础上经过突厥化的过程而形成的。方壮猷在《鞑靼起源考》一文中认为蒙古民族"为柔然之苗裔……自号柔然，而突厥人称之曰大檀，音讹为达靼。柔然为突厥所灭，遗民东附室韦……至女真衰而成吉思汗乃统一漠北"。

三　契丹的渔猎和游牧生活

契丹本属东胡族系，是鲜卑的一支，4 世纪中从鲜卑族中分离出来，游牧于潢水（今内蒙古赤峰市境内的锡拉木伦河）、土河（今内蒙古赤峰市境内的老哈河）一带。6 世纪前期，契丹族尚处在部族阶段，唐初形成部族联盟，曾臣服于漠北的突厥汗国。唐太宗贞观二年（628 年），契丹部族联盟背弃突厥，归附唐朝。契丹与唐朝之间，既有朝贡、入仕和贸易，也有战争和掳掠。历史文献最早记载契丹族开始于公元 389 年，柔然部战败于鲜卑拓跋氏的北魏，其中北柔然退到外兴安岭一带，成为蒙古人的祖先室韦，而南柔然避居今内蒙古的锡拉木伦河以南、老哈河以北地区，以聚族分部的组织形式过着游牧和渔猎的氏族社会生活。此时八个部族的名称分别为悉万丹、何大何、伏弗郁、羽陵、匹吉、黎、土六于、日连。在战事动荡的岁月中，各部走向联合，形成契丹民族，先后经过了大贺氏和遥辇氏两个部族联盟时代。契丹族的社会生产，大致以阿保机建立契丹国前后为一分界线。在此以前，主要从事游牧，辅以狩猎，过着食兽肉、衣兽皮、车帐为家的生活。旧史有云："畜牧畋渔以食，皮毛以衣，转徙随时，车马为家。"907 年，契丹建立了政权，成为中国北方一个强大势力。916年，契丹族首领耶律阿保机创建契丹国。947 年，太宗耶律德光改国号为辽，成为中国北方统一的政权。

四 乌桓的经济生活

元狩四年（前119年），汉武帝遣霍去病击破匈奴左部，乌桓始摆脱了匈奴的羁绊，汉武帝把一部分乌桓迁徙到上谷、渔阳、右北平、辽东、辽西五郡塞外，从此乌桓临近先进的汉人农业区，这为乌桓社会经济的发展提供了有利的条件。汉对乌桓的需求主要在军事方面，即令乌桓侦察匈奴的动向。乌桓大人每年朝见汉帝一次，汉设护乌桓校尉，以卫护和监视之，使之不得与匈奴交通。建安十二年（207年），曹操亲率大军往击三郡乌桓，大破之，斩蹋顿及名王，得汉及乌桓等降人二十余万口。从此乌桓彻底衰落，地位为鲜卑取代。

乌桓是以畜牧业为主，辅以弋猎、农耕的古代部族。在对其曾经游牧地区的发掘中，发现有大量的马具、箭镞、剑、刀、矛、斧以及绘有马、牛、羊等牲畜图案的饰具，农业和民族手工业也有一定比重，史称其"俗喜骑射，弋猎禽兽为事。随水草放牧，居无常处。以穹庐为舍，东开向日。食肉饮酪，以毛毳为衣"。狩猎在乌桓人生活中占有重要地位，野兽中的虎、豹、貂皮是向匈奴缴纳贡献和与汉关市贸易的重要物品，牧猎经济的重要性也可从出土文物中得到证实。

五 部族联盟时期经济活动

公元前3000年末，蒙古地区已经可以分出特征互不相同的两大氏族文化区域。东部为采集文化分布地区，农人、猎人留下了牡牛颅骨祭祀墓葬遗址和半地穴居所遗址，在其周围发现了农业工具，及地表没有任何修饰的单人墓葬。① 墓内死者下肢卷曲，身上撒满赫石。随葬物有独具特色的双刃短剑，短剑配有骨制柄，柄的凹槽镶有边缘经过加工的不规则的燧石。死者服饰明显可以看到散开的串珠、小珠，骨制星状垂饰和雕成野猪形状的饰物。而西部则完全是另一幅画面。与上述同一时期、死者葬于不高的石墓，这批石墓是沃尔科夫的考察分队在沙塔尔楚鲁地区发现的。死者为欧罗巴人种，左侧卧，下肢卷曲，头朝东，骨殖上撒有赫石。墓葬的形式、仪式及出土的陶器残片（厚壁尖底，饰有一组横向杉针状花纹）与南西伯利亚和阿尔泰阿发纳西耶夫墓葬的葬仪及陶器十分相似。

如上所述，早在公元前 3000 年末至前 2000 年初，蒙古境内即已形成在墓葬、仪式等物质文化方面极不相同的两个氏族文化区域，而特别重要的，是居民在人种类型特征上的差异：东部为蒙古人种，西部为欧巴罗人种（阿发纳西耶夫型）。

公元前 1000 年，文化传统逐渐定型。在这样一个经济、文化和社会大动荡的时代，产生了游牧畜牧业，出现了原始氏族公社。也正是在这一时期，发生了史称"民族大迁徙"的畜牧业部族在亚洲腹地的迁徙。这个时代蒙古远没有形成统一的氏族关系，粗略地看，可以划分为两大基本氏族文化区：东部和西部。二者的假定分界线"大湖"盆地，将蒙古从北至南分为东西两半。

东部部族在公元前 1000 年初和中期从事畜牧业，他们与青铜时期的狩猎—采集民族有族源关系，其文化总貌已得到研究。他们的墓葬与先前一样，为独葬，墓用砂岩或花岗岩建成方形。这一时期方形墓穴文化流传甚广，远远超出蒙古地区，北达外贝加尔，南抵北藏。

---

① ［俄］诺夫戈洛多娃：《蒙古民族起源的初期阶段——公元前 3000 年末至前 1000 年》，申屠榕译，《民族译丛》1986 年第 4 期，第 48—53 页。

这一时期的遗存依然是三足器皿和饰有鸟、兽及人形的青铜刀。从方形墓穴文化可以看出古老的原始蒙古人的文化之一。蒙古氏族及其最早的族群就是在这块与畜牧业休戚相关的草原上形成的。在西蒙古和西北蒙古的山地,方形墓穴极为罕见,可以说绝无仅有。

居住在蒙古地区的各部,依《元朝秘史》和《史集》来统计,大小数十个。据《辍耕录》载,有72种①,其中有些是重复的或不见于其他史籍的,常见的约有半百之数。这些部不仅大小不一,社会经济发展水平也互异。依据住地区和经济生活,大体上可分为"森林狩猎民"(即"森林中的百姓")和"草原游牧民"(即"有毡房的百姓")。此外,尚有一部分临近汉族地区,开始过定居生活的部族。这与汉籍中分为"白鞑靼""黑鞑靼""生鞑靼"之说,大致是吻合的。

《蒙鞑备录》称"鞑靼始起……其种有三:曰黑、曰白、曰生。所谓白鞑靼者,容貌稍细,为人恭谨而孝…所谓生鞑靼者,其贫,且拙,且无能为也,但知乘马随众而已。今成吉思皇帝及将相大臣皆黑鞑靼也"。《建炎以来朝野杂记》所载略有不同:"所谓生鞑靼者,又有黑白之别。"② 提法虽不尽相同,但均将蒙古各部分为三种类型,则是一致的。居住在蒙古高原北部森林地区之各部,基本上属于狩猎民,游牧于东起呼伦贝尔湖西至阿尔泰山广大地区的各部,大致列为游牧民,而近汉地的汪古部、弘吉剌部等,则归于白鞑靼之列。

要严格划分森林狩猎民与草原游牧民之间的界限是困难的。就当时蒙古各部生产力发展水平以及与大自然斗争的能力而言,游牧

---

① 陶宗仪:《南村辍耕录》,王雪玲校点,辽宁教育出版社1988年版,第11—12页。

② 李心传:《建炎以来朝野杂记》卷十九,中华书局2000年版,第9页。

经济也还是不稳定的。由于天灾或各部之间战争的破坏，造成牲畜的大量死亡，使游牧民生活困难，狩猎仍是生活来源之一。实际上，蒙古游牧民是处在以游牧为主、狩猎为辅的状态。至于狩猎民，受草原游牧民的影响，经济生活也发生了不同程度的变化，开始小规模游牧，饲养少量牲畜，过着以猎为主、辅以牧业的生活，开始向游牧经济转化。

一般情况而言，森林狩猎民人数较少，力量单薄，经济文化相对落后。分布在贝加尔湖东西广大地区之豁里部、不里牙惕部、秃马惕部等，活动于巴尔忽真脱窟木地方的忽勒合真部、森林中之兀良哈部，"盖以其人居广大森林之内，故以为名……不居帐幕，衣兽皮，食野牛羊肉，缘其人无牲畜，而轻视游牧民族也。……兀良哈人迁徙时，用野牛载其衣物，从不出其所居森林之外。其居屋以树枝编结之，用桦皮为顶。刺桦树取汁以饮……兀良哈人所居之地，山岳屹立，森林遍布，天时酷寒，冬日常猎于雪中……"① 可以认为，这一记述反映了当时一般森林狩猎民的生产和生活面貌，即其主要依靠狩猎、兼营渔捞、采集和驯养野生动物生活。

草原游牧民包括弘吉刺、塔塔儿、札刺亦儿、蒙古、克烈、蔑儿乞和乃蛮等部。大都居住于大兴安岭直至阿尔泰山的草原区一带，主要以饲养牲畜为业，过着住穹庐、食乳酪、衣羊皮的生活。赵珙《蒙鞑备录》："鞑国地丰水草，宜羊马。"据说拥戴札木合为首领的札只刺部，就以善养羊著名。居住于阿尔泰山和杭爱山间的乃蛮部和居住于鄂尔浑河流域的克烈部则以多马享誉。羊马牛及骆驼既是生产资料，又是生活资料。牲畜，特别是绵羊的肉乳和皮毛，是蒙古游牧民衣食的主要来源。马在游牧民生活中起着极其重要的作用，

---

① ［瑞典］多桑：《蒙古史》上册，冯承钧译，中华书局1962年版，第162页。

既是交通工具，又是行军、作战和围猎所必备之乘骑，牛供挤奶和拉车，骆驼供驮载。游牧民还以这些牲畜和畜产品与他部族进行交换。

第三节　主体部族室韦的游牧业经济

成吉思汗出生之蒙古部，在唐代已见于记载。《旧唐书》称"蒙兀室韦"，《新唐书》称"蒙瓦"，系室韦部族联盟的一个组成部分。原居额尔古纳河流域，约唐中叶以后，开始逐渐西移，最后抵克鲁伦河和额嫩河流域的肯特山一带。蒙古族由于地处各部之中，远离汉族及契丹、女真、畏兀儿等族，难于吸收这些民族发达的经济和文化，当时尚是一个比较后进的部族："前此鞑靼民族中最窘苦者，莫逾蒙古。""蒙古之称昔日为人所鄙视。"[①] 这种说法虽有言过其实之处，但在一定程度上也反映了当时蒙古部的发展状况。至海都罕、合不勒罕、俺巴孩罕、也速该时代，蒙古部的实力迅速发展起来，特别是到成吉思汗时代，就更进一步强大了。

在各部中，"塔塔儿诸部人数众多而又强盛"[②]。由于他们与契丹毗连，与女真往来，接受先进生产力影响，发展比较迅速，一致与中原王朝相抗衡，对其他民族进行经济侵略。正如拉施特所言，"鞑靼之称，早已著名于古代。鞑靼民族分支甚众，其在当时（成吉思汗之时），约有七万户……人数既众，若能互相结合，其他民族，

---

① ［瑞典］多桑：《蒙古史》上册，冯承钧译，中华书局1962年版，第151、171页。

② ［波斯］拉施特主编：《史集》卷1第1册，余大钧、周建奇译，商务印书馆1988年版，第129页。

纵为中国人，恐亦莫能御者也。故虽分裂，尚能在古时为伟大之侵略，其势之强而可畏，致使其他突厥民族亦自称曰鞑靼，而以自豪……"① 当时，"鞑靼"一名已成为蒙古草原各部的泛称："习称蒙古曰鞑靼。"②

一　室韦的起源

室韦一名始见于北齐天保五年（554 年）成书的《魏书》，是南北朝以来中原人对居住在契丹以北的许多族属相同部族的泛称。关于室韦的起源，提出较早并产生一定影响的是东胡和鲜卑后裔说。早期外国学者如伯希和、白鸟库吉，我国学者吴廷燮、方壮猷、金毓黻等都曾概括性地指出：室韦属东胡族系，鲜卑后裔。近 20 年来，国内的研究者继续探索室韦起源问题，提出了许多新的看法。有的对室韦属东胡系鲜卑后裔这一观点作了进一步的阐述，有的则表示赞同这一看法。拓跋鲜卑的迁徙和室韦的见载于史，根据《魏书·序纪》记载，拓跋鲜卑发祥于大鲜卑山，经考古发现证实，大鲜卑山就是今大兴安岭北段。后来，他们从大兴安岭迁徙到了呼伦湖地区。一系列的考古发现证明，《魏书》所载拓跋鲜卑"南迁大泽"的说法是可靠的。到了首领洁汾时，再次南迁，"始居匈奴之故地"。至此，拓跋鲜卑完成了由大兴安岭北部西南迁至呼伦湖地区，再辗转南迁阴山北部一带的世纪大迁徙，时间大概从西汉末年到东汉末年。考古学者也从不同时代鲜卑物质文化的内涵，探索了拓跋鲜卑的迁徙路线。查考东汉末至北朝以来史籍，拓跋鲜卑迁离呼伦

---

① ［瑞典］多桑：《蒙古史》上册，冯承钧译，中华书局 1962 年版，第 171 页。

② 同上书，第 172 页。

贝尔地区以后，这一历史时期，古代北方各族的居地都和今呼伦贝尔高原即拓跋鲜卑原居区没有直接联系。无论是大漠南北的柔然、敕勒，还是东北地区的勿吉、契丹和奚，没有资料说明它们有迁入大兴安岭北部及呼伦贝尔地区的迹象。由此，北朝时室韦人出现于这一地区，最大可能的解释就是，未随拓跋鲜卑主体部分迁徙而留居原地的部民，在经过近三百年的发展之后，部众日益增多，实力有所增强，通过与中原政权的交往而以鲜卑的另一种译名形式室韦见载于史。据《魏书》的一些记载可以知道，并不是所有拓跋鲜卑的部众或者它曾统御过的族属相同的部众都迁离了原居区。史载拓跋鲜卑世居大鲜卑山时期，曾"世为君长"。毛作部族首领时"统国三十六，大姓九十九，威振北方，莫不率服"，大概建立了由36个部族组成的大联盟。毛下传四世至越时，诸部仍有九十九姓，大致是99个氏族。此后推演迁居呼伦湖地区，"至献帝时，七分国人"，组成"十姓"，以"十姓"为核心组成十个部族。可见，游牧于呼伦湖地区的拓跋鲜卑部众比原居大鲜卑山时的"统国三十六，大姓九十九"少了许多，可证迁居呼伦湖一带的只是一部分拓跋鲜卑人。以此推测，在从大泽地区向匈奴故地迁移过程中，拓跋鲜卑亦未必悉数迁离。承认这一史实，才可以理解和解释隋代以前室韦有五大部族分布在大兴安岭和呼伦贝尔地区的缘由。北魏太平真君四年（443年），室韦乌洛侯派使者来见拓跋魏统治者的目的之一，是告知在乌洛侯居地西北，有拓跋鲜卑祖先居住过的"石室"遗迹，乌洛侯人常往祭拜。后来，北魏派人前往致祭祖先，乌洛侯"益神奉之"。对拓跋鲜卑祖先的顶礼膜拜，表明了乌洛侯人的认同心理。室韦乌洛侯部民认为，他们与拓跋鲜卑有共同的祖先，是同族人。

以上从几方面论证了室韦的来源。史料显示，室韦一名带有泛指的性质，是散布在大兴安岭地区和呼伦贝尔高原许多部族的总称。由于室韦早期史料的匮乏，还不能肯定地说凡是被称作室韦的部族都是东胡鲜卑后裔，然而可以确定的是，"语言属于东胡后裔诸语言的总要占室韦人的主要部分"①。室韦的大致方位，可从《魏书》所记室韦的四邻部族确定。据《魏书》卷一百记载，室韦东邻豆莫娄，二者均"在勿吉北千里，去洛六千里"之地。地豆于在室韦"西千余里"，乌洛侯则"在地豆于之北"。据此，室韦、豆莫娄、地豆于大致在同一横向地带，室韦居中。乌洛侯在室韦以西的地豆于之北，则它处在室韦西北。又乌洛侯西北有"国家先帝旧墟"即考古发现的嘎仙洞，位于嫩江支流甘河上游。那么，乌洛侯在今嘎仙洞东南的甘河两岸，乌洛侯东南的室韦当在嫩江中下游流域。室韦自东魏武定二年（554年）见诸史籍，这与乌洛侯在北魏太平真君四年（443年）就与拓跋魏建立联系相差101年。"室韦"一名出现后，实际上在这一泛称下包括了乌洛侯和其他许多室韦部族，其地域亦不仅限于嫩江流域。因为仅过了三四十年，隋代史书已记载了室韦的五个部族群，地域达到了黑龙江上游和额尔古纳河沿岸。隋代记载的室韦五部分布应该说也大体反映了北朝时期的情况。这一时期，史籍中新出现的古代北方民族有契丹、库莫奚、地豆于、勿吉、豆莫娄、柔然、敕勒等。公元344年，鲜卑宇文部被慕容部击破以后，一部分部众窜居松漠之间，以契丹和库莫奚的名号出现。松漠，指今西拉木伦河及老哈河一带的千里松林。又据史书记载，契丹祖先驻牧于松漠一带的潢河（今西拉木伦河）、土河（今老哈河）之间。② 南北朝期间，契丹人的驻牧地大致在西拉木伦河及老哈河流域。库莫奚东邻契丹，在西拉木伦河上游南部地区。地豆于"在失

---

① 泰亦赤兀惕满昌：《蒙古民族的形成与族称》，《内蒙古教育学院学报》1999年第3期，第24—28页。

② 洪钧：《元史译文证补》卷27。

韦西千余里。多牛羊，出名马，皮为衣服，无五谷，惟食肉酪"。①
这与以渔猎为主、兼营粗放农业和牲畜饲养业的失韦和乌洛侯的经
济不同，地理环境也有差别。地豆于应在适于游牧经济的呼伦贝尔
草原南缘一带，西与柔然为邻。勿吉即两汉时的挹娄，属于肃慎族
系。其"国有大水，阔三里余，名速末水"。速末水，即今北流松花
江。"国南有徒太山，魏言'大皇'。"② 徒太山即今长白山。勿吉地
域应在北流松花江以东和东流松花江以南，南界长白山。豆莫娄，
北夫余后裔。"在失韦之东，东至于海，方二千余里。……于东夷之
域最为平敞。"③《新唐书·东夷传》载"高丽灭其（北夫余）国，
遗人渡那河，因居之"。那河，今嫩江及第一松花江。豆莫娄人居住
在嫩江中下游以东、东流松花江以北的平原上。北魏时，柔然兴起
于乌兰察布高原。5 世纪初，柔然首领社仑建立汗国，鼎盛时期控制
地域"西则焉耆之北，东则朝鲜故地之西"④，"北则渡沙漠，穷瀚
海，南则临大碛"⑤，大致是今阴山以北、贝加尔湖以南、阿尔泰山
以东、呼伦湖以西这一范围。敕勒，即魏、晋以前的丁零。南北朝
时期，大漠南北都分布有敕勒人。漠北地区的敕勒人在贝加尔湖东
南，在北魏和柔然强盛时，敕勒部众多被征服。从魏晋南北朝北方
各族的分布大势上看，新出现的各族都没有进入拓跋鲜卑人原居区。
从部分拓跋鲜卑人迁出原居区到室韦人出现在这一地区期间，文献
中也没有留下任何北方族大规模迁入的记载。所以，室韦人在部分
拓跋鲜卑人没有西迁时就是这里的原始居民，是拓跋鲜卑的同源部

---

① 魏收：《魏书》列传第八十八，参见王国维《黑车子室韦考》，《国学
论丛》第一卷三期，1928 年。

② 魏收：《魏书》列传第八十八。

③ 欧阳修、宋祁、范镇等：《新唐书》列传一百四十五《东夷传》。

④ 洪钧：《元史译文证补》卷 27。

⑤ 李延寿：《北史》列传第八十六。

族。文献记载把室韦看作是鲜卑后裔，隋代以前的文献对室韦的族属起源未作直接记载。降及隋代，《隋书·室韦传》说："室韦，契丹之类也。其南者为契丹，在北者号室韦。"① 分明将室韦、契丹看作族属相同，只因居地一南一北而名号有别。《北史》《通典》等初唐史籍的编撰者也都采用这一观点。"类"，有种类、族类之意。"室韦，契丹之类"即室韦与契丹的种类亦即起源相同。众所周知，契丹为东部鲜卑后裔，那么，说室韦是拓跋鲜卑后裔或是留居大鲜卑山地区鲜卑一支的后裔，与《隋书》的记载不相矛盾。《旧唐书》以后，文献有了新的说法。《旧唐书·室韦传》说室韦是"契丹别类也"②，《唐会要》《太平寰宇记》《新唐书》说是"契丹别种"③；《册府元龟》又说南、北室韦是"契丹别部"。④ "别"，古字有"分出"之意。"别类""别种"就是"分出的种类、部落"的意思，它们的祖源相同而又有所区别。按此理解，室韦与契丹都是东胡鲜卑后裔，而各属不同分支。

二　室韦初期的狩猎采集经济

据《新唐书》记载，唐代室韦分布地域为"东黑水靺鞨，西突厥，南契丹，北濒海"⑤，大体上相当于今东起嫩江及结雅河中上游，西至石勒喀河，北起外兴安岭，南抵洮儿河之间的地区。⑥ 室韦

① 魏征等：《隋书》卷 84 列传第四十九《北狄》。

② 刘昫：《旧唐书》卷 199 下《室韦传》。

③ 欧阳修、宋祁、范镇等：《新唐书》卷 219《室韦传》。

④ 王钦若、杨亿、孙奭等：《册府元龟》卷 16。

⑤ 欧阳修、宋祁、范镇等：《新唐书》卷 219《室韦传》。

⑥ 卢勋、萧之兴、祝启源等：《隋唐民族史》，四川民族出版社 1996 年版，第 193—198 页。

居住地区设室韦都督府，《新唐书》载"分布凡二十余"①。一般认为，在这二十余部中的"蒙兀室韦"就是之后的蒙古部族，自此，"蒙古"见于史集。由此可见，对于室韦的研究是历史和考古学的一个重要课题。②

近年，在内蒙古自治区呼伦贝尔地区发现了公元 7—10 世纪的"室韦"墓葬遗存，从中出土了大量弓箭遗物。下面借用学者内田等人的研究成果，以分布于呼伦贝尔的两处墓葬中出土的弓箭为例，分析其构造与特征，并试将其与《旧唐书》《新唐书》中记载的室韦"角弓"及有关狩猎的记述做比较研究。同时，通过分析出土弓箭的墓葬中发现的其他类型的材料信息，对当时室韦的经济生活和自然环境做相关的考察。

通过对西乌珠尔墓地和谢尔塔拉墓地出土随葬品的考察可以得知，当时使用的弓为木质弓身，配有桦树皮和骨质的弓，是由多种材料组合制成的"复合弓"。虽然墓葬中随葬品的种类不尽相同，但只要有弓箭用具出土的墓葬中必包括弓、剑、囊三个部分，且随葬弓箭用具的墓葬绝大多数为男性墓，这表明弓箭是当时日常经济生活中主要的工具和武器种类。③

《旧唐书》记载"兵器有脚弓楛失，尤善射"④；《新唐书》记载"器有角弓、楛失，人尤善射"⑤；这些都记述了室韦当时使用"角弓"和"楛失"进行狩猎。同时《唐六典》记载："弓之制有四：

①　欧阳修、宋祁、范镇等：《新唐书》卷 219《室韦传》。

②　赵越：《论呼伦贝尔发现的室韦遗迹》，《内蒙古文物考古文集》，内蒙古文物考古研究所，1994 年，第 598—600 页。

③　[日] 内田宏美：《唐代室韦墓葬和森林草原地带——以角弓的分析为中心》，《唐史论丛》（第 12 辑），2010 年，第 182—189 页。

④　刘昫：《旧唐书》卷 199 下《室韦传》。

⑤　欧阳修、宋祁、范镇等：《新唐书》卷 219《室韦传》。

一曰长弓，二曰角弓，三曰稍弓，四曰格弓"①；《释名》载："角弓以筋角，骑兵用之"，记述了角弓使用筋、角制成，同时属于骑兵用弓。

由于乌珠尔墓地也出土了同样特征的弓，可以说文献上记载的室韦"角弓"，应该就是附有骨角质弓的复合弓。

复合弓上随附的骨角质弓广泛出土于匈奴、鲜卑等与游牧民族有关的墓葬中，其最早出现的年代为春秋晚期。这次，由于已确认的室韦墓葬中也出土了同样的复合弓，这表明从春秋晚期到元代，"角弓"一直被延续使用。并且可以推断，春秋晚期蒙古高原的游牧民族的复合弓已经成型，现今，此技术仍在部分地区被使用也再次证明了其高超的技术水平。

室韦长期生活在大兴安岭山脉的山麓位置，这些地区属于丘陵森林草原地带。该地带降水量多，气候湿润，草木密布，适合狩猎、采集等生产活动。② 如前所述，呼伦贝尔地区的室韦墓葬中出土的弓箭和当时的狩猎活动有着深远关联，而通过弓箭之外的考古资料也可推断当时的经济活动。西乌珠尔墓葬和谢尔塔拉墓地出土的容器、皮质弓囊、箭囊、马具等可以看出骑射与狩猎、游牧活动同时进行。

《新唐书》记载："每溽夏，西保贷勃，次对二山。山多草木鸟兽、然苦飞蚊、则巢居以避。"③ 说明大兴安岭山麓区域活动的室韦过着游牧、狩猎、采集并存的经济生活。

---

① 张说、张九龄等：《唐六典》卷16（卫尉寺），中华书局1992年版，第460页。

② ［日］吉田顺一：《史观》，早稻田大学史学会，1980年第102期，第48—61页。

③ 欧阳修、宋祁、范镇等：《新唐书》卷219《室韦传》。

三　畜牧业经济的形成

据史料记载，公元5世纪前蒙兀室韦部已经基本上摆脱了原始社会早期谋取生活资料的历史阶段，从依靠集体劳动、利用简单的石器工具、采集和捕获天然的植物和动物为食谋取生活资料的历史阶段，进入了生产经济阶段。在生产方面，从使用的工具来看，狩猎时已经使用"角弓"和长箭；种植时已经"炎木为犁"；畜牧时已经"夏随草阜"。从人们的生产技能方面看，在狩猎中已经是"善猎"，种植中则有了"人挽以耕"，畜牧中已经知道选择繁殖多育且快的猪及宜于林缘地带和河岸等高原区域放牧的牛。在生活方面，居住已经是"夏天定居，冬逐水草"。史料中记载的5世纪前蒙古高原室韦人的经济状况说明，他们已经走出原始社会早期的历史阶段，而跨入拥有原始种植业和原始畜牧业的社会阶段。从史料中分析可以得出，在公元5、6世纪时，蒙古高原的社会经济中已明显出现了畜牧业与种植业的分离迹象，室韦人的经济形式已经逐步向畜牧业经济转变。

《隋书·北狄传》记载，蒙古室韦所居之地的种植业"田收甚薄"，靠种植难以谋取足够的生活资料。蒙兀室韦部在进入生产经济之前，靠获取天然的产物为生时，主要以渔猎经济为主，渔猎经济与畜牧经济有着天然的联系。随着人口增加和社会发展，食物的来源要求更广泛，需要积聚更多的财富来满足需要，而单纯的渔猎已经不能满足基本的需求。因此公元5、6世纪前的蒙古先民根据其所遇到的外界条件和人们长期从事渔猎经济形成的"部族性质"，尤其是随着社会发展所面临的生产力提高的新要求，必然促使新的生产方式——畜牧业经济形成。

第四节　蒙古各部族间及与其他部族的经济交往

随着社会经济不断发展，高原牧业与中原农业文化融合现象逐步显现。战国时期，赵武灵王以北方民族骑射技术为榜样，变胡服，弃战车，建骑兵。[①] 这些改革丰富了我国军事科学，中原骑兵得以发展。中原女性，明显地缺少独立意识，但随着"胡风"不断"吹入"，妇女在社会、家庭中的卑下地位得到一定改善。北方诸族驯育多种良马，在南北交往中，北部的优良马种和驯育技术，不断输入中原，推动中原的养马业发展。匈奴人的鸣镝、皮革船，鲜卑人的角端弓也都先后传入中原，展示了高原人聪明的智慧。农业文明发达的中原技术在相互的交往中也推动了高原文明的发展。

公元前3世纪末，匈奴族统一大漠南北，第一次把游牧在这里的不同族源不同发展水平的各部置于一个奴隶制政权之下，成为统一的匈奴族。随着匈奴的分裂，鲜卑、柔然等部族的兴起，大草原上的游牧民族的称号屡次变化，政权也是不断更迭。公元1世纪末北匈奴西迁之后，鲜卑"转徙其地"基本上主宰了漠北东部地区。没有西迁的"十余万落"匈奴人跑到辽东地区或留居原地的，逐渐被鲜卑同化。后来的契丹帮、库莫奚等部族就是以鲜卑人为主体与其他部族融合发展形成的。原苏联学者 A. II. 奥克拉德尼夫曾对石勒喀河流域及其以东地区的布尔霍图伊文化遗存与文化遗存出土器物进行比较后得出结论："公元一世纪东后贝加尔地区居民同黑龙江沿岸部族有着一定的民族文化联系，他们虽然称作室韦人，但语言、

---

① 孟广耀：《蒙古民族通史》第1卷，内蒙古大学出版社2007年版，第31页。

文化、风俗、传统等均与相同。"

7 世纪初，唐王朝统一全国，北方民族包括蒙古部在内，俱受唐王朝中央政权管辖。这样就大大加速了蒙古部与周围各部以及中原的经济和文化的交往，促进了蒙古部自身的迅速发展。"在东突厥政权和薛延陀政权相继灭亡之后，室韦人乘虚向西南运动，活动领域扩展至霍林河流域。其势力在收罗东突厥和薛延陀余众的基础上又有所壮大。"[①] 后突厥必伽可汗统治时期（公元716—734年），室韦被称为三十姓鞑靼人。此时室韦（鞑靼人）仍以突厥为西邻。

从居住习俗上看，《魏书》记乌桓人"以穹庐为宅"，《南齐书》记柔然人"所居为穹庐毡帐"，《北史》记吐谷浑人"庐帐而居"，都与蒙古人居毡帐的习俗相同。从生产习俗上看，蒙古族在西迁前主要从事狩猎业，《北史·室韦传》载，"无羊少马"，"冬则入山，居土穴中，牛畜多冻死。绕璋鹿，射猎为务，食肉衣皮。凿冰，没水中而网射鱼鳖"。此种生产方式同乌桓、鲜卑。《三国志》载乌桓人"俗善骑射，……日弋猎禽兽，食肉饮酪"。蒙古人西迁后，原蒙古高原的居民突厥铁勒人和他们的牧畜一起落到蒙古人手里，此后畜牧业生产的术语输入蒙古语。蒙古语中有关畜牧业的术语突厥借语极多，说明蒙古人的畜牧业生产技术是西迁后向突厥人学习的。

---

① 塔娜：《从室韦文化源流谈及蒙古族科尔沁文化形态》，《内蒙古民族大学学报》（社会科学版）2006年第3期，第38—45页。

第 二 章
蒙兀室韦人崛起的经济基础

　　自古以来，蒙古族及其他生活在蒙古高原的民族在生产实践中经历了采集、渔捞、狩猎、种植、家畜饲养等多种生产方式的探索和选择，终于坚持以游牧式的畜牧业为社会发展的主要经济基础，其他生产方式只是相应地有了一定发展。虽然社会经济发展的自然条件不是决定因素，但应承认，在过去的几千年人类文明历史发展过程中，由于生产力水平较低，受自然条件的限制也较大，只有社会生产技术的进步，才会减少这种制约。早期社会发展中游牧民族和农耕民族的形成，很大程度上取决于自然条件的客观限制。正如马克思和恩格斯在《费尔巴哈》一文中所指出的，"任何社会历史记载都应当从这些自然基础以及他们在历史进程中由于人们的活动而发生的变更出发"①。早期蒙古族社会经济的历史发展实践证明，这种客观差异是存在的。

---

　　① 《马克思恩格斯选集》第 1 卷，人民出版社 1995 年版，第 67 页。

第一节　蒙古诸部的分布及经济发展的不平衡性

据传说，蒙古人的祖先——室韦人，在远古时期以树叶为衣，用木、石做器皿。5—6世纪他们已过着夏季定居、冬逐水草的半定居生活。诸部统一前，蒙古各部大体上分布于东起兴安岭，西至阿尔泰山，南达阴山，北抵贝加尔湖、叶尼塞河和额尔齐斯河上游一带。蒙古诸部的东面和南面，与金朝接壤，西面与畏兀儿、西夏毗连，西北面与乞儿吉思为邻。

蒙古人可追溯得最远的男祖先，是从成吉思汗上溯到2000年前的捏古斯和奇颜。传说中的捏古斯和奇颜，可能是远古时代两个氏族的名称，他们在额尔古纳河以南的山林地区生息繁衍，大约经过400年的时间，部族才逐渐兴盛起来，从原氏族部族中分出若干分支。各个分支以某个名称著称，并单独成为一个斡巴黑（氏族）。当他们走出额尔古纳昆时，已经分出70个分支（灶）——斡巴黑。这70个斡巴黑被称为"迭尔勒勤蒙古"。蒙古人的斡巴黑，是出自共同男祖先的人们所组成的血缘集团。每个斡巴黑都保持血缘上的绝对纯洁性，有明确而详细的世系族谱，世代相传。亲族间不能互为婚姻，只能与外族通婚，这种古老的族外婚制在蒙古保留了很长时间，在12世纪的蒙古社会中依然能看到此种迹象。

8世纪后半叶，迭尔勒勤蒙古从额尔古纳昆走出后，以孛尔帖赤那为首的若干部西迁到克鲁伦河、斡难河（鄂嫩河）、土拉河的发源地——布尔罕合拉敦山一带居住。迭尔勒勤蒙古到10—12世纪时，共有兀良合特、弘吉刺特、斡罗纳兀特、许慎、速勒都思、伊勒都尔勤、巴牙兀特、轻吉特等18个部族。[①]

据《蒙古秘史》记载，孛儿帖赤那的十二世孙朵奔篾儿干死后，他的寡妻阿阑豁阿又生了三个儿子，传说这三个儿子是感光而生的"天子"，因为他们是从阿阑豁阿洁白的腰里出生的，因此他们的后裔被称为"尼伦蒙古"。在尼伦蒙古中，以孛端察儿为始祖的孛儿只斤氏就是成吉思汗的祖先。迭儿勒勤蒙古和尼伦蒙古，被统称为"伊克蒙古"（大蒙古），成吉思汗就是以此为基础建立了蒙古国，国号为"也客·忙豁勒·兀鲁思"（大蒙古国），俗称蒙古汗国。[②]

在当时，蒙古语系其他诸部有札剌亦尔部、塔塔尔部、篾尔奇特部、斡亦剌特部和巴尔虎特部等；突厥语系诸部有克烈亦特、乃蛮和汪古三大部族。

蒙古地区社会发展的不平衡性非常明显，这是由多种因素促成的，其中最主要的是分散的、粗放的游牧生产，妨碍了各部之间的联系，也就减少了互相学习和互相促进的机会。其次，蒙古地域辽阔，交通不便，许多不同语族的原始氏族依据各自的地理环境和自然条件创造不同的经济和文化。如卫拉特部、不里牙惕部、兀良哈部等部住在森林地区，从事狩猎业和渔业，以此为生，并用貂皮、灰鼠皮等珍贵皮毛与外界交换。汪古、乃蛮、翁吉剌、克烈和部分塔塔儿等部，因接受汉族经济、文化影响较多，故经济、政治、文化等方面均比前者先进，畜牧业较为发达，还有少量的农业和手工业。

---

①　内蒙古社科院历史所：《蒙古族通史》，民族出版社2001年版，第4页。

②　同上书，第42页。

第二节　蒙古诸部的经济形式及特点

狩猎在室韦人的经济生活中占有重要地位，弓箭是当时的主要生产工具，其箭尤长，主要用于捕猎。牧业尚未居主要地位，只饲养马、牛、猪，没有羊。农业仅能种植粟、麦、黍，收获很少，一直到隋、唐时期，室韦的农业仍处于"刌木为犁，人挽以耕，田获甚褊"的原始状态。9世纪后，蒙古部族逐渐过渡为游牧部族，其原因是，西迁后突厥畜牧业生产技术的影响，以及原统治蒙古草原的回鹘汗国于840年被黠戛斯攻灭后，被迫向天山南北迁徙。为此，三河流域即成为蒙古人的天地，有利的自然条件和先进的生产技术，为蒙古部族向游牧业转化创造了条件。饲养牲畜有马、牛、羊和骆驼。据《契丹国志》记载，蒙古人"不与契丹战争，惟以牛、羊、驼、马、皮氄之物与契丹进行交换"。自10世纪以来，蒙古人已有了相当数量的剩余牲畜和畜产品，并用此交换中原地区和中亚的丝绸、布匹与金银饰品。蒙古人向游牧业转化后，游牧业成为主要经济部门，其特点是逐水草迁移，且没有单纯从事农业生产的人口。随着游牧经济发展的需要，从牧民中逐渐分离出一部分专门从事农业生产的人，他们过着定居生活。土拉河和克鲁伦河流域是人们定居下来比较早的地区，这里已有许多村落和城郭。当时已能对皮毛进行各类加工，用皮制舟，用角、骨制作弓箭，乳品加工和酿酒业在当时也有一定发展。另据《蒙古秘史》记载和出土文物考证，在10世纪，居住于斡难河（鄂嫩河）流域的蒙古部已有发达的冶炼业，且有多种铁制工具和锻铁的风箱，不仅能制造金、银饰品，还能制造铁车等。

一　狩猎业技术的进步

在南起燕山山脉、北到贝加尔湖、东到大兴安岭、西到阿尔泰山的辽阔区域内，繁衍栖息着种类繁多、数量庞大的野生动物群，既有紫貂、赤鹿、麋鹿、麝鹿、獐、熊、野猪、山猫、狼、狐、獾、羚羊、黄羊、野山羊、野马、野驴、野骆驼、旱獭、雪兔、松鼠、花鼠、鼬鼠等野兽，又有海东青、天鹅、大雁、野鸭、野鸡等飞禽，这些飞禽走兽为蒙古高原的早期居民从事狩猎生产提供了具有决定意义的自然资源。

狩猎经济是蒙古族传统经济结构中的一个重要组成部分，在其经济生活中占有重要地位。从考古资料和文献记载来看，蒙古族狩猎经济的历史十分悠久，从遥远的旧石器时代直到 20 世纪中叶，蒙古族从未中断过狩猎生产。在蒙古族的古典文献《蒙古秘史》里有多处关于狩猎的记载，著名的阴山岩画更是北方游牧民族狩猎生活的真实记录。蒙古诸部统一时，狩猎业仍是蒙古经济形式之一。"自春徂冬，旦旦逐猎，乃其生涯。"[1] 不仅森林民"以弋猎为生"[2]，"以射猎为生"[3]，就是在草原游牧民中，狩猎仍在起一定作用，过着"牧且猎"[4] 的半牧半猎生活。

蒙古族的先民室韦人主要从事原始的渔猎业。初期，室韦人以鱼为主要食物之一，用兽皮缝制衣服。他们的衣食起居与渔猎业有

---

① 孟珙：《蒙鞑备录》。

② 叶隆礼：《契丹国志》卷 22，上海古籍出版社 1985 年版，第 255 页。

③ 李心传：《建炎以来朝野杂记》卷 19，中华书局 2000 年版，第 9 页。

④ 李志常：《长春真人西游记》上卷，河北人民出版社 2001 年版，第 32 页。

着密切关系，这说明渔猎经济在蒙古人的生活中占有主要地位。[1] 唐代史书记载室韦人"尤善射，时聚弋猎，事毕而散"。狩猎业为畜牧业的补充生活来源，它为室韦人提供了部分食物。"凡打猎时，常食所猎之物，则少杀羊。"[2] 行军时也常以狩猎补充军粮，"就打围着做行粮"[3]，"食羊尽，则射兔、鹿、野豕为食"[4]。正因为狩猎在室韦人生活中具有相当重要的意义，所以每当下属对首领宣誓和首领给下属赏赐以及彼此结"安答"时，常把狩猎作为誓词主要内容之一："狩猎行打围呵，俺首先出去围将野兽来与你"，"围猎时得的野兽，都自要者"，"野兽行围猎时，一同围猎"[5] 等。

早期狩猎的方法主要分为个人行猎和集体围猎。野物多、人员众行围猎，野物少、人员孤则单独行猎。围猎之规模视力量和条件有所差异，人数有多有少，范围可大可小，少则几十人，多至数百上千人，亦不罕至。"凡其主打围，必大会众，挑土以为坑，插木以为表，维以毛索，系以毡羽，犹汉兔罝之智，绵亘一二百里间，风飚羽飞，则兽皆惊骇而不敢奔。"[6]

在室韦部族中，狩猎不仅是生活的辅助手段，而且是最重要的娱乐活动。狩猎业曾在三个方面起过很关键的作用：一是生活资料的重要补充；二是军事训练的手段；三是主要的消遣娱乐活动之一。正如弗拉基米尔佐夫所言：蒙古游牧民主要从事畜牧和狩猎。他们是游牧民，同时又是狩猎民；但是，他们还不能依靠单一的游牧经

---

① 张久和：《室韦的经济和社会状况》，《内蒙古社会科学》1998 年第 1 期，第 48 页。

② 彭大雅：《黑鞑事略》。

③ 《元朝秘史》卷 6。

④ 孟珙：《蒙鞑备录》。

⑤ 《元朝秘史》卷 3、卷 9、卷 5。

⑥ 彭大雅：《黑鞑事略》。

济生活，必须猎取各种野兽和部分地从事渔捞，来补充食物的不足，在困难时刻，甚至还要吃草根。这一切再次证明，成吉思汗帝国建立以前，住在斡难、客鲁涟、土兀剌河一带的蒙古人的牲畜是不多的。

在蒙古统一诸部前，不仅在草原游牧民中，即便是在森林狩猎民中，狩猎经济都在不断发展变化。室韦人的渔猎产品除用作自身的饮食服饰等方面之外，剩余部分主要用来与邻族（主要是中原地区）进行贸易。

二　畜牧业为主导的高原经济

畜牧业是如何起源的，一元还是多元？是从狩猎业还是从原始农业发展来的？在各国学者间是个争论不休的问题。通过考古发现及蒙古高原的自然环境可以肯定地说，该地区的畜牧业是从狩猎业发展来的。

蒙古畜牧业的发展有着悠久的历史。蒙古人的祖先"蒙兀室韦"原居额尔古纳河流域，为室韦联盟诸部之一。据史料所载，室韦诸部已产生畜牧业，并有了初步发展。《魏书》称："失韦……养牛马，俗又无羊。"[1]《北史》云："室韦……无羊，少马。"[2]《新唐书》谓："室韦……无羊少马，有牛不用。"[3] 这些记述表明，室韦诸部，包括"蒙兀室韦"，已产生畜牧业，但尚不发达，种类不全，数量不大，应用不广，这是蒙古畜牧业发展的基础和萌芽。

蒙古畜牧业的发展并不是孤立的。蒙古各部分布于大漠南北的

---

① 魏收：《魏书》卷100。

② 李延寿：《北史》卷94。

③ 欧阳修、宋祁、范镇等：《新唐书》卷219《室韦传》。

辽阔草原，这里自古以来就是中国北方各民族活动的历史舞台。匈奴、鲜卑、柔然、突厥、回鹘、契丹等先后在这里兴起。这些民族都有较发达的畜牧业：匈奴常以牲畜与中原地区进行交易，每次都"驱牛马万余头"。① 突厥诸可汗均拥有骑兵数十万。② 契丹亦"富以马"。③ 这些民族在历次政治大变动过程中，虽有部分迁徙他处，但并没有也不可能全部迁走，原有的经济基础仍然存在，这对后来驻牧于该地的蒙古诸部畜牧业的发展产生了良好影响。

蒙古畜牧业的发展与各部所居地区的自然条件分不开。人们因从事生产的自然条件不同，劳动内容也随之而异。"鞑国地丰水草，宜羊马。"④ 广袤无垠的大牧场为蒙古畜牧业的发展创造了必要条件，加之牲畜"这些财产，必须加以看管和最简单的照顾，就可以越来越多的繁殖起来，供给非常充裕的乳肉食物"。⑤ 这也是畜牧业迅速发展的原因之一。

蒙古诸部统一前的数世纪中，蒙古地区就是在这些基础上进一步发展了畜牧业。

畜牧业在蒙古经济生活中的作用越来越大，并占据了主导地位，成为生产的主要部门，生活的根本来源。"全部财产皆在于是"，"家庭且供给其一切需要"。⑥ 这一变化本身成为畜牧业日益发展和扩大的明显标志。

---

① 魏收：《魏书》卷 100。

② 高文德：《蒙古奴隶制研究》，内蒙古人民出版社 1980 年版，第 9 页。

③ 脱脱等编：《辽史》卷 59。

④ 《蒙古族经济发展史研究》第 2 卷，内蒙古自治区蒙古族经济史研究组编，1988 年，第 27 页。

⑤ 《马克思恩格斯选集》第 4 卷，人民出版社 1995 年版，第 50 页。

⑥ 《蒙古族简史》编写组：《蒙古族简史》，内蒙古人民出版社 1977 年版，第 6 页。

畜牧种类越来越齐备，其"家畜为骆驼牛羊山羊，尤多马"。[1]马群是古代蒙古人的主要财富。没有马，草原经济就无法发展。因此，其有关马匹的调养、保护经验尤为丰富。《蒙鞑备录》"马政"条下说："却养三年，而后再乘骑。故教其初，是以不蹄啮也。""下马不用控系，亦不走逸，惟甚良善。"凡出战好马，自春初罢兵后，即"恣其水草，不令骑动"。"及秋风将至，始取而控之，系于帐房左右，啖以少量水草。俟其落膘壮实，始令驱驰。"

《黑鞑事略》更详尽地指出："其家畜牛马犬羊驼，胡羊则毛而扇尾，汉羊则曰骨律，驼有双峰者，有孤峰者，无峰者。"不难看出，牧养的牲畜种类日益增多，较之室韦联盟时期之"无羊少马"的情况是大大前进了一步。10 世纪后半叶，"札剌亦儿部……以车为阑，每一千车为一库伦，共有库伦七十"。[2] 估以一车一畜推算，当时札剌亦儿部即有大牲畜约七万头。所有这些数字，从当时来看，都是十分可观的。

蒙古畜牧业的发展是与畜牧业技术日益成熟、养畜方法有所完善、游牧方式不断改进是分不开的，这是蒙古社会生产力发展的具体表现。10—12 世纪，畜牧业生产已相当发达，不仅懂得根据畜群种类分群放牧，而且进行细致分工，有牧马人（兀剌赤）、牧羊人（火你赤）、放牛人（兀格儿赤）、放骆驼人（帖麦赤），同时还能根据不同种类畜群，选择自然牧场。[3]《元朝秘史》记载，有一年夏天在徙牧时，札木合对成吉思汗说："咱每（们）如今挨着山下，放

---

① 《蒙古族简史》编写组：《蒙古族简史》，内蒙古人民出版社 1977 年版，第 6 页。

② 洪钧：《元史译文证补》卷 1 上。

③ 《元史》卷 99，志第四十七，参见王钟翰《中国民族史》，武汉大学出版社 2012 年版。

马的得帐房住；挨着涧下，放羊的、放羔儿的喉咙里得吃的。"① 同一种牲畜的不同品种，也开始实行分开管理。《黑鞑事略》："其牡马留十，分壮好者作移剌马种，外余者多扇（骟）了。""移剌者，公马也，不曾扇，专管；骒马群不入扇马队，扇马、骒马各自为群队也。"②

早期蒙古畜牧业的发展，不仅为手工业和商业的发展奠定了物质基础，而且也加剧了贫富差别和阶级分化，为氏族制的瓦解、部族奴隶制的形成和发展创造了条件。随着畜牧业的不断发展，牲畜的不断增加，牲畜需要更多的劳动力照管，奴隶的使用成为必要，而各部之间战争所产生的俘虏则使奴隶的使用成为可能。

三 早期农业的出现

蒙古人经营农业有悠久的历史。自匈奴到鲜卑、从柔然到契丹，绝大部分都有从事农业生产的历史记载，其中有的民族农业生产规模还非常大。蒙古各部族之中，最早被史书记录从事农业生产的是室韦部。早在公元 6 世纪汉文史书中就有相关记载，如《旧唐书》所载，室韦各部已知农业："斫木为犁，不加金刃，人牵以种。"③ 室韦是从北朝至辽金时期见诸汉文史乘的北方民族，然而其分布地域广阔，各部与周边不同民族的相互交往和融合，作为室韦诸部之一的蒙兀室韦当时是否已有农业尚不能确定，但在室韦内部已有农业产生，蒙兀室韦不可能不受到影响。

蒙古先民从事农业生产在历史上的记载比较久远，早期部族有

---

① 《元朝秘史》卷 3。

② 彭大雅：《黑鞑事略》。

③ 刘昫：《旧唐书》卷 199《室韦传》。

从事农业生产的，如室韦部在公元 6 世纪就从事种植业，并种有多种农作物，但生产水平较低。在《蒙古秘史》中也有一定的记载，如有"于土城内住百姓""有板门的百姓"等，这说明当时就有一部分蒙古人从事农耕生产。蒙古族中的汪古部和弘吉剌部，就是以农业为主，但当时的农业生产在整个蒙古地区并非主导产业，只是一种辅助性的生业。

蒙古人的经济，不是向农业发展的，而是向畜牧业发展了。这是因为，水草丰美的蒙古草原最适合发展畜牧业，经营畜牧业比农业简单，而且给人们提供的财富比农业多。所以，8 世纪后半叶，蒙古人西迁到克鲁伦河、斡难河（鄂嫩河）、土拉河的发源地——布尔罕合拉敦山一带后便过渡到畜牧业，农业没有成为社会经济的主要部门。据《蒙古秘史》记载，居住在色楞格河流域的蔑儿乞惕人除了经营畜牧业外，还经营着农业。

蒙古游牧民族的经济生活与农业民族不同，畜牧业是生产和生活的主要来源。在探讨蒙古部族的经济发展状况时，不能与农业区等同视之，不能单纯以农业的发展来衡量，更主要地应看畜牧业的发展状况。在牧业区，农业的产生和发展更表明其经济活动范围的扩大，生活来源的增加，使单一的游牧经济逐步向多种经济过渡。

蒙古部族农业的产生和发展并不是孤立的。我国古代北方一些少数民族很早就已从事农业。史料曾不断提到："匈奴粟""种黍""谷稼"，"治楼以藏谷"，[1] 辽阿保机执政后亦"专意与农"，[2] 金兴起后，阿骨打也"力农积谷"[3] 等。这对后来驻牧该地的蒙古诸部农业的产生，必然起到促进作用。

---

[1]　司马迁：《史记》。

[2]　脱脱等：《辽史》卷 59。

[3]　徐梦莘：《三朝北盟会编》卷 3。

蒙古部族农业的不断发展，是与周围农业民族，尤其是汉族悠久的农业文化的影响分不开的。"熟鞑靼，能种菽粟"与"近汉地"密切相关，《蒙鞑备录》曾具体指出这方面的影响说："鞑人……进来掠中国人为奴婢，毕米食而后饱，故乃掠米麦。"①

在蒙古诸部统一前，各部发展不平衡，反映在农业上，出现或有或无、或多或少的现象。加之蒙古各部所处地理条件不同，有的地区适于农业发展，有的地区适于牧业发展，这必然会导致各部农业的发展有早有晚，农业在经济生活中的作用有大有小。

在当时历史条件下，由于各部分布地区极广，交通不便，各部农业生产存在较大差距是极为可能的。据史料记载，蒙古各部有"生鞑靼""熟鞑靼"之分，或"近汉地者""远汉地者"之别，其农业发展状况亦有相当大的差别。靠近汉地的汪古部、弘吉剌部已经"能种菽粟"，食"粳稻"②；而远离汉族地区及其他农业民族的部族，则"止以射猎为生"③，"只是饮马乳以塞饥渴"④。《蒙鞑备录》亦称："彼国亦有一二处黑黍米。"⑤

第三节　游牧生产方式从"古列延"到"阿寅勒"

我国北方的大漠南北，纬度和海拔较高，气候寒冷干燥，无霜期短，降水稀少，且境内多旱灾、雪灾、虫灾、风灾、霜灾等自然灾害，存在着不同程度的土壤沙化问题，地域特点不适宜农业的发

① 徐梦莘：《三朝北盟会编》卷3。

② 李心传：《建炎以来系年要录》。

③ 李心传：《建炎以来朝野杂记》卷19，中华书局2000年版，第9页。

④ 孟珙：《蒙鞑备录》。

⑤ 同上。

展。为了适应这种恶劣的自然环境，古代北方民族大都选择了"逐水草而徙"的游牧生产方式。① "居如飞鸟走兽于广野，美草甘水则止，草尽水竭则移。"②

一　游牧经济的主要特征

恩格斯在《家庭私有制和国家的起源》中指出："畜群的形成，在适于畜牧的地方导致了游牧生活。"③ 牧民的日常生活离不开牲畜，他们把畜群视为财富，并以畜群的大小来作为财富多少的标志。为了维持生计和增加财富，寻找水草丰美的草场就是其游牧生产方式中的一个重要环节，也就是说，自然环境对游牧经济的发展十分重要。"不同草地资源在空间分布上是不同的，即草地资源具有地带性和地域性的特点，不同草地资源因其数量、质量的不同，可利用的经济价值和产生的经济效益也是不同的，因此说，自然环境和地域的变换等都会影响游牧经济的生存和发展状况。"④ 如果一年四季风调雨顺、水草丰饶，在这样一个良好的自然环境情况下，畜群就可以得到更好的生存和繁殖，相应的牧人的生活就可以更好地得到保障和改善。可实际情况是，"北方草原是干旱性的，降雨量少，且不平衡，经常遭到'黑灾''白灾'的威胁和袭击"⑤。《元史》卷

① 胡铁球：《论我国古代北方游牧民族经济的脆弱性》，《宁夏社会科学》2002 年第 5 期，第 88—93 页。

② 司马迁：《史记》卷 112《平津侯主父列传》。

③ 《马克思恩格斯选集》第 4 卷，人民出版社 1995 年版，第 22 页。

④ 马红霞：《浅论游牧经济的基本特征及其表现形式》，《魅力中国》2009 年 7 月总 83 期，第 21 页。

⑤ 巴拉吉：《游牧经济的特征及其包含的生态意识》，《内蒙古民族大学学报》2009 年第 6 期，第 52 页。

二载："是岁大旱，河水尽涸，野草自焚，牛马十死八九，人不聊生"，充分说明了旅游经济对生态环境的严重依赖性；另外，"在游牧社会内部由于产品种类相近、结构单一，缺少粮食、棉布、茶叶等生活用品，经济贮存功能和养育功能孱弱，往往经不起自然灾害和经济封锁的打击"。①

蒙古草原属于高原地区，纬度较高，是比较典型的大陆性气候，四季变化明显，牧草在不同的季节里生长发育是不一样的。正因如此，牧民要保证牲畜的健康成长和数量的增加，必须根据季节变换进行放牧和安排生产活动。春季正是接羔季节，此时牲畜体质较弱，需选择草料储备较为充足、向阳背风的营地进行放牧。夏季则往往选择接近水源、牧草长势良好、通风良好的草场，以利于畜群抓膘；秋季草场要选择草籽多、果实成熟的地方；冬季草场要选择草高靠山、降雪较少的地方，以保证较高的牲畜存活率。"这种四季轮牧的生产、生活方式，是顺应自然规律，保持人和自然和谐、持续利用牧草资源的有效方式。"②

"牲畜和牧场是牧民基本的生产资料，逐水草而居是草原民族的基本生产与生活方式，是牧人对草原生态环境的适应方式，这个特征亦是游牧经济的最基本的特征。"③ 蒙古族的游动放牧有下列三种方式：第一，多次迁徙。一年之中搬迁十次之多，这样的迁徙历史上曾有过，近代已不复存在。第二，一年之中搬迁二次，即冬营地和夏营地。牧民迁徙各季营地的规律，时间的分配，路线和范围的划定，一般较固定，但也要依水草是否丰足而定。第三，走"敖特

---

① 陈慧慧：《中国古代西南农耕经济与西北游牧经济比较研究》，《合肥师范学院学报》2010 年第 4 期，第 66 页。

② 马红霞：《浅论游牧经济的基本特征及其表现形式》，《魅力中国》2009 年 7 月总 83 期，第 21 页。

③ 同上。

尔"。走"敖特尔"即倒场、游牧之意。走"敖特尔"是除了夏场院和冬场以外，选择其他牧场游牧。其目的是抓膘，其本质为扩大自己的牧场。另外，由于气候和土壤条件等的限制，草场的承载力是有限的。放养畜群的密度不能过大，人口必须分散而居。除草原的选择外，牧人还注意分散放牧。不同的牲畜有不同的生活节奏和习性，驼属大牲畜，羊为小牲畜，马牛步伐快慢不一，各种牲畜所食之牧草不尽相同。不同类型的草场适合于放养不同的牲畜，所以要分群放牧，这样才能解决草场与牲畜的矛盾，保证草场和生态环境的可持续发展，才能保证牧民财富的增长和生存条件的改善。

二　游牧生产方式的演变

古代，蒙古游牧民或以"古列延"的方式，或以"阿寅勒"方式经营游牧经济。这两种方式的形成、发展和演变，反映着不同社会生产力发展水平及相应的生产关系。前者是氏族社会集体游牧、共同驻屯的方式；后者则是在氏族社会解体过程中开始产生，到了阶级社会后形成的一种个体游牧方式。了解这两种游牧方式的发展状况，是解决蒙古社会性质的关键。蒙古诸部统一前处于大变革时期，随着社会生产力的提高、阶级关系的加深，游牧方式也发生了深刻变化。不仅"阿寅勒"方式逐渐取代了"古列延"方式，而且残存的"古列延"方式本身也发生了本质的变化。

关于"古列延"的含义，中外史书均有记载。《元朝秘史》释为"圈子"，个别地方释为"营"。① 《史集》称"古列延的含义是圈子"，并进一步阐述说："古列延意为环。古代，当某一部落停留在某地时，多结成环形，其中首领的帐幕，像圆圈的中心点，就叫

做古列延。""古列延的意思是：许多帐幕环形驻扎，在草原上形成一个圈子。"①《"元朝秘史"词典》释为"以车辆作成之障垒"。②

"古列延"的规模有大有小，但蒙古分散的、彼此联系薄弱的游牧经济的特点决定了其不可能结成过于庞大的经济组织，自然条件也限制了其规模，在一块牧场上，不可能牧养过多的牲畜。因此，在当时条件下，最大的"古列延"也不过"数百个帐幕"。③ 后来，随着掠夺战争之加剧，"古列延"军事意义的加强，由单纯的经济组织，变为军事、经济两位一体的组织之后，那颜贵族为了增强其军事上防御和进攻的威力，极力扩大"古列延"的规模，联合上千以至更多的帐幕和篷车。辽代，札剌亦儿部"以车位阑，每一千车为一库伦（古列延）"④。长春真人也曾亲眼见到"皂车毡帐，成列数千"⑤ 的情景。《元朝秘史》在记述蒙古史上著名的"十三翼之战"时，也提到成吉思汗于"他的十三圈子（古列延）内也起了三万人"⑥ 与札木合对阵。即能在十三圈子内组织三万之众，每圈子至少要有千户以上。但这种"古列延"的性质已发生根本变化，军事意义取代了经济意义。

"古列延"游牧方式是何时产生的，史料中没有提供任何依据，所记载的只是后来发生了变化的形式，但"古列延"的产生有其必

---

① ［波斯］拉施特主编：《史集》卷 1 第 2 册，余大钧、周建奇译，商务印书馆 1988 年版，第 86、87、18 页。

② ［德］海涅什：《"元朝秘史"词典》，内蒙古大学蒙古语文研究室译，1986 年版，第 119 页。

③ ［俄］弗拉基米尔佐夫：《蒙古社会制度史》，中国社会科学出版社 1980 年版，第 59 页。

④ 洪钧：《元史译文证补》卷 1 上。

⑤ 李志常：《长春真人西游记》上卷，河北人民出版社 2001 年版，第 32 页。

⑥ 《元朝秘史》卷 4，参见《元史译文证补》卷 1 上。

然性和必要性。在畜牧业经济有了一定发展后，随着牲畜的不断增加，必然产生相应的生产组织，这是"古列延"产生的经济前提和必然性。

氏族制度条件下，生产力水平很低，人们在大自然面前无能为力，面对外氏族的抢掠和野兽对畜群的袭击，每一个单独的游牧者都无法抗拒，加之牧地都归氏族公有，因此必须有一个原始类型的集体生产组织，古列延就是在这种社会条件下产生的。"古代蒙古氏族，当全族有可能在一个地区共同放牧，全体亲属或者共同住在一个古列延，或者虽然分散居于各个阿寅勒而相隔不远时，他们自然就认识到牧地的公有。"① 当时，氏族的领地归集体所有，当然氏族的牧地也为公共所有，为了保护这种公共利益，每个氏族根据人数多少，组成一个或几个古列延，进行集体游牧、集体迁徙、集体驻营、集体防卫，必要时集体进攻。凭借这种氏族血缘关系的纽带和简单协作，以及利用这种集体的力量来维护氏族的生存和发展。所以，古代的古列延，主要是集体游牧方式，是原始公有制的产物。一个氏族部族每迁徙到一个新的草场后，氏族酋长的毡帐定位，他的驻营地就是古列延的中心，他所拥有的幌车在他的帐幕外环成一个圈，然后继续往外辐射。第一层外围圈子就是牧羊者的帐幕与幌车，在中心点外边相应地围成一个大圈，然后再向外辐射几公里就是牧羊场，他们在这个空间放牧；第二层外围圈子是牧牛者的帐幕与幌车，以同样形式游牧；第三层外围圈子是牧马者，也是最外层。②

---

① ［俄］弗拉基米尔佐夫：《蒙古社会制度史》，中国社会科学出版社1980年版，第91页。

② 波少布：《古列延游牧方式的演变》，《黑龙江民族丛刊》，1996年3期，第72—76页。

阿寅勒，也是蒙古人的一种游牧方式。阿寅勒与古列延的不同，在于以家庭为基础的个体方式游牧。阿寅勒的出现有三个重要因素：一是生产力有了新的发展；二是家庭私有制有了相当的基础；三是家庭的作用在社会上占据了主导地位。这三个条件促使新型的阿寅勒游牧方式诞生和古老的古列延游牧方式崩溃。[①]

阿寅勒游牧方式的出现，是以生产力发展为前提的。过去那种以氏族为单位的古列延式的大游牧方式，不论对选择草场、发展牲畜、经营管理、供需分配等方面都缺乏约束力，尤其牲畜头数发展后，古列延游牧方式本身就失去了适应性。先进的阿寅勒形式已成为代替落后的古列延形式的一种新生事物，被大多数氏族成员所接受，足以形成与氏族制度相抗衡的力量。[②]

阿寅勒游牧方式的出现，是以家庭私有制为基础的。私有制的出现，无疑是对氏族公有制的一个打击。据《蒙古秘史》记载，成吉思汗的十世祖分家时，"兄弟五个的家私，别勒古讷台、不古讷台、不忽哈塔吉、不哈秃撒勒只四个分了，见孛端察儿愚弱，不将他做兄弟待，不曾分与"[③]。在当时私有观念已经形成，而且出现了私有财产，在社会生活中已经体现出来。氏族的成员已拥有公共以外的私有产业，特别是已经产生了私人的牲畜，这样集体生产性的古列延逐渐失去了它的经济意义。"开始急剧向私有的个体经济转化，个体游牧的阿寅勒方式在经济中的作用日益扩大和加强，并逐渐取代古列延方式，成为占主导地位的游牧方式。"[④] 这时家庭私有制与原始氏族公有制的矛盾越发激烈，最终新生的阿寅勒游牧方式，

---

① 波少布：《古列延游牧方式的演变》，《黑龙江民族丛刊》，1996 年 3 期，第 72—76 页。

② 同上。

③ 《元朝秘史》卷 1。

④ 高文德：《蒙古奴隶制研究》，内蒙古人民出版社 1987 年版，第 4 页。

发挥了它的活力，在草原上深深地扎下了根。

三　两种游牧生产方式的并存

"古列延"和"阿寅勒"两种游牧形式一直伴随蒙古社会经济的发展而不断完善，两种生产方式没有明显的阶段划分，而且在后期蒙古部族统一中也发挥了积极作用。按照拉施特《史集》中的记载，"库列延"是由许多帐幕在原野上围成的一个圈子驻扎下来，他们被称为一个"库列延"①。在后期部族战争中，为了适应战争防御的需要，也组织了许多个"库列延"进行部族间对抗。因此，"库列延"不仅是一种生产经营组织，而且是适应战争需要的一种军事组织。"库列延"和"阿寅勒"是蒙古族在社会历史发展过程中，建立在游牧畜牧业经济基础上的两种生产经营方式，它们都发挥过一定的积极作用，特别是"库列延"不仅是一种单纯的集体生产组织，而且在不同历史时期还是游牧式畜牧业经济基础上的军事斗争组织。

"阿寅勒"的出现，标志着氏族制瓦解，私有制的确立和阶级社会的产生。

第四节　蒙古诸部的经济交融及其
与中原汉族的经济关系

我国自古以来就是一个多民族国家，各民族共同缔造了光辉灿烂的历史和绚丽多彩的文化。蒙古高原各部族间长期的杂居、争战、

---

① ［波斯］拉施特主编：《史集》卷 1 第 2 册，余大钧、周建奇译，商务印书馆 1988 年版，第 18 页。

交换、交流，彼此间相互依存、相互吸收、互相渗透，逐渐促进部族间的融合。同时，中原隋唐王朝的盛世逐渐渗透高原民族，相互间贸易往来与文化交流促进了共同进步。

一 蒙古部族间的经济交往及融合

《魏书》卷一百有《失韦传》，室韦分九部，东室韦、西室韦、大室韦、蒙兀室韦等。大约9世纪，蒙兀室韦西迁至今鄂嫩河的肯特山一带驻牧。蒙兀室韦也是一个部族联合体。其中的迭儿勒勤蒙古和尼伦蒙古是较大的集团，联合为伊克蒙古，即大蒙古的意思。10世纪，蒙古部已分衍出很多小部：乞颜部、扎答兰部、泰赤乌部等，在今额嫩河、克鲁伦河、土拉河的上游和肯特山以东一带辽阔的草原上游牧。

在蒙古部的周围都有很多不同的部族（塔塔尔部、翁吉剌部、汪古部、蔑乞儿部、乃蛮部等），彼此不断交往、接近与融合。10世纪蒙古联盟正式建立。在契丹建立辽王朝的时期，蒙古与契丹比邻，贸易往来、交往密切。11世纪，由于反对辽朝的统治，蒙古曾一度是蒙古草原上各部的通称。12世纪初，女真取代契丹，建立金王朝，蒙古属金统辖。但是蒙古部已开始逐渐强大，蒙古草原上一个新的民族共同体的各项要素已经成熟。历史上在这里生活过的许多游牧部族，如匈奴、东胡以及属于东胡族系的乌桓、鲜卑、柔然、契丹、室韦以及属于突厥系统的薛延陀、回纥、黠戛斯等，都或多或少为这个共同体做出了自己的贡献。源自东胡族系的蒙古部在这场斗争中强大起来，终于完成了统一的历史任务，蒙古一词也就成为统一后的民族共同体的名称，成吉思汗所在的部族遂以"蒙古"

之名见于史册。①

二　贸易及商业发展

蒙古高原上先后兴衰的游牧民族及其经济和贸易情况的发展都充分地展现出游牧经济的开放性。由于这种开放性，在商业方面，游牧民族比定居民族采取了更加积极的态度，加快了东西方联系的进程，给后来人类社会的发展以巨大的推动作用。

历史上北方游牧民族与中原农耕民族间在经济上的往来主要形式有朝贡贸易、互市贸易以及战争这种非正常的互补形式。

在互市贸易上，北方游牧民族以"穹庐为室兮毡为墙，以肉为食兮酪为浆"的畜牧经济为主体，但是他们所需要的一般生活用品如粮食、茶叶、布匹等都需要农耕民族供给。正如林耀华先生所说："畜牧生计的另一个共同特点是，它的产品单一和不耐贮存。这就使得它对于农耕社会的贸易有着特别强烈的需求。"这也使北方牧业和中原农业之间的交往成为必然。"其根本原因是草原上生产力技术构成太低，社会经济结构单一，内部转化产品的途径太窄。"②

据史书记载，公元 8 世纪，在长安经商的胡人就有数千人之多，回纥商人活动于中原、江南乃至契丹地区。10 世纪初崛起的契丹人建立了中国历史上又一个游牧民族王朝——辽朝。与历史上的游牧民族统治者一样，开始逐渐重视贸易互市的发展，甚至逐渐拓展中

---

① 唐卫青：《蒙古族起源、发展及其游牧文化的变迁研究》，《赤峰学院学报》2009 年第 9 期，第 9 页。

② 王小甫：《唐吐蕃大食政治关系史》，北京大学出版社 1992 年版，第 289 页。

西丝绸贸易。[①] 10 世纪，契丹的贸易非常昌盛，甚至在城镇都出现了商业点，并且设立了官府商业点与征服的外族部族、国家直接进行买卖，出现了从都城出发到穷乡僻壤做买卖的商人。契丹时期，实行物价由国家调节和制定的结算办法，如"10 世纪时期，一袋米五钱"[②]。从资料中可见，该时期已经出现了统一的货币。

除了历史上的绢马贸易之外，在后来历史上，农耕民族与游牧民族间的茶马贸易又成为一种主要的交换内容。"游牧民族输出的产品以大型牲畜为主，这大大提高了农耕民族的综合实力，大量的马匹提高了他们的军事力量，这是学术界所公认的。而牛驴骡的输入则极大地提高了农耕民族的社会生产力水平。"[③] 汉王朝政府和民间养马业的空前发达，就与匈奴地区大量马匹的输入和养马术的传入有直接关系。当然，农耕民族从游牧民族那里获得的不仅仅是牲畜，游牧民族的其他畜产品如牲畜皮毛、奶制品等，都是用来交换的产品。

朝贡贸易的主要内容之一就在于获得中原王朝统治者的赏赐，因此，朝贡贸易实际上是一种不同经济文化类型之间的产品交换关系的实现形式。"通过这种贡赐关系，古代中原农耕民族与边疆游牧民族在一定程度上弥补了各自经济文化类型的不足之处，即农耕经济的封闭性在一定程度上被突破，而游牧畜牧业经济的非自足性则

---

① 阿岩、乌恩：《蒙古族经济发展史》，远方出版社 1999 年版，第 45—47 页。

② 《蒙古人民共和国历史》上册，内蒙古人民出版社 1986 年版，第 272 页。

③ 贺卫光：《中国古代游牧民族与农耕民族在经济上的互补与非平衡需求》，《西北师范大学学报》2003 年第 1 期，第 32—38 页。

得到了不同程度的弥补。"①

　　从战争角度来看，我国北方少数民族在其兴起之初，特别是在灾荒年份，大多对中原进行大规模掳掠，对象是人口、财物（粮食、牲畜等）。从游牧民族的角度来看，一旦贸易互市、朝贡互市受到限制，他们就会以战争手段，强行获得他们所需要的物资和人口。如史载："武帝即位，明和亲约束，厚遇关市，饶给之。匈奴自单于以下皆亲汉，往来城下"，但汉与匈奴交恶后，则"自是后，匈奴绝和亲，攻当路塞，往人盗于边，不可胜数"②。

　　"对于游牧民族来说，发动对农耕民族的战争是正常的贸易互市、朝贡互市不能进行情况下的一种为弥补其游牧畜牧业经济非自足性的特殊的极端方式，这正好从另一个侧面反映了历史上中国各民族间特别是北部和西部游牧民族与中原农耕民族间的一种特殊的经济关系，这种关系就是经济文化上的一体性或统一性。"③

三　蒙汉贸易的发展

　　蒙古高原早期就与内地有着广泛的联系。因为蒙汉两族在蒙古时代便开始朝着不同的经济方向发展，两个民族生活有了截然不同的特点。当时蒙汉两族的先辈都有很大的兴趣相互交换产品。中原汉地是蒙古部族外销畜牧产品的重要市场，"有的蒙古人，也远之上京与汉人交易"④。在《建炎以来系年要录》中有这样的记载："由

---

①　贺卫光：《中国古代游牧民族与农耕民族在经济上的互补与非平衡需求》，《西北师范大学学报》2003 年第 1 期，第 32—38 页。

②　《汉书》卷 94 上《匈奴传》。

③　贺卫光：《中国古代游牧民族与农耕民族在经济上的互补与非平衡需求》，《西北师大学报》2003 年第 1 期，第 32—38 页。

④　编写组：《蒙古族简史》，内蒙古人民出版社 1977 年版，第 32 页。

是河东陕西铁钱由云中货于塔坦，塔坦得之遂大作军器焉。"①

随着部族间的征战和发展，蒙古诸部后期主要分为林木中的部族和草原部族，两者之间的生产劳动成果不同，因此为了获得生活急需的物品，迫切需要进行交换。"草原部族"的经济收入要比"林木中的部族"丰厚，因而有了剩余的产品，具备了与"林木中部族"和邻近部族、国家进行贸易的可能条件。"他们用羊、马、金银和缣帛贸易"②。

由此可以推断出，此阶段的蒙古社会内部已经出现了社会分工和私有制。社会分工和私有制是商品交换的两个先决条件。

---

① 李心传：《建炎以来系年要录》。
② 彭大雅：《黑鞑事略》。

第 三 章
蒙古部族奴隶制到部族联盟封建制的发展

"社会制度中的任何变化，所有制关系中的每一次变革，都是产生了同旧的所有制关系不再相适应的新的生产力发展的必然结果。"① "一切社会变迁和政治变革的终极原因，不应当到人们的头脑中，到人们对永恒的真理和正义的日益增进的认识中去寻找，而应当在生产方式和交换方式的变更中去寻找；不应当到有关时代的哲学中去寻找，而应当在有关时代的经济中去寻找。"② 蒙古部走出森林，进入水草丰富的克鲁连、土拉、斡难三河流域之后，畜牧业迅速获得发展。据《史集》记载，公元 10 世纪，成吉思汗的七世祖篾年·土敦之妻莫奴伦，拥有的马匹牲畜不计其数。经济的发展加之与周围奴隶制政权的交往，自然促使蒙古内部奴隶制的发展。

---

① 《马克思恩格斯选集》第 1 卷，人民出版社 1995 年版，第 238 页。
② 《马克思恩格斯选集》第 3 卷，人民出版社 1995 年版，第 617—618 页。

第一节　蒙古部族内部私有制的产生

"家畜的驯养和畜群的繁殖，开发出前所未有的财富的来源，并创造了全新的社会关系。"① 蒙古社会由公有制向私有制的过渡，是社会生产力发展、剩余产品增加的必然结果。人们的劳动除维持其生命所必需的生活资料外，还提供了一定的剩余劳动和剩余产品，为私有制的产生创造了物质基础。

一　私有制的出现

关于蒙古社会中私有财产是何时产生的，史料中缺乏记述，因为从有成文史的时候起，就已经是私有制。根据有关传说只能得出一般的概念。

"一夫一妻制是……以私有制对原始的自然产生的公有制的胜利为基础的第一个家庭形式。"②

《元朝秘史》、《史集》等重要史料就是从记述这种以私有制为基础的个体家庭开始的。书中详细介绍了成吉思汗二十二世祖孛儿帖赤那起二十余代个体家庭的具体情况，也反映了一些家庭的私有财产继承关系。这表明，私有制在蒙古社会中已经有了一段发展史。

至 9、10 世纪，伴随蒙古社会生产力的提高、畜牧业的发展，私有财产范围逐渐扩大，数量日益增加。这时不仅牲畜是私有的，就连人——奴隶也成为个人财富的一部分。成吉思汗十二世祖脱罗

---

① 《马克思恩格斯选集》第 4 卷，人民出版社 1995 年版，第 50 页。
② 同上书，第 62—63 页。

豁勒真·伯颜就"有一个家奴后生……又有两个好骗马"①。与此同时，一部分土地也变成私有财产。此后蒙古社会中私有制逐渐占了统治地位："每一家庭，每一阿寅勒都拥有自己的私有财产"②，哈剌抽（平民）也有"马、畜群和全部财产"③。

二　贫富差别与阶级分化

私有制促进家庭财产的积蓄，造成财产占有的不平衡，导致贫富分化。据《元朝秘史》所载，蒙古社会早已有了贫富分化的现象，至9世纪后半叶，更产生了"伯颜"（富翁、财主）和"牙当吉古温"（穷人）这些反映贫富差别的蒙语名称。成吉思汗十二世祖脱罗豁勒真就是"伯颜"④，马阿里黑则是"穷乏的人"⑤。这些名称的出现，是蒙古社会现实生活的反映，表明贫富分化已经历了一个相当的发展阶段，而绝不可能是刚刚有了贫富差别就立即产生反映这一现象的名称。

在当时的蒙古社会中，贫富差别相当悬殊，分化十分明显。富者"牲畜遍野"⑥，中等牧民"家财……尽够"维生⑦；贫者则"穷乏"，卖子易肉。⑧

---

①　《元朝秘史》卷1。

②　［俄］弗拉基米尔佐夫：《蒙古社会制度史》，中国社会科学出版社1980年版，第74页。

③　［波斯］拉施特主编：《史集》卷1第2册，余大钧、周建奇译，商务印书馆1988年版，第262页。

④　《元朝秘史》卷1。

⑤　同上。

⑥　洪钧：《元史译文证补》卷1上。

⑦　《元朝秘史》卷2。

⑧　《元朝秘史》卷1。

三 部族奴隶制的形成

伴随私有财产的产生和发展，与私有制相连的各种社会现象也应运而生，这标志着私有制适应社会生产的发展而逐步得到巩固和完善。

在牲畜和财物变成私有财产以后，家庭内逐渐产生了财产继承关系，子承父业的现象逐渐兴起。同时，这种继承关系的出现进一步拉大了社会贫富差距。财产继承制的自然形成促使财产积累于家庭中，从而使家庭变成一种与氏族对立的力量，进而促成了蒙古社会氏族制度的彻底崩溃和阶级社会的形成。

由于财产私有的出现，所有者对其有了支配权，随之形成了一定的财产转让制度。史书曾记载成吉思汗十一世祖朵本·蔑儿干即用自己所有的一只鹿腿换了一个穷人的儿子。随着阶级关系的加深，甚至人也作为财产的一部分，可以任意转让或赠予。

在游牧民族和农业民族中间，私有制的表现有所不同。由于游牧民的生产资料和生活资料主要是牲畜，而不是农民的土地，加之"在游牧的畜牧部落中……在这里被占有的和再生产的，事实上只是畜群，而不是土地，在每一处停留地上土地上都是被暂时共同使用的。"[①] 在蒙古游牧民中间，变成私有财产的首先就是牲畜，而不是土地。牲畜成为"家私"和"家财"[②]，即反映了蒙古社会早期私有制经济的发展状况。

应当指出，牧地共同使用并不是永远固定不变的，仅仅是"暂

---

① ［德］马克思：《资本主义生产以前各形态》，人民出版社1956年版，第26—27页。

② 《元朝秘史》卷1，卷2。

时共同使用"而已。随着社会的发展、私有观念的出现，土地共同使用也逐渐向个体私有转化。早在 9 世纪后半叶，土地也逐步成为私有财产，甚至为了保护私有牧场而彼此厮杀。成吉思汗八世祖篾年·土敦一家即因扎剌亦儿部"有群小儿掘田间草根以为食"，破坏了其家草场，竟"驱车径出，辗伤诸儿，有至死者"[①]，后来相互攻杀，彼此死伤多人。蒙古私有制的产生和发展使氏族制度受到越来越多的冲击，而逐渐走向瓦解。氏族制下人与人之间的平等相处、集体占有、共同劳动、平均分配的关系，逐渐为对私有财产的追求和贪欲所取代。这时，人们所关心的也不再是集体利益，而是个人得失。

第二节　蒙古部族的统治阶级

"在没有阶级的社会中，每个人以社会一员的资格，同其他社会成员协力，结成一定的生产关系，从事生产活动，以解决人类物质生活问题。"[②] 贫富差别和阶级关系分化的出现和加强，使蒙古社会发生深刻的变化，进入一个新的历史阶段。人与人之间的阶级关系取代血缘亲族关系，在社会中占了统治地位，一切都建立在利害关系的基础上。由于利害矛盾，同族分裂，亲族仇杀，兄弟相煎；相反，利害一致，异族相助，甚至敌人可以转化为同盟者。在成吉思汗的"训言"中所说的"子不率父教，弟不率兄教，夫疑其妻，妻忤其夫，男虐待其已聘之女，女慢视其已字之男，长者不约束幼者，幼者不受长者约束，高位达官信用亲近，遗弃疏狄，富厚之家不急

---

① 《元史》卷 1。
② 毛泽东：《毛泽东选集》第一卷，人民出版社 1991 年版，第 283 页。

公而吝财"①，正是蒙古社会人与人之间都处于阶级利害关系中的一幅生动写照。

一 汗、那颜

在氏族制度下，没有剥削与奴役，"全体成员都是自由人，都有互相保卫自由的义务；在个人权利方面平等，不论酋长或军事首领都不能要求任何优越权；他们是由血族关系结合起来的同胞"。而"由于文明时代的基础是一个阶级对另一个阶级的剥削，所以它的全部发展都是在经常的矛盾中进行的。"②而富人和穷人、自由人和奴隶、贵族和平民的出现，打破了蒙古社会人与人自由、平等的关系，形成了人剥削人、人奴役人的阶级关系。

汗、那颜贵族成为蒙古社会的统治者。在政治上，他们享有种种特权，"众达百姓"由他们"管着"③，他们对百姓随意施发"号令"④，后者只能按旨意行事。成吉思汗二十二世祖孛儿帖赤那被"尊为君长"后，诸民"惟遵旨行事"⑤，百姓"对于那颜为无限之服从。那颜得随意处分其财产，且得处分其身体"⑥。至成吉思汗时代，这种统治更加巩固，百姓被统治似乎是天经地义的。王罕就曾对成吉思汗表示："你离了的百姓，我与你首饰，散漫了的百姓，我

① 洪钧：《元史译文证补》卷1下。
② 《马克思恩格斯选集》第4卷，人民出版社1995年版，第177页。
③ 《元朝秘史》卷1。
④ 《元朝秘史》卷2。
⑤ 萨冈彻辰：《蒙古源流》卷3。
⑥ ［瑞典］多桑：《蒙古史》上册，冯承钧译，中华书局1962年版，第31页。

与你完聚"，① 照旧要由其来统治。主从之间的界限极其严格，不得逾越，否则，"笞之"②，动辄杀之。捏兀歹族人察合安·兀阿由于私自离开札木合，被捉后，即"斩断捏兀歹察合安·兀阿的头，马尾上拖着"③。手段残酷至极。甚至敌对双方也不容忍敌人的奴仆弃主投诚。主从之间根本无平等可言。所谓"视民如赤子，养士若兄弟"④ 不过是统治阶级对自己的美化而已。所谓"衣人以己衣，乘人以己马"，无非是为了"能束其众，能抚其下"⑤，实为笼络人心的一种手段罢了。所谓"遇食同享，难则争赴"，至多只能是"上古之遗风"⑥。

在经济上，汗、那颜除拥有众多的畜群、占用水草丰美的牧场外，还享有种种特权。首先，他们都有为数不等的牧人和奴隶为其放牧、服役，占有这些人的劳动，对其进行剥削和奴役。后者要无条件地为其"备鞍子、开门子""舂碓""放牧""剪羊毛""挤牛奶""打鱼捕兽"⑦ 等。这种不平等的地位和剥削奴役关系，在蒙古社会中早已出现。成吉思汗十世祖孛端察儿就是出于这种"牧马炊给使有人"⑧ 的优越地位。其次，在分配关系上亦处于这种特权地位，"但掳的美女妇人，并好马，都将来与你。野兽行打围呵，俺首

---

① 《元朝秘史》卷2。

② 《元史》卷1。

③ 《元朝秘史》卷4、卷3。

④ 陶宗仪：《南村辍耕录》，王雪玲校点，辽宁教育出版社1988年版，第120页。

⑤ 洪钧：《元史译文证补》卷1上。

⑥ 李志常：《长春真人西游记》上卷，河北人民出版社2001年版，第32页。

⑦ 《元朝秘史》卷2、卷5、卷7、卷3。

⑧ 《蒙兀儿史记》卷1，参见《元朝秘史》。

先去围将野兽来与你"①。在阶级关系十分突出的情况下，是不可能存在所谓战利品"均分"②，"凡破城守有所得，则以分数均之，自上及下"③ 的现象的。除享有"答儿罕"称号者能够在"厮杀时抢得财物，打猎时得的野兽，都不许人分，尽他要"④ 外，其他的平民、属民、奴隶是根本没有这种平等权利的。

在军事上，汗、那颜在其周围聚集一批被称为"那可儿"（伴当、亲兵）的勇士为其效劳。他们凭借这种武装力量扩大影响，巩固和加强统治地位，进行掠夺战争，取得掳获物。同时，他们凭借这种超经济的力量控制牧场的使用权和支配权，成为牧场的实际主人。他们既可随意占有良好的牧地和猎场，成为该地的"主人"⑤，又有指挥他人之驻牧，凡起行或驻营，均由其决定。⑥

占有尊荣地位的那颜贵族，极力巩固和加强自己的统治地位，千方百计维护已形成的尊卑、贵贱、主从关系，使其神圣不可侵犯。合不勒汗为了维护自己的权威，甚至威胁其部众"汝等不助我，则我先杀汝等"⑦。至成吉思汗时代，这种关系更加巩固。奴婢背弃主人被视为大逆不道，尽遭典刑，而维护主人利益则是所谓"省得大道理"⑧，颇受青睐。

贫富差别和阶级分化的结果是社会各阶级有了不同的利益和要求，从而导致矛盾和斗争。不仅统治者与被统治者之间产生矛盾和

---

① 《元朝秘史》卷 3。
② 《元朝秘史》卷 5。
③ 孟珙：《蒙鞑备录》。
④ 《元朝秘史》卷 7、卷 9。
⑤ 《元朝秘史》卷 1。
⑥ 《元朝秘史》卷 2、卷 3。
⑦ 洪钧：《元史译文证补》卷 1 上。
⑧ 《元朝秘史》卷 9。

斗争，就是统治阶级内部为了争夺政治、军事和经济权利，也矛盾重重，斗争不已。人与人之间的关系完全建立在利害关系的基础上，血缘亲属关系遭到彻底破坏，氏族制度下同族互助原则丧失了其原有的意义和作用。

同族，甚至亲族之间，由于利害冲突而疏远、分裂、敌对和残杀。由于同族之间处于统治与被统治的关系中，彼此矛盾重重。即使血缘关系更近的亲族，由于利害矛盾，也会出现分裂和敌对。随着私有制的发展、阶级关系的加强，也引起了家庭关系的变化，为争夺财产和权力，兄弟之间、夫妇之间亦发生矛盾和冲突，导致家庭分裂，彼此残杀。所有这些"自家百姓又被残害"①的实例，都是与氏族制度格格不入的。它充分表明，血缘亲属关系这一氏族借以维系的纽带已遭到彻底破坏，并为阶级关系所取代。

二　安答

贫富差别和阶级分化的产生和加剧，使人与人之间的关系发生根本变化，血缘亲族关系为阶级关系所取代。利害冲突导致亲族分裂和仇杀。与此同时，利益一致也使异族结合在一起，所谓结交"安答"，就是这种性质的产物。

关于"安答"的含义，中外史料均有记载。《元朝秘史》释为"契交"或"契合"②，即"交物之友"③，"定交不易之谓也"④。

---

① 《元朝秘史》卷 5。
② 《元朝秘史》卷 2、卷 3。
③ 《圣武亲征录》。
④ 《元史》卷 121。

《史集》释为"结义兄弟"①，"遒言盟友也"②。

在蒙古社会中，"安答"究竟是何时出现的，由于史料欠缺，尚难确定。但是有一点是可以肯定的，即其出现是贫富差别和阶级分化进一步激化的产物。随着掠夺战争的日益频繁和加剧，为了自卫和掠夺的目的，仅血缘亲族关系的力量已不能满足此种需要，联合某种同盟者成为势所必然。结果使彼此利害关系一致的异族联合在一起，结成"安答"，这是"安答"产生的社会前提和基础。史料中较早提到的结交"安答"的实例是："速别额台……远祖捏里必……遇成吉思汗五世祖屯必乃薛禅，结为安答。"③ 合不勒罕的"义兄弟（安答）名撒勒只兀台"④。成吉思汗之父"也速该皇帝与客列亦惕种姓的王罕契合（安答）"⑤。至成吉思汗时代，结交"安答"的现象更为普遍。

结交安答是阶级利害关系的一种产物和反映。结交安答的目的在于联合盟友，扩充势力，以便进行掠夺和自卫，"多敌人处剿捕时，一同剿捕"⑥。结交安答的基础在于阶级利益一致。例如，王罕与也速该结为安答是因为，王罕被其叔菊儿罕战败，走投无路时，"奔于烈祖。烈祖亲将兵逐菊儿走西夏，复夺部众归王罕。王罕德之，遂相与盟，称为安答"⑦。安答的结交是建立在阶级关系的基础

---

① ［波斯］拉施特主编：《史集》卷1第1册，余大钧、周建奇译，商务印书馆1988年版，第190页。

② ［瑞典］多桑：《蒙古史》上册，冯承钧译，中华书局1962年版，第42页。

③ 《蒙兀儿史记》，卷29，参见《元史》，卷121。

④ ［波斯］拉施特主编：《史集》卷1第2册，余大钧、周建奇译，商务印书馆1988年版，第36页。

⑤ 《元朝秘史》卷2，参见《圣武亲征录》，《元史》，卷1。

⑥ 《元朝秘史》卷5。

⑦ 《元史》卷1。

上，所以处处都反映出这种关系的阶级本质。

由于结交安答是建立在阶级关系的基础上，结交双方政治、军事、经济力量的强弱不同，彼此的地位也是不平等的。弱者处于依赖和求助的地位，强者处于主宰和救援的地位，甚至完全是一种主从关系。由于安答是建立在彼此利害关系一致的基础上，这种关系是极不稳固的，它随着相互利害关系的变化而变化。一旦两者之间产生利害矛盾和冲突，势必导致相互反目、破裂以至仇杀。安答之结交使没有血缘亲属关系的各部扩大了联系，加速了各部成员彼此混杂的过程，进一步打破了氏族部族界限，使氏族制借以维系的血缘纽带越来越被历史所淹没。同时这种关系也表明，血缘亲属关系已丧失其应有的作用和地位，为安答这种新的阶级利害关系所取代。

安答的结交为各种势力的联合创造了条件，这不仅进一步增强了蒙古社会中某些领袖人物的权势，使其取得了凌驾于众人之上的权利和地位，根本破除了氏族制的民主原则，而且增强了各部单独的自卫和掠夺能力，为蒙古诸部的统一打下了基础。

三　那可儿

至成吉思汗时代，随着掠夺战争的频繁和加剧，那可儿在巩固那颜贵族地位方面所起作用加强，范围更加扩大。这时，蒙古诸部，如泰亦赤兀部、主儿乞部、札答兰部、克烈部、篾儿乞部等，都已普遍产生了那可儿。[①] 不仅汗、那颜贵族拥有众多的那可儿，甚至那可儿本人也拥有那可儿。"成吉思汗的伴当拙赤答儿马剌"也有"他的伴当"。"不里孛可……与巴儿合勇猛的子孙行作伴（当）"[②]，

---

① 《元朝秘史》卷 2、卷 4、卷 6、卷 7。
② 《元朝秘史》卷 4。

又有合塔斤部人作他的那可儿（伴当）。① 后来，以至于成吉思汗的护卫散班均有那可儿做随从，他们"若是千户的子……带伴当十人，百户的子……伴当五人，牌子并白身人……伴当三人"②。那可儿的数量也大为增加。当札木合遭蔑儿乞部黑脱阿掠夺后，在困窘的情况下，仍有"三十个那可儿一道到处流浪"③。

那可儿制度是阶级利害关系的一种反映和标志。在掠夺战争日益频繁和加剧的情况下，那可儿的作用随之加强，成为自卫和掠夺的重要力量。汗、那颜贵族为了扩充势力和影响，在掠夺战争中稳操胜券，在自己周围聚集和招纳一批那可儿。那可儿投靠这些领袖人物，是为了得到荫庇，免遭掠夺战争的侵害并分享某些战利品。正是在这种利害关系的基础上促成了两者的结合。正如恩格斯在谈到扈从与首领的关系时指出的："只有通过不断的战争和抢劫，才能把他们纠合在一起。"④ 由于存在这种利害关系，有势力和影响的人物，聚集越来越多的那可儿。相反，丧失这种地位的人，同时也失掉了那可儿的拥戴。成吉思汗幼年丧父，势衰，众部离散，即处于"除影儿外无伴当"⑤ 的困境。当其初步得势后，诸部又都来归服⑥，那可儿的规模也逐渐壮大。

那可儿的职务是以效役主人为己任，平日充当主人的"从

---

① ［波斯］拉施特主编：《史集》卷 1 第 2 册，余大钧、周建奇译，商务印书馆 1988 年版，第 92 页。

② 《元朝秘史》卷 9。

③ ［波斯］拉施特主编：《史集》卷 1 第 1 册，余大钧、周建奇译，商务印书馆 1988 年版，第 190 页。

④ 《马克思恩格斯选集》第 4 卷，人民出版社 1995 年版，第 145 页。

⑤ 《元朝秘史》卷 2。

⑥ 同上书，卷 3、卷 4。

者"①，"出入侍从"②。在生产上，为主人放牧和照管牲畜。③ 在战时，那可儿即在首领麾下供职，参加掠夺战争，于"多敌行……做前哨"④。从这里不难看出，那可儿与主人的关系具有明显的隶属性质，这是阶级分化的必然结果。

那可儿在当时的蒙古社会里，无论是在掠夺战争中，或是在巩固汗、那颜贵族的地位上，都起到了重要作用，那可儿的强弱成为胜负的一个重要因素。恩格斯在谈到扈从队的作用时指出："对于小规模的征战，他们充当卫队和随时可以战斗的队伍；对于大规模的征战，他们是现成的军官团。"⑤ 成吉思汗的那可儿也是他统一蒙古诸部的骨干力量，充当着"与这众人为长"⑥ 的人物，协助其作战。

那可儿多出身自由人，甚至富家子弟，其中有少数那可儿虽然还不能独树一帜，发展个人势力，但亦有一定社会地位和影响力。成吉思汗的那可儿孛斡儿出即是纳忽伯颜（财主、富翁）之子，家有"多马群"。⑦ 那可儿在蒙古社会中的作用，决定他们必然为主人所器重和青睐。当篾儿乞人袭击成吉思汗时，其家总共只有九匹马，其妻孛儿帖及庶母都因无马骑而被敌俘，而其那可儿孛斡儿出、者勒蔑二人却都分到马匹，得以逃脱敌人的追击。⑧ 每当战胜敌人时，也都将掳获物"分与众伴当"。⑨ 遇有那可儿与他人发生纠纷，常常得到主人庇护。"合塔斤部一个名叫合答吉歹的人，偷了缰绳，他是

---

① 洪钧：《元史译文证补》卷 1 上，卷 1 下《圣武亲征录》等。

② 《蒙兀儿史记》卷 2。

③ 《元朝秘史》卷 4。

④ 《元朝秘史》卷 3。

⑤ 《马克思恩格斯选集》第 4 卷，人民出版社 1995 年版，第 145 页。

⑥ 《元朝秘史》卷 3。

⑦ 同上。

⑧ 同上。

⑨ 《元朝秘史》卷 7。

不里的那可儿……不里即袒护此人。"① "十三翼之战"也是因札木合之弟台察儿抢了成吉思汗的那可儿拙赤答儿马剌的马群后被杀为导火线而引起的。② 那可儿也享有一定的社会地位,在蒙古诸部统一过程中,成吉思汗的那可儿,如孛斡儿出、速别额台等,或随行汗之左右,参与运筹策划,或独当一面,对敌作战。有些那可儿后来被委以万户、千户的重任。③

必须指出,由于那可儿制度是阶级分化的产物,它必然强烈地反映出人与人之间的阶级关系。那可儿虽然有一定的自由和社会地位,但与主人之间存在着严格的隶属关系。在奴隶占有制度下,主人有时甚至把那可儿视作奴婢。成吉思汗既称者勒蔑是"有福庆的伴当",又说是"贴己奴婢";④ 既称合答黑"可以做伴",又教他给忽亦勒答儿的妻子"永远做奴婢"。⑤ 札木合也称其伴当是奴婢。⑥ 在某种程度上,甚至可以说"那可儿"是家庭奴隶制的产物和反映。由于那可儿与主人的这种关系,那可儿必须效忠主人,"一心奉主人……别有心呵,便死"⑦。那可儿要无条件地服役于主人。一次,成吉思汗军失利,"会大雪,失牙帐所在,夜卧草泽中。木华黎与博尔术(孛斡儿出)张裘毡,立雪中,障蔽太祖,达旦竟不移足"⑧。

---

① [波斯]拉施特主编:《史集》卷1第2册,余大钧、周建奇译,商务印书馆1988年版,第92页,参见《元朝秘史》卷4。

② 《元朝秘史》卷4。

③ 《元朝秘史》卷8。

④ 《元朝秘史》卷9。

⑤ 《元朝秘史》卷6。

⑥ 《元朝秘史》卷8。

⑦ 《元朝秘史》卷7。

⑧ 《元史》卷119,参见元朝明善《丞相东平忠宪王碑》,阎复《太师广平贞宪王碑》,载《元文类》卷24、卷23。

"斡阔台项上中箭，孛罗忽勒将凝住的血咂去。"① 汗、那颜贵族为了巩固自己的统治地位，使那可儿一心效忠自己，也极力维护这种主从关系。遇有那可儿背弃和加害主人，将受到严厉惩处。札木合的五个那可儿将札木合捉住送给成吉思汗，就被成吉思汗看作是叛逆行为而处死。② 相反，王罕的那可儿合答为掩护王罕突围，奋力与成吉思汗厮杀三日，却得到成吉思汗的褒奖，认为这是"不背弃他主人，教逃命走得远着，独与我厮杀，岂不是丈夫，可以做伴来。"③

由于那可儿与主人的结合是建筑在利害关系的基础上，当彼此利益一致时，还可能做到"常相顾盼，明后休相弃"④，"一同生死，必不肯相离"⑤，"共历艰危，义均同气……鱼水之契，殆若天授……颠沛造次，脱主于难"⑥。一旦互相发生利害矛盾和冲突，也必将走向分裂和对抗。蒙力克自幼与成吉思汗作伴，使其"获助处甚多"⑦，但其子帖卜滕格理，由于与成吉思汗争势抗衡，要与成吉思汗"齐等"⑧，而被成吉思汗杀害。札木合与那可儿之间关系的变化更是十分典型，他竟"把推举他即汗位的所有那可儿掠劫一空"⑨。

那可儿的出现进一步冲破了氏族闭塞状态，促成了氏族制度的彻底崩溃。史料表明，那可儿与主人绝大部分属同族，彼此没有任何血缘亲属关系，是共同的阶级利害关系使其结合在一起。这就进

① 《元朝秘史》卷6。
② 《元朝秘史》卷8，参见《史集》卷1。
③ 《元朝秘史》卷6。
④ 《元朝秘史》卷2。
⑤ 《元朝秘史》卷6。
⑥ 《元文类》卷23《太师广平贞宪王碑》。
⑦ 《元朝秘史》卷8。
⑧ 《元朝秘史》卷10。
⑨ 《元史》卷1。

一步打破了氏族界限，扩大了各族间的联系，加速了各族彼此混杂的过程，阶级关系取代了血缘亲属关系。这是氏族制崩溃、阶级社会形成的一个重要标志。

综上所述，那可儿制度是阶级分化的产物，是阶级关系的一种标志，它对蒙古阶级社会的发展、汗权的形成均起了重要作用，"不管这种扈从队必然是多么弱小，……但是他们仍然成为古代的人民自由走向衰落的开端"[1]。

恩格斯指出："有一种设施促进了王权的产生，这就是扈从队制度。"[2] 在蒙古社会中，那可儿的出现正是起到了这样的作用。如上所述，那可儿结成一股强大的军事力量，在蒙古游牧经济的特殊条件下，它成为维护奴隶制剥削的一种超经济的强制力量，促成了蒙古汗权的产生和发展。

那可儿的出现，使当时蒙古社会的战争性质发生了根本变化，由氏族制下的血亲复仇，演变为以掠夺为目的的战争。因为是战争和抢劫使那可儿与主人纠合在一起，掠夺成了目的。史料中不断提到的"掳其马车粮饷"，"夺他弓箭"，"抢了他们的全部畜群、牲口、帐幕"[3]，等等，都表明了战争的这种性质。

第三节　蒙古部族内部的奴隶

"世界各国所有一切人类社会数千年来的发展，是这样向我们表明这种发展的一般规律性、常规和次序的：起初是无阶级的社

---

① 《马克思恩格斯选集》第4卷，人民出版社1995年版，第145页。

② 同上书，145页。

③ 《元朝秘史》卷7，参见《史集》卷1。

会——父权制原始社会，即没有贵族的原始社会；然后是以奴隶制为基础的社会，即奴隶占有制社会。……世界上其余各洲的绝大多数民族也都经过这个阶段。"① 蒙古族的历史，与其他民族一样，在迈出原始氏族社会之后，便进入了奴隶社会。

一　奴隶的出现

奴隶的出现和奴隶制的形成是蒙古社会生产力向前发展所引起的社会变革，是蒙古历史发展的必然结果。生产力发展，剩余产品增加，使用奴隶劳动成为可能。随着蒙古游牧业等经济部门的发展，牧民生产的产品，除维持个人生活所需，已有较多剩余，占有剩余劳动和剩余产品有了可能，奴隶制的产生具有了经济前提。正如恩格斯所说："在这时已经达到的'经济情况'的水平上，战俘获得了某种价值；因此人们就让他们活下来，并且使用他们的劳动，这样……奴隶制被发现了。"② 生产范围扩大，劳动负担加重，使用奴隶劳动成为必需。蒙古游牧业的发展，牲畜的不断增加，劳动范围的扩大，都对劳动力产生了新的需要。需要越来越多的人照料日益增加的牲畜，需要有人从事畜产品加工，等等。"吸收新的劳动力成为人们向往的事情了。战争提供了新的劳动力：俘虏变成了奴隶。"③

贫富差别和阶级分化的出现，使用奴隶劳动成为必然。随着蒙古社会私有制的产生和发展，出现了贫富不均和阶级差别，产生了富人（伯颜）和穷人（牙当吉古温），官人（那颜）和下民（哈剌

---

① 列宁：《论国家》，《列宁选集》第 4 卷，人民出版社 1960 年版，第 45 页。

② 《马克思恩格斯选集》第 3 卷，人民出版社 1995 年版，第 524 页。

③ 《马克思恩格斯选集》第 4 卷，人民出版社 1995 年版，第 162 页。

抽），富有者不仅占有生产资料，也逐渐占有劳动者本身，这就必然导致奴隶制的产生。正如恩格斯指出的："在古代世界……进步到以阶级对立为基础的社会，是只能通过奴隶制的形成来完成的。"①

蒙古社会出现奴隶最早始于何时，由于史料不足，尚难断言。据《元朝秘史》所载，成吉思汗十二世祖"脱罗豁勒真伯颜……有一个家奴"②。其十一世祖朵本·蔑儿干也曾用鹿肉将马阿里黑之子"换取家里做使唤的"③。他的妻子阿兰豁阿尚有"侍婢"服侍。④ 据推算，最迟在 9 世纪后半叶，蒙古社会就已经有了奴隶的使用。

此后，随着掠夺战争加剧，奴隶来源扩大，使用范围越来越广，数量越来越多。如成吉思汗历代祖先，就都有使用奴隶。这表明奴隶的使用在蒙古社会早已不是个别的、偶然的现象，而是持续地向前发展着。"在前一阶段上刚刚产生并且是零散现象的奴隶制，现在成为社会制度的一个根本的组成部分。"⑤

至成吉思汗时代，奴隶的使用进一步有所发展。由于各部间战争日益频繁且逐步加剧，一部分俘虏"分作奴婢使用"⑥，奴隶的数量和使用范围随之扩大，甚至整个部族都沦为奴隶。成吉思汗征服塔塔儿部，"使该部和许多其他部都完全处于自己奴隶和奴役的地位"⑦。成吉思汗并专门委派多歹总管家内婢仆。⑧

---

① 《马克思恩格斯选集》第 3 卷，人民出版社 1995 年版，第 525 页。

② 《元朝秘史》卷 1。

③ 同上。

④ 萨冈彻辰：《蒙古源流》卷 3。

⑤ 《马克思恩格斯选集》第 4 卷，人民出版社 1995 年版，第 161 页。

⑥ 《元朝秘史》卷 5。

⑦ ［波斯］拉施特主编：《史集》卷 1 第 2 册，余大钧、周建奇译，商务印书馆 1988 年版，第 58 页。

⑧ 《元朝秘史》卷 3。

二　奴隶的来源

蒙古社会的奴隶来源主要有以下几种：

其一，战俘奴隶。成吉思汗十世祖孛端察儿曾将统格黎河边的一群百姓"掠将回来"，做了"茶饭使唤的"[①]，其六世祖海都也"率族众攻札剌亦儿人，取为奴仆"[②]。俘虏变为奴隶，既表明生产力的发展和对劳动力的需要，也表明人与人之间关系的根本变换，这是奴隶占有制社会形成的经济前提和阶级基础。而"在这以前人们不知道怎样处理战俘，因此就渐渐地把他们杀掉，在更早的时候甚至把他们吃掉"[③]。

至成吉思汗时代，掠夺奴隶已极为普遍，成为战争的目的之一，战前即定出要"将他百姓可尽绝掳了"，[④] "若有生得好妇女，将来教洗浴了，挤牛羊乳"[⑤] 的方针。成吉思汗在历次战争中都掳获大量奴隶：战篾儿乞部、塔塔儿部，都将俘虏"作了奴婢"[⑥] 或"分作奴婢使用"[⑦]。降主儿乞部，"杀虏其部众"[⑧]。灭克烈部，其百姓都"成了成吉思汗的俘虏和奴隶"[⑨]。克乃蛮部，"将百姓尽收捕

---

① 《元朝秘史》卷 1。

② 洪钧：《元史译文证补》卷 1 上。

③ 《马克思恩格斯选集》第 3 卷，人民出版社 1995 年版，第 524 页。

④ 《元朝秘史》卷 3。

⑤ 《元朝秘史》卷 7。

⑥ 《元朝秘史》卷 3。

⑦ 《元朝秘史》卷 5。

⑧ 《元史》卷 1。

⑨ ［波斯］拉施特主编：《史集》卷 1 第 1 册，余大钧、周建奇译，商务印书馆 1988 年版，第 127 页。

了"①。直至成吉思汗统一蒙古诸部后，掠俘为奴的现象也始终未断。"征唐无……将他……百姓，纵各人所得者自要。"② "征西域……取其民为奴。"③ 攻中原地区，"掠中国之人为奴婢"④，等等。此时，掠俘为奴已成为蒙古各部的普遍现象，"克烈部王罕剿篾儿乞部，掠其家奴和仆役"⑤。"乃蛮部袭王罕亦掠其家奴和百姓"⑥。王罕与其母也曾"被塔塔儿……掠去"为奴。⑦

其二，买卖奴隶。奴隶起初虽来源于战俘，但也为奴役他人创造了可能性。贫富差别和阶级分化的结果是，贫者沦为奴隶，富者变成奴隶主。常常发生"父母因贫穷而把自己的子女卖为奴隶的事情"⑧。这种现象在蒙古社会中发生较早。马阿里黑生活饥困，即以子易朵奔篾儿干的鹿肉。⑨ "阿儿浑之父，在饥饿贫困的日子里，将……阿儿浑卖给亦鲁该那颜之父合丹……成了他的奴仆。"⑩ 陶宗仪也曾指出这种现象："蒙古……奴婢，又有曰红契买到者。"⑪ 伴随奴隶买卖而来的是奴隶之赎买，这是一种变相的奴隶买卖。"篾儿乞部众喜略人勒赎"，克烈部王罕"七岁尝为篾儿乞人所掠……忽儿察忽思（王罕之父）赎归"。"太祖（即成吉思汗）幼，尝为所掠，

---

① 《元朝秘史》卷7。

② 《元朝秘史》续卷2。

③ 《蒙兀儿史记》卷29。

④ 孟珙：《蒙鞑备录》。

⑤ ［波斯］拉施特主编：《史集》卷1第2册，余大钧、周建奇译，商务印书馆1988年版，第111页。

⑥ 《元朝秘史》卷5。

⑦ 同上。

⑧ 《马克思恩格斯选集》第4卷，人民出版社1995年版，第151页。

⑨ 《元朝秘史》卷1。

⑩ 《元史》卷1。

⑪ 陶宗仪：《南村辍耕录》，王雪玲校点，辽宁教育出版社1988年版，第204页。

赎归"。不仅蒙古各部之间有了奴隶买卖,金朝有一部分被捡括为奴隶者,也"卖于萌骨子"①。买卖奴隶的现象一直持续到整个元代,甚至有"人市"出现:"入北愈深……处处有人市数层,等级其坐,贸易甚盛,皆江南赤子,至易十数主,今贫乏人甘绝售与其子女……所虏所买江南赤子转徙深入鞑靼回回极北,深莫数计。"② 此时,鬻子女为奴者,亦有蒙古人:"蒙古军在山东、河南者,往戍甘肃,跋涉万里,装鞍马之资,皆其自办,每行必鬻田产,甚则卖妻子。"③ "延祐间,朔漠大风雪,羊马驼畜尽死,人民流散,以子女鬻人为女婢。"④ "比闻蒙古诸部困乏,往往鬻子女于民家为婢仆。"⑤ "蒙古子女鬻为回回、汉人奴。"⑥ "二十六年前,山东河北谁家不买鞑人为小女婢,皆诸军掠来者。"⑦

其三,陪嫁和赠赐奴隶。奴隶为主人所私有,主人有权支配其人身,以致把奴隶当作物品一样,从一个所有者手里转到另外一个所有者手里。女儿出嫁也常把奴隶当作嫁妆。蒙古社会中所谓"引者",即是这种陪嫁奴隶。"蒙古之臧获……又有曰陪送者,则僄拨随女出嫁者也。"⑧ 他们随女到夫家后,地位不变,继续为奴。这种现象在蒙古社会中出现较早。成吉思汗十世祖母,其祖母,就都有从嫁奴隶。⑨ 至成吉思汗时代,由于贫富差别和阶级分化极为悬殊,

---

① 《大金国志》卷6。

② 《心史》。

③ 《元史》卷134。

④ 同上书,卷136。

⑤ 《元史》卷26。

⑥ 《元史》卷27。

⑦ 孟珙:《蒙鞑备录》。

⑧ 陶宗仪:《南村辍耕录》,王雪玲校点,辽宁教育出版社1988年版,第208页。

⑨ 《元朝秘史》卷1,参见《蒙古社会制度史》,第86页。

那颜贵族陪嫁的奴隶越来越多。札合敢不嫁女即把"二百人……做从嫁"①。成吉思汗将亦巴合赏赐给部下主儿扯歹时，也"赐……引者四百"②。

与此同时，由于奴隶失去人身自由，主人可以随意将其转送他人，领袖人物也常常把奴隶奖赏部下以资鼓励。据《元史》所载，"巴牙兀特部巴牙里黑领着自己的儿子，将他卖给他（指库伦撒哈儿）……他便将这个小孩送给阿兰豁阿（成吉思汗十一世祖母）"③。至成吉思汗时代，这种现象更加普遍，赠赐的数量大为增加，多者数以百计。忽亦勒答儿阵亡，成吉思汗念其征战有功，教被俘的合答黑"领一百人，与忽亦勒答儿的妻子，永远做奴婢使唤"④。"塔孩把阿秃儿，太祖处有恩的上头，与有了一百只儿斤百姓。""赏与了孛罗兀勒一百秃马的百姓"⑤。战胜篾儿乞都，将俘获"分给诸有功者为奴"⑥。

其四，世袭奴隶，或曰家生奴。奴隶未获得自由前，其子女继续为奴。《辍耕录》称："蒙古……以俘到男女匹配为夫妻，而所生子孙永为奴婢。"⑦ 有的奴隶甚至经许多代，仍未改变地位，其子孙继续为奴。这种自然繁殖的奴隶，是奴隶的一个重要来源。前引赠予阿阑豁阿之巴牙兀特氏奴隶，遂为乞颜世仆，"成吉思汗部下巴牙

① 《元朝秘史》卷8，参见《元史》卷1，二册。

② 《元史》卷120。

③ 《元史》卷1。

④ 《元朝秘史》卷6，参见《元史》卷121；姚燧《平章政事忙兀公神道碑》，载《元文类》。

⑤ 《元朝秘史》卷7，卷10。

⑥ 《蒙兀儿史记》卷2。

⑦ 陶宗仪：《南村辍耕录》，王雪玲校点，辽宁教育出版社1988年版，第208页。

兀特人为世仆者皆此子之后。"① 可见，最初一人为奴，经历数代，即繁衍成为数可观的奴隶。又如，一部分札剌亦儿人成为海都的奴隶后，"作为遗产祖辈相承，最终传给成吉思汗"②。史料中关于成吉思汗的世仆脱斡邻勒的记载更是十分典型。这里不仅指出世仆的出身，而且详细列举了其历代祖先的名称："在前屯必乃、察剌孩领忽二人，原掠将来的奴婢名斡答黑，他的儿子名速别该，速别该子名阔阔出乞儿撒安，阔阔出乞儿撒安子名也该晃脱合儿，也该晃脱合儿子是你（脱斡邻勒），你是我（指成吉思汗）祖宗以来的奴婢。"③ 这些实例表明，奴隶是作为一种财产世袭继承的，奴隶的子孙始终为奴，甚至从一开始就确定了这种地位，要"永远做奴婢"。④

其五，罪犯奴隶。为了惩罚某种罪行，除对杀人越货者本人处理外，其妻子也有沦为奴隶者。据《史集》记载，札剌亦儿部杀害海都一家的七十人在审讯后被杀掉，"他们的妻子和儿女都成为……海都的奴隶"。⑤ 这种犯罪籍没其家充奴的现象一直持续到元代，如"忽必烈……籍阿合马……家口七千余人，并分徙入诸酋家为奴婢"。⑥

其六，自愿投靠为奴。这种现象比较特殊，多发生于战时。随着掠夺战争日益频繁和加剧，一些势力孤单者，为了保护自家生命

① 洪钧：《元史译文证补》卷 1 上，参见《史集》卷 1。

② ［波斯］拉施特主编：《史集》卷 1 第 1 册，余大钧、周建奇译，商务印书馆 1988 年版，第 92—93 页。

③ 《元朝秘史》卷 6，参见《圣武亲征录》、《史集》卷 1。

④ 《元朝秘史》卷 6。

⑤ ［波斯］拉施特主编：《史集》卷 1 第 2 册，余大钧、周建奇译，商务印书馆 1988 年版，第 19 页。参见第 20、85—86、272 页。其他史料记载与此不同，均称："海都率众攻札剌亦儿，虏其众为奴。"

⑥ 《心史》。

财产，投靠有势力者，为其服役，以求荫庇。"者勒篾在襁褓内"就被其父札儿赤兀歹送给成吉思汗，"许做了贴己奴婢"，① 木华黎、不合由祖父交给成吉思汗，"永远做奴婢"。②《史集》关于哲别的记载也是很典型的："泰亦赤兀部丧失了势力，木华黎、哲别独自长期在山林中流浪……毫无出路，不得不来向成吉思汗表示奴隶般的恭顺和服从。"③

综上所述，蒙古社会的奴隶来源相当广泛，而且早在成吉思汗的祖先时代，这些来源就已基本存在。至成吉思汗时代，则在数量上和规模上有更进一步的发展。奴隶来源的增加和扩大是奴隶制发展的一个明显标志，表明社会生产需要更多的奴隶充当劳动力，奴隶在社会劳动中的作用日益增强，使用范围不断扩大，使蒙古社会形成了奴隶占有制社会。

三 奴隶之使用和特征

在蒙古社会中，随着奴隶来源和数量的不断增加，使用范围日益扩大。奴隶不仅供家内役使，也用于生产劳动，后期甚至将大批奴隶分批于军队中供驱使。

第一，供家内役使的奴隶。随着贫富差别化和阶级分化的加深，那颜贵族逐渐变成脱离生产劳动的统治者和剥削者，繁重的家务劳动则驱使奴隶来承担，奴隶在家中随时随地供主人"使唤"。④ 前引成吉思汗十二世祖脱罗豁勒真伯颜就"有一个家奴"。至成吉思汗时

---

① 《元朝秘史》卷9。

② 《元朝秘史》卷4。

③ [波斯] 拉施特主编：《史集》卷1第2册，余大钧、周建奇译，商务印书馆1988年版，第90页。

④ 《元朝秘史》卷1。

代，家奴的数量更为增加，尤其是社会地位越高的人，家奴越多，以致有专人总管家中的奴婢。①

家奴的主要职责就是在衣食住行等方面侍奉主人。例如，孛端察儿用掠来的奴隶做"茶饭使唤的"，于是，"炊爨给使有人"。② 海都幼年时尚有乳母服侍。③ 在亦巴合的两百从嫁家奴中，阿失黑帖木儿是专门的厨子。④ 也客扯连用奴隶递送马奶，⑤ 等等。此外，女奴在家中"与妻整衣"，⑥ 甚至女主人衣着宽大，行动不便，也用"女奴拽之"。⑦ 奴隶在家中还为主人"管器皿""看守金门""备鞍子，开门子""赶车"⑧ 等。这些事例揭示了奴隶繁重的家务劳动，也暴露了奴隶主的腐朽寄生生活，表明了阶级分化的尖锐程度。

第二，从事生产劳动的奴隶。这种奴隶并不能与家内奴隶截然分开，有的奴隶既从事生产，也从事家务。在蒙古社会，奴隶在生产上的使用是相当广的。奴隶不仅使用于畜牧业和狩猎业，随着农业和手工业的生产和发展，奴隶也逐渐使用于这些部门中。

游牧业是蒙古牧民的主要生产部门和生活需要，生产资料和生活资料皆取之于游牧业，因此，奴隶也最早和最广泛地使用于游牧业。成吉思汗十世祖孛端察儿将成群的兀良哈人掠做奴隶后，驱使其放牧马群，"自此牧马有人"。⑨ 克烈部王罕被塔塔儿部阿泽罕

① 《元朝秘史》卷3。

② 《元朝秘史》卷1，参见《蒙兀儿史记》卷1。

③ 《元史》卷1。

④ 《元朝秘史》卷8。

⑤ 《圣武亲征录》，参见《史集》卷1。

⑥ 《元朝秘史》续卷2。

⑦ 孟珙：《蒙鞑备录》。

⑧ 《元朝秘史》卷7、卷4、卷2、卷5。

⑨ 《蒙兀儿史记》卷1，参见《元朝秘史》卷1。

"掳去使他放牧"。①

奴隶也使用于狩猎业，特别是组织大规模围猎时，奴隶随主人参加，供主人驱使。锁儿罕失剌、巴歹、乞失里黑这些奴隶，在获得"答儿罕"称号后，成吉思汗赋予其特权："围猎时得的野兽都自要。"② 可见，奴隶也是参加围猎的，只是他们还不享有锁儿罕失剌等人的这种特权，狩猎物不能自得而已。随主出猎，喂鹰是奴隶的劳动内容之一。当成吉思汗把奴隶分赏给孛斡儿出、木华梨时曾说："凡好的儿子，教与你擎鹰……"③

应当指出，有些奴隶虽然在家内使役，却也是生产劳动的一部分。鉴于游牧经济的特点，许多劳动，如接羔保育、饲养幼畜、剪毛、制革等，均在驻地内从事，但就其生产的意义及创造的社会物质财富来看，都是生产的一个重要组成部分，与执鞭放牧只是工种不同。从事这些劳动的奴隶，也是生产奴隶的一部分。

第三，使用于军队中的奴隶。到成吉思汗后期，随着战争的频繁扩大，军队中所需劳动力剧增。除自由民外，一部分俘虏奴隶也被驱使到军队中从事劳动，修筑战地工事，为士兵舂米，或在攻城时被驱赶到部队之前做替死的箭靶。蒙古军每取一地，都"留若干俘虏，以供营地工程或围城之用"。④

鉴于奴隶使用范围不断扩大，奴隶的数量也随之增加。虽然史料中缺乏具体的统计数字，但从奴隶使用的情况中也可看出其发展的趋势。如前所引，孛端察儿有成群的兀良哈人为奴，海都有大批札剌亦儿人为奴，据《史集》记载，为七十户，其数至少也有数百。

---

① 《元朝秘史》卷5。

② 《元朝秘史》卷7、卷9。

③ 《元朝秘史》续卷2。

④ ［瑞典］多桑：《蒙古史》上册，冯承钧译，中华书局1962年版，第154页。

至成吉思汗时代，随着掠夺战争加剧、俘虏奴隶的增多，奴隶的数量更有所扩大。有时，一次赏赐和陪嫁的奴隶就数以百计。成吉思汗远征各地时，则把更多的俘虏充当奴隶，有时数以万计。奴隶的数量越来越大，这是奴隶制发展和巩固的明显标志。

奴隶使用范围的扩大、数量的增加，表明奴隶劳动在生产中的作用和地位不断提高和加强，它已不再单纯是主人的助手和生产中的辅助力量，而是负担着主要的劳动任务，成为社会生产的重要动力。成群或数百奴隶供一家少数人役使，甚至整个部族成为他族的奴隶，说明奴隶劳动的比重是相当大的。

综上所述，奴隶来源之广，使用范围之大，数量之多，作用之强，均表明，奴隶劳动在蒙古社会中已不是氏族制末期刚刚产生的奴隶制的萌芽，也不是封建制初期奴隶制的残余，而是占主导地位的生产方式。当然，这里所说的广、大、多、强，只是就蒙古社会奴隶使用发展的具体情况相对而言。鉴于蒙古游牧经济的特点，奴隶的使用有其不同于农业民族的特点。

恩格斯在谈到游牧经济和农业经济中奴隶使用的特点时指出："看管牛羊只用少数奴隶就行了"，而田庄"那里则使用大批奴隶经营大规模的园艺业"。[①] 鉴于游牧业的这种特点，蒙古牧区的奴隶与农业区相比较，就绝对数字而言，可能要少一些。

游牧业经济与农业经济不同，其特点是"四季出行，惟逐水草"，[②] 驻牧不定，加之畜牧对水草的需要，一片牧场不可能供养过多的畜牧，一个驻营地不可能聚居过多的牧民，所以，牧民居住分散，彼此联系薄弱。这种经济特点，在一定程度上也限制了奴隶的集中使用。相对而言，在蒙古牧区，不像农业区那样，把大量奴隶

[①]　《马克思恩格斯选集》第 4 卷，人民出版社 1995 年版，第 149 页。

[②]　叶隆礼：《契丹国志》卷 23，上海古籍出版社 1985 年版，第 5 页。

集中于一处从事大规模生产，奴隶的使用多是采取分散形式。

这里还应指明的一点是关于成吉思汗统一蒙古诸部及远征各地过程中杀俘的问题。既然蒙古社会生产中已广泛使用奴隶劳动，何以又大量杀俘？

恩格斯在谈到这一现象时曾指出："对于低级阶段的野蛮人来说，奴隶是没有价值的……由于采用牲畜繁殖、金属加工、纺织以及最后田间耕作，情况就改变了。"①

拉施特曾多次指出，在成吉思汗时代以前，蒙古社会还不存在杀俘的习俗：当泰亦赤兀部捉住成吉思汗后，"给他戴上一具木枷，把他看守起来，当时还没有立即杀掉俘虏的习俗"。② "成吉思汗年青的时候，他们（指篾儿乞部人）战胜了他，并且突然俘获了他。在那个时候，还没有立即杀掉俘虏的习俗。"③

还应指出，就在成吉思汗的时代，也不是全部俘虏统统杀掉，总是留大部分充当奴隶使用。成吉思汗征服篾儿乞部后，除将原来捕捉他的那三百人"尽绝殄灭了"外，余者"做了奴婢"。④ 战胜泰亦赤兀部后，除"将……阿兀出把阿秃儿等子孙杀尽"外，还是"将百姓起了"。⑤ 击败塔塔儿部后，除议定要"将他男子似车辖大的尽诛了"外，也把"余者各分做奴婢使用"。⑥ 类似实例，尚有许多。⑦ 总之，在征战过程中的俘虏，有被杀者，也有留下来充当奴隶

---

① 《马克思恩格斯选集》第 4 卷，人民出版社 1995 年版，第 51 页。

② ［波斯］拉施特主编：《史集》卷 1 第 1 册，余大钧、周建奇译，商务印书馆 1988 年版，第 172 页。

③ 同上书，第 114—115 页。

④ 《元朝秘史》卷 3。

⑤ 《元朝秘史》卷 5。

⑥ 《元朝秘史》卷 6。

⑦ 《元朝秘史》卷 8、续卷 2，参见多桑《蒙古史》上册。

者。足见当时蒙古社会还是需要奴隶劳动的，并不能因杀俘而否定奴隶的使用。

最后还应指出，杀俘的原因多半是政治上和军事上的，而非经济上的，并非因蒙古社会不需要奴隶劳动而杀俘。成吉思汗之所以把蔑儿乞惕部、泰亦赤兀和塔塔儿部的一部分俘虏杀掉，主要是因为这部分蔑儿乞人袭击过成吉思汗并掠虏了他妻子孛儿帖；[①] 泰亦赤兀部人遗弃过其母子并捕捉和监禁过他本人；[②] 塔塔儿人是成吉思汗的世仇，曾杀害过其父。[③] 这里面都包含有个人恩怨。

四 奴隶占有制生产关系

"随着在文明时代获得最充分发展的奴隶制的出现，就发生了社会分成剥削阶级和被剥削阶级的第一次大分裂。"[④] 奴隶的出现和阶级分化，使蒙古社会人与人之间的关系发生了根本变化，改变了氏族制下共同占有、集体劳动、平均分配、人与人平等的状况。鉴于蒙古游牧经济的特点，奴隶占有制生产关系具有某些特殊性。但就生产资料的所有制形式，奴隶与奴隶主在生产中的地位和相互关系，以及以此为转移的产品分配形式来看，蒙古族与其他各民族则是完全相同的。人与人之间是统治与被统治、剥削与被剥削、奴役与被奴役的关系。

生产资料所有制形式是生产关系的基础，它决定着生产关系的性质。"在奴隶占有制度下，生产关系的基础是奴隶主占有生产资料

---

① 《元朝秘史》卷2，参见《史集》卷1。
② 《元朝秘史》卷2，参见《史集》卷1。
③ 《元朝秘史》卷1、卷5。
④ 《马克思恩格斯选集》第4卷，人民出版社1995年版，第176页。

和占有生产工作者，这些生产工作者就是奴隶主可以把他们当做牲畜来买卖屠杀的奴隶。"①

在蒙古社会中，奴隶并非属于集体所有，而是私人所有。那颜贵族不仅占有生产资料，而且占有生产者本人——奴隶。奴隶是主人财产的一部分。本书所引成吉思汗的历代祖先脱罗豁勒真伯颜、朵奔篾儿干及其妻子阿兰豁阿、孛端察儿及其妻巴阿邻兄弟、海都、察剌孩领昆、屯必乃、合不勒罕、苏尼吉儿、也速该、成吉思汗本人以及其亲属和部众阿勒赤歹、忽亦勒答儿、博尔忽、塔孩、孛斡儿出、木华黎等，泰亦赤兀部塔儿忽台、脱迭干、札答兰部太阳罕、塔塔儿部阿泽罕，等等，就都有个人私有奴隶。由于奴隶为主人所私有，主人有权支配其人生，不仅可以把奴隶作为私有财产进行转让和买卖，而且常常把奴隶作为物品进行陪嫁和赠赐。

在蒙古那颜奴隶主看来，奴隶只是他的一种财产物，是会说话的工具。《辍耕录》指出："蒙古视奴婢与牛马无异。"②

由生产资料所有制形式所决定，奴隶主和奴隶在生产和生活上处于截然不同的地位。前者居于绝对的统治和支配地位，后者则处于完全被统治、被役使的境地。

奴隶必须提供无偿的劳动，奴隶所创造的财富，要比奴隶主以生活资料的形式给他们的多得多。奴隶劳动的强度也是很高的，甚至昼夜供奴隶主驱使。脱迭干的家奴锁儿罕失剌一家五口即"打马奶子自夜到明"，③显然，如此多的马奶子绝非自用，而是供主人食用。不仅成年奴隶如此，就是童奴也不被放过，王罕童年时就一再

---

① ［苏］斯大林：《辩证唯物主义和历史唯物主义》《列宁主义问题》，人民出版社 1952 年版，第 648 页。

② 陶宗仪：《南村辍耕录》，王雪玲校点，辽宁教育出版社 1988 年版，第208 页。

③ 《元朝秘史》卷 2。

被掠去牧驼羊。①

　　奴隶不仅生产上受剥削奴役，生活上也毫无自由，甚至不能随意婚嫁。"何答黑吉所带的只儿斤族一百人给忽亦勒答儿的妻子做奴隶。他们生的男子，世世跟随忽亦勒答儿的子孙服务；所生的女子，他们的父母也不能自由出卖（出嫁）。"② 奴隶只有为主人服役，供主人驱使的义务，而毫无权利，主奴之间更无平等而言。当篾儿乞部袭击成吉思汗时，其家"使唤的老妇人"豁阿黑臣，虽然及时把这一紧急情况告知，使其家逃过敌人的追捕，得到搭救。但在分配马匹逃难时，豁阿黑臣照例是没份儿的，最终被篾儿乞人所掠获。③奴隶必须无条件效忠主人，不能离弃和背叛，否则就要受到无情的惩处。奴隶主阶级为了巩固其统治地位，也千方百计地维护这种主从关系。

　　由于奴隶主在社会中居统治地位，并占有生产资料及奴隶本人，在产品分配方面，也完全是按照他们的意志来进行。奴隶虽然是社会财富的创造者，但大部分产品却为奴隶主所占有，毫无平等分配的权利。享有分配权利的首先是汗，其次是那颜贵族，至多包括"那可儿"及少数享有"答儿罕"称号者，奴隶是没有份儿的。奴隶不仅分配上处于无权地位，就是其仅有的少量财务也是毫无保障的。在蒙古社会中，奴隶一般是没有什么财产的，有些投靠而来的，或平民堕为奴隶者，他们仅有少量财物，也常为主人攫为己有。"奴或致富，主利其财，则挨少有过犯，杖而锢之，席卷而去，名曰抄估。"④ 正如锁儿罕失剌所表示的，他的主人可以"像吹灰似的加

①　《元朝秘史》卷 5。

②　《元朝秘史》卷 6。

③　《元朝秘史》卷 2。

④　陶宗仪：《南村辍耕录》，王雪玲校点，辽宁教育出版社 1988 年版，第 208 页。

害"他的"妻子和牲畜"①。

最后，应当指出，由于蒙古游牧经济的特性所致，蒙古奴隶制生产关系也有特殊性。奴隶主统治、奴役、剥削奴隶，是奴隶社会的普遍规律，这已为上述事实所证明。但在游牧经济的情况下，牧民分散于广大地区，奴隶主难以监督奴隶的劳动，而且便于奴隶逃亡、怠工和破坏生产。为了避免这种现象，奴隶主对奴隶的统治和奴役，有时也是为氏族制的古老遗风所掩盖，奴隶主有时甚至与奴隶称兄道弟。但是，这并不能掩盖奴隶与奴隶主之间阶级压迫和阶级斗争的实质。豁阿黑臣虽然被称为"老母"，但在逃难时，她还是被遗弃而为蔑儿乞人所掠获。②脱斡邻勒虽然被称为"弟"，但他与成吉思汗之间的矛盾和斗争始终是极为尖锐的，他一再与王罕共同谋划袭击成吉思汗。③

第四节　蒙古部族联盟封建制的形成

13 世纪初，蒙古族崛起于漠北草原，由分散的部族走向统一，从弱小的被压迫民族变成世界的征服者，在半个多世纪中完成了"大一统"的空前伟业。这不仅对其自身的发展产生了重要影响，而且对欧亚大陆各个民族和国家的发展也产生了无法估量的影响。

一　蒙古社会由奴隶制向封建制过渡

随着奴隶制的完善与发展，蒙古草原各部的社会情况也有了巨

---

① 《蒙古秘史》卷2。
② 《元朝秘史》卷2。
③ 《元朝秘史》卷5。

大变化。由于经济迅速发展，旧有的奴隶制生产关系阻碍生产力的继续提高，所以各种新旧因素和代表这些新旧因素的各阶级、各政治集团展开了激烈的错综复杂的斗争，斗争的结局，蒙古社会逐步实现了由奴隶制向封建制的过渡。

生产力的极大提高，各部之间的经济、文化相互渗透甚至融合在一起，在这种情况下，各部分裂的状况和旧有的奴隶制生产关系就变成了生产力继续发展的桎梏、社会向前进步的障碍。但是，腐朽的奴隶制阶级更加反动，他们单纯以战争为职业，彼此之间年年互相攻击，杀伐不止，使蒙古草原地区完全陷入"天下扰乱、互相攻讦、人不安生"的状态，这给生产带来很大的破坏，给广大奴隶和自由民甚至力量薄弱的奴隶主都带来了极大的灾难。因此，广大奴隶和自由民强烈反对各部奴隶之间的争夺战争，要求和平统一，这种要求和他们原来争取解放的斗争汇合在一起，形成了一股巨大的历史潮流。这一潮流的主力军是奴隶阶级，他们的斗争动摇了奴隶占有制的根基，震撼了奴隶主阶级的统治。12 世纪蒙古社会的阶级斗争，除了奴隶和奴隶主的阶级斗争，还有各部首领之间革新与守旧的斗争，这些斗争又同奴隶主之间的掠夺战争交织在一起，出现了非常复杂的情况。

奴隶大批逃亡或举行暴动杀死奴隶主，自由民冲破氏族血缘纽带离开同族奴隶主。长期的社会动荡也使统治阶级中的一部分人感到旧的剥削和统治方式难以继续维持，主张采用新的剥削和统治方式。力量薄弱而又主张新统治方式的部族首领，为了加强自己的实力和培养对敌斗争的骨干，往往以保护者的姿态出现，收容成批逃亡或暴动的奴隶。于是，这部分奴隶和部首领之间的关系就变成了保护与被保护的关系。部首领承认被保护者的私有经济，被保护者则向保护者提供赋税，变成了首领的"合刺抽"，也就是属民。部首领又吸收冲破氏族纽带的自由民，并拉拢一部分被保护者结成那可儿集团。那可儿对部首领有服侍、保卫和随从围猎、征战的义务，并"各分土地、共享富贵"，同部首领一起奴役和剥削广大的属民。这种以那可儿和合剌抽构成的社会关系，是一种处于萌芽状态的封建关系。这种封建关系一经出现，便以巨大的力量冲击奴隶制。从而，12 世纪便成了蒙古社会旧有的奴隶制不断受到新兴封建制的冲击，阶级斗争异常激烈，奴隶主、奴隶和自由民都不能照旧生活下去的大动荡、大变革时期。而蒙古汗国的建立，意味着蒙古已由奴隶制过渡到封建制，并在一定程度上解放了社会生产力。

二　蒙古部族联盟与国家的形成

铁木真统一蒙古草原之前，据拉施特《史集》记载：蒙古草原上有一百多个大小部族，这些部族的社会经济形态和社会组织结构各不相同，发展也很不平衡。各自独立的各部那颜贵族们为了掠夺更多的财富和奴隶，抢占广阔的土地和畜群，展开了无休止的掠夺兼并战争。

在这个剧烈变动的历史时期，蒙古高原各部的活动范围在不断扩大，辽金两朝特别是金朝的统治者为了维护自己的统治并长期奴役蒙古诸部，经常唆使和挑起其部族之争：塔塔儿部与蒙古部纠缠不休的仇杀，使草原陷入黑暗和分裂。这时，部族新兴封建主及其部族要求"安生"的愿望和情绪开始滋长并日渐强烈，无疑为蒙古部的青年铁木真后来统一蒙古诸部提供了可能。

12 世纪末期，蒙古本部在铁木真的率领下，迅速崛起，势力逐步壮大。铁木真于 1200 年征服了泰亦赤兀部，1202 年，消灭塔塔儿部，1203 年，克烈部归顺蒙古部，1204 年，打败乃蛮部，1206 年，铁木真召集贵族那颜们在斡难河之源"根本之地"举行忽里勒台，建立蒙古汗国，继大汗位，称"也客·忙豁勒·兀鲁思"，[①] 即大蒙古国，完成蒙古草原的统一大业。

三　铁木真的征服事业

蒙古汗国建立后，铁木真和他的子孙先后攻陷西夏，挥兵灭金，灭金之后，又亡南宋；同时，连续进行三次西征，攻破花剌子模，战败斡罗思，兵锋直指里海和多瑙河……在 13 世纪的一百余年中，蒙古铁骑几乎踏遍中亚和东欧，最终建立起一个亘古未有的横跨亚欧大陆的庞大帝国，它们包括钦察汗国、察合台汗国、窝阔台汗国和伊利汗国四大汗国。蒙古的崛起，使蒙古民族继匈奴、突厥之后成为所有草原民族中最强大的民族；大蒙古国及元朝的统一，又使其继北魏王朝之后成为所有入主中原的王朝中最强大的王朝；而铁木真，他的南侵和西征，显然给中原和亚欧各国人民带来了巨大的灾难，甚至马克思在研究了中亚 13 世纪的历史后也曾写道："蒙古大军在呼罗珊、不花剌、撒麻耳干、巴里黑等繁荣城市野蛮行事，艺术品、藏书丰富的图书馆、良好的农业、宫殿和寺院一切都化为乌有。在马鲁绿洲，水利设施和农田全部遭到破坏，种子被运走，牲畜被赶走，城中和周围各村镇剩下的人数不超过一百。中亚的经济遭到了严重的破坏。"[②] 在东方，成吉思汗在攻克西夏首府兴庆府

---

① "兀鲁思"具有"土地、人民"的双重含义。兀鲁思的统治者被赋予汗、太师、巴阿秃儿等各种称号，最高统治者由各部族首领参加的忽里勒台（会盟）会议选举产生。摘自 [俄] 弗拉基米尔佐夫《蒙古社会制度史》，刘荣俊译，中国社会科学出版社 1980 年版，第 61、155 页。

② 俄共（布）马克思恩格斯研究院梁赞诺夫主编：《马克思恩格斯文库》第 V 卷（俄文），1930 年，转引自田俊迁《成吉思汗发展经济的措施和指导思想》，《西北史地》1997 年第 1 期。

时，不惜决黄河堤坝，致使千里良田沃土变成一片黄滩，人民转徙流离，无以为生。广大中原地区农业经济也遭到严重的破坏，如刘因记载道："河朔大乱凡二十余年，数千里间，人民杀戮几尽，其存者，以户口计，千百不一余……其存焉者，又多转徙南北，寒饥路隅。"① 以上资料虽有夸张，但成吉思汗掠夺被征服地区民族的做法显然是错误的。

抛开蒙古汗国对其他民族和地区的掳掠，从历史发展的角度看，蒙古汗国的建立是有正面的积极意义。首先，顺应了历史发展需要和各族人民要求统一的愿望，结束了唐末以来国内分裂割据和几个政权并立的政治局面，奠定了元、明、清六百多年国家长期统一的政治局面，推动了中国和世界历史的发展；其次，促进了国内各族人民之间经济文化和科学技术的交流和边疆地区的开发，加强了中外文化交流和中西交通的发展；最后，成吉思汗统一各部、建立蒙古汗国，对蒙古族的发展和社会进步作出了杰出贡献，从蒙古族的历史发展角度看，统一的过程就是蒙古族从奴隶社会向封建社会转变的过程。蒙古汗国，也成为一个民族更加众多、经济更加交融、文化更加凝聚的中华民族共同体形成和发展的时代。

四 蒙古族形成的经济基础

恩格斯在总结人类社会由原始时代向文明时代过渡及民族和国家产生的问题时，揭示了经济的发展和进步，既是人类社会发展的动力，同时也是民族形成和发展的动力。他指出，马克思发现了人类历史的发展规律，即"一个民族或一个时代的一定的经济发展阶

---

① 刘因：《静修先生文集》卷4，丛书集成初编本，中华书局1985年版，第76页。

段，便构成基础"。① 列宁在《论民族自决权》中谈到推动资产阶级民族运动、实现民族统一、建立民族国家时，再次强调了经济原因。他指出："最深刻的经济因素推动着人们来实现这一点。"② 民族的形成和发展是一个历史范畴，对蒙古族的形成和发展，大部分文献是从社会历史发展的角度来进行分析的，少有从经济的角度作为切入点，这不能不说是一个遗憾，这里试着对蒙古民族形成的经济基础作一归纳。

五代十国以后，持续了半个世纪的汉、契丹、党项、女真等民族对立纷争、各民族政权多元并存的时期，呈现宋、辽金、西夏"三分天下"的格局。虽然一直未能实现统一，但辽、金对东北和北方的统一，西夏对西北的统一，以及各方通过遣使、通贡、互市、联姻等方式进行频繁的交往，促进了长城南北的经济文化交融。

在这个剧烈变动的历史时期，蒙古高原各部的活动范围不断扩大，出现统一的趋势。蒙古部出现过如合不勒罕、俺巴孩罕、忽图刺罕领导下的氏族部族联盟，塔塔儿部、克烈部、乃蛮部也有这样的统一趋势。在内外诸因素的作用下，大漠南北再次改变了民族分布的格局，从而促进了一次新的民族大融合。

12世纪，蒙古部崛起于漠北草原，这时，畜牧业生产已经相当发达。仅蒙古部，在成吉思汗与札木合的一次战斗中，双方各动员骑兵三万人，如果仅以一兵一骑来计算，马匹也已经六万。作为士兵给养的牛羊食畜，数量之大，可想而知。此外还有兵器等军需供应，如果没有繁盛的畜牧业和发达的手工业，要进行这样大规模的战争是不可能的。

---

① 《马克思恩格斯选集》第3卷，人民出版社1995年版，第776页。
② 列宁:《列宁选集》第2卷，人民出版社1960年版，第509页。

在原有的制造皮革、毡毯、弓箭、箭簇之类的手工业的基础上，又出现了锻冶业和木作业。据《蒙古秘史》记载，专业手工匠已从一般牧民中分工出来，他们担任制造幌车、大车、帐幕木架、家具和枪矛、刀剑、甲胄等武器。

在商业上，10世纪开始，已有文献记载蒙古族与内地进行互市，用牲畜、马匹、皮毛换取内地的绢帛、铁器，西面也和畏兀儿（今新疆维吾尔族）、西夏（藏族的一支——党项族建立的政权）发生贸易往来，有些畏兀儿商人深入草原腹地进行商业活动。金朝废弛铁禁之后，华北地区的铁质钱币流入蒙古地区，被蒙古人改制为生产工具和武器，这对社会生产的发展和武力的强盛，产生了一定的作用。《蒙古秘史》中保存了"有土墙的百姓"这一称呼，塔塔儿人还修筑了"寨子"，可见部分人已经开始走向定居生活。

从12世纪末蒙古社会经济的发展来看，其已经由原来的部族间的混战逐步转为中央集权统治，这时蒙古的社会制度已完成了从氏族公社向部族奴隶制的转化，并逐步向部族联盟封建制过渡，为蒙古族的最终形成提供了基本条件。蒙古汗国的建立，不仅从此结束了历来部族与部族之间的厮拼和称霸，统一了分散林立的各个游牧部族，而且通过实行千户分封制，将操不同语言的各部族民众按千户重新编组，原来的部族界限被打破，蒙古诸部及其他部族置于"蒙古"这个统称之下，共同的语言、共同的地域、共同的经济生活和共同的文化使蒙古族这个民族共同体在封建国家中得到了发展的可能。从本质上来看，蒙古帝国与其先民建立的游牧政权在经济结构上并无二致，都是在脆弱的游牧经济基础上创建的草原国家，但蒙古政权借助中原封建王朝典章制度和经济条件改造蒙古帝国政权机构和经济基础，有力地促进了蒙古经济社会的发展。此时，以畜牧业为社会基础的经济走向了稳定发展时期，屯田制的实施更标志着传统的游牧经济方式发生了根本性的改变，农牧经济相互补充的生产方式使蒙古政权朝着更专权更稳固的方向发展，特别是当时实行的经济、军事、政权统一的制度，正是当时社会生产力发展与生产关系相适应的良好时期。蒙古文字的创制使用更使蒙古民族取得了长足的进步，实现了"向文明时代"的过渡，从此，中国北方第一次出现了统一各个部族而形成的强大、稳定和不断发展的民族——蒙古族。

第 四 章
成吉思汗开创的经济事业

13世纪初，成吉思汗统一蒙古各部，建立蒙古汗国，从此漠北地区"各有君长"，长期混战的局面宣告结束。由于社会相对安定，加上汗国建立后以千户制代替了原有的氏族部族制度，全体牧民都被纳入严密的千户组织，并被固定于一定地域内，实行"上马则备战斗，下马则屯聚牧养"政策，鼓励广大牧民发展生产，促使社会经济获得巨大发展。

第一节　蒙古汗国的封建领主制

蒙古族在长期的历史生活中，创造出许多典章制度，囊括政治、军事、法律等各方面，或多或少受到其游牧经济思想文化的影响，具有其独特的特点。蒙古汗国时期，成吉思汗对蒙古社会进行了封建化变革，其所实施的政治制度主要有以下几个方面。

一　封建领主制的确立

苏联"历史问题"编辑部在分析了各个游牧民族社会发展的历史后指出："公社土地所有制的消灭，而转到从氏族贵族阶级中形成的封建主所有制，这一历史趋势，无疑地对于一切游牧民族是共同的。""蒙古……封建化的贵族在民族制度瓦解的过程中把牧场土地的支配权攫取到自己手上，这也就标志着游牧民族确立封建制度的开端。"①

成吉思汗统一蒙古高原之后，成为这个大草原的最高所有主。建立领户分封制度就是他当时在蒙古草原上实行的经济、军事、政治三位一体社会制度的大变革。他将广袤的草原地区，划为许多大小不等的"分地"，首先赐予他的亲族。每个封建主所得到的"分地"的大小，是由他们自己在封建宗法等级中的地位决定的。他们的职位都是世袭的，"分地"也是世袭的，这些封建主对广大草原地区的土地有着实际的占有权和支配权，生活在封建主作为所有财产土地上的劳动牧民，对封建主便处于封建的依附关系之中，这为封建主的统治奠定了坚实的基础。②领户分封制使黄金家族的私有制占国民经济的绝大部分，各级贵族那颜的私人所有制占国民经济的一部分；另外，广大游牧民也有属于他们的少量牲畜。"蒙古汗国时期的生产资料可以分为两大类，一类是广阔的草原，一类是畜群，成吉思汗把整个蒙古大草原作为'黄金家族'的私有财产分给诸弟、

---

① 刘炎：《论游牧民族宗法封建关系》，《文史哲》1956年第5期，第49—54页。

② 赵华富：《论十三世纪初蒙古的社会性质》，《山东大学学报》1961年第2期，第25—39页。

诸子、贵戚和功臣。对成吉思汗和他'黄金家族'而言，整个蒙古国的土地、民众、畜群都是他们的私有财产。"①

应该说，这种以高度集中统一的游牧式畜牧业为主要社会经济基础的新兴封建领主制，虽然也是一种剥削、压迫制度，但这种凭借汗权建立起来的封建依附关系对过去父权制家庭掩盖下的人身占有关系的取代，毕竟是社会的一大进步。这种进步的结果，除了表现为加强了汗权外，更重要的还表现为：

1. "打破了以氏族为单位的各部落的分立敌对状态，建立了以黄金家族为核心的统一汗国，为蒙古族政治、经济、文化的发展创造了前所未有的条件"；②

2. "把原来的'氏族''部落'分编成若干个千户，这就打碎了氏族制的外壳，加速了奴隶制的灭亡，从而使社会生产力的首要因素——劳动者在一定范围内一定程度上得到了解放，获得了自由，也加速了不同部族形成共同民族认同的过程"；③

3. "把草原上流散的牧民和'无户籍的百姓'聚集起来编入千户，并进行登记造册，不仅使户籍得到整顿，而且使社会秩序得到稳定，使社会生产得到恢复"；④

4. "禁止牧民随意迁移，对于主要从事畜牧的蒙古族来说，则能够过上相对长期稳定的生活"。⑤

---

① 包高娃：《成吉思汗经济改革探讨》，《内蒙古民族大学学报》（社会科学版）2009年9月，第20页。

② 乌日陶克套胡：《论蒙元时期蒙古社会的土地产权关系》，《内蒙古大学学报》（哲学社会科学版）2012年1月，第20—22页。

③ 《元朝秘史》卷7、卷8、卷9。

④ 《元朝秘史》卷9。

⑤ 姚鸿起：《成吉思汗经济思想初探》，《鄂尔多斯文化》2007年第2期，第20—25页。

二　千户分封制

成吉思汗建立蒙古汗国以后，对社会经济结构和生产方式进行了彻底改革，将全蒙古部合编为阿儿班（十户）、札温（百户）、敏罕（千户）、土绵（万户），共划分了 95 个千户、4 个万户（即博尔术右翼万户、木华黎左翼万户、那牙阿中军万户和豁儿赤森林百姓万户）。其中，千户是蒙古汗国的基本军事、行政与社会单位，故而被史学界称为"千户分封制"。阿尔班、札温、敏罕、土绵既是一种军事组织，又是一种行政组织，除个别千户仍保持原来的内部结构外，绝大多数千户是由不同氏族、部族成员构成的。因此，千户制组织实质上已不再是血缘组织，而完全是一种地缘性政治组织。千户制是蒙古汗国赖以存在的基础，通过这种千户制度，成吉思汗得以对从蒙古诸王到蒙古平民各阶层进行有效的统辖和指挥。

千户制在蒙古汗国的国家建设中起着不可代替的作用。它向上对大汗和万户那颜负责，向下对百户和十户行使权利并掌握着国家经济命脉。"通过编组千户，全蒙古百姓都被纳入严密的组织形式，有大汗委任的那颜官领着，在指定的牧地范围内居住。"[1]"任何人不得离开其所属的千户、百户、十户而另投别的部落和那颜，亦不得避匿他处，如违此令，擅离者于队前处以极刑，接受其人者，亦严厉惩处之。"[2] 这种自上而下的经济、军事和行政管理机构改革，为初建的蒙古汗国的发展带来了巨大的推动作用。"这种新的生产关系适合了其生产力的发展，达到国家强盛、人民富裕

---

[1]　韩儒林：《元朝史》上册，人民出版社 1982 年版，第 86 页。
[2]　同上。

的目的。成吉思汗依靠稳固的政治势力，雄厚的经济基础，强大的军事力量发动了横跨欧亚大陆的征服战争，可以看出蒙古汗国的综合国力的强盛。"[1]

成吉思汗建国后不久把广大草原和部众分给"黄金家族"，具体分配情况如下表：

成吉思汗"黄金家族"草原与部众分配

姓　名	与成吉思汗的关系	《元朝秘史》所载分民数	《史集》所载分民数
月额伦	母	共 10000 户	3000 户
铁木哥斡赤斤	同母弟		5000 户
拙赤合撒尔	同母幼弟	4000 户，后被成吉思汗夺走仅留 1400 户	1000 户
按赤台	同母弟合赤温之子	2000 户	3000 户
别里古台	异母弟	1500 户	缺载
术赤	长妻生长子	9000 户	4000 户
察合台	长妻生次子	8000 户	4000 户
窝阔台	长妻生三子	5000 户	4000 户
拖雷	长妻生幼子	5000 户	继承成吉思汗所统左翼 62 千户，右翼 38 千户御前 1 千户，计 101000 户
阔列坚	次妻生子	未分	4000 户

三 "大札撒"成文法的颁布

成吉思汗在 12 世纪末纵横欧亚大陆时,便深刻认识到用法制来整顿社会经济秩序的重要性,开始确立了"依法治国"的思想。1206 年建国初始,成吉思汗即颁布了"大札撒",并委任了断事官,确立了赏、罚分明的执法原则与"严峻"的处罚制度,其中包含维护汗权、维护游牧社会的等级制度、保护牧业经济等基本内容。

法典的内容分为三大方面:一是基本法、国家制度、社会管理制度、役税制度、驿站制度;二是军事法、行为法、诉讼法;三是关于黄金家族的法。

1. 在国家最高权力的更替和相互制约方面,实行共和制的贵族政治。法典规定:"大蒙古国选举大汗继承者、任命札尔忽赤(断事官)、发动战争和进行重大决策实行忽里勒台(会议)制度,忽里勒台由黄金贵族主要成员、万户长、千户长和主要那颜组成,各汗国确立汗位及作出重大决策也按照该规则进行,大蒙古国实行札尔忽赤制度。"[①]

2. 在国家行政管理运行机制上,建立和实行户籍制度。"它打破了过去以血缘关系为纽带的氏族部落结构。因此,它把整个社会联系成为一个以行政关系为纽带的社会,从根本上瓦解了原始社会的土壤和国家容易分裂的可能性,建立了新型的多封建性少奴隶性的社会。"[②]

---

① 内蒙古典章法学与社会学研究所:《成吉思汗法典及原论》,商务印书馆 2007 年版。

② 照日格图:《十三世纪蒙古人强盛的动力机制》,《黑龙江民族丛刊》2012 年第 1 期,第 118—122 页。

3. 在对军队的控制上作出了一系列法制规定。如"军队编组实行十进制，包括贵族、奴隶在内，分为十夫、百夫、千夫和万夫，十人推举十夫长，十夫长推举百夫长，百夫长推举千夫长"，[1] 特别是奴隶在军队中以自由民的身份出现，而不像在户籍方面那样在劳动和人格上受到歧视。

4. 在社会秩序管理上，制定了严格的处罚制度。如"偷盗他人重要财物的，处死刑，并将其妻子、儿女和所有财产没收后送给被盗的人。偷盗他人非重要财物的，处杖刑。草绿后挖坑致使草原被损坏的，失火致使草原被烧的，对全家处死刑"。[2] 这些措施有力地促进了社会的安宁与和谐发展。同时，大札撒保护通商、设立驿站等措施有力地促进了社会经济的发展。

以大札撒为标志的蒙古汗国法制的产生和发展，表明社会秩序及人与人的关系已经不能靠氏族社会的血缘关系及部族首领的威信来维持，而要以暴力手段来维持，这是蒙古封建制政权形成的一个重要标志。

值得一提的是，法典共 65 条，其中用了 5 条的篇幅重点对怯薛的行政与经济职权进行了规定。

四 怯薛制和大断事官制

成吉思汗建国后，为了确保至高无上的汗权、控制贵戚勋臣，他组织了一支由千户长、百户长、十户长子弟（带有人质性质）为核心的万人怯薛军（包括 1000 名宿卫，1000 名箭筒士，8000 名散

---

① 照日格图:《十三世纪蒙古人强盛的动力机制》,《黑龙江民族丛刊》2012 年第 1 期，第 118—122 页。

② 同上。

班），分四班轮番值宿，称四怯薛。怯薛长由成吉思汗的亲信功臣
"四杰"博儿术、博儿忽、木华黎、赤老温担任，并世袭其职。这是
一支由成吉思汗本人直接控制的常备武装，其直接掌握这一支最强
悍的军队，足以"制轻重之势"，控御在外的诸王和那颜。

平时，这支常备武装力量承担保卫大汗金帐和分管汗廷事务的
职责。以宿卫值夜班，以箭筒士和散班值日班，每一宿卫、散班、
箭筒士都设专人统辖，由最亲信的那可儿担任，护卫之士则称为
"怯薛歹"。怯薛歹的地位在外地的千户那颜之上，并享有各种特权。
如果护卫军与千户那颜发生争执，则先治千户那颜罪。怯薛作为大
汗的侍从近臣，自然地参与了军政事务的策划、管理，有时还参与
断案和听审或充当传达大汗旨意的使者。调充外官，大都担负重要
职务，免服各种差发杂役。每逢作战时，怯薛军就是大汗亲自统领
的作战部队。

因怯薛军是大汗亲自掌握的武装力量，所以成吉思汗格外重视，
曾告诫自己的子孙要特别尊重怯薛军，不要让他们心怀怨恨，使其
乐于为自己及"黄金家族"效力。怯薛军的建立，对于蒙古国的巩
固和发展，以及成吉思汗的对外扩张，都起了重要作用。

断事官，蒙古语称札鲁花赤。1202 年，成吉思汗灭塔塔儿部后，
命其异母弟别里古台整治外事，审断斗殴、盗贼等案件，为其设置
之始。蒙古汗国建立后，成吉思汗又命其养弟失吉忽秃忽为"普上
断事官（大断事官）"，掌管民户分配、审断刑狱、词讼和征收财
赋，同时将领民的分配情况和已科断之事记于青册上。① 大断事官，
职位相当于汉制丞相，是蒙古国的最高行政长官，下设若干断事官
为其僚属。诸王、贵戚、勋臣有分地者俱设断事官管辖治内百姓，
形成一套简便行政体制。

---

① 《元朝秘史》卷 9。

1265 年（至元二年），大宗正府建立后，"大断事官"改主宗正府，专治蒙古公事兼理刑名，才不再是全国的行政长官了。

五 蒙古族封建领主的阶级专政工具——骑兵

蒙古军队的产生是社会发展的必然结果。随着奴隶的出现和增加，阶级分化的加剧，汗及那颜贵族建立一支武装力量成为维护其统治地位必不可少的条件。特别是随着各部之间掠夺战争日益频繁，当"蒙古各部……大部分时间都在互相敌对和厮杀，互相战争和掠夺"，[①]"天下扰攘，互相攻劫，人不安生"[②] 的社会情况下，为了保护人畜安全和对外进行掠夺，加强和扩大军队变得更加必要。从当时军队在社会及政权中的地位和作用来看，蒙古的政权也可以说是一种军事政权。

基于游牧经济的特点所决定，蒙古军队具有其明显的特征："鞑人生长鞍马间，人自习战"，[③] 自幼养成"勇悍善战"[④] "善骑射"[⑤] 的特点，"上马则备战斗，下马则屯聚牧羊"。[⑥] 其兵源比较雄厚，人人皆可从军参战，"其军，即民之年十五以上者"。[⑦] 同时，由于牧区辽阔、步行不便，加之有雄厚的牧业为后盾，蒙古军队"有骑

---

① ［波斯］拉施特主编：《史集》卷 1 第 2 册，余大钧、周建奇译，商务印书馆 1988 年版，第 7 页。

② 《元朝秘史》续卷 1。

③ 孟珙：《蒙鞑备录》。

④ 李心传：《建炎以来朝野杂记》卷 19，中华书局 2000 年版，第 9 页。

⑤ 欧阳修：《新五代史》卷 74。

⑥ 《元史》卷 98。

⑦ 彭大雅：《黑鞑事略》。

士而无步卒"。① "凡出师，人有数马，日轮一骑乘之，故马不困弊。"② 斯塔夫里阿诺斯认为，蒙古军队拥有内在的优势，"他们的日常生活就是作战演习的不断训练，他们的武器——大型混合弓——比别的民族的武器更具杀伤力，他们的蒙古马能在极短的时间内奔驰到很远的地方，以及从中国学来的石弩、攻城槌以及火药等，都为蒙古人征服世界的主要原因"。③

在成吉思汗统一诸部前，蒙古族虽然没有统一的军队，但各部早已拥有自己单独的军队。此时的蒙古军队已逐渐发展成那颜贵族对内镇压、对外掠夺的工具，成为统治阶级政权的重要组成部分和支柱。史籍中提到，孛端察儿就曾对筒格黎河之民"临之以兵"，降服之。海都也以兵攻取札剌亦儿部，役属其人。④ "塔塔儿分六部，各有军队和君长。"⑤ 札剌亦儿部甚至"常恃其众，与契丹战争。契丹遣大军至，札剌亦儿蔑视之"。⑥ 显而易见，这时蒙古的一些部族都已拥有比较雄厚的兵力。

此外，从蒙古各部与中原各王朝的关系和联合军事行动中，亦可看出蒙古一些部族军队的发展情况。尽管有的蒙古部族也时而与这些王朝发生一些敌对行动，但在多数情况下，均保持密切关系，接受其多方面的影响：或随从出征，或提供兵源，或接受统辖，或承受军械支援。如前所引，自唐末五代到辽金，蒙古的一些部族不断随从这些王朝参战，提供的兵源常常数以万计。

---

① 彭大雅：《黑鞑事略》，参见《蒙鞑备录》。

② 孟珙：《蒙鞑备录》。

③ ［美］斯塔夫里阿诺斯：《全球通史——1500 年以前的世界》，上海社会科学院出版社 1998 年版，第 379—380 页。

④ 《元史》卷 1。

⑤ 同上。

⑥ 洪钧：《元史译文证补》卷 1 上。

至合不勒罕时代，蒙古地区呈现出统一趋势，逐渐形成几个较强大的部族。在这种情况下，军队也随之发展壮大起来。忽图剌罕时，蒙古部族由也速该统军旅。乃蛮部亦"有一支庞大而精良的部队"，① 以兵力雄长漠北。泰亦赤兀部也"拥有无数的部队"。② 除蒙古各部之间的冲突之外，时而也与金朝进行战争："盲骨子……与金人隔一江，常渡江之南为寇"，③ "扰金……为患"，④ 以致使金朝亦受"困于蒙兀"。⑤ 金虽"用兵连年，卒不能讨，但分兵据守要害"。⑥ 据史料记载，"金主遣万户湖沙虎伐蒙兀部，粮尽而还，蒙兀追袭之……打败其众于海岭"。⑦ 这些史料表明，当时蒙古各部已拥有相当雄厚的武装力量，并不断发展。"蒙古鞑靼等……保聚尤甚，众至数十万。"⑧ 这是蒙古地区奴隶主政权的一个有力支柱。

至成吉思汗时代，在蒙古诸部统一过程中，各部的领袖人物——汗，为了夺取对整个蒙古地区的统治权，竞相扩充武装力量，各部的军队数量不断扩大，"军之多如林"。⑨ 当札答兰部札木合和克烈部王罕协助成吉思汗攻打蔑儿乞部时，这两个部共调遣了四万军队。⑩ 当成吉思汗与札木合之间发生"十三翼之战"时，双方共

---

① 《元史》卷1。

② 同上。

③ 洪皓：《松漠纪闻》。

④ 孟珙：《蒙鞑备录》。

⑤ 脱脱等：《宋史》卷373。

⑥ 李心传：《建炎以来朝野杂记》卷19，中华书局2000年版，第10页。

⑦ 宇文懋昭：《大金国志》卷10、卷12，参见《建炎以来系年要录》卷133。

⑧ 徐梦莘：《三朝北盟会编》卷129。

⑨ 洪钧：《元史译文证补》卷1下。

⑩ 《元朝秘史》卷3。

动用了六万军队，① 数量相当可观。

这一时期，军队的组织管理更趋完善。此时，尚保存着"古列延"这种军事组织形式，在"十三翼之战"中，成吉思汗"着手组织军队……按万人、千人、百人划分，总共十三古列延"。② 此外，军队的分工，作战的安排更加细致："宿卫诸军在内，而镇戍诸君在外"。③ 行军作战时既有军、左军、右军之分，又有前锋、后援、前哨、后哨之别。④ 军令军纪也更加严格，建立了严明的"号令"（合剌），⑤ "严整军马"，⑥ "自将帅以至士卒，虽无敌时亦当筹备，一闻号令，立即行起"。⑦ "凡诸临敌不用命者，虽贵必诛。"⑧

成吉思汗统一蒙古诸部后，建立了军政合一的千户制。这既是一种政权组织，又是适应蒙古地区特点建立起来的一种军事组织。万户、千户、百户、十户即是能够提供万名、千名、百名、十名战士的军事组织。这样，在汗的统辖下形成了一支制度严密、层层隶属的军事力量。军队产生以后，经过几个发展阶段，规模日益壮大，制度不断健全。蒙古诸部统一后，仅护卫军就有一万之多。军队数量就更大，如以千户提供千名战士计算，成吉思汗的九十五千户，就有近十万的军队。⑨ 军队这一暴力机器作为蒙古族阶级专政的工具产生之后，军队的性质、职能、组成以及战争的目的发生了根本变化。

----

① 《元朝秘史》卷4。

② 《元史》卷1。

③ 《元史》卷99。

④ 《元朝秘史》卷3、卷4、卷5、卷6、卷7、卷8、卷10。

⑤ 《元朝秘史》卷3。

⑥ 《元朝秘史》卷10。

⑦ 洪钧：《元史译文证补》卷1下。

⑧ 孟珙：《蒙鞑备录》。

⑨ 同上。

军队具有了明显的阶级性，它不再是符合和代表全体人民利益的公共权力，而是汗、那颜贵族控制、统辖和指挥的，维护封建主阶级利益和统治地位的一种工具。他们凭借这一武装力量对内镇压牧奴和平民的反抗，对外进行掠夺战争，兼并吞食弱小的部和打击敌对的争权者。军队的一切行动都以封建主阶级的利益为转移，他们是唯一的既得利益者。孛端察儿征服兀良哈人，海都以兵攻取札剌儿人后，均使他们虏获了大量的人口和牲畜。[①] 成吉思汗则更是依靠军队的力量，击败一个又一个争霸者，成为整个蒙古地区的统治者，也是依靠军队的力量平息了塔塔儿部、蔑儿乞部被俘的反抗骚动。[②] 对平民百姓，特别是对牧奴来说，军队的建立，只是使其在政治上丧失了自由，成为军队镇压的对象，在经济上更增加了负担。普通牧民既要自备马匹军械应召从征，又要负担军队的供给：向他们"科敛"[③] 以供军用。

战争的性质和目的发生了根本变化。"以前打仗只是为了对侵犯进行报复，或者是为了扩大已经感到不够的领土；现在打仗，则纯粹是为了掠夺，战争成了经常性的行当。"[④] 虽然有时战争的动员仍然是打着血亲复仇的旗号，但根本目的在于掠夺，只不过是把古代氏族制度用来为暴力掠夺财富的行为作辩护而已。前面提到的孛端察儿掠夺兀良哈人，只是因为"那一丛百姓，无个头脑管束……容易取有，俺可以掳他"。[⑤] 海都掠梅格林人，只是因为两部彼此"地区临近"，别无他因。在这种情况下，掠夺被视为"荣耀"。成吉思汗曾毫不掩饰地说："人生之快乐莫如歼首或仇敌如木拔根，乘其骏

---

① 《元史》卷 1，参见《元朝秘史》卷 1。

② 《元朝秘史》卷 5、卷 8。

③ 《元朝秘史》卷 9。

④ 《马克思恩格斯选集》第 4 卷，人民出版社 1995 年版，第 164 页。

⑤ 《元朝秘史》卷 1。

马，纳其妻女以备后宫，乃为最乐。"① 这就是在当时那种社会环境中所形成的人们对掠夺的一般看法。至于战争过程中进行掠夺更是理所当然之事，掠夺是军队出征的既定方针。乃蛮部征成吉思汗之前，即定下要掠其妇女、夺其弓箭②，成吉思汗征塔塔儿部时，事先就定下战胜后分配掠获物的原则③。显然，抢劫是出征的目的，不仅对敌人，就是同盟也不列外。"札木合引兵还，遇立己为可汗者诸部，悉讨掠之。"④ 在这种情况下，虏获物的多少就成为衡量战争胜负的重要标志。史料中关于蒙古军队在战争中"纵掠而去""大掠而还"⑤ 之类的记载，比比皆是。

军队的组成亦发生了变化。虽然游牧经济的特点决定了牧民居住分散，各部彼此联系薄弱，军队的组成变化缓慢，从表面看仍保留有一些氏族特点，但随着各部成员的混杂，军队也越来越混杂。海都所统辖的军队，既包括有"八剌忽怯谷诸民"，又有"四傍部族归之者"⑥ 至成吉思汗时代，军队组成更是复杂。在"十三翼之战"中，成吉思汗和扎木合双方的军队都包括了许多族的成员，就是每一翼（"古列延"），也多是由不同族的成员组成。⑦ 当时，军队的骨干力量，是汗及那颜贵族的那可儿（伴当），如前所述，那些那可儿都是侍从于他族领袖人物的。可见，从军队的最高统帅——汗，到军队的骨干力量以及士卒都非同族，而是由各族混杂组成。

---

① 洪钧：《元朝译文证补》卷 1 下。

② 《元朝秘史》卷 7。

③ 《元朝秘史》卷 5。

④ 《圣武亲征录》，参见《元史》卷 1，《元史译文证补》卷 1 上。

⑤ 《元史》卷 1，参见多桑《蒙古史》上册。

⑥ 《元史》卷 1。

⑦ 《圣武亲征录》，参见《元朝秘史》卷 3。

六 蒙古族的文字与宗教

蒙古汗国的建立在蒙古民族的发展史上是个里程碑，除了政治、经济、军事等方面的意义之外，在文化上也标志着游牧在蒙古高原上的人们脱卸了野蛮的皮衣，开始跨入文明时代的门槛。

有无文字是一个民族文明程度的重要标志。在古代蒙古社会，由于生产形态的制约与相对封闭的状况，其文化比较落后，且处于一种蒙昧阶段。同其他民族一样，蒙古也经历了漫长的无文字而以实物记事的时期。据记载，当时"蒙古俗无文籍，或约之以言，或刻木为契"，[①]"凡发命令、遣使往来，只是刻指以记之"。[②] 对于蒙古"刻木为契"的情况，徐霆说："只用小木，长三四寸，刻之四角，且如差十马则刻十，刻大率只刻其数也。……此小木即古木契也。"[③]

蒙古汗国建立后，对于高层次的文化产生迫切需求，尤其是要求具有一种全国通用的文字。蒙古初兴时期，在与之相邻的较发达民族中，畏兀儿文化最适宜被其吸收与利用。蒙古与畏兀儿长期居住地相毗邻，互相有着广泛的政治、经济、文化联系，加之其两种语言系属相同（同属阿尔泰语系），在语音、语法、词汇等方面有着很多共同的成分。13 世纪的波斯史学家志费尼记载：因为鞑靼人没有自己的文字，成吉思汗便下令蒙古儿童习写畏兀儿文，并将有关

---

① 李志常：《长春真人西游记》上卷，河北人民出版社 2001 年版，第 32 页。

② 孟珙：《蒙鞑备录》。

③ 彭大雅：《黑鞑事略》。

札撒与律令记在卷帙上。① 就在这时，蒙古接受并吸收了先进的畏兀儿文化，从而在本民族的发展过程中取得了长足的进步。1204 年，蒙古攻灭西方强部乃蛮，俘获了乃蛮王傅兼掌印官塔塔统阿，塔塔统阿"教太子诸王以畏兀字书国言"，这里所说的"国言"，指的就是蒙古语。同操蒙古语的诸部族已为成吉思汗集合成统一的民族共同体，如今又借用畏兀字为书写"国言"的工具，从而揭开了蒙古民族文字史的序幕。自 1206 年蒙古建国后，畏兀儿体蒙古文开始逐渐适用于国家政治生活的各个方面。② 现今使用的蒙古字，就是在改革畏兀儿蒙文基础上发展起来的。

恩格斯指出："由于拼音文字的发明及其应用于文献记录而过渡到文明时代。"③ 有了文字，不仅对于蒙古族共同语言的形成以及政治、经济、文化、科学的进步起着重要的促进作用，而且健全了蒙古的典章制度，对于国家的巩固和完善发挥出重要作用。

成吉思汗出生前后，在蒙古各部中，大部分信仰萨满教。萨满教原是氏族社会的一种原始宗教，以天为至尊，属多神教。成吉思汗根据蒙古族当时的现实情况，以萨满教作为精神武器统一蒙古各部，这是他取得成功的重要因素之一。

成吉思汗利用"天命论"为武器统一蒙古，建立了蒙古帝国。建国后，"天命论"则成为成吉思汗及其后继者们统治这个帝国的思想武器。敬天地的萨满教成了蒙古的国教，并设置了管萨满教的"别乞"官，成吉思汗也曾自称"天子""地上神"。

---

① ［波斯］志费尼：《世界征服者史》上册，何高济译，内蒙古人民出版社 1980 年版，第 28 页。

② 罗贤佑：《畏兀儿文化与蒙古汗国》，罗贤佑主编：《历史与民族——中国边疆的政治、社会和文化》，社会科学文献出版社 2005 年版，第 282—286 页。

③ 《马克思恩格斯选集》第 4 卷，人民出版社 1995 年版，第 22 页。

随着对外征服战争的进展，蒙古人开始与当时流行在亚、欧各地的各大宗教的不同流派发生接触。在那些被征服地区，蒙古人基本上采用"因俗而治"的措施，对宗教采用"兼容并蓄"的优礼政策。

成吉思汗在宗教为我所用的宗旨下，一是容许各种宗教合法存在；二是允许各族包括本民族有信教自由；三是对宗教职业者进行优待，豁免其赋役。

1260年，成吉思汗的孙子忽必烈即位以后，在蒙古政治思想领域里进行了一次改革。由于萨满教属于原始宗教，没有借以利用的严密的、系统的宗教组织，没有用来规范人们行动的完整的学说。而佛教则不然，它有完整系统的组织和等级制度，又有完整系统的宗教学说。佛教可以用来作为精神统治的工具，因此忽必烈就皈依佛教，定佛教为国教，并执行了"政教两种制度平行"政策。

忽必烈优礼佛教的重要措施之一就是建立帝师制度，这也是一项统治政策。帝师也是元朝宗教人士所受礼遇的最高规格。当时藏传佛教萨迦派的领袖八思巴留侍忽必烈后，日受器重，又参加佛道辩论大会，显露机敏才智，后八思巴被封为国师，授予玉印。至元六年（1269年），八思巴创制蒙古新文字颁行，以功升号帝师大宝法王。[①]

正是由于元世祖忽必烈等人皈依藏传佛教，从而与西藏贵族阶层及佛教上层人士取得认同感，成功地达到利用宗教统治西藏的目的，并使西藏地区第一次纳入中央王朝的统治之下，这当然有元朝强大的军事、政治和经济实力为后盾的原因，但宗教因素亦是十分

---

① 蔡志纯：《从佛、道之争看蒙元统治者的宗教政策》，罗贤佑主编：《历史与民族——中国边疆的政治、社会和文化》，社会科学文献出版社2005年版，第421—435页。

重要的。樊保良在其专著《蒙藏关系史研究》一书中认为，忽必烈推崇藏传佛教，主要是出于政治的需要。

蒙古帝国时期东亚与欧洲之间直接交往的恢复和发展还表现于欧洲基督教文化在东方的广为流传。"南亚和西亚给远东的最重要的礼品，是他们的宗教，这些宗教成了东方与西方之间最密切的文化联系。"① 中国景教徒的西去波斯和欧洲，欧洲基督教徒的出使中国，确实不仅给予东西方的宗教和政治以影响，而且在促进东西方文化交流方面起到了重要作用。

第二节　蒙古汗国的经济制度

据《蒙古秘史》记载，公元12世纪前后的蒙古族社会是一个等级制度分明的社会。财富的两极分化十分严重，虽然统治阶级占人口比例的极少数，但他们却拥有大量的财富。而大多数民众则十分贫困。人压迫人的制度在全社会已经确立，社会的一切矛盾都是围绕——牧场、属民和家畜的所有权展开的。弗拉基米尔佐夫曾说过："要想在11至12世纪的蒙古社会里找到某些民族学家盼望在原始部落里看到的个人自由与最密切的团结和谐，是徒劳无益的。"② 一定的社会制度必然以特定的经济制度作为基础。

---

① ［美］卡特：《中国印刷术的发明和他的西传》，吴泽炎译，商务印书馆1991年版，第103—104页。

② ［俄］弗拉基米尔佐夫：《蒙古社会制度史》，中国社会科学出版社1980年版，第99页。

一 土地所有制

土地（牧场）是游牧民的基本生产资料，游牧民游牧劳动与土地的关系是通过游牧劳动者与牲畜的关系、牲畜与土地的关系两个环节来实现的。因此，揭示蒙古社会土地关系的关键环节是土地所有制以及所有权、占有权、使用权之间的关系。

统一前后蒙古社会统治阶级对民众的压迫和剥削，是通过控制牧场的使用权来实现的。就游牧经济而言，牧场是最重要的生产资料，牧场面积的大小、植被状况直接影响到畜群的繁殖。

"嫩秃黑（牧场），即足够一个游牧单位维持生活的地面，是属于主君——那颜，或诸王——可卜温所有的。"1206 年，成吉思汗的大分封实质上就是对蒙古高原草场资源的再分配。"大汗作为最大的封建领主，拥有蒙古汗国的土地（牧场）的最终所有权和所有臣民，千户长等领主对通过分封制得到的领地内的土地（牧场）和领户拥有所有权和占有权，小领主有土地占有权，广大的领户只有土地的使用权。"①

特定的兀鲁思或后来的千户至一个牧户，都必须按照统治者的指令，在规定的范围内放牧生产，不能擅自超越规定的界限。13 世纪初期，蒙古社会的"每一个首领根据自己管理下人数的多少，都知道自己牧地的境界，以及春、夏、秋、冬应该在何处牧放自己的畜群"。②"如果没有皇帝的命令，无论什么人都不得驻留在任何地

① 乌日陶克套胡：《论蒙元时期蒙古社会的土地产权关系》，《内蒙古大学学报》（哲学社会科学版）2012 年第 1 期，第 20—22 页。
② ［俄］弗拉基米尔佐夫：《蒙古社会制度史》，中国社会科学出版社1980 年版，第 177 页。

方。首领们驻留在何处，由皇帝本人下命令，首领们则给千户长指定场所，千户长给百户长指定场所，百户长给十户长指定场所"，①最终落实到每一个牧户。"蒙古……封建化的贵族在氏族制度瓦解的过程中把牧场土地的支配权攫取到自己手上，这也就标志着游牧民族确立封建制度的开端。"②统一前后的蒙古统治者正是借助对牧场的支配权，强化了统治阶级与被统治阶级双方的依附关系。成吉思汗时期分封的四大汗国，即钦察汗国、察哈台汗国、窝阔台汗国、伊利汗国四个"宗藩之国"，到了忽必烈即大汗之后，逐渐脱离元朝中央汗国的控制，其主要原因是他们拥有了封国内的土地所有权和劳动力（居民）的所有权，凭借这两个所有权，巩固、发展了封国内部的政治、经济，并最终使封国独立。

二　赋税制度

赋税是古代蒙古社会主要的剥削方式，这一制度在蒙古统一前就已实施。蒙古文献中将这一剥削方式称为"忽卜赤里""忽卜赤周"，意为"收取科敛"。随着蒙古封建制政权的产生，军队等暴力机器的建立，"为了维护这种公共权力，就需要公民缴纳费用——捐税"。③于是，逐渐产生了赋税。《黑鞑事略》称：蒙古"赋敛谓之'差发'……皆视民户畜牧之多寡而征之"。"其民户皆出牛马、车仗、人夫、羊肉、马奶为差发。"④《元朝秘史》中曾多处使用"忽

---

①　[英]道森：《出使蒙古记》，吕浦译，中国社会科学出版社1983年版，第112页。

②　刘炎：《论游牧民族封建宗法关系》，《文史哲》1956年第5期，第51—55页。

③　《马克思恩格斯选集》第4卷，人民出版社1995年版，第171页。

④　彭大雅：《黑鞑事略》。

卜赤里""忽卜赤忽"[①] 等词，其意为"税""科税"。[②] 这些词的出现和使用表明，早在诸部统一前，蒙古社会就已有了赋税的情形，赋税制度已逐渐产生和发展起来，而且遍及诸部，这明显标志着封建制社会的逐步形成，表明政权机构和管理措施日益健全和完善。

如前所述，蒙古社会早已有了贫富差别和阶级分化，产生了汗、那颜贵族。他们不仅享有特权，生活也远远超出众人之上，为了维持奴隶主阶级的奢靡生活，只有靠剥削牧民取得，征敛是其手段之一；蒙古各部曾先后从属辽金等王朝，连年不断向其进献贡品。这样大量的贡品，完全是由牧民承担，征敛是其主要来源；蒙古各部拥有数以万计的军队，为了供养这样庞大的军队，没有赋税是办不到的，这一切都促进了赋税的产生。多桑指出：蒙古诸"部落之长号那颜……同队之人……每年纳牲畜若干头于那颜"。[③] 可见，赋税已成定例，每年都需缴纳。

成吉思汗在谈到自己对王罕的友情时，曾两次提及，王汗无处安身。"我差人迎接你来我营内，又科敛着养济你。"[④] 至于科敛的内容、数额，史料中未详细记载。

蒙古汗国建立以后，政府采取了羊马抽分的措施，"其地自鞑主、伪后、太子、公主、亲族而下，各有疆界。其民皆出牛马、车仗、人夫、羊肉、马奶为差发。盖靼人分管草地，各出差发，贵贱无一人得免者"，[⑤] 但此时还没有对征收的数额和比例作出具体的规

① 《元朝秘史》卷5、卷6。

② 《"元朝秘史"词典》。

③ ［瑞典］多桑：《蒙古史》上册，冯承钧译，中华书局1962年版，第31页。

④ 《元朝秘史》卷7。

⑤ 葛公尚、曹枫编译：《狩猎民族　游牧民族》，中国社会科学院民族研究所1982年版，第166—167页。

定。随着千户制的确立，税收制度更趋健全，分别由千户、百户等层层管理，征敛的数量也更加扩大。成吉思汗的护卫军达万人，加之护卫军所携带的"伴当"，共有数万之多，他们所用之物品和马匹均"于本千百户内科敛"，① 仅所征马匹就达数万，科敛的规模极为可观。

在成吉思汗远征过程中，随着军队的扩大、军需的增加，赋税制度得到强化。除向蒙古牧民征收外，也向被征服地区的军民科敛。西夏"将本国驼只科敛"进献给成吉思汗。② 龙年（1220年）成吉思汗攻取努尔城，"问：'每岁纳税若干？'众谓：'一千五百的那'，帝令如数完纳。""至布哈尔……余民则出丁赋赡军。"③ 可见，一部分军需是靠征敛来供给，而且除实物税外，也有了货币税。

自太宗窝阔台开始，抽分的数额比例逐步确定，这种畜牧业的赋税制度成为定制，以此作为国家财政的主要来源。1229年（太宗元年），蒙古人"有马百者输牡马一，牛百者输㹀牛一，羊百者输扮羊一，为永制"，④ 牲畜按百分之一输纳。在进入北方农耕地区以后，这项主要用于蒙古草原游牧地区的税制，亦被用于农耕地区。应该说，这一时期所制定的税率相比后来的情形，属于轻税制，并没有给牧民带来很大的负担。

1230年11月，太宗从耶律楚材之议，置燕京、宣德、太原、平阳、真定、东平、北京、平州、济南十路征收课税所。十路课税所是在金朝原有的课敛赋税的财政机构上的改造，耶律楚材重新建立课税所，虽然不能说是一个创举，但它确实为蒙古人在中原汉地建

---

① 《元朝秘史》卷9。

② 《元朝秘史》续卷1。

③ 洪钧：《元朝译文证补》卷1下。

④ 彭大雅：《黑鞑事略》。

立了一个比较完备的财政设施。因此，十路课税所的出现成为蒙古人问鼎中原有力的经济保证。同时，它也是蒙古族进一步趋向汉法的重要开端。课税所设立后，首先统一了税率，"酒课验实息十取一，杂税三十取一"①，规定盐价，"一引重四百折，其价银一十两"②。由于盐为厚利所在，课税所于设置之初，就以控制盐业为重点。当时产盐之地首推河间，次解州池盐，次益都，这些地区盐业都改隶当地课税所，陆续拔户置司③，组织生产经营。对酒醋课的征收是另一重点，"太宗辛卯年，立酒醋务坊场官，榷沽办课，仍以各州府司县长官充提点官，隶征收课税所，其课额验民户多寡定之"。④此外，河泊、金银、铁冶也开始取课于民。可见，课银的征收基本上是通过控制课税系统，由课税所直接征收的。课税所虽然主要任务在于征收赋税，承担经济事务，但它也是行政机构。十路征收课税所重新括取金源西夏的"地税、商税、酒醋、盐铁、山泽之利，周岁可得银五十万两，绢八万匹，粟四十万石"。⑤1231年，窝阔台至云中，因课税所理财大见成效，大喜过望，"始立中书省，改侍从官名，以耶律楚材为中书令，粘合重山为左丞相，镇海为右丞相"，"即日授中书省印，俾领其事，事无巨细，一以委之"。⑥太宗八年（1236年）初定中原户赋，规划了丁、地税。每户科粟二石，后增至四石，"每丁岁科粟一石，驱丁五升，新户丁驱各半之，老幼不与"。这样的规定，难免造成赋役不均，"民之强者田多而税

---

① 《元史》卷2《太宗本纪》。
② 《元史》卷94《食货二·盐法》。
③ 同上。
④ 《元史》卷94《食货二·酒醋课》。
⑤ 《元文类》卷57《中书令耶律公神道碑》。
⑥ 《元史》卷2《太宗本纪》，参见《元文类》卷57《中书令耶律公神道碑》。

少，弱者产去而税存"，① 因此又有"丁税少而地税多者纳地税，地税少而丁税多者纳丁税"② 的条画。业农者以外的民户，"工匠僧验地，官吏商贾验丁"。③ 地分上中下三等，上田每亩税三升半，中田三升，下田二升，水田五升。丁、地税的统一征收，稳定了蒙古集团的经济来源，对北方混乱的农业经济的恢复是一个有力保证。税粮以外又行科差，科差包括丝料和包银，原则上是按民户财产多少征科，"每户出丝一斤，并随路丝线，颜色输于官；五户出丝一斤，并随路丝线，颜色输于本位"。④

三　徭役制度

蒙古汗国建立后，除赋税外，统一前后的蒙古族民众还负担着沉重的徭役。9 世纪之后，蒙古高原始终处于战乱之中，各部族的统治者为了自身的利益，驱使下层民众为之充当炮灰。因此，兵役成为这一时期广大牧民最大的负担。他们要自备马匹、武器和口粮，这无疑给贫困的牧民造成了沉重的经济负担。蒙古汗国的建立，虽然结束了蒙古高原内部的战乱局面，但随即爆发的长达半个多世纪的对外扩张战争，使蒙古族民众数代人长年奔波于疆场，几乎没有获得修养生息的机会。统治者规定："其法，家有男子，十五以上，七十以下，无众寡，尽佥为兵。"⑤ 战士的装备一律自备，这可谓全民皆兵。蒙古那颜迫使牧民参加战争，以扩大自己的财富和奴隶的来源。长春真人在西行途中，曾目睹蒙古少年骑兵出征西方的悲惨

---

① 《元史》卷 93《食货一·经理》。
② 《元史》卷 93《食货一·税粮》。
③ 同上。
④ 《元史》卷 93《食货一·科举》。
⑤ 《元史》卷 89。

景象。可以想象，如此大量的男性劳动力被拖入无休止的战争，不仅给下层民众带来了灾难，而且对蒙古族社会经济所造成的负面影响也是无法估量的。

蒙古那颜可随时征调属下民户出牛、马、车仗、人夫等为差役，替他们服无偿的劳役。围猎在氏族部族制时代本来是自由组合、平均分配，这时已变成牧民的一种沉重负担。围猎期间，牧民常被抽去服役，包括围赶野兽，掘坑挖壕，打木桩，用绳索联起，覆上毡子，构成一道临时的围墙，然后由大汗、诸王、那颜按等级顺序入围打猎，牧民只能在最后收拾残余。围猎期常长达三四个月，劳役本来不轻，而布围所用的绳、毡等物都要由牧民用自己的马和畜毛制成。

蒙古牧民还要提供对驿站的一切负担，其中包括对维持驿站所应负的一切劳役，供应过往使臣的饮食，提供交通运输所需要的站马、铺马和车、牛等。

四　货币制度

从史料记载看，蒙古各部自唐末五代起就与中原地区和契丹、女真、回鹘等有交换和通商贸易关系，于是"秦晋铁钱皆归之"。[①]特别是到成吉思汗统一前后，已经从物物交换发展到了用货币交换的阶段。《长春真人西游记》载，蒙古地区"籴米斗白金十两，满五十两，可易面八十斤"。[②] 在货币上牲畜也曾起"货币的职能"，更不用说用白金换粮食这种直接使用货币的现象的出现，只能证明

---

① 洪钧：《元史译文证补》卷1上。

② 李志常：《长春真人西游记》上卷，河北人民出版社2001年版，第35页。

氏族制度退出了历史舞台，因为恩格斯非常明确地指出过："氏族制度同货币经济绝对不能相容。"①

古代蒙古人开展的上述交换活动，是一种物物交换，这种物物交换产生了羊马等实物货币。《黑鞑事略》云："鞑人以羊马博易之。"在这里，羊马取得了货币形式，发挥着媒介商品流通的作用。马克思认为，货币形式或者固定在最重要的外来物品上，或者固定在本地区可让渡的财产上。蒙古社会货币形式的发展，属于后一种情况，即货币形式固定在本地区可让渡的牧畜这种财产上的。②

据《蒙古秘史》记载，当时从中亚来的商人阿三沿着额儿古涅河赶来羯羊一千头和白骆驼一匹，用以交换黑貂和青鼠。成吉思汗建立蒙古汗国初期，集中力量扩大版图，在新征服的土地上依然行用原有货币，无自行铸造金属货币的记载。到13世纪初，随着蒙古大帝国的建立，蒙古人逐渐使用了金银货币，并铸造了各种成吉思汗钱币和其他钱币。这些金银货币的使用仅限于汗宫和城市范围，在蒙古百姓中并未得到广泛流通，羊马等实物货币仍充当着主要的交换手段。金银在蒙古人当中没能确立其财富的一般代表之地位。实物货币与金银货币并行是当时历史之真实。《黑鞑事略》说："其贸易，以羊马金银缣帛。"可见，蒙古人普遍用羊马进行交换，羊马充当了一般等价物，价值形式发展到了"一般的价值形式"。这时，虽然货币形式也已经出现，但它的发展是很不充分的。因为作为其前提的第二次社会分工即手工业与畜牧业的分化，在蒙古社会深处，虽说存在已久，却又很不成熟、很不彻底。手工业始终未能摆脱对游牧畜牧业的依附地位。其结果，必然是每一个经济单位进行大体

① 《马克思恩格斯选集》第4卷，人民出版社1995年版，第109页。

② 包玉山：《蒙古族古代商业与商人阶层的发育状况》，《内蒙古师范大学学报》1998年第3期，第32—36页。

相同的生产，产出大体相似的产品，无须相互交换。

蒙古汗国正式印造发行自己的货币，是 1236 年印行的"太宗交钞"。《元史·太宗本纪》记太宗窝阔台汗"八年（1236 年）丙申春正月，诸王各治具来会宴。万安宫落成。诏印交钞行之"。[①]

这一条史料记载了蒙古汗国第一次印行的货币，但过于简略。《元史·耶律楚材传》较多地透露了一点信息："丙申年（1236 年）春，有于元者，奏行交钞。楚材曰：'金章宗时初行交钞，与钱通用，有司以出钞为利，收钞为讳，谓之老钞，至以万贯唯易一饼。民力困竭，国用匮乏，当为鉴戒。今印造交钞，宜不过万锭。'从之。"这条史料透露出最重要的信息是，采用限量印行的办法，以保证交钞不贬值。

"太宗交钞"印行之初，耶律楚材鉴于金代交钞败坏的历史教训，在以白银为本位的货币制度中，强调限量发行仅以一万锭为额，也就是在行用中的纸币可以按面额兑换白银，能够恪守信用而不至于贬值。鉴于这种"太宗交钞"只起到白银的辅币作用，史料记载也不多，至今未见这种交钞的实物出土或流传下来。

史籍记载，蒙古窝阔台汗时期的货币是以白银为本位的。当时，金王朝已灭亡，蒙古汗国已经控制了淮河以北的中国，南宋王朝退保淮河以南及四川一带。蒙古大军未进入中原之前，在河北、河南、山东、陕西、甘肃等地方使用的货币繁多，有以铁钱为本位的四川交子，以银为本位的关外银会子，以铁钱为本位的兴元府会子、陕西铜钱交子、博州丝会子、陕西西路（平凉府）三合同交钞、陕西东路（京兆府）五合同交钞等地方性纸币，还有在陕西一带通行的铁钱，等等。蒙古进入中原后，政局开始稳定，经济形势开始好转，公私交易逐渐恢复，于是，市场流通行使货币便又成为重要问题。

---

① 《元史》卷 2《太宗本纪》。

原来金王朝行用的纸币和铁钱已不能用，蒙古军占领后建立的一些地方政权虽曾印行过一些地方性纸币，但是纸币在群众心目中并无实际货币价值，唯恐像金代纸币那样严重贬值。群众仍然信任金属货币，特别是贵金属中的金银。由于在较长时期行用金属货币的过程中，金、银、铜币有了相应的较固定的比值，铜钱和银锭也有了相应的较固定的比值，所以社会上流通的货币多是白银和铜钱。[①] 太宗十一年（1239 年）十二月，"商人奥都剌合蛮买扑中原银课二万二千锭，以四万四千锭为额，从之"。从而简单地透露了当时中原地区以白银为货币本位的事实。

《元史·太宗本纪》《中书令耶律公神道碑》较为详细地记述了窝阔台汗时期课税白银情况。太宗二年（1230 年）始置十路征收课税使时，"因奏地税、商税、酒醋、盐铁、山泽之利，周岁可得银五十万两、绢八万匹、粟四十万石"。碑文中还记载了许多行用白银情况，有"及所在官吏取借回鹘债银，其年则倍之，次年则并息二倍之，谓之羊羔利。积而不已，往往破家散族，以至妻子为质，然终不能偿。公请于上，悉以官银代还，凡七万六千锭"。

《元史·宪宗本纪》记宪宗三年（1253 年）"诸王拔都遣脱必察诣行在，乞买珠银万锭，以千锭授之，仍诏谕曰：'太祖、太宗之财，若此费用，何以给诸王之赐，王宜详审之，此银就充今后岁赐之数'"。由以上史料可知，当时都是以白银为货币的。

窝阔台汗时期，以白银为本位的货币制度，将铜钱作为辅币进入流通领域。《元史·特薛禅传》记太宗九年（1237 年），曾"赐钱二十万缗"予以按陈，说明当时仍行用唐宋铜钱作为辅币而流通于世。

---

① 放如：《蒙古汗国的货币》，《内蒙古金融研究》钱币文集（第七辑），2006 年，第 3—9 页。

蒙哥汗时期，除全国范围通行白银外，蒙古军占领汉地后，各地方政权亦曾印行过一些地方性纸币，如在真定府印行的真定银钞，在燕京府印行的燕京宝钞，在京兆府印行的"京兆交钞"和盐券等。

第三节　成吉思汗取得的经济成就

到 1206 年成吉思汗建立蒙古汗国时，从社会经济的发展来看，蒙古地区各部族已经由原来的氏族、部族间的混战转为在中央集权统治下，出现了和平安宁的局面，以畜牧业为社会基础的经济走向了稳定发展时期，这时蒙古的社会制度也已经由奴隶制向军事封建制转化，处于优越于欧亚广大地区以庄园式的农业经济为基础的封建制。

一　蒙古族畜牧业的快速发展

畜牧业是统一前后蒙古族的主要产业。人们根据各种家畜的经济价值，有一定的侧重。由于马匹具有重要的军事价值和商业价值，所以备受牧人重视，拥有良驹骏马，将给主人带来莫大荣耀。统一前，马匹的饲养量已经较大，根据南宋使节的观察，13 世纪初蒙古军"凡出师，人有数马"，[①] "头目人骑一马，又有五六匹或三四匹自随，常以准备缓急。无者亦须一二匹"。[②] 平均每个士兵 2—3 匹。如果以此标准推算，13 世纪初，蒙古共有 95 千户（千户规模不等，有的千户由数个家庭构成），以每户出一丁计算，成吉思汗的常备

---

① 孟珙：《蒙鞑备录》。
② 彭大雅：《黑鞑事略》。

军，应在 10 万左右，那么就需要战马 20 万—30 万匹。当然并非所有的马匹都用来作战，因此，如果以每户饲养 10 匹马考虑（成吉思汗少年时，家庭生活依靠狩猎、采集度日，尚有 9 匹马），全社会马匹的拥有量最低应在百万匹之上，甚至实际数字可能要远远超出。就连欧洲的传教士都曾感慨："他们拥有如此之多的公马和母马，以至于我不想会在世界的其余地方能有这样多的马。"① 正是由于养马业的发达，使冷兵器时代的蒙古族在军事上处于优势地位。

羊在游牧民族的生产、生活中同样居于重要地位，牧人日常的肉食、生活制品（毡子、毡垫、毡袜等）的原料都离不开羊。蒙古族古代的养羊业十分发达，数量上，羊要比马多得多。史称"彼国中有一马者，必有六七羊。谓如有百马者，必有六七百羊群也"。② 由此推论，13 世纪初蒙古社会羊的数量将近 1000 万只。

蒙古族畜牧业的快速发展是和成吉思汗的经济思想指导分不开的。在蒙古国建立初期，成吉思汗对畜牧业生产的发展就给予了高度重视。据《蒙古秘史》记载："成吉思汗在第一次（1189 年）被推举为蒙古国的合罕时，在部族统治机构中就把迭该任用为司牧羊；其弟古出古儿为司车；别勒古台、合勒剌歹·忽剌温二人为管骟马的司牧马；又把忽图、抹里赤、木勒合勒忽三人为放牧马群"③ 的官员。这是成吉思汗按照古代蒙古高原游牧式畜牧业的生产经验，充分重视畜牧业在蒙古经济中的作用和地位，而采取的畜牧业生产的组织管理措施。类似的支持畜牧业发展措施在史料中处处可见，如成吉思汗在征服西夏过程中，把大量骆驼输往漠北，积极推进骆

---

① ［英］道森：《出使蒙古记》吕浦译，中国社会科学出版社 1983 年版，第 9 页。

② 孟珙：《蒙鞑备录》。

③ 《蒙古秘史》。

驼的养殖业，还特别注意加强牲畜的保护和牧场的管理，严格规定：草生而掘地的，遗火焚毁牧场的要"诛其家"；"箠马之面目"的要"诛其身"①；禁止宰杀羔羊和牝羊，以保护牲畜繁殖；禁止盗窃诈伪，以保护个人财产安全；千户所属居民，需在指定范围内居住，不得任意变动，倘违此令，"迁移者要当着军士被处死，收容者也要受严惩"。② 他利用国家政权的力量和优越的物质条件，扩大畜群的所有制，改善畜牧业生产条件，以提高畜牧业生产水平。③

基于畜牧业生产发展的需要，蒙古族创造了各种各样的畜牧业生产用具。10 世纪前在额尔古纳河一带游牧或狩猎的蒙古族还是"不鞍而骑"的，到 12 世纪已经是马有鞍、车有辕了。成吉思汗对王罕说："我与你如车的两辕，一辕折了呵，牛拽不得"，这个比喻本身充分说明了畜牧业生产用具已很重要。其他如靴带、闸环、缓绳、套马杆子、挝鸡心（牧鞭）、奶桶等等，都已大量使用。牲畜及畜产品的用途也越来越广，马除用于骑乘外，也用于挽车和驮运。牛除乳、肉用外，大量用于拉车。皮张、绒毛都已能用于制作各种战争用品和生产生活用品。食肉的方法以及储存的方法也更加讲究，炸肉、腊肉、腊羊等都能制作。马乳除直接食用外还用来制酒。④

生产工具不断改善，铁制工具种类不断增加。除金属制的箭、铁甲、钢枪、镶刀等军械之外，已有了"锛、斧、锯、凿等器"⑤。

① 彭大雅：《黑鞑事略》。

② ［波斯］志费尼：《世界征服者史》上册，何高济译，内蒙古人民出版社 1980 年版，第 34 页。

③ 申友良：《中国北方民族及其政权研究》，中央民族大学出版社 1998 年版，第 38 页。

④ 王路：《蒙古汗国及其前期蒙古族的畜牧业经济》，《内蒙古社会科学》1980 年第 1 期，第 36—43 页。

⑤ 《元朝秘史》卷 12。

牧业生产的必备用品有了铁蹬、铁蹄、铁索，畜产品加工工具有刀、剪、针、锥、锅等。马克思指出："各种经济时代的区别，不在于生产什么，而在于怎样生产，用什么劳动资料生产。"① 铁制工具的使用，对蒙古社会和经济的发展有着十分重要的意义。

由于技术上和管理上的进步，蒙古高原上的畜牧生产呈现出繁荣景象。如蒙哥 1251 年即位时，"宴饮作乐整整举行了一星期，饮用库和厨房负责每天供应 2000 车酒和马湩、300 头牛马，以及 3000 只羊"。② 没有雄厚的畜牧基础，一次性消耗如此多的牲畜是无法做到的。到忽必烈时，在传统游牧区的蒙古草原上，建成了七处牧地。在这些牧地上，有规模巨大的马群。

总之，在这一时期的蒙古族，无论是畜牧生产技术，还是畜牧管理办法，抑或整个草原的畜牧产量，都获得了较多发展和较大提高。

二　狩猎业经济地位的下降

原始氏族社会时期，蒙古族古老的猎物分配方式是失罗勒——份子制，即猎获者有义务将一部分猎物分给同猎者。但随着私有制经济的出现及发展，失罗勒制渐渐被取代，猎物的所有权受到法律的保护，剥削和压迫制度也逐渐在狩猎业中形成。

首先，猎场私有化。13 世纪的蒙古汗、王和勋臣均已有个人固定的围场，并设专门的打捕猎户作为看守，定期猎取野味缴纳。③

---

① 《马克思恩格斯选集》第 2 卷，人民出版社 1995 年版，第 179 页。

② ［波斯］拉施特主编：《史集》卷 2，余大钧、周建奇译，商务印书馆 1985 年版，第 244 页。

③ 《元史》卷 10。

其次，狩猎活动从12世纪末开始已有赋役性质。专业猎户自不待言，一般平民也必须以义务形式无条件参加汗王组织的围猎，文献中曾指出："凡在这一带地方占有土地之人，都必须参加行猎。"[1]他们自备马匹、武器和食品，按指令奔赴集结点，每户平民还要缴纳规定数量的绳索和毛毡，"霆见其行下鞑户取毛索及毡，亦颇以为苦。霆沿路所乘其马，大半剪去其鬃，扣之，则曰，以之为索，纳之窝里陀（汉庭）为打猎用"。[2]猎物的一部分也以供品形式层层上交，臣下向汗王贡奉猎物是一种定制，每逢转猎"各地区的部督必须将较大的猎物，如野猪、雄鹿、黄鹿、獐鹿、熊送给皇家"。如果路途遥远，就"只把兽皮送去"。[3]

在统一前的蒙古族社会经济中，狩猎业始终占有相当大的比重，是畜牧业经济的重要补充形式，甚至将围猎视为准军事行动，狩猎起始时间、地点、范围都有严格的规定。[4]蒙古汗国建立后，随着蒙古畜牧业和农业的快速发展，狩猎业在蒙古族社会的经济地位已开始下降。

三 农业的进步

在成吉思汗建国以前，蒙古地区就已出现农业萌芽。《元史》记载，宋庆元三年（1197年），成吉思汗领兵伐蔑儿乞部，与其部长

---

① ［意］马可·波罗：《马可·波罗游记》，梁生智译，中国文史出版社2008年版，第104页。

② 彭大雅：《黑鞑事略》。

③ ［意］马可·波罗：《马可·波罗游记》，梁生智译，中国文史出版社2008年版，第107页。

④ 阿岩、乌恩：《蒙古族经济发展史》，远方出版社1999年版，第83页。

脱脱交战于莫那察山，"掠其资财、田禾、以遗汪罕（王罕）"。① 另据《元朝秘史》，公元 1206 年，成吉思汗为赏赐开国功臣，曾问失吉忽秃忽要何赏赐？失吉忽秃忽回答："若恩赐呵，于土城内的百姓"，即指从事农业的农民。不过，农业在当时的历史条件下还是微不足道的。农业生产有较大发展主要是在蒙古汗国建立以后。在战争中，先进的封建生产方式与蒙古族发生广泛接触，使其眼界开阔，汗国统治者越来越清楚地看到，单纯游牧经济与中原传统的农业生产已产生尖锐的矛盾，而且也无法满足日益扩大的战争需要。因此，汗国统治者也就逐渐接受了农业，进而，屯田作为一项重要措施便被推广起来。

据记载，早在蒙古国建立初期，成吉思汗为推进农业生产的发展，1212 年，就令镇海"屯田"于阿鲁欢。② 1221 年，命石抹孛迭儿屯田固安，"且耕且战"。③ 最初参加屯田的人，主要是从各地掠夺来的俘虏，其中包括汉、契丹、女真、只温、唐兀、钦察和回回等各部族万余人。经过若干年的发展，克鲁伦、鄂尔浑、塔米尔等河沿岸都利用河水灌田，种植耐寒的糜、麦等谷物。叶尼塞河流域，谦谦州也收床麦，乞儿吉思人从事耕作。当长春真人西行路过这里时，"有汉民工匠络绎来迎"，④ 证实这里的劳动者有很多汉族。1247 年曾经到蒙古去的张德辉，则明言在鱼儿泊一带（今内蒙古达里泊）有"民匠杂居"，或"杂以蕃汉，亦颇有种艺"。⑤ 这些汉族民匠和种艺之人，当然都是迁来的。

---

① 《元史》卷 1《太祖本纪》。

② 《元史》卷 120《镇海传》。

③ 《元史》卷 151《石抹孛迭儿传》。

④ 李志常：《长春真人西游记》上卷，河北人民出版社 2001 年版，第 38 页。

⑤ 张德辉：《纪行》。

进入蒙古地区的汉族劳动者，传播了先进的农业生产技术、经验和工具。当时，"择军中晓耕稼者（指汉军），杂教部落"，并且"购工冶器"，"又浚古渠"。[①] 这样，便发展了蒙古地区的农业生产。蒙古族的畜牧业有极大的脆弱性，遇有风雪灾害，则"往往以其男女弟侄易米以活"。[②] 自从实行屯田以来，情况逐步改变，出现了"谷恒以贱，边政大治"的新气象。

汗国屯田，主要有以下一些特点。一是汗国初期的屯田区，多设置在交通要道。阿鲁欢地区屯田，并"立镇海戍守"，显然是为了加强军事控制和保证道路的畅通。二是军事行动和农业生产相结合的屯田。以石抹孛迭儿为首的固安屯田军，至少有万人以上，他们"且耕且战，披荆棘，立庐舍，数年之间，城市悉完"，[③] 农业得到恢复和发展，为汗国军队立足中原、不断扩大战果提供部分物质条件，同时燕京左近也得到巩固。

继任成吉思汗的几位大汗都对农业的发展予以高度重视，并进一步推进屯田制的实施。宪宗蒙哥在唐、邓、申、裕、嵩、汝、蔡、息、亳、颍诸州先后设置屯田区。有关这些地区屯田的目的和作用，当时的政治家姚枢曾经谈道，"以是秋去春来之兵，分屯要地，寇至则战，寇去则耕，积谷高廪，边备既实，俟时大举"。[④] 显然是为了进一步巩固对黄淮地区的统治，同时也为了给更大的军事行动即全面向南宋用兵提供粮食，这里的屯田，淮起蜀止，东西数千里，几乎连成一片，是汗国时期规模最大的。

忽必烈即位后，"首诏天下，国以民为本，民以衣食为本，衣食

---

① 《元文类》卷25。

② 同上。

③ 《元史》卷151《石抹孛迭儿传》。

④ 姚燧：《牧庵集》卷15《中书左丞姚文献公神道碑》。

以农桑为本"。①"劝诱百姓，开垦田土，种植桑枣"②，"严禁农田变牧场"③，"凡是荒地，俱是在官之数，若有余力，所其再开"，④ 并采取了村疃制，支持和奖励农耕，极大地刺激了农民的生产积极性。实行劝课农桑，"行之五六年，功效大著，民间垦辟种艺之业增前数倍"。⑤ 南方的农业生产也"升平无事，民安地着，逋逃者还业，五谷增价"。⑥ 后人评为"家给人足"，"民庶晏然，年谷丰衍，朝野中外，号称治平"。⑦ 从当时的记载看，蒙古贵族在中原经济的治理上，很快从游牧经济的思维中走出，重农思想显现，标志着蒙古民族经济理国思维方式产生了历史性的变革，值得重视。总之，"蒙古族统一中国的过程中，屯田在经济和军事上的作用都不可忽视。屯田事业的不断发展，意味着农牧业有机结合的远景之到来"。⑧

四　手工业的发达

公元 13 世纪，蒙古地区虽然已有一定的手工业生产，如畜产品加工、制铁及生产铁制品、木工等，但成吉思汗为了适应战争的需

---

① 阿岩、乌恩：《蒙古族经济发展史》，远方出版社 1999 年版，第 13 页。

② 《元史》卷 5。

③ ［波斯］志费尼：《世界征服者史》上册，何高济译，内蒙古人民出版社 1980 年版，第 90 页。

④ ［法］卢勃鲁克：《卢布鲁克东游记》，耿升、何高济译，中华书局 2002 年版，第 74 页。

⑤ ［瑞典］多桑：《蒙古史》上册，冯承钧译，中华书局 1962 年版，第 119 页。

⑥ 彭大雅：《黑鞑事略》。

⑦ 《元史》卷 146《耶律楚材传》。

⑧ 何天明：《试探蒙古汗国时期的屯田》，《内蒙古社会科学》1985 年第 5 期，第 42—44 页。

要和当时人民的生活，尤其是黄金家族的要求，对各种工匠非常重视。从《史集》《世界征服者史》及其他相关著作中可以看到，凡事在其取得胜利获得俘虏时，只要是工匠均可免死，不予杀害。这些工匠包括制造弓、箭、火炮、云梯、抛石机等从事战争与武器生产者，还有筑城、造桥、造船者，甚至擅长编织及其他工艺品生产者，都不允许杀害，有的编入战斗队伍中，有的"分赏其诸子，诸妻、诸将"，在攻破撒麻耳干城后，绝大多数人被杀害，"唯工匠得免"，这种做法可称为当时成吉思汗的一项基本国策。如在西征后期攻打花剌子模时组建了一个炮兵团，这个炮兵团可以说是 13 世纪最先进的兵种，其主要成就应归功于成吉思汗重视和保护工匠的成果。①

据初步估计，仅大蒙古国初期从中亚签发东来的回回及其他民族工匠，就大约不下十数万。这些工匠，后大都被置于和林、上都、称海、谦谦州等地。上都不仅有毡局、毛子局、软皮局、斜皮局等机构，还有铁局、甲匠提举司、器物局、葫芦局和金银器盒局等组织。称海初建时有工匠万余口；谦谦州有"工匠数局"，"汉匠千百人居之，织绫罗锦绮"。据考古发掘，仅在和林一地，就发现过 10 座冶炼炉和大量金属制品，其中有破城机和其他机械，还有铁犁、铁锄、带脚生铁锅、铜权、铁权、车毂和为宫廷专用的各种建筑材料及奢侈品。出土白生铁经过化验，可断定是在 1350℃ 高温下熔铸成的，估计当时的工匠已用水力鼓风了。当地烧造的陶瓷器也被大量发现，其中多有从事烧造的汉族工匠名氏。

13 世纪初蒙古社会的制毡业已经达到成熟。主要表现在生产量和制毡品的多样化。当时，蒙古族社会已有 9.5 万个蒙古包（95 千

① 陈献国：《蒙古族经济思想史研究》，辽宁民族出版社 2004 年版，第 73 页。

户），据说覆盖一个普通家庭的蒙古包约需毡子210平方米，[1] 这就需要毡子约2000万平方米。要满足社会如此巨大的需求，其生产一定是达到了相当的规模。另外，除蒙古包用毡子之外，从史料中还可以发现毡毯、毡褥、毡袜、马鞍垫、雨衣以及萨满教所供奉的神偶——翁贡，也是用毡子制作的。

奶食品是游牧民族日常食品的重要组成部分，因此，蒙古族奶食品加工具有悠久的历史。13世纪，蒙古人已经熟练地掌握了奶油分离技术，而且加工的纯净度较高。[2]

木器加工——蒙古包无疑是人类古代建筑史上的一项杰作。穹庐式的半球体结构，不仅最大限度地扩大了包内的空间，同时也有效地阻止了风霜雨雪对建筑物的压力，可拆可装的木制构造在蒙古族的社会经济发展中发挥着重要作用。

另据史料记载，成吉思汗建国后，设立了专门的修造车辆的部门，并委派官员管理。[3] 车辆的制造也有很大改进。不仅能制造载着帐篷的车，还会制造一种"双轮的上等轿子车"，构造精密，即使整天下大雨，车里的人也不会受潮。

随着12世纪末至13世纪初蒙古族内外战争的升级，手工业中尤以兵器制造业最兴旺，生产甲胄、弓箭、刀、剑、弩、枪、炮等物。在兵器生产中，又以环刀最负盛名。它是仿效回回刀制作的，"靶小而褊"，"轻便而犀利"。又有长短枪，刀扳如凿，"着物不滑，可穿重札"；制防牌，或"以革编筱"，或以铁做成，为冲锋破敌用；制钩杆，用于刺杀，也用于拉人下马；制炮（抛石机），"有

---

① 内蒙古蒙古族经济史研究组：《蒙古族经济发展史研究》第二辑，呼和浩特1988年版，第88页。

② ［英］道森：《出使蒙古记》，吕浦译，中国社会科学出版社1983年版，第117页。

③ 《元朝秘史》卷4、卷11。

棚，棚有挽索者之蔽"。那时，每个士兵都有盔甲，盔的上半部用钢或铁制成，下半部保护咽喉的部分用皮革制作。甲分皮质和铁质两类，铁甲是用无数块铁片缀联而成，铁甲"铁片耀着亮光，以致一个人能够在铁片上看到自己的映像"[1]，制作工艺十分精良。

五　斡脱贸易与驿站的建立

在人类社会发展过程中，自从有了劳动产品交换就有了商品和商业。游牧民族逐水草而居的生活方式带来的开放性的文化心态更促使其重视商业，至成吉思汗时代，随着与外地联系的加强，商业更有所发展，贸易范围扩大，特别是各族商人接踵而至，深入蒙古腹地从事贸易。"面出阴山之后二千余里，西域贾胡以囊驼负至也"[2]，"运载绢布入蒙古境"[3]，部分回回商人因经常出入蒙古贵族宫廷，取得蒙古大汗、诸王和各级勋贵的信任，充当其"斡脱"（原义为"合伙"，引申为"商人"），以牟巨利。徐霆《黑鞑事略》记载，其贸易以羊马、金银、缣帛。其贾贩则自大汗及至诸王、太子、公主等，"皆付回回以银或贷之民而衍其息"，"或市百货而懋迁"。正因为这样，后来不少回回商人都成了巨富，有的甚至操纵贸易，垄断国家财政权力。[4]

蒙古族商业的发展，是和成吉思汗的重视分不开的，表现在他

---

① ［英］道森：《出使蒙古记》，吕浦译，中国社会科学出版社1983年版，第33页。

② 李志常：《长春真人西游记》上卷，河北人民出版社2001年版，第35页。

③ ［瑞典］多桑：《蒙古史》上册，冯承钧译，中华书局1962年版，第93页。

④ 《元朝秘史》卷6。

对商业的认识上。成吉思汗认为，商人不应是世人鄙视的对象，而应该是人们学习的楷模；商业是增加社会福利、增进人类和平的正当行业；对外贸易是国家的"金麻绳"，是同世界各国友好交往、和睦相处的法宝。其次，成吉思汗对商业及其发展的重视，还表现在他的一系列政策上。这些政策主要有：（1）成吉思汗亲令：凡进入他的国土内的商人，一律发给凭照，并保护其人身和财产安全，同时给予他们以优视厚待；《大札撒》还明文规定："要保护国与国之间的贸易"，要在大道上设置守卫，建立驿站，以畅通商路，给商业往来及贸易活动提供各种方便。（2）在政治上提高商人的社会地位，让富商大贾充任显官要职。例如，回鹘富商镇海就是成吉思汗的四大名相之一，权力在耶律楚材之上；回纥人阿三、阿合马、桑哥及汉人卢世荣均为商人，他们先后都为成吉思汗主政掌管财政经济大权。[①]

蒙古族的商业发展是与其独特的驿站制度分不开的。虽然在中国历史上很早就出现了"驿传"，但与蒙元时期的驿站相比，无不相形见绌。蒙元时期驿站范围之广、规模之大、组织之严密，是中国历史上从未有过的。蒙元时期的驿站虽是为军国大事设置的，"盖以通达边情，布宣号令"，[②] 但在客观上对加强全国各地区和各民族之间的政治联系、经济联系，起到了重要的作用。尤其是在欧、亚大陆上蒙古势力所及的辽阔区域内，四通八达的驿站更促进了东西陆路交通的发展，保证了丝绸之路的畅通。驿站的认真管理和经常修葺，也使行人安全得到保证，从欧洲到中国来的漫长旅途上，使者

---

① 姚鸿起：《成吉思汗经济思想初探》，《鄂尔多斯文化》2007 年第 2 期，第 20—25 页。

② 《元史》卷 101《兵志四》。

或商旅日夜通行都很安全。这在不少欧洲人都是直言不讳的。①

《世界征服者史》中有如下记述:"他们在国土上遍设驿站,给每个驿站的费用和供应作好安排,配给驿站一定数量的人和兽,以及食物、饮料等必需品。这一切,他们都交给万户分摊,每两个万户供应一所驿站。如此一来,他们按户籍分摊、征索,使臣用不着为获得新骑乘而长途迂回。"②

道士丘处机曾赋诗云:"得旨还乡少,乘春造物多。三阳初变化,一气自冲和。驿马程程送,云山处处罗。京城一万里,重到即如何。"③ 丘处机回到燕京以后,成吉思汗曾让贾昌"传旨:神仙自春及夏道途匪易,所得食物驿骑好否"。④ 从以上史料中可知,成吉思汗时期驿站已广泛使用了。据史籍记载,当时在从和林到中原地区的驿道上,每70里左右置一站,每站一个千户服站役,一共设37个站。⑤ 还设置了从和林到察合台封地,再从察合台封地到拔都封地的驿道等。

"大蒙古国驿传制度的建立得益于两方面的因素,一方面是继承和发展了游牧社会对路过自己游牧地的朋友,提供饮食和换乘马匹的生活传统;另一方面承袭辽金旧制,甚至是直接利用了占领地区

---

① 范保良:《蒙元时期丝绸之路简论》,《兰州大学学报》(社会科学版)1990 年第 18 期,第 126—135 页。

② [波斯] 志费尼:《世界征服者史》上册,何高济译,内蒙古人民出版社 1980 年版,第 34 页。

③ 李志常:《长春真人西游记》上卷,河北人民出版社 2001 年版,第 99 页。

④ 同上书,第 102 页。

⑤ [波斯] 拉施特主编:《史集》卷 2,余大钧、周建奇译,商务印书馆 1985 年版,第 259 页。

残存的驿传制度。"[1]

第四节　蒙古族与其他民族的经济联系

蒙古人虽然没有创造一个独特持久的文明，但他们对东西方文化的交流和发展却是影响深远。他们把亚洲的大部分合为一体，把欧亚的国家连成了一片，使汉文化、基督教文化、伊斯兰文化及其他文化直接会面的地理和交通条件开始形成。他们打通了阻塞的古丝绸之路，建立了闻名于世的驿站制度，使欧亚之间的商贸得到了空前的发展。他们把印刷术、指南针、火药等技术带到欧洲，加速了西方世界的变革和欧洲的近代复兴。他们还影响到今日世界格局与世界体系：商品贸易、货币使用、驿站制度、人员交流、宗教宽容等这些构成现代世界体系的元素在 13 世纪的蒙元时代，便已经出现并维持了一个世纪之久。

一　统一后蒙古族与各民族贸易的发展

中国古代文明有两个源泉，一个是汉族为主体的中原与南方农业民族创造的文明和文化，另一个是北方草原游牧民族缔造的文明与文化，这两种文明相互依靠、相互融合，形成了丰富多彩、灿烂辉煌的中华历史文化。

1206 年，成吉思汗统一了蒙古各部族，这是一个民族共同体形成的标志。蒙古帝国的建立及几次对外征战扩张，给蒙古的经济带

---

① 　黙书民：《大蒙古国驿站探源》，《内蒙古社会科学》（汉文版）2003 年 1 月，第 21 页。

来了根本性的变化。进一步解放了迈入 13 世纪门槛的蒙古族的社会生产力，物质和文化生活有了空前的发展。蒙古族畜牧数量明显增加，分群分牧场放牧的方法开始盛行，手工业、农业、商业都得到了前所未有的大发展。这也加强了各民族间和各国家之间的交流与融合，其主要影响体现在：首先，密切了蒙古文化与其他民族文化之间的交流，蒙古文化向外流传的同时也受到了其他民族文化的影响。其次，北方畜牧业文化与内地的农耕文化相互交融，共同发展。

蒙古汗国建立后，尤其是征服黄河以北地区及西夏、中亚、西亚后，消除了原来的政权格局状态，商路畅通无阻，为各地区间经济往来创造了有利的客观条件，蒙古统治者对商业也采取鼓励和扶持的政策，如保证商旅安全、降低商业税等。蒙古族的商业贸易也因此而逐渐繁荣。

蒙古建国后，陆续在草原上修建了一些城市。如哈剌和林，位于鄂尔浑河上游东岸，1206 年成吉思汗在此称汗。该城已是既有生产区又有商业区的颇具规模的城市。[①] 随着政权的稳定，后期亦陆续出现了许多其他城镇，城镇的出现及发展极大地促进了蒙古地区商业及对外贸易的发展。

二 蒙古族与其他民族的经济联系

斯大林认为："民族是人们在历史上形成的一个有共同语言，共同地域，共同经济生活以及表现于共同文化上的共同心理素质的稳定的共同体。"在民族诸要素中，民族地区的打破是对民族融合起关键作用的因素。各族聚族而居的状态，起了保护民族语言、风俗、习惯和社会组织的作用，同时也阻碍着本族与其他民族发生内在的

---

① 阿岩、乌恩：《蒙古族经济发展史》，远方出版社 1999 年版，第 103 页。

社会结合。

蒙古汗国的建立，对中华各民族的经济社会发展带来了深远的历史影响：首先，在这个时期中，最重要的历史事件是蒙古族的形成及其对全国的统一。因为它不仅结束了漠北地区各游牧部族长期的混战局面，并使之摆脱原有单纯从事游牧畜牧业的落后状态，同时，还降服畏兀儿与哈剌鲁、并吞西夏、征服金朝、招降吐蕃、平定大理、灭亡南宋，铲除了自10世纪以来各民族封建贵族在中华大地上的称雄争霸，使各民族终于结束了战乱之苦；它造就了成吉思汗、忽必烈等大批杰出的政治家和军事家，把边疆各民族创造的物质文化带至中原地区，又把内地汉族先进的生产技术推广到边疆，有效地推进了各民族之间的经济文化交流和对边疆的开发，大大地加强了我国统一的多民族国家的巩固和发展；它是中国历史上第一个建立起全国政权的少数民族，又是唯一一个建立起地跨欧亚大陆国家的民族；它出兵征服了中亚，但又促进了回回和维吾尔等民族共同体的形成与发展，促进了东西方交通。它既是这一时期许多重大历史事件的核心，而且又贯穿着整个历史过程的始终。

其次，回回民族的孕育形成。回回在元代被称为"色目人"。它是以13世纪初蒙古军西征时被签发东迁的波斯、阿拉伯及中亚各国的军士、工匠、商人为主体，并吸收部分汉、维、蒙古族成分在内。回回人向以刻苦耐劳、善于经商著称。在元、明两朝中有着广泛影响，它不仅孕育了许多杰出的政治家和军事家，还造就了大批的学者、诗人和文学艺术家，为推进中华民族历史发展和文化繁荣做出了重要贡献。

再次，维吾尔族共同体的进一步发展。维吾尔族是9世纪中叶西迁的回鹘人，与原居住于新疆地区的土著民族融合后形成的。西迁的回鹘人在历史上曾先后在今新疆和中亚地区建立起喀喇汗王朝和高昌王国。13世纪初，成吉思汗建立大蒙古国后，始相继归附于蒙古，后大部分为察合台汗国管辖。

最后，西藏地区被正式纳入中华民族历史版图。西藏在13世纪初以前称吐蕃，吐蕃原是一个四分五裂、教派林立的地区。在后藏一带，主要是以款氏家族为中心的萨迦派势力最大。大蒙古国建立后，蒙古贵族为扩大实力，便与萨迦派建立联系，并敦劝其接受蒙古设置的官职，承认为蒙古藩属。及忽必烈继位，遂尊其法王八思巴为"帝师"，并将乌思藏13万户以及吐蕃"地面"僧俗人等赐给八思巴作供养；1264年，又在元廷中设立"总制院"（后改为"宣政院"），负责管理全国佛教和吐蕃地区军政事务，使吐蕃完全置于元朝政府统治之下。甘青藏区"经过成吉思汗及其子孙几十年的经营，结束了自唐中叶以后的氏族纷争和血战，实现了祖国历史上又一次大统一"。[①]

三 蒙古族与中原汉族的经济联系

蒙古汗国统治的意义在于蒙古贵族在这段时间不仅继续巩固、强化了千户百户等新的制度体系，而且充分利用被征服地区的社会资源——包括物质财富、劳动力等——为漠北草原服务，使这一荒远的亚洲腹地进入一个超正常繁荣的黄金时期。波斯史学家志费尼针对当时草原生活变化幅度后说："人的境遇，已从赤贫如洗变成丰衣足食。"[②]

比如，成吉思汗采取的经济掠夺政策，他所获得的大量物质财

---

① 葛艳玲、张世勇：《浅析蒙元与甘青藏族关系的建立及民族间的友好往来》，《阿坝师范高等专科学校学报》2011年第3期，第19页。

② ［波斯］志费尼：《世界征服者史》上册，何高济译，内蒙古人民出版社1980年版，第22—24页。

富均运至蒙古地区，这些财富，包括金朝部分地区、西夏、河中、呼罗珊及其东欧一些地区的财富，不但满足了蒙古地区蒙古人物质生产生活的需要，而且也促进了游牧经济的进一步发展。这种持续稳定而繁荣的局面，大大促进了蒙古族消化草原各部族的进程。①"成吉思汗对被征服地区采取长期收取赋税的措施也使蒙古人得到了源源不断的物质生活资料的补充。重视商业贸易则使蒙古人不必付诸战争就可以得到因游牧经济极其匮乏而缺少的各种物质资料。"②

"从成吉思汗到蒙哥的四任大汗，都坚持实行草原本位政策，'视居庸以北为内地'，而将中原只看作帝国的东南一隅，从未考虑过针对汉地的特殊状况，采用历代中原王朝的典章制度加以统治和管理。"③直到1260年，忽必烈继为蒙古大汗后，为巩固对中原地区的统治，进而为统一全国作准备，他接受部分汉族地主阶级知识分子的建议，"援唐宋之故典，参辽金之遗制"，实施"颁章服，举朝仪，给俸禄，定官制"，以强化原有的国家机器。1267年，更将都城从开平移至燕京（今北京市），颁布帝师八思巴创制的八思巴字，定都汉地，改行汉法，才将蒙古国家的统治政策由草原本位变为汉地本位。

除了汉人集团这一支土著力量在中原对蒙古集团的辅弼外，西域中亚商贾也是在中原汉地一支特别活跃的力量。从蒙古统治集团任用西域商人敛财聚资敲剥汉地农业区这一事实来看，虽然造成了北方赋税的混乱，但是从另一个侧面也反映了蒙古贵族对定居农业区重要性的比较深刻的认识。不仅如此，它同时也表明蒙古贵族集

---

① 赵黎君：《大蒙古国的特点及历史影响》，《科教文汇》2008年3月，第164页。

② 和琴：《成吉思汗"汗权"思想探究》，中国民族大学，2009年6月。

③ 马芳：《元代吏治研究》，西北师范大学，2006年6月。

团是借胡商的经济势力来抵制中原官僚地主制经济。

随着蒙古征服西域列国、中亚诸部基本就绪以后的马首南向，以理财见长的西域商人也纷纷涌向了中原农业区。蒙古统治者对西域商人百般宠用，鼓励他们聚财集资，西域商贾也忠心地替蒙古贵族效劳。这样，蒙古、西域两股力量逐渐汇流，构成了蒙古汗国政治经济的支柱，开启了蒙元时期西域色目贵族政治经济地位优于汉人的端绪。

花剌子模人牙老瓦赤，在太祖时任大丞相，治理撒马耳干的州邑。太宗元年，诏命牙老瓦赤总理西域财源，征调赋税以丁计，太宗十三年，命牙老瓦赤主管汉民公事。牙老瓦赤可以说是在蒙古统治集团颇为得势的一位西域人，他虽然在政治上很得蒙古统治者垂青，但是他最受任用的，仍然是在科赋税、理财源、掌钱谷诸方面。从经济的角度来看，蒙古统治集团对西域商人以很高的重视。西域商人在中原理财的过程中，把他们原有的剥削方式在中原汉地强制推行，造成了北方经济的混乱。"时政烦赋重，贷钱于西北贾人以代输，累倍其息，谓之羊羔利。"① "一锭之本，展转十年后，其息一千二十四锭。"② 本息相翻，债权日重，"积而不已，往往破家散族，至以妻子为质，然终不能偿。"③

高利贷之外，还有所谓"撒花"。撒花是本利增息，回回商人扰民侵财的又一种剥削形式。撒花这一中亚的剥削方式在中原的施行，使民生大受其害，因此有诏令禁止。在理财的过程中，西域商人兜揽税项无所不包，差发，系官廊房基地、水利、猪、鸡；酒课、盐课，甚至河泊桥梁渡口也括科无遗。凡是有利可图，西域胡商无不

① 《元史》卷155《史天泽》。
② 彭大雅：《黑鞑事略》。
③ 《元文类》卷五七《中书令耶律公神道碑》。

扑买营利。西域商人的繁科重敛，虽然暂时性地为蒙古统治集团积聚了大量财富，但是这与蒙古统治者图谋永久控扼中原的方略是不相适应的。

从西域商贾在汉地斡脱经营、扑买课程、撒花牟息的经济敲剥手段来看，他们只是为蒙古统治集团搜括供军需之用的财物，并没有在蒙古的中原占领区的经济生活中起支配作用。因此我们说西域理财商贾是蒙古集团立足汉地的一支重要力量，指的是西域商人集团成了蒙古经济势力在中原渗透的先行，并且它们的经济活动在一定程度上推动了大蒙古国向北中国的进一步扩张。[1]

蒙古统治者确立对中原的封建剥削方式，在某种意义上是对中原毁于战祸的农业经济有意识的恢复。以窝阔台为首的蒙古统治集团依靠中原地主士大夫制定的封建经济剥削制度，奠定了蒙元时期蒙古立国的经济基石，它顺应了历史发展的方向，取得了一大批汉族地主知识分子的支持，稳固了蒙古集团在中原的统治。在整顿财政的同时也发展了金融货币，太宗八年正月诏印造交钞颁行。大蒙古国初取民没有定制，太宗时，税课赋调诸方面都有了规则。盐法、商税、酒醋课开始定额敛征，并直接隶属征收课税所。这样，依靠耶律楚材为首的中原封建地主集团，窝阔台合罕就在经济生活的各个方面为大蒙古国以后的发展奠定了牢固的基础，并谨慎地打开了通向汉法的大门，这就为定宗贵由、宪宗蒙哥乃至忽必烈的大元王朝在中原的统治树立了"不拔之基"。[2]

---

① 王晓清：《大蒙古国窝阔台合罕时期中原经济动向初探》，《华中师院学报》1985 年第 4 期，第 101—107 页。

② 同上。

四　蒙古族沟通的东西方经济技术交流

蒙古西征军横扫欧亚大陆，将中亚、南亚俱并入其帝国版图，消除前国界限制，使整个亚洲畅通无碍，再加上蒙古统治者采取的一些有利的措施等，使东西方间的经济文化交流更加繁荣。

当蒙古人的铁骑跨越千山万水西进时，他们修建了比历史上其他统治者更多的道路和桥梁。其对外交通，无论是陆路还是海路，都较前代为安全、便捷。从元上都、元大都到中亚、波斯、里海、黑海、钦察草原、斡罗思和小亚细亚的陆路都有驿道相通。当时由西域越境，通往西方的道路大体有三条路线：一条由阿力麻里经塔刺思，然后经咸海、里海以北，穿行康里、钦察草原，之后由钦察汗国都城萨莱或向西进入斡罗思及东欧诸国，或越里海至君士坦丁堡，或越过高加索山而抵小亚细亚。另一条则由塔刺思转下河中，经不花刺、撒麻耳干（今撒马尔罕）而至伊朗。第三条则是蒙古远征军开辟的钦察道，这是中国直通欧洲的捷径，也是中国通向钦察汗国的重要驿道。此道分为南、北两路：北路从贝加尔湖北横穿吉尔吉斯草原，到伏尔加河下游的钦察汗国首都萨莱城（这也是1236年"长子西征"的路线之一）。从萨莱城沿里海西岸南下，可出地中海。南路是成吉思汗西征花刺子模的行军路线，经撒麻耳干、不花刺、玉龙杰赤，沿里海北到萨莱城。如此四通八达的交通驿道，一方面保证中央政府的政令顺利通行而巩固了其边政地区的统治；另一方面加大和加快了中原与西域、中国与西方各国、西域地区与西方各国之间的政治、经济与文化的交流，有力地促进了东西方文明的相互传播。

著名的《马可·波罗游记》系统而真实地向欧洲人介绍了通往亚洲大陆的陆路交通路线，介绍了中国、中亚、西亚以及南亚等广大地区的地理、物产状况，特别是元朝的驿政、钞法、印刷、航海、造船等情况。尽管他的游记招惹了不少非议，但更多的是使许多欧洲人对东方的富庶、繁荣、文明为之倾倒，无限向往。①

在传统的商业贸易进一步繁盛的基础上，东西方科学技术和其他文化艺术的交流得到加强。通过丝绸之路，阿拉伯地区的天文、数学、医药、建筑、炮术、音乐等各方面科学技术和艺术的成果传入东亚，中国的历史、算术、制图、医学和艺术等方面的成就也同样传播到阿拉伯世界，并通过该地区一直传到欧洲。比如从人们最熟知的印刷术、火药武器说起，中国这些先进科学技术就是蒙元时期传入欧洲的。印刷术是中国古代四大发明之一，但在蒙古兴起前，主要是在亚洲与中国交往较密的国家中流传，无多少西传。毕昇发明的活字板，13世纪被维吾尔族使用后，来大都的欧洲旅行者，在丝绸之路上便将古维吾尔文木刻单字带回本国，从而促进德国、荷兰、法国都先后试验活字印刷。被阿拉伯人称作"中国雪""契丹火箭"等的中国硝和火药武器在伊斯兰国家不胫而走，初用于医药、炼丹术和制造玻璃，后用于制造火药武器。13世纪，蒙古西征更将火药和火器带到了中亚、西亚各地。13世纪下半叶，欧洲人从阿拉伯人的《制敌燃烧火攻书》中获得了火药知识，欧洲人真正使用火药和制造火器，也是在13世纪末至14世纪初，同伊斯兰国家进行战争时学会的。

汉地与西域的生产技术交流是双向互动的。汉地移民给西域带去先进生产技术的同时，也把西域农作物品种及生产种植技术带回中原。比如，汉地传统的纺织原料是丝和麻，而棉花和它的种植技术是从西域传过来的。宋、元两代，棉花的种植逐渐在内地推广，

---

① 范保良：《蒙元时期丝绸之路简论》，《兰州大学学报》（社会科学版）1990年第18期，第126—135页。

棉花的传入有海、陆两道，其中陆路传自西域。其实，内地从西域引进的农作物品种及种植技术还很多，木棉只是其中的一例而已。又比如，葡萄、洋葱、胡萝卜、胡麻等，只不过这些物种的引进更早一些罢了。

再如忽必烈在1263年任命叙利亚人爱薛专管西域星历、医药二司，命不花剌人扎马剌丁编制"万年历"。爱薛是一位著名的回回天文学家，对中国科学家参加伊利汗国建马拉格天文台的国际合作，推动元朝改订新历，做出了重大贡献。扎马剌丁是一位杰出的回回天文学家和地理学家，在编"万年历"的同时，在大都建立了观象台，制造了七种天文、地理仪器。他后来又倡导并参与了包括钦察、伊利、察合台三汗国以及元政府直辖区在内的整个元帝国地图的编绘工作，对促进中西文化交流颇有贡献。13世纪也是中国数学的一个发展高峰，欧几里德的《几何原理》编入中国数学书中的命题和解算理论，阿拉伯数码字由于回回司天台的使用，在中国得以流传。元朝秘书监对回回数学著作的使用，对中国数学发展有推动作用；在战争中，"回回炮"也发挥了无坚不摧的威力。

蒙古帝国时期，欧洲和东亚间的来往，不仅局限于互派使节或商队的范畴之内，而且还有双方人口的相互流动和迁居现象。蒙古军西征时，从东方迁入欧洲的蒙古人、汉人、钦察人和其他民族逐渐定居于欧洲。同时，欧洲居民也有不少受到西征军的影响，迁徙到了东方。当时的和林城中不仅有中亚和西亚人，也有欧洲人，他们从事着制作生活用品、翻译、侍卫、贸易等各种职业。如此大规模的人口迁徙现象，无论是由什么原因所造成，其对于扩大东亚与欧洲之间的联系和促进东西方文化交流起到的作用是绝不能低估的。

"这种局面毋容置疑地促进加强了中西方的经济联系和文化交流。"①在大规模的移民过程中，内地移民把先进的生产技术带到西域各地，给西域古老的文化注入了新鲜血液，促进了边疆与内地之间生产技术的交流。阿力麻里人过去只知"以瓶取水，载而归"，效率很低。当他们看到内地移民传去的汲器以后，非常倾慕，不仅赞叹道："桃花石诸事皆巧"。② 桃花石原先是操突厥语诸部族对北魏王朝的统治部族拓跋人的称呼，后来指汉人。"诸事皆巧"，说明内地移民向西域介绍了许多先进的生产技术。③

---

① 范保良：《蒙元时期丝绸之路简论》，《兰州大学学报》（社会科学版）1990年第18期，第126—135页。

② 李志常：《长春真人西游记》上卷，河北人民出版社2001年版，第51页。

③ 南快莫德格：《论蒙古统一西域的影响》，《内蒙古大学学报》（社会科学版）2004年3月，第115—120页。

第 二 篇
元代蒙古族经济史

萨尔那

第 五 章
元帝国经济的建立

　　元帝国是蒙古族发展史上盛极一时的时期，它对整个蒙古族乃至整个世界的发展起到了巨大的历史推动作用。蒙古帝国时期的蒙古族与其先民建立的游牧政权在经济结构上并无二致，都是脆弱的游牧经济，但蒙古族并没有像其先民匈奴、突厥等民族那样"胡无百年之运"，狂风般崛起，又忽然从历史舞台上消失，它仍然作为一个活生生的民族存在至今，其主要原因就在于蒙古族建立了元朝。

第一节　蒙古族建立元朝的经济基础

　　13 世纪蒙古部于漠北草原异军突起，蒙古汗国的建立标志着其草原畜牧业和军事手工业已发展至一定高度，在奴隶主对财富掠夺的欲望支配下，汗国发动了一系列对外战争，蒙古族则在相对稳定的生产环境下逐渐走上领主制经济的历史道路。外有征战所掠钱财的补充，内有自身生产力提高带来的财富积累，二者共同为蒙古族统一北部中国及建立元朝奠定了坚实的经济基础。

一 蒙古汗国由奴隶制经济向封建领主制经济过渡

在蒙古汗国成立之前，大漠南北原本分布着众多的政治集团，他们分属不同的语族和部族。铁木真经十余年浴血奋战，终于统一蒙古高原所有部族及部族联盟。蒙古汗国的建立使蒙古地区众多人口在统一政权的管辖下，不管过去有多少差异，从此都能够不受限制地频繁交往。在此过程中，使用了共同语言，促进了经济、政治和文化的联系，进而形成共同的心理素质，特别是在对外不断交往中，使这种心理素质逐渐加强和升华。统一的蒙古共同体出现，标志着长期处于封闭、割据状态的各种政治势力的消亡，战争的休止为大漠南北蒙古人民进行经济活动提供了相对稳定的条件。

劳动主体的生产力发展的一定阶段（劳动主体相互间的及其对自然界的一定关系是和它相适应的）——归根到底，这是成为劳动所组成的那个集体以及以此为基础的那种所有制解体的原因。[①] 奴隶制经济的确为蒙古部落的发展积累了财富，但随着成吉思汗统一大业的完成，部族联盟发展成为民族共同体，领户分封成了蒙古族历史上一项巨大的变革，它标志着蒙古族由奴隶制向封建领主制的过渡。领户与领主的关系，不同于奴隶与奴隶主的关系，而是以封建领主经济为基础，在大汗分封的领地内形成封建的生产关系。

蒙古社会的阶级矛盾由奴隶与奴隶主之间的矛盾逐渐转变为牧奴与领主之间的矛盾。领主取代奴隶主，牧奴取代奴隶，蒙古族经济由奴隶制经济过渡到封建。刘永佶教授在《官文化批判》一书中对封建领主制有这样的一段描述，"封建领主制较奴隶制有着明显的

---

① ［德］马克思：《资本主义生产以前各形态》，人民出版社 1954 年版，第 65 页。

优越性。一是打破了氏族和单一部落为单位的奴隶制小国分立状态……它以宗法为依据的封建，保证了形式上的联盟，并在较大的国内实行局部部落联盟，这对经济、政治、文化的发展，都是有利的；二是确立了从上到下的宗法关系，以此作为社会关系的准则，明确了社会的等级，有利于社会的稳定；三是对劳动者的解放作用，变奴隶为异姓庶民，即农奴，依附于领主，虽无人身自由权，但在经济上与同姓庶民（平民）却有相似的权利，即有家，并由领主分给一小块土地，给领主提供劳役、兵役和贡赋，比起奴隶来，毕竟有了自己的经营和利益，这对促进生产力和文明的发展，无疑是大有益的。"① 刘永佶所描述的是公元前 11 世纪的周朝，但其对封建领主制本质及其一般性已做出概括性描述，适用于 13 世纪的蒙古社会。尽管这个新的社会与奴隶制度还没有彻底决裂，但毕竟是巨大的进步。广大奴隶得到一定程度的解放，生产关系有明显的改变，从而激发生产力的进一步发展。

二　征服金与西夏，蒙古族统一北部中国

研究蒙古族古代战争史，我们可以发现，蒙古人发动的战争一般会受其社会制度及其变化的制约与影响。铁木真征战之初直到蒙古汗国建立之前，一部分部落战争都带有血族复仇的性质，这是一种原始性的战争。它的最高形式是复仇，要以消灭对方为目的，而并不要奴役对方。如 1202 年秋，蒙古部发动消灭塔塔儿部的战争，起因就是为成吉思汗之父也速该巴特尔报仇，而也速该被塔塔儿人所害又是两部的祖辈结下的怨仇。随着时间的迁移，蒙古由氏族时代走向了奴隶社会，奴隶制经济产生于以驯马为主的游牧经济的发

① 刘永佶：《中国官文化批判》，中国经济出版社 2011 年版，第 92 页。

展，此时蒙古人发动的掠夺战争，正是奴隶社会的产物，反映了奴隶主阶级的利益。氏族制度被阶级制度所代替，统治阶级逐渐加强对被统治者的奴役和剥削，这种阶级制不仅在部落内部，同时也表现在对外关系之中。战争的目的不再是以消灭对方为满足，而要在敌我双方之间建立一种奴役和被奴役的关系，这就是掠夺式战争的社会经济基础。① 奴隶制的经济基础建立在奴隶上，奴隶的主要来源是战俘，古代一切奴隶制帝国之所以发动频繁的征服和掠夺式战争，都是为了获得战俘和财富。在走向大帝国过程中，奴隶制经济繁荣起来；一旦帝国达于极盛，对外征服迟缓下来，奴隶的增长受到限制，衰落便开始了。衰的根源在于盛，因为强盛使被征服的外族越来越多，而可供征服的外族会越来越少。随着蒙古汗国奴隶制的衰弱，蒙古族步入封建领主制时期，畜牧业在劳动者提高了生产积极性的条件下发展迅速，人口不断增长，现有的土地及物质财富已不能满足汗国贵族的欲望及需要，蒙古官兵展开了大规模的领主制战争。战争的目的与重点除掠夺外，更重要的在于改变领地的主人，进而建立汗国所有制，新兴的领主随着汗国的强大逐渐占有了所有的牧地。蒙古汗国对西夏与金发动的战争皆属领主制战争。

西夏"东尽黄河，西界玉门，南接萧关，北控大漠"，"方二万里"，② 经济结构单一与人口稀少是西夏经济的最大问题，能够立国200年，其主要依靠和市及依赖性的外交政策。宋人言"夏人仰吾和市，如婴儿之望乳"，③ 可见对外贸易是维持西夏经济的重要手段，蒙古兵一旦对其发动战争，封锁其和市通道，西夏经济则将崩

① 苏和：《蒙古古代社会制度与战争的关系》，《内蒙古社会科学》1985年，第6期。

② 脱脱：《宋史》卷485《夏国传》。

③ 李焘：《续资治通鉴长编》，上海古籍出版社1986年版，第53页。

溃。"蒙古兵在出征之中，每年休养士马数月，然于进至屯驻地以前，必先蹂其四围之地甚远，俾能自保，然后饱载所掠之物，休兵于其地"，而西夏的抵抗政策却是"全凭防御以守城池，自是放弃城池以外之乡村，使得耕作与牧场人民，全数暴露在敌人锋镝之下"。① 西夏人口本就不多，消极防御的结果只能是"其民穿凿土石，以避锋镝，免者百无一二，白骨蔽野"。② 从1205年蒙古军队第一次攻打西夏，到1227年西夏灭亡，蒙古军共发起了6次攻击。前五次，蒙古迫于各种考虑和顾忌，显得有心无力，持续时间不长，最长不到9个月。一旦夏主求和纳贡，成吉思汗就应允退兵。1226年春，蒙古军最后一次发起对西夏的全面攻击，从规模及持续时间来看，都是之前历次战争不可比拟的。西夏民穷财尽，百姓流离失所，面临蒙古大军压境，州城各自为战，"遵项点集不能遽集"③。西夏故地全被赐作诸王驸马分地，大致情况是术赤之子拔都分得了沙州，察合台之孙阿只吉分得了山丹。窝阔台时期，又将以西凉为中心的唐兀惕之地赐予阔端作为兀鲁思。在土地被肢解的同时，西夏遗民一部分被诸王将领瓜分，沦为各投下或蒙古贵族属民、驱口；剩下的或为国家编户，或被佥为军户，编入蒙古军籍，从征作战。在旧的社会结构瓦解的同时，大批蒙古牧民徙入适于游牧的西夏故地，原先的地域关系也被打破，西夏彻底亡国。④ 领主制战争中蒙古军民得到了大量封地与钱财人口，为击灭金朝做好了物质准备。

蒙古高原原本在金朝的控制之下，蒙古各部臣属于金朝，金对

---

① 冯承钧：《多桑蒙古史》，中华书局2004年版，第98页。

② 台湾三军大学编：《中国历代战争史》第13册，军事译文1972年版，第245页。

③ 吴广成：《西夏书事》，甘肃文化出版社1995年版，第60页。

④ 胡小鹏：《元朝统治下的西夏故地》，《西北师范大学学报》2000年第6期。

蒙古各部实行民族压迫政策，即分化、压榨及屠杀，造成蒙古人民对金朝统治者的仇恨。蒙古族势力大增之后，成吉思汗便开始征金，对金战争一开始带有明显的掠夺性。蒙古军"凡破九十余郡，所过无不残灭。两河山东数千里，人民杀戮几尽，金帛、子女、牛羊、马畜皆席卷而去。屋庐焚毁，城郭丘墟矣"。① 金朝国内经济状况也非常不好，至章宗时期，统治日益腐败。旱涝灾害致使北方农村经济受到破坏，金对蒙古、西夏及宋的战争日益增多，军费倍涨，财政出现严重危机，政府无力只得大量发行纸币，百姓受害最大，"自是而后，国虚民贫，经用不足，专以交钞愚百姓"②。为了增加财政收入，金朝政府大举括田，章宗时期，一次在山东、河北、陕西等地括田，就得地三十多万顷，失去土地的农民被迫沦为女真封建主的佃户。金后期的人祸天灾，给劳动人民带来了极大灾难，"大河之北，民失稼穑，官无体给，上下不安，皆欲逃窜。加以溃散军卒还相剽掠，以致平民愈不聊生"③。除此之外，汉族、契丹族与女真贵族的民族矛盾十分尖锐，除各地陆续展开的红袄军起义外，契丹、汉族官僚及地主阶级中有不少人投靠蒙古贵族，充当蒙古军的向导和谋士，成为灭金的前驱。金朝后期的衰弱与蒙古汗国的兴起形成巨大反差，在经济困乏、政治腐朽、军事衰败的情况下，阶级矛盾、民族矛盾和统治阶级内部矛盾愈益尖锐，蒙古汗国最终在成吉思汗和窝阔台两位皇帝 24 年的努力下，终于彻底打通金朝"堑山为界，以限南北"的人为格局，取得蒙古地区与北部中国的真正统一，二者进一步结合为一体。

　　对西夏与金朝的征战，使蒙古汗国在军事方面得到了巨大锻炼，

---

① 《建炎以来朝野杂记》乙集卷 19《鞑靼款塞》。

② 脱脱：《金史》卷 48《食货志》。

③ 脱脱：《金史》卷 180《侯挚传》。

与军事战争密切相连的经济、政治也愈加成熟和壮大，为建立元朝与南下灭宋都奠定了坚实基础，这是中国再次大一统的前奏。

三　农牧业生产力进步迅速

蒙古汗国自成吉思汗后，历经了太宗窝阔台、定宗贵由及宪宗蒙哥等几任君主。皇权虽由窝阔台系转为托雷系，但其不变的都是不断展开对外战争，以掠夺财富及人口。蒙古地区的战火却早已熄灭，出现了相对稳定的生产经营局面。随着对外战争的发展，许多俘虏陆续来到蒙古地区，劳动力迅速增长。窝阔台时期就有"以阿同葛等充宣差勘事官，括中州户，得户七十三万余。九月，擒万奴"① 等现象出现。宪宗贵由也进一步规定了"诸王不得擅招民户；诸官属不得以朝觐为名赋敛民财"等规定，为大漠南北经济发展提供了良好的生产环境。

蒙古族畜牧业仍是最重要的生产部门，草场是畜牧业最重要的生产资料，蒙古族历来非常重视草场。宪宗元年，蒙哥安排旭烈兀西征时特意下达命令，严格保护"始自哈拉剌林和别失八里之间的杭爱山"所有牧场和草地。"一切牲畜都被禁止在那里放牧，以免牧场受害或草地受损。所有花园一样的山区和平原均被封禁，不许畜群之齿在那里嚼草。"这些草场得以精心保护，致使"绿茵遍野"。②这些都为畜牧业的更大发展提供了条件。不仅如此，太宗窝阔台即位后，规定"敕蒙古民有马百者输牝马一，牛百者输牸牛一，羊百者输羒羊一，为永制"，这表明当时的税量为百分之一，税负较轻，

---

① 宋濂：《元史》卷2《太宗》。

② ［波斯］志费尼：《世界征服者史》下册，何高济译，内蒙古人民出版社1981年版，第725页。

刺激了牧民的生产积极性，有利于广大牧民休养生息。日益发展壮大的畜牧业为蒙古对外征战起到了至关重要的作用，也为元朝建立奠定了坚实的经济基础。

由于发动一系列对外战争，元朝建立之前，已有成千上万汉族农民陆续进入蒙古地区，将农业技术也带到这里。统一政权管辖下，中原的农业生产工具及谷种也顺利输入蒙古族聚居区。定宗二年（1247 年），应忽必烈之召的张德辉在北上途中，涉怯绿连河时亲见"频河之民，杂以番汉，稍有屋宇，皆以土冒之，亦颇有种芝麻麦而已"①，由此得知，怯绿连河驿道附近，蒙古人与汉人杂居一处，他们改游牧为定居或半定居，将农业与牧业结合，麻、麦及黍可能是那里的主要作物。从考古资料来看，位于阴山山脉之北的达茂旗敖伦苏木古城曾出土过两件完好的铁犁，样式接近北方的旧式犁，只是略宽大一点②，察右前旗巴音塔拉乡土城子属于蒙元时代集宁路故城址，出土了铁铧、铁镂、铁耙齿和铁锄钩等农用器具，还有石磨数副。这些资料表明，当时阴山以北的农业发展已相当可观，农业生产与粮食加工的各种器具已经出现在大漠南北，农业已达一定发展阶段且生产力进步迅速。

第二节　建立政权后元帝国中央及地方经济管理机构的设置

1260 年，忽必烈即位，"内立都省，以总宏纲，外设总司，以

---

① 王恽：《秋涧先生大全文集》卷 100《张德辉行纪》。

② 盖山林：《从内蒙古考古发现看元代汪古部社会经济生活》，《中国蒙古史学会成立大会纪念集刊》，1979 年 8 月。

平庶政"①，元王朝正式创建，标志着蒙古统治者将国家本位和统治重心由漠北草原正式移入了中原汉地。蒙古汗国时期对汉地还是采取间接统治方式，管理混乱，纪纲不立。在征服中原过程中，虽曾根据具体情况沿用一些金朝旧制，但无一定之规。忽必烈即位后，开始本着"帝中国当行中国事"②的原则，推行汉法，即位诏天下时表示"祖述变通，正在今日"③，这表明忽必烈时期的元朝要有计划地吸收、采纳前代中原王朝的一系列典章制度和统治经验，特别是沿用了中央集权的官僚制统治模式。尽管在局部配置上尚有不少蒙古草原旧制掺杂其间，因而使元朝制度具有"蒙汉杂糅"的特点，但从整体上看，仍以汉制为主。④

一 中枢决策系统及各经济管理部门

元朝的中央官制大体上照搬了金朝制度的格局。中枢机构最重要者有三：中书省掌行政；枢密院掌军政；御史台掌监察。元朝不行常朝之制，皇帝只在重大节日与百官见面，上朝并无制度上的规定。朝廷决策的主要方式，就是省、院、台三大机构首脑定期入宫奏禀政事。

忽必烈于中统元年（1260 年）四月，立中书省。中书省作为宰相机构，因随忽必烈活动而设在开平，相当于金代的尚书省。中书省是元朝最高的行政机构，最高长官名义上为中书令，通常由成年皇储兼任，实际上只是个虚衔。其真正长官是右、左丞相各一员，

① 宋濂：《元史》卷 4《世祖一》。
② 宋濂：《元史》卷 160《徐世隆传》。
③ 宋濂：《元史》卷 4《世祖一》。
④ 张帆、曹永年：《蒙古民族通史》第 2 卷，内蒙古大学出版社 2002 年版，第 50 页。

以下依次有平章政事、右左丞、参知政事几个级别的省官，① 共同组成宰相班子。宰相下面，又有参议府、右司、左司等僚属机构，协助处理政务。对元朝经济产生影响的机构，不得不提的还有尚书省，元朝曾与中书省之外三度短期设立尚书省，与中书省并立，它的存在大大削弱了中书省的权力。尚书省实际是专为"理财"而设的中央机构，它的前身是至元三年（1266 年）正月设立的制国用使司，其"专职财赋"，"通漕运，谨出纳，充府库，实仓廪，百姓富饶，国用丰备，此制国用之职也"。② 至元七年（1270 年）改制国用使司为尚书省，设平章尚书省事二人，参知尚书省事三人；中书省改设丞相三人，不设平章、参知政事，只置左、右丞。③ 两省并置，政权实际主要归属于尚书省。有官员建议尚书省专领金谷百工之事，铨选归中书，这仍然是要将其作为财政机构看待，但忽必烈急于富国，把铨选官员的权力也交至尚书省，"凡铨选各官，吏部拟定资品，呈尚书省，由尚书省咨中书闻奏"④。中书省本是掌管全国朝政的中枢机构，职能是"条举纲维，著明纪律；总百揆，平万机；求贤审官，献可替否；内亲同姓，外抚四夷；绥之以利，镇之以静；涵养人材，变化风俗；立经国之远图，建长世之大议"。⑤ 以此看来，尚书省分走了中书省的理财权与用人权，中书省部分职能被架空，无法正常行使权力。这种局面维持时间较短，至元九年（1272 年）正月，尚书省并入中书省。但至元二十四年（1287 年）与武宗至大二年（1309 年）再次分立尚书省，这两次分设，矛盾依然集中在财政权

---

① 宋濂：《元史》卷 4《世祖一》。

② 苏天爵：《国朝文类》卷 14《三本书》。

③ 宋濂：《元史》卷 7《世祖四》。

④ 陈高华、史卫民：《中国经济通史·元代经济卷》上册，中国社会科学出版社 2007 年版，第 44 页。

⑤ 苏天爵：《国朝文类》卷 14《三本书》。

与用人权上，桑哥领尚书省时，"凡铨调内外官，皆由于己，而其宣敕，尚由中书。桑哥以为言，世祖乃命自今宣敕并付尚书省"①。武宗时期欲再立尚书省时，有人建言"顷又闻为总理财用立尚书省，如是则必增置所司，滥设官吏，殆非益民之事也。且综理财用，在人为之，若止命中书整饬，未见不可"。② 尚书省的分立，其实无所谓与中书省行政分工，"以尚书省奏定条画颁天下"表明朝政几乎由尚书省操纵，中书省形同虚设，设立尚书省累计时长达 8 年。

中统二年（1261 年）中书省设立左三部（吏户礼）和右三部（兵刑工）两部，忽必烈在位时制式改动频繁，两部时而分为四部，时而分为六部，时而并为两部，直至至元十三年（1276 年），中书省设吏、户、礼、兵、刑、工六部，定为永制。③ 六部中与经济管理密切相关的是户部、兵部和工部。

户部掌管全国户口、钱粮和土地，"凡贡赋出纳之经，金币转通之法，府藏委积之实，物货贵贱之直，敛散准驳之宜，悉以任之"。④ 户部的工作直接关系着国计民生，它的重要作用表现为"凡天下万物、籍账、府库、仓廪、宝货、钱粟、布帛，委输出纳、登耗饶乏之数咸隶焉，其任重也"。⑤ 户部下属机构非常多，掌管钞币发行的机构有诸路宝钞都提举司，"世祖中统元年始造交钞""是年十月又造中统元宝钞"，⑥ 并在燕京行中书省下设诸路交钞提举司，后以户部官兼提举交钞事。至元三年（1266 年）设立制国用使司总领钱谷，下辖诸路交钞都提举司；至元八年（1271）十一月，罢诸

---

① 宋濂：《元史》卷 205《桑哥传》。
② 宋濂：《元史》卷 22《武宗一》。
③ 宋濂：《元史》卷 14《世祖纪十一》。
④ 宋濂：《元史》卷 85《百官一》。
⑤ 曾坚：《中书省户部题名纪》。
⑥ 宋濂：《元史》卷 93《钞法》。

路交钞都提举司，以户部辖各交钞提举司；至元十七年三月，在畏兀儿境内设交钞提举司；至元二十四年八月，设江南四省交钞都提举司，十月，立陕西宝钞提举司，并因发行至元通行宝钞设诸路宝钞都提举司。① 都提举司下设宝钞总库、印造宝钞库、烧钞东西库等衙署。其他还有管理运送储存粮草等事物的都漕运使司，专掌课税征调的税课提举司、转运司等机构，如大都宣课提举司、大都酒课提举司等。②

兵部"掌天下郡邑邮驿屯牧之政令"，"凡城池废置之故，山川险易之图，兵站屯田之籍，远方归化之人，官私刍牧之地，驼马、牛羊、鹰隼、羽毛、皮革之征，驿乘、邮祗应、公廨、皂隶之制，悉以任之"。③ 兵部管理交通、畜牧、屯田的职能常被中央其他专设机构分去。驿站方面，首先在至元七年（1270 年）设立诸战都统领司，掌管全国驿站，十三年改为通政院。至大四年（1311 年）撤销通政院，驿站事务归兵部管理；同年又在两都复设通政院，掌蒙古站赤，兵部只掌汉地站赤。延祐七年（1320 年），通政院又兼汉站赤。④ 屯田方面，军屯隶于枢密院，民屯分隶于大司农司和宣徽院。马匹牧养有太仆寺专管，鹰坊则设有鹰坊都总管府等机构，但这些都隶属宣徽院下。

工部负责全国的工役造作，"凡城池之修浚，土木之缮葺，材物之给受，工匠之程式，铨注局院司匠之官，悉以任之"。⑤

除中书省所属六部之外，元朝廷对农业专设了大司农司、对牧

---

① 宋濂：《元史》卷 85《百官一》。

② 同上。

③ 同上。

④ 陈高华、史卫民：《中国经济通史·元代经济卷》上册，中国社会科学出版社 2007 年版，第 50 页。

⑤ 宋濂：《元史》卷 85《百官一》。

业专设了太仆寺、对水利兴建专设了都水监等机构。各机构具体职能与作用将在下文进行详细阐述。

二　行中书省及路、府、州、县的设置

忽必烈即位宣布"外设总司"，元朝的地方"总司"起初本是指宣抚司，忽必烈在位期间行政建制经常变化，最终元廷以行省制度固定为地方管理总司。

元朝的地方行政机构基本沿用了宋、金两朝路、府、州、县等建制，同时由于大一统的完成，疆域辽阔，在路以上又设立称为行省的地方大行政区对该地经济发展进行管理。行省全称行中书省，是代中书省行使其权力的派出机构。蒙古汗国时期，汗廷"也可札鲁花赤"（大断事官）和"怯薛必阇赤"系统在汉地的派出与分支机构常被汉族文人称为"行省"，另外地方军阀、世侯等自崇名号，"随所自欲而盗其名"，也往往被蒙古统治者授予"行省"头衔，故这一时期行省称号的使用相当混乱。[①] 忽必烈即位后，改行汉制，在中央设中书省为宰相机构，如临时委派宰相外出处理重大事务，则以"行某处中书省事"为衔，这时的行省是因事而设，事毕则罢，治所和辖区并不固定。平定南宋战争中，元廷因军事之需设立了若干行省，战争结束后，出于镇压反抗、稳定地方局势的需要，行省不仅没有撤废，而且逐渐稳定下来，逐渐取代宣慰司，承担了路、府的职责，向常设机构过渡。

中统元年（1260 年）五月，忽必烈设立燕京、益都济南、河南、北京、平阳太原、真定、东平、大名彰德、西京、京兆十路

---

① 张帆、曹永年：《蒙古民族通史》第 2 卷，内蒙古大学出版社 2002 年版，第 56 页。

（道）宣抚司，任命原王府幕僚等充任各路宣抚使、副使。^①中统二年，"诏十路宣抚使量免民间课程。命宣抚司官劝农桑，抑游惰，礼高年，问民疾苦，举文学才识可以从政及茂才异等，列名上闻，以听擢用；其职官污滥及民不孝悌者，量轻重议罚"。^②忽必烈由上至下地建立地方行政管理系统，在燕京行中书省下设宣抚司，对州县进行管理，在百废待兴的情况下，这种办法是可行的。为限制投下领主的权力，中统二年六月，忽必烈下诏"禁诸王擅遣使招民及征私钱"，规定"今后遇有各投下拘刷起移民匠、取索钱债，先须经由本路宣抚司，行下达鲁花赤、管民官"，同时还"诏谕十路宣抚司并管民官，定盐酒税课等法"。同年十一月，"罢十路宣抚司，止存开元路"，"征诸路宣抚司官赴中都"。^③宣抚司的撤销与行省的增设有关，中统元年，忽必烈开始设置行中书省，中统三年二月，设行宣慰司，"命行中书省、宣慰司、诸路达鲁花赤、管民官，劝诱百姓，开垦田土，种植桑枣，不得擅兴不急之役，防夺农时"。十二月，设十路宣慰司和十路转运司，地方官府开始实行军民分治，规定"各路总管兼万户者，止理民事，军政勿预。其州县官兼千户、百户者仍其旧"；"诸路管民总管子弟，有分管州、府、司、县及鹰坊、人匠诸色事务者，罢之"；"诸路管民官理民事，管军官掌兵戎，各有所司，不相统摄"。^④宣慰司由此成为地方行政管理总司，并在相当一段时间里保持了这种模式。^⑤至元元年（1264年）八月，立山东诸路行中书省，明确"诏新立条格：省并州县，定官吏员数，分品

---

① 宋濂：《元史》卷4《世祖一》。

② 同上。

③ 同上。

④ 宋濂：《元史》卷5《世祖二》。

⑤ 史卫民：《元朝前期的宣抚司与宣慰司》，《元史论丛》第5辑，1993年。

从官职，给俸禄，颁公田，计月日以考殿最；均赋役，招流移；禁勿擅用官物，勿以官物进献，勿借易官钱，勿擅科差役；凡军马不得停泊村坊，词讼不得隔越陈诉；恤鳏寡，劝农桑，验雨泽，平物价；具盗贼、囚徒起数，月申省部”，“又颁陕西四川、西夏中兴、北京三处行中书条格”。①

元廷灭南宋后，将中原地方行政管理制度用于江南地区，先后设立了一批行中书省和宣慰司，由于二者并置，造成了官冗事繁的现象。至元十九年，江南设置的宣慰司达十五道，有四道与行中书省并置。之后朝廷便开始采取罢司减员的政策。宣慰司的职责也发生了改变，至元十五年四月，“以江南土寇窃发，人心未安，命行中书省左丞夏贵等，分道扶治军民，检核钱谷；察郡县被灾害甚者，吏廉能者，举以闻；其贪残不胜任者，劾罢之”，又规定“淮、浙盐课直隶行省，宣慰司官勿预”，② 朝廷对宣慰司的经济职能又作出了新的规定。但大多数宣慰司逐渐已被归置于行省的管辖之下，行省作为地方行政总司的趋势已不可逆转。经过多次改易后固定设置的行中书省有：辽阳等处行中书省，治辽阳；河南江北等处行中书省、治汴梁；陕西等处行中书省，治京兆；四川等处行中书省，治成都；甘肃等处行中书省，治甘州；云南等处行中书省，治中庆；江浙等处行中书省，治杭州；江西等处行中书省，治龙兴；湖广等处行中书省，治鄂州；岭北等处行中书省，治和林。这十个行中书省的管区，实际上成为元廷的十大行政区划，除此之外，还有两个单独的行政区域，一是中书省直辖地区，“统山东西，河北之地”称为“腹里”；二是归宣政院管辖的吐蕃地区。

忽必烈即位之后对路、府、州、县的建制进行了调整，至元元

---

① 宋濂：《元史》卷 5《世祖二》。

② 宋濂：《元史》卷 10《世祖七》。

年（1264 年）颁布条格要求省并州县，二年规定"诸路州府，若自古名郡，户数繁庶，且当冲要者，不须改并。其户不满千者，可并则并之。各投下者，并入所隶州城。其散府州郡户少者，不须更设录事司和司侯司。附郭县只另州府官兼领"，此举下，该年省并州县220 余所。① 这一举措，实际上是为了解决诸王、功臣的"投下"封地的问题，采取分设、改置、新立及维持原状等方式，众建路州，划一食邑，尽可能使拥有较多封户的诸王、贵族独占一路一州，或在该路州中占主导作用，尽可能减少在一路或一州内有数个投下封君而导致领民纷杂交织的现象，这样做的结果，使路的数目大大增加，各路的辖区相应缩小。② 北宋全国共 23 路，金朝 19 路，南宋 17 路，元朝则达 185 路，路的辖区大为缩小，如南方几乎形成"每周皆为路"的局面。相对于前朝制度来说，元朝地方行政显得层次复杂，统属混乱。各级正官名称，路为总管、府为府尹（或知府）、州为州尹（或知州）、县为县尹，而正官之上又均按蒙古传统设达鲁花赤一职，作为"监临官"，掌握最后裁定的权力。③

三　漠北地区的经济管理机构

元代蒙古族主要聚居地仍在蒙古高原，在该地区也设立了行省对其进行管辖，漠北草原设立岭北行省，下辖行政区划只有和宁路和称海万户府两处，没有州府县之类的建制，事实上的行政单位主要为蒙古游牧社会传统的千户、百户组织，是蒙古民族的主要分布

---

① 宋濂：《元史》卷 6《世祖三》。

② 陈高华、史为民：《中国经济通史·元代经济卷》上卷，中国社会科学出版社 2007 年版，第 59 页。

③ 张帆、曹永年：《蒙古民族通史》第 2 卷，内蒙古大学出版社 2002 年版，第 58—59 页。

地区之一。诸王封地是漠北的特殊政区，其独立性较强，只是间接受行省节制。

太祖十五年（1220年）已建都于和林，当时"初立元昌路，后改转运和林使司，前后五朝都焉"，说明蒙古民族在漠北草原上逐渐建立起政权，世祖忽必烈时于和林"置宣慰司都元帅府。后分都元帅府与金山之南，和林止设宣慰司"。至元二十七年（1290年），"立和林等处都元帅府"。大德十一年（1307年），为改变裂土分封的传统，"立和林等处行中书省"，治和林，使漠北诸王及各万户、千户皆受其节制，同时还"罢和林宣慰司都元帅府，置和林总管府"，①并设称海宣慰司以管辖行省西部。皇庆元年（1312年）改为岭北等处行中书省，仍以和林（改名和宁）为治所。在行省内，和林路、称海宣慰司及谦谦州，由朝廷命官统治，诸王或功臣封地，则置府傅或设断事官管辖。②

第三节　元代实现全国一统的经济条件

经过太祖成吉思汗到世祖忽必烈七十多年的武功文治（1200—1279年），蒙古人终于建立起自唐代以后，中国历史上规模空前的大一统帝国。统一的代价也是巨大的，灭宋战争长达四十余年，没有坚实的经济基础与完善的经济管理机制，统一大业难以完成。忽必烈对恢复中原经济所做出的种种努力，最终呈现出元初经济繁荣之象。

---

① 宋濂：《元史》卷58《地理一》。
② 李干：《元代民族经济史》上卷，民族出版社2010年版，第16页。

一 以"汉法"治汉地，稳定中原经济

早在蒙哥即位前，忽必烈在潜藩，就"思大有为于天下，延藩府旧臣及四方文学之士，问以治道"①，对学习和研求先进的汉文化持积极和开明的态度。宪宗元年（1251 年），忽必烈受命总领漠南汉地庶事，更加积极地邀请汉族知识分子，访以治道，在他周围，逐渐形成了一个汉儒幕僚集团。忽必烈与汉族知识分子的接触，促使他在经济、政治改革方面愈渐成熟，更加明确他"祖述变通"、"附会汉法"的治国思想。其所谓"汉法"与"治道"等，实质上都是与中原发达的集权官僚制经济基础相适应的上层建筑。蒙古社会由部族联盟走向封建制国家，所辖区域由蒙古高原逐渐扩展至北部中国乃至全部中国，忽必烈深深明白只有采取汉法治汉地，保持中原地区原有的经济政治制度，通过恢复和发展农业，才能安定社会、巩固蒙古政权。所以忽必烈在主管"漠南汉地军国庶事"时采取了招抚流亡、禁止妄杀、屯田积粮、整顿财政等一系列措施。他首先以其封地——邢州为试点，邢州在金朝时共 8 县 80293 户，② 但"兵兴以来，不满数百，凋坏日甚"，忽必烈派脱兀脱、张耕、李简等人去邢州，"三人至邢，协心为治，洗涤蠹敝，革除贪暴，流亡复归，不期月，户增十倍"③，升邢州为顺德府。忽必烈从治理邢州的成效中增加了治理漠南的信心。京兆、陕西及河南地区在灭金战争之后，大都面临"民无所恃，差役急迫，流离者多，军无纪律，暴

---

① 宋濂：《元史》卷 4《世祖一》。
② 王圻：《续文献通考》卷 2《户口一》。
③ 宋濂：《元史》卷 157《张文谦传》。

掠平民，莫敢谁何"① 的局面，忽必烈在儒士的帮助下 "议事典，约法制，锄桀骜，去螽贼，扶单弱，出滞淹，布屯戍，均赋输，抉索利本，掐揭弊萌，选用老成，设施比次，井井以进。帑有余资，庚有余粟"②，号称 "大治"。

为了筹集进攻南宋的军费、军粮，宪宗二年（1252 年），忽必烈向蒙哥建议在唐州、邓州等地屯田，并在邓州立屯田万户府；三年，又在凤翔屯田，以盐换取粮食，以供军粮。同年，忽必烈立交钞提举司，印发纸钞。③ 如此，忽必烈实际上已掌握了大量军粮与财货，控制了蒙古政权的财政，他用了近 10 年的时间，使中原地区得到了初步治理，使过去那种人民流亡、农田荒芜、典章不立等状况大有改善。中统二年（1261 年），忽必烈 "始以钞一千二百锭，于上都、北京、西京等处籴三万石"，④ 可见，忽必烈在实施通行交钞政策的第二年，就用交钞和籴于漠南地区，也说明漠南地区经过忽必烈的治理能有富余的粮食支援征兵南宋的军粮。

元代儒士赵汸曾有言曰："国家既收中原，兵革之后，所在为墟。圣天子恻然思有以安集之，傍求故老宿儒，忠厚畅达，司知畎亩事，首为劝农使。绾印绶，载官属，行田里间，呼其父兄子弟家人，语告谕之，辟榛莽，疏沟洫，立阡陌，假牛贷粟，皆因其所欲而利导焉。"⑤ 这段话全面地概括了世祖忽必烈即位后对中原经济振兴做出的努力，他所施行的一系列政策促使中原地区社会经济得到了恢复和发展，在蒙古建元之初即为统一中国奠定了基础。

---

① 苏天爵：《元朝明丞事略》卷 7《丞相史忠武王》。
② 郝经：《陵川文集》卷 20《瑞麦颂》。
③ 宋濂：《元史》卷 4《世祖一》。
④ 宋濂：《元史》卷 96《食货四》。
⑤ 赵汸：《东山存稿》卷 2《江浙参政偰公赵司农少卿序》。

二 元初的重农政策——保护农业发展、开荒屯田、兴修水利

世祖忽必烈即位后，多次下令禁止蒙古军队和牧民破坏农桑，以保护农业发展。元初时期，军队及牧民仍任意践踏农田，以农作物为牲畜饲料，放纵牲畜于农田中觅食，这类现象仍然极为普遍，严重影响了农民的生产积极性。忽必烈于中统二年（1261年）令中书省发榜声明"钦奉诏书：'今后各处应有久远安屯并时暂经过军马合用粮食，于官仓内验数支给，却不得骚扰人民，仰各处管军官、管民官递互相照。'省府照得即今春首，正及二麦滋荣、桑果生发、布种五谷时分，切恐经过军马并屯住营寨人等牧放头匹，食践田禾，咽咬桑果数目，及强要酒食，欺夺物件，骚扰不安，失误农民岁计，阻碍通行客旅。仰宣抚司行下各管官司，钦依已奉诏书事理，依上照管禁治。若有不能断遣者，开具缘由申来，以凭空治施行"①。这是忽必烈首次颁发的禁止军马食践田禾的文件。自此之后，有关的禁令连接不断，多次"申严军官及兵伍扰民之禁"②。至元六年（1269年）忽必烈下诏"新立条格"，制定了各种制度，其中有一条是"诸君马营寨，及达鲁花赤、管民官、权豪势要人等，不得恣纵头匹，损坏桑枣，踏践田禾，骚扰百姓。如有违规之人，除军马营寨约会所管头目断遣，余者即仰本处官司就便治罪施行，并勒验所损田禾桑果分数赔偿"③。几年之内，一国之君发布众多同一内容的禁令，既反映出当时此种现象之普遍与严重，同时也说明忽必烈确实认识到蒙古军民肆意践踏田地对农业生产的巨大破坏作用。

①　王恽：《秋涧先生大全集》卷80《中堂事纪上》。
②　宋濂：《元史》卷5《世祖二》。
③　《通制条格》卷16《田令·司农事例》。

　　蒙古族进入农区，仍以为游牧区，可纵马驰骋，任马采食，将牧区习俗搬到农区，这与今天我们将农区家庭承包制搬到牧区一样，都会对经济产生破坏作用。

　　早在蒙哥汗即位时期，忽必烈就非常重视和提倡屯田，由于连年对南宋用兵，朝廷在与南宋接壤的河南、关中和四川地区大量屯田，"授之兵、牛，敌至则御，敌去则耕"①，后期屯田虽受蒙哥汗的限制，但忽必烈登上汗位后，对屯田更加积极与重视，除了邻接南宋的沿边地区外，腹里、西北、漠北等地的屯田也发展起来。② 屯田对于元朝一统具有重要意义，《经世大典序录·政典·屯田》篇中写道"国家平中原，下江南，遇坚城大敌，旷日不能下，则困兵屯田，耕且战，为居久计"，清楚说明了屯田与统一战争的关系。屯田所得，不仅为军队的行动提供了物资保障，它还对北方农业生产以及整个社会经济的恢复发挥了强有力的推动作用。

　　"灌溉之事，为农务之大本，国家之厚利也"，③ 若要发展农业生产，则必须兴修水利灌溉工程。忽必烈即汗位后对水利之事也相当关注，至元九年（1272 年），"诏诸路开浚水利"④，颁布了水利灌溉事业的专门诏令，其中对工程的举办季节、工程动用人工的方法及工程经费等作出了具体的规定，同时还要求工程建成后"定立使水法度"⑤。元朝政府设有都水监，"掌治河渠并堤防水利桥梁闸堰

---

　　① 宋濂：《元史》卷 4《世祖一》。

　　② 陈高华、史卫民：《中国经济通史·元代经济卷》上卷，中国社会科学出版社 2007 年版，第 130 页。

　　③ 王祯：《农书·农桑通诀集三·灌溉篇第九》。

　　④ 宋濂：《元史》卷 7《世祖四》。

　　⑤ 陈高华、史卫民：《中国经济通史·元代经济卷》上卷，中国社会科学出版社 2007 年版，第 140 页。

之事"①，但这是临时性机构，工程结束后即撤销。② 成宗大德二年（1298年）"立浙西都水庸田司，专主水利"③，表明当时除都水监外，还有都水庸田司这个机构共理水务之事。根据王祯所著《农书》的记载，元代水利灌溉的设施多样，有"排水障水"的水栅，"开闭水门"的水闸，蓄水的陂塘、水塘，溉田的翻车，筒车、筒车、水转翻车、牛转翻车、驴转翻车、高转筒车、水转高车、连筒、戽斗、刮车、桔槔、辘轳、瓦窦、石笼、渠、阴沟、井、竹箅等多种名目。④ 这些水利设施表明元代水利技术已有较大提升，为农业生产的发展提供了技术支撑。

---

① 宋濂：《元史》卷90《百官六》。

② 宋濂：《元史》卷22《武宗一》。

③ 宋濂：《元史》卷19《成宗二》。

④ 陈高华、史卫民：《中国经济通史·元代经济卷》上卷，中国社会科学出版社2007年版，第148页。

第 六 章
元帝国的经济制度及其民族性

1279 年，灭宋之战终获胜利，以蒙古族为主体的元朝实现了战乱纷争五百余年后的全国大一统，中国经济开始告别纷乱与割据，走上平稳发展的历史道路，蒙古族对此立有大功。蒙古族经济不仅包括聚居于漠北草原的蒙古族经济活动，也包括由蒙古皇室统治集团对全国经济的管理活动。被统治民族的经济对于蒙古族经济具有至关重要的作用，为元朝皇廷对蒙古族的倾斜性照顾政策提供了坚实的经济基础。故本章主要以同元朝财政收入密切相关的各经济制度为主线，描绘元廷实现全国一统后，中原及江南地区在蒙古统治者的管理下从"元初繁盛"走向"元末凋敝"的经济发展路程。

第一节　土地制度

土地所有制是古代社会经济结构的基础，而土地所有制最基本的内容则是土地所有权的问题。元朝是蒙古汗国的继承体，国家土地仍属"黄金家族"共有，元廷对大面积国土进行再分配时首先即是分封诸王贵族，赐田与职田制使获得土地的蒙古贵族、官僚、寺院等逐渐步入地主阶级的阵营。国有土地的减少与私有土地的增加，使国家与地主阶级的矛盾日益尖锐，大规模的土地兼并也导致地主阶级与农民之间的矛盾日渐激化。贫苦农民生活在阶级斗争中的最底层，饱受贵族、官僚、地主的多重压迫，最终爆发农民大起义。

一 土地所有权归属

世祖忽必烈建立元朝后，立即建立了由上及下、等级严密的官僚系统，经济政治权力逐步集中至中央政府，蒙古统治者管辖下的中原及江南地区虽早已进入集权官僚制的时代，但整个元朝按蒙古旧制来说仍是属于诸王藩戚所共有的，元代社会主要矛盾依然是中央政府与诸王贵族之间的矛盾。依据马克思的东方社会理论和刘永佶教授的中国历史发展阶段的划分法，笔者认为元代仍属宗法社会的封建领主制阶段，虽其已具有集权官僚制的雏形，但蒙古社会主要矛盾仍为封建领主与牧奴之间的矛盾，蒙古统治者所辖中原汉地的矛盾日益表现为官僚地主与农民之间的矛盾，这都表现出了元朝社会的二元性及蒙汉杂糅的特点。成吉思汗打天下，建立蒙古帝国的主要目的之一就是控制被征服国家和地区的土地所有权，以合法的形式将土地掌握在以他为核心的黄金家族手中，土地所有权属于以成吉思汗为首的黄金家族成员万户长、千户长，他们不仅得到了土地所有权，而且得到了该片土地上的劳动力的所有权。

学术界对蒙古土地所有权问题具有不同认识，弗拉基米尔佐夫和兹拉特金等学者认为土地所有权归封建领主所私有。兹拉特金认为："与古代不同，在古代，牧地为氏族公社即斡孛黑成员集体所有，快到13世纪时，这些公社对牧场的所有权被剥夺的过程基本完成。封建化的贵族渐渐成了这些土地唯一的实际所有主。在成吉思汗和他的继承人统治时期，大汗是土地、牧场的最高所有主，他们把土地、牧场作为'忽必'（封地），连同在这块土地上放牧的人，分配给自己的心腹，称为'临时采邑'或'领地'，终生占有。"① 兹拉特金最后得出结论："可见，在封建时代，蒙古的土地是领主独占所有制，而表现这种所有制的基本形式则是领主支配牧区的专有权。"② 私有论者认为，从整体来说整个蒙古帝国归属于大汗，而公有论者代表田山茂则认为，成吉思汗去世后，帝国内出现的按氏族分配财产的要求，就是氏族共同使用土地的传统习惯的体现。弗拉基米尔佐夫指出："成吉思汗继续遵循极古老的游牧传统，在统一许多蒙古部落和建立自己的游牧帝国以后，立即把分地——兀鲁思分封给自己的儿子和近亲们……分地的分配，根据下述的原则：'国家'乃是建立国家、即了汗位的这位人物的全氏族的财产。正和氏族或氏族的分支领有一定地域同时又领有作为世袭属部的人的情况完全一样，现在这个汗的氏族成为住在一定地域的领主。于是，氏族所有制的概念开始转用于更大的范围，即人民—国家的范围。从这个观点看来，凡是包括在成吉思汗蒙古帝国以内的一切部落和各族人民，都成了成吉思汗及其氏族的兀纳罕·孛斡勒（世袭属部）。"③ 尽管汗如果有足够的力量，就可以按照自己的意愿削减诸王的分地，蒙古汗及诸王对那颜个人可以完全支配，即剥夺他们的分地或恩赐新的分地，但也不能据此得出大汗及诸王个人私有制的结论，这仅仅是汗及诸王所享有的最高支配权的一种体现，从这个角度看，黄金家族享有土地所有权是保留了氏族共有的体现。④ 这也

---

① ［俄］兹拉特金：《准噶尔汗国史》，马曼丽译，商务印书馆1980年版，第91页。

② 同上书，第379页。

③ ［俄］弗拉基米尔佐夫：《蒙古社会制度史》，刘荣焌译，中国社会科学出版社1980年版，第157—158页。

④ 杨强：《论蒙古族的土地所有制》，《西北民族研究》2010年第2期。

就是蒙古统治者对蒙古贵族进行大量分地和赐赍的历史原因。

蒙古国时期，皇帝对臣属只赏赐奴隶人口，后来曾把所辖的地区分给诸王贵族拥有，作为他们的食邑。忽必烈建立元朝后，采用"汉法"维持金朝统治区的土地占有制，平定南宋后，大量的江南土地归属黄金家族，得到分地的蒙古贵族逐渐转化为大地主。

二 土地再分配——分地、赐田、职田

元代的土地大致分为官田和民田两种，官田指属于国家政府所掌有的土地，民田则是蒙古贵族、汉族及其他各族地主和一部分自耕农民私人占有的土地。元代的官田，是在前代基础上发展起来的，数量有所增多。官田一般采取租佃形式，民田有的由所有者自己经营，有的也采用租佃的形式。江南官田租赋，是元朝政府财政收入的重要来源。无论官、民田，地租均以实物租为主，存在货币租，但不普遍。

官田是元朝廷直接占有的土地，包括屯田、职田、学田、草场和牧地等，元朝统治者接收了金、宋遗留下来的官田，没收了旧皇室和一部分贵族、大官僚的土地，同时也没收了一部分大地主的土地。长期的战争，对旧的地主阶级起到了淘汰作用，不论是在中原还是东南地区，都有一部分大地主被战争所毁灭，遗留下数量很大的土地，也有部分自耕农民因死于战争而遗留下无主土地，从全国来说，这个数量是不少的，以上这些土地皆由元统治者所接管，作为朝廷所掌握的官田。① 大量官田的存在，是形成宗法社会中央集权的重要物质条件，对于维护中央集权起到了的重大作用。元王朝面

---

① 李干：《元代民族经济史》上卷，民族出版社 2010 年版，第 130—131 页。

对这样一份庞大的遗产，首先要做的就是进行土地再分配。元代统治者为了拉拢黄金家族的亲属、勋臣和为他们服务的上层人物，实行分地、赐田和职田制，以争取这些蒙古贵族的支持。

所谓分地，上文已提及成吉思汗统一大蒙古国后将整个蒙古国人民和土地皆视为"黄金家族"的共同家产，"凡诸王及后妃公主，皆有食采分地"，[①] 按照这个定约，王汗必须对其子弟与贵戚进行分地。成吉思汗对其长子术赤、次子察合台及储君窝阔台的分地皆位于中原朝廷之西，这三支宗族成为西道诸王，拖雷诸子则袭领蒙古本土和大多数蒙古千户。诸弟拙赤哈撒尔、合赤温、铁木哥斡赤斤及别里古台的分地都在东面，人们合称为东道诸王。贵戚和共同立国的功臣也有分地，即以一部分土地赏赐，使其分享权益。弘吉剌、亦乞烈思、汪古、斡亦剌等藩部的所属境内，按全国统一的制度建立了相应的地方行政建置。不仅蒙古贵族有分地，汉族中的少数上层人物也有分地。分地从太宗八年到宪宗六年（1236—1256 年）"续有分拨"，从户数言，总计达 93 万余户，即"五户丝户"的总数。世祖忽必烈灭亡南宋以后，继续分拨一部分江南土地给诸王贵族，总计达 188 万余户，也就是"江南户钞"的总数。江南肥沃富饶的土地，不少被指定为贵族们的分地，这种分地制是蒙古游牧社会半宗法半封建关系的残余。[②]

元朝廷除对贵族及官僚赐予分地外，又从官田中拨出部分土地赏赐贵族、官僚、寺院，名曰赐田。赐田的数目，动辄百、千顷或至上万顷，蒙古贵族及官僚都拥有大量的土地。在窝阔台汗时期，为表示"共享富贵"，汗王向贵族、功臣颁发的赏赐主要是能提供一定贡赋的民户和银、缎，而不是田地。蒙哥汗继续了分封民户的做

---

① 宋濂：《元史》卷 95《食货志·岁赐》。

② 李干：《元代民族经济史》上卷，民族出版社 2010 年版，第 134 页。

法，但在分封民户的同时也有一些赏赐田土的例子，蒙哥汗曾赐西夏人察罕"诸处草地合一万四千五百余顷"①，又赐不怜吉带归德路亳州地一千余顷。② 这类情况在窝阔台汗和贵由汗时期很少，而且所赐土地很可能以牧地为主，只有到忽必烈时代才发生了明显变化。世祖忽必烈对贵族功臣的赏赐，除了传统的分封户口以及银、缎之外，农田占有很大比重，这与他重视农业、推行"汉法"不无关系。现存文献中有关忽必烈赐田的记载有十余起，最早是中统二年（1261 年），赐谋士刘秉忠怀孟、邢州田百顷，③ 次年，赐功臣撒吉思益都田千顷，④ 以后陆续不断。分析其赐田事例不难发现，忽必烈赐田对象以汉人功臣为多，蒙古、色目则属少数。所赐土地有些在北方，有些在南方，但一般为数十顷，上述千顷之例并不多见。不仅如此，忽必烈还给寺院道观赐田，一般数额较大，如中统二年（1261 年）赐庆寿寺、海云寺田五百顷，⑤ 至元十六年（1279 年）赐大圣寿万安寺土地一百五十顷。⑥ 元成宗即位之后，赐田情况发生了新的变化，赐田的对象逐渐回归至蒙古贵族、权臣和色目官僚，汉族受赐者极少。赐田数量也比世祖时期有所增加，一般在百顷以上，有的多达千顷甚至数千顷，赐田分布南北各地，江南则集中于浙西地区。鲁国大长公主祥哥剌吉在至大二年（1309 年）受赐平江稻田一千五百顷，⑦ 至顺元年（1330 年）又赐平江等处官田五百

---

① 宋濂：《元史》卷 120《察罕传》。
② 宋濂：《元史》卷 24《成宗一》。
③ 宋濂：《元史》卷 4《世祖一》。
④ 宋濂：《元史》卷 134《撒吉思传》。
⑤ 宋濂：《元史》卷 4《世祖一》。
⑥ 程钜夫：《雪楼集》卷 7《凉国敏慧公神道碑》。
⑦ 宋濂：《元史》卷 118《特薛禅传》。

顷。① 受赐田土最多的大概是元代后期的权臣伯颜，他在武宗、仁宗、英宗、泰定帝四朝历任要职，曾受赐河南田五千顷，② 燕铁木耳死后，伯颜权倾朝野，（后）至元元年（1335年）"以蓟州宝坻县稻田提举司所辖田土赐伯颜"③，（后）至元元年六月"以汴梁、大名诸路脱别台地土赐伯颜"，七月"诏以公主奴伦引者思之地五千顷赐伯颜"。④ 寺观赐田依旧相继不绝，一般都在百顷以上，最多的是文宗所建大承天护圣寺，曾受赐山东益都、般阳等处田地十六万余顷⑤。元朝从成宗开始的新变化表明，统治集团内部的观念已发生较大变化，随着社会经济的发展，蒙古贵族中越来越多的人认识到耕地的重要性，他们明白了在土地上可以取得更多的财富，更多藩戚和权臣对土地的野心也越来越大。

赐田实际上是国家赐予受赐者以占有地租的权利，即使进行了赐予，这部分土地所有权仍然属于国家，皇帝可以下令将受赐者的赐田还官，有一些赐田在受赐者死后即要还官，这都说明赐田的官田性质在拨赐后并不发生实际变化。元朝文献中常提及"拨赐田租""拨赐田粮"，这些拨赐的实际都是租粮。赐田也不能自由转让与买卖，正是因为这种原因，受赐者对赐田佃户的剥削极其严重，希望在受赐期间尽可能从赐田上得到最大的收益。⑥ 诸受赐者往往委任土著胥吏及催甲、斗级人等，巧名多取，任意勒索。泰定元年（1324年）平章政事张珪言"天下官田岁入，所以赡卫士，给戍卒。自至

---

① 宋濂：《元史》卷34《文宗纪三》。

② 宋濂：《元史》卷38《顺帝一》。

③ 宋濂：《元史》卷39《顺帝二》。

④ 同上。

⑤ 宋濂：《元史》卷34《文宗纪三》。

⑥ 陈高华、史卫民：《中国经济通史·元代经济卷》上卷，中国社会科学出版社2007年版，第173页。

元三十一年（1294 年）以后，累朝以是田分赐诸王、公主、驸马及百官、宦者、寺观之属。遂令中书酬直（值）海漕，虚耗国储。其受田之家，各任土著、奸吏为庄官。催甲、斗级，巧名多取。又且驱迫邮传，征求饩廪，折辱州县，闭偿逋负，至仓之日，变鬻以归。官司交忿，农民窘窘"。① 可见，赐田制给普通民众带来了很多灾难，元政府也曾对受赐者的征租扰民现象发布禁令，至大二年（1309 年），"禁令赐田者驰驿征租扰民"，② 天历二年（1329 年）十月，"诏诸王公主官府寺院拨赐田租，除鲁国大长公主听遣人征收外，其余悉输入官，给钞酬其值"。③ 民众深受赐田制之苦，虽然朝廷定此诏令，但并没有发生多大效力。按张珪所言，原官田的收入是指定做内外军饷之用，但至元三十一年（1294 年）以后，赐田之风盛兴，官田收入大为减少，以致朝廷不得不以漕粮海运接济，由中央、省支付运价等项，故曰"虚耗国储"，可见统治阶级内部矛盾之剧烈。顺帝至正十四年（1354 年）十一月诏："江浙应有诸王、公主、后妃、寺观、官员拨赐田粮，及江淮财赋、稻田、营田各提举司粮，尽数赴仓，听候海运，价钱依本处十月时估给之。"④ 十五年六月，江浙省臣言："户部定拟本年税粮，除免之外，其寺观并拨赐田粮，十月开仓，尽行拘收，……以听拨运。"⑤ 元朝末年，经济凋敝，天灾横行，社会动荡，海运粮难以保证，这应是元朝政府下决心征收赐田田粮折价支付给受赐者的根本原因。

在《元史》等史料中虽有赐田归还的记载，但赐予寺院田地从未见有归还的例子，所赐之田皆为永业，如至顺元年（1330 年），

---

① 宋濂：《元史》卷 175《张珪传》。

② 宋濂：《元史》卷 23《武宗纪二》。

③ 王圻：《续文献通考》卷 6《田赋六》。

④ 宋濂：《元史》卷 43《顺帝六》。

⑤ 宋濂：《元史》卷 44《顺帝七》。

"籍锁住、野里牙等库藏田宅奴仆牧畜赐大承天护业寺为永业，以白云宗田给寿安山寺为永业"。①

元朝初年，实行职田的缘由始于官员贪污成风，不能禁止，有人主张多给他们俸禄，让其在固定俸禄收入外，再加上职田收入作为补充，以减少贪污或使其不再贪污。职田是官员俸禄的组成部分，元代的官吏俸禄分为货币和实物两部分，按品级支给，货币部分是钞，实物部分分为职田和俸米两种，一般来说，中央机构和行省机构的官吏给俸米，路、府、州、县和地方检察机构、运司、盐司官员给职田。② 至元三年（1266 年）定北方路、府、州、县官职田，二十一年（1284 年）定南方官员职田。北方地方政府官员最高（上路达鲁花赤，三品）十六顷，依次递减，南方因水浇田地质好而量多，"定江南行省及诸司职田比腹里减半，上路达鲁花赤八顷……"③。元代地方官员数目有限，各地职田的数额较小，但元代全国有路一百八十五，府三十三，州三百五十九，县一千一百二十七，大多数路、府、州、县都有职田，加在一起的数量亦应是相当可观的。④ 职田虽然分拨作俸禄之用，但其官田性质不变，仍是国家所有的土地，拨到职田的官员只能收到职田的租米，职田不可转让与买卖，此点与赐田相同，但赐田是赐予个人或寺观的，有长期享受收租取粮的权利，职田是分拨给地方政府官员职位的，在职才能收取租粮，离职则意味着权利的丧失。因此，职田占有者对佃户的剥削也是非常严重的，职田田租的征取和其他名目的榨取往往超出

①　宋濂：《元史》卷 34《文宗纪三》。

②　陈高华、史卫民：《中国经济通史·元代经济卷》上卷，中国社会科学出版社 2007 年版，第 176 页。

③　宋濂：《元史》卷 96《食货志四·俸秩》。

④　陈高华、史卫民：《中国经济通史·元代经济卷》上卷，中国社会科学出版社 2007 年版，第 177 页。

一般官田之程度，如"闽宪职田，每亩岁输米三石，民率破产偿之"①。职田代表着官僚与地主的紧密结合，官僚利益与地主利益就此完全结合起来，标志着中原地区官僚地主阶级与农民阶级的矛盾日益尖锐，这与元朝末期农民爆发的抗元大起义不无关系。

三 元朝缓解农民少地无地的措施

元朝廷用所掌握的官田，通过分地、赐田和官田的形式对贵族、官僚和寺院进行重新分配，使他们获得土地并成为新兴地主。地主阶级的贪婪本性不会改变，他们依仗权势不择手段地进行大规模的土地掠夺，土地兼并是元代自始至终的一个大问题，一方面是豪强地主大量集中土地，另一方面是破产农民贫穷无立锥之地。元中期至末期，社会逐步走向两极分化，农民被社会制度束缚在土地上遭受着地主阶级超负荷的剥削。失去土地的农民最终会转变为社会不稳定因素，元朝廷为了缓和农民无地的矛盾也采取了一些措施，但主要仍是受沉重剥削的劳动人民依靠自身力量，发挥其主观能动性，在极其恶劣的条件下创造出新的耕种方式和田制，丰富了人类劳动史的内容。

元朝廷在不断展开的对外掠夺战争中，多将中原一带以及江南等处的自耕农民、半自耕农民和排挤出来的失业农民吸收到远征军中，四处征战。这一方面使参军的小土地所有者抛出了自己的土地；另一方面，无地农民参军又减少了他们的土地需求。元朝的统治者作为蒙古社会最大的封建领主，他们对社会财富与领土的欲望从未因已统一全国而停歇过。至元十八年（1281 年），范文虎率南方军士十余万人征日本，全军覆没，元帅范文虎率先乘船逃跑，得以生

---

① 苏天爵：《滋溪文稿》卷 9《齐公神道碑》。

还的军士只有于闻、莫青、吴万五三人，忽必烈对此事并不加以责罚，说明让十余万人死于海外，是符合他解决人地矛盾的意愿的。①之后还发动过多次对安南、缅甸、占城及爪哇的对外战争，不可数计的农民死于这样的掠夺战争中，元朝统治者通过战争，士兵伤亡，农业人口减少，从而缓和广大农民缺少耕地的矛盾。

除去战争这种消极、被动的方式，饱受地主剥削的农民在艰苦的生存环境中仍在不断探索如何在对抗人、天、地的过程中扩大自己的小片土地，以求得阖家温饱。元代农民在广大湖海地区和丘陵地带的复杂地形条件下，在与水争田、与山争田的过程中设计出各种各样的田制，进行经营。

与水争田的过程中主要有围田、架田、柜田、涂田、沙田、淤田、区田、圃田等方式。②南宋时期，长江中下游广大低洼地区以圩田为主要水田类型，元朝时期圩田则逐步演进为上述几种形式，本文主要介绍围田与架田。"围田，筑土作围以绕田也。盖江淮之间地多薮泽，或濒水不时淹没，妨于耕殖，其有力之家，度视地形，筑土作堤，环而不断，内容顷亩千百，皆为稼地。后值诸将屯戍，因令民众分工起土，亦效此制，故官民异属。复有圩田，谓叠为圩岸，捍护外水，与此相类。虽有水旱，皆可救御。凡一熟余，不惟本境足食，又可瞻及邻郡，实近古之上法，将来之水利，富国富民无越于此。"③围湖造田的方法就是在湖边浅水处筑一道堤，堤的两端连着湖岸，然后把堤内水排走，这就成为一块好像新月形的田。田的一边是堤，一边是湖岸，所以也称为湖田，湖边腐殖质丰富，可谓

---

① 李幹：《元代民族经济史》上卷，民族出版社 2010 年版，第 160—161页。

② 王祯：《农书》。

③ 王祯：《农书·农器图谱集一·围田》。

是上等好田。围田因其土质肥，灌溉便利，而粮食产量高，保证丰收。但湖面面积因被围田所占，蓄水量、流量减少，蓄泄机能减弱，容易破坏下游水系，造成严重的水旱灾害。① "架田，犹筏也，亦名葑田……以木缚为田丘，浮系水面，以葑泥附木架上而种艺之，其木架田丘，随水高下浮泛自不淹没。……宜种黄穋稻仅须六七十日即可收获……窃谓架田附葑泥而种，既无旱暵之灾，复有速收之效，得置田之活法，水乡无地者，宜效之。"② 这种方式是以葑泥附木架上而进行种植的，田种在木架的葑泥上，木架田丘，随水高下浮泛，不需灌溉，只占水面不占地面。架田在南方很普遍，不光湖上有，江海河边也有，多推行与淮东两广深水沼泽之地。

与山争田的典型即为梯田，"梯田，谓梯山为田也。夫山多地少之处，除垒石及峭壁例同不毛，其余所在土山，下自横麓，上至危巅，一体之间，裁作重蹬，即可种艺。如土石相半，则必叠石相次，包土成田。又有山势峻极，不可展足，播殖之际，人则伛偻蚁沿而上，耨土而种，蹞坎而耕。此山田不等，自下登陟，俱若梯磴，故总名'梯田'。上有水源，则可种秔秫；如止陆种，亦宜粟麦"。③梯田顺应山的坡度，截成很多层梯磴，每一梯磴则是一个水平田面。山上有水源，则可自流灌溉，种植水稻；若无水源，只好种植粟和麦。梯田发展至今，仍为南方部分地区的农民所用。

从元朝长期以来垦辟荒地的规模和程度看来，当时农田面积是有所增加的，也为一部分无地少地农民解决了生存问题。相较于战争，与水争田和变山为田则充分体现了当时劳动人民通过斗天斗地、披荆斩棘而获得土地的艰辛历程，这些用生命和鲜血换来的土地与

---

① 李干：《元代民族经济史》上卷，民族出版社 2010 年版，第 163 页。
② 王祯：《农书·农器图谱集一·架田》。
③ 王祯：《农书·农器图谱集一·梯田》。

粮食，又将成为大土地所有者兼并吞噬的猎物。

四　国家与大地主间的矛盾

大量土地和自耕农的广泛存在，对于中央集权是十分有利的，因为其一方面能提供更多的赋税，另一方面又构成军事力量的物质基础，成为政权的重要支柱。官僚地主阶级对通过分地、赐田和职田等方式获得土地之后仍不满足，土地兼并、集中的现象十分严重。张暄、朱清等官吏之流就已达到"田园宅馆遍天下"①的程度，军站户中的富者也是"田亩连阡陌，家资累巨万"，湖州富民"私田跨县邑，资无算"。可见，大地主占地之多、收入之丰，他们凭借其雄厚的资财做后盾，土地兼并继续进行。私有土地的存在和扩大，就是对国有土地的分割和侵蚀，地主势力的不断扩张势必会削弱中央政府的经济和政治力量。国有土地在土地兼并中不断减少，大批自耕小农逃亡，转为地主的私人附庸，这样直接导致了国家财政收入愈减，大大削弱了国家权力。元朝统治者为了继续维持政权，保证劳动力与国有土地的结合，保障国家赋税的征收，不得不采取相应措施来抑制大地主阶级的膨胀。②

至元二十二年（1285年）二月，"用右丞卢世荣言，回买江南民田土"③，可见，朝廷曾"回买"民田以增加中央所掌控的官田，成为抑制地主阶级之法。到了元朝中后期，朝廷则贯用"籍没"作为解决政府财政危机的一种权宜之计，成宗朝籍没张暄、朱清田产，

① 陶宗仪：《南村辍耕录》卷5《朱张》。
② 李幹：《元代民族经济史》上卷，民族出版社2010年版，第173页。
③ 宋濂：《元史》卷13《世祖十》。

立江浙等处财赋都总管府，其田产分布江淮八路十五州之地，[①] 与江淮财赋都总管府，同成为元朝在江南的主要财赋基地。

由于经济凋敝，元中后期政府还大规模地追收赐田还官，如大德十一年（1307 年），武宗追收诸王、公主、驸马赐田还官，[②] 其原因为"国用不足"；皇庆二年（1313 年），由于征税扰民，朝廷命令"官员人等，赐田还官"[③]。此类举措在元中后期虽有不少，但这种律令与制度的效力总是有限，通常很快就遭到破坏，由于后期统治阶级的腐朽和权贵亲属的增多，律令失效的情况也就越来越严重。

元朝中央政府所占土地日益被缩小，而大地主所有者的土地却在不断扩大，越来越多的国有土地及其附有的"国家佃农"转变为私有土地和附庸农民。或暂不考虑地主豪强阶层的剥削强度如何，小农经济生产本身在经济凋敝或遭遇天灾时足以使小土地私有者很难幸免于破产，只得出卖土地而被人兼并。国家与大地主阶级之间的矛盾以及大地主阶级与农民之间的矛盾都在元朝中后期不断地被激化，成为社会动荡、经济萧条的根本原因。

第二节　货币制度

货币的流通与商业的兴衰有着密切的联系，忽必烈在位期间发行中统钞的成功，成为元初经济繁荣的一个重要原因。中统钞因其管理完善、发行规模适当、商业信用高而迅速成为全国通行的纸币，这是少数民族统治者成功管理全国经济的典型案例。从元廷平定南

---

① 　张铉：《金陵新志》卷 6《历代官制》。
② 　宋濂：《元史》卷 22《武宗一》。
③ 　《通制条格》卷 16《田令》。

宋前后开始，政府通常把加印纸币作为弥补财政亏空的手段，"钞虚"现象日益严重，通货膨胀与纸币贬值最终导致纸币的停止使用。元朝的灭亡与纸币制度的破产有着密切联系。

一　统一货币，发行中统钞

成吉思汗建立蒙古汗国后，没有发行自己的货币，在那段时期中，蒙古汗国通用的货币是白银，窝阔台汗就经常用白银赏赐臣下。[1] 金朝统治北方时期，曾使用过铜钱、白银和纸币，但金末纸币贬值极其严重，民间交换已不再继续使用纸币，或是用白银，或是采用物物交换的方法。金朝灭亡后，纸币完全停用，在北方地区，白银成为主要的货币流通手段。故蒙古汗国在北方农业区征收的赋税，除粮食、饲料外，便是白银。初步改变这一状况的是蒙哥汗，宪宗蒙哥即位后（1251 年），"以布智儿为大都行天下诸路也可札鲁花赤，印造宝钞"。[2] 蒙哥汗时期的宝钞具体是何规模、有何用途，在史料中并无记载。在蒙哥汗三年（1253 年），忽必烈在自己的分地——京兆设立京兆宣抚司进行治理，"又立交钞提举司，印钞以佐经用"[3]。忽必烈发行的纸币以"交钞"为名，是一种地区性的纸币，只是通行于京兆宣抚司管辖的地区，与蒙哥汗命布智儿所印"宝钞"显然不同。蒙古汗国灭金后，所统辖之北方汉地农业区使用的货币既有白银又有纸币，纸币分蒙古汗国政府和地方政府两个发行系统，名称各不相同。忽必烈即位后，货币制度发生了重大变化，

---

① ［波斯］志费尼：《世界征服者史上册》，何高济译，内蒙古人民出版社 1981 年版，第 237—271 页。

② 宋濂：《元史》卷 123《布智儿传》。

③ 宋濂：《元史》卷 4《世祖一》。

中统元年（1260 年）七月，"诏造中统元宝交钞"，十月，"初行中统宝钞"。① 中统元宝交钞是"以丝为本，每银五十两易丝钞一千两，诸物之直，并从丝例"，中统宝钞则是"每一贯同交钞一两，两贯同白银一两"。② 但对于相隔仅三个月发行的两种不同货币，二者之间究竟有何关系，为何"以丝为本"，都是史料记载不足的地方。七月发行的纸币叫作"中统元宝交钞"，十月发行的纸币叫作"中统宝钞"，又称"中统元宝"③"中统元宝钞"④，对于二者之间的实质性差别，陈高华、史卫民的《中国经济通史·元代经济卷》是这样认为的："七月发行'以丝为本'的中统元宝交钞，十月改为以银为本的中统元宝交钞，二者的名称实际上是相同的，但内容有所区别，前一种交钞可能根本没有正式发行便'胎死腹中'了，后来流行的是后一种中统元宝交钞。"两位学者的理解不无道理。若按这种理解来看，忽必烈上台后正式发行的是中统元宝交钞，开始时有交钞、宝钞、元宝等简称，后来则通称为中统钞。中统钞的面值分为十等：一十文、二十文、三十文、五十文、一百文、二百文、三百文、五百文、一贯文省、二贯文省。⑤ 尽管面值都以贯、文计，但并没有发行铜钱，所以实际上跟铜钱没有关系。在发行中统钞时，规定每两贯同白银一两行用，这也就表明，中统钞以白银为本位。

中书平章政事王文统主持发行中统钞工作，对于钞币发行提出了一些举措，例如：中统钞的发行没有时间和地域的限制，可以在境内各处长期使用；各路原发纸币都要定期收回，不许再流通，这条举措使中统钞成为元初唯一通行的可以长期使用的纸币，改变了

---

① 宋濂：《元史》卷 4《世祖一》。
② 宋濂：《元史》卷 93《食货志一·钞法》。
③ 苏天爵：《国朝文类》卷 40《经世大典·赋典》。
④ 宋濂：《元史》卷 93《食货志一·钞法》。
⑤ 同上。

过去中央和地方都可以发行纸币的局面。同时，各种赋税都改收中统钞，中统四年（1263 年）三月，中书省下令"诸路包银以钞输纳"①。发行中统钞后，征收白银的各项赋税都改征钞，这是推动中统钞流通的重要手段，故有文献如此记载"目今每岁印钞八万余锭，盖以丝线包银宣课官为收钞，所以流传通行，略无凝滞"②。中统钞以银作钞本，"使子母相权，准平物估。钞有多少，银本常不亏欠"，③ 可见，中统钞可以随时倒换白银。中央政府还规定印钞止限于流通，不许挪用作其他经费，"在都总库印到料钞，不以多寡，除支备随路库可关用外，一切经费虽缓急不许动之借贷"④。以上所述一系列措施，都使中统钞在元初具有良好的信用，这是它能够在北部中国迅速流通开来的重要原因。

在中统钞发行初期，政府严格控制其发行量。中统元年（1260年）发行七万三千三百五十二锭，第二年也只有三万九千一百三十九锭，以后各年多少不等，但多则十一万余锭，少则二万九千余锭，直到至元十一年（1274 年）才增加到二十四万余锭，十三年猛增到一百四十二万余锭。⑤ 仔细观察即可发现，这样的变化是出于灭宋战争的发动，在忽必烈平宋之前，中统钞的发行量是有限的，这对于中统钞的稳定具有重要意义，在这段时间内中统钞具有很好的商业信誉，在市场上通行无阻。至元十二年（1275 年）是元朝对宋战争取得关键性胜利的一年，忽必烈与大臣们讨论在江南推行中统钞的利弊后，决定以中统钞易换南宋的交、会，全国使用统一纸币，"差

---

① 宋濂：《元史》卷 5《世祖二》。
② 胡祇遹：《紫山大全集》卷 22《宝钞法》。
③ 王恽：《秋涧先生大全集》卷 80《中堂事纪上》。
④ 同上。
⑤ 陈高华、史卫民：《中国经济通史·元代经济卷》下卷，中国社会科学出版社 2007 年版，第 277 页。

官纲运宝钞一十万锭赴江南"①。至元十三年（1276年）六月，"置行户部于大名府，掌印造交钞，通江南贸易"，②确定了中统钞与南宋会子的兑换标准："以宋会五十贯准中统钞一贯"，③至元十四年四月，下令"禁江南行用铜钱"④。自此，中统钞也成为江南地区通用的货币，有利于国家的统一和南北经济的交流。不仅如此，忽必烈还在边疆地区积极推行钞法，至元六年（1269年）五月，在漠北重镇和林立和林转运司，以小云失别为使，兼提举交钞使。⑤此举显然是为了在漠北草原地区推行钞法。至元十七年（1280年）三月，"立畏吾境内交钞提举司"，⑥二十年（1283年）三月，又"立畏吾儿四处驿及交钞库"⑦。可见，中统钞已成为全国普遍通用的货币。

二 军费支出浩大，"钞虚"现象形成

中统钞于元初推行的十七八年是非常成功的，元朝境内物价大体上维持稳定，但在1274—1279年的灭宋战争之后，这一良好局面便被打破。灭宋战争军费浩大，日益成为国家财政的巨大负担，当时主管财政的中书平章政事阿合马以大量印造纸币作为解决财政负担的方法。上文提及，至元十年（1273年）以前，每年印钞最多不超过十万锭左右，但自发动南宋战争之年，即至元十一年（1274年）起，直至至元十六年（1279年），印钞量激增，最高的年份竟

① 陆文圭：《墙东类稿》卷12《孙公墓志铭》。
② 宋濂：《元史》卷9《世祖六》。
③ 宋濂：《元史》卷94《食货志二·茶法》。
④ 宋濂：《元史》卷9《世祖六》。
⑤ 宋濂：《元史》卷7《世祖四》。
⑥ 宋濂：《元史》卷11《世祖八》。
⑦ 宋濂：《元史》卷12《世祖九》。

达到一百四十二万锭。详细数目见表 6－1。

表 6－1　　　　　　　1274—1279 年元朝印钞数量变化

年份	印钞数
至元十一年（1274 年）	247440 锭
至元十二年（1275 年）	398194 锭
至元十三年（1276 年）	1419665 锭
至元十四年（1277 年）	1021645 锭
至元十五年（1278 年）	1023400 锭
至元十六年（1279 年）	788320 锭

资料来源：陈高华、史卫民：《中国经济通史·元代经济卷》下卷，中国社会科学出版社 2007 年版，第 277 页。

不仅中央政府印钞量激增，而且"盗臣私家盗印，奸贪无厌，车载船装，遍行诸路，回易物货"，[①] 如此一来，造伪钞又增加了流通中纸币的数量。钞多则物自重，物重则钞虚。上文所指盗臣即是阿合马，除了多印、盗印中统钞外，阿合马还将"随路平准库金银尽数起来大都，以要功能"，平准库的金银被称为"胎本"，是发行纸币的保证金，纸币可以随时兑换金、银，而阿合马将金银起往大都以后，纸币的兑换则无法实现，"是以大失民信，钞法日虚"，"民间所行，皆无本之钞，以至物价腾踊，奚至十倍"。阿合马之后虽被人杀死，但"钞虚"现象已经形成，并且日益严重。[②]

由于元朝政府禁用铜钱，中统钞面值最小的又是十文，小钞的

① 胡祗遹：《紫山大全集》卷 22《宝钞法》。
② 陈高华、史卫民：《中国经济通史·元代经济卷》下卷，中国社会科学出版社 2007 年版，第 278 页。

缺乏也使一些低廉物品价格上涨，并带动其他物品价格的上涨。至元十二年（1275 年）虽"添造厘钞，其例有三，曰二文、三文、五文"，但至十五年，便"以厘钞不便于民，复命罢印"。①元朝政府印造的小钞本来有限，后又"罢印"厘钞，进入实际流通的小钞很少，在禁用铜钱的情况下，这影响了中统钞执行货币流通手段这项职能，最终也导致了物价的上涨。黄金的价格在物价上涨的趋势中表现得最为明显，"金价日增、钞法日虚"使其他物品逐渐上涨，"近年以来，（米、麦、布）价增六、七倍，渐至十倍，以至诸物及庸工之价直亦莫不然"。②面对这样的局面，元朝政府不得不考虑拯救之法。至元十九年（1282 年）十月，中书省颁布《整治钞法条画》，表示政府承认钞法出现了问题，需要整顿，此条画的内容主要是加强对金、银的管理，比如"买卖金银赴官库依价回易倒换"，可见，当时不许私下贸易金银。③至元二十年（1283 年）六月，"申严私易金银之禁"，④至元二十一年（1284 年）十一月，"敕中书整治钞法，定金银价，禁私自回易，官吏奉行不虔者罪之"。⑤由此可见，政府试图通过强制的手段，使金银与钞的兑换比例回落至原来的水平，进而促进物价的回落。但实际上，百姓对于已经贬值的中统钞失去了原有的信心，他们不会将自己的金银按官价兑换已经贬值的纸币，而钞库也可能没有足量金银可按官价兑换给百姓。禁止

---

①　宋濂：《元史》卷 93《食货志一·钞法》。

②　胡祗遹：《紫山大全集》卷 22《宝钞法》。

③　陈高华、史卫民：《中国经济通史·元代经济卷》下卷，中国社会科学出版社 2007 年版，第 279 页。

④　宋濂：《元史》卷 13《世祖十》。

⑤　同上。

民间兑换的《整治钞法条画》也只能是一纸空文。①

至元二十二年（1285年）正月，忽必烈命卢世荣为中书右丞对钞法进行整顿，他所行措施主要是：金银"听民间从便贸易"，"括铜铸至元钱，及制绫券，与钞参行"。②但卢世荣的各项措施没有使物价平复，反令其继续上涨，"钞虚"现象并无改善。

三 至元钞颁行失败，通货膨胀导致社会经济走向崩溃

至元二十四年（1287年）二月，忽必烈下旨更改钞法，"钞法之行二十余载，官吏奉法不虔，以至物重钞轻，公私具弊。比者廷臣奏请，谓法弊必更，古之道也，朕思嘉之。其造至元宝钞颁行天下，中统宝钞通行如故，率至元宝钞一贯文当中统宝钞五贯文，子母相权，官民通用。务在新者无冗，旧者无废，上不亏国，下不损民。其听无忽，朕不食言，故兹诏示，想宜知悉"。③同年三月，尚书省颁发了《至元宝钞通行条画》，其规定：至元宝钞一贯当中统宝钞五贯，新旧并行，公私通用；白银一两官价至元钞二贯，赤金每两二十贯，不许民间私自买卖；税赋可纳中统钞，亦可纳至元钞，发卖盐引则中统钞、至元钞各半，或全部用至元钞；至元宝钞分十一等，自二贯至五文不等。④元朝政府发行至元钞，虽宣布"新旧并行"，但实际上是想用至元钞完全取代中统钞，政府也曾下令"毁

---

① 陈高华、史卫民：《中国经济通史·元代经济卷》下卷，中国社会科学出版社2007年版，第279页。

② 宋濂：《元史》卷205《奸臣·卢世荣传》。

③ 宋濂：《元典章》卷1《诏令》。

④ 陈高华、史卫民：《中国经济通史·元代经济卷》下卷，中国社会科学出版社2007年版，第280页。

中统钞版"①，"桑哥言：'初改至元钞，欲尽收中统钞，故令天下盐课以中统、至元钞相半输官。近中统钞尚未可急敛，宜令税赋并输至元钞，商贩有中统料钞，听易至元钞以行，然后中统钞可尽。'从之"。② 这种办法，必然会使持有中统钞的百姓遭受损失。故桑哥下台后，中书省官员建议依旧并行中统与至元二钞，两钞并行局面得以维持。

至元三十一年（1294 年），忽必烈去世，孙铁穆尔即位，是为成宗。按照蒙古惯例，成宗即位时对蒙古贵族和大臣大行赏赐。至元钞发行后，元朝政府各项支出无减反增，赏赐之举使本来已紧张的国库出现了严重的亏空。同年八月，"诏诸路平准交钞库所贮银九十三万六千九百五十两，除留十六万二千四百五十两为钞母，余悉运至京师。"③ 中统钞发行之时，各地钞库都有白银作为钞本，被阿合马挪用，到至元钞发行时，政府不得不从国库抽取适量白银发给各地作为钞本。此时因赏赐造成亏空过大，再次将各地钞库的大部分钞本调来京师。④ 大德二年（1298 年）右相完泽禀"岁入不足于用，又于至元钞本中借二十万锭"。⑤ 大德三年（1299 年）正月，"中书省臣言：'比年公帑所费，动辄巨万，岁入之数，不支半岁。自余皆借及钞本。臣恐理财失宜，钞法亦坏。'帝嘉纳之"。⑥ 可见，当时财政的亏空已完全靠动用钞本来弥补。大德十一年（1307 年）成宗死，武宗即位，又是一次巨额赏赐，动用钞本已是当时财政上

---

① 宋濂：《元史》卷 15《世祖十二》。

② 同上。

③ 宋濂：《元史》卷 18《武宗一》。

④ 陈高华、史卫民：《中国经济通史·元代经济卷》下卷，中国社会科学出版社 2007 年版，第 282 页。

⑤ 宋濂：《元史》卷 18《武宗一》。

⑥ 宋濂：《元史》卷 20《成宗三》。

的惯用手段。至大二年（1309 年）九月，尚书省臣报告"今国用需中统钞五百万锭，前者偿借支钞本至千六十万三千一百余锭"。① 这里所指的"借支钞本"已经不是动用各地钞库的金银，而是添印纸币。无论是动用各地钞库的储备金银，还是大量添印纸币，都会引起物价继续高涨，纸币不断贬值，最终出现"钞法大坏"的局面。② 至大二年（1309 年）九月，武宗再次更换钞法，颁行至大银钞，至大银钞与至元钞采用"以一当五"的比例，发行至大银钞的具体措施还是与发行至元钞相同，如不许金银私自买卖及各种赋税收至大钞等，但值得注意的是，此次发行纸币同时，行用铜钱。③

武宗本想以至大钞取代至元钞，但至大四年（1311 年）正月武宗病死，仁宗即位后立即否定了武宗的经济政治主张，并对武宗时期的币制改革完全否定，仁宗同年发布《条画》，指出"比者尚书省不究利病辄意变更，既创至大银钞，又铸大元、至大铜钱。钞以倍数太多，轻重失宜；钱以鼓铸弗给，新旧恣用，曾为再期，其弊滋甚。……中统钞废罢虽久，民间物价每以为准，有司仍旧印造，与至元钞子母并行，以便民间，凡官司出纳、百姓交易，并记中统钞数"。④ 其意为复旧制，停印至大钞，复用中统钞。《条画》还规定停用铜钱，开禁金银私易。但仁宗在平抑物价方面仍没有提出具体有效的措施，如何拯救钞法仍是元朝统治者的巨大难题。

元顺帝即位后，于至正十年（1350 年）下诏："朕闻帝王之治，损益之方，在乎通变。惟我世祖皇帝，建元之初，颁行中统交钞，以钱为文。虽鼓铸之规未遑，而钱币兼行之意已具。厥后印造至元

---

① 宋濂：《元史》卷 22《武宗一》。

② 同上。

③ 陈高华、史卫民：《中国经济通史·元代经济卷》下卷，中国社会科学出版社 2007 年版，第 284 页。

④ 《元典章》卷 20《户部六·钞法·住罢银钞铜钱使中统钞》。

宝钞，以一当五，名曰子母相权，而钱实未用。历岁滋久，钞法偏虚，物价腾踊，奸伪日萌，民用匮乏。爰询廷臣，博采舆论，佥谓拯弊必合更张。其以中统交钞一贯文省权铜钱一千文，准至元宝钞二贯，仍铸至正通宝钱与历代铜钱并用，以实钞法。至元宝钞，通行如故。子母相权，新旧相济，上副世祖立法之初意。"① 诏文讲得很清楚，一是发行新钞，其名仍为中统交钞，为了区别新旧两种中统钞，后人多将新钞称为至正钞；二是铸造名为至正通宝的铜钱与历代铜钱并用。但新钞发行不久，全国规模的农民战争便已爆发，元朝政府财政收入不断减少，而军费支出则日益增多，朝廷将大量印造纸币作为救急的手段，至正十五年（1355 年）十二月，"以诸郡军需供饷繁浩，命户印造明年钞本六百万锭给之"。② 这个数字是至正十二年始改钞法时印造量的三倍。至正十八年（1358 年）二月，"中书省臣奏以山西军旅事剧务殷，去京师道远，供费艰难，请就陕西印造宝钞方便。遂分户部宝钞库等官，置局印造"。③ 如此一来，纸钞数量更是失去控制，飞快增长，最终形成物价猛涨、钞成废纸的局面。元朝后期社会经济极度混乱，纸币也由膨胀而至信用破裂，经济、政治的总崩溃也就开始了。

第三节　财政制度

元代财政收入以税粮、科差和诸色课程为主，支出除去一般军费开支和官俸外，具有明显的蒙古社会制度特征，元廷对蒙古诸王

---

① 宋濂：《元史》卷 97《食货志五·钞法》。
② 宋濂：《元史》卷 44《顺帝七》。
③ 宋濂：《元史》卷 45《顺帝八》。

贵族的岁赐与朝会赐赉十分巨大，对漠北蒙古草原的赈济也带有倾斜性的照顾。元代财政收支在世祖时期尚能保证收支平衡，其后往往收不敷支。中央政府动辄动用钞本，巨额财政支出成为常年困扰朝廷的重大问题。

一　税粮与科差为主的税收机制

元朝的税负收入以税粮和科差最为重要，加之诸色课程等收入，共同构成元朝廷的财政收入。若要了解清楚元廷的具体财政收入，则不得不先研究税粮、科差与诸色课程的收征情况。

蒙古人自古以来以游牧经济为主，故家庭物质财富基本以马牛羊为计，征取实物的牲畜税是符合其生产生活方式的。而在金朝统治下中原地区的汉族家庭则以农田大小与农作物收成而论其家庭经济情况。蒙古灭金时，北方地区经历了长时期的战乱，而元朝灭宋则基本保存了其原有制度，这就更增加了南北方的差异，造成了元朝税赋制度的南北方二元性。

窝阔台汗于1236年更定税负制度，史称"丙申税制"，基本确立了元代在华北地区的税负体系。北方税制包括丁税和地税两种项目，丙申年窝阔台汗就税粮制度发布诏书，"依仿唐租庸调之法，其地税量土地之宜。大朝开创之始，务从宽大"。① 《元史·食货志》提及丙申科征之法具体内容为"令诸路验民户成丁之数，每丁岁科粟一石，驱丁五升；新户丁、驱半之，老幼不与"。人丁不分贫富，只要达到成丁年龄，就需纳税。法例看似平等，但贫穷少地的贫农与田连阡陌的大地主缴纳同等税量，实则不尽平等。窝阔台汗丙申

---

① 苏天爵：《国朝文类》卷40《经世大典·赋典·赋税（税粮）》。

年定制地税为"上田每亩税三升半，中田三升，下田二升，水田五升"。① 一般来说，"丁税少而地税多者纳地税，地税少而丁税多者纳丁税。工匠、僧道验地，官吏、商贾验丁"，② 但"少"与"多"的标准是什么，"丁"、"地"二者都多或都少又该如何，史料上都没记载清楚。在当时社会情况下，很有可能是哪种税法对官府有利，官府便采取哪一种。以上税制持续至世祖忽必烈时期，中统五年（1264 年）忽必烈调整中原税负，定僧道、也里可温、答失蛮、儒人税。改白地每亩输税三升，水地每亩五升制。至元十七年（1280年），税制全部建立，忽必烈"命户部大定诸例，全科户丁税每丁粟三石，驱丁粟一石，地税每亩粟三升。减半科户，丁税每丁粟一石。新收交参户，第一年五斗，第三年一石二斗五升，第四年一石五斗，第五年一石七斗五升，第六年入丁税。协济户，丁税每丁粟一石，地税每亩粟三升"。③ 丁税三石，亩税三升，这对于仅有小块土地的农民来说，是沉重的负担，但对于田连阡陌的大地主是有利的。丁税三石，驱丁一石，对于拥有大批驱丁的主人又是有利的。

元朝南方的税粮与北方大不相同，"取于江南者，曰秋税，曰夏税，此仿唐之两税也"。北方还有按人头征收的丁税，但南方税粮则专指土地税，是按亩征收的，实际上是沿袭了南宋的税法。江南税粮有秋税、夏税之分。④ "初，世祖平宋时，除江东、浙西，其余独征秋税而已。至元十九年，用姚元之请，命江南税粮依宋旧例，折输绵绢杂物。是年二月，又用耿左丞言，令输米三之一，余并入钞以折焉。以七百万锭为率，岁得羡钞十四万锭。其输米者，止用宋

---

① 苏天爵：《国朝文类》卷 57《中书令耶律公神道碑》。

② 宋濂：《元史》卷 93《食货志一·税粮》。

③ 同上。

④ 陈高华、史卫民：《中国经济通史·元代经济卷》下卷，中国社会科学出版社 2007 年版，第 372 页。

斗斛，盖以宋一石当今七斗故也。二十八年，又命江淮寺观田，宋旧有免租者，续置者输税，其法亦可谓宽矣。"① 元贞二年（1296年）以后，征江南夏税，秋税止令输租（粟米），夏税则输木棉布绢丝棉等物（用钱钞为标准折纳），每税粮一石，依据不同的地区，输钞三贯、二贯、一贯，一贯五百文或一贯七百文。② 江南实行的税则，到成宗铁穆尔时期才与宋实行的两税制基本一样。

科差作为一种赋税名目，前代未曾有过，它是以户为课征对象，即"其法各验其户之上下而科焉"③。丝料、包银两个部分，行于中原地区，户钞与包银，行于江南地区。中原和江南都有"俸钞"一项。

北方科差中丝料的税率与办法为"每二户出丝一斤，并随路丝线、颜色输于官；五户出丝一斤，并随路丝线、颜色输于本位"④。"官"是指朝廷，"本位"即指领有分地的诸王贵族。核计起来，每户应缴纳丝料为十一两二钱。世祖中统元年（1260年），税额提高一倍，每户所输课的丝料为一斤六两四钱。就元政府与投下对科差收入的分割来看，大致是"以十分论之，纳官者七分，投下得其三焉"⑤。包银为每户征银四两，世祖时期规定其只能以钞输纳，并且该时期的包银收入全部归属朝廷。在丝料与包银之外，元廷还有一种以钞折纳的附加税，叫做"俸钞"，这是以元初官吏无俸为借口而增设的捐税。至元四年（1267年）五月，"敕诸路官吏俸，令包银民户，每四两增纳一两"⑥。包银是以钞输纳，新增之一两也是以钞

① 宋濂：《元史》卷93《食货志一·税粮》。
② 李干：《元代民族经济史》下卷，民族出版社2010年版，第1283页。
③ 宋濂：《元史》卷93《食货志一·科差》。
④ 同上。
⑤ 苏天爵：《元朝名臣事略》卷4《鲁国文贞公事略》。
⑥ 宋濂：《元史》卷6《世祖三》。

输纳，故曰"俸钞"。

世祖时期，北方人民的负担除田赋以外，经核算，每户每年共计纳税：丝一斤六两四钱，包银四两，俸钞一两，丁税每丁粟三石，可见其负担之沉重。

江南科差中的户钞之法，起源于忽必烈平江南，并以江南部分人户分封蒙古贵族之后。至元二十年（1283年）正月，"敕诸王、公主、驸马得江南分地者，于一万户田租中输钞百锭，准中原五户丝户"。① 成宗即位之时，在进行大规模赏赐后，又增加江南户钞，"中书省臣言……又江南分土之赋，初止验其版籍，令户出钞五百文，今亦当有所加。然不宜增赋于民，请因五百文加至二贯，从今岁官给之"，② 每户五钱加至二贯，超出部分由政府赐予各投下主，而江南户钞增为原额的四倍。江南包银，始创于仁宗延祐七年（1320年），其税率为每户二两。

除了上述税粮与科差外，元朝社会还有各种各样的其他税，主要有盐税、茶税、酒醋课、商税、市舶税等，另有各种数额不大但名目繁多的杂税，如洞冶税、竹木课、牲畜抽分等，这些课税在国家财政收入中也占有较为重要的地位。

二 历任皇帝的财政收入概况

忽必烈即位后，在建立各级行政机构的同时，确定了固定的税收机制，使朝廷有了稳定的财政收入来源，并为后来扩大财政收入奠定了基础。世祖时期的财政收入数字，在元代文献中只有零星记载，故只能大致估算其收入情况。税粮方面，至元六年（1269年）

① 宋濂：《元史》卷12《世祖九》。
② 宋濂：《元史》卷18《成宗一》。

有人提出"国家岁计粮储，必须百有余万，方可足用"，① 税粮总额应该在一百万石以上。灭宋之后，元朝版图扩至江南，税粮也有了成倍增加，从江南漕运粮食的数据中，便可估计出，世祖期间税粮总额可达到二百四十万石左右。科差的收入，至元四年（1267 年）时期：丝一百零九万六千四百八十九斤；包银钞七万八千一百二十六锭。② 诸色课程收入在此不详计。

朝廷财政收入中的货币部分在忽必烈在位的中后期有很大增长，至元二十九年（1292 年）达到"一岁天下所入，凡二百九十七万八千三百五十锭"。③

成宗大德二年（1298 年），"岁入之数，金一万九千两，银六万两，钞三百六十万锭"。④ 大德十一年（1307 年）武宗即位时，中书省报告常赋岁钞为四百万锭。⑤ 此后为了填补巨大的财政亏空，经过变换钞法、增加税收、提高盐价，财政收入激增，经估算，武宗后期时的货币收入应在八百万锭左右。但此时因过量发行纸钞和急剧提高盐价，造成物价飞涨，纸币贬值，元廷的实际收入水平大打折扣。据《元史》所载详细数据算来，文宗天历元年（1328 年）的货币收入应在九百五十三万三千七百九十锭以上，这已经比忽必烈末年的三百万锭增加了三倍。如此大的增额，正是在武宗至泰定帝朝的 19 年间实现的。

元廷的货币收入，在至元二十一年（1284 年）前仍在一百万锭以下，到了至元二十九年（1292 年）达到接近三百万锭的水平。成宗朝基本稳定在四百万锭上下，其后历经武宗、仁宗、英宗、泰定

---

① 王恽：《秋涧先生大全集》卷 89《中书令耶律公神道碑》。
② 宋濂：《元史》卷 93《食货志一·科差》。
③ 宋濂：《元史》卷 17《世祖十四》。
④ 宋濂：《元史》卷 18《成宗一》。
⑤ 宋濂：《元史》卷 22《武宗一》。

帝四朝，突飞至九百万锭以上。实物的征收变化不大，其中最为重要的三项指标金、银、丝的岁入额分别为四百锭、一千一百至一千五百锭之间和一百万斤左右。①

至正十一年（1351 年）红巾军起义爆发，中原地区的财赋来源受到严重影响，朝廷只得依赖江南财赋。"至正十五年（1355 年）税课等钞，内除诏书已免税粮等钞，较之年例，海运粮并所支钞不敷。"② 随着战乱地区范围的扩大，元廷能够有效控制的区域越来越小，财富来源逐渐枯竭，国家败亡的局面已无可挽回。

三 军费、官俸及工程建造开支与赐赉、赈济支出

元朝所辖江山几乎皆由蒙古统治者靠武力夺得，连年不断的对外对内战争必须依靠巨大数量的士兵、战马、兵器等军事人员与军备的支持，军费支出极为浩大，其中包括战争花费、养军和赏赐战功等部分。

战争费用是军费支出中最多也是最重要的费用。每当大军调动出征，准备粮草器械，招募士兵工匠，以及战后抚恤伤亡军人及其家属等，都要耗费大量钱财，元朝可谓是"军旅一兴，费糜钜万"③。忽必烈在位期间对宋战争和进攻日本、占城等，以及与东北、西北叛王的战争，所用财政支出都很巨大。至元二十二年（1285 年）"赐诸王……等所部及征缅、占城等军，钞五万三千五百四十一锭，马八千一百九十七匹，羊一万六千六百三十四只，牛十

① 陈高华、史卫民：《中国经济通史·元代经济卷》下卷，中国社会科学出版社 2007 年版，第 511 页。

② 宋濂：《元史》卷 44《顺帝七》。

③ 宋濂：《元史》卷 173《叶李传》。

一头，米二万二千一百石，绢帛八万一千匹，绵五百三十斤，木绵二万七千二百七十九匹，甲千被，弓千张，衣百七十九袭"。① 成宗之后，战争渐少，战争费用被巨额边备费用取代，其中岭北行省岁用边备费用最高。大德元年（1297 年）六月，"给和林军需钞十万锭"，三年四月"赐和林军钞五十万锭，帛四十万匹，粮二万旦"，七年五月"给和林军钞三十八万锭"。②

元代的军队，分为中央宿卫军队和地方镇戍军队两大系统，中央宿卫军队由怯薛和侍卫亲军各卫组成，兵员应在 30 万人左右；地方镇戍军队由草原上的蒙古军和分布在中原、江南等地的探马赤军、汉军、新附军等组成，兵员应超过中央宿卫军队。③ 元代实行军户制度，由军户自备武器装备等，并辟有军屯等以解决军队的粮食供应问题。军户制度是带有蒙古族特色的军队供应制度，"出则为兵，入则为民"是这一制度的典型特征，它是建立在蒙古族游牧生产方式基础上的军事制度。养军的费用，除拿出一部分用来制造国家掌握的武器装备和救济贫乏军户、支持军屯外，还要支付军官俸禄和怯薛的岁币，军官的俸禄、俸钱部分一年大致在十万锭以上。④ 怯薛军由成吉思汗亲自组建，主要由贵族、大将等功勋子弟构成，每名普通的怯薛军士兵都有普通的薪俸和军衔。怯薛军构建了蒙古帝国的统治基础。怯薛不仅享受极高的政治待遇，在经济上也享有很高的待遇，"每岁所赐钞币，动以亿万计，国家大费每敝于此焉"。⑤ 军

① 宋濂：《元史》卷 13《世祖十》。

② 宋濂：《元史》卷 19《成宗二》，卷 20《成宗三》，卷 21《成宗四》。

③ 史卫民：《元代军队的兵员体制与编制系统》，《蒙古史研究》第 3 辑，1989 年 2 月。

④ 史卫民：《元代军事史》，军事科学出版社 1998 年版，第 374 页。

⑤ 陈高华、史卫民：《中国经济通史·元代经济卷》下卷，中国社会科学出版社 2007 年版，第 521 页。

官和士兵在战争中创立战功，都要颁发银、钞或币帛等进行赏赐。这是蒙古族统治者对本民族军队的照顾性倾斜政策。士兵赏赐的定额一般在三十两至五十两之间（钞），军官则没有定数，多者可得万锭、千锭，少的也在几十锭以上。至元二十五年（1288 年）忽必烈亲征东道叛王胜利后，即赏赐军士钞每人二至三锭，战死者家属得十锭，共计赐钞四万一千四百二十五锭。[①]

大蒙古国时期，官制简单，官员无正式的俸禄制度，忽必烈即位后才在中央和地方各系统中逐步实行俸禄制度，至元元年（1264年）八月，"诏新立条格，省并州县，定官吏员数，分品从官职，给俸禄，颁公田"。[②] 俸钱是至元三年（1266 年）十一月开始正式发给的，[③] 至元二十二年（1285 年）下令"内外官吏俸给以十分为率，添支五分"，[④] 这次调整后的俸禄按品分上中下三例，同一品级的官员因其职务大小不同，俸禄也有所差别。朝廷从一品官俸为五锭（二百五十贯）至六锭（三百贯），正三品为三锭（一百五十贯）至三锭二十五两（一百七十五贯），从七品为五十贯至五十五贯，从九品为三十五贯，可见品级间俸钱之差是很大的。[⑤] 朝中官员俸钱高，无职田；外地官员俸钱低，有职田。这是元朝政府对内外官员俸禄采取的平衡措施，但是元朝纸币不断贬值，俸钱不能养廉的情况越发突出，朝廷也采取过补救措施，最后形成了中央官员俸禄为俸钱加俸米，地方官员俸禄为俸钱加职田，内外各衙门的吏员俸禄与朝内官员相同，此制直至元灭。

---

① 宋濂：《元史》卷 15《世祖十二》。
② 宋濂：《元史》卷 5《世祖二》。
③ 宋濂：《元史》卷 6《世祖三》。
④ 《元典章》卷 6《户部一·禄廪》。
⑤ 陈高华、史卫民：《中国经济通史·元代经济卷》下卷，中国社会科学出版社 2007 年版，第 514 页。

赈济也是元廷一项重要财政支出,"赈恤之名有二:曰蠲免者,免其差税,即《周官·大司徒》所谓薄征者也;曰赈贷者,给以米粟,即《周官·大司徒》所谓散利者也。然蠲免有以恩免者,有以灾免者。赈贷有以鳏寡孤独而赈者,有以水旱疾疬而赈者,有以京师人物繁凑而每岁赈粜者"。① 恩免和灾免主要是免除灾区、战乱地区的各项税负等,一般按比例减免,有的免3/10以下,多的可以免一半甚至2/3,对于灾祸严重的地区,则采取全免差税的办法,少则一年,多则三年;蠲免虽不从国库直接支钱支粮,但也会直接影响国家的财政收入,实际上是一种变相的财政支出;赈贷则是政府向灾区和战乱地区直接投放钱粮等,用以救助灾民,其中粮食是赈贷的主项。② 大德十一年(1307年)"杭州、平江等处大饥,发粮五十万一千二百石赈之",③ 文宗天历二年(1329年)大灾时全国赈灾钞高达一百三十四万九千六百余锭。④ 漠北草原地区是蒙古统治者的肇兴之地,备受元朝皇帝的重视,而草原游牧经济的粗放性也决定其在遭受严重天灾时不具有效抵抗性,漠北草原遭遇灾荒,赈济数额将更大。仁宗延祐五年(1318年),"朔漠大风雪,羊马牲畜尽死,人民流散",⑤ 次年四月"命京师诸司官吏运粮输上都、兴和,赈济蒙古饥民",六月"诏以驼马牛羊分给朔方蒙古民戍边徼者,俾牧养蕃息以自赡",并"给钞四十万锭,赈合剌赤部贫民;三十万锭,赈

---

① 宋濂:《元史》卷96《食货志四·赈恤》。

② 陈高华、史卫民:《中国经济通史·元代经济卷》下卷,中国社会科学出版社2007年版,第517页。

③ 宋濂:《元史》卷22《武宗一》。

④ 宋濂:《元史》卷34《文宗三》。

⑤ 宋濂:《元史》卷136《拜住传》。

诸位怯怜口被灾者"。① 这都是蒙古族统治者对本民族的倾斜性照顾政策。

元代的赐赉主要是岁赐和朝会赐赉两大项。岁赐是朝廷每年按定额颁给蒙古宗王和贵族的赐赉，颁发的有金、银和钱钞，也有丝、绢等物品。这是另一项对本民族的倾斜性经济政策。世祖忽必烈即位当年，岁赐总额为银一千二百一十七锭，缎三千零五十匹，钞一百四十一锭，绢五千零九十八匹，绵五千一百四十八斤。② 到至元二十六年（1289 年），"赐诸王、公主、驸马如岁例，为金二千两，银二十五万二千六百三十两，钞一十一万二百九十锭，币十二万二千八百匹"。③ 不难看出，这些数字超出中统元年岁赐总额多倍。世祖朝以后，岁赐常额便无大幅度的增加，开始出现逐渐减少的趋势，另一种赐赉方式"朝会赐赉"渐取代固定岁赐的地位，成为元朝中后期主要的赐赉方式。元贞二年（1296 年）十二月，成宗正式确定朝会赐赉数额，"太祖位，金千两，银七万五千两；世祖位，金各五百两，银二万五千两；余各有差"。④ 仁宗即位后于延祐四年（1317 年）"赐诸王、宗戚朝会者，金三百两，银二千五百两，钞四万三千九百锭"，⑤ 这个标准已比成宗时降低许多。后任皇帝的朝会赐赉数额逐渐降低，或许是因为元朝后期政权动荡，经济萧条、财政收入渐少的缘故。赐赉数额与元朝整体经济水平不无关系，世祖时期经济繁荣，故赐赉金额也达到元代最高标准，后期逐渐走向没落的元廷已无力再支付大额赐赉钱财。

---

① 宋濂：《元史》卷 26《仁宗三》，转引自陈高华、史卫民《中国经济通史·元代经济卷》下卷，中国社会科学出版社 2007 年版，第 518 页。

② 宋濂：《元史》卷 4《世祖一》。

③ 宋濂：《元史》卷 15《世祖十二》。

④ 宋濂：《元史》卷 19《成宗二》。

⑤ 宋濂：《元史》卷 26《仁宗三》。

四 财政收支由平衡转为失衡

在分述元朝的财政收入与财政支出情况后，即可对元朝不同时期的财政形势有较为清楚的认识。

元朝前期，即世祖忽必烈在位期间（1260—1294 年），财政收支基本平衡。但这种平衡是在收入与支出都大幅增长的状况下实现的，"国家宫室廪禄之需，宗藩岁赐之常，加以南图江汉，西镇川蜀，东扶高丽，而来日本，岁不下累万计"，这些都需要朝廷强大的财政支持，所以两立尚书省，就是为了增加财政收入。忽必烈在位的后十年，货币收入从近一百万锭飞跃至接近三百万锭，增加了两倍，与此同时，支出的增长也是同步的，但支大于收的苗头已经出现。[1] 至元二十九年（1292 年）十月，中书省官员向忽必烈报告："自春至今，凡出三百六十三万八千五百四十三锭，出数已逾入数六十六万二百三十八锭矣。"当年的支出中，赐赉四十六万六千七百一十三锭，约占百分之十三；赈济乏军三十六万八千四百二十八锭，约占百分之十。[2]

元朝中期，即成宗朝到宁宗朝（1295—1332 年）时期，财政收支严重失衡，收不抵支已成为历任皇帝都要解决的重大问题。导致财政严重失衡的一个关键原因是巨额朝会赐赉非常频繁，在这 37 年当中，元朝更换了 8 个蒙古皇帝，每换一位都会在朝会上大行赏赐，直接导致了国家财政的极度紧张。至元三十一年（1294 年）六月，

---

① 陈高华、史卫民：《中国经济通史·元代经济卷》下卷，中国社会科学出版社 2007 年版，第 526—527 页。

② 宋濂：《元史》卷 17《世祖十四》，转引自陈高华、史卫民《中国经济通史·元代经济卷》下卷，中国社会科学出版社 2007 年版，第 527 页。

成宗即位之时"朝会赐与之外，余钞止有二十七万锭"，同年十一月，中书省报告："今诸王藩戚费耗繁重，余钞止一百十六万二千余锭。上都、隆兴、西京、应昌、甘肃等处粜粮钞计用二十余万锭，诸王五户丝造作颜料钞计用十余万锭，而来会诸王尚多，恐无以给。"[①] 为缓解朝会赐赍带来的财政问题，从仁宗开始，赐赍数额略有下降，文宗和宁宗即位时，下降幅度更趋明显。但赐赍是蒙古社会之传统，历任蒙古统治者都须谨慎履行，贵族领主的势力依然使赐赍在元廷财政支出中占有很大比重。文宗至顺元年（1330 年）七月，中书省臣言："近岁帑廪空虚，其费有五，曰赏赐，曰作佛事，曰创置衙门，曰滥冒支请，曰续增卫士鹰坊。"[②] 可见，除去赐赍外，造成财政问题的还有官吏冗员、大作佛事等原因。次年二月"国家钱谷，岁入有额，而所费浩繁是以不足"。[③]

元朝后期，顺帝朝（1333—1368 年），朝廷收支问题日益严峻，随着农民战争规模的扩大，元廷财政收入已趋枯竭。

第四节　海外贸易政策

元朝领土辽阔，交通发达，农业、手工业的恢复与发展为开展海外贸易提供了丰富的物质基础，是中国历史上与海外各国交往最为频繁的时代。官方的、民间的、合法的、非法的海外贸易活动都十分活跃，对元朝国内商品经济的发展起到了一定的推动与刺激

---

① 宋濂：《元史》卷 18《成宗一》。

② 陈高华、史卫民：《中国经济通史·元代经济卷》下卷，中国社会科学出版社 2007 年版，第 528 页。

③ 宋濂：《元史》卷 35《文宗四》。

作用。

一 保留"市舶司"管理各大港口

江南地区的海外贸易在南宋时期就已十分兴盛，泉州、明州和广州都是重要的海外贸易港。至元十四年（1277年），元军攻克两浙和福建，元廷立即"立市舶司一于泉州，令忙古歹领之。立市舶司三于庆元、上海、澉浦，令福建安抚使杨发督之。每岁招集舶商，于蕃邦博易珠翠香货等物。及次年回帆，依例抽解，然后听其货卖"。[①] 市舶司是宋代管理海外贸易的港口，上述四个城市也是宋代对外贸易的港口，元政府在平定南宋的过程中迅速设置了四处市舶司，足见其对海外贸易的兴趣与重视。至元十五年（1278年）忽必烈"诏行中书省唆都、蒲寿庚等曰：'诸蕃国列局东南岛屿者，皆有慕义之心，可因蕃舶诸人宣布朕意。诚能来朝，朕将宠礼之。其往来互市，各从所欲。'"[②] 由于元朝政府对海外贸易及对外关系的重视，在大动荡与大破坏的改朝换代中，南方的海外贸易活动也并没有因此受到明显的影响。

根据《元史》记载，忽必烈曾多次派遣使节出访海外，试图与印度洋海域的多个沿海国家建立各种联系。他还数次派出军队，跨海远征，每次出动的军队多达数万甚至十余万人，他对开展海外交通的热心程度超过了中国历史上的任何一个君主，蒙古贵族领主对扩大版图与聚集财富的欲望可见一斑。海外贸易在元代得到了很大重视与发展，忽必烈之后的历任蒙古皇帝，大多均奉行鼓励支持海

---

① 宋濂：《元史》卷94《食货志二·市舶》。

② 陈高华、史卫民：《中国经济通史·元代经济卷》下卷，中国社会科学出版社2007年版，第319页。

外贸易的方针。

元代海外贸易政策时行时废。世祖晚年,曾一度"禁商泛海",成宗即位时(1294 年)取消了这一禁令,大德七年(1303 年)又"禁商下海",取消市舶机构。武宗至大元年(1308 年),又行恢复。至大四年(1311 年),再次革罢市舶机构。仁宗延祐元年(1314 年),再次复立。七年(1320 年,英宗即位,但未改元),又"罢市舶司,禁贾人下番"。到英宗至治二年(1322 年),又"复置市舶提举司于泉州、庆元、广东三路"。① 前后四禁四开,但都为时短暂,加起来也不超过十年,英宗至治二年复开以后,就再没有"禁商下海"过。元廷每下禁令,主要是出于当时政治上的需要,而每次没过多久又被迫重开海禁,也说明当时海外贸易已成为国民经济的迫切需要。

元代统治集团之所以执行重商政策,与汉代以来中原王朝一贯执行的抑商政策形成显明的反差,与蒙古族的游牧生产方式有着密切的联系。游牧生产方式的自给能力较农业生产方式弱,重视商业势所必然。另外,游牧民族与周边定居民族经常性的接触,可移动的财富以及自然条件造成的互补性分工,都使蒙古族历来重视商业贸易。如果说交换最早出现于共同体的尽头,游牧民族最早实行了这种交换,并且牲畜较早成为执行一般等价物的材料。

二 以"官本船"为代表的官方贸易与私人贸易

官方贸易是指由政府直接经营的海外贸易,除了朝贡贸易以外,最具特色的就是"官本船"贸易。"官本船"是指由政府提供海舶和资本,招选商人出海贸易,所得盈利,官商分成的一种制度。至

---

① 参考《元史·本纪》整理而得。

元二十一年（1284 年），忽必烈任命卢世荣为中书右丞，卢提出一系列增加财政收入的措施，其中之一就是推行"官本船"。卢世荣于至元二十二年（1285 年）正月提议"于泉、杭二州立市舶都转运司，造船给本，令人商贩，官有其利七，商有其三。禁私泛海者，拘其先所蓄宝货，官买之。匿者，许告，没其财，半给告者"。①《元史·食货志》将这一制度阐述为"官自具船给本，遣人入番贸易诸货，具所获之息，以十分为率，官得其七，所易人得其三"。这就是由朝廷控制和直接经营的官本商办的官本船制度。"具船给本"是需要大量资金的，元王朝花费巨额资财实行"官本船"，使私人财力无法与之抗衡，海外贸易权逐渐收归国有，朝廷"禁私泛海者"也是一种强制性的法令，进行海外贸易所得收益现主要归国家所有。延祐元年（1314 年），铁木迭尔言："往时富民，往诸蕃商贩，卒获厚利，商者益众，中国物轻，蕃货反重。今请以江浙右丞曹立领其事，发舟十纲，给牒以往，归则征税如制。私往者，没其货。"② 铁木迭尔的建议实际上就是让官府垄断海外贸易，只许官本船出海，不许民间商人出海贸易，以此举来平抑土货与蕃货的比价。所以"复立市舶提举司，仍禁人下蕃，官自发船贸易，回帆之日，细物十分抽二，粗物十五分抽二"。③

朝廷最终于至治三年（1323 年）宣布解禁，"听海商贸易，归征其税"。④ 即使官本船有中央政府的运营与支撑，但仅凭其自身力量是不可能包揽整个元朝海外贸易的。官本船实行的目的在于以国家的海船控制本国的进出口贸易，从而改变外来商人操纵海外贸易、

---

①　宋濂：《元史》卷 205《奸臣·卢世荣传》。

②　宋濂：《元史》卷 205《奸臣·铁木迭尔传》。

③　宋濂：《元史》卷 94《食货志二·市舶》。

④　同上。

制约元朝商业的局面。官本船同其他官办事业一样，它的发展通常带有压制民间商人的特点，这样就为一些特权人物提供了发财的机会，而政府能否得到多大收入则是疑问；民间海商受到压制，不能出海贸易，必然影响到市舶的收入，这些因素都导致官本船难以长期发展下去。

有元一代，海外国家前来朝贡者络绎不绝。如至元二十三年（1286 年）九月，即有"马八儿、须门那、僧急里、南无力、马兰丹、那旺、丁呵儿、来来、急阑亦带、苏木都剌十国，各遣子弟上表来觐，仍贡方物"。① 这些国家所贡方物主要是珍宝、药材、异兽、香料等物，元廷对于来贡者，都要回赐金、钞、丝等。如成宗元贞二年（1296 年）正月，"回纥不剌罕献狮、豹、药物，赐钞千三百余锭"。② 贡奉与回赐实际上是一种变相的物品交易，故曰朝贡贸易。元代世祖、成宗二朝，朝贡贸易兴盛，但在成宗之后，海外"朝贡"之事便逐渐减少了，朝贡贸易进入低潮。③

在元代从事私人海外贸易的商人称为舶商或海商。进行海外贸易活动需要打造海船、购买货物、招募船员等，这些都要求海商要具有大量钱钞，故海商也多为财主。元代有很多官僚、贵族经营海外贸易，如沙不丁、朱清、张瑄、蒲寿庚等人，一面在朝廷做官，一面经营海外贸易，比起一般民间商人来说具有明显优势。虽朝廷于至元二十一年（1284 年）下令："凡权势之家，皆不得用己钱入蕃为贾，犯者罪之，仍籍其家产之半。"④ 但此禁令并没有发生多大作用。至大三年（1310 年），沙不丁为江浙行省左丞，"言其弟合八

---

① 宋濂：《元史》卷 14《世祖十一》。

② 宋濂：《元史》卷 19《成宗二》。

③ 陈高华、史卫民：《中国经济通史·元代经济卷》下卷，中国社会科学出版社 2007 年版，第 322 页。

④ 宋濂：《元史》卷 94《食货志二·市舶》。

失及马合谋但的、澉浦杨家等皆有舟，且深知漕事，乞以为海道运粮都漕万户府官，各以己力输运官粮"。[1] 可见权势之家出海为贾现象之严重。表 6 - 2 为至元十四年（1277 年）至元末（1368 年），元代官本船与民间贸易的大致情况。

表 6 - 2　　　　　　　　　1277—1368 年元朝海外贸易概况

至元十四年至至元二十年（1277—1283 年）	民间商人经营海外贸易
至元二十一年（1284 年）	行官本船
至元二十二年至大德六年（1285—1302 年）	官本船与民商的活动兼行
大德七年后至至元十一年（1303 年—1345 年）	禁止海外贸易
至大元年至后至元三年（1308—1337 年）	官本船与民商的活动兼行
至大四年至皇庆二年（1311—1313 年）	禁止海外贸易
延祐元年至后至元六年（1314—1340 年）	行官本船
延祐七年至至治元年（1320—1321 年）	禁止海外贸易
至治二年至元末（1322—1368 年）	民间商人经营海外贸易

资料来源：李干：《元代民族经济史》下卷，民族出版社 2010 年版，第 1018 页。

三　"至元法则"与"延祐法则"管理海外贸易

元代政府不断颁布诏令，加强海外贸易的管理，其主要目的就是增加抽分和舶税的收入。至元三十三年（1296 年）与延祐元年（1314 年），朝廷分别制定了管理市舶的"二十三条"与"二十二条"法则，后人多将此称为"至元法则"与"延祐法则"。本书主

---

[1]　宋濂：《元史》卷 23《武宗纪二》。

要讨论这两条法则中关于抽分、舶税与进出口货物的规定。

至元十四年（1277年），元廷始设市舶司时定"依例抽解，然后听其货卖"。① 此"例"应是南宋的抽分方法。至元十七年（1280年），"时客船自泉、福贩土产之物者，其所征亦与蕃货等，上海市舶司提控王楠以为言，于是定双抽、单抽之制。双抽者蕃货也，单抽者土货也"。② 元代商税，三十取一。泉、福"土货"自然按商税征收，此为单抽，而"蕃货"在单抽之后，再征三十之一，故为双抽。但单双抽之法，很可能专门行于上海市舶司。③ 至元二十年（1283年）定抽分之法为"精者十取一，粗者十五取一"，至元二十九年（1292年）"中书省定抽分之数及漏税之法。凡商旅贩泉、福等处已抽之物，于本省有市舶司之地卖者，细色于二十五分之中取一，粗色于三十分之中取一，免输其税。其就市舶司买者，止于卖处收税，而不再抽"。④ 这实际上就是在抽分之外，再取二十五分之一或三十分之一。根据陈高华、史卫民《中国经济通史·元代经济卷》的观点："'至元法则'所定'抽分'是指粗货十五取一，细货十取一；抽分之外泉州市舶司又要三十取一；贩卖到各地，再要加税。也就是说，泉州的市舶货物要纳三次税，其他市舶司纳两次。后元廷加以统一，市舶物货均纳三次，并称第二次为'舶税钱'。"如此一来，我们便可得知，市舶物货先要按十五取一或十取一的标准抽分，再须缴纳三十取一的舶税钱，以上两项均由市舶司征收，运到各地出售时还要交纳商税纳三十之一，可谓是三抽。延祐元年的市舶法则又增加了抽分的比例，"粗货十五分中抽二分，细货十分

① 宋濂：《元史》卷94《食货志二·市舶》。

② 同上。

③ 陈高华、史卫民：《中国经济通史·元代经济卷》下卷，中国社会科学出版社2007年版，第329页。

④ 宋濂：《元史》卷94《食货志二·市舶》。

中抽二分。据舶商回帆已经抽讫物货，市舶司并依旧例，于抽讫货物内，以三十分为率，抽要舶税一分，通行结课，不许非理刁蹬舶商，取受钱物"。[1] 这样，抽分比例增加一倍，直到元朝末年，抽分比例再无变化。

至元、延祐两条法则都对出口货物种类进行了规定，对货物进口则无任何限制。至元法则规定"凡金银铜铁男女，并不许私贩入蕃"，[2] 大德七年（1303 年）规定"金银、人口、弓箭、军器、马匹，累奉圣旨禁约，不许私贩诸番"，此令特别强调禁止蒙古人口和马匹私贩番邦。[3] 延祐法则的第一条，便是禁止"下海"货物的种类："金银、铜钱、铁货、男子妇女人口、丝绵、段匹、销金绫罗、米粮、军器，并不许下海私贩诸番，违者舶商、船主、纲首、事头、火长各决一百七下，船物俱行没官。若有人首告得实，于没官物内一半充赏。"[4] 但限制出口物品的规定并没有得到严格执行，元代与前朝一样，出口货物仍以纺织品和陶瓷器为主，大大促进了沿海地区纺织工业和制陶、瓷业的发展。

①　《通制条格》卷 18《关市·市舶》。

②　宋濂：《元史》卷 94《食货志二·市舶》。

③　《元典章》卷 57《刑部十九·杂禁·禁下番人口等物》。

④　陈高华、史卫民：《中国经济通史·元代经济卷》下卷，中国社会科学出版社 2007 年版，第 331 页。

第 七 章
元代蒙古族的经济制度

在结束了对元帝国的整体经济发展的概括及描述后，本章将进入元朝蒙古社会内部。元王朝蒙汉杂糅的特点在本章表现最为明显，草原本位制根深蒂固的蒙古贵族在集权官僚化的道路上走得曲折而又艰难，忽必烈的二元性政策在多数情况下是以"内蒙外汉"的形式表现出来的。草原旧俗为代表的蒙古制度，相当多地占据在元朝政治经济政策的内核部分，汉法制度则往往居外围或从属位置，这使元代社会由上而下呈现出明显的二元性。"蒙古旧制"和保障蒙古统治者地位的"四等人制"都没有将作为"自家骨肉"的广大蒙古劳动人民从水深火热的贫困状况中解救出来，反而成为剥削及压迫蒙古劳动者的最大武器。蒙古族内部的阶级矛盾日益尖锐，对中央王朝的统治带来了巨大的挑战与打击。

第一节　元代的"蒙古旧制"

忽必烈行汉法而建元朝，但推行汉法的方针从一开始就是不彻底的，蒙古诸王贵族的统治地位要依靠民族特权来保证和维护，若汉法推行彻底，就意味着民族特权的废止，这当然要为蒙古贵族所反对，大量的蒙古旧制在元王朝中央集权化的进程中因牵扯到贵族特权利益，仍被保留在国家机器的不同领域发挥着其作用，从而使得元朝的国家体制呈现出二元性的特点。元王朝始终是一个中原政权模式与"蒙古旧制"的混合体。

一　投下分封制及达鲁花赤

"投下"一词与分封制关系密切，在许多场合，蒙元分封又称作"投下分封"。投下亦作"头下""投项""头项"，语出辽代，意为分地、采邑，又引申为拥有分地、采邑的诸王贵族。[①] 也有不少文献和书籍在研究蒙元分封时用到"爱马"一词，实际上投下和蒙古语"爱马"（ayimaq）保持着对译关系，蒙古语"爱马"是蒙语原语音译，"投下"是其在汉语中的译语。元代的投下实际有广义和狭义之别，广义的投下，应包括军队投下、分封投下两类；狭义的投下，则主要指分封投下。关于投下的研究，有两个值得注意的因素，一是投下的内在形式——贵族"头目"与投下民的领属；二是投下的外在联系——部、集团，这两个因素密不可分，[②] 也是蒙古社会阶级矛盾的根源。

元代的投下分封制度基本上是蒙古汗国时期领户分封制的延续与发展，由于受世祖忽必烈行"汉法"的影响，中央朝廷对封主在投下内的特权进行了一些限制，但行政条文类的规定并没有改善贵族封主对投下民众的欺压与剥削，投下制度没有受到根本触动，这

① 张帆、曹永年：《蒙古民族通史》第 2 卷，内蒙古大学出版社 2002 年版，第 79 页。

② 李治安：《元代分封制度研究》，中华书局 2007 年版，第 9 页。

也是元王朝中央集权化和官僚化并不彻底的表现。

成吉思汗实现漠北一统后，大行分封，按照蒙古贵族家产分配的习俗，将编成千户的蒙古族牧民和管理他们的各级那颜封授予诸王、功臣，令其世袭管理。各封地间自有疆界，人畜不得随意逾越，蒙古族人口都被编入严密的组织系统中，这种分封制度标志着蒙古族从奴隶社会走向了宗法社会的封建领主制阶段，是蒙古族社会发展的重要标志。这种分封制度使蒙古人具有双重身份，政治上他们是大汗等大小领主的牧奴、民众，从事以畜牧业为主的生产活动；军事上，他们被编在十进位的组织中，成为万夫长、千夫长、百夫长等直接率领的士兵。可谓是上马备战、下马屯牧，它具有行政建制和军事组织的共同性质，蒙古人具有民和兵的双重身份，这种军政合一的制度基本是由游牧经济体制所决定的。窝阔台灭金后，两次在中原括户，将七十余万中原州县民户分赐给诸王、贵戚、功臣作为采邑，"每两户出丝一斤，以供官用，五户出丝一斤，以与所赐之家"[①]，"……命各位止设达鲁花赤，朝廷置官吏收其租颁之，非奉诏不得征兵赋"。[②] 受封贵族只置分地达鲁花赤（蒙古语镇守者）进行管辖，封户每二户出丝一斤归朝廷，每五户出丝一斤纳封君，后者也由朝廷征收，定期颁给，封主所得即"五户丝"，除此之外不得擅自多征。此举由太宗窝阔台听取耶律楚材的建议而定，这表明中央朝廷开始对投下封主在封地内的权力进行一定限制，但这些规定在当时并未得到充分贯彻。忽必烈即位后，加强中央集权，在窝阔台所定制度的基础上做了进一步的改进，对封主在投下内的特权和不法征敛行为进行了若干更加具体的限制，如中统二年（1261

---

① 苏天爵：《国朝文类》卷 57《中书令耶律公神道碑》。
② 宋濂：《元史》卷 2《太宗》。

年）六月，忽必烈下诏"禁诸王擅遣使招民及征私钱"①。元灭南宋后，又就一些江南州县进行了分封，封地民众缴纳户钞。每年每户纳中统钞五钱，后改为二贯，由朝廷统一征收后付给封主。② 一方面增加五户丝数额和添封江南户钞等，另一方面又限制受封者的部分权力，这实际上是蒙古草原分封传统进入汉地后的一种演变与发展，元朝投下分封的三种形式，即草原分封、中原五户丝制、江南户钞制，至此齐备。

元朝建立后，虽然帝国作为黄金家族共同财产，就主体而言还是由家族内部推选的君主进行直接统治，但家族成员仍然享有分割一部分"家产"的权利，异姓功臣按照分配战利品的传统习俗也应获得一定"私产"。以忽必烈为首的元朝皇帝虽然力图强化中央集权体制，但对诸王、贵戚、功臣拥有"私产"的权利仍不得不在很大程度上予以承认。投下具有一定独立性，封主可在封地任命官吏，与朝廷地方官共治。凡是以完整路府州县分封的正式"分地"，封主有权委任"监临官"——达鲁花赤，对于较零散的封户，则派遣"管民头目"，设长官司、户计司等衙署进行管辖；宗室诸王通常还设有王傅府之类级别较高的官署，对各处分地、各类人口进行统一管理。③ 以与元朝皇帝世代通婚的弘吉刺部首领特薛禅家族为例，"其分邑得任其陪臣为达鲁花赤者"，丙申年从中原得济宁路三州十六县，灭宋后加福建汀州路六县，武宗时又加华北永平路六县，在草原"其应昌、全宁等路则自达鲁花赤总管以下诸官属，皆得专任其陪臣，而王人不与焉。此外，复有王傅府，自王傅六人而下，其

---

① 宋濂：《元史》卷4《世祖一》。
② 张帆、曹永年：《蒙古民族通史》第2卷，内蒙古大学出版社2002年版，第79页。
③ 同上书，第80页。

群属有钱粮、人匠、鹰房、军民、军站、营田、稻田、烟粉千户、总管、提举等官，以署计者四十余，以员计者七百余，此可得而稽考者也"。①

随着元朝行政官制的不断发展与完善，投下达鲁花赤的任用更为普遍化和制度化，有时投下封君家族内发生食邑分割继承，朝廷也明文规定析产者分设达鲁花赤的权力，同时还制定了一套委任达鲁花赤的规则，概括地讲，就是《元史》选举制所云"凡诸王分地及所受汤沐邑，得自举其人，以名闻朝廷，而后授其职"。即分为投下奏举和朝廷任命两个程序。② 投下封君的奏举开始时多视奏举人选隶属关系的近密，不问种族名色，故元初汉人、南人在所举达鲁花赤中的比例并不算小，但李璮之乱后，元世祖对汉人戒心日重，他规定的达鲁花赤须用蒙古人、色目人的条例，也被强制推行于达鲁花赤的荐举委任中。③ 至元十八年（1281 年），元世祖还规定："凡诸王位下各设达鲁花赤，并令赴阙。"④ 也就是说，诸王保举的达鲁花赤不能径直赴任，必须履行赴京师接受朝廷正式任命的程序。从对达鲁花赤的各项规定变化中不难看出，朝廷中央集权化的程度正在加深，对诸王投下的权力也进行了进一步的限制与制约。

达鲁花赤既隶属诸王等封君，又隶属大汗朝廷，但他们与诸王等封君的隶属根植于草原贵族领属习俗，是主要的和常在的。随着世祖忽必烈逐步强化对投下官的控制，达鲁花赤对朝廷的隶属逐渐增强起来，这是运用行政手段自上而下强加的。如至元七年（1270年），世祖规定"敕诸投下官隶中书省"⑤。他们不仅授有散官品秩，

---

① 宋濂：《元史》卷 118《特薛禅》。

② 李治安：《元代分封制度研究》，中华书局 2007 年版，第 73 页。

③ 宋濂：《元史》卷 82《选举制二》。

④ 宋濂：《元史》卷 11《世祖八》。

⑤ 宋濂：《元史》卷 7《世祖四》。

还享受与流官相同的皇粮俸禄，有的投下达鲁花赤子侄还须奉诏履行入仕朝廷的义务，与蒙古国时期比较，投下达鲁花赤入觐诸王封君不十分频繁了，同时朝觐大汗却相对多了起来。①但这种隶属多是借助于行政手段实现的。虽中央朝廷增加了对投下封主和下设达鲁花赤利益的限制，但大汗毕竟是当时最大的封建领主，它代表着蒙古黄金家族的全体利益，面对草原家产分配传统和蒙古诸王贵族的势力，元朝皇帝不可能也不会对投下封主的经济权利进行实质性的限制与剥夺，条文类的行政指令只能表明大汗及中央朝廷的态度，实际作用相对有限。投下封君在其封地内非法征敛、私设人吏，在五户丝（或户钞）定额之外强征、派摊其他赋役的状况依然存在。

终元一代，投下组织一直保持着较强的独立性，元王朝的官僚化和中央集权化并不彻底。大批半独立的投下，在地方上构成一批按蒙古游牧习俗生活的民众集团，而众多的投下封主，则成为元朝政治中游牧贵族保守势力的代表。

二　怯薛与札鲁花赤

怯薛是蒙元王朝政治体制中的特殊组织，它的前身是成吉思汗建国前聚集在自己身边的一批称为那可儿（意为伴当、伙伴）的亲兵组成的卫队。字面上看，怯薛是蒙古语"轮流（宿卫）"之意，指蒙古大汗的宫廷护卫亲军，它是以万户、千户、百户等各级那颜"子嗣"为骨干，用赏赐、特权等培植起来的，分番入直，分工执役，是由大汗亲自领导的常备军，它不仅作为蒙古汗国武装力量的

---

① 李治安：《元代分封制度研究》，中华书局2007年版，第76页。

中坚，同时也承担着大蒙古国早期行政中枢的职能。^① 成吉思汗非常重视怯薛，并给予其许多特权，作为太祖手中强而有力的驯服工具，怯薛的地位很高，深得蒙古统治者的重视。忽必烈建元行"汉法"以后，原来由怯薛分担的行政事务大多移交给了中书省等新设立的汉式官僚机构，但怯薛组织依旧保留，其军事职能渐趋消退，基本上成为一个侍卫宫廷的贵族特权组织，继续掌管宫禁事务，仍具有保护皇帝、卫戍皇宫和斡耳朵（宫帐）的职责。怯薛成员大体上可分为"预怯薛之职而居禁近者"和"宿卫之士"两大部分，前一部分执役殿庭，总数"约当数百人至千余人"，元代高级官员，特别是中书省、枢密院、御史台和各行省负责人，大多是这些"天子左右服劳侍从执事之人"，而且他们的升迁比较迅速，所以时人谓"凡人官者，以宿卫近侍"。^② 怯薛成员本身并无品级，未纳入官僚系统，在《元史·百官志》中也找不到怯薛的记录，但他们却能够凭借近侍身份得到出任中央机构重要官职的机会。不仅如此，怯薛干预朝政的现象是元朝御前奏闻中值得注意的现象。元朝始终没有中原王朝皇帝定期上朝听政的朝会制度，重大决策往往是皇帝在内廷独自或和部分官员（包括当值怯薛）商议后作出的，可以想象，在如此政治环境下会有多少政令是在宰相缺席的情形下作出的，若当值怯薛中刚好有身兼宰相者，那么怯薛固然能够左右决策的最终走向。不仅如此，当朝廷大臣入宫奏事时，怯薛人员也可以在场陪奏，参与议事，平时也能够随时向皇帝陈述政见，他们往往可以直接奏准皇帝，跳过中书省颁发圣旨、玺书等行政程序，扰乱政事，并对朝

---

① 孟广耀：《蒙古民族通史》第 1 卷，内蒙古大学出版社 2002 年版，第 153 页。

② 屈文军：《元代怯薛新论》，《南京大学学报》2003 年第 2 期。

廷大臣进行弹射奏劾，使后者处于受监视、被约束的尴尬境地。①

元代任相者多同时在怯薛内任职，这类高级官员的双重身份中，怯薛职掌是主要的，而宰相之类只是一时的差遣。这可能是因为，怯薛组织已逐渐发展成为巩固蒙古贵族怯薛成员同中央皇帝间主奴关系的工具，在蒙元家产制统治方式下，做君主的奴隶是臣民的一种荣耀。蒙古当朝权贵以做皇帝奴脾为荣的风气也不断弥漫到其他各族官员身上，这里当然不能排除他们想以此建立与皇帝间亲密私人主从关系从而得以在家产制国家事务中展露身手的意图，但事实本身反映了当时国家政权中的价值取向。② 怯薛干政不仅是皇帝集权专政的产物，也是蒙古传统影响的结果，这使怯薛成为一个最接近权力源头，又超越于官僚机构之上的决策团体。它是蒙古、色目贵族子弟一条最为便捷的仕途，元廷也多次下令，禁止汉人、南人投充怯薛，其意即在保证蒙古、色目贵族对高级官职的垄断地位。

札鲁花赤是蒙古语，意为"断事官"。大蒙古国时期的札鲁花赤是国家或地区最高行政长官，统管行政、财政、司法等事务。到元朝，国家行政机制趋于完备，但札鲁花赤这一蒙古旧制仍然顽强地以新的形式生存下来，其机构为大宗正府，秩从一品，"凡诸王驸马投下蒙古、色目人等，应犯一切公事，及汉人奸盗诈伪、蛊毒厌魅、诱掠逃驱、轻重罪囚，及边远出征官吏、每岁从驾分司上都存留住冬诸事，悉掌之"。③ 至元九年（1272 年），降从一品银印，"止理蒙古公事"④。致和元年（1328 年），"以上都、大都所属蒙古人并怯薛军站色目与汉人相犯者，归宗正府处断，其余路府州县汉人、蒙古、

---

① 张帆、曹永年：《蒙古民族通史》第 2 卷，内蒙古大学出版社 2002 年版，第 88 页。

② 屈文军：《元代怯薛新论》，《南京大学学报》2003 年第 2 期，第 148 页。

③ 宋濂：《元史》卷 87《百官三》。

④ 同上。

色目词讼，悉归有司刑部掌管"。① 大宗正府对也可札鲁花赤的设置人数常有变动，但基本维持在40人左右。元朝廷中书省下已有刑部掌管司法，同时又有大宗正府，双方权限互有重叠、职责划分不清，反映出元朝司法体系的二元色彩。

第二节　元代蒙古社会等级结构

元代蒙古人主要聚居在岭北地区，在"四等人制"的社会政治经济环境中，广大蒙古劳动人民虽为"自家骨肉"，但其仍生活在社会的最底层，贫无立锥之地。蒙古、色目贵族及汉人地主官僚作为其阶级对立面，不断对劳动人民进行经济剥削和政治压迫。

一　元代蒙古人的分布

13 世纪初，蒙古的崛起和随后的向外扩张，不仅使蒙古人逐渐进入中原地区，而且随着蒙古军队的铁蹄深入欧亚，蒙古人也随之进入异国他乡。蒙古军队所到之处，掠人为俘，充为军士、工匠，随军辗转，因此许多中原汉人也远徙漠北、中亚等地，还有很多中亚、西域人也东来中土。从 13 世纪前期开始，中国原有的民族格局发生了重大的变化，甚至影响至域外中亚等地区也发生了重大变化。成吉思汗建立大蒙古国后，漠北原数以百计的各部落，操各种语言的、文化水平不一的居民，开始形成蒙古族共同体。以和林为中心的漠北是蒙古族的"祖宗根本之地"，"太祖肇基之地"②，是大蒙古

---

① 宋濂：《元史》卷87《百官三》。
② 宋濂：《元史》卷31《明宗纪》。

国的统治中心，也是蒙古族最集中的聚居地。成吉思汗生前把岭北大部分地区作为幼子托雷的封地；从克鲁伦河中游东到大兴安岭是成吉思汗诸弟的封地。诸王后裔有的参与海都、乃颜叛乱，有的参与阿里不哥争夺汗位之役，所以元世祖忽必烈即位后，先后派其第四子那木罕、真金太子的长子甘麻刺出镇岭北，统领北方诸军。在行政建制上，建立岭北行省，掌管钱粮、兵甲、屯种、漕运、军站等，使诸王的权力限于各自的封地之内。[①] 大漠之南至阴山以北的"漠南"，长期以来是汪古部的驻牧地区，汪古部是构成蒙古民族的重要部分，所以漠南也是蒙古族人民集中生活的地区。原属西夏的鄂尔多斯和额济纳河流域，元朝已作为蒙古安西王的重要封地，[②] 蒙古族人口随其贵族领主来到这里，于是也成为蒙古族集中居住区。上述几个地区，从地理位置上可连成一片，蒙古族人民长期在这里生息繁衍，形成今天蒙古族集中聚居区的格局，所以人们常常称为"蒙古地区"。

　　元朝是以蒙古贵族为主体的政权，为维护幅员辽阔的版图，元廷派出许多由蒙古人组成的军队驻守。根据当时习俗，军队出征可以"不以贵贱，多带妻孥而行"，于是蒙古军与数倍于军人的家属也就迁移到元朝的许多地方。大都，作为元朝的政治、军事中心，蒙古官员及军队数量相当多，怯薛和侍卫亲军等不同番号的宿卫禁军均集中在这一地区。"河洛、山东据天下心腹，则以蒙古、探马赤军列大府以屯之"[③]，探马赤军的多数也是由蒙古人组成，四川、江浙、云南、陕西、辽阳各行省和青海等地均驻有不少蒙古军，甚至

[①]　邱树森：《元朝简史》，福建人民出版社1999年版，第425页。

[②]　周清澍：《从察罕脑儿看元代的伊克昭盟地区》，《内蒙古大学学报》1978年第2期。

[③]　宋濂：《元史》卷99《兵志二》。

在吐蕃乌斯藏纳里速古鲁孙之地（今西藏西部）还长期驻有1200余名蒙古军，我们可大致估算出此地加上家属的蒙古人当有五六千人。[①] 至元二年（1265年），忽必烈规定"以蒙古人充各路达鲁花赤，汉人充总管，回回人充同知，永为定制"[②]，这项政策使担任达鲁花赤的蒙古人及其家属随从遍及全国路级治所的各大城市。实际上，不仅是路级建置，府州和上等县三级也设置了达鲁花赤，[③] 这进一步加大了蒙古人在全国各地的分布。以上是驻守军队及任命官吏带来的人口迁移，但元朝社会阶级矛盾尖锐，还有些蒙古人由于政治等原因被强迫迁离故土，被安置在中原及江南地区。比如，元世祖平定乃颜叛乱之后，将其所领大批蒙古军士及其家属迁到浙江、河南、湖广、江西等地安置，浙江定海县是其"余党"的集中安置区。[④] 在蒙古贵族阶级斗争激烈的元朝，对失败者的封户及部属都要调整一番，那些被强制迁徙至中原及江南地区的蒙古人，从另一个方面又增加了散居在全国的蒙古族人口。

成吉思汗时期的汗国就曾多次西征，占领了西域、中亚和欧洲南部的广大地区，这些地区经过分封及赐予后，先后形成了四个汗国分治其土。察合台汗国，先建都于阿力麻里附近的虎牙思（今新疆霍城地区），后移都合儿昔（今乌兹别克撒马尔罕西南）；窝阔台汗国，都叶密立（今新疆塔城附近）；钦察汗国，先都拔都萨莱城（今俄罗斯阿斯特拉罕），后移都别儿哥萨莱城（今俄罗斯伏尔加格勒附近）；伊利汗国，先都蔑剌哈（今伊朗阿塞拜疆马腊格），再迁

---

① 张帆、曹永年：《蒙古民族通史》第2卷，内蒙古大学出版社2002年版，第44页。

② 宋濂：《元史》卷6《世祖三》。

③ 宋濂：《元史》卷91《百官七》。

④ 陶宗仪：《南村辍耕录》卷2《叛党告迁地》，转引自张帆、曹永年《蒙古民族通史》第2卷，内蒙古大学出版社2002年版，第45页。

桃里寺（今伊朗阿塞拜疆大不里土），三迁孙丹尼亚（今伊朗阿塞拜疆苏丹尼耶）。① 每个汗国里都有不少蒙古人口，这些蒙古人或任汗廷官员，或任地方达鲁花赤，或为汗国军人，他们也依惯例带有家属，但这些蒙古人口数量之总和，与所在国人口数量相比均是少数。

元朝初期，世祖忽必烈向藩属国高丽驻扎了不少蒙古军队，还有些蒙古人充当达鲁花赤及其随行人员。另外，蒙古公主先后九人下嫁高丽王，每次都要带去不少蒙古男女作为陪嫁，后来驻扎高丽的军队和达鲁花赤撤回，在高丽的蒙古族人口大为减少。两次对日本作战，使十几万蒙元军人被俘虏，有些俘虏遭杀戮，留下的当有不少蒙古人，这些蒙古人也在日本定居下来。②

蒙古人分布的地理空间十分宽广，远远超过中国古代的其他民族，这与蒙元时期大蒙古帝国的征战与扩张密切相关，为至今蒙古人在世界范围内的广泛分布奠定了十分重要的基础。

二　"四等人制"下蒙古族劳动者地位低下

作为由北方民族建立的统一王朝，元朝的统治带有很强的民族歧视和压迫色彩，形成了比较严格的民族等级制度。蒙古统治者为了保持自己的特权地位和维护对汉族及其他少数民族的统治，进一步推进民族分化和民族压迫政策，效仿金朝时把民族划分为女真、渤海、契丹、汉儿四等级，将全国的民族按被征服的先后，划分为蒙古、色目、汉人、南人四等，地位依次由高降低。蒙古人作为元

---

① 张帆、曹永年：《蒙古民族通史》第 2 卷，内蒙古大学出版社 2002 年版，第 45 页。

② 同上书，第 46 页。

朝的"国族"，也称"自家骨肉"，是统治者依赖的基本力量。蒙古以外的西北、西域各族人，包括唐兀（即西夏）、回回、畏兀儿、哈剌鲁、钦察、康里、吐蕃等，统称为色目人，系取"各色各目"之义，他们是蒙古统治者的主要助手。① 四等人中的"汉人"是一个狭义概念，指淮河以北原金朝统治区以及较早为蒙古征服的四川、云南地区的汉族人，另外长期以来居于北中国的契丹、女真人也包括在内，他们中的绝大多数在元代已趋于汉化。南人则指最后被征服的原南宋统治区（元朝江浙、江西、湖广三行省）内的居民。这种人分四等的制度，是元朝法定的等级制度，其有关规定分散于各具体政策中，如大德元年（1297 年）四月，"中书省、御史台臣言：'……各道廉访司必择蒙古人为使，或缺，则以色目世臣子孙为之，其次参以色目、汉人。'"② 成宗从其意。武宗至大二年（1309 年）四月，圣旨规定"各地达鲁花赤之职需委付蒙古人担任，若无，则于有根脚色目人内选用"。③ 仁宗皇庆二年（1313 年）所定科举条例，在考试程序、录取名额及发榜办法等方面，对蒙古、色目、汉人、南人均作了不平等的规定，④ 在此不详细引举。从元代的法律条文中看，这种民族压迫也颇为突出，并丝毫不加掩饰。早在至元九年（1272 年）五月，蒙古统治者就颁布了"禁止汉人聚众与蒙古人斗殴"的禁令，⑤ 以后又规定，"蒙古人与汉人争，殴汉人，汉人勿还报，许诉于有司"⑥，"蒙古人因争及乘醉殴死汉人者，只断罚出

---

① 邱树森：《元朝简史》，福建人民出版社 1999 年版，第 160 页。

② 宋濂：《元史》卷 19《成宗二》。

③ 《元典章》卷 9《吏部三·有姓达鲁花赤革去》。

④ 宋濂：《元史》卷 81《选举一》。

⑤ 宋濂：《元史》卷 7《世祖四》。

⑥ 宋濂：《元史》卷 105《刑法四》。

征，并全征烧埋银，就可了事"。① 可见，蒙古、色目人在与汉人、南人的冲突中即使犯了罪，也能得到法律的明文保护。从军事防治的角度看，元廷以蒙古军、探马赤军镇守中原来防范汉人，以汉军镇戍江南来防范南人，禁止汉、南人持有弓箭等兵器，禁止他们畜鹰犬打猎、习学枪棒等。甚至在百姓服色、婚娶聘礼等问题上都对汉人、南人有歧视性的规定。② 这些歧视压迫政策涉及政治生活和社会生活的方方面面，意味着"四等人制"趋于细致深入，无论汉人和南人如何抱怨和不满，这种民族压迫政策在忽必烈的主持下仍然得到了长期的实施，元朝中后期，诸如此类的规定越来越严密、烦琐。

由于元王朝是人口占少数的蒙古人所建立的"征服王朝"，让蒙古人担任各级官府长官，对维护其特权统治地位非常必要。世祖忽必烈十分清楚，治理汉地不能不使用汉族官僚士大夫，而李璮之乱和王著杀阿合马事件，又使他对汉人的忠诚产生了怀疑。色目人多是蒙古军队征服掳掠来的仆从和奴隶，进入元帝国境内后，他们对蒙古贵族始终是牢固地依附和效忠，他们中间的相当部分已经逐渐蒙古化。对中原汉地而言，蒙古人和色目人都是为数较少的外来者，二者一直保持着政治上、文化上的亲和性。任用色目人，分割汉人官僚的一部分权力，既可牵制汉人，又能造成色目人与汉人的角逐，增加他们对蒙古族统治者的依赖和忠诚，最终有利于蒙古人的特权地位。

蒙古族统治者阶级施行的"四等人制"，目的只是维护蒙古族贵族的特权地位，丝毫没有给广大蒙古族劳动人民带来好处。元代蒙

---

① 宋濂：《元史》卷105《刑法四》。

② 张帆、曹永年：《蒙古民族通史》第2卷，内蒙古大学出版社2002年版，第46页。

古族平民与汉人、南人等劳苦大众一样，是受压迫剥削的。弗拉基米尔佐夫曾说："认为元朝即蒙古人统治中国的时代，住在中国的任何蒙古人都处于主人的地位，这是完全错误的。不，处于主人地位的只是蒙古领主、包括百户长在内的各级那颜、贵族护卫以至诸王"①，"在旱灾和其他灾害时，穷困的蒙古平民有时不得不把自己的孩子卖做奴隶，这是不足为奇的"②。贫苦的蒙古人甚至被贩卖到异乡和海外做奴隶，早在忽必烈至元年间，就有被当作商品从泉州贩卖到"回回田地里（指阿拉伯）"和"忻都田地里（指印度）"去的。③ 大德七年（1303 年）元政府明文规定，对不畏公法将蒙古人口贩入番邦博易的人要严刑治罪，并命令市舶司官员，对出洋船只开航之际，要用心检搜，发现"如有将带蒙古人口，随即拘留，发付所在官司解省"，这样严厉的规定正说明了当时贩卖蒙古人口到海外的事态之严重。④ 广大蒙古下层百姓，并未从四等人制的特权中得到多少实际好处，这种情况使元朝的社会矛盾更加复杂。

三 元代蒙古族的赋税徭役制度

蒙古人基本都隶属某贵族投下封地，被编籍在各千户、百户之下。他们在本部"著籍应役"，严禁"擅离所部"，⑤ 因天灾、战乱而逃散的蒙古人要被驱还本部，他们对领主的人身依附关系十分严格。牧奴要负担国家的赋役，还要受到各级领主的剥削。《黑鞑事

---

① ［俄］弗拉基米尔佐夫：《蒙古社会制度史》，刘荣焌译，中国社会科学出版社 1980 年版，第 198 页。
② 同上书，第 199 页。
③ 《通制条格》卷 27《蒙古男女过海》。
④ 韩儒林主编：《元朝史》上卷，人民出版社 2008 年版，第 454 页。
⑤ 宋濂：《元史》卷 29《泰定帝》。

略》记载："其地自斡主、伪后、太子、公主、亲族而下，各有疆界。其民户皆出牛马、车仗、人夫、羊肉、马奶为差发。"这虽是窝阔台汗时代的状况，但以后并没有太大变化。各部民众的多寡，是决定领主的剥削收入和实力强弱的最重要因素，因此诸王、那颜们往往为争夺属民而发生争执事件。①

蒙古人的赋税主要是羊、马抽分。据窝阔台汗1233年规定的制度，"敕蒙古民有马百者输牝马一，牛百者输牸牛一，羊百者输羒羊一，为永制"。② 定宗贵由时又规定："马、牛、羊群十取其一"，增加了剥削率；后来抽分之制又定为："马之在民间者，……数及百者取一，及三十者亦取一，杀于此则免。牛、羊亦然。"③ 蒙古各万户、千户的羊马抽分先由宣徽院掌管。宣徽院，秩正三品，"掌蒙古万户、千户合纳差发，系官抽分、牧羊孳畜，岁支刍粟菽，羊马价值，收受阑遗等事"。④ 皇庆以后，由于宣徽院委派的官吏严重弄虚作假，政府便委派地方官府或千户负责抽分。大德七年（1303年），针对舞弊和扰民情况，元朝廷作出规定："抽分羊马人员，每岁扰动州县，苦虐人民。今后拟合令宣徽院订立法度，严切拘钤，至抽分时月，各给印押差札，明白开写所委官吏姓名，并不得多余将引带行人员、长行马匹，本处管民正官，……中间若有违法不公，欺隐作弊，宜从本道廉访司严加体察。"⑤ 可见，本就生活在底层的蒙古牧奴不仅要面对贵族领主的经济压迫，还要承受来自元廷的剥削。

蒙古人负担的徭役主要是兵役和站役。蒙元王朝的统治者出于

---

① 韩儒林主编：《元朝史》下卷，人民出版社2008年版，第570页。
② 宋濂：《元史》卷2《太宗》。
③ 韩儒林主编：《元朝史》下卷，人民出版社2008年版，第571页。
④ 宋濂：《元史》卷87《百官三》。
⑤ 《通制条格校注》卷15《厩牧·抽分羊马》。

对土地、财富及战俘的强烈欲望，展开了许多对内对外的大规模征战，在这样战事绵延的年代里，整个蒙古族处于上马出战、下马屯牧的兵民合一状态。凡有大规模征伐，政府就下令从各千户签发兵员，元朝驻戍各地的蒙古军、探马赤军，皇帝、诸王的怯薛，也是从蒙古各千户签发兵员补充。《元史》记载："其法，家有男子，十五以上，七十以下，无众寡尽签为兵"，还要自备战马、武器、绳索以及运输的车辆和牛驼等。无论是国家内部战争还是远征战争，草原上大量的男性劳动力投入其中，但家中税负仍旧，劳役最终还得由妇女老幼承担。岭北地区在成吉思汗时代就设有驿站，窝阔台即位后，制定了驿站制度，从各千户签调站户专门承当站役，除去人夫外，还要自备战马、帐房、什物，负担极其沉重。① 元代岭北行省的驿站，通往上都、大都的有帖里干、木怜两道共数十站，此外还设置了由和林通往察合台汗国及吉利吉思等北境诸部、由称海至北境等处的驿道。② 凡朝廷官员往返岭北，诸王、公主、驸马、千户等到上都朝会或遣使奏事以及运送官物，都从驿道行走。由于朝廷各衙门和诸王贵戚等泛滥给驿，遣使频繁，使站户负担大为加重，甚至沉重于一般赋税，导致不少蒙古站户最终破产，家破人亡。世代生活在草原上的蒙古人以畜牧业为基本生产方式，牲畜是其主要财产，一般以家中牲畜量的多寡来衡量牧民贫富，大的封建领主拥有成千上万的马、牛、羊，有牧奴为之放牧，而普通蒙古族牧民则仅有少量牲畜。泰定元年（1324 年），岭北地区驿站因诸王、贵戚聚会频繁，使站户消乏，政府分别贫富等差，规定"其有马、驼及二十，羊及五十者，是为有力，余无此数者，官给中统钞五十锭补买

① 叶新民：《元代统治者对站户的剥削和压迫》，《内蒙古大学学报》1979年 8 月。

② 陈得芝：《蒙元史研究丛稿》，人民出版社 2005 年版，第 150 页。

与之"①，"有力者"政府不再给予赈济。站户一般是从中等民户中签取，可见有这个牲畜数目的蒙古族人家算得上是中等之家，但牲畜不足此数的贫户在站户比例中仍占多数，如至元二年（1265 年），"检核诸王兀鲁带部民，贫无孳畜者达三万七百二十四户"。②另外，牧民还要向领主定期缴纳食用的羊和饮用的马乳，蒙古语称为"首思"。贫苦的蒙古人常有卖身为奴者，尤其遇到天灾，境遇更加悲惨，普通蒙古族劳动者和其他各族人民一样处于被压迫、被剥削的地位。

第三节　蒙古族内部阶级矛盾不断激化

元朝蒙古族社会仍处于封建领主制阶段，牧奴与封建领主的矛盾是蒙古族社会的主要矛盾，财富分配不均、阶级地位悬殊都是这个矛盾不断发展的根源，而蒙古贵族领主在元王朝集权官僚化进程中与大汗为首的中央政权之间的矛盾是蒙古族社会的次要矛盾。这两种矛盾在蒙古封建领主制社会中不断发展，蒙古族内部的阶级矛盾日益尖锐，起义与叛乱频发，给中央政权带来了沉重的经济及政治打击。

一　牧奴与封建领主之间的矛盾突出，起义频发

元代蒙古族社会的阶级矛盾已由奴隶与奴隶主之间的矛盾逐渐转变为牧奴与领主之间的矛盾。各级封建领主是蒙古贵族的代表，他们作为以大汗为首的黄金家族的中坚力量，统治着生活在漠南漠北草原上的所有蒙古族平民。元代的封建领主较之蒙古汗国时期，

---

① 《永乐大典》卷 19421《经世大典·站赤》。

② 宋濂：《元史》卷 6《世祖三》。

其所能获得的经济利益空前上升，由于有元王朝这个国家机器的坚实支撑，岁赐的金银、牛马、布帛等数额巨大，加之自身战争掠夺和剥削的收入，贵族领主早已积累了大量的牲畜和财物，成为蒙古部族中的财富拥有者。平金灭宋后的元朝更拥有辽阔的腹地，由于草原家产分配制这一蒙古世袭传统，封建领主又获得了大片封地及领户，宗王在自己的领地内，可以独立地行使征税、行政审判、军事、驿站诸权。

贵族领主阶级的对立面则是蒙古平民——牧奴。牧奴拥有一定数量的牲畜、毡帐等必要生产、生活资料，并占有从领主那里分得的草场进行畜牧业及少量狩猎业等生产，承担赋税、徭役和兵役等义务。领户与封建领主之间的领属关系十分严格，牧奴只能在指定的千户或百户内生活与生产，他们不能因任何理由及任何方式转移到另一领地去，也不能到其他地方寻求庇护，在这个非常严密的组织系统中，牧奴无力逃脱也无力反抗。领主在其封地里的特权较少受到中央王朝的影响，往往不满足朝廷正式分拨的领户及赐予的钱财，强制招收人口和非法敛征财税的情况十分普遍，只拥有少量生产生活资料的牧奴不得不接受其所属封建领主的任意剥削与欺压，在沉重的兵役、站役等压力下，生活在最底层的蒙古平民有些甚至不得不选择卖妻鬻子，为勉强生存而最终陷入家破人亡的悲惨境地。

下层牧奴的贫困化，导致他们不时揭竿而起，发动反抗斗争。延祐年间，岭北连续发生了两次反抗斗争，仁宗延祐五年（1318年），在岭北戍守的士兵，因贫苦而起来反抗，"岭北戍士多贫者，岁凶相挺为变"[1]；次年七月，"晋王也孙铁木儿所部民，经剽掠灾伤，为盗者众"[2]，仁宗命札鲁花赤囊加带前往，与晋王府内史共同

---

① 宋濂：《元史》卷177《张思明传》。
② 宋濂：《元史》卷26《仁宗三》。

审录参加的人，对他们严加镇压。文宗天历二年（1329 年），"岚、管、临三州所居诸王八剌马、忽都火者等部曲乘乱为寇"[①]，元廷不得不遣省、台、宗正府官前往，督促地方机构镇压。不久，"诸王也孙台部七百余人入天山县，掠民财产"。[②] 元末，顺帝时八怜部内"哈剌那海、秃鲁和伯贼起，断岭北驿道"。[③]

蒙古下层人民的反抗与其他各族人民的起义一样，都给了元朝统治者以巨大警示与打击。在《元史》中记载的这些反抗斗争，虽以寥寥几字概括之，但它的背后却渗透出蒙古下层平民无比悲怆而又沉重的无奈。牧奴在面对领主与朝廷双重经济压迫的悲惨境遇下，最终奋力反抗的若干事例，表明了元朝社会矛盾正在进一步深化与复杂化，元代蒙古统治者的后院开始燃起了熊熊烈火，"自家骨肉"开始相残。

二　封建领主与中央政权的矛盾激化，北方诸王叛乱

世祖忽必烈建元初期，多以汉族儒士的建议为重，由蒙古贵族浴血打下的江山，在忽必烈时期却进入了中原传统王朝时代，劝课农桑，禁止蒙古军践踏稼穑，改造大蒙古国传统建制，设中书省、枢密院、御史台等汉式官僚机构等措施，都使长期生活在漠北草原上的保守蒙古贵族极感不满。忽必烈在吸收汉法和加强中央集权方面是蒙古统治者中最主动、最积极的一员，相应失去原有经济和政治权益的蒙古诸王贵戚自然心有不满，虽然中央王朝仍从分封、选官、民族等级、科举等多方面保留了若干蒙古旧制以保障蒙古贵族

---

① 宋濂：《元史》卷 33《文宗二》。
② 宋濂：《元史》卷 33《文宗三》。
③ 宋濂：《元史》卷 33《顺帝四》。

的权益，但朝廷在集权官僚化的过程中即使对他们进行一点极其微小的约束，也会招致封建领主的不满，二者的矛盾于是越积越深。西北诸王和东道诸王都对元王朝发动过叛乱，在此仅以东道诸王乃颜为首的大规模叛乱为例予以说明。

乃颜是成吉思汗幼弟铁木哥斡赤金的后裔，在忽必烈与阿里不哥争夺汗位时，东道四藩王都是忽必烈政权的强有力支持者。忽必烈朝前期，东道诸王备受尊崇，在各类赏赐、封国及食邑内权力等方面，均享受许多优待。然而随着忽必烈仿效汉法加强中央集权，他和东道诸王的矛盾与日俱增。至元二十年（1283年）前后，元廷与东道诸王争夺辽东地区控制权的斗争越来越激烈，至元二十二年，忽必烈再征日本时，强行征发辽东女真故地的百姓及诸投下民建造船只，还特别降旨征调乃颜、胜纳合儿等部鹰房、采金户充役。① 这无疑又加剧了与东道诸王的利益冲突。至元二十四年（1287年），乃颜公然叛乱，宣布不再做大汗的臣属，伙同乃颜叛乱的还有哈撒尔后王势都儿、火鲁哈孙，哈赤温后王胜纳合儿、合丹等。这是元廷加强中央集权而导致诸王利益受损最终发起叛乱的典型事例，联合起来的东西道诸王都对忽必烈为首的"汉法"制蒙古王朝极感不满。除此之外，还有海都叛乱、阿鲁辉帖木儿之乱等。每次叛乱之后，元廷都会加强对该诸王地区的行政及军事管辖，这就又一步削弱了藩王的权利，二者之间的矛盾在元朝从未停息过。元末阿鲁辉帖木儿的叛乱透露出岭北蒙古贵族之中已经有很大一部分人对朝廷失去信心，因为只有在这种背景下面，才有可能爆发由诸多宗王参加的、规模达数万或数十万人的叛乱，元政权即使在蒙古贵族之中也已经孤立，它的灭亡指日可待。

---

① 宋濂：《元史》卷13《世祖十》。

第 八 章
元帝国倾斜经济政策扶持下的
蒙古族经济

元朝蒙古族统治集团利用"汉法"治理国家，成功地实现了中原及江南地区经济的快速恢复发展，大量的财政收入及劳动成果被蒙古族统治者利用行政权力逐渐转移到漠南漠北蒙古本部，对蒙古族经济的"倾斜性"扶持政策在本章表现得异常明显。蒙古族统治者始终以保护和促进蒙古高原的经济繁荣为自己的国策，除对世代发展的蒙古族畜牧业继续给予高强度的官方保护与赈济外，在岭北的和林、称海及漠南的一些地方，皆派驻军队进行屯垦，兴修水利，开发了规模可观的屯田农林区。和林、上都等一系列大小城镇，在广阔的草原上相继拔地而起，成为畜粮交换、商业贸易的重要经济中心，体制完备的驿路体系更是将蒙古族人民同中原汉族紧密地联系起来，在这些生产部门的共同带动与促进下，依靠元朝动用大量物质资源"倾斜式照顾"的蒙古族经济，繁荣昌盛。

第一节　全盛的畜牧业

元廷统一全国，从总体上看，农业是立国的基础。但是，居于统治地位的蒙古族是游牧民族，维持一支庞大精锐的骑兵部队需要大批战马，大量朝廷赏赐离不开牲畜，肉食酪饮更需无数牛、羊供应，畜牧业在元朝经济中占据着举足轻重的地位。元廷在各地设立了政府直接管理的牧场，并采取了保护牧业的一系列法律措施，在更大范围内动用各种资源，以保障畜牧业的繁盛。

一 设太仆寺等畜牧业专管机构

对畜牧业专门设置从中央到地方的一系列配套专管机构，是符合忽必烈将国家机器行政官僚化的意图的，这是由蒙古汗国以来蒙古族统治者对促进畜牧业全面发展迈出的最为重要和深远的一步。元中央管理畜牧业的机构，可以大致分为中书省和地方两大系统。

中书省所属管领畜牧业的机构分别有兵部、太仆寺、上都等路群牧都转运使司。中央政府首先将畜牧业的管理职责划分给兵部，对兵部的介绍在前文已有详细概述，在此仅将其与畜牧业的相关部分征引出来。兵部掌领"官私刍牧之地，驼马、牛羊、鹰隼、羽毛、皮革之征"[1]，除此之外，兵部还对城池废置、兵站屯田等事务进行具体的管理。元初经济正处于恢复发展时期，中央政府逐步将决定国家经济命脉的交通、畜牧、屯田等事务从兵部分离出去，并为其量身设置若干专门机构。太仆寺就是元王朝专为畜牧业发展而建立的专属机构。太仆寺，从二品，具有"掌阿塔思马匹，受给造作鞍辔之事"，中统四年（1263 年），设群牧所，至元十六年（1279 年），改尚牧监，至元十九年（1282 年），又改太仆院，至元二十年（1283 年），改卫尉院，至元二十四年（1287 年），罢院，立太仆

---

[1] 宋濂：《元史》卷 85《百官一》。

寺，后几经变更，仍为寺。① 太仆寺级别高于正三品的兵部，足见中央政府对畜牧发展的高度重视。太仆寺先隶属宣徽院，后隶属中书省，"典掌御位下、大斡耳朵马"②。除了太仆寺外，中央于至元二十年（1285年）正月，"立上都等路群牧都转运司"③，但此机构《元史》中并无详细说明，其所属机构也无法确定，暂将其列于中书省所属系统。

各地方及投下分封地区所立畜牧业管理机构主要有以下几种：度支院，二品，至大二年（1309年）九月，"尚书省言：'每岁刍粟费钞五十万锭，请废孛可孙，立度支院，秩二品，设使、同知、佥判各二员。'从之"。孛可孙，是蒙古早期设置的专管供给马驼刍粟的官员，至元八年（1271年）由重臣任其事；后省孛可孙，以宣徽院兼任其事；大德年间裁革冗员，留十二员，秩正三品；至大四年（1311年），改为度支监。④

宣徽院，正三品，"掌蒙古万户、千户合纳差发，系官抽分、牧羊孳畜，岁支刍草粟菽，羊马价值，收受阑遗等事"。⑤ 其有关下属机构为：尚舍寺，正四品，"管领牧养骆驼，供进爱兰乳酪"；阑遗监：正四品，"掌领不兰溪人口、头匹诸物"；尚牧所：从五品，至大四年（1311年）十二月始置，"掌太官羊"。⑥

尚乘寺，正三品，至元二十四年（1287年）始设，"掌上御鞍辔舆辇，阿塔思群牧骟马驴骡，及领随路局院鞍辔等造作，收支行

①　宋濂：《元史》卷90《百官六》。
②　宋濂：《元史》卷100《兵志三》。
③　宋濂：《元史》卷13《世祖十》。
④　宋濂：《元史》卷23《武宗二》。
⑤　宋濂：《元史》卷87《百官三》。
⑥　宋濂：《元史》卷23《仁宗一》。

省岁造鞍辔，理四怯薛阿塔赤词讼，起取南北远方马匹等事"。①

群牧监，正三品，至大四年（1311 年）十月设立，主要"掌中宫位下孳畜"②；经正监，正三品，至大四年（1311 年）置，"掌营盘纳钵及标拨投下草地，有词讼则治之"③；储政院典牧监，天历二年（1329 年）始置，"掌孳畜之事"。④

上述中央政府管理畜牧业的机构，度支院二品，太仆寺从二品，其余兵部、宣徽院、尚乘寺、群牧监、经正监、储政院典牧监等皆属正三品，其机构之众、品级之重，可见一斑。从这些繁杂的各级机构中虽可看出中央政府机构庞杂、叠床架屋的弊病，但也透露出它把畜牧业看成是自己的生命线，极为重视。这些机构所掌，从"官私刍牧之地"、十四处官牧场的设置、牧地疆界的划分、刍粟的供应、牲畜的繁殖，到"蒙古万户、千户合纳差发，系官抽分"，收受阑遗，等等，几乎无所不包。这对保证牧业区，主要是蒙古族人民赖以生存的畜牧业生产在正常轨道上运行，无疑有非常积极的作用。

二 普设官营牧场

作为以畜牧起家的蒙古族，"俗善骑射，因以弓马之利取天下，古或未之有，盖其沙漠万里，牧养蕃息，太仆之马，殆不可以数计，亦一代之盛哉"。⑤ 亡金灭宋、统一全国之后，畜牧业仍是国民经济

---

① 宋濂：《元史》卷 90《百官六》，转引自张帆、曹永年《蒙古民族通史》第 2 卷，内蒙古大学出版社 2002 年版，第 139 页。

② 宋濂：《元史》卷 89《百官五》。

③ 宋濂：《元史》卷 90《百官六》。

④ 宋濂：《元史》卷 89《百官五》。

⑤ 宋濂：《元史》卷 100《兵志三》。

中非常重要的部分。加之元朝统治者特别是世祖忽必烈时代，采取了一系列政策措施，使畜牧业有了长足的发展，这从当时的牧场分布就可以看出。

元承前朝辽、金、宋故规，群牧之制十分兴盛，牧场分布非常之广，"其牧地，东越耽罗，北逾火里秃麻，西至甘肃，南暨云南等地，凡一十四处，自上都、大都以至玉你伯牙、折连怯呆儿，周回万里，无非牧地"。① 但凡水草丰美之地，均被划为牧地，或官营或私营，用来牧养牲畜。元代的官营牧场，主要是以皇帝和大斡耳朵等名义下的十四道牧地为代表，"凡御位下、正宫位下、随朝诸色目人员，甘肃、土番、耽罗、云南、占城、庐州、河西、亦奚卜薛、和林、斡难、怯鲁连、阿剌忽马乞、哈剌木连、亦乞里思、亦思浑察、成海、阿察脱不罕、折连怯呆儿等处草地，内及江南、腹里诸处，应有系官孳生马、牛、驼、骡、羊点数之处，一十四道牧地"，这十四道牧地分别是"东路折连怯呆儿等处，玉你伯牙、上都周围，哈剌木连等处，阿剌忽马乞等处，斡斤川等处，阿察脱不罕，甘州等处，左手永平等处，右手固安州等处，云南亦奚卜薛，庐州，益都，火里秃麻，高丽耽罗国"。② 现列简表如表 8 – 1。

---

① 宋濂：《元史》卷 100《兵志三》。
② 同上。

表 8-1　　　　　　　　　　　　元朝官牧场分布地

蒙古地区	火里秃麻	今俄罗斯贝加尔湖周围
	斡斤川等处	今蒙古国克鲁伦河上游地区
	阿察脱不罕等处	今蒙古国哈剌乌苏湖周围
	阿剌忽马乞等处	今内蒙古锡盟阿巴哈纳尔旗与西乌旗之间
	折连怯呆儿等处	今内蒙古通辽市附近
	玉你伯牙等处	今张家口西北
	哈剌木连等处	今内蒙古鄂尔多斯地区
西北地区	甘州等处	今甘肃张掖
大都周围	左手永平等处	今河北卢龙县
	右手固安州	今河北固安县
	益都	今山东益都县
中原地区	庐州	今安徽合肥
边境地区	亦奚不薛	今贵州毕节地区
	高丽耽罗	今韩国济州岛

从表 8-1 中可以看出，这十四道牧地的分布中，有七所在中书省内，其中六所在大都、上都周围，有三所在岭北行省内，充分体现了元廷以两都为中心，依靠蒙古本部发展畜牧业的特点。世代养育蒙古人民的漠北草原地区，自古以来就是诸多游牧民族的起源地。一望无际的草原，水草甘美，是牲畜的天然草场，对于逐水草而居的游牧民族来说，是最为适宜发展畜牧业的地区。作为元代统治者的"龙兴之地"，统治阶级还采取了种种倾斜性的措施来扶持与发展蒙古本部的畜牧业，所以把十四道官牧场中一半数量的牧地设置于此，是有其必然原因的。而左手永平等处、右手固安州及益都这三

处设于大都周围的牧场，位于元代腹里南部地区，即为今天的河北、山东两地境内，属于黄河中下游地区传统的农业区。元朝政府在此设置三道官牧场，一方面是出于为大都的警备需要提供保障。按照元朝的布置，"河洛、山东据天下腹心，则以蒙古、探马赤军列大府以屯之"①，这一地区驻有大批的蒙古军及探马赤军，自然对于马匹的需求就会很大。而作为京师的大都人口稠密、商业往来频繁，并无闲地专用以畜牧，所以只好养在大都附近的京畿地区。另一方面，蒙古族入主中原以后，民族传统习俗并没有太大改变，这在与日常生活息息相关的衣、食、住、行等方面皆可看出，蒙古人民依旧对牲畜及其产品如皮毛、肉类及奶制品具有大量需求，故在此发展畜牧业也有其日常生活及军事戒备上的必要性及合理性。官牧场所在地方都是水草丰美的地区，养育着不计其数的牲畜，实行大规模的厩牧舍饲，分群放牧。大德十一年（1307年），元朝中央政府责成大都路饲马9.4万匹，供应粮食15万石，外路饲马11.9万匹，同年，政府发行盐券向农民换取秆草，收草近1300万束。漠南地区的官牧牲畜，由地方政府提供人力、物资，普遍搭盖棚圈。大都留守司专设苜蓿园，"掌种苜蓿，以饲马驼膳羊"，元朝几次颁布"劝农条画"，其中一条就是规定农村各社"布种苜蓿"，"喂养头匹"。②这些都是以往分散的"野牧无刍粟"的纯游牧经济所不能比拟的。

官营牧场上的牧人被称为哈赤、哈剌赤，设有千户、百户进行管理，"父子相承任事"③。官牧场养有大批马群，"或千百，或三五十，左股烙以官印，号大印子马。其印，有兵古、贬古、阔卜川、

———————

①　宋濂：《元史》卷99《兵志二》。

②　阿岩、乌恩：《蒙古族经济发展史》，远方出版社1999年版，第130页。

③　宋濂：《元史》卷100《兵志三》。

月思古、斡柔等名"。① 每年从夏季到冬季，牧人随逐水草放牧牲畜，然后返回本牧场，每年九月、十月朝廷派太仆官前往各处官营牧场，"驰驿阅视，较其多寡，有所产驹，即烙印取勘，收除见在数目，造蒙古、回回、汉字文册以闻，其总数盖不可知也"。② 各地应造蒙古、回回、汉字文册登记牧场所有牲口数目，上报管理部门，如病死三匹马，牧人必须赔偿大牝马一匹，死两匹偿二岁马一匹，一匹马偿牝羊一只，"其无马者以羊、驼、牛折纳"。③ 由于官营牧场牲畜种类繁多，牧人的分工也很专业化，有亦儿哥赤（羯羊倌）、亦马赤（山羊倌）、火你赤（羊倌）、苟赤（骡马倌）、阿塔赤（骟马倌）、兀奴忽赤（一岁马驹倌）、阿都赤（马倌）等名目。④

官牧场上牧养有大量的马驼牛羊。据《大元马政记》载，在某个皇家官牧场上，仅官有母羊就达30万头。马可·波罗亲见，忽必烈在上都"豢养了成千上万的牡马和牝马，色白如雪"。"朔方戎马最，刍牧万群肥"，"牛羊及骡马，日过千百群"等，都是元朝诗人对蒙古畜牧业兴旺发达的真实写照。⑤

三 "屠禁"等法律政策保障

元廷政府为畜牧业的发展还制定了相较于汗国时期更为严格和详细的法律文件，在禁私杀牛马、保护牲畜产权、贩运和走私牲畜等方面作出了严厉而具体的规定。中统二年（公元1261年）五月，

① 宋濂：《元史》卷100《兵志三》。

② 同上。

③ 同上。

④ 张帆、曹永年：《蒙古民族通史》第2卷，内蒙古大学出版社2002年版，第143页。

⑤ 同上书，第143页。

忽必烈下令"禁私杀马牛"①，次年十二月，"申严屠杀牛马之禁"②。《元史·刑法志》载："诸每月朔望二弦，凡有生之物，杀者禁之。诸郡县岁正月五月，各禁宰杀十日，其饥馑去处，自朔日为始，禁杀三日。诸每岁，自十二月至来岁正月，杀母羊者，禁之"，这是对禁杀日期的具体规定。另外，严禁以马作为礼物赠送，"诸宴会，虽达官，杀马为礼者，禁之"，可见马受到特别的重视。而对于"其有老病不任鞍勒者"，则必须"与众验而后杀之"，非常严格。此外，对私宰牛马、官员失职及隐瞒不报等一些行为，也都有很具体严厉的惩罚措施，"诸私宰牛马者，杖一百，征钞二十五两，付告人充赏。两邻知而不首者，笞二十七。本管头目失觉察者，笞五十七。有见杀不告，因胁取钱物者，杖七十七。若老病不任用者，从有司辨验，方许宰杀。已病死者，申验开剥，其筋角即付官，皮肉若不自用，须投税贷卖，违者同匿税法。有司禁治不严者，纠之。诸私宰官马牛，为首杖一百七，为从八十七。诸助力私宰马牛者，减正犯人二等论罪。诸牛马驴骡死，而筋角不尽实输官者，一副以上，笞二十七；五副以上，杖四十七；十副以上，杖六十七，仍征所犯物价，付告人充赏"。③由于管理不善，造成马匹的病死，牧人也必须进行赔偿，具体赔偿方式上文已有提及，此处不再赘述，这就要求牧人增强责任感，管理好牧场的工作。

元朝的法律规定，对于偷盗马、牛、驼、驴、骡的罪犯，以盗一赔九进行处罚，"诸盗驼马牛驴骡，一陪九"。并对于所偷盗牲畜及初犯再犯的不同，处以不同的刑罚，区别主要在于鞭杖数目的不同，"盗骆驼者，初犯为首九十七，徒二年半，为从八十七，徒二

---

① 宋濂：《元史》卷4《世祖一》。
② 宋濂：《元史》卷5《世祖二》。
③ 宋濂：《元史》卷105《刑法四》。

年；再犯加等；三犯不分首从，一百七，出军。盗马者，初犯为首八十七，徒二年，为从七十七，徒一年半；再犯加等，罪止一百七，出军。盗牛者，初犯为首七十七，徒一年半，为从六十七，徒一年；再犯加等，罪止一百七，出军。盗驴骡者，初犯为首六十七，徒一年，为从五十七，刺放；再犯加等，罪止徒三年。盗羊猪者，初犯为首五十七，刺放，为从四十七，刺放；再犯加等，罪止徒三年"。① 对于盗窃官牧牲畜的，则罪加一等，"盗系官驼马牛者，比常盗加一等"。而对于"诸白昼剽夺驿马"的，刑罚为最重，"为首者处死，为从者减一等流远"。② 当然，有了禁律，多少有些限制，对牲畜繁殖还是起了一定的保护作用。

元朝法律根据偷盗者身份的不同，制定了不同的处罚力度。若"诸奴婢盗人牛马"，则"既断罪，其赃无可征者，以其人给物主，其主愿赎者听"。若是"诸系官人口盗人牛马"，则"免征倍赃"。如若"诸遐荒盗贼，盗驼马牛驴羊"，则"倍赃无可征者，就发配役出军"。③ 对于流囚的偷盗行为，则是"初犯怯烈司盗驼马牛，为从……并杖一百七，流奴儿干。初犯盗驼马牛，为首……并杖一百七，发肇州屯种"。④

对于偷盗牲畜，除了刑法明文规定以外，元朝政府还不时发布诏令予以补充。大德五年（公元1301年）十二月禁令，"定强窃盗条格，凡盗人孳畜者，取一偿九，然后杖之"。⑤ 大德八年（公元1304年）十一月，"盗禁御马者，初犯谪戍，再犯者死"。⑥ 而且越

---

① 宋濂：《元史》卷105《刑法四》。
② 同上。
③ 宋濂：《元史》卷104《刑法三》。
④ 宋濂：《元史》卷103《刑法二》。
⑤ 宋濂：《元史》卷20《成宗三》。
⑥ 宋濂：《元史》卷21《成宗四》。

到后期，对于偷盗牲畜者判罪的刑罚就越严厉，尤其对盗牛马者，判罪最重。如至大二年（公元1309年）规定："强盗皆死；盗牛马者劓；盗驴骡者黥额，再犯劓；盗羊豕者墨项，再犯黥，三犯劓；劓后再犯者死。"①

对于贩运和走私牲畜，元朝政府也屡次下诏令予以禁止。中统二年（1261年），"申严越境私商，贩马匹者罪死"②。至元元年（1264年），"申严持军器、贩马、越境私商之禁"③。至元二年（1265年），又"诏申严越界贩马之禁，违者处死"④。世祖时期此类法令严加实施，据《元史》记载，当年正月邱州万户张邦直等人因为贩马而被处死。至元十五年（1278年）又规定，"官吏隐匿及擅易马匹、私配妇人者，没其家"。⑤ 对于贩卖走私马匹的处罚如此之严厉，是保护畜牧业的生产发展，但更重要的是出于军事方面的考虑。战争离不开马匹和其他牲畜，特别是对于"马上得天下"蒙古族统治者来说，其意义更为重大。仔细观察即可发现，这一时期是宋蒙之间的战争对峙时期，所以对于边境地区走私和贩卖马匹活动的控制更为严格，还设置了专门的机构和人员，以防贩马者运输马匹到南宋地界。不仅如此，在对外贸易中，元朝政府也严禁马匹的出口，"诸下海使臣及舶商，辄以中国生口、宝货、戎器、马匹遗外番者，从廉访司察之"⑥。大德三年（1299年）六月，又"申禁海商以人马兵仗往诸番贸易者"⑦。

---

① 宋濂：《元史》卷39《顺帝二》。
② 宋濂：《元史》卷4《世祖一》。
③ 宋濂：《元史》卷5《世祖二》。
④ 宋濂：《元史》卷6《世祖三》。
⑤ 宋濂：《元史》卷10《世祖七》。
⑥ 宋濂：《元史》卷105《刑法四》。
⑦ 宋濂：《元史》卷20《成宗三》。

四 "倾斜式"的国家财政赈济

粗放的游牧经济十分容易受到自然条件的约束和限制，元朝虽对畜牧业发展制定了种种促进、鼓励及保护的措施，但畜牧业本身抗灾能力并不强，发展十分不稳定。元朝灾疫频繁，其中发生在畜牧业地区的水、旱、风、雹、霜、冻、瘟疫的次数不少，每当发生灾害，元廷都积极予以救济。成宗大德九年（1305 年），北方乞禄伦部大雪，贾昔剌请官买驼、马，补其死损，内府出衣币，并"身往给之，全活者数万人"①。仁宗时期，哈剌哈孙出镇北边，会大雪，民无所得食，"转米数万石以饷饥民，不足则益以牛羊"。② 至治三年（1323 年）四月，蒙古千户"比岁风雪毙畜牧，赈钞二百万贯"③。至顺二年（1331 年）八月，斡儿朵思之地频年灾，牲畜多死，民户有一万七千一百六十，"给钞二万锭赈之"。④ 以上都是因风雪灾害而赈济的，朝廷也因贫困而常对蒙古人民给予赈济，如至元二十一年（1284 年）对乞里吉思部及至元二十七年（1290 年）对暗伯民部的赈济。⑤ 还有一些官吏每逢灾害，一面向朝廷申请赈济，一面以私人赀产赈济，延祐四年（1317 年），"朔方又以风雪告，公（贾昔剌）复为请如大德时，更出私家马二百以充用"。⑥ 至顺元年（1330 年）九月，铁里干、木邻等三十二驿，自夏秋不雨，

---

① 虞集：《道园学古录》卷 17《宣徽院使贾公神道碑》。

② 宋濂：《元史》卷 136《哈剌哈孙传》。

③ 王圻：《续文献通考》卷 23《国用》。

④ 宋濂：《元史》卷 35《文宗四》。

⑤ 宋濂：《元史》卷 13《世祖十》。

⑥ 虞集：《道园学古录》卷 17《宣徽院使贾公神道碑》。

牧畜多死，民大饥，命岭北行省人赈粮二石。① 至顺二年（1331 年）四月，镇宁王那海部曲二百，以风雪损挐畜，命岭北行省赈粮两月。② 牧民每遇灾害，由各级官府出钞币、牲畜和粮食赈济救灾，借以显示皇帝对牧民的爱护。而受灾牧民也确能通过这些赈济得以度过荒灾，减轻生产上和生活上的困难，较快地恢复生产。

尽管元代畜牧业有了很大发展，但其结构松散、自由放任、抗御自然灾害能力弱的缺陷，也不可避免地暴露出来。对于畜牧业发展所面临的关键性问题，元朝统治者不是没有注意到，除了采取财政赈济等应急措施外，也有在牧区打井、浚古渠灌溉等发展草原畜牧业的长期打算，这无疑对畜牧业的发展具有极大的促进作用，使畜牧业一度趋于兴旺。发展海运与运河漕运，在北方屯田积谷，也使草原畜牧业的社会经济保障条件有了一定的提高，忽必烈时期也曾致力于改进畜牧业的生产技术，曾按照"蒙中样"置办饮马槽送赴漠北等，但以上举措统统带有蒙古统治集团"倾斜式"扶持与照顾的意味，草原游牧经济本身的"脆弱性"没有得到根本改善，若元王朝一旦停止对其的财政经济投入与法律保障，畜牧业所维持的兴旺景象也将迅速崩塌。

五 马政

元代的马政除上文已提及的官办机构、官马、官牧场之外，还应包括市马与括马这两部分。为了弥补马匹的不足，元廷一般采取比较便捷的方法，即主要通过强行购买和拘括两个途径直接取马于民间。朝廷购置民间马匹，又称"和买马"，其不但有定额，还有不

---

① 宋濂：《元史》卷 34《文宗三》。
② 宋濂：《元史》卷 35《文宗四》。

少具体规定，实际上是以很低的价格强行从民间搜罗马匹。忽必烈即位后，为对付阿不里哥的进攻，于中统元年（1260年）及二年命各宣抚司和买乘马，规定课银一锭买马五匹，有乘马之家，五匹内只许留存一匹，并确定了各路的购马限额，共买到马匹三万五千余匹，"授蒙古军之无马者"。① 至元四年（1267年），又以阿求属部军队缺马，从各地购置马匹四千五百余匹。② 以后和买马匹成为民间所承担义务的重要组成部分，买到的马匹除军用外，也可用作他途，但军用仍是一个重要方面。购置马匹的办法也做了一些改变，一种办法是由朝廷直接给军人发放马价银钞，就地购置，不再由政府统一在各路和买到马匹后再送至军前，如至元二十年（1283年），给在陕、川的忙古解拔都军两千人发放马价钱购买五千匹马，"于大王只必铁木儿、驸马昌吉两位下并甘、肃、川察罕哈剌哈孙处差人购买"。③ 成宗元贞元年（1295年）三月，给征西军五万锭市马万匹，"分赐二十四城贫乏军校"，四月，"给扈从探马赤军市马钞十二万锭"。④ 另一种办法是规定某一地区的马匹免去政府和买，直接供给附近的驻军。购买马匹和其他牲畜的花销相当大，仅至元三十年（1293年）一年，"赐诸臣羊马价，钞四十三万四千五百锭，币五万五千四百一十锭"。⑤

括马又称"刷马""拘刷马匹"，其与市马不同，市马有时可为了解决朝廷、官府及站赤的用马问题，后来成为一种固定制度，但括马则基本上是为了解决军队的急需而采取的应急办法。以后虽然因为有例可循，每遇军队缺马即行拘刷，但仍被人们视为"非常制

---

① 宋濂：《元史》卷 4《世祖一》。
② 宋濂：《元史》卷 6《世祖三》。
③ 宋濂：《元史》卷 12《世祖九》。
④ 宋濂：《元史》卷 18《成宗一》。
⑤ 宋濂：《元史》卷 17《世祖十四》。

也"。市马要给价钞，括马则大多不给价钞，军队使用后"各回付元（原）主"，军人要留用的马匹"依例与价"。当然，实际上回付原所有者和给价的马匹不会很多，括马即等于强行征取马匹于民间，所以人民若听闻朝廷有括马的消息，大多在当下直接将马匹出售，免遭经济损失。在至元二十三年（1286 年）到三十年（1293 年）之间，朝廷大小括马十次以上，最大的两次括马数额都高达十万匹以上。[①]

总体来说，在官府养马、市马和括马这几种马匹供应办法中，括马因为花费代价最低、见效最快，所括马匹多为"四岁以上骟马"，可以直接充为军用或交通等用途，所以最为统治者喜好，成为元朝马匹的主要来源。最初括马是为了给出征军人提供马匹，后来连京城宿卫的怯薛和侍卫亲军需用马匹，也要从民间拘括。[②]

牧养官马、市马和括马，即所谓"马政"，马匹主要取自民间，虽给民间（主要是中原和江南地区）的养马业带来极大破坏，但基本做到了马匹不取之于草原蒙古本部而朝廷有马可用，从而保证了草原畜牧业的正常发展。这也是蒙古统治集团利用中原及江南地区经济发展成果"倾斜性"照顾蒙古本部经济的最突出体现。

第二节　农耕经济扩大

元代蒙古人的农业生产规模之大，可谓空前。在举国以农业为本的大环境下，蒙古人民的游牧文化与农耕文化在更大范围之内相

---

① 陈高华、史卫民：《中国经济通史·元代经济卷》上卷，中国社会科学出版社 2007 年版，第 240 页。

② 同上书，第 241 页。

互碰撞、相互借鉴、相互促进。农业耕种地区从漠南一直扩展到蒙古族聚居区的北部草原，屯田规模的扩大与农业生产技术的提高，都是蒙古劳动人民素质技能提高的表现。但蒙古农业发展水平毕竟有限，粮谷仍然还是依靠中原内地的供应才能得以满足。

一　招募军民扩大屯田规模

屯田对于元朝统一起了重要的作用，"国家平中原，下江南，遇坚城大敌，旷日不能下，则困兵屯田，耕且战，为居久计"①，这段话说明了一方面屯田和统一战争的关系，屯田所得，为军队的行动提供了物质保证；另一方面，屯田对于北方农业生产以至整个社会经济的恢复，也是有力的推动。

全国统一以后，忽必烈仍把恢复和发展农业生产作为一项重要的工作。这时，无论是北方或是南方，由于战争的破坏，都有大量荒闲的田土存在，元政府为此采取两方面的措施，一是募民垦荒，二是继续组织军民屯田。至元十四年（1277 年），有臣上奏建议募民耕种和军队屯田，元政府为此下诏："圣旨到日，田地的主人限半年出来。经由官司，若委实是他田地，无争差呵，分付主人教依旧种者。若限次里头不来呵，不拣什么人自愿的教种者。更军民根底斟酌与牛具、农器、种子，教做屯田者。"② 凡是无主的荒闲田土，或由他人认领耕种，或组织军民屯田。后来元朝政府对于荒闲田土，大体上都照此办理。认领耕种便是募民垦荒。两者的区别是，屯田由政府出面组织，一般是集中在指定地区从事生产，政府提供部分或全部生产资料（农具、耕牛、种子），收获物采取政府与耕作者分

---

① 苏天爵：《国朝文类》卷 41《经世大典序录·政典·屯田》。
② 《元典章》卷 19《户部五·荒田·荒闲田土无主的做屯田》。

成的办法；募民垦荒则是政府招募人员（通常是流亡人户）认领土地，从事生产，给予一定年限的减免赋税的优待，期满后按规定承担赋役。

元代设岭北行省，管理漠北草原之地，全国统一后，窝阔台系和察合台系的宗王不断起兵，反对忽必烈及其继任者，战争主要在北方进行，元朝政府经常在北边派驻重兵，粮食供应成了严重的问题，"因屯田以给军储"，便成为元朝政府特别重视的一项措施。至元十六年（1279 年），元廷命显武将军石高山"同忽都鲁领三卫军戍和林，因屯田以给军储，岁不乏用"①。至元二十年（1283 年），"令西京宣慰司送牛一千，赴和林屯田"②。大德元年（1297 年）正月，又抽调和林汉军在五条河屯田，"以岁入之租资之"，同时赐晋王所部屯田农器千具，复增其屯田户。③大德五年（1301 年）八月，秃剌铁木而等人从和林辖军还朝，建言"和林屯田宜令军官广其垦辟，量给农具"④。延祐六年（1319 年）十一月，"敕晋王部贫民二千居称海屯田"⑤，同年还"分拣蒙古军五千人，复屯田称海"⑥，可知此时称海屯田以蒙古人为主。称海屯田在元廷备受重视，世祖、成宗时期相继在这里驻军屯种，后来因战事频繁，屯田遭到破坏。和林行省左丞相哈剌哈孙命人经理称海屯田，"称海屯田弛，重为经理，岁得米二十余万斛。益购工冶器，择军中晓耕稼者杂教部落，又浚古渠，溉田数千顷，谷以恒贱，边政大治"⑦。至治三年（1323

---

① 宋濂：《元史》卷 166《石高山传》。
② 宋濂：《元史》卷 58《地理一》。
③ 宋濂：《元史》卷 19《成宗二》。
④ 宋濂：《元史》卷 20《成宗三》。
⑤ 宋濂：《元史》卷 26《仁宗三》。
⑥ 宋濂：《元史》卷 100《兵志三》。
⑦ 苏天爵：《国朝文类》卷 25《丞相顺德忠献王碑》。

年），"罢称海宣慰司及万户府，改立屯田总管府"①。由此可见，称海屯田在蒙古人民聚居区的重要地位。

此外，泰定帝时，元朝还在海剌秃地方设置屯田总管府②，谦谦州和吉利吉思之地也有屯田，元朝曾经从淮河以南地区派汉族农民携农具前往屯种。③"英宗时，立屯田万户府，为户四千六百四十人，为田六千四百余顷"④，这应是当时岭北行省全部屯田的数字。总的来说，岭北行省屯田数量是有限的，而且兴废不常，但是能在漠北高寒地区经营农业，本身就具有极其重要的意义。

漠南地区，许多汉族农民从事农业生产，也有部分蒙古人学会了农业生产技术，如弘吉剌部聚居的达里诺尔附近，"人烟聚落，以耕钓为业"，在元世祖初年的文献中，出现了弘吉剌、亦乞列思"种田户"的记载。⑤ 后来，应昌路成为漠南地区一个重要的屯田点。驻防在上都地区的虎贲军，除担任保卫都城的安全外，平日从事屯田生产。至元二十八年（1291年）二月，"以上都虎贲士二千人屯田，官给牛具农器，用钞二万锭"。⑥ 次年十一月，枢密院奏称："一卫万人，常调二千屯田，木八剌沙上都屯田二年有成，拟增军千人"，从之。⑦ 至元三十年（1293年）二月，"益上都屯田千人，给农具、牛价钞五千锭，参木八剌沙董之"。⑧ 大德元年（1297年）正式设立虎贲亲军都指挥使司，在松州（今内蒙古赤峰西）设立分司，

---

① 宋濂：《元史》卷24《仁宗一》。
② 宋濂：《元史》卷29《泰定帝一》。
③ 宋濂：《元史》卷7《世祖四》。
④ 宋濂：《元史》卷100《兵志三》。
⑤ 《大元马政纪》。
⑥ 宋濂：《元史》卷16《世祖十三》。
⑦ 宋濂：《元史》卷17《世祖十四》。
⑧ 宋濂：《元史》卷100《兵志三》。

亦进行屯田。①

元朝在以往朝代没有屯田的地方又增设了许多新的屯田区，在元朝行政所辖和军力所及的地区，都开展了大规模的屯田，漠南漠北地区也因军屯民屯的发展，而大大促进了该地区农业经济的发展。

二　《农书》等农业书籍对蒙古族农业生产力的影响

中国历来都是以农为本的国家，世祖忽必烈创建元朝之后，逐渐改变了蒙古人民对农业的看法，重农措施的施行使元代农业生产获得长足进步。元代农书种类多种多样，有综合性的大型农书，有专业性农书，也有地区性农书。每种农书都反映了当时的地区特点、生产力发展水平、农业生产技术经验，元朝为我国悠久的农业文化奠定了坚实的基础。元代农书中，影响最大、流传最广的，以元朝廷官撰的《农桑辑要》、《王祯农书》和鲁明善的《农桑衣食撮要》最为重要。这三部农书对当时农业生产技术的推广、农业生产水平的提高起了很大的推动作用，直至今天，仍可作为农业生产的参考。

《农桑辑要》是元朝第一本官书，其栽桑养蚕部分占全书比重较大，所以书名为此。全书内容主要针对北方尤其是黄河流域的农业生产特点而作，代表当时中国北方的农业生产水平。王祯的《农书》是一本农业百科全书，这本书综合探讨了黄河流域旱地农业技术和江南水田精细作业的经验，对南北方农业技术和农具的异同、功能进行了分析比较，其"农器图谱"的篇幅最大，约占全书的4/5，清楚地介绍了各种农器的来源、构造和用法。元廷不断向蒙古地区输入汉地农耕器具，以促进军屯及农业的发展，故《农书》一书对于岭北蒙古人民聚居区的农业进步做出了极具意义的贡献。

---

①　宋濂：《元史》卷86《百官二》。

为了确保军事安全，发展边境蒙古地区的军屯及农业生产，元朝廷除了拨给农具，还派遣专业人员至该地区指导"铸作农器"。至元七年（1270年），益兰州等五部断事官刘好礼从内地派去工匠，生产农具并传授铸造农器的技术。[①] 在汪古部领地的集宁路遗址及其附近地区的考古发现中，有许多农业生产工具，如铁耧、铁铧、铁耙齿、铁锄、铁铲等，形制的进步、种类的繁多，都反映了该地较高的农业生产水平。在出土的实物中还有磨盘、石杵、臼、碌碡等粮食加工工具。[②] 这都说明汪古部人已基本上掌握翻地、播种、收割、贮藏等农业知识，生产已逐渐走上半农半牧的道路。至元十九年（1282年）五月，于别失八里"设立冶场，鼓铸农器"[③]，推动了这些地区的农业发展。

蒙古人民对中原农用器具的使用方面，固然会感到一定的陌生，《农书》一书对引导并帮助不擅农业耕作的蒙古人在短时期内熟练使用多种形制复杂的农业器具做出了很大的贡献，对漠南漠北地区的农业发展极具意义。

在元代长期和平的环境中，尽管漠南地区引进内地农业，但整个蒙古地区，特别是气候寒冷的漠北地区，屯田是因军事需要而进行的，具有时行时废的不稳定性，农业发展必然有限，粮谷之需主要还是仰赖中原内地供应。

第三节　官办手工业带动蒙古族手工业经济

元代手工业的突出特征是生产的高度集中和官办手工业占绝对

---

① 宋濂：《元史》卷167《刘好礼传》。
② 李幹：《元代民族经济史》上卷，民族出版社2010年版，第301页。
③ 宋濂：《元史》卷12《世祖九》。

支配地位。这种官办手工业，是在"大一统"的中央集权制度下，为巩固中央集权的需要和满足皇室穷奢极欲的生活需要而建立的。元代的官办手工业从兵器生产到日常生活用品生产，无所不有，在各类专业行政机构的管理之下，以制毡、制鞍、制甲为代表的蒙古手工业得到了进一步的发展。

一　发达的官办手工业

官办手工业的生产资料归国家所有，生产所需的原料：一靠政府的赋税征收而来（主要是纺织局、院所需的丝），二靠政府向百姓"和买"而来。官办手工业的劳动者主要有两类，一类是俘获或收容的怯怜口、阑遗人口和驱奴；另一类是政府在百姓中签发的匠户、冶户和盐户。政府还不时将判处徒刑的罪犯，发配到某些官办手工业部门戴镣居役。被签发来在官府的局院、矿冶和盐场上从事生产的匠户、冶户和盐户，都在官吏的层层监督之下，使用官府的生产工具和原料，完成规定数额的产品，然后可以得到微薄的口粮或工本。在完成定额之余，可以回家生产或就近耕种土地。[①] 匠户、盐户、冶户都是世代相继的，不经政府批准，不能脱离。怯怜口、阑遗人口和驱奴的身份是不自由的，其待遇比起匠户、冶户和盐户来，还要差得多。

元代的官办手工业虽始建于成吉思汗向外扩张时期，但到忽必烈统治时期才大体确定下来。兴起于漠北的蒙古民族，原本过着游牧的经济生活，除畜产品加工外，其手工业是不发达的。在向外扩张过程中，蒙古汗国政府特别注意搜罗各民族的工匠，组织他们进

---

① 陈高华、史卫民：《中国经济通史·元代经济卷》上卷，中国社会科学出版社 2007 年版，第 197 页。

行生产，弥补本民族的不足。全国统一以后，元朝将官办手工业的历史推向一个新的高峰，官办手工业分属工部、内府、武备寺系统。

工部"掌天下营造百工之政令。凡城池之修浚，土木之缮葺，材物之给受，工匠之程式，铨注局院司匠之官，悉以任之"。① 据此看来，工部职责当为：制定国家手工业政策、法令；拨付生产物料；制定产品标准式样；任命匠官等总揽全局、宏观的事务。实际上工部亦直接实施造作，其下属有许多生产部门，其中最多的是生产高级丝织品的纺织局院（当然还有不少皮毛织造局），其次是为宫廷和都城服务的一些土木建造机构，如油漆局、玛瑙局、银局、镇铁局、石局等部门。它们大多隶属"诸色人匠总管府"管领。

内府系统主要包括将作院、大都留守司等部门，这些机构以最高统治阶级——皇室为服务对象，故生产中多限于提供满足统治阶级奢侈生活需要的物品。元人对此亦有论述："我国家因前代旧制，既设工部，又设将作院，凡土木营缮之役，悉隶工部；金玉珍宝、服玩、器币，其治以供御者，专领之将作院，是宠遇为至近，而其职任，视工部尤贵且重也。"② 具体来讲，将作院"掌成造金玉珠翠犀象宝贝冠佩器皿，织造刺绣段匹纱罗，异样百色造作"③；大都留守司则"掌守卫宫阙都城，调度本路供亿诸务，兼理营缮内府诸邸、都宫原庙、尚方车服、殿庑供帐、内苑花木，及行幸汤沐宴游之所，门禁关钥启闭之事"④。分工虽不同，但它们的主旨是一样的，以满足最高统治阶级需要为己务。它们与工部一样，其下亦设立了规模与数量均不菲的生产部门。

---

① 宋濂：《元史》卷85《百官一》。
② 胡行简：《樗隐集》卷2《将作院题名记》。
③ 宋濂：《元史》卷88《百官四》。
④ 宋濂：《元史》卷90《百官六》。

武备寺是元代军器生产管理部门，"掌缮制戎器，兼典受给"①。在它设立之前，世祖"至元初，命统军司选兵，坏则诸万户行营选匠修之。今则内有武备寺积贮，列郡设杂造句，岁以铠仗上供"②，由此可知，元代军器的承造单位经历了一个演变的过程。而具体到武备寺本身，也经历了一个机构演变的过程，"至元五年，始立军器监，秩四品。十九年，升正三品。二十年，立卫尉院。改军器监为武备监，秩正四品，隶卫尉院。二十一年，改监为寺，与卫尉并立。大德十一年，升为院。至大四年，复为寺，设官如旧。"③ 此外，除生产部门外，其下还设贮藏库三，广胜库"掌平阳、太原等处岁造兵器，以给北边征戍军需"；寿武库以衣甲库改置；利器库"掌随路军器"。④

此外，诸如户部、礼部等机构下也有一定手工局院的设置，数量不大，但作用不可小觑，如户部属下"大都河间等路都转运盐使司""山东东路转运盐使司""河东陕西等处转运盐使司"是为全国三大盐场，是关系国计民生——盐的生产机构。

总的来说，元代中央政府直接管辖的官办手工业中，"织染"类有关的局、院为数最多，其中又以丝织为主，其次是毛织，"织染"之后是军器制造、食品加工、建筑、矿冶、器物制作等。这些官办手工业局、院，分别属于中央政府的不同系统，它们的设置，并不是有计划地全面安排的结果，通常都是以战争中俘获的人口或招集来的流亡人户为基础，根据这些人的技能或宫廷、政府的当时需要，安排从事某种器物的生产，然而时间一长，便形成了机构重叠、管

---

① 宋濂：《元史》卷90《百官六》。
② 苏天爵：《国朝文类》卷41《军器》。
③ 宋濂：《元史》卷90《百官六》。
④ 同上。

理混乱的局面。

蒙古族的官办手工业主要分布在镇海、谦谦州、和林、荨麻林、上都、兴和路、集宁路等处。上都官办手工业的行业很多，主要有制毡业、制革业、织染业、制甲业、铁器冶造业、金银器制造业、银矿冶炼业、山林采伐业等，这些行业生产的产品，绝大部分用来满足皇室和官府的需要。上都的官办手工业局、院，据《元史·百官志》所载，有器物局，葫芦局，管领怯怜口民匠提领所、采山提领所、软皮局、毡局、金银器盒局，铁局、诸色民匠提举司、异样毛子局、毡局（上都有两毡局，一受工部诸司局人匠总管府领导，一受詹事院节制）、斜皮等局、杂造鞍子局、人匠提居所、人匠局、甲匠提举司、杂造局等十七个单位。在这十七个局司中，规模最小的应有工匠百户以上，最大的应有工匠千户以上。[①] 由于上都地区手工业局院多，工匠人数多，至元十八年（1281 年），还专门设立奥鲁提举所，"掌理人匠词讼"[②]。

谦谦州是汉族工匠聚集的地区，成吉思汗西征以前，将中原汉地的工匠大量迁移到吉利吉思、谦谦州地区，生产武器和丝织品。元朝建立后，设立谦谦州武器局，秩正五品，设大使、副使等官员。[③] 至元六年（1269 年）二月，"赈谦州人匠贫乏者五千九百九十九石"[④]，可见这里工匠人数之多。元初，曾将谦谦州一带工匠迁入内地，至元二年（1265 年）正月，"敕徙镇海、百八里、谦谦州诸色匠户于中都，给银万五千两为行费"。[⑤] 至元七年（1270 年）六

---

① 宋濂：《元史》卷 82《选举二》。

② 宋濂：《元史》卷 89《百官五》。

③ 宋濂：《元史》卷 90《百官六》。

④ 宋濂：《元史》卷 6《世祖三》。

⑤ 同上。

月，"徙谦州甲匠于松山，给牛具"①。谦谦州的居民，不会制作杯皿，不会制造舟楫，五部断事官向元政府报告，派来汉人工匠教会当地人制陶、铁冶和造船等技术，使谦谦州地区手工业生产得到进一步发展。②

二 制毡、制鞍、制甲——畜产品加工技术发达

蒙元时期，百色工匠，无不具备，但是，畜产品加工仍是蒙古族手工业的最大生产部门。制鞍、制甲、制毡等蒙古族特有的手工业生产技术，在元代达到相当高的水平。不仅种类繁多，而且式样新颖，精巧美观。随着蒙古人的大量内迁，织造毯罽的技术也传入了中原汉族地区，马可·波罗赞赏道，"是为世界最丽之毡"，"为世界最良之毡"。畜产品加工业的发展，不仅使蒙古族人民有产品跟内地交换，也扩大了对外贸易，同时还能从畜牧业中解放一部分人力，转移到手工业、商业和其他行业中来，有助于蒙古人民生活水平的提高。

皮革加工业在蒙古族手工业生产中占重要地位，它的管理机构和生产部门很多，仅在上都就有上都貂鼠软皮等提领所、上都软皮局、上都异样毛子局、上都斜皮局、上都隆兴等路杂造鞍子局、上都怯怜口毛子局等。蒙古草原出产的畜产品是其主要原料来源，有时原料也来自外地。如至元十三年（1276 年）四月，"以水达达分地所输皮革，自今并入上都"③。至大元年（1308 年）十一月，上都

---

① 宋濂：《元史》卷 7《世祖四》。
② 宋濂：《元史》卷 167《刘好礼传》。
③ 宋濂：《元史》卷 9《世祖六》。

有个缝皮帽子的工匠，因缝走了样而被告到官衙。① 可见，当时手工业产品质量的标准极为严格。兴和路也设有手工业作坊，隆兴毡局，设大使一员、副使一员，管领匠户一百户。② 至元二十三年（1286年），设隆兴路杂造鞍子局。③

我国北方少数民族，在长期的游牧生活中，发展了毡罽业生产，蒙古人入主中原后，宫廷、贵族对毡罽的需求量越来越大。制毡是蒙古族世代传统的手工业，毛毡用于帐幕、铺设、靴帽、装饰等许多方面，与蒙古人的生活息息相关。上都的制毡业很发达，工部在上都设立的毡局为从五品，管理工匠 57 户。④ 中统三年（1262年），立局的当年就织造了羊毛毡三千二百五十段，以后三年内又织成白毡八百一十片，悄白毡一百八十段，大糁白毡六百二十五段，熏毡一百段，染青小哥车毡十段，大黑毡三百段，另外还有染毡一千二百二十五斤。⑤ 至元二十年（1283年），詹事院也在上都设立了毡局。

在蒙古族聚居区内，制甲的匠局有武备寺所属的上都甲匠提举司、兴州白局子甲局、兴州千户寨甲局、松州五指崖甲局、松州胜安甲局等。上都附近的恒州也有甲局，元贞元年（1295年）九月，"给恒州甲匠粮千石"⑥。武备寺在上都的附属机构还有上都杂造局、奉圣州军器局、蔚州军器人匠提举司、宣德府军器人匠提举司等，⑦ 这些匠局主要生产兵器。

① 《元典章》卷 58《工部·造作·禁异样帽儿》。
② 宋濂：《元史》卷 85《百官一》。
③ 《永乐大典》卷 19781《经世大典·诸局》。
④ 宋濂：《元史》卷 85《百官一》。
⑤ 《大元毡罽工物记》。
⑥ 宋濂：《元史》卷 18《成宗一》。
⑦ 叶新民：《元上都的官署》，《内蒙古大学学报》1983 年第 1 期。

元政府很重视上都地区的银冶业。至元十八年（1281 年），开聚阳山银场，立云州等处银场提举司。① 至大三年（1310 年）六月，"立上都、中都等处银冶提举司"。② 据同年十一月尚书省的报告，去年共炼银 4250 两。③ 至治三年（1323 年）正月，"罢上都……诸金银冶，听民采炼，十分之三输官"。④

据至元三十年（1293 年）的统计，"上都工匠二千九百九十九户，岁糜官粮万五千二百余石"。⑤ 到元代中期，仅中政院所属的管领上都等处诸色人匠提举司，就有工匠 2500 多户。⑥ 如果加上上都及岭北其他手工业部门的工匠数，那么可想而知，蒙古族手工业的发展规模就更加可观了。

第四节　"富夸塞北"的草原城镇及商贸业

草原城市是随草原畜牧业而发展起来的，粗放的游牧经济十分不稳定，如果没有其他生产部门的供给，是不可能持久发展的，故草原城市的功能主要还是产品交换。无论是蒙古本部与中原汉地的畜粮交易，还是国内外使臣与宗教人士的经济、文化来往，都促使本以军事或政治目的兴建的草原城镇逐步走上商业化的道路，蒙古人民的商业往来渐增，生活水平得到改善。

---

① 宋濂：《元史》卷 94《食货二》。
② 宋濂：《元史》卷 23《武宗二》。
③ 同上。
④ 宋濂：《元史》卷 28《英宗二》。
⑤ 宋濂：《元史》卷 17《世祖十四》。
⑥ 宋濂：《元史》卷 88《百官四》。

一 大力兴建蒙古地区城镇

北方草原游牧地区的城市一般是从集市中心发展起来的。蒙古草原地广人稀，部落之间相距较远，因此只适宜于定期的长途商品贸易。为克服蒙古草原的地理、气候及其他方面的影响，商人往往是结伴而来，并且需要较好的贸易场所，这就形成了新的集市中心。贸易活动又会促进交通工具和储藏方法的提升与进步，这样手工业也得以发展，加之一些能工巧匠的汇集及原料的就地加工，从而促进了城市的形成和繁荣。蒙古地区的城市多与军事集结以及屯垦有关，其所在地或为军事要冲，或为水草丰足之地，以便容纳大规模的人畜聚集。与中原城市一样，草原城市也有其政治意义，它们往往是部落会盟的政治中心，它的产生主要还是人们相互作用的结果。但草原城市联系相对松散，由于游牧地的迁移，或是商路的中断，或是军事转移，城市也就随之消失，因此草原城市往往缺乏持久性、稳定性。

元代北方蒙古草原出现了一些规模很大的城市，例如上都、和林等，原本是由于政治和军事需求建立起来的城市，随着经济的需要，其商业活动也随之发展起来。蒙古城市大多融合了各民族文化的特点，既保留了游牧民族的传统，又有其他民族的风格，显得丰富多彩。

和林是蒙古汗国时期的首都，窝阔台时期修筑城垣，建造了以万安阁为中心的宫殿，又令诸王在皇宫四周兴建府第。据1254年到哈剌和林访问的西方旅行家鲁布鲁克在他的《东方行记》记述：这个城市颇具规模，城内有各族商人聚集的回回街，有汉族工匠聚居的汉人街，有若干所衙署、十二座佛寺、两所清真寺、一所基督教堂。东南西北各有一门，有固定的商业区，分别辟有粮食、车、牛、羊、马市场。和林城除了设有铺面的坐商，也有奔走于集场上的行商和小商贩。元朝时期，大德三年（1299年）和林城又扩建了一次。在忽必烈迁都之前，和林是蒙古汗国时期的政治、经济、文化中心，是各国使臣、中外商人、工匠及各种宗教人士的聚集之地，元廷迁都大都后，和林就成为诸王坐镇漠北的首府和军事要地，仍不失为当时重要的政治、经济、文化中心之一。在元朝，漠北地区逐渐与全国各地联系成一个不可分割的整体，从草原通往内地的驿道四通八达，每年都有大量的粮食及生产资料和生活用品从内地运往草原。和林是元代在塞北的一个比较热闹的商业都市。①

丰州（今呼和浩特）在辽、金两代就已是人口较多的州邑，进入元朝以后，丰州的商业在前朝基础上有了更进一步的发展。在《马可波罗行纪》中记载元初丰州境内就有不少城村，居民多从事农牧业，并经营管理商业和手工业。手工业中有用驼毛制造的各种毛毡，有的质地很细致。此时，丰州已有了固定的商业区，如麻市巷、牛市巷、酪巷等。丰州城内外还出现了不少喧嚣的市集，商业有了进一步的发展。丰州在元朝已成为交通南北、车马络绎的塞外商业城市。②

哈剌浩特，蒙语意为"黑城"，建于西夏时期，元代改名为亦集乃路，位于今内蒙古额济纳旗。这座古城是屯兵垦荒要地，考古中发现至今保存着完整的城墙、官府、兵营、寺庙和民房遗址。元末明初由于河水改道绝流，植被干枯，流沙倾没以至荒废。③哈剌浩特有外城、内城，后人在古城西南清真寺附近发掘出六个墓葬区，六十余座古墓，在十三座居民遗址中掘出数百件用汉文、西夏文、元

---

① 李干：《元代民族经济史》下卷，民族出版社2010年版，第880页。
② 同上书，第881页。
③ 同上书，第882页。

代畏兀儿蒙古文、八思巴蒙古文和藏文书写的公文、信体、辞典、医书、药方、经文、算术题、账单和大量元代纸币。[①]

应昌府是元代蒙古地区重要城市，大致位于今内蒙古克什克腾旗西北达来诺尔西。早在成吉思汗时期，该地就被分赐给弘吉剌部首领按陈那颜，后来建成公主离宫，元朝至元十年（1273年），按陈之孙斡罗陈万户及其妻囊加真公主向朝廷请求建城，其城名为应昌府。至元二十二年（1285年）改应昌府为应昌路，辖应昌一县，后因斡罗陈万户受封为鲁王，又修建王傅府和四十余座衙署，并建罔极寺、报恩寺、龙兴寺、孔庙、儒学等。[②] 应昌地处大都、上都通往岭北行省、和林之间的交通要道，与中原物资交流方便，商业颇为繁荣。

二 减免商业税收，降低商税比率

元代的蒙古族统治者继承了古代北方游牧民族重商的传统，建立元朝之后，推行了一系列有利于商业贸易发展的政策，在保护商人利益、禁止走私、确立公平纳税法规等方面都作了明确的规定。在儒家文化中，商业一直被看作是百业之末流，商人的社会地位通常较低。蒙古族统治者从草原游牧经济的实际出发，对商业给予了高度的重视，从而也提高了商人的社会地位。元朝初期，百废待兴，忽必烈力排众议，任用了一批通商理财之士，如王文通、阿合马、卢世荣、桑哥等人。卢世荣是个商人，以"重利""言利"的商人担任政府要员，在中国宗法社会王朝历史上是罕见的，这对于元朝商业的发展从客观上起到了促进作用。

---

① 李逸友：《黑城出土文书》，科学出版社1991年版，第95页。
② 李干：《元代民族经济史》下卷，民族出版社2010年版，第882页。

对蒙古民族的商业，元政府通过税收的杠杆，给予了大力的扶持。《元史·食货志》记载，中统四年（1263 年）五月，"以上都商旅往来艰辛，特免其课"。按照元初的规定，中原地区的商业税为"三十分取一"，即 3.3% 的税率。至元二十年（1283 年），元廷增加税额，"始定上都税课六十分取一"。较之中原地区仍低一半，优惠政策十分明显。较高的商业利润率显然对中外商人极具吸引力，以哈剌和林、上都、中都、全宁等草原城镇为中心，商铺鳞次栉比，各国各地商队穿梭往来，商业贸易出现了一片繁荣的景象。蒙古人与中原汉地各族人民的经济联系，以商业为纽带，变得更为紧密，史书中提到，忽必烈在与阿里不哥争夺皇位时，忽必烈首先对哈剌和林采取了经济封锁，断绝了该地区与中原地区的一切商路，使阿里不哥集团在饥荒和物价飞涨的压力之下，不战自乱，"陷入绝境"。这从侧面说明了蒙古人民对中原地区商品的依赖程度。

中原地区及国外商人销给蒙古贵族的主要商品有丝绸、布匹、粮食、茶叶和手工业制品，以及象牙、珍珠、宝石、香料、金银首饰等奢侈用品，从蒙古本部外销的商品主要有畜产品、皮毛、盐、药材等土特产品，年交易量巨大。元朝对各个地区都规定了税额制度，从中我们可以看出不同地区的商品年交易量，其中仅上都一地每年要上交税金 12460 锭银两，其数额在当时 39 个路、行省（含提举司）中排在第 11 位，但如果按照"六十分取一"的纳税率看（中原地区为三十取一），上都一地的年商品交易额就达到 747600 锭，在全国仅低于大都、河南行省、陕西行省、江浙行省、江西和湖广行省，商品交易量在全国名列第七位。[①] 而这仅仅只是上都一地，由此可见元代蒙古族商业贸易繁荣之一斑。

---

① 阿岩、乌恩：《蒙古族经济发展史》，远方出版社 1999 年版，第 160 页。

三 驿道交通发达

岭北是"兴王故地",也是蒙古族聚居区的重镇,与中原汉地有多条驿道相通,往来十分频繁。岭北行省有"帖里干、木怜、纳怜等一百一十九站"①,帖里干、木怜、纳怜不是站名,而是通往中原的三条驿道,其中"兀鲁思两道"就是帖里干(蒙语"车")和木怜(蒙语"马"),这两道驿道是大都通往和林的交通要道,也是岭北行省与中原内地之间的主要交通驿道。因其所经路线不同,分为东西两道,帖里干属东道,这条驿道的路线大致为:自大都至上都,北行经应昌路,折西北至克鲁伦河上游,转西行达鄂尔浑河上游的和林地区,中间有57驿;木怜道属西道,自李陵台(今内蒙古正蓝旗南黑城)向西行,经兴和路及大同路北境,由丰州西北甸城谷出天山(今大青山)北行,经净州、沙井,过大漠,与和林南驿道相接,西北至翁金河上游,折而北行达和林,中间有38驿。"兀鲁思两道"是元代岭北行省与中原地区通行的主要路线,诸王朝会、诏使往返、军队调遣、粮物运送、商贾往来、商品流转等均通过此二道。第三条驿道是纳怜道(蒙古意为小道),是大都通往西北地区的驿道,据记载:此道"专备军情急务"而设,规定只许"悬带金银字牌面,通报军情机密重要使臣"经行。② 其余一切人员只能由"兀鲁思两道"往来。纳怜道的经行路线是,自大都出东胜,溯黄河而西,穿过甘肃行省北部,一可达西北地区,二经亦集乃路(今额尔古纳)到达和林,有24驿。③

---

① 宋濂:《元史》卷101《兵志四》。
② 同上。
③ 罗贤佑:《元代民族史》,社会科学文献出版社2007年版,第61页。

此外，还有和林通往吉里吉思驿道，和林通往察合台后王封地道以及一些省内驿道。驿道的开设，除了加强中央政府对岭北地区的统治，更是有力地促进了蒙古地区和内地的联系，对于元朝统治的巩固与蒙古民族经济、文化的发展起到了重要作用。

第 九 章
元帝国经济崩溃与蒙古族
经济的衰落

大元之繁盛似乎至忽必烈辞世之时即已停滞，蒙古统治集团围绕皇权争夺开展了一系列斗争，阴谋与纷争不断，皇室子嗣与其党派权臣无暇关注经济发展与社会民生。频繁的皇权更迭直接导致了社会动荡不安，一方面，每任皇帝的滥赏滥赐及佛事支出都有增无减；另一方面，下层贫苦劳动人民屡遭天灾人祸的折磨，各种无法克服的社会矛盾日益尖锐，最终在全国范围内爆发了农民大起义，"堂堂大元"最终成为阻碍历史前进的桎梏。元朝蒙古族经济的发展与中央政权的投入力度息息相关，失去了国家机器的蒙古统治集团再也无法依靠和利用中原汉族的人力、物力来扶持蒙古族经济，依靠中原移植而来的"富夸塞北"的经济景象从此销声匿迹，蒙古族经济又回到了单一粗放的游牧状态。

第一节　蒙古统治集团内部纷争不断，
经济濒临崩溃

以蒙古贵族为核心的元朝统治集团在经历了元中期的经济繁盛

之后，日渐满足，汗廷政治重心逐渐转移到皇权争夺上。派系纷争，暗杀层出不穷，每一任即位皇帝都会根据草原家产本位制对宗亲进行巨额赏赐，拉拢权臣，以维护自己得来不易的统治权力。但频繁的皇位更迭必然会引起社会震荡，每任皇帝都会根据其派系利益所在而制定出不同的经济政策，皇位与经济政策的不停变动，直接导致元中后期经济衰退，但皇室的巨额消费却依然如故，中央政府频繁用"变钞"的方式来搜刮民财，社会危机的爆发已迫在眉睫。

一　皇权更迭导致滥赐现象严重

有元一代，蒙古贵族统治集团内部矛盾重重，明争暗斗始终不断，集中表现在帝位的争夺上。随着时间的推移，此种斗争愈演愈烈。自元世祖忽必烈辞世（1294 年）直至元顺帝妥欢帖木儿称帝（1333 年），短短 30 年间，元朝最高统治集团内部走马换灯似的先后更换了十个皇帝，其中在位最长的不过十余年，而统治最短的仅一个多月。为了夺取皇帝的宝座，元朝蒙古贵族集团兄弟之间、叔侄之间，展开了你死我活的争夺，而每一次地位的更迭，都对当时的经济发展状况带来巨大的影响。

世祖之后的成宗一朝，基本上是忽必烈晚年时期社会经济政治状况的延续。《元史》记载，"成宗承天下混一之后，垂拱而治，可谓善于守成者矣"。[①] 为了拢络蒙古贵族集团，稳定自己的统治，成宗承世祖库府充盈，即位后便对诸王、公主、后妃、驸马、勋臣等大加赏赐，"依往年大会之例，赐金一者加四为五，银一者加二为三"。[②] 江南地区的分土之赋，由每户五百文增为二贯，为不增赋予

---

① 宋濂：《元史》卷 21《成宗四》。
② 同上。

民，由官给之。此外以各种名色对诸王的赏赐不断，这种赏赐逐渐发展到了国家财力无法承受的地步。元贞二年（1296 年）二月，中书省臣言："陛下自御极以来，所赐诸王、公主、驸马、勋臣，为数不轻，向之所储，散之殆尽。今继请者尚多，臣等乞甄别贫匮及赴边者赐之，其余宜悉止。"① 这表明在成宗即位一年多就在赏赐上将国库的积蓄快用光了。次年五月，安息王阿难答又"遣使来告贫乏"，要求赈济和赏赐，成宗为此曾训斥阿难答说："若言贫乏，岂独汝也？去岁赐钞二十万锭，又给以粮，今与，则诸王以为不均；不与，则汝言人多饿死。其给粮万石，择贫者赈之。"② 这反映出贪得无厌的诸王与中央存在着矛盾，但尽管如此，我们依然可以看出皇帝对宗亲的赏赐仍动辄以万计。以大德元年（1297 年）为例，成宗赐晋王甘麻剌钞七万锭，安西王阿难答钞三万锭。大德二年二月，中书右丞相完泽称："岁入之数，金一万九千两，银六万两，钞三百六十万锭，然犹不足于用，又于至元钞本中借二十万锭。"③ 到了大德三年正月，元廷的财政状况进一步恶化，据中书省臣言："比年公帑所费，动辄巨万，岁入之数，不支半载，自余皆借及钞本。臣恐理财失宜，钞法亦坏。"对此成宗虽下令："自今一切赐与皆勿奏"④，但这实际上是办不到的。比较起来，忽必烈对宗亲的赏赐是有节制的，甚至被讥为"吝于财"，成宗在这方面就大不如其祖了。⑤ 泛滥赏赐自成宗起，到武宗时发展得更严重，终于成为元朝一代最沉重的一项财政负担。

成宗去世后，皇位继承又成为黄金家族内部争夺的焦点。一般

---

① 宋濂：《元史》卷 19《成宗二》。

② 同上。

③ 同上。

④ 同上。

⑤ 韩儒林主编：《元朝史》上卷，人民出版社 2008 年版，第 414 页。

来说，皇位继承过程愈激烈，新一任皇帝即位后对勋臣、将军等同党的赏赐就愈庞大。屡获战功、拥有重兵的海山最终即位，但他在朝中并没有太多的支持力量，为了争取统治阶级的广泛支持，他的基本政策只能是最大限度地满足贵族和高官的贪欲。在滥赐方面，当海山得悉成宗去世的消息，自按台山至和林，招"诸王勋戚毕会"，即予赏赐。海山上都即位时，哈剌哈孙提出对这些人"不宜再赐"，武宗曰："和林之会，国事方殷。已赐者，其再赐之。"① 成宗时期，就已经在先帝的赏赐比例上有所变动，赐金 50 两者增至 250两，银 50 两者增至 150 两，武宗决定"尊成宗所赐之数赐之"②。但成宗时有忽必烈时期较好的财政收入为基础，尚无大碍，但武宗显然则无力承担如此巨额的开支，因此即位才三个月，中书省臣即告急："以朝会应赐者，为钞总三百五十万锭，已给者百七十万，未给者犹百八十万，两都所储已虚。"九月，中书省臣再奏："帑藏空竭，常赋岁钞四百万锭，各省备用之外，入京师者二百八十万锭，常年所支止二百七十余万锭。自陛下即位以来，已支四百余万锭，又应求而未支者一百万锭。"到次年二月，中书省臣报告："陛下登极以来，赐赏诸王，恤军力，赈百姓，及殊恩泛赐，帑藏空虚"，统计"一切供亿，合用钞八百二十余万锭"，③ 这是常赋岁钞四百万锭的两倍有余。入不敷出，只好"豫买盐引"。

武宗在位不足五年便病死，仁宗即位后大体恢复了武宗时期破坏的经济政治状况，值得注意的是，仁宗制定了抑制诸王贵戚特权、加强皇权的多种措施，在中晚元算是比较好的历史时期。1320 年，仁宗去世，在位仅三年。从小在儒学氛围中长大的硕德八剌即位英

---

① 宋濂：《元史》卷 23《武宗二》。
② 宋濂：《元史》卷 22《武宗一》。
③ 以上均出自《元史》卷 22《武宗一》。

宗，他不满当时的政治现状，急于有所作为，英宗的革新在他父亲仁宗的基础上又前进了一步，除了大规模任用汉族地主官僚及儒家知识分子之外，他还注重削减财政开支，虽仍进行大量赏赐，但比起祖辈明显节制得多。英宗即位时"大赉诸王、百官，中书会其数，计金五千两，银七十八万两，钞百二十一万一千贯"①，外加币帛。仁宗朝时期没有这方面的完整统计数，可供比较的是，至大四年武宗崩，仁宗仍在东宫，便"以诸王朝会，普赐金三万九千六百五十两，银百八十四万九千五十两，钞二十二万三千二百七十九锭，币帛四十七万二千四百八十八匹"。② 这还不是即位大典赏赐。我们可以看出，英宗大典所赐之金只及八分之一，银二分之一，只有钞是五倍余。英宗由于急于求治，触及蒙古、色目贵族官僚的现实利益，遭到他们的强烈反对，加剧了矛盾的激化，南坡之变遂发生，泰定帝即位。在泰定朝再也看不到类似英宗朝的改革措施出台，其对蒙古贵族和色目官僚的滥赐滥封却十分突出。泰定即帝位大赏后妃、诸王、百官金七百余锭，银三万三千余锭。③ 赐金是英宗的七倍，银是英宗朝的二倍有余，但比武宗即位在位时期的滥赐要少得多。至顺四年（1333 年）妥欢帖木儿即位，惠宗是元朝末代皇帝，从他登台开始，元王朝步入晚期。财用不足一直是元朝的痼疾，惠宗即位时财政经费更加拮据，据史料记载，"天子入正大统，故典：亲王、宗臣、庶官、卫士赐予之数，为金帛谷币以万万计。时，浃月间举故典者再，执事者请括金民间以充用"。④

滥赐之风不是元王朝的偶然性现象，它的存在与延续是传统草

---

① 宋濂：《元史》卷 27《英宗一》。

② 宋濂：《元史》卷 24《仁宗一》。

③ 宋濂：《元史》卷 29《泰定帝一》。

④ 马祖常：《石田集》卷 12《赠参知政事胡魏公神道碑》。

原家产分配制的必然结果。元朝中晚期的政坛巨变，在中国历代王朝中也鲜见，每一次政变与斗争背后都是蒙古贵族错综复杂又牵扯不清的利益冲突，新一任皇帝即位后，不仅要犒赏帮助其夺取帝位之功臣，又要拉拢、争取其他朝廷统治集团的支持，赏赐与封爵是皇帝满足诸王贵族的主要方式，元王朝中后期的赏赐之风大兴是有其必然原因的。

二　钞法更替频繁，佛事支出有增无减

武宗时期，为解决滥赐、滥封、滥耗带来的财政危机，至大二年（1309 年）二月便不得不动用钞本。中书省臣言："臣等周知钞法非轻，曷敢辄动，然计无所出。今乞权支钞本七百一十余万锭，以周急用。"但当时常赋岁钞才四百万锭，这比寅吃卯粮的状况还要严重。当年七月遂有臣提出"钞法大坏，请更钞法，图新钞式以进"，他们把眼前导致经济状况不佳的一切责任全部推给中书省，"请立尚书省，旧事从中书，新政从尚书"。① 尚书省之立目的明确，就是"更新庶政，变易钞法"。尚书省设立不足一个月就颁行了至大银钞，以"至大银钞一两，准至元钞五贯、白银一两、赤金一钱"。② 至元二十四年所行至元钞，每二贯准花银入库价一两，赤金入库价一钱；至大银钞法一行，至元钞五贯所值方能与此前的二贯相当，5∶2 的大幅贬值，使广大百姓蒙受了巨大的损失。③ 惠宗时期，脱脱复相之后，为了解决财政危机，于至正十年（1350 年）又

① 宋濂：《元史》卷 23《武宗二》。
② 同上。
③ 张帆、曹永年：《蒙古民族通史》第 2 卷，内蒙古大学出版社 2002 年版，第 263 页。

一次变更钞法，结果使经济状况愈加恶化，此次具体更变措施前文已有提及，这里不再赘述。《元史》对此次钞法变更的结果做了以下简要描述："行之未久，物价腾踊，价逾十倍。又值海内大乱，军储供给，赏赐犒劳，每日印造，不可数计。舟车装运，舳舻相接，交料之散满人间者，无处无之。昏软者不复行用。京师料钞十锭，易斗粟不可得。既而所在郡县，皆以物货相贸易。公私所积之钞，遂俱不行，人视之若弊楮，而国用由是遂乏矣！"①

虽财政收入日渐入不敷出，但整个蒙古统治集团却依旧过着奢侈的生活，挥霍浪费依然如故。至正二十年（1360 年）"京师大饥"，但宫廷内皇帝的生日宴会照过如常，中书参知政事丁好礼上奏曰："今民父子有相食者，君臣当修省，以弭大患，宴会宜减常度"，朝廷不予采纳。② 在上都举行的宫廷宴会仍然每次要食用 2000 只羊、3 匹马，还要"盛陈奇兽"。③ 不仅如此，朝廷在佛事支出上的花费也极大，支出项目很多，寺院建造尤其频繁。元朝建国以后，皇帝、贵族、官僚等不断建造新寺，每朝皇帝即位，便会营建一座新寺，逐渐成为惯例。因此，元代的寺庙比起前代，数量更多，规模更大，主要有大天寿万宁寺（成宗大德九年建）、大昭孝寺（英宗建）、大天源延圣寺（泰定三年建）、大承天护圣寺（文宗天历二年建）和大寿元忠国寺（至正十四年建）等。这些寺院的建造皆华丽至极，集结了各地大批工匠，严重扰乱了当时经济发展与人民生活。元贞元年（1295 年），为皇太后建佛寺于五台山，以大都、保定、真定、平阳、太原、大同、河间、大名、顺德、广平等十路"应其所需"，

---

① 宋濂：《元史》卷 97《食货志》。

② 宋濂：《元史》卷 196《丁好礼传》。

③ 张帆、曹永年：《蒙古民族通史》第 2 卷，内蒙古大学出版社 2002 年版，第 329 页。

"土木既兴，工匠夫役，不下数万，附近数路州县，供亿烦重，男女废耕织，百物踊贵"。① 泰定二年（1325 年），张珪针对当时的朝政之弊指出："比者建西山寺，损军害民，费以亿万计，刺绣经幡，驰驿江浙，逼迫郡县，杂役男女，动经年岁，穷奢致怨。"② 元朝皇帝对寺院的赏赐也是名目多样，五花八门，"举凡金、银、钞、帛、矿产、邸舍、酒店、湖波、库藏、田宅、奴仆、牲畜、农夫、耕牛等，莫不作为赏赐之具"。③ 土地的赐予，动辄百千顷以至万顷、十余万顷。④ 元朝后期对佛事的支出与赐予持续扩大，严重影响了当时社会经济的发展。元统二年（1334 年）四月，中书省臣言："佛事布施，费用太广，以世祖时较之，岁增金三十八锭，银二百三锭四十两，缯帛六万一千六百余匹、钞二万九千二百五十余锭。请除累朝期年忌日除外，余皆罢。"朝廷从之。⑤ 但朝廷的佛事支出并没有因此谏言而减少，佞佛之风依然盛行至元之终亡。

第二节　元末农民起义

元朝统治者长期以来一直推行阶级压迫与民族压迫的政策，这些政策自推行之初就影响着社会安定，最终导致元末社会矛盾的极度激化。贾鲁治河与脱脱变钞是红巾军起义的导火索，元帝国的崩塌是各种社会矛盾无法调和的必然结果。

---

① 宋濂：《元史》卷 176《李元礼传》。
② 宋濂：《元史》卷 175《张珪传》。
③ 宋濂：《元史》卷 190《瞻思传》。
④ 宋濂：《元史》卷 26《仁宗三》。
⑤ 宋濂：《元史》卷 38《顺帝一》。

一 元末社会矛盾激化

元末年间，坊间有首《醉太平》小令，内容大致为："堂堂大元，奸佞专权，开河变钞祸根源，惹红军万千。官法滥，刑法重，黎民怨。人吃人，钞买钞，何曾见？贼做官，官做贼，混贤愚，哀哉可怜！"① 这首小令非常形象地揭露了元朝黑暗统治的"人吃人"本质和"黎民怨"的社会状况，指出了"开河"与"变钞"是促使起义爆发的直接原因，也讽刺了"堂堂大元"最终由自己造成了"哀哉可怜"的悲惨局面。

"开河"主要是指元后期天灾频繁、水旱灾泛滥时期，元朝政府提出的治河方略。至正四年（1344 年）五月及六月，黄河暴溢，沿河郡县决堤，济宁路、大名路和东平路等多地遭受水灾。黄河大水，给沿河两岸的人民带来了极大苦难，先是大水使农田被淹，民屋冲塌，接着又是大旱。水灾、旱灾之后，又是瘟疫蔓延，黄河两岸的人民遭受着沉重的灾难，过着饥寒交迫、痛苦万状的生活。据估计，当时饥民总数达到一百万户、五百余万人。② 黄河决堤后，也直接影响到元朝政府的国库收入，"坏两漕盐场，妨国计甚重"。③ 漕运和盐税是财政收入的主要支柱，政府通过漕运从南方各地运来大量粮食、丝绸、奢侈品等，来维护蒙古贵族集团的各项花费及补充对漠南漠北蒙古饥民的粮食赈济，盐税收入也占政府总收入的较大比重，二者对元朝社会统一及经济发展具有重要的作用。若漕运和盐税遭到破坏，则必然带来严重的经济危机。至正九年（1349 年）贾鲁提

---

① 陶宗仪：《南村辍耕录》卷 23《醉太平小令》。

② 韩儒林主编：《元朝史》下卷，人民出版社 2008 年版，第 486 页。

③ 宋濂：《元史》卷 66《河渠三》。

出治河方略，很快便得到元顺帝和丞相的批准，至正十一年（1351年）顺帝命贾鲁为工部尚书、总治河防史，发汴梁、大名等十三路15万人民及工匠与庐州等十八翼两万军队，到河上服役。[①] 这两万军队主要是监督河工之用的。贾鲁的方案为"自黄陵岗南达白茅，放于黄固、哈只等口，又自黄陵西至阳青村，合于故道，凡二百八十里有奇，仍命……以兵镇之"。[②] 黄河泛滥后沿河两岸的贫苦农民遭受了洪灾、饥荒和瘟疫，长期在死亡边缘挣扎，本来就已是怨声载道，对元朝统治极为不满，被强征为河工后，伙食和工资又遭到治河官吏的克扣，这些半饥半饱的河工，在军队的皮鞭下担负着极其沉重的劳役。说是河工，实则更像奴隶。这些来自黄河南北的众多河工对当权阶级产生了极大的怨恨及愤怒情绪，这种情绪一直笼罩着治河工地。

元顺帝即位后，由于滥行赏赐和挥霍浪费，造成国库入不敷出。右丞相脱脱只能用变更钞法的方式来解决财政危机，实际上则形成了政府通过滥发新币的办法来实现对民间财富的搜刮。此时，由于纸币贬值，在京师大都，十锭钞已买不到一斗粟。[③]

所以，"开河"和"变钞"促使元末社会矛盾进一步激化了，当然这两者也不能够说是农民大起义的根源。《元史》认为："议者往往以谓天下大乱，皆由贾鲁治河之役，劳民动众之所致。殊不知元之所以亡者，实基于上下因循，狃于宴安之习，纪纲废弛，风俗偷薄，其致乱之阶，非一朝一夕之故，所由来久矣。不此之察，乃独归咎于是役，是徒以成败论事，非通论也。设使贾鲁不兴是役，

---

① 宋濂：《元史》卷42《顺帝五》。
② 同上。
③ 韩儒林主编：《元朝史》下卷，人民出版社2008年版，第488页。

天下之乱，讵无从而起乎?"① 宋濂的论断是有道理的，元朝社会矛盾不断激化，人民积怨已久，并不是元后期一事一人所为之，阶级矛盾长期尖锐和元廷不顾民生的肆意作为都是农民起义爆发的原因。

当时，河南流传着一首民谣："石人一只眼，挑动黄河天下反。"② 至正十一年（1351 年），河北滦城人韩山童与颍州人刘福通等人，利用贾鲁治河数十万民夫集结的时机，在挖河必经的黄陵岗河道上，预先埋下独眼石人。随后不久河工便挖掘出石人，石人背面刻着："莫道石人一只眼，此物一出天下反。"这首《石人谣》很快在河工之间传布开来，在人民起义中发挥了宣传鼓动作用。韩山童在起义之前被捕，刘福通与杜遵道等人率领贫苦农民 3000 余人，以红军为号，在颍州发动起义。当时，"人物贫富不均，多乐从乱"，前后不过多久，"从之者殆数万人"。③ 元末农民大起义的序幕就此揭开，红巾军起义队伍迅速扩展到全国各地，给元朝廷的统治带来了巨大威胁。

二 元廷弃大都北迁

元朝末年，汗廷内部争夺汗位的斗争日趋白热化，元惠宗妥欢帖木儿与汗储爱猷识理答腊各有一派支持力量，两派势力明争暗斗。惠宗无能，整日沉溺于酒色之中，爱猷识理答腊实际上已掌握大权。汗廷内讧造成权臣当政，朝纲混乱，各地守军独霸一方，农民起义此起彼伏，社会矛盾、阶级矛盾、民族矛盾皆达到激化程度。

---

① 宋濂:《元史》卷 66《河渠三》。

② 宋濂:《元史》卷 40《顺帝三》。

③ 张帆、曹永年:《蒙古民族通史》第 2 卷，内蒙古大学出版社 2002 年版，第 327 页。

至正十一年（1351 年），全国农民起义爆发，首先于汝颍兴起，江淮诸郡很快被起义军占领，汗廷虽发兵征讨，但也无法阻止农民起义的迅速蔓延。此时，一些蒙古贵族与地主武装参与到对农民军的镇压中，逐渐发展成为几股强大的军阀割据势力。其中察罕帖木儿与孛罗帖木儿这两大蒙古军阀集团的势力最为强大，他们之间混战，对元末的政局产生了重要的影响。

1352 年至 1362 年，察罕帖木儿率军先后镇压了河北、河南、山东、山西、陕西等地农民起义，他所率领的地主武装已发展成为中原最强大的武装力量。元廷依赖他征讨起义军，对他的官衔授至中书平章政事、知河南山东行枢密院事、陕西行台中丞等。至正二十二年（1362 年）察罕帖木儿被田丰、王士诚杀害，他的养子扩廓帖木儿承袭父职，率军平定山东。扩廓帖木儿的崛起，引起了孛罗帖木儿为代表的元老宿将的嫉妒。两方派系此前因兵争晋、冀之地而产生过矛盾，此后不断发生相互侵犯驻地的摩擦，汗廷的调解也不起作用。

元朝军队的内耗和军阀派系的纷争都为朱元璋提供了有利时机。他采取首先铲平、兼并各支农民起义军，步步蚕食以扩充实力、扩大地盘，进而与元朝廷进行最后斗争的策略。农民起义军的政权意识比较强烈，普遍建立了机构完备、分工精细的政权机构，因而充分发挥了政权上的号召作用、军事上的指挥作用。相比之下，元朝统治阶级内部仍然以皇权争夺为朝政重心，宫廷内部派系纷争不断，惠宗对镇压起义军的将领又疑心重重，失去战斗力的元朝军队日益无法抵抗红巾军的进攻，各派军阀也忙于扩大地盘的相互争战。内忧外患，元之终亡已成定局。

随着朱元璋北伐成功，农民起义军步步逼近汗廷首都。1368 年正月，朱元璋在应天府（今江苏南京）称帝，建国号大明，年号洪武。同年八月，徐达率明军攻陷大都，元惠宗妥欢帖木儿被迫北走上都开平，就此，统治了中国 97 年的元朝最终灭亡。

第三节　元代蒙古族经济衰落

元代蒙古族经济具有明显的"官办"性质，其对其中央统治政权的依赖性极强。通过蒙古统治者"倾斜性"经济政策的照顾，元代蒙古族经济的发展迅速且繁荣，但元政权一旦倾覆，蒙古族经济便立刻失去扶持其发展的物质基础。可以说，靠中原汉地供养的蒙古族经济并没有在其发展过程中形成自身发展的内在动力，一旦外部输血停止，没有内生机制的蒙古族经济必然瓦解。

一　依赖中央扶持的元代蒙古族生产力停滞

元代蒙古族经济在其发展过程中的确出现过辉煌灿烂的时刻，但若进行深入考察便可发现，铸就这繁荣的基础，也恰恰就是导致其最终衰落的根源。

元代蒙古族经济的发展，其实并不是自身运行的结果，而是政治的产物。成吉思汗和他的继承者，用武力征服，彻底推翻了横贯在蒙古高原和中原汉地之间长达千百年的屏障，将大漠南北纳入了大一统的元朝版图，这是政治的成就。居于全国最高统治地位的忽必烈和他的后人，以全国的物力、人力，在蒙古高原从事建设，这也是政治的运作。蒙古族经济发展始终带有中央政权"倾斜性"照顾的痕迹与意味，无论是对宗亲贵族的各类封赏，还是对饱受天灾的蒙古族的赈济，不管元廷的财政收入如何，此类开支从未减少或停止。无论是农牧业的发展还是草原城镇的建设，"官办"的比重与程度前所未有，蒙古族经济发展状况基本上取决于中央朝廷的投入力度，依赖性十足。

游牧业自古以来是最适宜蒙古高原的经济活动，也是蒙古族人民的支柱性产业。元朝建立以来，中央政府继续在高寒草原打井，开发无水草原，一些官营牧场还种植牧草，搭盖圈棚，这都有助于游牧生产力的提高。但元朝的政策里，真正旨在提高蒙古族及其游牧业生产力的措施很少。大漠南北的游牧业总体上仍只是被动地利用自然资源，并没有摆脱原始、粗放的性质，因而仍然极为脆弱，无法抵抗自然灾害的袭击，遭到财产损失与经济威胁的仍然是生活在最底层的蒙古族牧民。生产力低下再加上严酷的高原自然环境，畜牧业自身的发展举步维艰。

屯田农业、手工业、商业和城市的发展，使蒙古族经济走向繁荣，但我们同时也要看到，从事这些行业的劳动人口基本上是由蒙古统治者从中原内地及西域用强制的手段强征而来的，并监控他们生活在远离自己家乡的高寒草原上。维持这些行业的经费、工具和原材料，也要政府源源不断地从国库中支付。可以断言，从农业、手工业到城市，几乎都是蒙古贵族凭借手中的权力，动用整个国家的物力人力，将它们从蒙古高原之外，特别是从中原地区移植而来。这些繁华的官办行业与原始粗放的草原游牧业分属两个系统，不具备同一性，兴旺的官办行业只是由于元朝的政治权力，才出现于蒙古族聚居区，它们之间缺乏内在的必然联系。

元代蒙古族经济所形成的以牧为主多种经营方式共同发展的繁荣局面，并不是自身生产力提高的结果，它根植于元朝统治者的扶持政策。元王朝的兴衰存亡，成为蒙古族经济发展最根本的因素。这种单纯由外因起推动作用的经济发展必然无法持久，经济体生命力极其脆弱，一旦抽离外部因素，没有内生增长能力的经济体便会瓦解。

二 失去"倾斜性"经济扶持的蒙古族经济走向衰落

元朝自中期以后，国库日渐空虚，社会矛盾日益尖锐，加上天灾频繁，支撑蒙古族人民生活的畜牧业与其他行业也日渐凋敝。元末红巾军进入漠南，战火蔓延，繁华一时的上都被夷为平地，经济遭到严重破坏。不久，惠宗北迁，大一统的元王朝灭亡，由元朝国策扶持、塑造起来的蒙古族经济的繁荣也随之湮灭。宗亲贵族失去了中央王朝的巨额赏赐，部民再也得不到赈济，畜牧业逐渐衰落。屯田农业与官办手工业，由于经费、工具、原料的补给断绝，迅速瓦解。一旦政府的强制性管理机构撤销，社会经济的大部分立刻陷于瘫痪，强制迁来的其他各族劳动人口也不得不留在大漠高原，与蒙古人杂居，从事畜牧活动，最终融合为蒙古人。蒙古族经济历经一段富夸塞北的繁荣之后，又回到了原先单一而又粗放的游牧状态。

第 十 章
元代蒙古族和其他民族间的经济关系

　　元朝自建国之始，蒙古民族就与其他民族发生着多角度、多维度的交往与联系。元廷所做的一切政治扩张，基本都与经济利益相挂钩，蒙古族注定要与其他民族展开丰富而多元的经济往来，朝贡贸易与互市贸易构成民族间经济关系的主线。频繁的经济交往固然依靠稳定的政治环境、宽松包容的文化态度及畅通发达的海陆交通条件，元朝在跨民族交往方面，将蒙古人推向世界舞台的中心，对人类文明的发展做出了极其重要的贡献。

第一节　与国内其他民族之间的经济关系

　　蒙古族统治集团所领导的政权在入主中原、收归吐蕃后，最终建立了大一统的元王朝。蒙古族逐渐走出大漠，进入汉地及吐蕃地区，各民族间密切的经济交往与社会生活使游牧文明、农耕文明及宗教文明相互交叉融合。蒙古族与汉族间以农业合作为主的经济交往使一部分蒙古人开始过上半农半牧的生活。蒙古族与藏族之间以藏传佛教为纽带的联系既符合蒙古统治者收归吐蕃的政治需要，又满足藏族宗教领袖传播佛法和统领宗教事务的要求。蒙古族与汉族、藏族走上了经济合作和宗教渗透的多民族交往之路。

一 以农业合作为主的蒙汉经济文化交融

蒙古族作为统一全国的北方游牧民族，必然要与汉族社会及农耕文化发生冲突和交融，这也是贯穿元朝历史的一条重要线索。

元朝是结合游牧文明与农耕文明的混合体国家，不论是入居汉地的蒙古人，还是世代居住于大漠草原的蒙古人，都在中央统治者的引导和带领下，学会了农业耕作，走上了半农半牧的家庭生产经营活动。

成吉思汗时期，蒙古汗国就曾组织被掳获的各族劳动人民在漠南漠北进行屯田，元朝建立后，为了供应军队的需要，又从中原地区调来汉军继续扩大屯田规模，从而使大漠南北的农业生产迅速发展起来。大量汉族军人和平民进入蒙古族聚居区，带来先进的农用器具和农业生产技术，蒙汉间以农业合作为主的经济交往逐渐展开。原来主要以汉军屯田也进而扩展到选人指导各封地内的蒙古牧民进行屯田，无疑，一部分蒙古人学会了耕作，农业生产作为畜牧业的补充，在一定程度上改善了蒙古族民众的生活，对岭北行省的经济也起到了推动作用。但我们仍应清楚认识到，漠北草原始终存在着一个强大而保守的草原游牧贵族集团，中原农耕文明实际很难在经营游牧经济的草原上广泛渗透，蒙汉农业合作的区域、方式及交往深度在很大程度上受朝廷对屯田的行政规划及语言障碍的限制。以农业为纽带的蒙汉经济交往只为部分靠近军屯地区的蒙古族人民所接受，进而补充了其单一的畜牧业经济收入，其他区域的蒙古族由于受各方面条件限制，无法有效展开蒙汉经济交往，以农耕为主的汉文化对其影响仍十分薄弱。

入居汉地的蒙古人在更大程度上由畜牧改营农耕，与汉族的交往也更加密切与多样化。元初时期，镇戍中原的蒙古人日常仍以畜牧为主，故有"南北民户主客良贱杂糅，蒙古军牧马草地互相占据"，"蒙古军取民田牧，久不归"之类引发土地纠纷的现象。① 甚至还有王公贵族之家大规模占用民田，不耕不稼，谓之草场，把田地改为放牧之地，孳养牲畜。但随着时间推移，这类情况越来越少。为使蒙古军人能够长期稳定地在农耕地区戍守，元廷力图使其适应农耕地区的生活，定居耕屯，拨出田地给军人的家属和随从耕种。有文献记载，"时北方人初至，犹以射猎为俗，后渐知耕垦播植如华人"，就是当时较普遍的现象。② 定居汉地的蒙古贵族、官员也逐渐地主化，与其他汉族官僚共同构成官僚地主阶级。

入居中原的蒙古人与汉族民众共居一片土，共饮一方水，二者的交流交往更加亲近与频繁。当地的蒙古人并非完全封闭，与汉族社会彼此绝缘，而是保持着非常生活化的接触，甚至互相通婚亦为法律所允许。当时蒙汉通婚的现象并不罕见，通婚多发生在门当户对的家族、家庭之间。如汉人勋臣世侯家族往往与高层蒙古家族通婚，而镇戍汉地的下层蒙古军官、军人的通婚对象亦只是一般的汉族平民家庭，后一种情况在元朝的蒙汉通婚中占大多数。③ 正是因为有这种民族杂居和彼此密切交往，入居汉地的蒙古人才会在元朝灭亡后很快融入汉族，"相忘相化"，最后达到难以用族别来辨识的程度。不少蒙古人也逐渐使用了汉文字号乃至汉姓、汉名，特别是仿汉族习惯起字号"以便称谓"的做法，在元朝后期十分常见。还有

---

① 宋濂：《元史》卷 135《塔里赤传》；卷 151《奥敦世英传》。

② 张帆、曹永年：《蒙古民族通史》第 2 卷，内蒙古大学出版社 2002 年版，第 122 页。

③ 同上书，第 123 页。

不少蒙古人逐渐受到汉族传统儒学、文学、艺术方面的熏染，在"雅文化"层面的汉学上取得了不少成就，朝廷创设的奎章阁学士院也专门为勋臣、贵戚子弟讲授经学，上层蒙古贵族的汉化趋势尤其明显，而一般蒙古人，虽然"汉化"趋势是相同的，但程度与深度远不及上层贵族统治集团。中国台湾学者萧启庆教授曾对元朝蒙古人受"汉学"影响的情况进行过系统研究，旁征博引，汇集了大量零散材料，共考证出"蒙古汉学者"117人。其中，"儒学研习者"有阔阔等26人，"儒学倡导者"有拔不忽等23人，"儒治鼓吹者"有拔实等6人，"儒政实行者"有安童等5人，诗人有伯颜等32人，散文家有阿鲁威等16人，书法家有泰不华等34人。由于文献记载所限，上述统计资料肯定不够完全，如萧教授所言，"不过反映通晓汉学蒙古人之冰山一角而已"。①

元朝蒙古人受汉族生产方式、文化习俗影响的总趋势是一致且一定的，但蒙古人入主中原后其自身的文化、习俗同样对汉族社会产生了不少的影响，完全单方面的"影响"其实并不存在。例如元廷定八思巴蒙古文为"国字"，颁行天下，在中央设蒙古国子学、地方上广设蒙古字学进行教授。大批汉族人为了获得从仕机会和巩固政治地位，纷纷学习蒙古语和使用蒙古名字，以尽量与蒙古贵族保持亲密接触。打破语言上的障碍和弱化汉民族的意识形态，恰恰是汉族人与蒙古贵族亲密接触且获得信任赏识的基本条件。精通蒙古语、取蒙古名字，具有蒙古化倾向已成为汉族官僚中并不鲜见的事例。许多想要在元朝官僚体制中谋得一职半位的汉族人，往往是接受蒙古文化影响的先驱和佼佼者。

---

① 萧启庆：《论元代蒙古人之汉化》，转引自张帆、曹永年《蒙古民族通史》第2卷，内蒙古大学出版社2002年版，第125页。

二　藏传佛教联系蒙藏两族

蒙古帝国以及后来的元朝在政治上征服和统治吐蕃的过程中，使吐蕃与蒙古统治集团之间除了政治隶属关系外，吐蕃教派势力与蒙古统治集团之间还建立起了以藏传佛教为纽带的特殊宗教关系。这种宗教联系同政治联系紧密地交织在一起，互为补充，相得益彰，对元朝及吐蕃的政治、经济、文化产生了深远的影响。

藏传佛教正式进入蒙古社会，是在窝阔台汗时期。蒙古灭西夏和金朝后，窝阔台汗将原西夏辖区及今甘肃、青海的部分藏区分封给其子阔端。为了巩固蒙古在西夏故地的统治，保障蒙古军南下进攻时侧翼的安全，阔端决心将吐蕃统一到他的治下，于1239年派军攻入吐蕃腹地，只有少数寺院进行了抵抗，但很快遭到惨重失败。这次小规模的武装冲突打开了和平谈判的大门，揭开了蒙藏关系的序幕。阔端与萨迦派班智达于1247年在凉山会晤，这次会谈不仅是政治谈判——吐蕃归顺蒙古汗庭和阔端扶持萨迦派代理吐蕃事务，同时又是宗教谈判——把吐蕃的佛教之光播于蒙古王室内和阔端确认萨迦派在全藏各教派中的领袖地位。蒙哥即汗位后，接过对吐蕃的统治权，一边派人到吐蕃查户口，划定地界，实行分封制，一边又颁发诏书宣布免除僧人赋税、兵差、劳役，保护僧人利益，诏书继续承认萨迦派在吐蕃各教派中的领袖地位。

吐蕃在忽必烈时期正式归顺蒙元王朝，班智达侄八思巴封为国师，其后升为帝师、大宝法王，藏传佛教正式确立为元朝国教，以藏族僧人为统领。至元元年（1264年）元廷专门设置总制院"掌释教僧徒及吐蕃之境而隶治之"[①]，并以国师八思巴领院事。至元二十

---

① 宋濂：《元史》卷87《百官三》。

五年（1288 年），改总制院为宣政院，秩从一品，置院使若干（由 2 人增至 10 人），院使之长由朝廷大臣担任，位居第二者由帝师辟举僧人担任。宣政院铨授官吏和处理所掌机务可直接奏报皇帝批准，不必通过中书省，遇有重大政务或事件则设行宣政院前往处理，但重大军事行动需与枢密院同议而行。①

藏传佛教与蒙古统治集团之间的关系，从总体上说，主要是西藏佛教依附和迎合蒙古统治阶层的结果。但藏传佛教之所以能够被蒙古统治者接纳和融摄，也有它自己的原因和条件：一方面，藏传佛教本身有与蒙古传统宗教——萨满教相近或相通的因素，能与蒙古传统宗教相契合。同时，藏传佛教还包含了为蒙古统治者所需要而蒙古传统宗教所缺乏的特定内容，它可以满足蒙古统治者的宗教需求。另一方面，蒙古统治者对深植于西藏社会并为西藏民众所普遍信仰的藏传佛教及其教派势力进行充分而有效的利用，以萨迦派为首的西藏教派势力对蒙古统治集团也进行了强有力的宗教渗透和影响，从而最终导致了蒙古统治者对藏传佛教的皈依。② 由此可见，蒙古统治者与西藏佛教之间，是双向接纳与融摄，即蒙古统治者在政治上征服和利用了西藏佛教，而西藏教派势力则在宗教上迎合和融摄了蒙古统治集团。二者之间这种政治上依附与宗教上渗透的关系，是一种政治与宗教文化的结合。

藏传佛教在蒙古统治集团中受到独尊，但终元一代并没有为蒙古百姓所普遍信仰。藏传佛教在元代传入蒙古后的百余年间，主要是皇帝、后妃以及皇室诸王贵族们接受灌顶、皈依佛法、尊崇喇嘛。或者说，元朝藏传佛教主要传入皇室、王室及蒙古贵族之家，由这

---

① 邱树森：《元朝简史》，福建人民出版社 1999 年版，第 454 页。
② 唐吉思：《藏传佛教与蒙古族文化》，辽宁民族出版社 2007 年版，第 47 页。

些人展开理佛事、建寺院、诵佛经、向佛祈祷等宗教活动，他们与藏族僧侣们之间的经济、政治联系更为紧密。而广大蒙古族牧民群众并没有皈依佛门，他们仍然信奉原有的萨满教。

元代继承宋代以来吐蕃地方与内地的"茶马互市"传统，由于吐蕃成为中央政府管辖之下的一个地方机构，双方的经济联系更加紧密，贸易的次数与数额均有增加。1277 年，元军取四川以后，在碉门、黎州设榷场与吐蕃贸易，藏人以马匹、氆氇等物换取内地的盐、茶叶和布匹等。以后，大批吐蕃官员与僧侣陆续来到内地，以朝贡的方式获得厚赐和采购货物。[①] 藏族与蒙古族的经济关系主要在藏族僧侣与蒙古贵族统治者之间展开，除了佛教方面的经济赐予与佛事支出外，朝贡贸易也是二者之间经济交往的主要内容，吐蕃向元王朝进贡蒙古人喜爱的珠宝、兽皮、象牙、羊毛、麝香、藏药等，中央朝廷回赐金、银、钞、币帛等。朝贡贸易实际上也是中原王朝对藏族社会上层僧俗首领的一种笼络手段。

以藏传佛教为纽带而联系起来的蒙藏两族，因各自经济利益与政治需求的不同而展开了以宗教为主的跨民族交往，在这段以宗教起主导作用的关系中，双方的利益与需求达到了空前的一致，蒙古族取得了吐蕃地区的统治权，藏族的佛教及其宗教领袖在元朝社会得到了极高的政治地位及经济利益，蒙藏两族人民因藏传佛教传入蒙古社会而第一次紧密地联系在了一起。

---

① 白至德：《中古时代·元时期》，中国友谊出版公司 2012 年版，第 50 页。

第二节　与四大宗藩之国的经济关系

元廷作为世界蒙古帝国的中心，大汗具有决定诸王兀鲁思汗位归属的权力。四大汗国与元朝并不是国与国之间的关系，而是要为元廷进贡的藩属关系。元朝与四大宗藩国及宗藩国相互之间因窝阔台系与拖雷系的王权转移而矛盾重重，元朝与藩国之间的经济关系易受政治军事形势的影响。因同属拖雷系后裔，元朝与伊利汗国的经济往来最为密切，其次是钦察汗国、察合台汗国及窝阔台汗国。

一　元朝与窝阔台汗国、察合台汗国的军事、经济关系

元初，察合台汗国的主要辖区从畏兀儿之边直至河中，土地辽阔，不仅拥有大量的畜牧业、农业及众多的人口，而且位居东西方交通之襟喉。察合台汗国进可向窝阔台、钦察、伊利诸汗国和元朝拓展；若退，可根据有利地形固守。[①] 然而蒙古汗国明确规定，其可失哈耳、撒麻耳罕、不花剌等城廓农耕之地系黄金家族的共同财产，由大汗直接派官员管辖，不属于察合台汗国。察合台在世时，曾企图染指，遭窝阔台大汗斥责作罢。察合台汗国与元朝，也经常为此发生争执和冲突。[②]

窝阔台汗国是在窝阔台封地基础上逐渐形成的，大体管辖也儿齐斯河上游和巴尔喀什湖东北的广大地区，建都叶密立（今新疆额

---

①　邱树森：《元朝简史》，福建人民出版社1999年版，第98页。
②　张帆、曹永年：《蒙古民族通史》第2卷，内蒙古大学出版社2002年版，第186页。

敏县）。窝阔台即大汗位之后，封地归属其子贵由。蒙哥继大汗位，窝阔台系后王因阴谋作乱遭到沉重打击，或处死，或流遣禁锢。1252 年，蒙哥汗将窝阔台兀鲁思划成许多小块，在其后王中重新分配，严重削弱了它的实力。但分得海押立地区的窝阔台之孙海都，在忽必烈汗未能控制西北之际，利用成吉思汗《札撒》中"窝阔台的后代在继承皇位上优先于其他各支儿孙"的内容，为自己制造舆论，企图重新夺回祖父窝阔台、叔父贵由所曾经拥有的蒙古大汗宝座。以海都为首的窝阔台汗国一度兴起强大，决定着西北地区的政局。

至元六年（1269 年），海都联合察合台汗国八剌汗共同对付拖雷系的忽必烈及伊利汗国，海都成为西北叛王的首领，成吉思汗创建的蒙古汗国开始公开走向分裂。八剌死后，其子笃哇受到海都支持并登上汗位，二人联兵东进，与忽必烈展开较量。西北叛王与元朝的军事斗争时断时续，互有败胜，元朝经营西北地区数十年，投入了巨大的人力、物力，伤亡、损耗也越来越多。14 世纪初，元朝逐渐失去继续进取的能力，察合台汗国向东发展到火州停顿下来，火州之东哈密立一直为元廷占据，双方大体以此为界。[①] 大德七年（1303 年），笃哇、海都之子察八儿等遣使请求息兵，与元通好，承认元朝的宗主国地位。此后，笃哇的继承人宽阔、也先不花也多次遣使元朝，贡马、驼、璞玉、药物、葡萄酒等物，并得到元朝的大量赏赐。元与察合台汗国保持了十年的和平。

察合台汗国与窝阔台汗国曾为共同对付元朝与伊利汗国结成同盟，但随着双方矛盾的发展，同盟解体，武力冲突越来越多。元廷站在察合台汗国方面，派军进攻察八儿军，察八儿败降察合台汗国，土地大多被察合台汗国兼并，窝阔台汗国进一步削弱。1307 年，笃

---

① 韩儒林主编：《元朝史》下卷，人民出版社 2008 年版，第 612 页。

哇召开忽里勒台大会，废黜了察八儿，一度活跃的窝阔台汗国就此瓦解，臣民纷纷逃往漠北，其土地大部分并入了察合台汗国，东部与元朝毗邻地区则为元朝所有。[①]

为争夺窝阔台汗国的东部领地，元廷与积聚了窝阔台汗国大部分财富、人口的察合台汗国的矛盾越发尖锐。在东部元廷与西部伊利汗国的夹击下，察合台汗国内主和派势力抬头，时任汗王的怯别深知，战争不能给自身带来利益，且战场扩大到察合台汗国境内，生命财产损失严重，于是其努力修补与元朝的关系。元廷为了卸掉对西北用兵带来的沉重的财政负担，沟通中断了东西交通，便接受了罢兵要求。这一时期，察合台汗国向元廷朝贡的使者不绝于途，据《元史》记载，自至治元年（1321 年）以后数年内，均有朝贡使团，所贡方物有文豹、西马、海东青、葡萄酒等。按例元廷也有大量回赐，如宫人、七宝束带、绸缎等。仅泰定二年（1325 年）一次就得到回赐钞千万锭。

元朝与窝阔台汗国及察合台汗国之间的关系主要以相互争夺领地及平息叛乱的军事斗争为主，经济交往作为军事斗争的结果或补充，穿插在元朝与这两个汗国的联系之中。西北蒙古诸王的潜意识中，仍然保持着对元朝皇帝作为所有蒙古汗国的宗主的敬畏，即大汗有权决定诸王兀鲁思的汗位归属，故元朝与汗国之间并不是国与国之间的关系，而的确为藩属关系，元廷与宗藩之国的经济交往则主要以朝贡与回赐为主。朝贡贸易构成了弥补军事斗争之创伤并加强与中央朝廷联系的一种有效方式，也是元廷与窝阔台汗国及察合台汗国经济交往的主要内容。

---

① 韩儒林主编：《元朝史》下卷，人民出版社 2008 年版，第 614 页。

二　元朝与钦察汗国的经济关系

钦察汗国因其管辖以钦察草原为主的广大地区而得名，也往往被称为金帐汗国或术赤兀鲁思。在四大汗国中，生活在这里的蒙古人距蒙古中央王朝最为遥远，但它与元廷的关系并不像窝阔台汗国及察合台汗国那样充满斗争且复杂多变，钦察汗国与宗主国的关系由半独立逐渐走向协助、亲善的道路。

早在蒙古汗国时期，大汗分赐钦察汗国的中原封地有平阳（41302 户）、晋州（10000 户）、永州（60000 户），封户对领主的贡赋经过改革，多以五户丝形式或以户钞形式支付，这是一笔不小的财富。[①] 至元二年（1336 年），月即别汗"遣使来求分地岁赐，以赈给军站"，翌年元政府特别设置秩正三品的总管府专门管理此项分地收入。[②]

钦察汗国与元朝廷相距遥远，往来使者需跋山涉水，渡沙漠、跨草原，极为不便，但早在蒙古汗国时期就有驿道相连，由哈剌和林直至拔都营帐。元朝建立后，该驿道两端有所变化，东端改从大都起，西端至钦察汗国都城拔都萨莱（今阿斯特拉罕附近）。只要持有蒙元政权颁发的金银等牌符，就可按规定享受驿站提供的不同等级的待遇。商旅也能得到安全保证。在钦察汗国首都及其他重要城市，都有元朝商品如铜镜、丝织服装等出售。这是一条沟通中国与西方经济、政治、文化的国际性大道。

元朝实际上与四个"宗藩之国"之间的关系有亲疏厚薄之分，

---

① 张帆、曹永年：《蒙古民族通史》第 2 卷，内蒙古大学出版社 2002 年版，第 196 页。

② 宋濂：《元史》卷 117《术赤传》。

并且随着形势发展而发生变化。伊利汗国与元朝皆为拖雷后裔执掌，血统更近，关系更密切，双方没有太大的利益冲突，更没有发生过战争。察合台汗国、窝阔台汗国从建立之初，就与拖雷系存在明显的矛盾，元朝建立后，这两个汗国与元廷的矛盾有时非常尖锐，多次兵戎相见。元朝与钦察汗国虽不如与伊利汗国那样密切与亲近，但也不像与察、窝两汗国那样对立。元朝历代皇帝和钦察诸汗都能调节自己的政策以维持"宗藩之国"的关系。尽管形势不断变化，道路经常被截断，关系时而遭到离间，但终究是宗藩之国，整个元代中央与钦察汗国统治地区——钦察草原、不里阿耳、斡罗思等地的经济、文化联系，是历史上其他朝代所不能比拟的。①

三 伊利汗国——与元朝经济关系最为密切的汗国

伊利汗国由拖雷之子旭烈兀所建，伊利为突厥语，意为"从属"，这表明位于波斯的蒙古汗国也是一个宗藩政权。伊利汗国与元朝的关系最为密切，各代伊利汗的袭封都以得到元朝皇帝的批准才为合法。伊利汗国的汗王在中原汉地拥有不少封户和属民，至延祐六年（1319 年），旭烈兀位下彰德路实有 2929 户，计丝 2201 斤，江南户钞分拨宝庆府人户负担，还有打捕鹰房民 7000 余户，每年岁赐的银、绢都不在少数。②

伊利汗国与元廷之间的使者往来频繁，不赛因为伊利汗时期（1317—1335 年）的往来更为频繁，有时一年中遣使达 5 次之多。③

---

① 白至德：《中古时代·元时期》，中国友谊出版公司 2012 年版，第 218 页。

② 曹永年、张帆：《蒙古民族通史》第 2 卷，内蒙古大学出版社 2002 年版，第 199 页。

③ 宋濂：《元史》卷 30《泰定二》。

贡品主要有大珠、玉石、药物、良马、骆驼、文豹、黑犬和葡萄酒等。元朝派往伊利汗国的使者，主要是册封、问候，传达诏令、赐银印、金符、冠带、丝绸、服装等。双方使者个人都能得到对方大量赏赐，常常是元廷赐予伊利汗国及其使者的物品多于对方朝贡，以示宗主国对藩属国的风度、厚意。双方的朝贡和赏赐实际上也是一种特殊形式的贸易。

元廷与伊利汗国往来的通道，除陆路外还有海路。陆路有驿站，其距离比海路短一些，然而每逢战争（如海都之乱），双方使者常被扣留乃至杀害，频频误事，因此使者常使用海路。元使从泉州或广州出发，绕中南半岛和印度次大陆，在波斯湾的忽鲁模子登陆，再前往伊利汗国都城。当时元朝的造船业、航海业相当发达，而波斯等阿拉伯人自古就积累大量远航经验，因此在这一航线上，元廷和伊利汗国的船只的经济往来相当频繁。

伊利汗国地处伊斯兰世界，伊斯兰化逐渐加深，但"至少在其前期，汗廷的组织与制度，几乎完全同于蒙古中央朝廷。譬如：选汗的忽里勒台制度、汗的即位仪式、冬夏两都的巡按制度、陵墓的禁地设置、后妃的守宫、宗王出镇及分封制度、佞佛和对所有宗教的宽容政策、军户的分地（采邑）制度、斡脱制度；在风俗方面，如收娶庶母、饮金屑酒宣誓、萨满占卜等等"。[①]

元朝与伊利汗国的关系密切，为中国与波斯等阿拉伯国家经济、政治和文化等方面的交流提供了方便。中国的火药、医学、钞币、茶叶、纺织品等，传入伊利汗国；波斯、伊斯兰的优秀文化，特别是回回天文历算、回回医学、回回炮等，也通过伊利汗国传到中国。两种文化的交流，带动了两个地区的经济发展和民族融合，对元朝形成多民族共同发展的民族格局具有重要意义。

---

① 周良霄、顾菊英：《元代史》，上海人民出版社 1993 年版，第 832 页。

第三节　与亚洲其他民族的经济关系

忽必烈建立元朝之后，对临近国家采取了或和平或军事的征服进程，蒙古族人民在元政权扩张过程中与亚洲其他民族建立了紧密的经济联系。蒙古族与高丽的经济关系围绕着上层统治集团的联姻而展开；与日本的经济关系以频繁的海路私人贸易为主，与南亚及印度的经济关系则以朝贡贸易为主。蒙古族与亚洲其他民族的经济往来极大地补充和丰富了蒙古社会与各邻邦民族的物质生活，促进了科技文化的交流，使亚洲在 14 世纪成为世界瞩目的文明发源地。

一　高丽——以联姻为主的经济往来

元朝与高丽之间的政治经济关系与蒙古汗国时期大有不同，蒙古族与高丽民族间的联系由索贡、战争、平叛逐渐转为联姻、朝贡、回赐，深受传统文化熏陶的忽必烈即位后，两个民族间交往方式由激烈的军事斗争转向友好的经济往来，蒙古族与高丽在联系日益紧密的交往过程中以联姻方式加强了民族融合，中原儒学及理学在元朝正式传入高丽，极大地丰富了高丽人民的文化生活。

中统元年（1260 年），忽必烈听从廉希宪、赵良弼的建议，将高丽入质的王倎（后改为禃）送归，接替其父王瞮的王位。忽必烈命其"完复旧疆，安尔田畴"，发展生产，实行仁政，"永为东藩，以扬我休命"，以前举兵抗拒蒙古汗国者，"罪无轻重，咸赦除之"。[①] 同时按照蒙古法制，对藩属高丽提出要求：君长亲朝、子弟

---

① 宋濂：《元史》卷 208《高丽传》。

入质、编民户、出军役、输纳赋税、置达鲁花赤。至元七年（1270年），王禃在大都朝觐忽必烈，提出和亲要求："降公主于世子，克成合卺之礼，则小邦万世求倚，供职惟谨。"忽必烈既没有拒绝，也没有马上答应，而是让他回国"扶存百姓"，履行藩国义务，以待后议。翌年王禃再次为世子王谌请婚，并遣谌入朝为秃鲁花。[①] 忽必烈在对高丽的征服与统治中，也一直在寻找一种武力与怀柔并举、威力与恩德兼用的方略，来加强对高丽的控制，和亲恰好也满足了忽必烈的政治需求。蒙古公主与高丽世子的联姻，也是高丽史上的一件大事，它象征着元廷对高丽王室的信任与支持和高丽对元廷的完全臣服。在此之后，蒙古与高丽的联姻连续不绝，元朝共有八位公主下嫁高丽王，高丽历史上自王谌起至元朝灭亡的七位国王中有五位尚元朝公主，高丽国王始终都是元朝的驸马。

和亲给高丽，特别是王室贵族带来了巨大的经济、政治利益。联姻使蒙古与高丽既是宗藩又是亲族，驸马地位在元朝可以比照"黄金家族"的待遇。高丽王与公主，照例每年都去元朝大都，既是朝觐又是省亲。高丽王作为元朝驸马，还可以同其他驸马一样参加忽里勒台大会，共议国家大事。至元三十一年（1294年）忠烈王王谌参加选立成宗铁穆尔为皇帝的忽里勒台，并因拥立之功，得到酬赏。至大元年（1308年）忠宣王王源参加忽里勒台，坚决拥立武宗海山，得到奖赏。[②] 高丽在元朝的地位，显著提高。

中统三年（1262年），元廷答应高丽请求，在其国置冶铁，双方互市一度展开。每次联姻，元朝都要以嫁奁名义送去大量财物。通过朝贡和赏赐等渠道，高丽的土特产品如人参、鹰鹘、水獭、虎豹皮、黄漆等进入元朝；元朝的丝绸、锦绣、羊、马、驼等来到高

---

① 郑麟趾：《高丽史》卷28《忠烈王世家一》。
② 郑麟趾：《高丽史》卷31《忠烈王世家四》，卷33《忠宣王世家一》。

丽。元朝作为宗主大国和岳丈之家，常是"厚往薄来"。高丽若遇灾荒饥馑，元朝也会提供赈济。至元十年（1273年）世祖"敕东京路运米二万石，以赈高丽",① 至元二十八年（1291年）高丽天灾、民饥，元朝"给以米二十万斛"。②

朝鲜半岛自古以来就积极吸取中国文化，元朝是中国历史上最开放的时期，再加上前文所述种种关系，元朝蒙古族和高丽人的交流相当频繁。高丽不断在元朝买书、索书，延祐元年（1314年）元仁宗将南宋秘阁所藏书4371册、17000卷赐高丽。③ 很多高丽人带着求学求经的目的来到中国，与元朝文人广泛接触。

以蒙古族为主体的元朝与高丽政治上君臣翁婿，长期和平亲善，高丽取得相对的独立性；经济上，二者交往频繁，朝贡贸易常是薄来厚往；文化上，元朝统治集团对高丽的索取十分宽容。上层贵族集团以联姻方式展开的多方面交往，不仅使元朝稳握对高丽的统治之权，高丽也在蒙古大汗强有力的支持下整顿朝廷、重掌王权。朝贡和互市贸易都使两族人民丰富了各自的物质生活。

二 与日本的经济关系

元朝时期，日本正当镰仓幕府后期和南北朝前期，日本庄园经济逐渐解体，商业和城市发展较快，武士阶层进一步活跃。忽必烈曾多次遣使日本，均遭镰仓幕府拒绝，元朝最终决定出兵进攻，但两次战争均以失败告终。元廷与日本相距遥远，很难往来，且二者之间的关系因军事征战而处于僵持状态，但以蒙古族为主体的元朝

---

① 宋濂：《元史》卷8《世祖五》。
② 宋濂：《元史》卷208《高丽传》。
③ 郑麟趾：《高丽史》卷34《忠宣王世家二》。

与日本之间的经济、文化往来，却始终没有间断过。

据《元史》记载，至元十四年（1277 年），日本商人持金来中国易铜钱，这表明元朝铜钱在日本流通；次年，元政府令沿海官司通日本国人市易；至元十六年（1279 年），有日本大商船四艘，载商人、水手计二千余人的大商队至庆元港口，地方官员侦查结果证明其确来贸易，并无其他目的，因许其交易而还。① 元朝三大港之一的庆元和日本的博多是两国商船往来的主要港口，元朝输出的货物有瓷器、铜钱、香料、经卷、图书、文具、佛寺什器，还有金纱、唐锦、唐绫、毛毡等都是日本所需之物，日本输出的有黄金、刀剑、扇子、描金、螺钿等，其中，刀剑和扇子尤为精良，受到中原人民的普遍欢迎。

蒙古族与日本的经济关系并不是宗藩国之间传统的宫廷朝贡贸易，日本在元朝统治期间始终没有归附元廷，其作为一个独立的临边国家与元朝在政治上僵持、经济上活跃，侧面反映了以蒙古族为主体的元朝确实是一个以开放和包容著称的朝代。二者的经济往来主要发生在民间，以民间私人商业贸易为主，海路交通的发达和元廷宽容的商业态度，都使日本在对蒙经济交往中大大补充了其岛国所需的其他物资，丰富了日本人民的物质生活。

三　与南亚、印度的经济关系

元廷在南亚及印度的领地征战活动并不顺利，世祖时期对安南、占城、爪哇等国家都发动了或多或少的军事进攻，但随着军费支出的增加和元中后期政权的动荡，自成宗之后起便逐渐下令罢征。各国均在名义上承认元朝的宗主国地位，但实际上保持着相对的独立

---

① 宋濂：《元史》卷 132《哈剌传》。

性。元廷对这些国家虽然发动过战争，但终元之世，南亚诸国与印度一直朝贡不绝，双方的经济往来主要以朝贡贸易和少量的民间贸易为主，贸易运输方式多为海路。

元朝政府明确规定要求安南进贡的货物为苏合油、光香、金、银、朱砂、沉香、檀香、犀角、玳瑁、珍珠、象牙、绵、白瓷盏等物。[①] 元朝商船主要运去大量布、丝绸、瓷器、漆器、铜器、日用品、乐器等。

元代泰国地区诸国盛产香料、苏木、犀角、象牙、翠羽、黄腊等物。至元年间，暹国贡品就有黄金、象齿、丹顶鹤、五色鹦鹉、翠毛、犀角、笃缛、龙脑等物。[②] 据《岛夷志略》载，暹人的货币可与中统钞兑换，可见民间贸易的频繁程度。

元廷与印度的往来中佛教文化交流占很大比重，印度佛教领袖来到蒙古社会传法、诵经，将大量佛教梵文经典翻译成畏兀儿蒙古字，对蒙古上层及蒙古知识分子产生了一定的影响。蒙古族与印度民族的经济交往主要以上层统治阶级间的朝贡贸易为主，至正二年（1342 年），元顺帝遣使印度，赠德里算端麻哈没男女奴隶 100 名，锦绸 500 匹，其中百匹为泉州织品，百匹产自杭州，五曼德麝香，镶珠长袍五袭，金布五筒、宝剑五把；算端遣伊本·拔图塔率使团前往中国报聘，回赠中国皇帝的礼物较送来者更有过之，计有美饰高马 100 匹，男奴 100 多名，长于歌舞的印度女子 100 名，贝兰百匹，哲次百匹。[③] 有元一代，蒙古族与印度，双方互派使者都不少，经济文化交流达到新的高度。

---

① 宋濂：《元史》卷 209《安南传》。
② 宋濂：《元史》卷 16《世祖十三》。
③ 玉尔：《中国和通往中国之路》，转引自韩儒林主编《元朝史》下卷，人民出版社 2008 年版，第 806 页。

第四节　与欧洲、非洲以及阿拉伯半岛的经济关系

　　蒙古族与欧洲、非洲及阿拉伯国家的经济联系，多见于来访元朝的各国使者及旅行家的行纪与报告。元代，大量欧洲与非洲人进入蒙古社会，与当地蒙古族人民共同生活，促进了元朝商业贸易与交通的发达；瓷器在中亚及阿拉伯半岛民众生活中成为重要的生活必需品。海陆经济往来极大地促进了东西方文化交流，元朝在推进世界文明发展上做出了不可磨灭的巨大贡献。

一　与欧洲的商业往来

　　元朝蒙古族与欧洲各国人民的交往史料，可以从东来的欧洲人及访欧的元廷人所作的游记或报告中搜集而来。元朝来访蒙古社会的欧洲人有马可·波罗、孟特·戈维诺、鄂多立克和马黎诺里，他们几乎都在大都或上都居住生活过并从事佛教活动，其中最为著名的应属意大利旅行家马可·波罗，他在元朝整整生活了 17 年，据其口述而成的《马可波罗行纪》对元朝各地的城市、风土人情、丰富的物产以及城市建筑等都进行了详细的描写，书中记载了海都、乃颜之叛和阿合马事件等重大历史事件，还介绍了元朝使用纸币、用煤炭当燃料等情况。这些都使欧洲人大开眼界，使他们对东方异常向往。

　　13—14 世纪，蒙古人与欧洲的交往主要是通过陆路交通而实现的。早在窝阔台汗时期，和林与钦察汗国之间已经有驿道相通，世祖忽必烈建立大都后，驿道又连通了大都与钦察汗国都城萨莱。之后又建立了塔纳（今俄罗斯罗斯托夫）到甘州（今甘肃张掖）、杭

州等地的驿道，这条驿道上的萨莱、别儿哥萨莱（今俄罗斯伏尔加格勒）成为商业重镇。[①] 别儿哥萨莱在元朝中期之后已发展成为中西贸易的国际性都市，各国商人云集于此，这里的元朝商品如丝绸织品、手工业品，琳琅满目，欧洲商人可采购后运到各地，而大批元朝工匠留居于此。意大利学者比罗·科拉蒂尼说："在这场商业和宗教交流过程中，不少中国人和蒙古人也来到了意大利和欧洲，在西恩那和阿西西一些著名的绘画作品中，我们可以发现他们的肖像，而阿西西又是当时方济各教会的中心。"[②]

许多欧洲商人和工匠远途跋涉来到元朝经济中心，他们有的是随军而来的军士和工匠，更多的是来华经商的商人和传教士，在欧洲基督教思想中，贸易目的和宗教传播是紧密联在一起的，在泉州的圣方济各教堂都附设工厂和货栈。卢布鲁克游记中提到和林有许多英国、法国、匈牙利、俄罗斯等欧洲人从事商业贸易或手工业。许多欧洲国家直接与元朝建立联系，多次派使臣、商人、教士东来，这是过去历史上所没有的。

频繁的经济往来更是推动了交通的延伸，促进了元朝与世界各国之间的经济文化交流。雕版印刷术、火药、武器等技术就是在元朝开始传入波斯及欧洲，欧洲的数学、天文、地理等知识往往以回回文本传入中国，基督教等欧洲宗教文明在包容并蓄的蒙古社会广泛传播开来。经济文化交往增进了蒙古族与欧洲民族之间的了解，丰富了其知识文化内涵，为东西方民族的科学发展、经济发展、社会发展都做出了不可磨灭的贡献。

---

① 白至德：《中古时代·元时期》，中国友谊出版公司 2012 年版，第 322 页。

② 邱树森：《元朝简史》，福建人民出版社 1999 年版，第 512 页。

二　与非洲及阿拉伯半岛国家的频繁互市

13—14 世纪，北非最强大的国家是密昔儿（今埃及），其在 13 世纪 60 年代为阻止伊利汗国西扩，利用钦察汗国与伊利汗国的矛盾，与钦察汗国结盟，与蒙古大汗保持了良好的关系。中统三年（1262 年），一位自称来自地中海东部滨海利凡特的马木鲁克王朝使者发朗到达元上都，受到忽必烈的接待，赐予金帛。至元十八年（1282 年），忽必烈遣使阿耽出使利凡特和埃及，在开罗受到算端盖拉温的接待。成宗时，元朝使者再访密昔儿，馈赠的礼物有 700 匹织着算端尊号的花锦。14 世纪后，由于伊利汗国皈依伊斯兰教，与密昔儿的关系缓和，海陆交通日益畅通，元朝与北非的交流更加密切。不仅有非洲人来到元朝城市生活，中国商人也远航北非，运到北非最大宗的商品是陶瓷器。[①]

从元人汪大渊所著的《岛夷志略》中，我们可发现元朝对阿拉伯各国的风土人情、物产贸易等情况有详细的了解，他指出该地"煮海为盐，酿蔗浆为酒。有酋长。地产红檀、紫蔗、象齿、龙涎、生金、鸭嘴胆矾。贸易之货，用牙箱、花银、五色缎之属"。东非地区的物产在元朝受到欢迎，"贸易之货"中的"金、银、五色缎"等是得之于元朝的。[②] 摩洛哥丹吉尔人伊本·拔图塔在其《游记》中也记录了中国瓷器远销印度直到马格里布的情况。伊拉克是元朝瓷器在西亚的主要销售中心，库特城东南 70 公里处的瓦西特出土了元代龙泉窑青瓷残片。叙利亚、黎巴嫩、巴林、也门、阿曼也都出

---

① 邱树森：《元朝简史》，福建人民出版社 1999 年版，第 502 页。
② 汪大渊：《岛夷志略》，转引自李干《元代民族经济史》下卷，民族出版社 2010 年版，第 996 页。

土过许多元朝青瓷片,[①] 可见瓷器已成为当时中亚各国的生活用品。

阿拉伯人东来中国在元代进入了高潮。蒙古西征后大批阿拉伯军士、工匠、商人、伊斯兰教士、学者到元朝城市定居,有的经商,有的从政,有的从事手工业或农业劳动,成为元代回回人的主要组成部分,其人数以万计。元代阿拉伯人带来了丰富的阿拉伯文化,涉及文学、史学、哲学、医药学、天文学、数学、工程技术学、矿物学、化学等,极大地提高了元朝蒙古族社会的科技文化水平。

---

① 刘迎胜:《丝绸文化·海上卷》,浙江人民出版社 1995 年版,第 190 页。

第 三 篇
明代蒙古族经济史

马旦杰

第 十 一 章
明初蒙古族封建领主制经济的衰退

　　元朝末年，以红巾军为首的大起义，摧毁了元朝的统治。之后，朱元璋建立明朝，元朝灭亡。元朝末代皇帝妥欢帖木儿（元顺帝）退往上都，以后的一段时期，史称"北元"。由于北元与明朝南北对立，双方为争夺正统地位而进行连绵不断的战争，蒙古族一些地区是双方拉锯的主战场，破坏更加严重；加之在明朝的军事和政治双重压力下，蒙古族部族军民或被迫纷纷北迁，或络绎南降明朝，大批劳动力在战争中死伤，使蒙古一些地区的蒙古族人口锐减。明朝为防止蒙古贵族南下，对蒙古族聚居区实行经济封锁，将大批塞外从事农业、手工业的居民迁入塞内，禁止汉人出塞，蒙汉之间正常的经济交往基本中断了。战乱使蒙古族原有的农业破坏殆尽，农田荒芜，城镇、村庄被毁；封锁使蒙古族缺乏原料、工具、技术和专业人员，原有的手工业、商业也衰落了，蒙古族又退回到单一的游牧经济，而且由于战争、自然灾害并缺乏市场，畜牧业也处于凋敝状态。接连不断的内外战乱，缺乏和平安定的环境，蒙古族与周围各族间不可能正常交往，可以说生活在饥寒交迫之中，"人不耕织，

地无他产"，① 物资极度匮乏，"日无一食，岁无二衣，实为难过"，②
以致一些长期得不到粮食的蒙古族，"得粟不知炊而食也"。③ 绝大
多数蒙古族领主为解决自己的困境，或加重对属民的剥削，或发动
对外部的掠夺战争，或内部互相"刁抢"，都不能从根本上改善明代
蒙古族的经济状况。残酷的剥削迫使属民逃亡或反抗，战争又给生
产造成了更大破坏。总体来说，明初蒙古族经济是衰退的。

第一节　明初蒙古族封建领主制经济

明代初期，失去了元朝中央政府强有力的财政和政策支持，蒙
古族经济急剧萎缩。明太祖曾动用数十万兵力对北元发动了多次战
争，但未能消灭北元、统一蒙古、于是其后继者明成祖改变了对蒙
政策，利用蒙古族内部的矛盾，采取抑强扶弱、"以夷制夷"的方
针，从中制驭，削弱蒙古。这种政策又加剧了蒙古族内部的矛盾和
战乱。蒙古族勋臣系统领主凭借土地所有权和牧奴劳动力所有权，
兼并领地，乘机崛起。这一时期的蒙古族经济仍然是封建领主制经
济，并且得到了深化和加强。

一　元末统治危机和农民战争的经济原因

元末经济社会危机和战争的经济原因主要有以下几点：
一是政令繁杂重出。据统计，从元太祖以来所下的政令就达九

---

① 王崇古：《确议封贡事宜疏》，见《明经世文编》卷 317。
② 王崇古：《酌许春王请乞四事疏》，见《明经世文编》卷 318。
③ 尹耕：《塞语·虏情》。

千余条，因此，形成各级官吏任情挟私、上下其手难以控制的现象。元朝为了巩固国家统一，在偏远地区也建立了边疆税制，"唐所谓羁縻之州，往往在是，今皆赋役之，比于内地"，[①] 但又依据各地不同的特点，有所区别，如对畏兀儿地区主要以征实物税为主；吐蕃的农牧民向领主缴纳实物，各领主向元廷纳贡。元廷对蒙古族本土征收实物税，以马、牛、羊计。窝阔台时期规定，"蒙古民有马百者输牝马一，牛百者输牛一，羊百者输羊一"，[②] 后来逐渐增添三十口抽分一口、不到三十口免抽的税制。虽然税率增加，但总体上仍然属轻税政策。除牧业赋税外，元代蒙古族人民还有繁重的差役负担。主要是兵役和站役，蒙古族千户、百户、十户既是社会组织，又是军事单位，战时出征，平时便"屯聚牧养"。属民随从领主出征时，要自备鞍马、兵器和食物等，这对他们来说无疑又是一项沉重的负担。而且蒙古族牧民要向驿站提供一切供应，站马（又称铺马）等由其所在百户、千户内征发，后来，元朝政府征发一部分蒙古族人户专门承担站役，称为站户，站马由站户自备，另外要有供应首思的义务（"首思"原意为"汤""汁"，元代以此词泛指站户所负担的过往使臣的分例，如饮食、灯油、柴炭等）。站户自备站马，自备首思，这种规定一直延续下来，成为元代通行的制度。元朝建驿泛滥，加上来往使臣的暴虐与站官的压榨，致使大多数蒙古族站户生活困苦不堪。

在剥削掠夺人民的基础上，蒙古族贵族集团与皇室共享富贵，过着奢华侈靡的生活。他们锦衣玉食，高堂华屋，频繁游宴，广泛搜求奇珍异物，取姬妻于海外，凡此不一而足。与蒙古族贵族集团的奢侈靡费形成鲜明对照的是，蒙古族广大贫民在压榨剥削下日益

---

① 《元史》，卷58《地理志》。

② 《元史》，卷2《太宗纪》。

陷入贫困破产的境地。蒙古族劳动人民受到赋税、差役、高利贷的重压。尤其是军役和站役的繁重，更使他们纷纷破产。军役负担和军官、奥鲁官的侵渔，使大多数蒙古族军户贫困化。在《元史》中，关于蒙古族部民"贫无孳畜""不能自存"的记载，可以说触目皆是，与有元一代相终始。为生活所迫，大量蒙古族贫民或流亡，或卖身为奴。早在忽必烈当政的至元年间，就已经发生了蒙古族贫民沦为奴隶的现象，其中不仅有被卖给蒙古族贵族为奴的，而且有被卖给汉族富豪为奴的，甚至还有被人口贩子转贩到"番邦"为奴的。在饥寒交迫、走投无路的情况下，蒙古族人民不断掀起反抗元朝暴政的斗争。

二是财用匮乏。财用不足，是元王朝的痼疾，从元世祖末年已开始出现。到文宗至顺年间，财政经费"缺二百三十九万余锭"[1]。惠宗即位，财用更加拮据。据记载，"天子（惠宗）入正大统，故典：亲王、宗臣、庶官、卫士赐予之数，为金帛谷币以万万计。时，浃月间举故典者再，执事者请括金民间以充用。"[2] 监察御史苏天爵指出："夫文翰之职既同，何为复列数职；造作所司既一，不应又置数司。掌军政者亦既俱分，奉祭礼者似太重复。至于属官辟吏，员额杂冗，支奉食米，内外繁多。"[3] 无尽的赏赐，重叠杂沓的政府机构所造成的巨额冗费，成为不堪承受的重负。苏天爵说："今朝廷用度不足，弊在于浮费不节，所入者有限，而所出者无涯，遂令内外帑廪皆未充赡。"[4] 财政亦告枯竭。

三是灾祸频仍。元末，各种自然灾害也频繁地袭来。1344 年

---

① 陶宗仪：《南村辍耕录》，卷 19《阑驾上书》。
② 马祖常：《敕赐赠参知政事胡魏公神道碑》，《石田集》卷 12。
③ 苏天爵：《灾异告白十事》，《滋溪文稿》卷 26。
④ 同上。

（至正四年）五月，连续二十多天暴雨，黄河猛涨，平地水深二丈余，河水先后于白茅堤（今河南兰考东北）、金堤决口，今河南、山东、江苏、安徽四省交界地区一片汪洋。第二年又遭大旱，"赤地千里黄尘飞"。紧接着瘟疫肆虐。余阙哀叹说："至正四年，河南北大饥，田萧尽荒，蒿黎没人，狐兔之迹满道。"① 人民再也生活不下去了。

四是变更钞法适得其反。脱脱重新当上丞相以后，为了解决财政危机，于1350年（至正十年）又一次变更钞法，结果乱上添乱。"行之未久，物价腾踊，价逾十倍。又值海内大乱，军储供给，赏赐犒劳，每日印造，不可数计。舟车装运，舳舻相接，交料之散满人间者，无处无之。昏软者不复行用。京师料钞十锭，易斗粟不可得。既而所在郡县，皆以物货相贸易。公私所积之钞，遂俱不行，人视之若弊楮，而国用由是遂乏矣！"②

五是整治黄河，虽有成效，却成为起义导火线。黄河自1344年暴雨决口，洪水肆虐，七年来一直没有得到治理，给流域内的广大人民带来巨大灾难，同时也危及元政府的主要财政支柱漕运和盐税。脱脱重新当上丞相以后，采纳贾鲁"疏塞并举，挽河东行，使复故道"③ 的提议，命贾鲁为工部尚书，总治河防使，发汴梁、大名13路15万民工和庐州戍军2万治河，在半年以内，使黄河径流重归故道，取得了成功。无论从出发点和结果看，这都是一件好事，但是在元末吏治极端腐败的背景面前，官吏借此肆行贪污，督责又极严苛，激起了河工的强烈不满，结果成为促使元末农民大起义爆发的导火线，最终导致元朝的灭亡。

---

① 余阙：《书合鲁易之作颖川老翁歌后续集》，《青阳先生文集》卷8。
② 《元史》，卷97《食货志》；卷185《吕思诚传》。
③ 《元史》，卷187《贾鲁传》。

二 战争对蒙古族经济的影响

1368 年（明洪武元年）春，农民起义军领袖朱元璋在应天（今南京）建立明朝，并于是年秋天北上，会师大都。至此，元朝灭亡。元朝末代皇帝妥欢帖木儿（元顺帝）撤出大都退往上都，以后的一段时期，史称"北元"。至此，统治全中国的元朝灭亡，开始了蒙古族封建主与明朝对峙的局面，也造成事实上南北方经济发展的分割。

明朝对北元发动的政治、军事攻势，虽然粉碎了蒙古族贵族"求大元一统天下"的复辟梦想，但也未能解决南北统一的问题。由于明朝与北元之间的对峙，大致形成了明朝统治区域和蒙古族各部的分布范围。蒙古族各部主要分布在东自松花江、嫩江和辽河流域，西至巴尔喀什湖、额尔齐斯河及天山南北，北抵勒室河、叶尼塞河和鄂毕河上游，南临明朝北部防线的广大地区。此外，在明朝内地和南方各省还居住着几十万蒙古族。长期的对峙和战争，导致北元大汗的主力部队消耗殆尽。它不但未能恢复对中原的统治，其内部的大封建主反而乘机称雄一方，互相争夺霸权，形成封建割据、战乱不止的局面。大汗成了大封建主们争霸的工具，经常遭到废弃和杀害。大小封建主各率所属，在其领地上各自为政，互相兼并，领地范围或扩大或缩小，内部也不断发生分化和重新组合，有的还迁至远方。随着时间的推移，游牧经济很快成为北元立国的基础，行省、路、府、州、县等地方行政机构，被土绵、爱马克或鄂托克等游牧封建领地所代替。

南北分立、对峙，以及封建割据和战乱，切断了中原农业和北方畜牧业的正常交换，南北方的商品贸易几乎完全停顿下来，商路中断，商旅绝迹，维持北方居民基本生活和生产需要的粮食、手工业品、铁器等不能得到供给，北方经济急剧萎缩。南北战争又使蒙古族人数减少，畜牧业凋零，牧民生活日益恶化。虽然东西蒙古统一后，经济环境相对稳定，畜牧业生产逐步复苏，与中原、西域的经济联系也得到恢复，但也未能阻止蒙古族畜牧业相对衰落的趋势，此时草原畜牧业的活力与元代相比有衰退的迹象。

明代蒙古族是蒙古族史上大分裂、大动荡，阶级矛盾、民族矛盾空前激化，封建制度进一步发展的重要时期，也是蒙古族的社会经济思想发生一系列变化的时期。明代蒙古族社会既有中世纪蒙古族历史上最黑暗的一面，也有社会进步力量为消除封建割据，加强与中原地区的联系，推动社会经济发展所付出努力的一面。

三　明代蒙古族封建领主制经济

明代蒙古族经济仍然是封建领主制经济，领主拥有自己的领地和属民，支配着整个社会关系，即使汉族移民也必须属于某个领主。领主之间也存在领属关系，中小领主须向大领主缴纳贡赋。领地、属民的最高所有权属于大汗，达延汗就曾分封诸子，但由于领主可以世袭，大汗的所有权也形同虚设。自黄教传入蒙古族聚居区以后，大小领主争先向寺庙布施土地、属民、牲畜以及金银珠宝，而且享受豁免兵役、赋税、差役等特权，逐渐形成了寺院经济体系。寺院的上层喇嘛很快成为特殊的寺院领主，下层喇嘛和寺院属民与上层喇嘛之间也存在隶属关系。这些寺院领主同其他领主一样，大量侵吞着社会财富，加重了民众的负担。

1368 年（明洪武元年）朱元璋称帝后，即仿效过去的封建王朝，建立了明帝国的中央集权制，开始了由农民起义到地主政权的转化过程，其君主专制程度远远超过了两宋时期。而北元政权在大部分时间里，皇权仅仅是一种象征。社会经济的衰退，不仅削弱了大部分封建旧秩序，也使蒙古大汗的权势渐微，他名义上是蒙古族的"共主",实际上完全成为傀儡。失去中原后,北元也就失去了内地在人力、财力和物力上巨大的支持,经济发展受到严重影响。兼并战争和蒙古族各部的重新分化组合,以及领属关系的改变,使蒙古族经济社会的组织结构发生了重大变化,封建化步伐加速,以适应当时的社会和经济状况。

元室北徙后,仍集聚力量,继续与明朝抗争。但在这一斗争中,许多蒙古族贵族和兵民或被明朝以高官厚禄招降,或因生活所迫,大批投入内地。蒙古族内部处于分裂割据状态,争夺汗权、领地、属民和牲畜。这些集团各自与明朝发生政治、军事和经济关系,并在这一时期发生了一些重大事件,如1449年(正统十四年)的"土木之变"、1550年(嘉靖二十九年)的"庚戌之变"和1571年(隆庆五年)的"俺答封贡"等。

明代蒙古族分布的地区都是广漠的草原、沙漠、山林和河湖地带,历来是游牧民族活动的舞台,有的又是中西交通或南来北往的交通要道,所以畜牧业、狩猎和商业贸易成为这些地区经济生活中的主要营生。元代,蒙古族聚居区的人口大量增加,畜牧业也得到了相应的发展。在元朝政府的支配下,农业、手工业等也有了迅速发展,出现了一些农业基地和工商业城市。在官府的调节下,无论是畜牧业、狩猎还是农业、手工业都与内地有着密切的关系,蒙古族聚居区的畜产、毛皮和各种土产源源输入内地,内地的农产品、手工产品、农具、种子、各种原料和农工生产技术也不断输入蒙古族聚居区。元亡明兴,内地和蒙古族聚居区之间的这种密切关系突然中断。明朝和蒙古族之间的战争,后来又是蒙古族封建主之间的战争,使畜牧业遭到相当破坏,农业、手工业受到的破坏尤其严重。贸易停滞,粮食(包括赈济)断绝,原料断绝。而北徙的蒙古族贵族和大批蒙古族军民以及战争的巨额耗费骤然加重了蒙古族的经济负担,这是蒙古族原有的生产力(主要是畜牧业和狩猎)一时难于承受的。蒙古族民众的生活迅速贫困化，"衣裳坏弊，肌体不掩"。①
过惯了养尊处优生活的蒙古族贵族们更不堪颠沛流离的生活，各自
寻找生活出路。这就是明初不少蒙古族贵族和大批军民被明朝招降
或主动投入内地的经济原因。所以明初四五十年间，前后进入内地
的"沙漠"军民不下七八十万人（包括战俘和被明朝迁入的人数）。

　　虽然元、明两代蒙古族都同样处在封建领主制下，无论是元朝
皇帝还是明代蒙古大汗都是蒙古族各部的共主，是蒙古族共同承认
的正统，但前者和后者所拥有的权力和实力就大不一样了。元朝皇
帝之所以能够有效地支配蒙古族各部的封建领主，他的力量不仅来
自其政治地位和传统的观念，更重要的是来自他统治全中国所拥有
的经济实力，以及在此经济实力支持下的强大军队。各领主及其部
属的经济生活，很大一部分还依赖中央政府的支持和救济，反叛元
朝皇帝的诸侯将失去这种经济上的支持并遭到中央政府的军事镇压。
明代蒙古大汗的正统观念虽然仍在蒙古族中起作用，并成为各部封
建主争夺汗权以壮大自己的原因之一，但大汗已失去了元朝皇帝那
种强有力的经济手段，自己也没有一支以全中国经济实力为后盾的
军队。相反，蒙古大汗的地位和经济生活还有赖于一些封建主的支
持，这就是明代蒙古大汗权威衰落，并受制于一些大封建主，随时
遭到废立或杀害的经济原因。明代蒙古族封建领主不再依赖大汗的
经济支持，他们利用自己的世袭领地和属民（阿勒巴图）进行游牧、
狩猎和可能的手工生产，并可以单独和其他民族进行贸易交换，这
使各部领主有了较大的自主权。为了扩大自己的领地和属民，满足
自己的生活需要，封建领主常挑起战争，掠夺其他部族、其他民族
的土地、人口、牲畜和财产。这就是明代蒙古族处于分裂割据、战

---

　　①　《明宣宗实录》卷108，宣德九年二月己未条，江苏国学图书馆传抄
本。

乱不已的经济原因之一。正是由于封建领主们这一经济上的自主性，使明代蒙古族难于实现长期的、稳定的统一。无论是也先的统一还是达延汗的统一，都是暂时的、不稳定的，俺答汗的统一是局部的，林丹汗的统一也以失败告终，他们的统一活动都遭到一些封建主的强烈反对。分散的游牧经济和各自为政的领主制度阻碍了蒙古族的统一。

单一的游牧、狩猎经济需要外部的市场，以销售畜产品和兽皮等，并引进生产、生活上必需的农、工产品。蒙古族和明朝之间的通贡、互市关系，是解决这一问题的渠道之一。通贡表面上是一种政治关系，实质上也是一种经济关系。明朝统治者为了笼络和羁縻蒙古族封建主，对于入贡的封建主给予优厚的"赏赐"。因此在也先时期，瓦剌派往明朝的贡使人数越来越多，一年数贡。当通贡互市关系受阻时，双方之间的战事也随之而起，即所谓"不市则战"，[①]如"土木之变"和"庚戌之变"等，这些事变有其经济原因。从这种意义上来说，蒙古族和明朝之间发生的这一类战事，也说明了蒙古族和内地之间经济上互相依存的关系。当双方妥善解决这一问题之后，就会进入和平、安定和发展的时期，如"俺答封贡"以后，取得了五六十年的和平发展时间。当然，明代蒙古族出现的这许多历史现象和事变，原因不仅是在经济方面，还有内外的种种政治、军事因素，互相结合在一起。但透过经济方面的分析，能够把握问题的实质，看到我国多民族国家的形成和发展有其内在的、互相依存的经济关系。

贯穿上述历史始终的是蒙古族经济的分散化，这除了社会政治历史因素外，还与蒙古草原的地理特点有关。蒙古草原广袤无垠，没有中原内地那样星罗棋布的城镇和人口中心，蒙古高原的干燥气

---

① 萧大亨:《夷俗记·贡市》。

候，又决定了农畜产品的结构单一，缺少中原内地那样丰富多彩的商品交换环境。这样，众多因素下形成的定期的、季节性的长途商品交换是蒙古族贸易的特点，同时，它也决定了商业、商人、市场的分散性。蒙古族经济结构中的分散性特点，是实现集权制的最大障碍。加之，当时蒙古族上层存在诸多竞争的政治实体，他们拥有足够的军事手段以维护其独立。因此，元皇室北徙后，北元政权虽然还保留着大部分中央机构，诸如省、院、御史台等，社会组织也沿袭元代的制度，但汗廷实际已被架空，中央集权制已名存实亡，蒙古族社会经济组织形式也发生了新的变化。至 15 世纪中期以后，最大的变化是游牧社会沿袭了上千年的军政合一的社会组织，万户、千户制分别被兀鲁思和鄂托克代替。这种独立性极强的集军事、行政和经济为一体的组织，是蒙古族封建割据和混战局面的必然产物。

第二节　明初蒙古族生产方式的变化

明初蒙古族处于封建领主制下的割据状态，大小封建主各据一方，内讧不已，造成社会经济严重衰退，与此同时，蒙古族生产方式也较之于元代发生了巨大变化，"古列延"代替"阿寅勒"生产方式，爱马克取代千户，成为蒙古族基本的行政经济单位，以粗放游牧为特征的畜牧经济成为生产的主要形式。

一　"古列延"代替"阿寅勒"生产方式

元朝的灭亡和明朝"犁庭"锁边政策，加之蒙古族内部的频繁战争，使蒙古族经济在一段时间内遭到了难以估量的破坏，正如弗拉基米尔佐夫所总结的那样："回到自己草原和山区的蒙古人，比成吉思汗以前时期更陷于孤立状态。这种状态，当然可以从它的经济方面来全面地加以理解。蒙古和文明国家的贸易，当时几乎完全停顿了。商路荒废了，商族往来绝迹了。从前工匠和农民的居住地也完全消失了，交易地点被匪盗占据。"①

　　为应付战争，牧民们放弃了早已产生的、符合游牧业生产规律的"阿寅勒"——以家庭为单位的牧业生产方式，被迫采取"古列延"式放牧，即数千人屯营或野营游牧，无疑阻碍了蒙古族经济的发展。古列延（在元代及以前蒙古族经济史中进行了详细介绍）是古代蒙古族游牧经济生产方式，又是军事斗争方式，这种方式形成于氏族社会，当时，生产力水平低，牲畜数量少，牧民的基本生产资料，即土地和牲畜为氏族组织共同所有。在元亡后，特别是在瓦剌部封建统治者也先篡夺汗位时期，草原上的蒙古族牧民被迫又采用了"古列延"的畜牧业生产方式，"古列延"往往是上千户牧民、上万头牧畜集中活动。这种"古列延"生产方式又不同于元代以前蒙古族的"古列延"生产方式，那时的"古列延"是以同姓家族为主，而在明初蒙古族经营畜牧业的"古列延"，却是由不同姓氏的牧户被强制构成的，是一种适应战乱而编成的生产、战斗、生活方式；这种"古列延"，既对生产不利，也不便于牧民的生活，牧民早已不习惯这集团式的生产生活了，因而很不受牧民的欢迎。这一生产方式标志着明初蒙古族经济处于停滞或倒退状态之中。

二　爱马克成为基本行政经济单位

　　成吉思汗即位，在蒙古族普遍推行千户制，但北元始建，我们

---

　　① ［俄］弗拉基米尔佐夫：《蒙古社会制度史》，刘荣焌译，中国社会科学出版社1980年版，第200页。

已看不到它的踪迹。明代蒙古族的爱马克是以一个统治家庭或家族为核心,包括属民、奴仆构成的社会集团,是蒙古族最基本的社会组织。大一些的爱马克也可以从其地缘关系称作鄂托克,鄂托克通常是指爱马克集团。爱马克取代了千户的位置,成为蒙古族的基本的行政经济单位。

爱马克,明朝人一般音写为爱马。"爱马,华言部落也。"[1] 1370 年李文忠克应昌,获买的里八腊,朱元璋大做文章,既颁平定沙漠诏于天下,又遣使诏谕元宗室部族臣民。《明太祖实录》摘要记录了这两份诏书的内容。高丽所收到的诏书则二者合为一件,《高丽史》刊载了它的全文。《明实录》所谓"直北宗王驸马部落臣民",[2]《高丽史》原文则为"迤北各枝诸王、各爱马头目人等",或"迤北各枝诸王并各爱马人等"。[3] 这不仅证明,明人所谓"部落",在蒙古族是"爱马",而且透露,北元伊始,"爱马"已经遍及蒙古族的基本行政经济单位。

元末明初蒙古族社会动荡不安,一个单独的爱马很难生存下来,他们可以摆脱大汗,但不得不投入邻近势力强大的爱马克领主的怀抱,以求庇护。因此一个强大的封建主可以控制许多爱马。纳哈出"所部妻子将士凡十余万",另外他还控制"各爱马所部二十余万人",就是例证。元朝灭亡,北元汗权式微,明朝不断发动的征服战争以及蒙古族封建主的混战,赋予明代蒙古族爱马克许多特点。

元代诸王和万户长、千户长虽系世袭,但其领地和属民在理论上是大汗的财产,子孙承袭必须得到皇帝的批准。现在的爱马克则

---

① 佚名:《正统北狩事迹》,记录汇编本,此书当为据杨铭口述之《正统临戎录》所改写的文言文本,关于爱马的解释由改写者所加。

② 《明太祖实录》,洪武三年六月丁丑。

③ 《高丽史》,恭愍王世家十九年七月乙巳。

理所当然的是爱马克领主的私有财产。据蒙文史籍，达延汗时期永谢布之伊巴哩等说："我等之上何用管主，我等行事，自作主宰可也。"① 这种主张，可以看作是明初以来封建割据的政治局面从理论上的概括。混战的连绵，导致诸爱马克无休止地分化和重组。有的溃灭，有的勃兴，也有的旋起旋灭，还有部族依旧，封建主则已经易人。1388 年捏怯来与失烈门各率所部降明，不久分道扬镳，失烈门袭劫捏怯来，杀之，"其部下溃散"，朱元璋令朵颜、福余等卫招抚之。此类爱马克溃灭的事情见于史籍者很多。成化年间，翁牛特部毛里孩王是成吉思汗异母弟别勒古台的后裔，但后来翁牛特的统治者成了成吉思汗同母弟斡赤斤的子孙。② 这是爱马克领主易人之一例。阿鲁台强盛时几乎将整个东蒙古置于自己的统治之下，但末年衰微，为瓦剌脱欢所败，"部落溃散"。③ 瓦剌也先在事业的巅峰，可以号令全蒙古，然而一旦被杀，即"部属分散"，瓦剌顿衰。④ 明代前期蒙古族的封建混战，就是某些大封建主兴衰的过程。

爱马克就职能而言，代替了蒙元时代的千户。千户所辖户口，当年就多少不等；明代爱马克在动荡的社会里，大小更加悬殊。大者如纳哈出，不算受他统辖的诸爱马，仅直属部族即有"将士十余万"。小者如洪武、建文间居住在宁夏塔滩的阿卜都罕部，约五百余人。⑤ 洪武中，北元右丞周亨等归明，所部兵民只有 287 人。⑥ 就大多数走出原始社会、处在前资本主义阶段的民族而言，由于商品经济不发达，血缘亲属聚族而居是普遍的现象。在一定的历史条件下，

---

① 萨囊彻辰：《蒙古源流》卷 6。
② ［日］和田清：《明代蒙古史论集》上册，潘世宪译，第 312—313 页。
③ 《明太宗实录》，永乐二十一年九月癸巳。
④ 《明史》，卷 328《瓦剌传》。
⑤ 《明太宗实录》，洪武三十五年十二月甲子。
⑥ 《明太祖实录》，洪武十二年六月乙未。

某些家族甚至可以繁衍相当规模。但这与原始社会的血缘氏族有着本质的差别，它们是奴隶制或封建制的大家族，是阶级社会里的次生的血缘关系。作为农业民族的汉族，魏晋时期一个大家族成百上千人聚居一地，不乏其例。蒙古族是游牧民族，次生的血缘纽带不可能像农业民族那样牢固，但聚族而居的情况也相当普遍。据《明实录》载，洪武末年"鞑靼有宗他力者挈其家属十余口"来降，①是包括两三个家庭的小家族。永乐初"有鞑官苦木帖木儿者，率家属百余口来宁夏归附"，②则是一二十个小家庭组成的大家族。他们既然集体降明，应是聚族而居。

明朝前期的蒙古族，无论是本部还是瓦剌，社会的基本单位是爱马克。当时社会大乱，部族溃散是极为平常的事情，因此大大小小的爱马克要保持"同一亲属集团"的关系，那是不可思议的。因此，在一个部族中，某些人是亲属，另外一些人属于别的家族，那是正常的。至少在蒙古草原的腹地是如此。明朝史籍凡记载蒙古酋长率部降附，从不讲他们之间有什么亲属关系。爱马克作为社会集团，他们是军事、行政和经济单位，是地缘的、行政的结合。

三　以粗放游牧为特征的畜牧经济

元朝灭亡以后，蒙古族经济地图上无论是蒙古本部（鞑靼）、瓦剌还是兀良哈三卫，一个最明显的现象是城市以及它附近的屯田农业迅速消失，只剩得断垣残基，黄沙衰草，凄楚地展示着昔日的繁华。

上都开平被毁于元末的战乱。后来，明成祖出征漠北，曾来到

① 《明太祖实录》，洪武十二年六月乙未。
② 《明太宗实录》，永乐四年十一月甲申。

这里。据随行近臣金幼孜记载,七月"初二日晚次开平。营于斡耳朵,华言所谓宫殿也。盖元时宫殿,故址犹存,荒台断础,零落于荒烟野草之间,可为一慨"。[①] 亦集乃城是漠南地区西部的重镇,元代在西夏黑水城的基础上扩建而成。清初梁份曾游其地,说:"城廓废,宫殿至今岿然,其堂皇虽旧,而规模犹存。夷虽不乐居此,而游牧其地者,夫固有之。"[②] 20 世纪 80 年代,考古工作者发掘了亦集乃城遗址,出土天元元年所铸铜印一方,似乎北元初该城还存在了一段短暂的时日。在这里,明朝与北元多次拉锯,立国于游牧经济的北元无法维持这样一座城市,很快因河渠不修,水道断绝,迫使生民逐水草而去,留下荒城一片。[③] 岭北的一些城市,情况不太清楚。和林作为政治上的一个重心,前期仍不时见于明朝史乘,但是作为城市,显然也已经消失。

蒙文文献都有关于惠宗妥欢帖木儿建造巴尔斯和坦的记载。佚名《黄金史》云,乌哈噶图汗"由古北口逃出,乃建巴尔斯和坦居守"。萨囊彻辰书、罗卜桑丹津书均同。清初龚之钥《后出塞录》记:"达来贝子所属境内有城名巴喇河屯,译言虎城也。城内废寺甚大,后殿行二塔,一七层,一五层,塔壁间所缋诸佛像俱在。"[④] 蒙古人民共和国学者曾对克鲁伦河畔巴尔斯和屯古城进行调查和发掘,判定编号Ⅰ—Ⅲ三座古城遗址,分别属于汉、辽、元三个时期。负责对Ⅲ号城址进行小规模发掘的勃尔来认为"该城是妥欢帖木儿汗

---

① 金幼孜:《北征录》,纪录汇编本。

② 梁份:《秦边纪略》,卷 3《甘州卫》,青海人民出版社校注本。

③ 内蒙古文物考古所《内蒙古黑城考古发掘纪要》,载《文物》1987 年第 7 期。

④ 龚之钥:《后出塞录》,《小方壶斋舆地丛钞》,本无此段记载,这里由张穆《蒙古游牧记》卷 9《东臣汗部》转引,祁氏刊本。

在 14 世纪 70 年代建造的"。① 然而苏蒙学者对城内遗物进行研究以后指出，它们与哈剌和林城址以及苏联赤塔以南的昆都依发现的遗物相近，而后二者属于元朝繁荣期的遗存。② 可见巴尔斯和屯在元朝已经存在，惠宗、昭宗两代或者略加增修，以备行幸而已。永乐间，明成祖到过这一带，并在附近修建临时性的杀胡城，然而并未发生任何战事，也没有提及这座城池，显然它早已成为废墟。

城市荒废，城市里的手工业也必然随之消失。毡革、毛绳、帐房、弓矢、兵器以及车辆、马鞍、木制奶桶、木制餐具等广大牧民生产生活所必需的手工业品，有的牧民本人能够制造，有的散居各爱马克的某些专业手工业者可以生产。这些手工业，作为维持游牧生产最起码、最必需的辅助经济，没有也不可能从畜牧业中分离出来。

货币的使用已经很少。极少量农产品、手工业品和畜产品的交换，以以物易物的形式进行。为了满足大封建主的需要，中亚商人偶尔深入草原腹地。1388 年捕鱼儿海之役，明军曾经俘虏过在大汗斡儿朵从事商业活动的数百名撒马尔罕商人。③ 正统以后中亚商人似乎更加活跃，但总地说商品经济活动非常少。

一度颇为兴盛的农业，也几乎绝迹。1424 年明成祖第五次北征，回军至通津戍（约在今内蒙古乌珠穆沁旗）见到"其地平广多糜子"，朱棣禁军士犯之，说："能种此者，必安业于此，不为寇矣。

---

① ［蒙古］勃尔来：《蒙古的古代城市和居民区史略述》，译文载内蒙古大学《蒙古史研究参考资料》，第 19 辑。

② 塞尔奥德扎布：《蒙古人民共和国的考古研究》，译文载内蒙古大学《蒙古史研究参考资料》，新编第 25 辑，塞尔奥德扎布：《蒙古人民共和国的考古遗存简述》，译文载《考古》1961 年第 3 期。

③ 《明太祖实录》，洪武二十四年九月乙酉。

彼闻大军至，惧而暂逃，后当复归。"① 这样的农业点，寥寥无几。景泰以后，三卫地区的农业才有较大的发展。

从总体上看，整个明代 200 余年，蒙古族基本上是粗放的游牧经济，但在明初显得特别突出。明初蒙古族的畜牧业，呈现严重的萎缩趋势。

一是蒙古族人口大量减少。元朝灭亡，大量驻守内地的蒙古族军民，未能返回故里。北元初建，战争不断，降附明朝的军民络绎不绝。二十多年里被俘和降附的蒙古族人，不下七八十万。至于大小封建主不断相互仇杀，死伤无法估计。1392 年明太祖命北平都指挥使周兴远巡塞外，师至鄂嫩河，沿乌勒扎河到达呼伦湖一带，沿途只遇敌一次，擒 500 余人。大漠两侧的东部地区，人烟已经非常稀少。放牧场也在减少。洪武、永乐间，由于明军不断出征，漠南草场已经无法利用。在某些情况下，有的部族要经常长距离地迁徙，也无法维持一定范围里的定期游牧。

二是牧畜头数大幅度减少。社会动荡，战争频繁，人口锐减，一定会严重影响牲畜数量。只战争损失一项就极为可观。1410 年明成祖第一次亲征曾下令："追剿胡寇，务要互相接应，务要得贼，不许失落一人；所有马驼牛羊，尽数收拾，以资军饷。"② 朱棣此令，实际是明初洪武、永乐、宣德三朝对蒙古族战争的一项既定方针。《明实录》记对蒙战争的胜利，往往只是"获驼马牛羊无算""获羊马驼驴辎重亘百余里"之类的概述。规模较大的，有具体虏获数字的几次战争，如 1372 年冯胜、傅友德西路军至别驾山，获马驼牛羊 10 余万，至瓜沙州获马驼牛羊 2 万；1388 年蓝玉袭击脱古思帖木儿的斡儿朵，获马 48000 匹，驼 4800 余头，牛羊 102000 余头，仅三项

---

① 《明太宗实录》，永乐二十二年七月乙酉。
② 王世贞：《弇山堂别集》，卷 88《诏令杂考四》。

合计，即近 30 万头只。明初数十年大小战争无算，牲畜的损失是惊人的。加上其他因素，明初蒙古族的畜牧业空前地衰落了。①

第三节 明初蒙古族经济的衰退

明初蒙古族聚居区的政治经济形势是到处战乱内讧，一些成吉思汗黄金家族的成员称汗后，相继被异姓权臣杀害，"百姓溃散无所属"，传统经济遭到破坏，牲畜大量死亡，在元代兴起的新的生产部门，如手工业、农业等，受到了战乱的严重摧残，生产场所破坏，手工业者、农民四处逃亡，市场被外来者所占据，贸易通路荒废，商人往来绝迹，蒙古族人民要求出卖的牲畜等畜产品卖不出去，需要买进的生产工具和生活日用品买不到，甚至王公贵族和权臣世家，所需奢侈品及日用品也极端缺乏。蒙古族内部的瓦剌、鞑靼、兀良哈等部互相厮杀，各部内部也互相掠夺，明军又常以犯边、侵塞等名目，对蒙古族进行征讨。在长期的封建内讧中，蒙古族原有的城市手工业、商业和农业基地全被毁灭，粗放的游牧经济又成为生产的主要形式，此时期为蒙古族经济的萧条和衰退期。

一 明初蒙古族经济衰退的原因

蒙元时期，内外蒙古草原的经济十分繁荣。这种繁荣虽然与国家的统一、社会的安定直接相关，但从根本上说则是蒙古汗国和元朝的特殊政策的结果。自成吉思汗以来，随着对外战争的不断进行，大量财富源源不断地从各地流入这块祖宗龙飞之地。蒙元诸汗也采

---

① 曹永年：《蒙古民族通史》第 3 卷。

取一系列政策，努力促进蒙古族的繁荣。有一些政策，比如多次发兵赴漠北浚井，开发无水草原，扩大牧场，发展畜牧业，这种旨在提高蒙古草原自身生产力的措施，自然称得上百年大计。但总的来看，当日的繁荣几乎完全依赖整个汗国和元朝的人力、物力，是一朵人为地从外地移植来的鲜花。

蒙元时期，蒙古族聚居的大漠南北，涌现出许多繁华的都市，和林、称海、上都等均名噪一时。这些城市是根据统治者的需要而建立的，是政治和军事重镇。为了满足各级贵族、官吏和驻屯军队的生活需求，城里也有相当发达的手工业和商业。从事手工业、商业的回回商人、汉族和其他民族的工匠，以各种形式自愿地或强制地从外地移来；许多高档或普通商品，以及某些手工业原料，也由中原或西域进口。大量城市人口必须有充足的粮食供应，于是在政府的主持下，从内地迁来大批汉人，发展起相当规模的屯田农业。某些蒙古族部族由于条件优越，逐渐过渡到半农半牧业。然而即使全力经营，蒙古草原为高寒干旱的气候条件所限，粮食生产也无法满足驻屯军队、城市以及日益增长的其他人口的需要。元朝政府不得不每年从中原转运大量官粮，并以高出数倍的优惠价格，招募商人贩运粮食，以供应岭北行省和中书省北部地区。如至正七年在和林和籴粮食15万石。而上都，据至正七八年间的估计，"每年合用米粮不下五十万石"。[1] 这些粮食，基本上都是由政府的两个运粮提举司组织，或由商人自己，用牛车从内地产粮区千里迢迢转运来的。虞集说：上都城"自谷粟布帛，以至纤靡奇异之物，皆自远至"。[2] 蒙古草原上的城市，大抵皆如此。时人盛赞"和林百年来，生殷富

---

① 魏初：《奏议》，《青崖集》卷4，四库珍本。

② 虞集：《贺丞相墓铭》，《道园学古录》卷18，四部丛刊本。

垆内地",① 或者称颂上都的经济"煌煌千舍区，奇货耀出日",② 其实这种繁荣都是建立在剥削国内其他地区之上的畸形现象。红巾军指责元朝的政策造成"贫极江南，富夸塞北"，确是客观事实。

既然蒙古族的经济繁荣是由蒙古汗国和元朝特殊政策移植而来，一旦元朝对全国的统治结束，内地在人力、物力上的巨大支援消失，那么这种畸形繁荣迅速衰退，就是必然的结局。另外，1368 年以后，元朝版图分裂，北元与明朝南北分立，双方为争夺正统地位而进行的斗争，对蒙古族经济产生了十分不利的影响。所以，北元初期，蒙古族经济处于极度困难状态，原因主要有：一是元朝对全国的统治结束后，失去了全国的人力、物力、财力上的支援；二是明朝对北元采取经济上的封锁，使北元的农业产品、手工制品、铁器、纺织品等极度短缺；三是北元与明朝争夺正统统治地位而进行的战争和蒙古族各部族及领主之间的战争，使本来就很艰难的蒙古族经济雪上加霜；四是在元朝时期，蒙古族贵族聘请了很多各民族的能工巧匠，发展蒙古族的农业、手工业和加工业，同时有些蒙古族也学会了很多手艺，但没有形成本民族的手工业阶层或能工巧匠队伍。这些原因导致了北元初期经济的急剧萎缩和之后发展的艰难。

二　社会财富控制在少数人手中

社会财富（牲畜、牧场）控制在少数人手中，绝大部分人处在贫困之中，史书中有"虏富者十二，而贫者十八"的记载。统治阶级内部有世袭贵族和普通贵族之分，世袭贵族被称为"察罕牙孙"（白骨），即高贵的种族，专指黄金家族成员，这些人依照地位的高

---

① 许有壬：《苏志道神道碑》，《至正集》卷 47，清宣统石印本。
② 袁桷：《开平十咏》，《青容居士集》卷 16，四部丛刊本。

低拥有汗、王、济农、洪台吉、台吉等称号，他们均拥有世袭的领地和属民；非世袭贵族习惯上被称为"赛特"，他们拥有太师、大保、丞相、宰桑、塔布囊等称号。这些人有自己数量不等的财富——牲畜、属民和奴隶，但他们在世袭贵族面前是没有政治地位的。由于历史的原因，瓦剌（即卫拉特）的赛特们保持了自己的相对独立性，他们在北元时代始终是鄂托克的领主，拥有自己的领地、属民，并拥有世袭权。此外，还有一些被称作"赛音库蒙"——上等人、"敦达库蒙"——中等人的社会阶层，他们由小封建主和小官吏组成，拥有部分财产，个别人也拥有少量的奴仆，属于统治阶级的一部分。被统治阶级称为"阿拉特""哈剌出""哈剌里克"或"恩滚库蒙"等，这一部分人在北元蒙古族人口中占绝大多数，是社会生产的主要承担者，因而也是主要的被剥削对象。阿拉特（即平民）在领主指定的草场放牧，提供封建领主规定的"阿勒班"——赋役，其中包括："（一）缴纳牲畜及畜产品的实物税；（二）在领主帐幕里服役，主要是拾取燃料（干粪）等；（三）在领主的军队中服役和参加围猎；（四）在驿站出官差，即供应驿站马匹和对领主的急递使供应粮食；（五）以证人和宣誓者的资格参加理事厅的诉讼。"[1] 至于阿勒班的繁重程度如何，在目前所掌握的资料中很难找到明确的答案，但从北元（尤其是前期）牧民贫困化程度以及牧民起义等记载看，封建主的剥削是沉重的。[2]

三　牧民经济处境不断恶化及反封建斗争

明代前期蒙古族牧民的生活十分困苦，处境不断恶化。一是沉

---

① ［俄］弗拉基米尔佐夫：《蒙古社会制度史》，刘荣焌译，中国社会科学出版社1980年版，第257页。

② 曹永年：《蒙古民族通史》第3卷。

重的税负。虽然由于资料十分缺乏，这一时期牧民的赋税、差役负担，我们几无所知，但估计蒙元时代蒙古族牧民所承担的实物税和向领主提供的食用羊和马乳，即所谓"抽分"和"首思"，以及种种无偿的差役，依然存在。由于全国政权的丧失，维持整个封建主阶级奢侈生活的浩繁费用全部转嫁到蒙古族牧民身上，剥削肯定更加沉重。二是连年战乱造成的灾难。1406年明成祖致书鬼力赤说："尔之众甲胄不离身，弓刀不释手，东迁西徙，老者不得终其年，少者不得安其居，今数十年矣！"① 社会极度动荡，战争不绝，正常的生产活动无法进行，并持续数十年之久。明朝出兵来战，固然"被官军擒杀人畜"，封建主之间也无休止地相互杀掠。胜利者志骄气盈，恣睢自用，然而"驱驰不息，人马疲劳"，最后还是在混战的旋涡中陷于灭顶之灾。失败者或被尽掠人畜，靠打围为生；或马疲粮绝，潜居他方；或部族溃散，身首异处。景泰年间，于谦在一份奏疏中讲述了海西兀者卫都督刺塔的遗妾亦纳乞被俘在蒙古期间的悲惨经历："审得本妇供，系海西兀者卫女直古冷哥女亦纳乞，嫁与都督刺塔为妾。脱脱不花人马到来，同夫抢去。行至中途将夫射死，亦纳乞在达子阿哈家住。至去年十二月内，有也先领人马来，杀散脱脱不花人马，都收去了。亦纳乞与不知名达子使唤，受苦不过，黉夜走回，又撞三卫达子猛古乃，邀去为妻。"② 亦纳乞为被俘女真人，但她在蒙古族聚居区的遭遇，实际就是战乱中幸存的普通蒙古族牧民的生活。三是牧民的军费负担极沉重。1404年，明使从哈密返回报告："鬼力赤率众各赍三月粮，挤乳马二匹，骟马二匹，持斧

---

① 《明太宗实录》，永乐四年三月辛丑。
② 于谦：《兵部为走回人口事》，《少保于公奏议》卷2，武林往哲遗著本。

锯为开山伐木之用。言与瓦剌战罢，即旋兵南来。"[1] 1414 年，忽兰忽失温之战，马哈木等率 3 万余人与明军交锋，每名战士均带从马三四匹。[2] 一个普通牧民要承担如此沉重的军费，是很不容易的事。

因此，明初蒙古族牧民普遍贫困化。1374 年（宣光四年，洪武七年）元参政保保"籍其所部将校二十人，军百人，民一千户，马三百一十四匹，牛四十头，驼五十只"降明。[3] 且不说封建主与贫民的差别，以 1000 户计，共有马牛驼大畜 404 匹，平均每户不足半匹。1388 年蓝玉破哈剌章营，获其部下军士 15803 户，马驼 48150匹，[4] 平均每户不足 4 匹。大约半个世纪以前，元朝中期，中书省曾拟有一个划分蒙古族牧民贫富的标准，规定凡马驼不够 20 匹、羊 50只的算是贫困，他们充任站户，得由政府补买牲畜救济。[5] 上述两例或许偏于贫困，但可以看出，明初一般牧民所拥有的牲畜数量，大多低于元朝的贫困线，生活十分贫困。明朝方面还保存了不少关于蒙古族牧民痛苦生活的记录。1370 年明军克应昌，明太祖谕迤北部族曰："迤北达达百姓，因元丧乱，连年起取军人，供给羊马，差发繁重，朕甚悯焉。"[6] 1371 年明太祖致元臣秃鲁的劝降书，说他"孤处沙塞，步骑不满万数。部下之人，口无充腹之飧，体无御寒之服。人将离散，而尔不能独居，将何恃乎？"[7] 北元之初，尚有蒙元百余年的蓄积，犹且如此。明宣宗时主持大同军务的总兵官郑亨，于

---

① 《明太宗实录》，永乐二年八月丙申。

② 金幼孜：《后北征录》。

③ 《明太祖实录》，洪武七年十二月丙午。

④ 《明太祖实录》，洪武二十一年四月癸酉。

⑤ 《永乐大典》，卷 19421《经世大典·站赤》，中华书局影印本。

⑥ 《高丽史》，恭愍王世家十九年七月乙巳；同一内容的诏书，《明太祖实录》，洪武三年六月丁丑作"其边塞鞑靼百姓，因元丧乱，征徭繁重，供亿劳苦，朕甚悯焉"。

⑦ 《明太祖实录》，洪武四年正月壬寅。

1434 年（宣德九年）在他的奏折中提及亲目所睹的实况：来降的蒙古族军民"衣裳坏敝，肌体不掩。及有边境男妇旧被掳掠逸归者，亦皆无衣裳"。[①] 这是蒙古族牧民生活困苦的真实写照。

经济的急剧萎缩，牧民生活的贫困痛苦，引起了阶级矛盾和斗争的尖锐化。13 世纪以来，蒙古族已经没有不属于任何领主的牧地和牧民。每一个牧民都被束缚在领地之内，人身依附于领主。他们不得"擅离所部，违者斩"。明代蒙古族是元朝的延续，牧民的社会地位并未有丝毫改善。"阿勒巴图是牢固地隶属于领主的，所以无权离开领主另行游牧；离开领主（额甄），就要被看作是逃亡；逃亡者应立即被追回交其主人处置。"[②] 在这样的社会里，一旦牧民无以为生，铤而走险，挣脱封建的人身束缚逃亡异地，就是一种消极斗争的表现。

据记载，1396 年（洪武二十九年），"鞑靼有宗他力者，挈其家属十余口，马二十匹"来降。[③] 宗他力全家十余口，马二十匹，牛羊似乎未能携带入边，家境在贫困线下，是一个普通牧民。当时"征徭繁重，供亿劳苦"，宗他力举家投明，显然是为贫困所迫，挣脱了蒙古族贵族领主封建束缚的结果，是带有阶级斗争性质的牧民逃亡事件。

每当严重的自然灾害袭来，广大牧民无法生存下去，封建的超经济强制再也维持不住，逃亡便开始了。这类事例不少。1457 年（天顺元年）7 月，明偏头关守将杜忠的奏折中提到："即今迤北虏人，多以饥窘来归，恐有奸诈，宜送南方沿海卫所安插。"兵部的意

---

①　《明宪宗实录》，宣德九年二月己未。

②　［俄］弗拉基米尔佐夫：《蒙古社会制度史》，刘荣焌译，中国社会科学出版社 1980 年版，第 257 页。

③　《明太祖实录》，洪武二十九年二月壬子。

见是："自春至今，来归者已五百余人，况俱留在京，支给月粮，赐与房屋，供亿甚费。除皮儿马黑麻等特旨授官留京外，其余及以后来归者，宜送山东登州、莱州等卫所，照例安插。"①皮儿马黑麻回回人，是正统、景泰间活跃在瓦剌、蒙古本部和明朝之间的著名外交使节和商人，已经挤入蒙古族上层封建统治者的行列。他在归顺明朝以后，于1457年7月利用往孛来处公干的机会率族属五百余人来降。皮儿马黑麻这样的人投降明朝，无论如何谈不上反封建问题；但五百人中总会有不少挣脱了封建枷锁的牧民家庭和个人，只是史料残缺，我们已无法确指是哪些人了。

政治上动荡不安，封建混战无宁日，不仅加剧了阶级矛盾，也常常使部族溃散，封建秩序分崩离析。这种情况尤其在前期，是普遍的和经常的。一部分牧民因此脱离部族组织，也只是表明部族被击溃，封建秩序已经荡然无存；在一般情况下并不足以显示阶级的斗争。但是，倘若阶级矛盾极为尖锐，牧民群众由于仇恨领主，乘混战的机会逃之夭夭，就不能一概而论了。目前已经不可能从大量部族溃散的记载中，一一分辨出哪些是阶级斗争的表现，不过也有一些性质比较清晰的史料供我们分析。

1446年、1447年（正统十一、十二年），瓦剌也先多次袭击兀良哈三卫。《明史》卷328《朵颜传》总述道："朵颜、泰宁皆不支乞降，福余独走避脑温江，三卫益衰。"其间，三卫的某些部族已经为瓦剌所粉碎，1448年二月，明英宗"敕福余卫都指挥安出等曰：比者千户王成还自西海（海西），顺赉尔奏言：去年为迤北贼徒抢杀，避于脑温江居住，乞朝廷招抚。朕念尔等流离失所，特造成赉敕直抵脑温江晓谕，尔等即互相劝谕，率领人民，来辽东境内，选择水草便利宽舒善地安插居住，给予粮赏。使大小老幼，各安生业。

---

① 《明英宗实录》，天顺元年七月己卯。

尔不可迟疑，有负朕恩待之心"。① 同年四月，"敕谕泰宁、朵颜、福（余）三卫头目委兀儿、敏安、秃哥鲁哥等曰：比者，尔三卫各奏被瓦剌抢掠，散处滦河一带，请敕招抚。……今从尔等之意，特遣敕付尔来使赍回，听尔将散漫人民招抚，归尔旧地居牧。如仍被虏逼胁，令头目奏来，安插于辽东水草利便去处居牧"。② 三卫诸部人民的离散，当然与也先多次大规模攻击抢掠直接相关，然而倘若仅仅出于这个原因，那么战争一旦停息，离散的牧民自会回到原来的爱马克，接受原领主的管辖。三卫酋长不得不借助于明朝皇帝的威望和权力，"请敕招抚"，表明他们对于在脑温江、滦河一带居牧的"散漫人民"的超经济强制已经失效。利用也先进攻的机会，至少有一部分三卫部众挣脱了领主们的封建枷锁，其阶级斗争色彩显而易见。

挣脱封建领主的控制而逃亡，诚然是牧民反抗封建统治的一种斗争形式，是一种初级形式。不过，从逃亡到武装起义，即更激烈的、高级形式的反抗，所差只一步之遥。假使逃亡者不是投奔到别一个封建主的管辖之下，也不是投奔到明朝去；为了生存，他们聚集一起，形成一支与封建领主相对立并且与之斗争的力量，那么，即使是自发的、短暂的，即使规模极其有限，也应该承认，他们终于走上了武装反抗封建统治的道路。明代前期的蒙古族，就曾经出现过这样的牧民反封建起义。

明正统、景泰年间任兵科给事中、都给事中，直接参与北边防务的叶盛，在他的《抚服残寇疏》中谈到了所谓"野达子"问题。他说："今闻贼中有信受也先约束，跟随往来，为心腹之人者；有因受逆贼酷虐，偷拐马匹，前来沿边一带苟全喘息者，十百为群，各

---

① 《明英宗实录》，正统十三年二月乙丑。
② 《明英宗实录》，正统十三年四月丙子。

带骑马家小，东西往来，趁逐水草，打围过活。近来边墩上瞭见人马，及所谓'野达子'，皆此辈也。"[1] 叶盛所描述的这些牧民群落，显示了以下特点：第一，他们饱受也先"酷虐"，逃亡明朝沿边，"东西往来，趁逐水草，打围过活"，已经砸碎封建桎梏，不再隶属封建领主或封建政权。"野达子"的"野"，或许正是这个意思。第二，他们"十百为群，各带骑马家小"，已经集结并组织成数十百人的队伍。第三，他们"因受逆贼（即也先）酷虐，偷拐马匹，前来沿边一带苟全喘息"，不仅脱去封建羁绊，而且"偷拐马匹"，与封建统治展开斗争。偷盗，在古代蒙古族，是一种要受到严厉惩罚的犯罪行为。普兰诺·迦宾尼于 13 世纪出使蒙古的见闻中说："如果发现任何人在他们控制的领土里从事抢劫或偷窃，就把他处死，决不宽恕。"[2] 这是为了维护私有制，主要是维护封建主的所有制。诚然，一般的盗窃牲畜，并不能笼统视为反对封建统治，但也先时期的野达子，"因受逆贼酷虐"，偷拐马匹，并组织起来逃到明朝边界地区，借助明朝的力量荫蔽自己，免受也先等封建主的追杀，他们反对也先，"偷拐"的主要也是也先等封建主的畜产，这种特定条件下的"偷拐"，自应列入反封建的范畴。因此，正统、景泰年间的野达子，实质上就是一支支自发的蒙古族牧民的起义队伍。[3]

---

① 叶盛：《抚服残寇疏》，《明经世文编》卷60。

② ［英］道森：《出使蒙古记》，吕浦译，周良霄注，中国社会科学出版社 1983 年版，第 18 页。

③ 曹永年：《蒙古民族通史》，第 3 卷。

第 十 二 章
明中晚期蒙古族经济逐渐复苏

从 15 世纪中后期开始，随着蒙古族聚居地区的相对统一，南北经济交流的闸门开启，畜牧业渐渐得以恢复发展。尽管内战并未完全结束，但相互间的火并已大为减少。相对和平稳定的环境，使蒙古族经济得以休养生息并进一步发展。

第一节　达延汗推动蒙古族经济复苏

达延汗是明朝中期北元的蒙古可汗。又作歹颜哈、答言罕、达衍汗，皆为"大元大可汗"的异译。本名巴图蒙克（一译把秃猛可），孛尔只斤氏，成吉思汗十五世孙。公元 1479 年（明成化十五年）即汗位，因其年幼而称为小王子。在其妻满都海哈屯的辅佐下，数与瓦剌争战，击败瓦剌。至正德初年，又先后翦除以亦思马因、火筛、亦卜剌等为首的割据势力，统一了漠南蒙古族各部。他将蒙古族分为左右两翼，每翼各设三个万户，分封诸子为领主，从而结束了有明以来北方地区扰攘动乱的局面，建立了比较稳固的统治。在此基础上与明朝频年通贡互市，贡使多达 6000 余人，至京师者以

500 人为率。贡道由大同入居庸关。贡物有马、驼、毛皮产品等。达延汗对蒙古族的统一，带来了比较安定的生产环境，对蒙古族的经济社会发展有促进作用，被誉为蒙古历史上的"中兴之主"。

一 达延汗时期经济逐渐复苏的原因和背景

从脱欢在有限的程度上实现统一以后，蒙古族经济开始走出低谷，这主要有以下几个原因：

一是内部战乱减少了。北元以来，蒙古族经济的严重衰退，战乱是主要原因之一。即使在战乱最严重的初期几十年里，某些局部地区，由于一个强有力的封建主的统治，维持相对稳定，牧业经济也会有所起色。洪武中纳哈出据辽东，"辎重富盛，畜牧蕃息"。①永乐八年以后阿鲁台休养生息数年，也是"畜牧益蕃，生聚益富"。②脱欢、也先时期尽管内战并未结束，天顺以后东西蒙古族诸大部之间也时而火并，但毕竟大大减少，相对的和平与稳定使畜牧业逐渐恢复。与明朝的战争继续进行，但发生了根本变化。太祖、成祖两朝，主要是明朝出击，战争在蒙古族聚居区内进行，人口、牲畜遭到掳掠，正常的牧业生产往往无法进行。正统以来，战争则基本上由蒙古族贵族发动，深入明朝边境地区，杀掳人口，掠夺大量牲畜、粮食以及种种日用品。当然，既要打仗，不免伤亡；明朝也可能袭击蒙古族，如 1473 年王越偷袭红盐池满都鲁、孛罗忽、癿加思兰老营，但数十年中不过一二。由于明朝日趋腐败，蒙古族诸部在边境的侵扰越发频繁，越发易于得手。土木之变明军数十万覆

---

① 《明太祖实录》，洪武二十年六月丁未。
② 《明太宗实录》，永乐二十年三月乙亥。

没，有人说，"虏举我辎重，惟取金银珠宝贵细者"；[1] 也有人说，"其所获盔甲、器械、金银、锦段、牛、羊、骡、马等动物数十万，到处搜山，杀掳军民男女亦数十万"。[2] 以后的战争照样大有掳获，仅 1473 年满都鲁等入秦州等九州县，掳马牛等畜就有 165300 余头匹。

二是南北之间经济交流的闸门开启了。明太祖一朝对北元实行经济封锁政策。永乐间，成祖在准备和实施武装进攻的同时，以贡市贸易怀柔蒙古族诸部。一时朝贡和关市贸易全面展开。正统、景泰间，迫于瓦剌也先的气焰，明方听任朝贡贸易的规模日益扩大，于是出现了明蒙间经济交流的高峰。大量手工业品的流入，不仅大大提高了蒙古族贵族的生活水平，也有助于缓解游牧经济发展中的一些困难。

三是新一代统治集团的成长。在元朝末年极端污浊的空气里熏染出来的一代腐朽的统治集团，或在激烈的内战中被杀，或随岁月的流逝而夭亡。新的一代黄金家族或异姓贵族，在艰难的条件下成长，纨绔习性较少，才干则见增长。略微晚一点，明世宗嘉靖年间，宣府口北道员苏志皋叙述当时的小王子博迪汗说："小王子与诸酋首皆骑马，身自为役，无肩舆、张盖、鸣驺、控勒之举。其服食器用与他虏无大异。惟其习劳茹苦，故能任战，亦庶几古名将与士卒同甘苦之意，故其下皆乐为用。"[3] 这与元末的极端奢侈腐朽成鲜明对照，其转变大约就是明初数十年间的事。统治集团这样，至少可以减轻牧民的负担。战乱当然是坏事，但死死盘踞在本民族头上的腐

---

① 刘定之：《否泰录》。

② 《明英宗实录》，正统十四年九月壬午。

③ 岷峨山人：《译语》，纪录汇编本；据和田清考证，《译语》作者为苏志皋，见《明代蒙古史论集》上册，潘世宪译，第 368 页。

朽统治集团，在他们一手造成的战乱中消灭了，恰恰是这个民族新生的起点。

正统以后，蒙古族经济逐渐复苏，主要表现在以下几个方面：

一是牧地的扩大。据魏焕说，洪武晚年"王师追讨，北虏远遁，不敢近边住牧者十年"。[①] 终永乐之世，漠南东部地区仍极少蒙古族部族驻牧。正统以后，三卫进驻蓟州宣府边外，河套也成为蒙古族牧地，更不必说漠南北部地区。明初数十年，河套基本上是无人区，草木深茂，生态环境极好，加上这一带原来因为有东胜屏蔽，堡塞边墙不立，孛来、阿罗出、孛罗忽、乣加思兰等一旦进入河套，便获得了一块极好的牧场。这里在相当长的一个时期里，成为漠南蒙古族诸大部的重要根据地之一。

二是人口逐渐增加。1455 年（景泰六年），马可古儿吉思汗与毛里孩、孛来等领 4 万余骑，与阿剌 3 万骑相持。[②] 按一户五口出一骑的比例推算，双方总人数在 35 万左右。1464 年（天顺八年）孛来拥众 6 万，与瓦剌扯只八的 7 万骑对抗，[③] 合计双方部众达 60 余万。孛来本部一般是 2 万骑，1465 年（成化元年）在他全盛时，曾挟朵颜三卫等共 9 万骑进军辽河地区，孛来所能控制的部族，包括三卫一部分，计有 40 余万人。1414 年（永乐十二年）忽兰忽失温之战，瓦剌三王合在一起不过 3 万余骑。相比起来，正统、景泰以后蒙古族人口增加了不少。

三是农业开始有所发展，逐步形成半农半牧经济。东部三卫的一些地区很早就有农业基础，但明初几乎都成为草地。宣德以后，

---

① 魏焕：《皇明九边考》，卷 1《番夷总考》，北平图书馆善本丛书本。

② 《明英宗实录》，景泰六年十月乙卯。

③ 《明英宗实录》，天顺八年九月壬子。

三卫似乎已经不断从内地购置犁铧等农具。① 正统、景泰间，屡遭也先掠夺征服，三卫部众生活发生困难。1455 年（景泰六年）泰宁卫掌卫事大头目革干帖木儿奏："尝被瓦剌胁从附彼，今已得归朝廷，但日给艰难，乞赐犁铧、种粮，耕地养赡。帝命边仓给以种粮三十石。"② 使者返回时又要求"以所赏彩缎等物沿途贸易耕牛。从之"。③ 1465 年（成化元年）又正式批准三卫贡使于边地购买农具。④ 据《明会典》载，每三卫朝贡，于会同馆市毕，"顺天府仍行蓟州、遵化等处，如三卫夷人回还到彼，听令两平交易，每人许收买牛一只，犁铧一副，锅一口"。⑤ 1462 年（天顺六年）八月，明朝得到消息："顷有自虏中归者，具言朵颜三卫达子议，待收田禾后，遣三千人马往东房掠，三千人马往西房掠。"⑥ 农业收成，对于三卫部众来说，已经具有了相当的经济意义。

四是封建主和牧民的生活水平大大提高。封建主的财富主要来自贡市贸易的发展和战争掠夺，《明实录》所载明朝给予蒙古族高级封建主的赐物单，可以反映这方面的情况。普通牧民的生活也有所改善。我们无法获得直接资料，但一些迹象从侧面透露了消息。略晚一些时候的杨一清说："尝观近日虏态，较之夙昔不同：昔无盔甲，而今有盔甲；昔无余马，而今有余马。"⑦ 1457 年（天顺元年）六月，明骁将石彪于大同边外磨儿山，与一蒙古族部族千余人交战获胜。是役斩首 102 级，生擒 20 人，获马 200 匹，甲胄 60 副。平均

---

① 《明英宗实录》，正统五年五月甲辰。

② 《明英宗实录》，景泰六年正月乙丑。

③ 《明英宗实录》，景泰六年正月甲戌。

④ 《明宪宗实录》，成化元年十二月丙子，三年十二月己未等。

⑤ 万历重修《明会典》，卷 111《给赐二》，国学基本丛书本。

⑥ 《明英宗实录》，天顺六年八月戊寅。

⑦ 杨一清：《柬内阁吏兵二部诸公》，《明经世文编》卷 118。

每一蒙古族战士备马两匹，而两个人中就有一个穿戴甲胄。[1] 1469年（成化五年）瓦剌拜亦撒哈从斡失帖木儿部下分离出来，南迁哈密，众四百人"皆披甲"。[2] 这与宣德末年阿鲁台残部衣不蔽体的景况相比，已不可同日而语。[3]

二　达延汗统一蒙古族形成稳定经济发展环境

游牧部族有一种自发的统一要求。这是因为社会的安定对于牧畜的生产和再生产至关重要；同时也因为，只有统一为一个强大的民族，以政治的军事的手段向邻近的农耕区扩张，才能弥补游牧经济的天然缺陷。明代蒙古族 200 余年，几乎始终保持一位大汗，而且是成吉思汗系黄金家族出身的大汗，就是因为他是统一的象征。然而游牧经济本身没有创造使草原诸部统一的经济前提，因此游牧民族的统一，主要靠政治和军事，靠一个强有力的领袖维系。明代前期，蒙古族战乱长达百年，广大牧民受尽灾难，渴望统一与和平。无休止的战争杀戮，也使封建主们无法安眠。"众庶无主，难以行事"，本来或许是一句成语，以示在当时的蒙古族封建制度下，一切庶民百姓都有自己的领主。长期的内战，使人们包括封建领主，从中悟出新的道理，没有一个强有力的共主，一个相对强化的中央政权，就不可能安定太平，实现经济发展。那么，这样的君主在哪里呢？只能从成吉思汗、忽必烈系黄金家族内产生。因为只有从这个家族出身的大汗才能够被异姓的，或非成吉思汗系黄金家族的领主们，即所谓"赛德"们共同接受，才能维持各派力量的均衡。

---

① 《明英宗实录》，天顺元年六月戊申。
② 《明宪宗实录》，成化五年五月辛丑。
③ 曹永年：《蒙古民族通史》第 3 卷。

1479 年（明成化十五年），满都鲁汗死，无嗣，孛罗忽济农子巴图蒙克成为大汗家族中唯一的继承人。满都鲁汗的妻子满都海哈屯拒绝科尔沁部兀捏孛罗王试图僭位的求婚，在一些蒙古族贵族的支持下，坚决扶立七岁的巴图蒙克为汗，即为达延汗。满都海哈屯按蒙古族收继婚习俗，嫁给了他。达延汗年幼时，由满都海哈屯摄政。她为恢复汗、台吉的权威，实现蒙古族统一，亲自率军击败西部的瓦剌，团结了蒙古族各部首领，为达延汗统一蒙古族的事业奠定了基础。

达延汗亲政之后，通过击杀亦思马因太师，消灭最大的异己势力，削弱了异姓贵族的势力，树立了自己的权威。但是，各部封建主的权力仍然很大，许多异姓贵族仍有太师、知院、平章等官虽然在名义上臣服，实则各行其是，随时都有分裂割据的危险。鉴于这种形势，达延汗毅然以分封诸子的形式开始致力于对各部属民的直接统治，建立和恢复大汗及其家族的绝对统治地位。这一措施为明代蒙古族经济的恢复和发展创造了安定的环境。

三 分封诸子重新分配经济利益

在达延汗的事业之中，无论对成吉思汗系黄金家族，还是对蒙古族经济的恢复和发展，影响最深远的当为分封诸子。

达延汗分封的具体时间已不可考，似乎是陆续进行的。

据《蒙古源流》卷六，达延汗诸子受封的情况如下：

长子图噜博罗特（明译铁力摆户），早逝。子博迪（明译不地台吉）承袭汗位，并领有察哈尔万户。

次子乌鲁斯博罗特（明译五路士台吉），初封右翼三万户济农，旋遭杀害。无子。

　　三子巴尔斯博罗特，亦称赛音阿拉克（明译赛那拉、谡阿郎、阿著等），继任济农，统率右翼三万户之众。

　　四子阿尔苏博罗特墨尔根鸿台吉（明译我折黄台吉），统率七土默特（多罗土蛮）。

　　五子阿勒楚博罗特（明译纳力不剌台吉），统率内五鄂托克喀尔喀。

　　六子斡齐尔博罗特（明译阿赤赖台吉），统率察哈尔之八鄂托克克什克腾。

　　七子阿尔博罗特（明译那力不赖台吉），统率察哈尔之浩齐特。

　　八子格勒博罗特（明译称台吉），统率察哈尔之敖罕、奈曼。

　　九子格呼森扎（明译格列山只台吉），统率外七鄂托克喀尔喀。

　　十子乌巴伞察（亦作鄂卜锡衮青台吉，明译五八山只台吉），统率阿苏特、永谢布二处。

　　十一子格呼图台吉，无后。[①]

　　在分封诸子的同时，对于那些为达延汗及其家族效力的异姓领主和臣下，比如"资送博勒呼济农之四人，帮助满都海彻辰福晋之四人，以及效力于赛音阿拉克之七人，护持达延汗被掳时之唐拉噶尔之特穆尔哈达克，戕害阿巴海时谏劝之哈尔噶坦拜音珠固尔达尔罕，给予阿巴海上好沙马乘骑之洪吉喇特之巴图鲁库哩逊，给予阿巴海顺刀、护卫阿巴海之格伦诺延，鄂尔多斯特木尔太师，射穿伊巴哩腹之巴雅里衮达尔罕，领头目七十人入队左翼三万人内五人以下，凡有出力一切人等，俱赏给岱达尔罕名号，敕谕金印。其扎鲁特之巴噶逊达尔罕塔布囊，以满都海彻辰福晋所生之图鲁勒图公主降焉"。

―――――――――

　　① 塞瑞斯：《〈达延汗后裔世系表〉笺注》，表一，注2。

当年成吉思汗分封，诸异姓功臣封千户长或万户长，黄金家族的子弟则授予若干千户，他们都是有封土、有领民的封建领主。达延汗分封则明显不同。

第一，达延汗所直接领有的五个万户，察哈尔万户是先大汗的遗产，喀尔喀万户何时成为大汗的直接领地情况不明，右翼三个万户是达延汗通过封建统一战争得到的果实。现在全部分封给九个儿子。在分封的当时，这五个万户的大量鄂托克首领，仍然是原来的异姓领主，但随着时间的推移，到他们的子孙时代，已经大部更换成台吉。

第二，异姓功臣均"赏给岱达尔罕名号，敕谕金印"。作为达尔罕，他们被豁免赋役。其中许多人成了大汗宫廷或诸台吉领地里的行政官员。这些人是封建主队伍里的成员，但不是领主。除一部分例外，他们既无封土，也没有领民。

第三，对于某些仍旧执掌实权的异姓领主，则以联姻方式进行控制。达延汗将图鲁勒图公主嫁与扎鲁特之巴噶逊达尔罕塔布囊即为一例。隆庆封贡，明朝授予俺答兄弟子侄官职，唯不及亲属。据王崇古说，"节据俺答暨黄、把各酋投书，每称伊各有丈人、女婿、姊妹、外甥的亲诸人，各领部族，大者一二千人，小者数百人"，[①]请求一体授官给赏。联姻是古老的传统，现在成为台吉统治体制的一种补充。

由此看来，达延汗的毕生事业，实际上可以归结为，在蒙古族本部他力所能及的范围内，进行了一次大规模的权力和经济利益再分配。他剥夺了许多异姓领主的领地和属民，把它们转交给自己的子孙。从本质上看，社会制度没有明显的改变，封建领主照旧存在，然而这一再分配带来了重要的影响。

---

① 王崇古：《酌许虏王请乞四事疏》，《明经世文编》卷318。

首先，在封建领主内部注入了亲近的血缘关系，虽然这不可能从根本上改变封建领主制度的割据性，杜绝随之而来的封建战争，但至少可以在一定历史时期里冲淡这种割据性，大大减少这种封建混战。事实也确实如此。这对于蒙古族社会的安定和社会经济的发展，无疑有着积极的作用。从这个意义上讲，达延汗顺应了一个多世纪以来蒙古族社会发展的要求和广大牧民的愿望。当然达延汗的变革无非是封建主内部两个集团之间的沉浮，它们在本质上几乎毫无区别，因此这种变革的积极作用是有限的。

其次，封建主内部另一个阶层，即非领主的封建官僚集团得到了发展。许多异姓领主被剥夺了领地和属民，一般地都成了为台吉们处理政务的官僚集团的成员，达延汗授予达尔罕称号的那些功臣，自然是他们的重要代表；在一般牧民中，也有一些上层分子挤进这个集团。封建官僚集团的缓慢发展，显示了蒙古族封建社会结构的某种更新，不容忽视。

另一个就是"画地驻牧"问题。明代前期 100 年间，即使蒙古族诸大部族群体，如瓦剌、蒙古本部，牧地也不稳定，也先以晃合儿淮、哈喇莽来为根据地就说明了这一点。至于他们的内部，情况就更加复杂了。西蒙古已无从了解，蒙古本部还可以略窥梗概。洪武、永乐间，人口稀少，又迫于明朝的压力，诸东蒙古部族主要生活在克鲁伦河、鄂嫩河流域。宣德、正统间一些部族迁至漠南，天顺、成化以后进而游牧于河套。但是由于内外战争频繁，除某些偏僻地点而外，漠南一时还难以成为稳定的牧场。1499 年（弘治十二年）五月，明兵部上奏说："北虏部落往年春过河未久，即趋东北驴驹河住牧过夏。今自出套之后，久在大同、东胜、偏头关等处潜住。"1500 年（弘治十三年）十二月兵部再奏："往年小王子部落，冰冻则西入河套，河开则东过大同，或间来朝贡，或时有侵犯，未敢大肆猖獗。"① 当时小王子达延汗部众，动辄 3 万、5 万、7 万骑，连营数十里。他率领二三十万人，每年秋冬南迁河套驻牧，开春则渡河北上克鲁伦河一带过夏；实际上是以大部族集团，在大范围内做定期游牧。有的学者引用嘉靖中叶以后，关于达延汗后裔牧地的汉文资料，说明达延汗初期，甚或远在达延汗以前，六万户已经分别生活在那些地方，这是很难使人信服的。嘉靖二十二年即 1543 年左右，苏志皋撰《译语》才比较明确地叙述蒙古族诸部的地望，并说："曰呵剌慎，曰荞观镇，兵各二、三万，常在宣府边外住牧，云是分地也。"略晚数年郑晓写《皇明北虏考》也说："诸虏虽逐水草，迁徙不定，然营部皆有分地，不相乱。"这种诸营部即鄂托克皆有分地的局面，似乎是正德、嘉靖间最后形成的。有了"分地"，牧民就可以像蒙元时期那样在一个适当大小的区域里做定期轮回游牧，这对牧业和多种经济的发展是至关重要的前提。这种变化，显然是达延汗统一五万户并分封诸子的另一个结果。②

第二节　俺答封贡促进蒙古族经济发展

俺答汗亦称阿勒坦汗、索多汗、葛根汗，达延汗之孙，是蒙古族右翼土默特万户的首领。1542 年，他的兄长麦力艮济农死后，土默特成为右翼三万户的中心，俺答成为右翼三万户事实上的首领。

俺答汗发展了蒙古族的经济与文化。明蒙之间长期对立，积怨甚深，明朝拒绝与蒙古族互市，蒙古族牧民得不到汉地的农产品。从 1543 年开始，俺答汗用和平与战争两种手段，不断要求明朝开放

---

① 《明孝宗实录》，弘治十二年五月乙丑，十三年十二月癸未。
② 曹永年：《蒙古民族通史》第 3 卷。

关市。1570年，俺答汗向部属宣布和平，表示与明朝世世友好，永不相犯。明朝在宣府到甘肃一线向蒙古族开放11处马市。自此明蒙边境数十年无大冲突。通贡互市加强了漠南蒙古草原与明朝的经济文化联系。

一　俺答求贡及其原因分析

俺答汗崛起后，除了一如既往的掠夺战争外，出于经济政治的种种考虑，开始谋求与明朝建立稳定的通贡互市关系。为实现与明朝的贡市，起初他遣使求贡遭到明朝的拒绝，于是使用以战迫和的武力手段，并为此付出了几十年的努力。

1534年（嘉靖十三年）俺答汗第一次向明朝提出通贡要求，"四月，俺答挟众欲入贡"，[①] 明朝不允。1541年（嘉靖二十年）俺答汗派石天爵、肯切为使叩大同阳和塞，再一次要求通贡，陈言"以贡道不通，每岁入掠"，如果明朝答应通贡，"即约束其下，令边民垦田塞中，夷众牧马塞外，永不相犯，当饮血为盟誓"；[②] 倘若不答应，则仍要南下寇掠。明朝当局认为"虏多诈，其请贡不可信，或示和以缓我师，或乘隙以扰我疆"，[③] 拒绝了俺答汗的通贡要求，并羁留了肯切。于是俺答、吉囊大举入犯，八月俺答下石岭关，趋太原，吉囊破平虏卫，至平遥。次年，俺答汗再遣石天爵和肯切子满受秃等人到大同镇边堡款塞求贡，大同巡抚龙大有缚杀了石天爵，并将满受秃的首级以边功上报领赏。俺答汗立即大举入犯，进行报复，六月十七日由大同长驱而入，直趋太原，大掠山西，"破卫十，

---

① 《万历武功录》，卷8《俺答列传下》。
② 《万历武功录》，卷7《俺答列传上》。
③ 《明世宗实录》，嘉靖二十年七月丁酉。

破州县三十八，杀掠二十多万人，马牛羊三百万，衣幞金钱称是，焚公私庐舍八万区"。①《明实录》的编纂者批评说："于时当事者即欲勿许，亦宜有以待之，乃不为长虑，却顾遽杀其信使，夸张功伐，苟快目前，虏闻则愤怒，遂不待秋期即以六月悉众入寇"。②《三云筹俎考》也说："兵交使在其间，况求贡乎？藉曰不许，亦当善其辞说，乃购斩之，此何理也？横挑强胡，涂炭百万。"③ 求贡受阻，俺答汗连年举兵入塞。1546 年，俺答汗以"一请不得则再请，再请不得则三请"④ 的决心，又一次遣使堡儿塞等三人到大同求贡，然而堡儿塞又被明朝总兵官的家丁杀戮报功。尽管如此，俺答汗以武力报复的同时仍多次遣使求贡。据宣大总督翁万达奏报，"虏自冬春以来，游骑信使，款塞求贡，不下数十余次，词颇恭顺"。⑤ 二月，俺答汗遣使李天爵赍番文求贡，陈言将会集博迪汗、吉囊、老把都共同商议，约以东西不犯边，与明朝永远为好，递年一二次入贡。翁万达等奏闻其事，并再次建议应该准贡。当时陕西三边总督曾铣倡言收复河套，首辅夏言从中主之，力诎贡议，世宗宠信夏言，一意复套，故仍然拒绝通贡，并切责边臣："黠虏节年寇边，罪孽深重，边臣未能除凶报国，乃敢听信求贡诡言，辄骋浮词，代为奏，殊为渎罔。"⑥ 1549 年（嘉靖二十八年）俺答汗又令人至宣府，将书信束在箭端，射入明军营中，声称"求贡不得，故屡抢；许贡，当约束部落不犯边。否则，秋且复入关抢京辅"。⑦ 对此明朝置若罔闻。俺

---

① 《万历武功录》，卷 7《俺答列传上》。
② 《明世宗实录》，嘉靖二十一年闰五月戊辰。
③ 《三云筹俎考》，卷 1《安攘考》。
④ 《明世宗实录》，嘉靖二十年七月丁酉。
⑤ 《明世宗实录》，嘉靖二十六年四月己酉。
⑥ 《明世宗实录》，嘉靖二十六年四月己酉。
⑦ 《明世宗实录》，嘉靖二十六年四月丁巳。

答汗拳拳求贡，却屡屡受挫，遂以武力逼胁明朝。次年六月，俺答汗率部由大同大举入犯，一直进抵通州。兵临城下，京师震恐，但俺答汗的目的不过是以战求和，因此并未攻城。他放回所掳内宦杨增等，令其"持番书入城求贡"。俺答汗围困北京三天后撤退。这一年是庚戌年，史称"庚戌之变"。庚戌之变产生的直接结果便是嘉靖三十年马市。慑于俺答汗兵威，明朝君臣被迫同意在宣、大开放马市，这就是嘉靖三十年马市。但次年九月，世宗即寻找借口诏罢各边马市。明朝的出尔反尔和顽固不化，使俺答汗完全失去了对通贡的希望和耐心，除1559年（嘉靖三十八年）至陕西边外请贡不遂外，再无求贡之举，而是转向全面战争，发动了明蒙关系史上规模和频次空前绝后的对明战争，给汉蒙两族人民带来了深重灾难。明朝与蒙古族的敌对状态一直持续到隆庆五年明蒙和议。

俺答汗在明朝屡屡拒贡杀使的情况下，仍不屈不挠，倾几十年心血，积极争取实现与明朝的通贡，其原因和目的是什么？这是值得深思的一个问题。

对于这一问题，当年的宣大总督苏祐归纳为四条："盖闻我皇上赫整六师，将出北塞问罪，其畏威一也；虏昨岁犯顺归，人畜多死，闻多怨艾，其悔罪二也；虏甚嗜中国货，卤掠则利归部落，求贡则利归酋长，其贪利三也；小王子者，俺答之侄也，俺答桀傲，久不听其约束，而耻为之下，兹求归顺，将假朝廷官爵与其侄争雄，其慕名四也。"① 所谓"畏威"只是明朝自吹，其余三条大体反映了俺答汗的实际情况。曾主持嘉靖三十年宣大马市的史道也说："近年以来，部落强盛于昔，渐与小王子势不相下，嫉忌互生，已非一日。今者俺答必欲求贡，意欲依附天王，借取声名，以自壮门面，因而可以骄示小王子，此固俺答求贡之心也。又彼以人抢之利散归于众，

---

① 《明世宗实录》，嘉靖三十年三月壬辰。

而进贡之赏赍多为己有，且马市一开，上下通利，比之杀人而后有所得者不侔，此又俺答之所乐为者也。且俺答年来渐入衰暮，自以其残虏太多，为天所厌，昨入抢后，彼中人畜辄尔病作，死者枕藉，因而追恋往昔，若有悔心。臣以彼之求贡一节，其于天时人事，若为一大机会。"[1] 苏、史二人都曾主持边务，熟悉蒙古族事务，所言不无中肯之处。俺答汗求贡确有深刻的经济根源，同时也有政治和军事的原因。

从历史上来看，北方单一游牧经济对中原农业、手工业综合经济有着很大的依赖性。日本江上波夫、村上正二，俄国巴托尔德，美国赛瑞斯，我国札奇斯钦、周良霄、亦邻真等学者都从理论上对这一问题进行了深入研究，达力扎布先生在《明代漠南蒙古历史研究》一书中归纳了上述诸人的理论研究后，指出："以上诸人的研究基本上阐明了中原与北方游牧民族关系史上最关键的问题，即单一的游牧经济与内地农业、手工业综合经济之间的分工交换关系，是推动北方民族南迁或南进的杠杆，北方游牧民族与中原的这种经济交流是历史发展的巨大推动力，也是北方游牧民族自古以来始终与中原保持紧密的政治经济联系，最终形成统一的多民族国家的经济基础。"[2] 北方游牧经济与中原农业经济的分工交换关系是不均等的，更多的是北方需求于中原，中原对北方则往往有政治的动机，这就使双方的交换关系带有浓厚的政治色彩。就明朝与蒙古族来讲，也是这样。薄音湖先生在《评十五世纪也先的统一及其与明朝的关系》一文中批驳了也先的贸易要求主要是牧业生产发展结果，明朝亟须蒙古族聚居区的牲畜以发展农业和保障军需是其对蒙贸易主要

---

① 史道：《题北虏求贡疏》，《明经世文编》卷 166。

② 达力扎布：《明代漠南蒙古历史研究》，内蒙古文化出版社 1997 年版，第 193 页。

原因的观点，指出明蒙贸易从蒙古族方面讲是积极主动一方，"蒙古封建主对外贸易的积极性，更多的来自生产的衰弱，产品的缺乏"；就明朝来说则是"羁縻之策，不过以财物换取边境的苟安而已"。①

游牧经济的单一性和脆弱性，决定了其对中原经济的依赖。元代全国统一，南北畅通无阻，中原的大量物资流入漠北，补充了漠北经济上的不足。明朝兴起后，蒙古族退回漠北，地理的阻隔，政治的敌对，使南北正常的经济交流受阻。正德嘉靖以前，明蒙之间虽有战争的一面，但也有和平贡市的一面，因而蒙古族尚能从与明朝的贡市中获得大量食品、缎布、器具；嘉靖以后，蒙古族南下侵掠不止，明朝则闭关绝贡，严加备御，并时出边外烧荒、捣巢、赶马，除兀良哈三卫之外，与蒙古族的通贡关系完全断绝。为明朝所严禁的私市虽有发展，但规模太小，不能根本解决蒙古族衣食不足的问题，这就使蒙古族对中原物产的需求更为迫切。长期在北边任职，深谙蒙古族事务的王崇古说："北虏散处漠北，人不耕织，地无他产，虏中锅釜针线之日用，须藉中国铸造，绸缎绢布之色衣，惟恃抢掠。"② 又说："夫夷狄之服食虽与中国异，而日用之布帛锅釜不能不资中国以为用，故连年深入抢卤，凡民间铁器衣物，无所不携。"③ 俺答汗所以孜孜求贡，主要原因正在于此。俄国学者弗拉基米尔佐夫认为："对汉人文化产品，主要是食品、织物以及金属制品的需要推动蒙古族从掠夺和袭击转向与明朝建立贸易关系。"④ 美国学者赛瑞斯也指出："中国和蒙古关系最重要的因素之一是蒙古（女

---

① 薄音湖：《评十五世纪也先的统一及其与明朝的关系》，《内蒙古社会科学》1985 年第 2 期。

② 王崇古：《确议封贡事宜疏》，《明经世文编》卷 317。

③ 王崇古：《为北虏纳款执叛求降疏》，《明经世文编》卷 316。

④ ［俄］弗拉基米尔佐夫：《蒙古社会制度史》，刘荣俊译，中国社会科学出版社 1980 年版，第 201 页。

真）缺少的一些日用品如某些食品、纺织品、金属用具，蒙古贵族和首领需要的奢侈品如丝绸和丝织服装，只能从中国获得，因此，他们必须通过通贡或别的办法得到这些东西。""这种需求是促使蒙古寻求与中国建立某种关系的最重要的一个因素。"①

蒙古族迫切需要中原的物资，要得到这些物资只有两个途径，即通贡互市和暴力掳掠，即如明人所说："计所以得之者，唯抢掠与贡市二端。"② 由于正德、嘉靖以来明朝闭关绝贡，使蒙古族不能通过和平贡市的方式获得所需物资，因而不得不"捐生抢掠而无忌"，③ 所谓"若或缺乏，则必需求，需求不得，则必抢掠"，④ 但抢掠的代价是高昂的。蒙古族自达延汗以来频繁入掠明边，"每入，大辈十万，中辈万余，少者数千"，⑤ 板升汉人的导引挑唆更起了推波助澜的作用。蒙古族在战争中虽有收获，但也往往蒙受沉重的损失，人马大量伤亡，"虽常抢掠些许，人马常被杀伤"，⑥ 嘉、隆四五十年间明蒙战争中死于疆场的蒙古族人不下万人之多。而明朝军队烧荒、捣巢也令蒙古族畏惧，"守边将士每至秋月草枯，出塞纵火，谓之烧荒"，⑦ 以防止蒙古族骑兵临边掳掠，近者五六十里，远者三五百里，致使"边外野草尽烧，冬春人畜难过"。⑧ 另外明军时常出边乘虚袭击蒙古族后方老营，谓之捣巢或赶马打帐。王崇古曾任固原、宁夏督抚官七年，"每督陕西延宁各镇官兵出边捣巢，节年共斩首千

---

① ［美］赛瑞斯:《明代中蒙关系：贡赋制度和外交使臣（1400—1600）》，比利时高等汉学研究，1959 年，第 20、94 页。
② 《明世宗实录》嘉靖二十一年闰五月戊辰。
③ 王崇古:《酌许虏王请乞四事疏》,《明经世文编》卷 318。
④ 《万历武功录》卷 7《俺答列传上》。
⑤ 冯时可:《俺答前志》,《明经世文编》卷 434。
⑥ 《顺义王俺答谢表》,《玄览堂丛书》本。
⑦ 顾炎武:《日知录》卷 29，四部备要本。
⑧ 《顺义王俺答谢表》。

余级"。① 1560 年（嘉靖三十五年），大同总兵官刘汉出师捣丰州，"擒斩一百五十人，焚板升略尽"。② 广大蒙古族民众厌战求和愿望逐渐强烈，"频年战伐，而骄侈淫纵，部众亦厌苦，稍离心矣"。③ 加之"入寇则利在部落，通贡则利在酋长，即其所请之急，意在利吾赏赐耳"。④ 这样，深谋远虑的政治家俺答汗便把眼光从战争掳掠转向了和平贡市。

俺答汗求贡也有政治上的考虑。如前文所述，随着力量的逐步强大，俺答汗与察哈尔大汗的矛盾日益加深，"虏中小王子者，俺答之侄也。俺答桀傲，钤制漠北诸部落，渐不听小王子约束，然亦一部落之雄耳，而犹有其侄压于其上"。⑤ 不论从实力还是辈分都在小王子之上的俺答汗，自然"耻为之下"，因此锐意求贡。俺答汗求贡的政治意图之一在于借取明朝的封爵提高自己的声威，以与小王子抗衡，所谓"将假朝廷官爵，与其侄争雄"。嘉靖三十年马市成，俺答汗"既得汉天子金币，喜洋洋，甚自得，以为持归是可以矜夸小王子矣"。⑥ 不过政治的意图与经济相比是次要的。

蒙古族在正德以前与明朝通贡不绝，也先时规模空前，达延汗也曾派出几千人的庞大使团赴明。先人的成例也不能不给俺答汗以启示，他曾对明朝官员说："其父思阿郎（赛音阿拉克）在先朝常入贡，蒙赏赍，且许市易，汉达两利。"⑦ 俺答汗长期求贡，明朝始终不答应，而东北三卫与明朝贡市不绝，这使他十分羡慕，明人说

---

① 王崇古：《确议封贡事宜疏》，《明经世文编》卷 317。
② 《明史》卷 327《鞑靼传》。
③ 赵时春：《北虏纪略》，《明经世文编》卷 258。
④ 《明世宗实录》嘉靖二十五年七月戊辰。
⑤ 苏祐：《接报夷情疏》，《明经世文编》卷 216。
⑥ 《万历武功录》卷 7《俺答列传上》。
⑦ 《明世宗实录》嘉靖二十年七月丁酉。

他"乃阴慕东夷朵颜等卫归顺内附，官爵之显荣，衣服之华丽，意望我皇上比例加授于焉"。① 为此，俺答汗常派人混入三卫入贡使团之中，王崇古就说："臣访得华夷皆传先年彼未受封，威胁朵颜三卫，每年每卫分带俺答、老把都、黄台吉三家夷使各十名入京，分赏十分。"② 但是，显而易见，冒名而行所得必然有限。出于上述种种原因，俺答汗倾几十年心血向明朝求贡，最终得以实现。

二　俺达封贡告成促进经济发展

1570 年（隆庆四年）九月，俺答汗嫡孙把汉那吉因家庭纠纷③率阿力哥等 10 余人叩边降明，明朝抓住这一事件，妥善处理，封把汉那吉为指挥使，阿力哥为千户，以交换叛逃板升的汉人赵全等人。双方经过谈判，达成了交换协议。这时俺答汗再次提出封贡要求，明朝君臣经过反复争论商讨，答应了俺答汗。这样以把汉那吉事件为契机，明蒙双方达成妥协，化干戈为玉帛，实现了明蒙关系史上划时代的"俺答封贡"。

1571 年三月诏封俺答为顺义王。接着先后两批授老把都、黄台吉、吉能等 112 人军职。五月，在大同得胜堡外举行册封仪式。据载："当时是，得胜堡外九里建厂，厂长阔可三丈，用线杆木料，厅用蓝帛五十匹，红布二十匹，青绿羊绒三梭二十匹，手帕、汗巾四十方，席五十领，麻绳一百，彩亭四个，彩旗二十对。中庭设黄帏，焚香张供都。先期夷使把儿汉克汉至公署习仪，既毕，大张旗鼓迎赴棚厂。督抚皆壁弘赐堡，遣副帅赵伯勋、游击康纶赍敕谕十二道

---

① 苏祐：《接报夷情疏》，《明经世文编》卷 216。
② 王崇古：《酌许虏王请乞四事疏》，《明经世文编》卷 318。
③ 薄音湖：《把汉那吉的家庭纠纷》，《内蒙古大学学报》2001 年第 3 期。

及赐俺答蟒衣一袭，表四纯，它皆狮子衣称是。二十一日，俺答躬率诸夷迎诏，南乡叩头者四。已，汉官抄黄开读毕，俺答行谢恩礼，复脱帽叩头者四。夷礼，以卸帽叩拜为敬也。"① 礼成，俺答汗从河西鄂尔多斯迎来吉能之侄，"兼通汉番佛经"的切尽黄台吉（图库克图彻辰洪台吉）撰写蒙文谢表，遣使赍表至明朝贡。这一次贡马509 匹，其中上等马 30 匹，另银鞍一副。② 此表"尚欠文"，王崇古派人作了润饰，上报朝廷。它的汉文翻译现在我们尚能看到。③

在这一次册封典礼上，还留下了一份文件即《俺答初受顺义王封立下规矩条约》。它透露了当时蒙古族社会的若干真实情况，反映了蒙汉之间的关系，是一份不可多得的历史性文件。现移录如下：

隆庆五年五月内，俺答在得胜市边外晾马台封王。时东西各台吉头目昆都力哈老把都、永邵卜大成、切尽黄台吉等三大部族夷人，并各衙门原差通官在彼讲定。有俺答等随令头目打儿汉首领等四名，对天叫誓说：中国人马八十万，北虏夷人四十万，你们都听着，听我传说法度。我虏地新生孩子长成大汉，马驹长成大马，永不犯中国。若有那家台吉进边作歹者，将他兵马革去，不着他管事；散夷作歹者，将老婆孩子、牛羊马匹尽数给赏别夷。叫誓毕，焚纸抛天，立定后开条款：

一、投降人口，若是款贡以前走来，各不相论。以后若有虏地走入人口，是我真夷，连人马送还；若是中国汉人走入，家下有父母兄弟者，每一人给恩养钱分段四匹，梭布四十匹；如家下无人者，照旧将人口送还。

---

① 瞿九思：《万历武功录》，卷 8《俺答列传下》。
② 《明穆宗实录》，隆庆五年六月甲寅。
③ 即《北狄顺义王俺答等臣贡表文》。

二、中国汉人若来投房，我们挐住送还，重赏有功夷人；我夷人偷捉汉人一名出边者，罚牛羊马一九。

三、夷人杀死人命者，一人罚头畜九九八十一，外骆驼一只；中国汉人打死夷人者，照依中国法度偿。

四、中国汉人出边偷盗夷人马匹牛羊衣物者，挐住送还，照依中国法度处治。

五、夷人打了无干汉人罚马一匹。

六、夷人不从暗门进入，若偷扒边墙挐住，每一人罚牛羊马一九。

七、夷人夺了汉人衣服等件，罚头畜五匹头只。

八、夺了镰刀、斧子一件罚羊一只，四五件者罚牛一只。

九、打了公差人罚牛羊马匹一九。

十、夺了汉人帽子手帕大小等物一件罚羊一只。

十一、偷了中国马骡驴牛羊者每匹只罚头畜三九。

十二、筵宴处所，夷人偷盗家活等件者罚羊一只。

十三、讲定拨马若进贡领钦赏，俱准倒骑马骡。

若报开大市，并讲紧急事情，本王与黄台吉各准拨马四匹，其余台吉各准马二匹。若是讨赏卖马者，各骑自己马匹。①

该书还保存万历五年、十五年、三十一年、四十一年所立规矩条款。

封贡以后，立即开市。宣大方面，据总督王崇古九月间的奏报，情况如下：

大同得胜堡，五月二十八日至六月十四日，官市顺义王俺答部马 1370 匹，价 10545 两；私市马骡驴牛羊 6000；抚赏费 981 两。

_____

① 王士琦：《三云筹俎考》，卷 2《封贡考》。

新平堡，七月初三日至十四日，官市黄台吉、摆腰、兀慎部马726 匹，价 4253 两；私市马骡牛羊 3000；抚赏费 561 两。

宣府张家口堡，六月十三日至二十六日，官市昆都力哈、永邵卜大成部马 1993 匹，价 15277 两；私市马骡牛羊 9000；抚赏费800 两。

水泉营，八月初四日至十九日，官市俺答、多罗土蛮、委兀慎部马 2941 匹，价 26400 两；私市马骡牛羊 4000；抚赏费 1500 两。①

不久陕西贡市亦告竣。

大学士高拱、张居正等疏称："三陲晏然，曾无一失之警。境土免于蹂践，生民免于虔刘；客兵不调，帑藏不发，即边费之省不下百余万，即胡利之入不下数万。纵使虏酋明岁渝盟，而我中国今岁之利亦已多矣。"②

1571 年俺答封贡，蒙古族右翼三万户与明朝之间建立了比较紧密的封建隶属关系，加强了双方的经济联系，促进了蒙古族经济的发展。每年冬至，明循例遣使"颁大统历"，③ 这是所谓"奉正朔"的标志。顺义王的承袭亦须经明朝册封。俺答汗所建"金国"，从此冠以"大明"，称为"大明金国"。④

三 俺答封贡实现原因及其历史意义

关于隆庆蒙明和议，俺答封贡得以实现的原因，学界曾经有过

---

① 《明穆宗实录》，隆庆五年九月癸未。

② 《明穆宗实录》，隆庆五年九月乙酉。

③ 瞿九思：《万历武功录》，卷 8《俺答列传下》。

④ 内蒙古土默特右旗美岱召太和门门额铭文为万历四十三年丙午镌刻，署有"大明金国丙午年戊戌月己巳日庚午时建，木作温申，石匠郭江。"此门额拓片现藏内蒙古大学。由"金国"而为"大明金国"，其转折当在隆庆五年。

讨论。曹永年先生认为主要是俺答汗政策转变和板升内部矛盾发展的结果:"明朝政局的转机,高拱、张居正、王崇古、方逢时等一批有识见、有能力的人执政,处之有方,固然重要,但当时的主动权实在蒙古族俺答汗方面。"从明蒙双方进行分析,认为主动权在蒙古一方。[①] 达力扎布先生对此持有不同观点,他说:"我认为蒙古内部矛盾不是实现'隆庆和议'的主要原因。实际上能否实现明蒙之间的互市,主动权始终掌握在明廷手中,而不在俺答汗手里。对俺答汗来讲通贡互市是他采用了所能采取的一切手段而未能实现的目标,因此不存在俺答态度转变和矛盾促使的问题,这次实现通贡完全是明朝政策转变的结果。"[②] 他进一步分析明朝转变政策的原因是由于军费剧增,财政困顿,"正是这种困敝情况促使明廷开始考虑改变原有政策,息兵安民,以整顿内政,巩固统治"[③],完全否定蒙古族内部矛盾这一因素。胡凡先生则认为游牧经济和农业经济之间正常交流的要求,是俺答封贡得以实现的历史和经济条件;明穆宗即位后,明朝政治形势发生的重大变化则是俺答封贡得以实现的决定性条件;把汉那吉降明事件的处理得当,这是俺答封贡得以实现的直接条件。[④] 强调明朝的政治形势变化和处理得当是决定性条件和直接条件。看来分歧的焦点在于对明蒙双方力量对比和内部矛盾的分析,值得深入探讨。

经典作家曾说过:"历史是这样创造的:最终的结果总是从许多单个的意志的相互冲突中产生出来的,而其中每一个意志,又是由

① 曹永年:《蒙古民族通史》卷 3,第 330 页。

② 达力扎布:《明代漠南蒙古历史研究》,内蒙古文化出版社 1997 年版,第 225 页。

③ 同上书,第 227 页。

④ 胡凡:《论明穆宗时期实现"俺答封贡"的历史条件》,《中国边疆史地研究》2001 年第 1 期。

于许多特殊的生活条件，才成为它所成为的那样。这样就有无数互相交错的力量，有无数个力的平行四边形，而由此就产生出一个总的结果，即历史事变。"① 俺答封贡正是经济政治多重力量相互作用的结果，是由深刻的经济根源和明蒙双方统治者及蒙汉两族广大中下层人民群众要求和平的意志相互作用的结果。可以说，没有明朝政策的转变和俺答汗积极求贡这两个方面的任何一个，都不可能实现俺答封贡。当时明王朝内忧外患、危机日深，迫使统治者不得不整顿内政，调整对蒙政策。没有这个条件是不可能实现和议、封贡的，嘉靖前期俺答汗求贡几十年而不果，嘉靖三十年也不过是以武力促成一个小范围的短命马市而已，就是例证。俺答汗在嘉靖三十年马市关闭至隆庆五年的 20 年间，只有一次请贡，态度已不似从前积极。没有他的积极请求，和议及封贡自然无从谈起。直到把汉那吉事件发生后，在与明朝谈判过程中，俺答汗才又再次请封，这与板升灾荒及内部矛盾不无关系。明朝君臣收留把汉那吉，初衷主要是想交换赵全等板升汉人头目，此后俺答汗遣使入谢，并正式提出封贡请求，十二月，又联合了老把都、吉能、永邵卜诸部，各遣使18 人持书至明，共同要求通贡互市。这时明廷上下才反复争论商讨，确定下封贡大计。因此，可以说是明蒙双方都采取了积极态度，才最终实现明蒙和议和俺答封贡。

关于明朝答应俺答封贡的动机，阁臣高拱在事后给明穆宗的奏疏中说得十分明白："可以息境土之蹂践，可以免生灵之荼毒，可以省内帑之供亿，可以停士马之调遣，而中外皆得以安，此其一焉……可以示舆图之无外，可以见桀犷之咸宾，可以全天朝之尊，可以伸中华之气，即使九夷八蛮闻之，亦可以坚畏威归化之心，此又其一焉；然斯二者犹非要领之图本意所在也……今虏既效顺，受

---

① 《马克思恩格斯选集》第 4 卷，人民出版社 1972 年版，第 478 页。

吾封爵，则边境必且无事，正欲及此闲暇之时，积我钱粮，修我险隘，练我兵马，整我器械，开我屯田，理我盐法。出中国什一之富以收胡马之利，招中国携贰之人以散勾引之党，更有沉机密画不可明言者，皆得次第行之。虽黠虏叛服不常，必无终不渝盟之理，然一年不犯，则有一年之成功，得三五年之暇，则安顿可定，布置可图，兵食可充，根本可固，而常胜之机在我矣。当是时也，彼若寻盟，我仍示羁縻之义；彼若背约，我遂兴问罪之师。伸缩进退自有余地，虏狂故态必难再逞，而中国可享无穷之安，此则要领之图本意之所在也。"① 这段话揭示了明朝对蒙古族乃至其他少数民族的政策，其出发点只是明朝自身的利益，绝没有考虑蒙古族的实际困难，所谓封王贡市不过是借此缓和边境危机，牵制蒙古族，希求得享"无穷之安"而已，这是明统治者的主要出发点。

俺答封贡是明蒙关系史上的一件大事，它标志着土木之变后明蒙之间百余年刀光剑影的战争风云在较大范围内暂告结束，而代之以封贡互市形式下的友好往来，从而开创了明蒙之间以和平交往为主流的新局面，使明蒙关系进入一个崭新阶段。它对蒙古族聚居区的经济发展有着重大影响和积极意义。封贡之后，蒙古族诸部民众与长城以南的汉族人民之间睦邻相处，和平往来，"边民垦田塞中，夷众牧马塞外"，② "大抵因贡为市，中国以段布皮物市易虏马，虏亦利汉财物，交易不绝，诚所谓贸迁有无，胡越一家"。③

---

① 《明穆宗实录》隆庆五年七月戊寅。

② 《明世宗实录》嘉靖二十年七月丁酉。

③ 焦竑：《通贡传》，《明代蒙古汉籍史料汇编》第一辑，内蒙古大学出版社1994年版。

第三节　半农半牧型经济的形成

明弘治、正德以后，随着达延汗统一蒙古族本部事业的成功，蒙古族封建主的混战尽管没有绝迹也不可能绝迹，但确实是大大地减少了，蒙古高原出现了相对安定的局面。于是游牧经济的不足便日渐暴露出来，成为最突出的矛盾。如何解决这个矛盾，成为摆在蒙古族封建主面前的重要课题。

一　发展半农半牧业的背景和条件

达延汗的统一，蒙古高原的相对安定，引起了一系列社会后果。封建主日益富裕，他们越来越不能忍受粗放游牧经济所提供的简陋生活。更重要的是人口迅速增殖，与封建游牧经济之间的矛盾更加尖锐。

"生齿日多"，[①] 大大增加了对食物需求的压力。仇鸾曾说："虏中生齿浩繁，事事仰给中国，若或缺用，则必需求，需求不得，则必抢掠"[②] 是古代的马尔萨斯人口论。蒙古高原有水草丰美的广阔牧场，具备发展畜牧业的优越条件，倘有先进的社会制度，即使数百万人口，也都是不难养活的。但封建的生产关系阻碍着生产力的提高，粗放的游牧经济提供不了更多的食物，满足不了迅速增殖的人口的需要，因而"部落众多，食用不足"[③] 便成了日益紧迫的社

①　《北狄顺义王俺答等臣贡表文》，玄览堂丛书本。
②　《明世宗实录》，嘉靖二十九年八月丁丑。
③　《明世宗实录》，嘉靖三十年三月壬辰。

会问题。

嘉靖年间蒙古族内部的阶级分化也已经大大加剧。1551年（嘉靖三十年）主持大同马市的史道谈道："虏富者十二，而贫者十八。"[1] 贫苦牧民所占的这个比例虽未必尽确，当亦不会与实际相差太远。他们"日无一食，岁无二衣，实为难过"。[2] 于是阶级矛盾日益尖锐，1551年，在蓟州边外，就爆发了由陈挞领导的蒙汉人民反对俺答汗的联合起义。阶级矛盾的激化，使人口和经济问题变得更加具有爆炸性。

为了缓和阶级矛盾和人口的压力，蒙古族封建主自然常常会把矛盾引向中原地区，深入内地"抢掳"。但第一，这一般都是在腐朽的明朝拒绝贡市贸易的情况下进行，在某种意义上说，是被迫的；第二，战争必然也会给蒙古族带来严重损害，"即如隆庆元年老把都、土蛮纠犯蓟东，则棒椎岩千骑一时落岩尽死；俺酋父子深犯石州，则人马道死万数"。[3] 因此广大牧民厌恶这种战争，有时甚至公开表示反对。1570年（隆庆四年）把汉那吉降明，赵全等企图继续挑动俺答汗出兵，"时冬寒草枯马饥，俺答众惮寇，指全等怨詈甚"，[4] 此即一例。广大贫苦牧民宁愿靠打猎来弥补食物的不足；而在春荒时往往"或驮盐数斗，易米一二斗，挑柴一担，易米二三升；或解脱皮衣，或执皮张马尾，各易杂粮充食"[5]。第三，战争和掠夺也很少能得到封建主急需的高档手工业品，如绸缎。因而，掳掠并非妥善之策。

粮食的质量不能与肉类相提并论，但它是生活必需品。对于贫

---

① 《明世宗实录》，嘉靖三十年八月壬戌。

② 王崇古：《酌许虏王请乞四事疏》，《明经世文编》，卷318。

③ 王崇古：《确议封贡事宜疏》，《明经世文编》，卷317。

④ 瞿九思：《万历武功录》，卷8《俺答列传下》。

⑤ 王崇古：《酌许虏王请乞四事疏》，《明经世文编》，卷318。

苦牧民来说，以牲畜等换取粮食，可以维持更长时间的生活；冬春之交，青黄不接，牲畜瘦赢，更需要粮食充饥。所以相当一个时期以来，在一部分条件许可的地区，蒙古族牧民已经"食兼黍谷"，① 把淀粉食品列为食物结构的重要组成部分。嘉靖间，尹耕论及蒙古族的发展，说："其始掠骑畜，得粟不知炊而食也，继则人乡必属窖，得粟必囊往，今乃入秋揉禾，既揉春米，是渐知粒食也。"② 在这种情况下，开辟经常性的淀粉食物来源，显然是解决广大牧民肉食匮乏问题的一个比较容易行得通的办法；而要达到这个目的，就必须改变当时那种闭塞的单一游牧经济状况。

俺答汗作为蒙古族的一位杰出的政治家，他似乎已经看到了这个摆在他面前的严峻的社会问题。在当时的历史条件下，他只能有两种选择，一是恢复和扩大与中原地区的经济联系；二是自力更生，在蒙古草原发展一定规模的农业。

首先，采取传统的办法，即与明朝建立贡市贸易。自弘治间明蒙贡市贸易中断 30 多年以后，1532 年（嘉靖十一年）小王子自延绥求贡，以当时小王子与俺答的关系揆之，后者似亦参与此次求贡行动，但无确证。1534 年（嘉靖十三年）四月，"俺答挟众欲入贡"，开始了他要求入贡的漫长而艰苦的历程。然而，主要由于明朝封建统治者一方的责任，还要经过 30 年血与火的洗礼，明蒙之间和平贸易的大门才能敞开。

其次，把丰州川建设成为拥有城市和手工业的半农半牧地区。据史料记载："是年四月，俺答阿不孩及兀慎娘子见砖塔城，用牛二犋，耕城约五六顷，所种皆谷黍垦秋糜子，又治窑一座，大欢，以为偃旗息鼓归休田野，岂不大愉快乎哉！遂与平虏人高清青马一匹，

---

① 岷峨山人：《译语》。

② 尹耕：《塞语·虏情》。

令箭三枝，红毛头旗一竿：'幸为告太师，阿俺答已具骆驼马牛，白牛、白马各九头，色皆绝白，及金银锅各一口，要请入贡如初。'"次年即 1547 年（嘉靖二十六年）正月，俺答又"大会保只王子、吉囊台吉、把都台吉，曰：吾终欲请入贡，备外臣朝请，请瓯脱耕具及犁耧种子，因归耕，以冀旦莫愉快，幸勿复入寇。于是以白马一匹、扇马三千匹、白橐驼七头献皇帝陛下，愿遗我白段一匹，麒麟蟒龙九匹。我若得白段，即以为袍挂大神道，它悉以自服。受汉皇帝赐无穷，我岂复有它肠之可虞！请自今外塞称臣，于是东自辽东，西至甘凉，不敢以半马匹荚复至矣。"[1] 砖塔即呼和浩特万部华严经塔，砖塔城应该就是古丰州城。此举清楚地表明，俺答汗将重新开发丰州川与向明朝入贡、恢复正常的边境贸易紧密联系在一起，作为实现同一个目标的两项政策，其核心在于解决漠南蒙古族所面临的严重的经济问题。

但是，无论贡市贸易或开发丰州，都离不开明朝一方。前者的实现，明朝政府起到决定作用；而后者的得以实现，包括农业、手工业劳动者的来源，铁器、种子的提供，也必须仰仗内地。正德、嘉靖间，明朝政府已经深深陷入政治危机的泥潭而不能自拔，腐败、昏愦，阶级矛盾和统治阶级内部的矛盾均空前尖锐。明政府的这种政治形势，使贡市贸易的实现推迟达 40 年之久，却又为俺答汗开发丰州川政策的实施，提供了十分重要的客观条件。

解决农业和手工业劳动者的来源，这主要有两个途径：

一是自愿移民。明朝的边政，自正德后败坏至极。王鏊说："今沿边之民，终年守障，辛苦万状，而上之人又百方诛求。虽有屯田，而子粒不得入其口；虽有月粮，而升斗不得入其家。上虽有赏赐，而或不得给；战虽有首级，而不得为己功。今者又遭虏寇残破……

---

① 《万历武功录》，卷 7《俺答列传》。

肝脑涂于郊原，哭声遍于城市。为将者尚不知恤，又从而朘削。其心安得而不离乎！"[1] 类似王鏊这样的呼声，在当时一些敢于正视现实的官吏们的议论中，不胜枚举。于是边兵和沿边人民的斗争此伏彼起，绵绵不断。其中1524年（嘉靖三年）和1533年（嘉靖十二年）大同两次兵变，以及1551年（嘉靖三十年）山西、大同吕鹤的白莲教起事，对于俺答开发丰州政策的实施来说，尤其重要。《明史纪事本末》载："初大同之变，诸叛卒多亡出塞，北走俺答诸部。俺答择其黠桀者多与牛羊帐幕，令为僧道丐人侦诸边，或入京师，凡中国虚实，尽走告俺答。其有材智者李天章、高怀智等皆署为长。"[2] 这在政治上是一个重大转折，从此俺答开始奉行"多诱华人为彼工作"[3] 的方针。1554年（嘉靖三十三年）吕老祖败露，"叛投彼中，其党赵全、李自馨等率其徒千人从之"，老营堡戍卒刘四"与其徒三百人，戕其主帅而叛"。[4] 每一次都是成百上千来到草地。此外，还必须提到丘富、张彦文、王廷辅、马西川等人。这些人构成了丰州川板升的最早一批经营者。除了上述"失事避罪"者而外，因为草地"自在好过"，[5] 零星逃出边墙的贫苦农民数量更多。早在正德年间就有"边人告饥，又苦于朘削，往往投入虏中"[6] 的记载，随后越来越多，隆庆末俺答封贡前后，规模更大。毛宪上疏说："臣又闻虏中多半汉人。此等或因饥馑困饿，或因官司剥削，或因失事避罪，故投彼中，以离此患。"[7] 这些人是俺答利用明朝的社会矛

---

① 王鏊：《上边议八事》，《明经世文编》卷120。

② 谷应泰：《明史纪事本末》，卷60《俺答封贡》。

③ 方逢时：《云中处降录》，《大隐楼集》卷16。

④ 同上。

⑤ 王琼：《北虏事迹》。

⑥ 《明武宗实录》，正德十五年二月庚申。

⑦ 毛宪：《陈言边患疏》，《明经世文编》卷190。

盾，争取来的自愿移民。

二是强制移民。明朝廷顽固地无理拒绝俺答的贡市请求，招致长达数十年的边境战争；而边防的溃坏，又使数十万边兵不堪一击。俺答横行塞上，深入内地，如入无人之境。为了给丰州川地区增加劳动人手，俺答对"丁壮有艺能者亦掠"，[①] 于是"岁掠华人以千万计"。[②] 在隆庆封贡以前，这种强制的移民，成为丰州川汉人的主要来源。他们是丰州川的主要开发者。

至于发展手工业所必需的工具、原料，部分可以在战争中取得，尹耕说："其始掠布帛，继则取刃器取釜，今乃接战夺甲，得车焚轮，是渐知贵铁也。"[③] 投奔俺答汗的一些有特殊手工业技能的人，也往往随身携带去一些重要的器具和原材料。1554 年，吕鹤等诱引弓匠贺彦英逃亡草地，贺即带有鹿角，以随时制胶造弓。[④] 边境地区明朝官员和墩兵的走私贸易，更送来了开发丰州川所需要的物资，1498 年（弘治十一年），就发生过大同总兵神英、副总兵赵昶这样的高级军官"与虏交通，以铁器易马"[⑤] 事件，六科十三道会同劾奏，结果也只是斩大同前卫指挥金事刘桂，拿一小官抵罪了事。[⑥] 结果明边上自总兵、下至墩兵戍卒，无不参与走私。1541 年（嘉靖二十年）阳和卫前所百户李锦等"阑出与虏交易"，[⑦] 只是少数几次被揭发出来的走私事件之一。边政如此腐败，更阻止不了沿边老百姓与蒙古族贸易。1551 年（嘉靖三十年）开马市，延绥一带许多人

---

① 尹耕：《塞语·虏情》。

② 方逢时：《云中处降录》，《大隐楼集》卷 16。

③ 尹耕：《塞语·虏情》。

④ 瞿九思：《万历武功录》，卷 7《俺答列传中》。

⑤ 《明孝宗实录》，弘治十一年十月丁亥。

⑥ 《明孝宗实录》，弘治十一年闰十一月丁丑。

⑦ 《明世宗实录》，嘉靖二十年正月戊申。

"贪图厚利，暗将熟铁器物裹藏货售，以至二十年来套房转弱为强，所向靡前"。[1] 宣大山西也是这样。所有这些途径在很大程度上满足了开发丰州川的需要。事物是复杂的，明朝的腐败，使明蒙之间正常的经济交往推迟了数十年，但同时却为丰州川的再度半农半牧化提供了条件。

二　丰州川板升的建立

呼和浩特地区，在明代称丰州川，或丰州滩，这是因为辽、金、元三代这里是丰州的治所。丰州川背枕大青山，前倚蛮汉山，大小黑河自东向西流入黄河，是一块冲积平原。这里气候适宜，土壤肥沃，早在石器时代就有北方民族的先民生息。战国时期，赵武灵王拓边阴山，呼和浩特地区第一次开辟成为农业基地。此后两千年来，由于汉族和我国古代北方少数民族长期在这里拉锯，经济上也多次出现游牧业和农业、半农半牧业的交替。明初在一个不长的时期里曾设治管辖，元朝在这里发展起来的半农半牧经济也延续下来。正统以后为蒙古所有，复又成为草地。[2] 1543 年（嘉靖二十二年），宣大山西总督翟鹏选派"精锐百人远出至丰州城西北哨之，遇房牧马者百余人，我兵夺（奋）击，斩首房二十三级，夺获夷器马匹千余"。[3] 到这个时候为止，丰州川还没有经营农业的痕迹。

1546 年（嘉靖二十五年）四月，俺答亲以牛犋耕砖塔城，表示了重新开发丰州川、发展半农半牧经济的意向。这期间，"玉林卫百

---

① 何东序：《套房输款求贡疏》，《明经世文编》卷 382。

② 霍冀：《九边图说·大同镇图说》：丰州"地多饶沃，先年虽房驻牧，每遇草尽则营帐远移，今乃筑城架屋，东西相望，咸称板升。"玄览堂丛书本。

③ 《明世宗实录》，嘉靖二十二年五月庚午。

户杨威为零骑所掠,驱之种艺",① 玉林最近丰州,杨威显然是在丰州川从事农业生产。这是一个有力的证据,证实在耕砖塔城的同时,俺答汗便着手在这里安置一部分被掳掠的汉人从事农业生产了。《明实录》云:"初大同妖人丘富者入虏中,教为城堡宫室,布满丰州川,名曰板升,以居中国被虏、亡命之众。"② 将丰州川的再度开发归于丘富是错误的。不过,丰州川的第一个土堡,即所谓板升,确为丘富所建,时间不晚于1554年(嘉靖三十三年)。

俺答汗在丰州川安置汉人从事农业生产时主要采取了以下剥削方式:

一是主动投降的汉人,历来一般地能获得平民的身份和牛羊等财物。1533年,大同兵变,有许多人"北走俺答诸部。俺答择其黠桀者,多与牛羊与帐幕",使为己用,即一例。1555年(嘉靖三十四年)俺答悬书求贤,令丘富试来者能否,"不则给瓯脱地,令事鉏耨"。③ 对亡命来丰州川的汉人,基本上都是这种待遇。

二是对于俘虏,情况十分复杂。按照惯例,"虏得汉人,率奴隶之,不则易马远夷"。④ 万历间肖大亨还谈到,"夷中奴仆多汉人及别夷之被掠者为之";当然,"若有智勇艺能之人,间亦有令之管事"者。⑤ 在游牧经济条件下,家内奴隶用途有限,无非是"男子放牧挑水打柴,妇人揉皮挤奶"⑥ 而已,容纳不下太多的人。嘉靖间,河套地区吉囊部"每一帐家小不上四五人,虏去人口反有五六

---

① 《明世宗实录》,嘉靖二十五年五月戊辰。
② 《明穆宗实录》,隆庆二年八月辛卯。
③ 瞿九思:《万历武功录》,卷7《俺答列传(中)》。
④ 《明世宗实录》,嘉靖十三年五月甲午。
⑤ 肖大亨:《北虏风俗·听讼》。
⑥ 王崇古:《核功实更赏格以开归民向化疏》,《明经世文编》卷316。

人"，① 看来已到极限。因而当战争扩大、俘虏激增的时候，往往会出现奴隶转卖现象。当年也先掠卖至西域的汉族奴隶以千万计，数字相当可观。瓦剌偏在西隅，有条件向西域进行这种大规模的奴隶掠卖，而达延汗、俺答汗时期则看不到类似的记载。史称"虏逢汉男子，老与壮者辄杀之，少者与妇女皆携去为奴婢"。② 但是当俺答决定开发丰州以后，情况有了很大变化。"其始掠妇女，遇男子多褫衣纵之，继则婴稚必掠，丁壮必戮，今乃妇女老丑者亦戮，丁壮有艺能者亦掠，是渐知集众也。"③ 大批精壮劳动力被保存下来，全部用作家内奴隶不可能，向西域转卖又缺乏必要条件，因而无疑是被安插在丰州川地区了。

蒙古族人散处大草原放牧，汉人则集中于丰州川进行农业生产，尽管也有不少蒙古族人穿插其间，总之把这一部分汉人继续当作奴隶使用显然是不可能了。《北虏风俗·牧养》："虏以牧养为生，诸畜皆其所甚重。然有穷夷来投，或别夷来降，此部中人必给以牛羊牧之。至于孳生已广，其人已富，则还其所给，似亦知恤贫也。"肖大亨的记载，大抵得自归降人口的传闻，所谓"还其所给"，究竟是如数归还，抑或加有利息，并不清楚。就当时蒙古族社会的情况看，尽管剥削率不会太高，亦应为后者。这实质上是一种封建的剥削方式。在蒙古族人内部实行这种封建剥削，由来已久；而在汉人俘虏中间，至迟嘉靖初年，俺答汗已经着手朝这个方向改革。《塞语·虏情》记载："其始获丁口重役之，故不堪役者多谋归正，继则妻之妻，遗之畜。"杨一清也说："访得丑虏近年掠我丁口，日繁月滋，择其狡者，与之妻室，生长男女，以系其心。将欲内寇，遣之入境，

---

① 曾铣：《复套条议》，《明经世文编》卷 240。
② 岷峨山人：《译语》。
③ 尹耕：《塞语·虏情》。

觇我虚实，投我间隙，动辄获利。"① 当俺答汗一旦决定把大量汉人劳动力用于开发丰州以后，虽然还可能继续将一部分俘虏补充为家内奴隶，但大多数应该是按照封建剥削关系安置在这里从事劳动，给予一定的土地、牧畜，并使之承担相应的租税和劳役。

为了具体管理丰州川的开发，俺答汗主要在投效的汉人中间选择一些有各种才能的人做头目，这就是尹耕所谓："今乃拔尽力者，授之部曲，使将，是渐知用长也。"② 他开发丰州川，主要依靠丘富。③ 以后赵全、李自馨、王廷辅等纷纷来降，均授为酋长。麻城人周元"以罪戍大同，为彼所获"，④ 是俘虏，因"善医药"，也提拔成首领。1555 年（嘉靖三十四年），俺答汗为"收奇伟倜傥士，县书穹庐外：孝廉诸生幸辱临胡中者，胡中善遇之，与富埒。于是边民黠知书者诈称孝廉诸生，诣虏帐，趾相错。俺答令富试之，能者统众骑，不则给瓯脱地，令事鉏耨"。⑤ 还在继续选择汉人酋首。据魏时亮说：大小板升地方汉人"其雄桀者即为头领以统之，而总隶于虏"。⑥ 这表明，俺答在保持最高领导权的条件下，把板升汉人交给他所委托的头目统治。最初似由丘富独当此任，丘富死后，赵全、李自馨、周元等为大头目。赵全有众万人，李自馨六千，周元三千，其余王廷辅、张彦文等各千人。赵全等人似又将部众割为大板升十二部，小板升三十二部，多者八九百人，少者六七百人，各有

① 杨一清：《为申明捉获奸细赏罚疏》，《明经世文编》卷 115。

② 尹耕：《塞语·虏情》。

③ 瞿九思：《万历武功录》，卷 7《俺答列传（中）》。

④ 方逢时：《云中处降录》，《大隐楼集》卷 16。

⑤ 瞿九思：《万历武功录》，卷 7《俺答列传（中）》。

⑥ 魏时亮：《题为圣明加意虏防恭陈大计一十八议疏》，《明经世文编》卷 371。

头领。①

板升内部的阶级关系主要有以下几种情况：

一是板升内部板升汉人与蒙古族封建主之间，存在着一定的人身依附关系。他们在名义和事实上都被认为是属于某个蒙古族主人。王崇古疏论封贡事宜时谈道："以后但遇归正人口到边，审明别无拐带虏中财物妇女，及被虏年月，原籍乡贯，虏中主家，即与放进。"② 汉人南归，要登记"虏中主家"方能入塞，这一事实表明他们在草地都各有"主人"；登记"主家"是为了给予"赎金"。1571年（隆庆五年）五月，俺答初受顺义王封，与明朝官员立下规矩条款，其中有：若是汉人由草地走入，"家下有父母兄弟者，每一人给恩养钱分段四匹，梭布四十匹；如家下无人者，照旧将人口送还"。③ 这是板升汉人对蒙古族主人的人身隶属关系在法律上的肯定。不过这种隶属关系比过去奴隶制关系则要松弛许多。早先汉人俘虏可以被"分卖各账"，这种现象在板升地区再未发现；任意杀戮，更找不到例证。联系他们被授予土地牛羊进行耕牧这个基本事实，丰州川地区盛行的主要应该是农奴制度，板升汉人是农奴制度下的农奴。至于主动逃亡来的汉人，与战俘的处境当有所区别，但由于资料缺乏，无从判断。

赵全一类汉人大小头目是蒙汉农奴主阶级的重要组成部分，但他们与蒙古族封建主之间也存在着某种人身隶属关系。他们必须忠于俺答汗，而且必须使自己适应俺答汗的需要，否则他们一切政治和经济上的地位、利益将会在顷刻之间化为乌有。隆庆封贡过程中，

---

① 方逢时：《云中处降录》，《大隐楼集》卷 16；瞿九思《万历武功录》，卷 8《俺答列传（下）》。

② 王崇古：《确议封贡事宜疏》，《明经世文编》卷 317。

③ 王士琦：《三云筹俎考》，卷 2《封贡考》。

俺答两次逮捕赵全等21名头目，引渡明朝，这是最足以表示他们地位的一个事实。他们实际上不过是蒙古族大封建主的"管家"。

板升汉人农奴必须向蒙汉农奴主缴纳实物地租，即所谓"耕田输粟，反资虏用"，① 也叫作"耕纳"② ，至于剥削率，难以判断。他们要遭受蒙汉封建主的双重剥削。在汉人封建主方面，仅赵全一人经过十多年的剥削，就积累了"马五万，牛三万，谷二万余斛"③ 这样大量的财富。至于白春等，不过是统领百余人的小头目，亦"产畜饶富"。④ 按当时明廷悬赏，率"一百口以上（来降）者，授以实授百户"，白春等人被命为百户，则所统当在百人以上。由此可见，总的剥削量不会是太少的。

汉人农奴还要负担一定的劳役。赵全等为俺答汗"治城廓宫殿"十分华丽；他们本人"亦各建堡治第，制度拟于王者"。⑤ 赵全一堡周围达五里。这样一些大规模的土木工程，显然都是靠汉人农奴们的无偿劳动建立起来的。

他们还要负担一些兵役。据嘉靖末赵炳然说：蒙古"若欲南犯，又择华人精壮者先锋，幼小者牵马"。⑥ 万历中，曾乾亨上书，亦曰：板升"今至生聚十万，皆成精兵"。⑦ 不过这似乎是在某个季节、某种特定的情况下偶一用之，否则他们就不可能从事正常的农牧业生产了。

尽管如此，丰州川地区板升汉人的实际处境，比起内地来，却

---

① 瞿九思：《万历武功录》，卷8《俺答列传（下）》。
② 王崇古：《核功实更赏格以开归民向化疏》，《明经世文编》卷316。
③ 方逢时：《云中处降录》，《大隐楼集》卷16。
④ 《明穆宗实录》，隆庆二年八月辛卯。
⑤ 《明穆宗实录》，隆庆四年十二月丁酉。
⑥ 赵炳然：《题为条陈边务以俾安攘事》，《明经世文编》卷252。
⑦ 瞿九思：《万历武功录》，卷8《扯力克列传》。

要好得多。首先，"中国赋役之繁，文网之密，不及虏中简便也。虏法虽有君臣上下……干戈之暇，任其逐水草畜牧自便耳，真有上古结绳之意。一入中国，里胥执策而侵渔之矣"。[①] 无端的诛求，额外的捐税差徭，显然要比内地少得多。剥削率似乎也比内地低。明末靠近辽东一带的蒙古族聚居区也出现板升，内地人传说，那里的汉人"岁种地不过（缴纳）粟一囊、草数束，别无差役"，[②] 实在是很轻微的。丰州川的汉人有赵全等汉族大小农奴主居间剥削，似不能与此类比，但也不会负担过重。更重要的是，他们在板升毕竟能够获得一块足够的土地进行耕作，年深日久，许多汉人都能够"配有妻室，积有财物"，[③] 比起内地无衣无食的日子来应该说要好得多了。板升出现以后，特别是封贡以后，内地逃亡来的农民与日俱增，这绝不是偶然的。[④]

三　多种经济发展及其影响

1554 年（嘉靖三十三年）当板升在丰州川刚刚出现的时候，在这里从事农牧业生产的汉人，主要是丘富、赵全等因白莲教事件到草地来的上千人。经过十五六年，丰州川已有汉人 5 万余，蒙古2000 余人。[⑤] 俺答封贡以后，一部分俘虏通过各种渠道回到了内地，但是由于"草地自在好过"，吸引着内地许多贫苦农民，他们以更大规模自愿地间关犯难，迁移到这里。再过十年，丰州川的汉人发展

①　谢肇淛：《五杂俎》，卷 4《地二》。
②　熊廷弼：《务求战守长策疏》，《筹辽硕画》卷 1。
③　郑洛：《慎招纳》，《登坛必究》，卷 38《奏疏二》。
④　曹永年：《蒙古民族通史》第 3 卷。
⑤　瞿九思：《万历武功录》，卷 8《俺答列传（下）》。

到十万。① 兵科给事中王亮条陈曰："板升夷人，众至十万。"他们在这里"筑城架屋，东西相望，咸称板升"，②"开云田（内）丰州地万顷，连村数百"。③ 这里人烟稠密，相当繁荣。《读史方舆纪要》载："中国叛人逃出边者，升板筑墙，盖屋以居，乃呼为板升，有众十余万。南至边墙，北至青山，东至威宁海，西至黄河岸，南北四百里，东西千余里。一望平川，无山陂溪涧之险，耕种市廛，花柳蔬圃，与中国无异。"④

板升经济以农业为主，同时经营畜牧业。《北虏风俗》载："今观诸夷耕种，与我塞下不甚相远。其耕具有牛，有犁；其种子有麦，有谷，有豆，有黍。此等传来已久，非始于近日。惟瓜瓠茄芥葱韭之类，则自款贡以来，种种俱备。"⑤ 这应当包括兀良哈三卫地区，在那里，明代以来农业始终存在。万历间，丰州板升的汉人已迅速蒙古化，被称为"汉夷"，所以肖大亨记述蒙古族聚居区的农业，应该符合丰州川的实际。所谓"瓜瓠茄芥葱韭之类，则自款贡以来，种种俱备"云云，证明了板升农业在当时的蒙古族聚居区是最先进的。

畜牧业方面，史称赵全有马五万、牛三万，李自馨、周元等马牛羊称是，看来在板升整个经济中亦占相当比重。《北虏风俗》说："若鸡、豚、鹅皆其所无，惟板升诸夷稍有之。"板升的畜牧业在品种上兼具草原和内地的特点。

板升经济中，手工业是不可缺少的。1551 年（嘉靖三十年）以前，随同丘富来到草地的他的弟弟丘同，"习梓人艺"，是一位木匠。

---

① 《明神宗实录》，万历十一年九月甲辰。
② 霍冀：《九边图说·大同镇图说》。
③ 瞿九思：《万历武功录》，卷 8《俺答列传（下）》。
④ 顾祖禹：《读史方舆记要》卷 44。
⑤ 肖大亨：《北虏风俗·耕猎》。

他最早为俺答"造起楼房三区，其壮丽已，造舳舻一艘，得渡河西兵而东"，[①] 这是丘富博取俺答信任的一个重要因素。当赵全等纷纷来到以后，为了装饰已有建筑，建造新的城堡宫室，并发展其他一些手工业，现有手工业艺人显然已不敷用，俺答遣赵全等入边，与吕鹤联系，索"百工五采，为答绘宫室，造诸斗器"。这一次随赵全等回到丰州川的就有手艺精良的弓匠贺彦英。[②] 这样许多有一技之长的手工业艺人，或自愿，或被俘，纷纷来到丰州地区。1546 年（嘉靖二十五年）俺答求贡，贡品除马驼等牲畜以外，手工艺品只是"金银锅各一口"；用金银铸锅，诚然贵重，但工艺水平之原始粗拙，由此可见。封贡以后，则贡品有镀银鞍辔，镀金撒袋。[③] 二十多年间，金银制品手工业取得了长足的进步。

丰州川在再开发的过程中，先后出现了大板升、福化城、归化城（库库和屯，今呼和浩特）等城市。其中库库和屯始建于1572 年（隆庆六年）、1575 年（万历三年）建成，明朝赐名归化城，1581 年（万历九年）又"修罗城方二十里"，[④] 成为方圆达 20 里的草原名城。[⑤] 当时主要是作为政治和军事的据点而存在，经济作用并不明显。

俺答汗开发丰州川取得了非常大的成功，使蒙古族主要是使他本部的经济状况迅速改善，最显著的莫过于粮食供应问题，至少是在漠南中西部地区获得了初步解决。封贡时，王崇古说过，"今板升

---

① 瞿九思：《万历武功录》，卷 7《俺答列传（中）》。
② 瞿九思：《万历武功录》，卷 7《俺答列传（中）》。
③ 同上。
④ 郑洛：《抚夷纪略》，《名臣宁攘要编》。
⑤ 胡钟达：《呼和浩特旧城（归化）建城年代初探》，《内蒙古大学学报》，1959 年创刊号；薄音湖：《呼和浩特（归化）建城年代重考》，《内蒙古大学学报》1985 年第 2 期。

农业，亦虏中食物所资"，① 其他许多人也谈到此点。这里数万农奴所生产的谷物，能够常年满足另外数万人的需要。② 不仅俺答汗部，其周邻诸部也可以通过交换，得到一部分粮食。以前，牧民的经常口粮都是牛羊肉、牛马奶、干酪，每次出兵或"杀羊一只，牵马二匹"，③ 或"以革囊盛干酪为粮"。④ 万历间，三娘子与恰台吉发生战争，三娘子"复征诸部，令人治羊驼各一头、马五匹、米三斗"⑤ 为乘骑、口粮。粮食在这一带已经成了经常性食物。

1571 年（隆庆五年）封贡，俺答提出希望开市的缘由，主要为"衣用全无，毡裘不奈夏热，段布难得"，⑥ 他们要求明方供应的物资是缎布、锅釜以及其他日用品，没有提到粮食互市。二十年前，所谓"穷夷"以牛羊易换菽粟事件，曾经是导致 1551 年（嘉靖三十年）马市破产的直接导火线，现在却没有作为重要问题提出来。封贡完成，"把汉那吉归，俺答命主板升，号曰大成台吉……兵马雄诸部"，⑦ 丰州川便是"兵马雄诸部"的物质基础。

古代游牧经济满足不了广大牧民的生活需要，因此蒙古高原的某一个地区，在自然条件所允许的情况下，发展农业或半农半牧业作为游牧经济的补充，可以说是一个重大的进步，不仅使整个社会财富大大增加，反过来又促进游牧业的发展。这对于改善人民生活、促进民族发展，都起到了重要作用。⑧

---

① 王崇古：《散逆党说》，《登坛必究》卷 37《奏疏一》。
② 《明穆宗实录》，隆庆五年十二月乙未，载王崇古言："款虏数万，仰食板升收获。"
③ 杨一清：《为预计兵机事》，《明经世文编》卷 116。
④ 孙原贞：《大戒》，《明经世文编》卷 24。
⑤ 瞿九思：《万历武功录》，卷 9《三娘子列传》。
⑥ 《北狄顺义王俺答等臣贡表文》。
⑦ 谷应泰：《明史纪事本末》，卷 60《俺答封贡》。
⑧ 曹永年：《蒙古民族通史》第 3 卷。

第 十 三 章
明代蒙古族经济制度

明代蒙古族经济制度系封建领主为了建立、维护和发展有利于其统治的经济秩序，而确认或创设的各种有关经济问题的规则和措施的总称。明代蒙古族经济仍然是封建领主制经济，并且是其继续深化发展的时期，明代蒙古族经济制度在其内容上体现了这一特征。

第一节　明代蒙古族土地所有制

土地（牧场）是游牧民的基本生产资料，明代蒙古族经济中，实行的是土地由大汗所有、领主占有、哈剌出（牧奴）使用的土地所有制。明代蒙古族经济的基本矛盾是牧民的素质技能与其社会地位的矛盾，这种基本矛盾通过人与土地（草场）、草与畜的关系表现出来。明代蒙古族非常重视人与自然环境的和谐相处，依据游牧经济的发展水平和社会组织能力的发育状况以及游牧经济的特点，采取了不同的生产方式。

一　明代蒙古族土地所有制关系

北元时期蒙古族的土地关系一直是国内外学者们关注的焦点，很多学者提出了自己的见解。无论对农业经济还是对游牧经济而言，土地都是最重要的生产资料，游牧民族同样有土地财产观念。国内学者额尔敦扎布、包玉山等人就依据马克思经济思想，明确指出，"土地（草牧场）不仅是农业之基本生产资料，而且也是畜牧业之基本生产资料"，"草牧场归皇帝所有，皇帝对土地具有分封和收回的绝对权力"。[①] 土地（牧场）是游牧民的基本生产资料，牧民游牧劳动与土地的关系是通过牧民与牲畜的关系、牲畜与土地的关系两个环节来实现的。因此揭示蒙古族游牧社会土地关系的关键环节是土地所有制以及所有权、占有权、使用权之间的关系。所有权是基本的权利，而占有权是所有权的第一个权能，占有是指事实上的管理和控制，主要是针对物的，但也可以针对人，如封建领主名义上仍占有牧奴的人身权。占有作为所有权的基本权能，不仅表现于所有权的确立之后，还表现于所有权确立之先。占有又是使用、收益和处置权能的前提，没有占有，或失去占有，使用、收益和处置的权能也就无从施行。在资本主义制度之前，经济生活中的所有权主体往往是自己行使占有的权能，而且占有与使用、收益、处置是统一的。[②] 在北元时期，蒙古族经济生活中，以大汗为代表的贵族集团拥有土地（牧场）的所有权并以分封的方式把土地的所有权授予各级封建领主。封建领主又把其对领地的土地占有权给予牧主，牧主

---

① 参见［美］拉铁摩尔：《中国的亚洲内陆边疆》，唐晓峰译，江苏人民出版社 2005 年版。

② 详见刘永佶《现代劳动价值论》，中国经济出版社 2005 年版。

把土地的使用权让给牧奴（哈剌出）。封建领主不仅拥有土地所有权和占有权，而且也拥有对牧奴的所有权和占有权。被剥削的牧奴、奴隶（孛斡勒）阶级，则只有在领主的土地（草场）上为领主放牧和牧养自己少部分牲畜的土地使用权。他们平时除给主人放牧、打草、剪羊毛、挤奶等徭役劳动以外，还服兵役，但他们实际拥有土地使用权。可见，北元时期蒙古游牧经济生产关系可以简要地概括为，土地由大汗所有、领主占有、哈剌出使用的土地产权制度和牲畜私有的所有制。北元时期蒙古族的土地所有制关系是，大汗（国家）拥有土地的所有权，贵族封建领主拥有领地的土地所有和占有权，小领主只有土地占有权，牧奴则有土地使用权。

自 1368 年以后，明朝与北元进行了长时间战争。蒙古族内部内讧时有发生，大大削弱了大汗和黄金家族系统领主的权力和地位，蒙古族勋臣系统领主凭借土地所有权和牧奴劳动力所有权，兼并领地，乘机崛起。由此导致了蒙古族原来领地分封制度的很大变化。在达延汗即位之前，太师、丞相和赛特任意兼并、掠夺领地的情况不断出现，社会秩序混乱，原来的传统封建秩序已经被打破，随着蒙古族的发展，改革已是势在必行。

达延汗即位之后不失时机地、果断地重新划分领地，恢复传统的社会秩序。他首先取消了对构成黄金家族政权威胁的元代以来延续的太师等官职，强化了自己的政治权力。明人郑晓说："弘治初，把秃猛可死，阿歹立其弟伯颜猛可为王，房中太师官最尊，诸酋以王幼，恐太师专权，不复设太师。"[1] 达力扎布教授认为："其实取消的不止是太师一职，而是残存的整个元代官职。"[2] 达延汗运用其汗权和地位，下令取消太师、丞相等官职之后，将他们连同其属民

① 郑晓：《今言》卷 2，中华书局 1984 年版，第 64 页。

② 达力扎布：《明清蒙古史论稿》，民族出版社 2003 年版，第 95 页。

和领地分给诸子，强化了黄金家族的绝对统治地位，取消了异姓贵族的政治势力，蒙古族内部结束了无休止的内讧，实现了统一。

在此基础上，达延汗在蒙古族聚居区重新划分了六个万户（兀鲁思）。这六个万户又分为左右两翼，左翼三个万户为察哈尔万户、兀良哈万户、喀尔喀万户；右翼三个万户为鄂尔多斯万户、蒙郭勒津万户和永谢布（哈喇慎、阿苏特）万户。左翼三个万户由大汗直接统辖，大汗住帐于察哈尔万户；右翼三个万户由济农代表大汗行使管辖权，济农住帐于鄂尔多斯万户。这六个万户除兀良哈万户外，达延汗把其余五个万户都封给自己的儿子领有，这就极大地加强了大汗的封建集权地位。蒙古族五个万户和鄂托克的领主，都由达延汗的后裔一直世袭。他们是大汗和济农直属的地方行政、军事长官。达延汗在进行社会改革和重新划分领地时，对居住在西部的卫拉特地区保留了他们的太师制度，允许其封建主称太师、丞相。该措施起到了对卫拉特的管辖作用。六个万户以东，在呼伦贝尔东部和大兴安岭以东的嫩江流域，是成吉思汗二弟拙赤合撒儿后裔所属的科尔沁兀鲁思和明廷所设的以蒙古族部族为主的兀良哈、泰宁、福余诸卫。达延汗重新划分领地时，保留了科尔沁兀鲁思，使之同六个万户并立。对于大兴安岭以东的兀良哈、泰宁、福余三卫蒙古族诸部，达延汗也没有将他们纳入六个万户之中。达延汗对他们采取了谨慎态度，通过联姻、结盟和互访等方式，逐步将他们纳入自己的统治之下。达延汗的社会改革取得了显著成效，从根本上改变了过去太师专权、汗权旁落的局面，加强了黄金家族和大汗名副其实的统治地位。全蒙古族，即六个万户蒙古族、四卫拉特和大兴安岭东西的蒙古族诸部，都在达延汗的统一指挥和号令下进行活动。

达延汗的这些措施，实际上是在政治上取消太师等元代官职，削弱非黄金家族的政治势力；经济上重新分封土地和属民，在基本上有效行使了土地所有权、占有权、使用权关系的同时，又一次强化了领主与牧奴的依附关系。这些措施为当时的社会稳定起到了应有的作用。事实上，达延汗的上述措施，只有达延汗及他的子孙有土地所有权，其他领主基本上只有土地占有权，广大哈剌出只有土地使用权。达延汗黄金家族等领主，拥有土地等生产资料的所有权以及占有权，他们又把土地占有权转让给其他中小领主，广大哈剌出只有土地使用权。这些大领主和小领主共同剥削牧奴的剩余劳动，维持蒙古族封建领主制。领主除了土地所有权、占有权以外，他们拥有一批哈剌出——牧奴的劳动力所有权。哈剌出是明代蒙古族的主要劳动阶级，他们给自己的领主提供放牧劳动、兵役以及实物税，维持社会的生产。哈剌出的财产分配关系、财产继承关系、对外缔结贸易契约、人身重大选择（当喇嘛、婚姻关系）等都要得到领主的同意和认可。封建领主可以依据自己的利益制定法律，依法制约哈剌出。此时蒙古族人又把哈剌出称为阿勒巴图。① 达延汗时期实行的领地分封制度，使他的诸子成为各个领地的领主。各领地之间"划疆分界"，一般不得越界游牧。各个领主只能在自己领地范围内根据水草、地形、季节、气候和畜群的种类游牧迁徙。经过一个较短的时期，蒙古族畜牧业经济有了明显的发展。"最富强，控弦十余万，多蓄货贝。"② 另外，我们可以从蒙古族同明朝的互市情况，窥见一部分地区的畜牧业生产情况：1551 年在大同等地的互市上，蒙古族出售马 4721 匹；在延绥、宁夏等地供鄂尔多斯万户进行交易活动，共出售马 5000 余匹；宣府市场供哈喇慎部等领主进行交易活动，共出售马 2000 余匹。1571—1574 年，大同、山西、宣府三镇官

---

① ［俄］弗拉基米尔佐夫：《蒙古社会制度史》，中国社会科学出版社 1980 年版，第 251—256 页。

② 《明史·鞑靼传》。

市上土默特和永谢布万户封建领主出售的马匹共 62441 匹。①

二　明代蒙古族经济的基本矛盾

蒙古族游牧经济的土地与劳动者的结合，经过劳动者与牲畜、牲畜与土地（草场）这两个环节。但是我们不能由此而得出蒙古族经济的基本矛盾是土地（草场）与牲畜的结论。

有的学者提出了"草场和牲畜的对立与统一是推动整个畜牧业经济发展的基本矛盾"② 的观点。所谓的草畜矛盾指的是："草原地带经常发生的带有普遍性的牲畜争草的一种现象。发生的原因有两种：1. 抢牧、乱牧、争占牧场；2. 放牧无计划，牧场使用不均，牲畜过度啃食。解决草畜矛盾的方法是固定草场使用权，加强草原管理，合理利用天然牧场，并根据不同的草场类型和生产能力，合理规定载畜量，实行以草定畜。"③

这种观点认识到了游牧经济矛盾的一个重要表现形式，即草场与牲畜的矛盾。但忽视了基本矛盾的性质。什么是基本经济矛盾？马克思认为："经济学所研究的不是物，而是人和人之间的关系，归根到底是阶级关系；可是这些关系总是同物结合着，并且作为物出现。"④ 经济是人的经济。经济的主体是人，经济就是"人以劳动有

---

① 蒙古族通史编写组：《蒙古族通史》（中卷），民族出版社 2000 年版，第 154 页。

② 贺其叶勒图：《蒙古民族游牧经济与传统生态环境意识》，《内蒙古大学学报》1998 年第 4 期，第 96 页。

③ 文精主编：《蒙古族大辞典》，内蒙古人民出版社 2004 年版，第 285 页。

④ 《马克思恩格斯选集》第 2 卷，人民出版社 1995 年版，第 44 页。

意识地在交往中满足需要的社会活动"。① 从这个命题可以看出经济矛盾是人的矛盾。经济矛盾的主体是人，但也包括物，即作为劳动对象的自然物和生产资料，但它们不是与人平等的，并不将之视为与人并列的经济矛盾方面。经济矛盾是人与人之间的矛盾，人与人利益的矛盾。这种矛盾当然要涉及物，但不论自然物还是人改造的物和劳动创造的物，都是经济矛盾的条件和手段，而不是经济矛盾的主体。也就是说"经济矛盾并不是人与物的矛盾，而是人与人的矛盾"。② 那么，经济基本矛盾一般也指贯穿经济发展的始终，并规定经济及其经济过程本身的矛盾。

基本经济矛盾是劳动者素质技能提高与其经济地位的矛盾，即生产力与生产关系的矛盾。生产力是人的素质技能的体现，是人的劳动力的集合。生产关系是具有特定素质技能的人的经济关系，它规定着人的经济地位和利益，同时也制约着人的素质技能的提高与发展，从而制约着人的生产力。经济矛盾是具有文化并受政治制约的人的社会矛盾。经济矛盾是人的劳动、需要、交往、意识等要素的展开，也是人与人之间关系的存在形式。游牧经济的基本矛盾也是生产力与生产关系这一社会基本矛盾的体现。将"草畜矛盾"作为游牧经济的基本矛盾，确实不妥。因为如果没有同人的认识和劳动发生关系，草场、草原等只是自然存在物，不能成为生产资料；同样如果没有同人的认识活动和生产实践发生关系的牲畜，不能称为牲畜，也不能成为人的劳动资料。草场、牲畜只有同人的劳动和认识发生关系以后，才能成为人的认识对象和劳动对象，进而成为人的生产资料。离开了经济的主体——人，探讨基本经济矛盾是片

---

① 刘永佶：《主义·方法·主题》，中国经济出版社2001年版，第96页。
② 刘永佶：《主义·方法·主题》，中国经济出版社2001年版，第162页。

面的。离开人和人的经济关系，就不能正确认识、揭示、分析基本经济矛盾。确立经济的主体，在生产力与生产关系的前提下，进一步探讨草畜矛盾。人是经济活动的主体，土地是游牧经济的生产资料。就是说经济矛盾并不是人与物的矛盾，而是人与人的矛盾。人与物的矛盾只有体现于、作用于人与人的矛盾，才有其经济意义。人是社会的人，人的本质在于劳动，人的劳动不同于动物的活动。人类的劳动与动物活动不同的是，人是有意识地、有目的地运用自己的身体器官和工具，来改造自然物，使之满足自己的需要。马克思指出："动物不把自己同自己的生命活动区别开来。它就是这种生命活动。人则使自己的生命活动本身变成自己的意识和意识的对象。"① 游牧人的经济矛盾，是通过人与土地（草场）的关系以及草畜矛盾来表现的。经济的出发点、归结点，都是人，是以劳动者为主体的社会活动。在经济中，人本质的四要素劳动、需要、交往、意识都存在着，而政治则主要是交往的集中体现，文化又是意识中有关人生和社会关系的意识。在阶级社会，人与人之间的经济关系主要通过统治阶级与被统治阶级的剥削与被剥削关系来表现的。

从以上分析我们可以得出，明代蒙古族经济的基本矛盾是牧民的素质技能与游牧牧民的社会地位的矛盾。当然，这种基本矛盾通过人与土地（草场）、草与畜的关系表现出来。

三　明代蒙古族生产方式

蒙古族历来非常重视处理自然环境与畜群的矛盾，同时也注意到了合理的社会经济组织形式对自然环境和经济生活的影响。古列延是最早的蒙古游牧经济的组织形式。在经营游牧畜牧业的过程中，

---

① 《马克思恩格斯全集》第 42 卷，人民出版社 1979 年版，第 96 页。

明代蒙古族依据游牧经济的发展水平和社会组织能力的发育状况以及游牧经济的特点,分别采取了"古列延"(译成汉语为环营或圈子,现代蒙古语译成库伦)、"阿寅勒"(译成汉语为营子)、"浩特—艾里"(译成汉语为合伙之家)等不同生产方式。元代及以前蒙古族经济史部分已详细介绍了"古列延""阿寅勒"生产方式,这里主要介绍"浩特—艾里"生产方式。

浩特—艾里是"蒙古人可能通常在一块宿营和游牧的彼此相距不远的阿寅勒(指艾里——引者注)称为合屯(指浩特——引者注)并在行政方面构成一个单位。阿寅勒(艾里)这个名词显然具有此种意义,因为阿寅勒(艾里)本来表示由同在一起宿营的一个、两个或三个禹儿惕(帐幕)组成的小集团,也表示在彼此相去不远的地面上散处着的禹儿惕—阿寅勒集团"。[①]

随着蒙古族社会经济的变迁和北元时期封建割据的出现,不能像原先那样远距离迁徙放牧,游牧范围逐渐缩小。为适应这种变化,在蒙古族游牧经济中出现了浩特—艾里的经济组织形式,并取代了阿寅勒。据《蒙古人民共和国部族史》记载:"如果是11—12世纪以阿寅勒为单位,经营游牧经济的话,北元封建割据时期,几个牧户联合的浩特—艾里为单位经营游牧经济。"[②]浩特—艾里从14世纪开始延续到20世纪中叶。在浩特—艾里的组织形式中,长者——阿哈剌棋发挥着重要的作用。他指定迁徙的地点和时间、选择草场、指挥游牧协作劳动,即剪羊毛、加工毛织品、抗拒自然灾害等劳动。浩特—艾里为单位经营游牧经济,就是为合理利用草场、轮流放牧,

---

① [俄]弗拉基米尔佐夫:《蒙古社会制度史》,刘荣俊译,中国社会科学出版社1980年版,第267页。

② 敖特根等:《蒙古人民共和国部族史》,内蒙古人民出版社1990年版,第222页。

满足迁徙、剪羊毛、加工毛织品、驯野马、骟马、打马印等游牧协作劳动的需要而产生的。尤其是遇到雪灾、旱灾、黑灾、狼害、蝗灾时，这种游牧协作劳动发挥了重要作用。马克思非常重视协作，并指出："许多人在同一个生产过程中，或在不同的但互相联系的生产过程中，有计划地一起协同劳动，这种劳动形式叫作协作。"[①]在此基础上马克思进一步论证了协作在提高生产力方面的作用，指出："不论在一定的情况下结合工作日怎样达到生产力的这种提高：是由于提高劳动的机械力，是由于扩大这种力量在空间上的作用范围，是由于与生产规模相比相对地在空间上缩小生产场所，是由于在紧急时期短时间内动用大量劳动，是由于激发个人的竞争心和集中他们的精力，是由于使许多人的同种作业具有连续性和多面性，是由于同时进行不同的操作，是由于共同使用生产资料而节约，是由于使个人劳动具有社会平均劳动的性质，在所有这些情形下，结合工作日的特殊生产力都是劳动的社会生产力或社会劳动的生产力。"[②]

在元亡后，特别是在瓦剌部封建统治者也先篡夺汗位时期，蒙古族牧民曾被迫采用了"古列延"的畜牧业生产方式，这种古列延方式，既对生产不利，也不便于牧民的生活，牧民早已不习惯这集团式的生产生活了，因而很不受牧民的欢迎。正如弗拉基米尔佐夫在他所著的《蒙古社会制度史》一书中说的：在15世纪末"无论贫者，尤其是富者，均努力于舍弃'古列延'生产方式"，希望再度改用元代已形成的"浩特—艾里"法经营畜牧业。达延汗统治蒙古草原后，重新实行"浩特—艾里"法生产经营方式，即由"阿寅勒"（牧户）组成"浩特—艾里"进行畜牧业生产，"阿寅勒"有自己的财产，包括牲畜以及必要的生产工具，一个"艾里"的牧民互

---

① ［德］马克思：《资本论》第1卷，人民出版社1975年版，第362页。
② 同上书，第366页。

相关照，既是承继了元代进步的生产方式，又适应了当时广大蒙古族牧民的迫切需要，这是一种维护社会进步的举措，是生产关系的重要调整，对蒙古族畜牧经济的发展有着重大影响。

第二节　明代蒙古族经济组织

明代是蒙古族封建制度继续深化发展时期，绍兀鲁思—鄂托克—爱马克是社会的基本组织形式。汗是兀鲁思的最高统治者，有至高无上的权力。但在北元时期，由于皇室衰微，这一权力在绝大多数时间里名存实亡。明代蒙古族的爱马克是以一个统治家庭或家族为核心，包括属民、奴仆构成的社会集团，是蒙古族最基本的社会组织。较大的爱马克也可以从其地缘关系称作鄂托克，鄂托克通常是指爱马克集团。鄂托克作为社会经济、军事单位，它是以地域为纽带结成的联合体，每个鄂托克均有自己固定的游牧地域，越界放牧往往成为当时政治经济纠纷的起因，每一个牧人都归属于特定的鄂托克。爱马克在本书第一章已经进行了详细的介绍，这里主要介绍兀鲁思和鄂托克。

一　兀鲁思

大汗代表亦克蒙古兀鲁思，是全部领地和属民的最高所有者和分配者。达延汗以五个万户分封诸子，体现了这种权力。在封建游牧部族林立的辽阔的领地上，建立一个庞大的官僚体系，实行专制主义中央集权的统治，是不可想象的事。当年成吉思汗将领地领民分封给功臣和子弟，在基本相同的社会条件下，达延汗不可能超越历史，他在权力的顶峰，不分封功臣，而仅分封诸子，这是他的进

步，是暂时巩固和加强中央权力的唯一有效选择。以鄂托克（和硕）
为基础——兀鲁思（土绵）——亦克蒙古兀鲁思，或者说部族——
部族集团——大蒙古国，这就是达延汗所建立的封建体制。非大汗
直属的部族，如瓦剌等，也大体是这样。

兀鲁思即土绵、万户，是大汗属下的鄂托克群体。左右翼各三
万户，加科尔沁万户的建制，大约是达延汗征服右翼时的现状。当
他分封诸子的时候，作为部族集团的土绵，显然已经不是此数。喀
尔喀万户分割为内外两个单位，分属阿勒楚博罗特、格呼森札二子，
事实上已经是两个土绵。达延汗十一子，次子乌鲁斯博罗特被杀，
末子格呼图台吉无后，九个儿子实际上领有九个土绵。领地的大小、
属民的多寡可能不一样，但他们分别掌握一个包括若干鄂托克的部
族集团，各自为政，却是事实。达延汗的嫡长子系统是宗主，巴尔
斯博罗特和他的嫡长子系统为右翼济农，名分上是右翼共主；然而
他们的直属领地，也无非九个土绵之一。

达延汗去世后，在蒙古族政治舞台上起着重要作用的是土绵领
主，特别是强大的土绵领主。由于鄂托克领地、属民有限，军队也
较少，在诸侯林立的社会里，难以自全或发展。俺答的一个儿子兵
兔（丙兔）台吉驻牧西海，万历间去世，面临"部落失主，为他酋
所收"[①] 的险境，第三代顺义王扯力克即西行处理善后。所以，共
同的利益加强了同一土绵的诸鄂托克的联系，而领主出于同一家族，
血缘相对亲近，也使这种联系更加紧密。嘉靖以后，蒙古族对明的
军事和政治行动，主要就是以这种部族集团为单位进行的。强大的
土绵首领，在他管辖的部族集团中还建立了相对的集权统治，对于
属下的鄂托克，不仅可以"调遣"，而且能够进行"管束"。俺答在
土默特兀鲁思的统治，这种集权倾向表现得最为明显。肖大亨《北

---

① 　瞿九思：《万历武功录》，卷8《扯力克列传》。

虏风俗·战阵》说：每大举，"虏王（按指顺义王）令人持三尺之梃，昼夜兼程谕诸部，约以某月某日集于幕中，敢有愆期者必罹重罚，至期诸部果毕至"，颇具权威。俺答受封顺义王时立下《规矩条款》，其中声称"若有那家台吉进边作歹者，将他兵马革去，不着他管事"。① 《阿拉坦汗法典》并且规定，"诸颜叛逃，部族属民均可追捕"。俺答已经拥有剥夺属下鄂托克领主的领地和属民的权力。后来林丹汗也曾经"尽夺其叔祖贝勒代青所属石纳明安部落人民"。② 不过作为兀鲁思的大领主，能否对属下鄂托克领主实施这种权力，则取决于他的实力和才干。

作为部族集团的土绵，还有不同层次。领主血缘相近，或领地相邻的土绵常常结成各种关系。嘉靖、万历间俺答除了统治他的土默特，还可以号令吉能的鄂尔多斯和老把都的哈喇慎，明人称为俺答三大支。1570 年（隆庆四年）把汉那吉自明归来，俺答求封贡，"但言吉囊（实为吉能）、大把都未与盟"，只能保证"伊父子部落四万，永不入大同地方"。③ 明边臣疑有诈，同时认定俺答有能力把有关诸部族集团联合起来，所以要求"同心内附"，方可假以王封。不久，俺答果真"纠合老把都、吉能、永邵卜各部落议允内附，各遣夷使一十八名，仍赏番文，内开俺答俱已纠会各酋，同心进贡"。④ 俺答可以号令三大支，但真正权力在土默特，对于鄂尔多斯、哈喇慎诸土绵，他无权干涉他们的内部事务。俺答通过盟会与吉能、老把都协调行动；不过他的辈分、实力和威望毕竟要高一筹，后者在一般情况下总会听从他的调遣。

① 王士琦：《三云筹俎考》，卷 2《封贡考》。

② 《满洲实录》，天命十年八月，中华书局影印本。

③ 《明穆宗实录》，隆庆四年十二月甲寅；王崇古《酌议封贡事宜以尊国体疏》，《明经世文编》卷 316。

④ 王崇古：《酌议封贡事宜以尊国体疏》，《明经世文编》卷 316。

据《蒙古源流》卷六载，嘉靖中俺答对达赉逊汗说："今统治已平，原有护卫汗治索多汗小汗之号，祈即将此号赐我，我情愿护卫大统。汗然之，遂与以索多汗之号。"① 自此以后老把都称昆都楞汗（昆都力哈），鄂尔多斯衮必里克墨尔根济农（吉囊）九子为九汗；外喀尔喀格呼森札后裔自阿巴岱始称汗，至明末阿巴岱之孙号土谢图汗，同时又有车臣汗、扎萨克图汗等。诸土绵兀鲁思领主相继称汗，于是蒙古族本部也分裂为若干汗国。土绵（万户）的概念逐渐消失，兀鲁思被赋予汗国的内涵。蒙古大汗则成为诸汗之一——察哈尔汗。

二　鄂托克

鄂托克是明代中晚期蒙古族经济社会的基本单位。一定范围的领地，一定数量的属民，在某个领主的直接控制之下，形成的经济、政治实体，就是一个鄂托克。军事上，鄂托克自成一军，所以又叫和硕，即旗。鄂托克的规模大小不一，其下有若干阿寅勒。万历间冯瑗著《开原图说》云："各有放牧分地，彼此不敢逾越，虽一车路不肯让。有犯即大相讲，必有所赔偿而后已。惟相约犯抢，不拘分地也。"② 证明鄂托克是基本权力单位，鄂托克领主掌握着领地的实际所有权。按分封制度的原则，达延汗诸子分别将自己的领地分给他们的子孙，各土绵所属鄂托克又经历一次重新分割、组合的过程，它们的异姓领主为达延汗诸孙所代替。比如，左翼格呼森札将外喀尔喀土绵分割七份，其七子各得一鄂托克，形成所谓外喀尔喀

---

① 《阿勒坦汗传》，未记俺答语，只说六万户集会八白室，由博迪汗赐予索多之号。

② 冯瑗：《开原图说》卷下。

七鄂托克。内喀尔喀阿勒楚博罗特一子虎喇哈赤，而虎喇哈赤却有五子，于是内喀尔喀被分为五，五子各得一鄂托克，成为内喀尔喀五鄂托克。明代蒙古族史上常见的所谓十二鄂托克土默特、十二鄂托克鄂尔多斯等，一般就是在这种情况下形成，并且在人们意念和某种仪式中凝固化，成为习惯称呼。其实，诸土绵所属鄂托克，经常处于变化之中。

领地、属民的最高所有权属于大汗，所以达延汗能够分封；但一次分封，子孙世袭，所以大汗的这种所有权很快成为一纸具文。实际的权力落入鄂托克领主之手。达延汗以后，蒙古族重新陷于诸侯林立的割据状态的政治原因就在于此。从这个意义上讲，历史似乎在转了一圈以后，又回到明朝前期的割据起点。事实上只要游牧经济没有改变，蒙古族就无法走出这种周期性割据的泥沼，所以翁万达说："近年以来，枝分类聚，日以强盛，画地住牧，各相雄长，空名仅相联属，事权殊为携贰。"① 但从另一方面看，经济发展了，人民饱尝了混战的痛苦再不愿意相互厮杀，而且达延汗也在封建领主内部注入了血缘关系，因此尽管割据依旧，内部大的战乱却未曾再起。蒙古族毕竟在前进，在波浪式前进。

另外，达延汗子孙绵延，随着传袭世次的增加，台吉越来越多，鄂托克也一再逐次分割。以鄂尔多斯为例，正德、嘉靖间，巴尔斯博罗特长子衮必里克墨尔根济农（吉囊）始封鄂尔多斯万户为一世，子诺延达喇（吉能）袭济农位，兄弟九人分割鄂尔多斯。此后每承袭一代，领地即分割一次，当第四代济农卜失兔时，据1607年（万历三十五年）明总督徐三畏说："套部分四十二枝，各相雄长"，"多者不过二三千骑，少者一二千骑耳"。② 如此无限分割，每一鄂

---

① 翁万达：《北虏求贡疏》，《明经世文编》卷224。
② 《明史》，卷327《鞑靼传》。

托克的属民越来越少。至明末《蒙古源流》作者萨囊彻辰已经是六世，情况当更加严重。非达延汗系的朵颜，自正德以后花当崛起，至明末分为 36 家，247 支。[①] 据《卢龙塞略》卷 15《贡酉考》所载，朵颜诸部部众一般为三五百，极少数仅五十。于是鄂托克的概念发生了变化，诸汗国也开始像当年的汗廷那样日渐消蚀。鄂尔多斯由于套部四十二支各相雄长，卜失兔济农只能"徒建空名于上"。土默特的顺义王自俺答死后也每况愈下。[②]

第三节　明代蒙古族的阶级构成

明代的蒙古族，除奴隶而外，从人的身份看分为两个等级，一个等级是享有特权的世袭贵族领主，另一个等级是非特权的平民（哈刺出、阿拉特、阿勒巴图）。前者是阿拉特的主人，而后者则为人身依附于世袭领主的属民。

一　封建领主

内蒙古阿拉善流传着这样的谚语："没有无诺颜的阿勒巴图，也没有无阿勒巴图的诺颜。"然而如果从人的社会地位考察，平民的上层，也属于封建统治阶级的行列。

（一）贵族领主

贵族领主是蒙古族社会里享有特权的那一部分人，他们有领地和属民，并且世代承袭。汗是大兀鲁思的领主，大封建主是土绵的

---

① 诸葛元声：《两朝平攘录》，卷 1《顺义王》，书目文献出版社影印本。
② 曹永年：《蒙古民族通史》第 3 卷。

领主，小封建主是鄂托克（和硕）的领主，此外还有最小的封建领主。

在蒙古本部，大领主和大多数鄂托克领主都是黄金家族的后裔台吉，他们是察罕牙孙（白骨），天生的贵种。一部分小领主为异姓，虽然是属于哈剌牙孙（黑骨）的平民，一般都与台吉们联姻，从而保持自己的小领主地位。瓦剌诸部的领主则为非黄金家族或非达延汗系贵族。在这个封建领主的等级阶梯中，一个领主总是他的属民和所属下级领主的主人。后者都要向他提供"阿勒班"，即赋役。当然，下级领主对他们的主人所尽的义务，与牧民的阿勒班差别极大，其主要内容有：

纳贡。明人记林丹汗即虎墩兔罕，"自祖父以来为诸部长，诸部尽皆纳贡"。① 赵时春述及俺答与蒙古大汗分庭抗礼的行径时，也说他"数失小王子贡约"。② 这是诸土绵和鄂托克领主对大汗承担义务的明证。其余下级领主对他们的主人亦应如是。然贡品种类、数量以及纳贡程序等尚不清楚。

辅佐。蒙古族封建领主，不管他属于什么等级，首先是一个军人。在理论上，他们的头等义务便是为自己的上级那颜、为大汗服军役，执行主人的命令。只要领主的权威尚在，"凡令下之日，有抗违不奉行者，辄罚千马百驼。虽台吉在所不赦也"。③ 每大举，诸部议定"至某日会于某所，敢有愆期不毕会者，仍罹重罚"。④ 战争结束，则"会众论功，群夷上所卤获于群酋，而莫之敢匿；群酋上所卤获于虏王，而莫之敢匿。虏王得若干，余以颁群酋；群酋得若干，

① 《崇祯长编》，崇祯元年七月己巳。
② 赵时春：《北虏纪略》，《明经世文编》卷258。
③ 肖大亨：《北虏风俗·敬上》。
④ 肖大亨：《北虏风俗·战阵》。

余以颁群夷"。①

　　参议。各级领主时或举行会盟。这是在各种不同条件下"自愿"帮助其主君的领主们举行的集会。没有固定的时间、地点和组成人员。据佚名《阿勒坦汗传》载，1538年（嘉靖十七年）由于兀良哈的图类诺延掠夺了博迪汗的属民，达延汗系诸万户首脑会盟于成吉思汗的白室，一致决定征讨兀良哈。图类诺延战败投降，诸台吉又共同商定瓜分兀良哈。凯旋归来，复聚集白室前举行庆功大会，典型地反映了领主们会盟的含义和作用。后期当蒙古族形成许多独立的汗国以后，地域性诸土绵兀鲁思领主的集会，成为常见现象，多半讨论涉及若干汗国或大领地的区域性问题，或在战争与和平、重大公共事务等方面协调关系，决议常常被编为法典或法令集，作为全体与会者必须执行的大典。1640年蒙古本部与卫拉特四十四部王公会盟，公布了著名的《卫拉特法典》，就是一个人们熟知的例子。某些时候大领主还企图设立类似中央政府的机构，来管理行政事务，图们汗曾经从左翼选择两位，从右翼选择三位实力雄厚并有代表性的台吉，组成五扎萨克，执理政事。明末《蒙古源流》的作者萨囊彻辰，也曾是鄂尔多斯的一位扎萨克执政台吉。

　　封建领主对他的主人履行封建义务，而在自己的领地内，则公开或隐蔽地几乎控制一切生产工具。首先是对土地、牧场（嫩秃黑）的领有。和蒙元时期一样，土地和牧场都属于领主，他们有权指挥甚至强制属民转移牧场，有权在自己的领地划分游牧、狩猎或耕作区，有权规定冬营地、夏营地或其他宿营地。牲畜归阿拉特占有，但这种占有是相对的，当领主遭受罚款时，其属民须以自己的牲畜代为赔偿，所以从某种意义上说，是以隐蔽的形式归领主所有。领主不仅掌握领地内的几乎一切生产工具，还拥有领地上的属民，"像

----

　　①　肖大亨：《北虏风俗·战阵》。

拥有牲畜和其他财产一样"。

（二）非贵族封建主

明代蒙古族社会里，除了贵族领主，其余都是平民或奴隶。平民的上层，被称作"赛音库蒙"（或译"赛音洪"）意谓上等人、富户，他们拥有大量牲畜和家仆、奴隶，生活优裕，可以和领主一样"衣锦服绣"。[①] 失去领地和属民的前贵族，汗和大领主的驸马（塔布囊），答儿罕以及各等级的官吏，总之所有叫作"雅木布图"（高官）的人，都属于这个阶层。他们之中的一些人，由于与大贵族联姻，是后者的"丈人、女婿、姊妹、外甥的亲诸人"，也得以"各领部落，大者一二千人，小者数百人"，[②] 成了小领主。从总体上看，这个阶层属于非贵族封建主，是封建主阶级中的低阶层；封建官僚集团是它的主要部分。

贵族领主为了有效地统治他的领地和属民，需要一批行政官员处理各种事务。弗拉基米尔佐夫根据晚明或清初以后的瓦剌和喀尔喀资料谈到鄂托克领主管辖下的官员，说这些官吏大概也是世袭的，一方面掌管战争、攻略、防卫、行政和司法事务；另一方面负责征税。他们的名称有札萨固勒（执事官、巡检）、达鲁噶（首长）、特穆齐（协理）、舒楞格（收税官）等。《三云筹俎考》卷二《夷语解说》提到的行政官员有：首领，恰（"是各台吉门下主本部落大小事情断事好人"），台实（"是台吉下得用家人"），榜实（"是写番字书手"），笔写气（"是写汉字书手"），明安兔（"是管一千人头目"），召兔（"是管一百人头目"），宰牙气（"是主外国大事及本部落夷甲之事好人"）等。王士琦所说"好人"，是"赛音库蒙"之直译。

---

① 肖大亨：《北虏风俗·帽衣》。
② 王崇古：《酌许虏王请乞四事疏》，《明经世文编》卷318。

明中晚期，诸部画地而牧，经济发展，人口增殖，行政事务日益繁杂，官僚集团在政治上的地位显得更加重要。冯瑗记开原边外蒙古宰赛、煖兔、卜儿孩、拾剌把拜等二十二营支派，除了叙述各枝领主、部族精兵等，总要详载"领兵用事"头目，如煖兔营"领兵用事三江榜实、大榜什"，宰赛营"领兵用事歹安儿他卜浓"，耳只革营"领兵用事红大贾儿古赤"，额孙大营"阿卜大贾儿古赤"，等等。其中"贾儿古赤"凡八见。[1] 或谓贾儿古赤可能就是断事官的音译。[2] 另外"恰"两见。这些榜什、他卜囊、贾儿古赤、恰，作为各部"领兵用事"官员为明朝方面所注目，足见他们地位显赫。

（三）僧侣封建主

明万历以后，藏传佛教黄帽派在蒙古族迅速广泛传播，各级封建领主争先向寺庙奉献土地、属民、牲畜以及金银财宝，并且豁免喇嘛的兵役、赋税及其他差役。于是寺院很快发展成为封建经济实体，寺院中的高级僧侣就是特殊形式的封建领主。

封建统治阶级，特别是封建领主以各种方式维护他们的特殊等级地位。《北虏风俗·敬上》说："酋长之门，今已南向，若王子及台吉入，俱必由门之西，其散夷由门之东；有由中直入者，辄褫去其衣，且罚其乘来之马……见则叩首，退则仍面其上，逆行以出，至门外始转身顺行。不然惧背尊不敬也。"又说："至若毁骂酋首，凡听闻者，人人皆得杀之；如逃不能获，则尽其牛羊马驼而没之矣。"后出之法典更以法律形式作了种种规定。

---

①　冯瑗:《开原图说》卷下。

②　［日］和田清:《明代蒙古史论集》下册，潘世宪译，第497页。

二 阿拉特和奴隶

明代蒙古族中的被统治阶级，包括平民的中下层即牧民，也包括奴隶。1551 年（嘉靖三十年）负责大同马市的史道说"虏富者十二，而贫者十八"，[①] 所谓贫者，就是平民的中下层。这些牧民占蒙古族人口的大多数，是蒙古族的劳动阶级。

平民被称为阿拉特、哈剌出（黑民）、哈剌里克。他们是封建领主的属民，对领主有着人身隶属关系。虽然领主已经无权任意杀害自己的属民，但是对属民的人身束缚却仍然是很严酷的。属民无权离开领主另行游牧，否则将被视为逃亡，逃亡者要追回交主人处置。封建领主还可以将自己的属民出让或赠送他人。属民是社会生产的承担者，在领主支配的牧场上经营个体畜牧经济，从事放牧、狩猎、耕作等生产活动，同时必须向领主提供阿勒班，所以也被称为阿勒巴图。这种阿勒班包括如下内容：以牲畜和畜产品缴纳实物税；在领主的帐幕里服役，主要是牧放牲畜、拾取燃料（干粪）等；参加领主的军队，参加围猎；在驿站当差，供应马匹并为领主的使者供应食料。只有极少的人才能免除对领主的人身隶属关系，豁免阿勒班。这种人被称为答儿合惕，即答儿罕。据王士琦了解的情况：答儿罕，"凡部夷因台吉阵前失马，扶救得生，或将台吉阵中救出者，加升此名；如因救台吉自身阵亡，所遗亲子或孙，酬升此名。亦有各色匠役手艺精能，造奇异器具，升为此名"。[②]

平民分为三个阶段，上层赛音库蒙跻身封建主之列，其中有的

---

① 《明世宗实录》，嘉靖三十年八月壬戌。

② 王士琦：《三云筹俎考》，卷 2《夷语解说》；肖大亨《北虏风俗·战阵》。

成为小领主，有的充任官吏，有的被免除人身隶属关系。他们与严格意义的属民已有区别。更不是牧民。

普通劳动牧民与平民的中层相当。他们被称"敦达库蒙"（或译"敦达洪"），意谓中等户。他们没有资格充任官吏，但是拥有一定数量的牲畜和家产，自己劳动，自给自足，个别人可能有奴仆。他们拥有甲胄等较好的武器装备，是领主的重要武装力量，也是征收实物税的主要对象。

穷苦牧民是平民三等级中的下层，被贬称为"哈剌库蒙"（或译"哈剌洪"），黑民，意谓下等户。只有少量牲畜，甚至没有牲畜，生活困苦，是领主征用劳役的主要对象，只能充当一般骑兵。

在蒙古族中，敦达库蒙和哈剌库蒙的比例，不同时代、不同部族均有差异。一般情况下贫苦的下等户占多数。嘉靖、隆庆间驻牧宣府边外的俺答子辛爱黄台吉部尤甚。

牧民中保持着互助的风尚。《北虏风俗·待宾》记："有生平不相知识，或贫或馁，不必卑辞哀请，直入其幕而坐之。主人食，即以其食剖而分之。以故行人过客往往望屋而食，虽适千里者，奚必三月聚粮哉。亦有贫夷食寡，恐人之分其食也，辄暮夜传飧，晨起蓐食。若候至日中，则食虽甚寡，亦必均分而无吝矣。"如此醇厚的习俗，使肖大亨喟叹不已。或许可以这样说，这是蒙古族劳动人民团结互助与严酷的自然环境、沉重的阶级压迫抗争，以求得生存的一种手段。

蒙古族中处于最底层的被压迫阶级是奴隶。奴隶仍被称为孛斡勒。一般充任家仆，在主人家庭里"牧孳畜，拾粪草"，女奴隶则"缝衣、造酒、揉皮、挤乳、捆驼帐房、收拾行李"，一切生产和生活劳作无不由他们承担。[①] 被允许拥有少量财产，但是不受法律保

---

① 岷峨山人：《译语》。

护。《北虏风俗·听讼》条对奴隶来源、地位等有比较详细的记载：
"夷中奴仆多汉人及别夷之被掠者为之，即其子若孙亦世世无改易
也。若有智勇艺能之人，间亦有令之管事，俨然亦酋首矣；此而为
人所杀，则罪与杀真夷者同科。若奴有杀死真夷者，非惟杀其奴以
偿命，且并其财产一空。至于奴为夷人所杀，不过罚牛羊几九以给
其妻耳；无妻者不过罚数牛羊以给其主耳。若奴仆新来为人所杀，
又不过罚羊一只，以给其主耳。"嘉靖间，吉囊、俺答等连年大入明
边，大量汉人被俘进入草地，奴隶、家仆一度激增，有人说："达虏
每一帐家小不上四五人，虏去人口反有五六人。"① 俺答开发丰州
川，让俘虏集中起来从事农业生产，这些人似乎已经脱离奴隶的地
位，成了农奴。万历以后寺院经济发展，寺庙中的小喇嘛和属民，
也属于被统治阶级。②

第四节　明代蒙古族的赋税制度及交换

明代蒙古族赋税制度是封建领主阶级的主要生存条件和剥削制
度，是为维护其利益而强制征收的，其随着经济发展状况的变化而
变化，给阿勒巴图带来了沉重的负担。明代蒙古内部没有货币，其
交换主要采取以物易物的形式。

一　赋税制度

明代蒙古族的赋税制度包括劳役负担和缴纳实物。劳役负担有

---

① 曾铣：《复套条议》，《明经世文编》卷 240。
② 曹永年：《蒙古民族通史》第 3 卷。

多种形式。一种是领主将自己的畜群交给阿勒巴图去放牧；一种是阿勒巴图到领主的营盘中服役，为领主放牧、拾取燃料（如干牛粪等）、储备饲料、挤奶、剪羊毛、加工畜产品等，妇女去当女佣，从事家务劳动。此外，领主家有事，可随时找阿勒巴图来应差、干活。实物负担包括阿勒巴图每年向领主缴纳一定的牲畜、畜产品、猎物和其他手工制品，领主破产、穷困、牲畜不足，都由所属阿勒巴图来负担。农业地区，属民向领主租佃土地、耕畜等生产资料，向领主交租，也服劳役，为领主进行种地、盖房、筑城堡等劳动。有手工技艺者向领主缴纳手工制品，或到领主营地去服劳役，从事手工劳动。

除了上述劳役和实物负担之外，阿勒巴图还有其他义务，如服兵役，出征作战，自备军械、鞍马等；支应驿站差役，以自己的人力和物力来保证驿传任务，解决过往官员、使者、喇嘛的食宿等。和明朝建立通贡关系的领主们，先向属民征调马匹、兽皮等畜产品，然后向明朝贡市，再把换来的布帛、器物等日用品出售给属民，从中获利。寺院属民为寺院从事种地、放牧牲畜、修建寺庙等劳动，也要受上层喇嘛的支使，为寺院服杂役。沉重的赋税和徭役（尤其是兵役），使社会内部的贫富差距进一步拉大，很多下层民众陷入赤贫状态。他们只能以出卖劳动力的形式生存，史料中提到"诸畜皆其所重，然有穷夷来投、别夷来降，此部中人必给以牛羊牧之，至于孳生已广，其人已富，则还其所给，似亦知'恤贫'也"。[①] 实际上，这并非"恤贫"行为，而是蒙古族社会产生的一种新型的剥削方式，也就是史学界概括的"苏鲁克制"。

---

① 肖大亨：《夷俗记·收养》。

二 苏鲁克制

苏鲁克制是蒙古族畜牧经济中产生的一项畜牧经营方式，即封建主将畜群交付贫困牧人，按协议获得增殖家畜，放牧者获得相应的报酬，如家畜繁殖达不到协议数或死亡，则由承牧者赔偿。苏鲁克制在以畜牧经济为主要特点的游牧文化中创造了新的契约模式。苏鲁克，原意为"群"，指畜群，本身并没有特定的何种畜群和何种制度契约的含义。在漠南蒙古族聚居区，很早以来就在蒙古族人之间，或汉人与蒙古族人之间流行着牲畜的寄养与代养的习惯，这种代牧畜群通称苏鲁克①，也叫放苏鲁克，其中代牧者为苏鲁克户，委托者为苏鲁克主人。这是对苏鲁克比较普遍的定义。蒙古语中"苏鲁克"至少包含三个含义，一是指畜群；二是代表蒙古族畜牧经济中的一种畜牧业经营模式；三是一种契约关系。

明代蒙古族漠南地区的达延汗时期就有关于放苏鲁克的记载，并且这一制度对当时畜牧业的发展起到了积极的推动作用。② 漠南地区的统一对畜牧业的发展创造了良好的条件，达延汗所推行的一系列政治改革从体制上保障了畜牧业的发展。达延汗首先撤废了六万户中所有元朝异姓功臣领主后裔的特权，改变了自成吉思汗实行分封以来同姓宗亲和异姓功臣两种领主并立的局面。这些异姓功臣的后裔虽失去原有政治上的地位，但仍然比较富裕，却不能享受支配牧奴的权利，同时随着社会经济的发展，牧奴阶级内部也发生了一

① 云慧群：《浅析清代漠南蒙古地区"苏鲁克制"》，《经济社会》1988年，第4页。

② 吴·阿克泰、萨日娜：《游牧经济与蒙古文化》，内蒙古人民出版社1997年版，第71页。

定的变化，形成了上等户、中等户和下等户三个阶层，其中的上等户与失去政治特权的异姓功臣的后裔逐渐形成了新的牧主阶层。这一时期牧主把一部分牲畜贷给下等户放牧，赋予一定报酬的苏鲁克制度也开始问世了。苏鲁克制可以调动牧奴的生产积极性，牧奴可以通过代养他人的牲畜解决生活上的困难，也可以对少数牲畜拥有所有权，以此提高生产和生活水平。苏鲁克制同时可以满足牧主牲畜繁殖的需要。据《北虏风俗》记载，当时畜牧业获得了很大的发展，拥有 10 万头以上牲畜的人不计其数。牧主经济是在明朝漠南蒙古族聚居区出现的进步因素，是蒙古族社会政治斗争和经济发展的结果，它为苏鲁克制的发展开辟了广阔的前景。所谓的牧主经济是在 14 世纪明代蒙古族从封建领主经济中萌芽产生的，其主要特征在于牧奴对牧主的人身依附关系相对松散和间接，牧主一般拥有大量牲畜，把一部分牲畜贷放给无畜或少畜牧奴的形式对其进行人身限制。苏鲁克制正是符合了牧主对无畜或少畜的牧奴进行人身控制和剥削的需求。到清朝中后期，蒙古族社会中苏鲁克制的应用已相当普遍。可以说，"苏鲁克制"是蒙古族封建制度深化的重要标志，在经济史上具有重要意义，对后世影响极大。

三　交换

明代早期，蒙古族严格实行单一游牧经济，中期以后多种经营日渐发展，但基本上仍未脱出这个范畴。大量生活必需品均由畜牧和狩猎提供，因而交换极不发达。倘有，也主要是与外部不同经济类型的中原、西域等地其他民族进行；蒙古族内诸部，都进行同一类型的游牧，交换更少。

朝贡互市所得银两，就在当地购买生产生活必需品。后期有所剩余，则携回"皆以铸佛，铸浮图"①，现存呼和浩特大召的银佛或可作这方面的说明。据《阿拉坦汗法典》《卫拉特法典》② 以及汉文资料中的零星记载，当时蒙古族刑事民事诸案件中的经济处罚，都是牲畜。其余有所偿付，亦以牲畜。如谢师，"初则持羊酒"，学成"谢以一白马一白衣，衣或布或段，惟随贫富制之，无定数也"。③ 酬医也用牲畜。④

在商品经济微弱的蒙古族社会里，牲畜还起着等价物的作用。略晚的《卫拉特法典》在提到一项遗产分配时说："分配时，盔一顶合骆驼一峰或其他牲畜九头；腕甲一副合牲畜五头；火枪一只合牲畜五头；甲胄一领（包括盔、腕甲）合牲畜九十头；高级刀剑一把合牲畜九头，低级刀剑一把合牲畜五头；矛一枝合牲畜三头；弓及箭囊一套合三九牲畜。"⑤

我们目前所掌握的说明蒙古族内部交换的资料极少。《译语》的下述记载是一条："虏中为造甲胄一副，酬以一驼；良弓一张或利刀一把，酬以一马；牛角弓酬以一牛；羊角弓酬以一羊。"这是嘉靖中漠南的情况。它显示，由于专业手工业者的存在，交换是不可避免的。随着多种经营的发展，此类交换也将渐趋频繁。

据蒙文《阿萨拉格齐史》，喀尔喀阿巴岱曾经从来自内蒙的商人那里，得悉土默特部由西藏迎请佛教法师的消息，时间是 1581 年（万历九年）。这是一则珍贵的资料，它透露明朝后期漠北喀尔喀与

---

① 肖大亨：《北虏风俗·崇佛》。

② 《卫拉特法典》，见田山茂《清代蒙古社会制度》附录。

③ 肖大亨：《北虏风俗·尊师》。

④ 《卫拉特法典》，第 39 条，田山茂《清代蒙古社会制度》，潘世宪译，第 246 页。

⑤ 《卫拉特法典》，第 22 条，田山茂《清代蒙古社会制度》，潘世宪译，第 241 页。

漠南土默特之间，至少有一条商道，并有一批商人在从事经商活动。但他们是传统的回回商人，还是出身蒙古族本民族，我们不得而知。

与明朝的互市，自俺答封贡以后趋向繁荣。令人颇感兴趣的一个新现象是，晚明已经有某些蒙古族人在从事居间贸易，赚取利润。1629 年（崇祯二年）蒙古族束不的部以荒旱无食，要求互市，明督师袁崇焕于宁远前屯之高台堡开枲。本来只允许以布米易换柴薪，对方则诉说："室如悬磬，不市卖一二布帛于东，何由借其利以糊口？"并以妻子为质，保证不勾结后金犯边。① 袁崇焕同意了他们的请求，"互市貂、参"，② 即以貂皮人参易换米布。貂、参历来是女真的互市商品。时明与后金激战，经济交往断绝。蒙古族束不的部将女真之貂皮、人参运到高台堡交换布帛，再以布帛输往后金交换人参、貂皮，辗转贩运，赚取利润，"借其利以糊口"。这是非常明显的经商活动。

---

① 张伯桢：《蓟辽督师袁崇焕传》。原注："采兵部旧档案"。
② 谷应泰：《明史纪事本末补遗》，卷 3《播汉寇边》。

第 十 四 章
明代蒙古族主要经济部门

明代蒙古族经济，因政治、历史、地理环境等各方面的原因，发展是不平衡的，但都以畜牧业为主，辅之以狩猎、手工业和其他副业，部分地区有农业。此外，黄教在蒙古族内部逐渐取代萨满教并广泛传播，进而产生了寺院经济。

第一节　畜牧业

明代蒙古族无论在东蒙古，还是西蒙古，畜牧业都是基础产业，牲畜是主要财产，也是当时蒙古族的经济命脉。与中原地区的经济联系中断后，畜牧业在蒙古族的作用就显得尤为重要。不仅数十万蒙古族的基本生存和发展有赖于畜牧业，就是蒙古族封建领主维持其统治也有赖于畜牧业。

一　畜牧业的恢复和发展

元末明初近半个世纪的战争，使蒙古族聚居区的畜牧业损失较大，人口锐减，许多地方人烟已经非常稀少。漠南一带草场已无法维持定期的游牧，草原畜牧业受到了严重的破坏。蒙古草原的牲畜大幅度减少，曾一度出现"万里萧条，惟见风埃沙草"（朱棣语）的凄凉景象。

从15世纪中后期开始，随着蒙古族聚居区相对统一，南北经济交流的闸门开启，畜牧业渐渐得以恢复。尽管内战并未完全结束，但相互间的火并已大为减少。元统以后，东蒙古的一些牧地，如郭尔罗斯、翁牛特、漠南东部的三卫和中西部河套等地区都已恢复放牧。河套地区一度人迹罕见，卓木丛生，成为"空虚之地"。但在明朝弘治、正德年间已成为蒙古族本部的重要根据地。[①]

衡量不同历史时期畜牧业发展水平的一个重要标志就是牲畜头数。牲畜越多，物质生活就越富裕。明代蒙古族畜牧业总的牲畜头数难以考证，但从零散的历史资料可以看出，当时畜牧业恢复和发展很快，明代中晚期蒙古族所拥有的牲畜数量大增。明人将乌珂克图汗称为"小王子"，《明史·鞑靼传》记载其"控弦十余万"。肖大亨在其所著《北虏风俗》中也曾记载，每一名蒙古族骑兵"恒备三马五马，多则八九马"。如果取其中间数，"小王子"拥有战马将多达五六十万匹，加之羊、牛、骆驼等牲畜，牲畜头数一定很多。[②]蒙古族有大大小小诸多领主，其牲畜总规模就相当可观了。达延汗时期，曾有其率部众二三十万，秋冬住牧河套，开春北上克鲁伦河夏营，以及动辄三万、五万、七万骑，连营数十里的历史记载。达延汗所统一并实行分封的是五万户，就地域和人口而论仅为整个蒙

① 曹永年：《蒙古民族通史》第3卷，内蒙古大学出版社2002年版，第142页。

② 蒙古社会科学院历史研究所：《蒙古族通史》中册，民族出版社1990年版，第1页。

古族的一部分。① 当时蒙古族的强部，一般都拥有骑兵三四万以上，按蒙古族骑兵历来的作战习惯，每名骑兵出征时"杀羊一只，牵马二匹"，可见仅战马的总数就相当多。到了俺答汗时期，社会相对稳定，畜牧业发展很快，其部族集团"亦有众十余万，精锐者可三万，马四十万，橐驼牛羊百万"。② 说明畜群规模已发展到相当程度。按此，则明代东蒙古拥有的马匹当有数百万以上。③

隆庆初年，明蓟辽总督刘焘致信内阁兵部，商议处置属夷伯颜打赖投降事，说伯颜打赖背叛辛爱（即黄台吉）"盗彼马驮之类"，至明边石塘岭地区，希望得到明朝的庇护。信中提到该部有"牛马十余万"。④ 据《卢龙塞略》卷十五《贡酋考》朵颜卫条下，花当第四子把儿真，生子板卜，板卜二子"曰伯颜打来，都指挥佥事，三子；曰阿刺章，头目。共部落五百余名，在毛哈气水鸣急音境界驻牧，直白马关八十余里，东至贡关七百余里。附西虏辛爱"。⑤ 伯颜打赖就是朵颜卫花当曾孙伯颜打来。伯颜打赖部众 500 余名，大约是 500 户，2500 余人，拥有牛马 10 余万，平均每户达 200 头匹。其中一部分当是偷盗黄台吉得来，然而即使按每户百头匹计，也是元代贫困线 20 头匹的五倍，比起明初更不知高出多少。由于史料缺

---

① 曹永年：《蒙古民族通史》第 3 卷，内蒙古大学出版社 2002 年版，第 197—198 页。

② 瞿九思：《万历武功录》卷 7。

③ 杨绍猷、莫俊卿：《明代民族史》，四川民族出版社 1996 年版，第 89 页。

④ 刘焘：《答内阁兵部议处属夷伯颜打赖投降书》，《明经世文编》卷 307；参见《万历武功录》，卷 8《黄台吉列传》。

⑤ 米万春：《蓟门考》（世法录本）："都指挥伯颜打木（来）部落约有七百余骑。在石塘岭境外地方满套儿等处住牧。伊妹名苏不亥，系辛爱第九妾也。……本夷得辛爱头畜甚多。隆庆元年，伊妹已故，因辛爱索要牛马不绝，遂尔背虏南向。"可参考。

载，我们只能找到这样一个可以计算的例证。它也许是一个特殊例证，但至少可以反映当时畜牧业的繁盛。

衡量明代蒙古族畜牧业发展水平的另一个重要标志，就是明蒙"互市"交易程度。在"互市"断绝时期，畜产品找不到市场，牲畜的增长必然会受到制约，而与中原地区进行贸易，也必然会扩大畜产品的需求，促进草原畜牧业的发展。在也先执政期间，曾频繁地派出使者，向明朝输出马匹，每年2000—4000不等。1452年（明景泰三年），"也先遣来使臣三千余人，带来马四万余匹"，① 数量巨大。这仅是也先一部一次的贡马数，如加上他次他部的贡马，每年输入明朝的贡马就更多。至明代晚期蒙古族畜牧业仍保持着发展的势头，1587年（明万历十五年），第三世达赖喇嘛至归化（今呼和浩特），喀尔喀部的阿巴岱噶照台吉叩见时，呈献牲畜"皆以万计"。同年，察哈尔部的阿穆岱洪台吉呈献的驼马也是"皆以万计"，其他大领主所献马匹应该不下此数。

明朝末期明蒙"互市"的贸易规模，可以反映出蒙古族畜牧业的发展规模，侧面透露了蒙古族畜牧业的水平和日益增长的趋势。1571年俺答汗时期，宣府、大同、山西三镇的官市马7000多匹。以后逐年上升，1582年三镇仅官市马就增加到5万匹以上。除官市之外，还有商人与百姓之间的"民市"，仅1571年和1572年两年的统计，上述三镇在"民市"交易牲畜就有近3万头（匹）。在宣府、大同、山西三镇出售马匹和牲畜的还有各寺院的喇嘛，他们或一二百或三四百为一群。② 这些非常有限的历史资料，已有力地说明当时畜牧业的发展水平。如果说元代蒙古族本部地区还要依靠中央政府的大量资助和赈济，而明代蒙古族则主要靠自己的畜牧业，并有大

① 《明英宗实录》景泰附录四十。
② 《蒙古族通史》中册，第582页。

量剩余向外输出，可见蒙古族局部的畜牧业生产水平已超过了元代。[①] 明代中晚期的蒙古族畜牧业之所以有较快的发展变化，较低的生产力基础也是一个因素，是因为在一个长期休闲的牧场上恢复发展畜牧业，意味着有巨大的产出增长潜力。

明代蒙古族畜牧业的发展，是广大勤劳、勇敢的蒙古族牧民，为了民族的生存、发展而努力奋斗的结果，但也与蒙古族各封建领主重视畜牧业，为发展畜牧业而采取的种种措施，特别是达延汗的一系列改革措施和普遍实行的牲畜租赁制有关。蒙古族畜牧业要持续发展，首先必须解除外来的破坏，即阻止明军出塞赶马、烧荒和捣巢，同时也要防止蒙古族内部各部族之间的相互掠夺。因此，统一蒙古族、恢复和加强同中原内地的联系，是蒙古族畜牧业发展的必要前提，是明代蒙古族社会经济发展的一条主线。不过我们不能把封建的游牧经济发展水平看得过高。由于封建生产力和生产关系的制约，当时只能是靠天养畜。除个别情况外，一般没有水井、储草、牲畜圈棚，无法抵挡自然灾害的侵袭，无法控制畜疫流传。尹耕《塞语》云："其冬不积草，马皆野宿，一遇雪深，死瘠过半。"[②] 1541年、1542年（嘉靖二十、二十一年）冬春，俺答汗部"不幸大札，人畜死者十二三"。[③] 1570年（隆庆四年），"北庭荒旱草少，头畜多死"，"永邵卜，朵落土蛮更苦饥困，易子而食"。[④] 游牧经济的脆弱性，使牧业生产的曲线往往呈现很大的波动。

---

① 杨绍猷、莫俊卿：《明代民族史》，四川民族出版社1996年版，第89页。

② 尹耕：《塞语·出塞》，丛书集成本。

③ 瞿九思：《万历武功录》，卷7《俺答列传上》。

④ 方逢时：《与工部谢侍郎论边事书》，《大隐楼集》卷11；张居正：《答鉴川策俺答之始》，《张太岳集》卷22，上海古籍出版社年影印本。

二　畜牧业生产经验的积累

明代中后期蒙古族畜牧业无疑有很大进步，这种变化并不仅仅表现在产品数量方面，从畜牧业技术角度看也有一定的进步。因为畜牧业的发展必然是多种因素促成的。虽然没有发现很多新的畜牧业生产技术，但是，这一时期畜牧业的发展，显示了广大牧民依靠世代积累的生产经验和传统技术，维持其生存与发展的能力，以及对传统技术加以改进的愿望。这在明代蒙古族畜牧业的恢复和发展过程中发挥了重要作用。肖大亨在《北虏风俗·牧养》中记录了不少蒙古族牧民在牲畜选种、交配、抓膘、驯马、接羔等方面的成套经验。如对马牛羊均控制年产一胎，春季生养；"羊育一年再产者，然秋羔多育倒损之患，故牧羊者每于春夏时以毡片裹牝羊之腹，防其与牡羊交接也"。这说明明代蒙古族人工控制牲畜繁育期的技术有所发展。

蒙古族有悠久的养马历史。蒙古马对北方草原冬季恶劣的气候条件非常适应，又属于乘骑和役载兼用型马，在战争和日常生活中都能起重要作用。所以蒙古族对马匹，特别是优良的马，十分珍惜，视若至宝，而且长于良马的调驯。蒙古族专设晾马台控马，能调理出能疾走、耐久的优良战马。肖大亨在《北虏风俗·牧养》中提到："凡马至秋高则甚肥，此而急驰骤之，不三舍而马毙矣，以其膘未实也。于是择其尤良者，加以控马之方，每日步马二三十里，俟其微汗，则挚其前足，不令之跳蹈踯躅也。促其衔辔，不令之饮水龁草也。每日午后控之至晚，或晚控之至黎明，始散至牧场中。至次日又复如是控之至三五日，或八九日，则马之脂膏皆凝聚于脊；其腹小而坚，其臀大而实。向之青草虚膘至此皆坚实凝聚，即尽力奔走而气不喘，即经阵七八日不足水草而力不竭。"认为内地不知控马之方，乘肥马而涉远道，十死八九，愧叹不如。岷峨山人《译语》也有此类记载，说骏马多产于蒙古，不数大宛，"盖以孳息及时，牧放得所，腾踏适性，而虏又善调，故耐心苦易，御勒能驰骤也"。极为称赞。他还提到"虏选马材，则系牝马于高山绝顶，置驹于麓，牝马嘶，驹即直驰至其上。及与群马齐驱而争先者，斯蓄为战马，乃钟爱之"，非常有科学道理。

三　画地驻牧的实行

"画地驻牧"是明代蒙古族各封建领主着力解决的问题，特别是明代前期百年间，牧地的不稳定是影响蒙古族草原畜牧业发展的一个重要原因。战乱时期，蒙古族各部主要是依靠政治和军事实力维系草牧场的相对稳定，但无休止的杀戮长达百年，使广大牧民受尽苦难。直到达延汗分封诸子，进行大规模的权力分配后，牧地才大体稳定下来。各部有自己的牧地范围，一般不得越界游牧，诸部"虽逐水草，迁徙不定，然营部皆有分地，不相乱"。[1] 牧民有了分地，就可以在一个适当大小的区域内进行定期的轮回游牧。为保证正常的游牧，各部都能根据自己领地内水草、地形、气候和畜群的条件，划分出冬季牧场和夏季牧场。而且各领主也能够关心自己领地的建设，保障畜牧业的长期发展。明代蒙古族的分封牧地为清代的盟旗制度奠定了基础，但又有明显的不同。盟旗制度的地区界限基本上是不变的，而明代蒙古族的牧地位置和数目都是不断变化的。

在其经营方式上以阿寅勒结成的小团体进行游牧，牧民不仅放牧自己的牲畜，还要替自己的领主放牧。达延汗时期，各领地普遍实行"苏鲁克制"，那些少畜或无畜的牧民，通过向领主和富裕牧户

---

① 郑晓：《皇明北虏考》。

租赁牲畜的方式进行放牧，通过繁育，从无到有，从小到大，发展属于自己的畜群。俺答汗时期，反明北走的明朝官兵"俺答择其黠桀者，多与牛羊帐幕"，让这些头目组织汉人进行放牧。在战争和面临被掠夺的威胁时，需要集中起来放牧，由领主和官员统一指挥，有骑兵进行保护。在战争环境下，领主们往往带着自己的部族和牲畜，边战边牧，俺答汗等进入青海时，还将右翼的一些部族连同牲畜带到那里放牧，开发新的牧场。

社会的相对安定，诸部画地而牧，是游牧经济进一步发展的必要前提。1498 年（弘治十一年）秋，总制甘凉边务王越偷袭驻牧贺兰山后蒙古族一部族。据他的《平贺兰山后报捷疏》说："见得前贼帐房宽大整齐，衣甲什物，比众不同，必是贼首。又帐后石垒低墙，栽有山果树株，并夜菜根苗，显是久住巢穴。当令夜不收，将帐房、窝铺、车辆尽行烧毁。数内军人胡孟儿于窝铺内斩获幼小首级一颗。"[1] 这是一条关于明代后期蒙古族人生活的不可多得的记录。家里有帐篷，有简易住房窝铺，屋后石垒低墙，园中栽培果木，种植菜蔬。主人大约是一位小部长，帐房家什与众不同，但整个格局似乎普通牧民也是一样的。王越说，"宁夏贺兰山后，地势旷远，水草便利，六七十年之间兵所不到，七八十里之外房得自由生养蕃息，久安乐土。"[2] 他所看到的正是这种和平生活的生动景象。贺兰山后，在明蒙之间和蒙古族内部都不是政治军事斗争风浪很大的地方，所以达延汗之世已有小股部族在这里定居游牧。达延汗以后诸部生活大体如此。这样的环境大大促进了畜牧业的发展。

---

① 王越：《平贺兰山后报捷疏》，《明经世文编》卷 69。
② 《明经世文编》，卷 69《王威宁文集》。

四 畜牧业生态观念的形成

蒙古高原地处欧亚大陆腹地，属大陆型温带、亚寒带气候，除少数山岳、盆地外，绝大部分地区干燥少雨，冬夏、昼夜温差较大，无霜期较短，因故唐人刘湾有"胡天无春风，虏地多积雪"的夸张诗句。植被以干旱草原为主，其间夹杂着局部的森林、荒漠草原。水源比较匮乏。自然环境是严酷的。明代蒙古族经过长期的观察和实践，并借鉴其他民族的经验，实行了一系列保护环境、发展畜牧业的措施。

其一，利用蒙古高原地广人稀的优势，采取游动式的放牧，即古代史书所称"居无常处，逐水草而进"。蒙古语称这种生产方式为"遨特尔·约布呼"即倒场放牧。在无灾之年，倒场的范围是基本稳定的，每个牧户都有自己的夏营盘和冬营盘，一般在5月左右迁往夏营盘，11月前后再移回冬营盘，在此期间，还要移营8—10次，多者20—40次不等，移营的频率和距离完全视植被状况而定，喀尔喀牧民移营的距离一般在50—60公里；[①] 阿拉善牧民首先保障了家畜的正常繁殖，其次避免了草场特别是优质草种的退化。历史证明，游牧业是在蒙古高原特定自然环境中最佳利用资源和保护资源的生产方式。

其二，制定并实施保护自然资源的法律。明代蒙古族畜牧业最具代表性的事件，就是有关草原保护法的制定。草原作为游牧民族最重要的生产资料和经济资源，始终受到蒙古族的重视和保护。蒙古族在古代即有保护草原的习惯。南宋使节彭大雅在《黑鞑事略》中曾提及"其禁草生而创地者，遗火而焚草者，诛其家"。葬人不树

---

① 《蒙古族经济发展史研究》（内部），第2辑，第216页。

坟冢、以牛羊粪作燃料（不砍伐树木和灌木为材）等习俗恐怕就有保护草场、保护生态的目的。为了保护草场，历史上人们为此曾付出过血的代价，但从侧面反映了明代蒙古族珍视草场资源的态度。颁布法典是促进畜牧业发展的重要措施。《阿勒坦汗法典》对保护畜牧业作了明确的规定，其中就有十条关于抗灾保畜的奖惩规定：对偷盗牲畜者，进行严厉的惩罚。法典对宰杀牲畜也有规定，即使牧民也不能轻易宰杀牲畜充饥。明中后期，蒙古族将习惯转换为成文法，以法律保护草原。《喀尔喀法典》和《卫拉特法典》规定：过失性纵火者，罚四分之一匹马，赔偿所有损失；所有人均有灭火义务，否则诺颜罚马一匹，官吏牛一头，平民羊一只；牧户对倒场后三天内该草场起火负有责任，罚三岁一匹。[①] 有关草原保护法律的产生，无疑对正常、合理利用草原资源产生了积极的作用。

其三，开发利用水资源。游牧缓解了局部草场的退化，但蒙古高原的自然条件对游牧的范围亦有制约，大面积的干旱草原无地表水（河湖）可利用，成为人畜的禁区，因此，能否利用干旱草场的牧草，解决水资源是关键。古代游牧经济几乎只是消极地利用大自然提供的地面水草资源。元代由于有内地经济和技术的支援，曾开凿水井，扩大牧场。《黄史》关于六万户的赞诗提到，兀良哈万户"为井水之开掘者"，似乎暗示明中期以后兀良哈万户曾做过这方面的努力。即使开凿水井并不普遍，也表示蒙古族劳动人民已经走上开发无水草场的新阶段。由于畜牧业对水的依赖性，加之蒙古高原水资源的相对匮乏（河湖分布集中），水在古代蒙古族的心目中具有宗教意义上的神圣性，是萨满教崇拜的对象，污染水源就是对水神的亵渎，所以生活中有诸多对水的禁忌习俗，不得在井边、河湖中

---

① 《喀尔喀法典》《卫拉特法典》，见内蒙古大学编《蒙古史研究参考资料》（24），第 27、28、29 页。

便溺，不得向水中投掷脏物，月经期、坐月子的女性不能靠近水井。甚至在法律中规定：春夏两季人们不可以白昼入水，或者在河流中洗手，或者用金银器皿汲水，[1] 以至于"国人夏不浴于河"，[2] 反映了人们对水的珍惜。

五 明代蒙古族畜牧业的特点

明代蒙古族的畜牧业处于自给状态，尽管畜产品的"互市"贸易已颇具规模，但这种交换，主要是余缺调剂和品种调剂，属于自然经济范畴。它的发展不是打破自然经济，而是为了更好地维护蒙古族的自给。明代蒙古族实行的领主分封制，也在一定程度上强化了蒙古族经济的这个特点。

明代蒙古族畜牧业表现出的重要特征，就是粗放经营。也就是说，在畜牧业生产中草牧场是最广泛的生产要素。而且由于战争的需要，各个部族倾向于保持较大规模的牧群，这又是草场过牧和低出栏率的根本原因。人们毫无顾忌地使用草场，破坏了生产力，也不愿意恢复它，而是开拓新的牧场。虽然蒙古族封建领主颁布法典保护牧场，但收效甚微。在北元时期也有开凿水井、开发无水草场的记载，但极不普遍。蒙古族草原畜牧业经济非常脆弱，难以抵御自然灾害。

蒙古族妇女在畜牧业生产中起着重要作用，当大批男子去服兵役、差役或出家当喇嘛以后，她们承担了畜牧业生产中的大部分工作，不仅参与放牧、转移营地，还要挤奶、接羔、剪羊毛、加工畜

---

① ［波斯］志费尼：《世界征服者史》上册，何高济译，内蒙古人民出版社 1980 年版。

② 《长春真人西游记》，王国维笺证本。

产品。因此，她们的社会地位也优于内地妇女，可以拥有自己的财产和牲畜。[①] 明代蒙古族畜牧业的发展，还受到一些既非技术变革又非单纯的人口变动所形成的影响，这就是俺答汗在开发丰州滩、振兴土默特的过程中，在蒙古族聚居区形成的半农半牧经济。这种游牧文化与农耕文化的结合，对于蒙汉两个民族都产生了深远的影响。俺答汗时期大量的内地汉族移民为开发丰州滩，不仅输送了劳动力和手工艺人，而且使畜牧业在品种上兼具蒙古草原和内地农业的特点，这对明代蒙古族畜牧业发展是一个有力的推动。

第二节 狩猎业及野生资源开发

在明代蒙古族游牧经济条件下，狩猎、捕鱼、采集是畜牧业必要的补充。狩猎业及野生资源采集为牧民提供食物、衣着，兽肉作为食物可以替代对家畜的消耗，兽皮可以制成服装等生活用品，一部分又可作为商品用来交换。

一 最重要的副业——狩猎业

蒙古高原分为森林、草原、荒漠地带，不同地带都有种类不同的野生动植物资源。其中有多种哺乳动物，多种鱼类和近百种鸟类，多数具有渔猎价值。尽管野生动植物资源品种甚多，但此时的蒙古族主要依靠渔猎为生的猎户已是极少数，狩猎在经济生活中只是一种补充。特别是遇到严重的自然灾害或牲畜短缺时，常"恃行猎以

---

① 杨绍猷、莫俊卿：《明代民族史》，四川民族出版社 1996 年版，第 90页。

为生"，一般情况下，作为肉食品的补充来源。

蒙古草原的哺乳动物中多为毛皮动物，且资源丰富。蒙古族除了将其制作成各种衣、帽、褥垫外，还将其作为与中原地区交换的物品，特别是珍贵的野生动物皮张，在与明朝的"互市"贸易中占有非常重要的地位，是贸易的大宗物品。仅明正统年间瓦剌三次朝贡，即进贡貂鼠、银鼠、青鼠等皮张近 18 万张。

狩猎是蒙古族牧民的"常业"。《北虏风俗·耕猎》条说："射猎虽夷人之常业哉，然亦颇知爱惜生长之道。故春不合围，夏不群搜，惟三五为朋，十数为党，小小袭取，以充饥虚而已。及至秋风初起，塞草尽枯，弓劲马强，兽肥隼击，虏酋下令，大会蹛林，千骑雷动，万马云翔，较猎阴山，十旬不返。积兽若丘陵，数众以均分。此不易之定规也。然亦有首从之别。如一兽之获，其皮毛蹄角以颁首射，旌其能也；肉则瓜分，同其利也。"狩猎的方式既有由蒙古族领主组织的大规模围猎，也有个别小范围进行的。大规模的围猎场景宏大，气势壮观。"虏善猎，觇兽所在，则集众合围，多至万人（或数千人，或数百人），自疏而密，任其驰骛。所谓百禽凌遽，瞿奔触不较也，惟无使突围而出尔。度其困乏，乃纵横射击之，矢不虚舍，铤不苟跃，僵禽毙兽，烂若磊砾，此正彼之为生也。"[1] 不同种类的野生动物，往往还有特殊的捕猎方法，"虏猎鹿则不然，见即逐之，以鹿驰骛久则肉不中食；猎虎先以毡束如人形抛其前，虎怒，攫而踞坐不少舍，然后射杀之"，显示了他们丰富的狩猎生产经验。[2]

《阿勒坦汗法典》制定了保护野生动物的七项规定，禁止在非围猎期猎杀野驴、野马、黄羊、罕达犴、鹿、野猪、马鹿、青羊、麝、

---

① 岷峨山人：《译语》。
② 曹永年：《蒙古民族通史》第 1 卷，第 208 页。

奔狍、貉、獾、旱獭，违者罚牲畜有差；猎兔满五只也要受罚。惟捕杀小鱼、老鹰、乌鸦、喜鹊者无罪。狼、狐等也不在禁列，还规定了禁猎区和限制捕杀的数量。[①] 该法典颁于黄教传入以后，原先春夏可以"小小袭取，以充饥虚"，如此严格的禁杀野生动物的规定，很可能是受了黄教教义的影响。

蒙古族在狩猎中也积累了丰富的经验，针对各种动物的不同习性，进行捕猎。领主们对集中围猎有严密的组织纪律，不许各行其是，违者受罚，"破坏围猎（规定）的，或围猎时同别人并立或并进者科五（牲畜）；走出线外三射程以上的距离者，罚马一匹，二射程者罚母绵羊一只，一射程者没收箭五支；捕获藏匿为箭所伤而逃走的野兽者罚五（牲畜），藏匿非箭所伤之野兽者没收其马"。[②] 猎场归领主所有，故珍贵兽皮和部分猎获物需上交领主。

狩猎在蒙古族社会中还作为骑射、合围、协同、追逐的集体军事训练，"即寓讲武，厉闲弓马，受此益也"，[③] 对于培养青少年后备人才来说尤为必要，"稍长，则以射猎为业，晨而出，晚而归，所获禽兽，夫既食其肉，而寝处其皮矣，且射骑于此益精也"。[④]

二　捕鱼和采集业

靠近河流、湖泊地区的蒙古族也兼事渔业，捕鱼用鱼网，或用弓箭射杀，鱼网来自内地。比如饮马河"水中多鱼，扬鳍跃鳞，浮沉游泳，有翩翩自得之意，但虏无网钓，惟射得之。以不善烹，不

① 《阿勒坦汗法典》，宝音由《蒙古人民共和国科学院通讯》（1975 年，第 3 号）蒙译本转译，见潘世宪编《蒙古民族法典会编》（油印本）。

② 《卫拉特法典》，第 113 条。

③ 岷峨山人：《译语》。

④ 萧大亨：《北虏风俗·教战》。

谓美味也"。① 但终究是高蛋白食物。至于岷峨山人所谓"虏无网钓"一说,并不正确。1480 年(明成化十六年),朵颜等卫酋长曾向明朝请求给予鱼网等物,宪宗"命礼部视所当与者给之"。鱼网本不是违禁物品,他们不仅可以要求朝廷赐予,贡使进京沿途也能够直接购买,所以至少兀良哈三卫地区有罟网捕鱼。

采集野生食用植物,也是蒙古族的一项副业,牧民在广阔的草原中识别出可供食用的野生植物,借以充饥或佐餐。古籍中记载了蒙古族食用的部分野生植物,"曰东墙,似蓬实,如子,十月始熟;曰沙葱,皮赤,气味辛臭;曰沙芦菔,根白大者经寸,长二尺许,下支小者如箸,味辛辣,微苦。俱出金钢阜,曰野韭,是处有之。已上三物皆可食。归降者常采以疗饥。曰黄花菜,花如茴篙,叶如指,长数尺,亦可食。"②

明代蒙古族的采掘业也有发展。曾开发森林资源,于 1595 年(明万历二十三年),在义州等多处设木市,交易量相当可观。木料除了运往木市、马市交换内地的产品外,也是制作蒙古包支架以及造牛车、马鞍的原料。

蒙古草原多盐池,藏量丰富。《译语》中说:"盐海子,出盐,色白,莹洁如水晶,疑即所谓水晶盐也;清水源亦出盐,但色或有青者。虏每取食,以斧斫成块,中凿一孔,引绳而贯之,携之以行,无俟煎熬也。"

明代蒙古族也曾开采玉石,"去塞约五千余里,海滨多珠玑,胡姬常取以为饰"。③《明史》也提到在于阗盛产罕见的玉石,"夜视月光盛处,入水采之,必得美玉"。在卫拉特,还有采集玉石向明朝进

---

① 岷峨山人:《译语》。
② 瞿九思:《万历武功录》卷九。
③ 岷峨山人:《译语》。

贡的记载。①

第三节　农业

蒙古族在历史上从未放弃农耕，而且农田灌溉、犁耕已达到一定程度，形成过称海、哈刺和林和鄂尔浑河流域等农业中心，元朝时期的官田和军屯也一直没有中断屯垦种谷，曾在岭北行省的五条河、辽阳行省的大宁路、浦峪路、肇州万户府，甘肃行省的肃州、甘州、亦集乃路和瓜州、沙州等水源充足的地方实行过屯田。农垦面积以万公顷计量，主要种植粮食作物和军马草料。但一些蒙古族封建领主和上层人物对于在蒙古族聚居区发展农业始终抱有怀疑态度，元末曾多次下令禁止发展官田，一些农业垦殖中心也随之消失。历史上蒙古族农耕面积的变化忽起忽落。当国家统一、国力鼎盛之际，耕地面积就扩大，粮食产量也随着增长；反之，分裂割据、战乱频繁时，耕地面积就锐减，粮食产量则大幅度下降。

一　耕地的扩大和农业区的形成

元皇室北迁以后，蒙古族的种植业虽然面临劳动力、农具、耕牛、种子等来源的困难，但是，局部的农业生产在一些地方仍得以延续。迁入天山南麓以及吐鲁番、哈密的瓦剌蒙古族有经营农业的记载，东部兀良哈三卫曾与明朝交换种子、农具，说明他们也从事农业。1424 年，明成祖第五次北征，回军至通津戍（今乌珠穆沁旗）一带就看到"其地平广多糜子"。但这只是星星点点的孑遗。

---

① 阿岩、乌恩：《蒙古族经济发展史》。

连年的战争和封建化的加深，加剧了社会财富分配的失衡，强化了农产品的短缺。明边官吏在向朝廷的汇报中说，"虏富者十二，贫者十八"，"虏富能以马易缯"，而"贫者无从得食"。① 严重的两极分化，对蒙古族统治阶级地位的稳定形成了威胁。因此，解决农产品的短缺，对于蒙古族封建统治者来说已是迫在眉睫。解决蒙古族聚居区农产品短缺，一是要恢复和扩大与中原内地的经济联系，二是在蒙古草原继续发展农业生产。前者更多取决于蒙古族聚居区生产物品的实际交换能力，以及北元政权与明朝的关系，这在当时的历史条件下，是非常困难的。因此，发展蒙古族聚居区的农业生产，就成为解决这一地区农产品短缺的主要途径。达延汗以后所实行的"画地驻牧"，客观上为农业发展提供了必要的前提。但是，大规模恢复和发展农业经济，却是从 16 世纪中后期开始的。

由于大批汉族农民流入蒙古族聚居区，进一步促进了农业的发展。俺答汗时期（明嘉靖年间），蒙古族聚居区相对安定，而明朝政治腐败，社会矛盾加剧。大批汉族农民和反明士兵流入漠南地区，是迫于明朝暴政，土地被地主强行兼并，庞大的军费负担和各种苛捐杂税摊派。明朝守边的士兵，生活也极其贫困。明朝大同守边士兵曾两次哗变，白莲教的领袖和教徒揭竿而起，反对暴政。至 16 世纪末，仅土默特地区这些流民聚集就达十余万。由于这些汉族农民的辛勤垦种，土默特万户领地内已经"开良田千顷""村连数百"，② 农作物种植出现了繁荣景象，使土默特经济在短短几十年内，发生了较大的改观，农业基本满足了当地对谷物的需求。在鄂尔多斯、喀喇沁、兀良哈三卫、内喀尔喀五部、察哈尔等部的领地内也有大量汉民流入。他们向蒙古族领主租佃土地，利用废弃墩台的砖石烧

---

① 《明世宗实录》，嘉靖三十年八月壬戌。

② 肖大亨：《北虏风俗》。

制砖瓦，修建板升（房舍），开垦荒地，种植谷物和蔬菜，向领主缴纳粮食，因此，农业也得到蒙古族领主的支持和保护。在内喀尔喀五鄂托克领地内，很多封建主驻帐周围三四十里地以内，均出现了汉族农民居住的板升村落。正如明朝史料所表明的那样，"东西板升，徒聚耕牧者，皆我黔首"。^① 这里的板升系明朝中后期蒙古族人对迁徙到蒙古族聚居区从事农副、手工业生产，向领主交租纳税的汉族兵民及他们所聚居的村落的称谓。东板升系指兀良哈和左翼地区汉族农民聚居的板升村落，西板升系指土默特等右翼地区汉族农民聚居的板升村落。这些汉族农民在蒙古族聚居区经营农业，"岁种地不过（纳）粟一束，草数束，别无差役"^②，只是缴纳一些象征性的赋税。这种轻薄的农业税，恰恰成为促进蒙古族聚居区农业发展的推力。

汉族农民开发蒙古族聚居区农业，很快从一无所有的贫困中摆脱出来。据记载，定居在土默特万户领地内的白莲教首领丘富，由于致富快，"起室屋三区，治禾数千顷"。赵全曾"有众万人，骑五千，牛羊称是，积谷二万斛"，还建筑有方圆五里的城堡一座。明朝士兵刘天麒逃入土默特万户地区几年，便"筑土堡一座，可二里，有马牛五千，糗粮五千余石"。^③ 很多汉族农民，不仅从事农作物生产，还学会了蒙古族人的牧业技术，使农牧业相结合，生产发展快，生活很快富裕起来，过上"产畜饶富"^④ 的殷实生活。正如当时的一首诗《塞上谣》所描写的："人言塞上苦，侬言塞上乐……时雨既降沙草肥，丁男释甲操锄犁；夫耕妇馈朝复暮，筚门鸡犬皆相

---

① 肖大亨：《北虏风俗》。

② 《筹辽硕画》，卷1。

③ 瞿九思：《万历武功录·俺答传》。

④ 《明实录》，隆庆二年八月。

依。"1571 年，土默特万户俺答汗同明朝达成和平互市协议后，明朝士兵和百姓，纷纷举家迁居长城以外蒙古族聚居区，从事农业生产。

在漠北和漠西卫拉特，也有从事农业生产的记载，在《卫拉持法典》中就提到了锄头。明朝晚期，这一带农业已有相当的发展，不仅一般牧民，蒙古族上层人物也参与农业活动，并且从俄国和不花剌等地引进谷物籽种和农耕能人，他们甚至希望发展养畜和养禽业。迁至天山南部以及哈剌火州一带的蒙古族受当地居民影响，也从事农业。明人奏折中曾描述生活在那里的蒙古族，"秋冬居城郭，春夏随水草孳牧，或各山川种田，或打围射猎，速檀亦不时出猎，其妻皆随之"。① 表现出蒙古族部众亦牧亦农亦猎，逐渐改变了单一畜牧业经济的状况。兀良哈三卫等地很早就有农业基础。一般来说，蒙古族经营的农业，均属半农半牧式。蒙古族以畜牧业为主，兼事农耕；汉族以农业为主，兼事畜牧。由于农业有较稳定的收益，且能为牲畜提供大量饲料，故兼事农业的蒙古族逐渐增多，久居蒙古族聚居区且与蒙古族杂居通婚的部分汉人也融入蒙古族中。早在宪宗成化间，明朝人眼里的兀良哈三卫，已经是"人皆土著，可以耕稼，比之北虏，势实不同"。② 1608 年（万历三十六年）起熊廷弼为巡按辽东御史数年，这期间曾上《务求战守长策疏》，提到"往虏故穷馁，又马于冬春草枯时瘦如柴立，故我犹得一间。近所掠人口筑板升居之，大酋以数千计，次千计，又次数百计，皆令种地纳粮料，人马得食，无日不可图我。"熊廷弼还说："尝密闻外间人言：向特怕虏杀我耳。今闻虏筑板升以居我，推衣食以养我，岁种地不过粟一囊、草数束，别无差役以扰我，而又旧时虏去人口，有亲戚

---

① 桂萼：《吐鲁番夷情》，见《皇明经世文编》卷 181。
② 《明宪宗实录》，成化二十年五月丁亥朔。

朋友以看顾我。我与其死于饥饿作枵腹鬼，死于兵刃作断头鬼，而无宁随房去，犹可得一活命也。"① 熊廷弼题本还提到，开原自庆云堡至紫河堡三百余里，墩台一百二三十座，"其砖石房皆拆去为板升"，规模相当可观。与丰州川板升集中在一个地区不同，这里的板升，或数千人、或数百人分散在诸部。冯瑗《开原图说》记当时辽东边外蒙古诸部皆建喇嘛寺院说："建寺起楼供佛，其砖瓦木石，皆所掳中国匠役为之。造作寺观有甚华丽者……谓之楼子。庐营帐多在楼子旁，其左右前后三四十里，即其板升。板升者夷人之佃户也。"② 以寺庙为中心，周围三四十里为板升农业区，如晨星一样，镶嵌在"辽蓟常山之北，兴中大宁之间"③ 的蒙古东部大草原上。至于河套，据清初梁份说："明崇祯间，为插罕所侵扰，不能自支。河套地饶，耕稼如中国。其士卒豢养久，不善弓马，举国之人不能御千骑，乃内附中国，谓之降夷。"④

明中晚期，在漠南某些自然和政治条件适宜的地区，出现一批有限的定居农业点，增加了社会财富，提供了相当数量的粮食，但又远没有构成对生态平衡的威胁，这应该说是进步现象。以牧业为主，另有包括农业在内的多种经营，这种经济格局在上述地方缓慢出现，对于改善蒙古族人民的生活，促进蒙古族社会的发展，都具有深刻的积极作用。

明代蒙古族从事农业和半农半牧业生产的不仅有从内地来的汉人，还有一批蒙古族人。丰州川地区也许不明显，在张家口外种田的，东部兀良哈三卫早期从事耕作的，都是蒙古族人。晚期辽

---

① 熊廷弼：《务求战守长策疏》，《筹辽硕画》卷1，北平图书馆善本丛书本。

② 冯瑗：《开原图说》，玄览堂丛书本。

③ 《赐归降华人职官》，王鸣鹤论，《登坛必究》，卷38《奏疏二》。

④ 梁份：《秦边纪略》，卷6《河套》。

东边外蒙古诸部，也有许多蒙古族牧民兼营农业。① 即使是内地来的汉人，在蒙古族聚居区生活了一代、两代，也都融化成了蒙古族人。

二　主要农作物与耕作方式

蒙古族农作物的种类以麦、谷、豆、林、黍为主，继承了元代的品种，仍未超出原始农业的范畴。同时还经营园艺业，栽培瓜、瓠、茄、芥、葱、韭等蔬菜和果树。从《华夷译语》一书中所记载的蒙古语词汇可以了解到，当时已经有小麦、大麦、粟、粳米、豆、甜瓜、西瓜、梨、杏、桃，以及茄子、葱、蒜、萝卜、葫芦等作物。1618 年，沙俄使节佩特林在丰州川板升见到，"蒙古出产各种谷物，如糜黍、小麦、黑麦、大麦、燕麦，还有多种不知名的作物。当地有洁白的上等馒头。蒙古族也有蔬菜，在各种园圃中出产苹果、樱桃、香瓜、西瓜、南瓜、柠檬、黄瓜、葱蒜以及其他各种蔬菜"。② 这说明，蒙古族的粮食作物品种和瓜果蔬菜已基本齐全。蒙古族农业的比重虽然不大，但是作为物质生产部门，蒙古族在长期的生产实践中已经积累和掌握了基本技能，也必然能培育出适应蒙古高原地区气候和土壤条件的农业品种。

蒙古族聚居区的农业生产力水平与明朝北部地区比较接近。据肖大亨《夷俗记·收养》的记载，16 世纪，"今观诸夷耕种，与我塞下不甚相远。其耕具有牛、有犁，其种子有麦、有谷、有豆、有黍。此等传来已久，非始于近日；惟瓜瓠茄芥葱韭之类，则自

---

① 冯瑗：《开原图说》，卷下。

② ［英］巴德利：《德国·蒙古·中国》下卷第 1 册，吴持哲译，商务印书馆 1981 年版，第 1051 页。

款贡以来种种俱备。但其耕种惟藉天不藉人，春种秋敛，广种薄收，不胼胝作劳，以倍其入，所谓耕而卤莽亦卤莽报予者非耶？且也腴田沃壤，千里郁苍，厥草惟夭，厥木惟乔，不似我塞以内山童川涤，邈焉不毛也。傥能深耕溉种，其倍入又当何如！"这说明，居住在塞外的蒙古族和"塞下"地区汉族的农业发展水平已经"不甚相远"，所不同的，是蒙古族聚居区的农作物种植是"春种秋敛，广种薄收"，这可以算作蒙古族农作物种植的特点了，说明蒙古族农作物的耕作技术还很粗放，水利和农具的使用也比较简陋。耕地主要使用耕牛，农具有犁、锄、镰和其他小农具，仍以手工劳动工具为主。由于地多人少，耕种方式粗放。板升内还饲养猪、鸡、鹅、鸭家畜家禽。农产品加工使用臼、磨等。虽然粗放的农业耕作，以及农业生产力受蒙古族封建领主制的制约，整体发展程度不会很高，但在部分蒙古族聚居区，如丰州川的农业生产水平是非常高的。

蒙古族农业经营方式有自己的特点，以户为主，在蒙古族封建领主控制下进行佃耕，佃农向领主交租纳税。这些佃农多为汉人，都有着特殊的背景，如降将、反叛、俘虏等身份，因此与蒙古族封建领主有一定的人身依附关系。农业既是他们的生活方式，也是谋生手段。有些被蒙古族领主任命为头领的汉族人，如土默特地区的赵全、李自馨、周元、刘天麒等人，从蒙古族领主手中承租大片土地，然后再分给所属汉族耕种。赵全有众三万人，李自馨六千人，周元三千人，赵全又将其众分为大板升 12 部，小板升 32 部，多者八九百人，少者六七百人，各有头领。他们实际上是蒙古族领主统治下的二庄主和大管家。由于蒙古族封建领主采取鼓励发展农业的政策，劳役和赋税都比内地轻微。年长日久，即可"配有妻室，积有财物"，故能吸引内地大批贫苦农民纷纷举家迁居长城以北的蒙古族聚居区，前去耕种。自黄教传入后，寺院也拥有土地，或租给贫苦农民，或由沙毕纳尔耕种。①

经过蒙、汉两族数十年的辛勤耕耘，在漠南一些较适宜农业种植的地区，出现了许多农业定居点，在古老的蒙古草原呈现"耕种市廛，花柳蔬圃"的景象。蒙古族粮食产量也颇为可观，以至于众多蒙古族人也"仰食板升收获"。1622 年（明天启二年），明关内外告饥，督臣王象乾行赏蒙古族喀喇沁部 36 家，"令其驮米粮来市卖，每日百车或数十车，军民利之"。② 可见明末少数较发达的半农半牧区还能输出粮食。总之，随着农业的发展，蒙古族农产品短缺的矛盾逐渐得到缓解。

三　农产品与膳食结构的变化

由于蒙古族长期从事农耕，对农产品的消费已成为游牧民膳食结构的一个组成部分。原来以狩猎和游牧为主的蒙古族，食物结构虽然仍以肉食为主，但是对米、粟、黍等植物性食品的依赖，与日俱增，因此只要条件许可，蒙古人总是希望得到淀粉类食品的补充，农产品在蒙古族生活方面的作用越来越大。一些蒙古族牧民已是"食兼黍谷"，③ 明人陈诚行纪中所言，蒙古族也"间食米面，希有菜蔬"。土木之变，独石、马营一带明弃而不守，有自蒙古还者，"二次见房寇三四千人，各牵驼马三四匹，往返马营等处取粮食用"。④ 明使李实过独石，亲"遇也先人马驱车运粮"，李赋诗曰：

① 杨绍猷、莫俊卿：《明代民族史》，四川民族出版社 1996 年版，第 96页。

② 《万历武功录》，卷十三。

③ 岷峨山人：《译语》。

④ 《明英宗实录》，景泰元年四月甲戌。

"人家已尽遭兵火，仓廪犹存助敌粮。"① 蒙古族聚居区的农产品消费主要集中在宫廷和军队，也有一些牲畜较少的贫苦牧民从事种植业借以补充食品不足。②

过去到蒙古族聚居区垦种的人，如俘虏、逃亡者、罪犯、驻屯兵等，很多已成为蒙古族聚居地区的常住居民，再加上内地汉人自发迁移和许多雁行式的季节性移民，也对农产品产生巨大的社会需求。在和平时期实行茶马贸易，内地的粮食、茶叶等农产品显然都在交换之列，证明蒙古族对农产品的依赖有日益增长的趋势。元末明初的战争，使历史上蒙古族形成的农业基础毁于一旦，灌溉系统大部分被毁灭，耕田被荒弃，以致农业较为发展的"兀良哈等处告饥，愿以马易米"。

明代蒙古族农业的发展，使蒙古族的生活习俗悄然发生变化，过去，蒙古族出征或是"杀羊一只，牵马二匹"或"以革囊盛干酪为粮"。而在万历年间，俺答汗遗妻三娘子与恰台吉作战，"令人治羊驼各一头，马五匹，米三斗"③，作为乘骑、口粮，可见粮食已在蒙古族的食物结构中占了相当比重，兀良哈部"是时……渐习华风，多食谷，饮酪餐肉必以盐"。④ 许多蒙古族和汉族把农业和畜牧业结合起来，生活很快富裕，过上了"产畜饶富"的殷实生活。⑤

---

① 李实：《北使录》。
② 色音：《蒙古游牧社会的变迁》，内蒙古人民出版社1998年版，第2—3页。
③ 《万历武功录》卷9《三娘子传》。
④ 瞿九思：《万历武功录》卷13《长昂列传》。
⑤ 《蒙古族通史》中册，第584页。

第四节 手工业

游牧经济离不开手工业生产，然而游牧经济条件下的手工业的发展又很有限。这是一种客观经济矛盾。它的存在以及为克服这种矛盾所做的努力，常常成为影响游牧民族内部关系、游牧民族与农耕民族关系的最重要因素之一。明代蒙古族社会经济还是以牧为主，手工业生产主要致力于食品加工和日常生活用品的制作，其原料主要依赖于畜产品。随着战争的减少以及畜牧业的发展，明中后期蒙古族手工业获得了一定的恢复。

一 官办手工业的崩溃与家庭手工业的恢复

元代统治者曾对艺匠给以保护，收归官有。当时的和林、称海、上都城内就有相当发达的官办手工业和工商业，汉族和其他民族的工匠、回回商人云集都市。官办手工业是在大一统的中央集权制度下建立的，根据宫廷、官府的需要进行生产，政治因素占支配地位，属于供给经济，所需劳动力和物料均由赋役中获得，很少通过买卖。元代封建社会中特有的官办手工业和与之相适应的匠籍制度，实际上是发展民间手工业的一个障碍，自始至终是和手工业中的个体经济相对立的，对于牧民家庭手工业的发展也有影响。因此，蒙古族聚居区的民间手工业很不发达。元朝灭亡后，城市迅速消失，官办手工业和匠籍制度随之瓦解。很多工匠散落民间，造成了蒙古族社会内部手工业的萎缩和退化。加之战乱的影响，明代初期的蒙古族手工业出现了较大的倒退，如冶铁业似乎已不复存在，大到盔甲、刀斧，小到针锥，都要通过交换解决。所以，明廷为扼制蒙古族发展，在贸易中有诸多禁市商品，其中就有铜、铁、兵器、硝黄等，甚至对锅的含铁量和制式也有很多禁令。

手工业从游牧经济中分离出来，早在游牧民族由野蛮社会向文明社会过渡的时候就已出现。但在蒙古族社会漫长的发展过程中，大部分手工业还是处于手艺人或手工作坊阶段，自然经济始终占支配地位。畜产品加工自古以来就是蒙古族社会生活中重要的一件事情，但长期停留在家庭手工业阶段，基本上是简单再生产。明代这种家庭手工业的格局依然没有改变。由于明代蒙古族社会处于封建领主割据状态，手工业发展一度受到限制。

二　手工业门类、原料及手工业品

从已知的文献记载来看，明代蒙古族手工业主要有畜产品加工、生产工具、生活用具和武器制造业以及土木建筑业等。

畜产品经过加工，可以满足大部分生活需要。这种加工基本上都在家庭内部或通过协作完成，而妇女则是家庭手工业的主要承担者。

奶类加工。明代蒙古族的食品加工，在制作技术上没有大的革新，加工的主要是马、羊、骆驼、牛乳，仍然是蒙古族传统的乳类饮食。马乳主要用来酿制酸奶和奶酒（忽迷思），羊、牛乳制成奶酪、乳饼、奶干等。普通牧民虽然拥有一定数量的牲畜，基本可以维持自给自足的生活，但并不能轻易宰杀牲畜充饥，奶类就成为常年食品。贫苦牧民只有少量牲畜，奶制品则在食物中占很大比重。牧民为领主放牧，可获得挤奶的权益，除上交部分奶制品外，大部分奶食可归放牧者所有。因此，奶类加工在牧民的生活中十分重要。①《北虏风俗·牧养》条记：“牛羊之乳，凡为酥，为酪，为饼，皆取给焉。取牛乳则俟犊能龁草，遂隔别之，日取其乳，至夜始令母子相聚也。取羊乳亦俟羔能龁草，驱至他所，将牝羊每两只其头相对束缚之，使不动，人从羊尾后取之，取毕始解其束缚，令母子相聚也。”肖大亨还不厌其烦地描述马奶酒和它的酿造，其《食用》条说：“酒之名甚多，大抵以乳为之，厚者饮数杯即酩酊矣。盛以皮囊，名曰壳壳。”《牧养》条说：“虏酒多取马乳为之。”“马乳初取者太甘不可食，越二三日则太酸不可食；惟取之以造酒。其酒与我烧酒无异。始以乳烧之，次以酒烧之，如此至三四次则酒味最厚，非奉上宾不轻饮也。”关于烧酒之法，岷峨山人《译语》有所补充：“虏素以兽乳置于皮袋中酿酒，味极薄。唐高适所谓‘虏酒千钟不醉人’者是也。近则置于甄（原注：或以锡，或以木为之），如中国烧酒法，得酒味极香洌，饮少辄醉。每岁三四月中牝马生驹时（原注：虏于此时率拿马驹拴系，则牝马皆来，因取乳造酒；其凝结成滓者，则作酪弹为食），家家造酒，人人嗜饮。”已经有相当高的酿造水平。

皮毛加工。蒙古族聚居区皮毛资源丰富，与内地的皮毛交易有悠久的历史，皮毛加工是蒙古族聚居区一项重要的经济活动。在元代，皮毛加工已有从畜牧业中分离出来的官办手工业，由于受官府控制，发展很慢。官办手工业解体后，皮毛加工在北元社会作为牧民家庭的副业，主要职能是向封建领主缴纳赋税，成为自然经济的内容之一。其产品主要是蒙古族传统皮毛制品，如鞣制革、羊毛毡、加工过的毛皮、皮革，以及毡子制成衣、帽、靴子和其他用具。鞣

---

① 杨绍猷、莫俊卿：《明代民族史》，四川民族出版社1996年版，第96页。

革、制毡亦由妇女承担。肖大亨说："其取羊毛，则岁取二次或一次，积其毛若干，则合邻家之妇聚而为毡，彼此交作，不数日而毡毕成。"[1] 皮革、毡毯经过再加工，为衣为帽为靴。灵巧的蒙古族妇女还能编织草帽"以麦草为辫，绕而成之，如南方农人之麦笠然，此男女所同冠者"。[2] 更有不少人"工于刺绣"。[3] 毡革还是建造帐房的主要原料。用整张牲畜皮制成的革囊，即所谓"浑脱"，在明初一般为生活中的容器使用，中期以后逐渐成为夏秋间出入河套的渡河器具。嘉靖初任过固原兵备副使的王邦瑞说："大河冬时房履冰长驱如平地，即夏秋时又能冒革乘筏、系马浮渡，皆前代所未有。"[4] 略晚一些，许论作《九边图论》，于宁夏镇提到"今浑脱飞渡，数万立济"。[5]

明代蒙古族多数生产工具、生活用具和武器都能自己制造。如大车、刀、剑、弓、弩、箭、头盔、铠甲、斧、锯、锤、钻、钳、剪刀、凿、镰、砧、墨斗、夹子、锉、三脚架、火镰、针、锅、盘、碗、勺、木桶、箱、柜、马鞍、马镫、缰、绳、套马杆和各种挽具，大部分是在蒙古族聚居区制造的。[6]

随着汉族农民的加入和农业的兴起，也开始造梨、铧、锄、镐、镰刀等农具和加工粮食的磨臼等，编织、刺绣、首饰加工等也进一步得到发展。土默特地区沿用至今的一些明代地名，如陶思浩（蒙古语为"制砖者"）、察素齐（蒙古语为"造纸者"），也从侧面反映出当时手工业蓬勃发展的状况。

①　肖大亨：《北房风俗·牧养》。

②　肖大亨：《北房风俗·帽衣》。

③　肖大亨：《北房风俗·习尚》。

④　王邦瑞：《安夏录序》，《明经世文编》卷228。

⑤　许论：《边镇论·宁夏》，《明经世文编》卷232。

⑥　杨绍猷、莫俊卿：《明代民族史》，第93页。

木制品。游牧生活需要大量木制品，木碗、木杓、木盆、木架、木柜、木槌、木箭杆、帐房的支架，乃至代替纸张作练习书写用的木板等，大约都是牧民自制。《阿勒坦汗法典》有一条规定："盗窃剑、刀、剪、凿、钳、镰、斧、锤、砧、羊毛剪、锉、墨头线、锯、网、布、褡裢、帽带、皮囊、钩枪、皮子等，罚五畜。"其中包括不少木工工具，与普通牧民的其他常用工具并提，似乎表明一般人都能动手做一点简单的木工。

但是，有的生产生活用具特别是武器，却不是一般牧民所能制造，有的必须由专业手工业者进行生产。许多迹象显示，明代蒙古族始终有一批兼营牧业的手工业者，或者是专业手工业者，只是因为史料缺佚，我们已经无法知道他们的情况。嘉靖以后，大批汉人进入草地，他们之中不乏能工巧匠。

铁加工是一个关键性的手工业部门。明代中后期蒙古族社会普遍使用铁制工具。仅见于《阿勒坦汗法典》的铁工具就有马嚼、鞍镫、火镰、铁镐、剪、凿、钳、镰、斧、锤、羊毛剪、锉、锯等，名目繁多。嘉靖二十九年庚戌之变俺答汗进攻古北口，曾"以数千骑备锹钁攻墙"，[①] 可见数量也不小。至于钢刀、铁矛、钩枪、箭镞、盔甲、兵器等更是需要量很大的钢铁制品。这些工具和兵器绝大多数均为当地锻造。蒙古族武器制造业有较高的水准，王琼《北虏事迹》载，1529 年（嘉靖八年）有甘州人从河套逃回，"备言在虏营见达子打造锹钁、弓箭，说到七八月要来腹里抢掠"。[②] 似乎各部族都有这样一批工匠。《北虏风俗·习尚》条云：蒙古族人"最好刀，刀之制与我无异，然惟尚犀利，不尚光明也；最好盔甲，制极精坚。"其《教战》条又说："甲胄以铁为之，或明或暗，制与中

---

① 郭造卿：《卢龙塞略》，卷 10《嘉靖经略》。

② 王琼：《北虏事迹》，金声玉振集本。

国同，最为坚固，矢不能入，徒跃如也。"至于箭镞亦"以铁为之，
有阔二寸或三四寸者，有似钉者，有似凿者"。肖大亨描述，"庚戌
之犯，其铁马金戈，明光耀目"，[①] 对于蒙古族骑士盔甲兵器之精良
赞叹不绝。蒙古族锻铁技术水平之突出，给明朝人留下了很深的
印象。

　　我国古代北方游牧民族，似乎除少数例外，都没有能够建立起
满足自身需要的冶铁手工业。明代前期主要是靠"拾遗戟于沉沙"，
得到一点补充，所以"俗贵铁，加以金玉以充用"，箭镞亦往往
"杂用金角"。[②] 这就迫使蒙古族工匠另谋出路，肖大亨说："特彼中
少铁故贵铁，贵铁故精于铁，非若我之多而滥恶也。"[③] 蒙古族锻铁
技术水平高看来是逼出来的。以后蒙古族在军事上由被动变为主动，
所需要的铁即由内地获取。《北虏风俗·教战》云："说者谓虏无
铁，有铁皆自互市中所阑出者，不知未市之先，岁所掳掠不知其
几。"他们攻破堡塞"寸铁不遗"，[④] 统统运回，甚至"得车焚轮"[⑤]
以取铁。嘉靖以后铁的紧缺逐渐缓解。现存呼和浩特市大召的明天
启三年铸铁狮一对，其制甚小，显示铁依然比较珍贵。梁份《秦边
纪略》卷六《河套》记套内物产有铁，自注云："出麦垛山，夷常
取用。"此书成于康熙三十年（1691 年），上距清统一漠南仅半个世
纪。鄂尔多斯部取用麦垛山之铁，很可能明末就已经开始。如果这
个推断可靠，那么明代晚期蒙古族已经有了自己的冶铁业。但毕竟
这是微弱的萌芽，蒙古族需要量最大的铁制生活必需品铁锅等，还
要从内地输入。

①　肖大亨：《北虏风俗·教战》。

②　岷峨山人：《译语》。

③　肖大亨：《北虏风俗·教战》。

④　张东壶：《明战守以安畿辅疏》，《明经世文编》卷 233。

⑤　尹耕：《塞语·虏情》，丛书集成本。

　　造弓也是一项专业手工业。蒙古族的弓有自己的特点。《译语》曰："虏弓长大而弦用皮。遇暑雨辄缓慢，故至秋而劲。"还说"弓亦坚致"。《北虏风俗·教战》记："弓以桑榆为干，角取诸野牛、黄羊，胶以鹿皮为之，体制长而弱弦以皮条为之，粗而耐久也。其弓弱，其矢强，毂之极满，至三二十步发之，辄洞甲贯胸，百不一失，但不能射于五十步之外。"同书《习尚》条还说蒙古族"最好弓，弓有经十余年不坏者"。肖大亨认为："弓有弓人，函有函人，弓人函人皆我中行说为之也。"专业弓匠中确有一些汉人，比如随赵全一同出走丰州川的贺彦英就是以造弓闻名的巧匠，他"出鹿角以为胶，治弓数十张，（俺）答见大喜"。[①] 其技术水准可见一斑，但要说弓匠都是汉人，显然不符合事实。

　　车是游牧的必备运输工具，战争频繁时尤不可少。造车虽较复杂，简陋的普通牧民均可制造，但高级车辆有待于专业手工业者。明代蒙古族社会里始终保存着这样一种技术传统，比如也先曾组织人"在黑松林造牛车三千余辆"。[②]

　　此外还有其他一些行业的手工业存在。比如金银珠宝的加工。[③] 明代蒙古族经济，特别是手工业的发展，可以说充分体现在军队的装备上。1544 年（嘉靖二十三年）仇鸾与俺答在甘凉方面打过一仗，据仇鸾报告，俺答"坐鞴缨皆用五色，顶用铜铁；喇叭用木；帽用红氆氇，靴用粉皮，袋用金；甲上用明柳叶，下用锁子；围肩绿闪色，袄黄段边，臂手用皮吊线，裤用皮，佩香系绦皆异常"。[④] 仇鸾好大言，或有失实，但如此装备，自当令人刮目相看。

---

①　瞿九思：《万历武功录》，卷 7《俺答列传中》。

②　《明英宗实录》，景泰二年八月己卯。

③　《明宪宗实录》，成化二十二年八月辛巳，二十三年五月庚戌。

④　瞿九思：《万历武功录》，卷 7《俺答列传上》。

最引人注目的是土木建筑。明代中后期，随着半农半牧经济的形成和蒙汉民族关系的加强，以及黄教的传入，蒙古族聚居区城堡、宫殿、佛寺、雕塑神像的修筑逐渐兴起，蒙古族聚居区的土木建筑业有较快发展。在规模大小不等的城市中，土默特万户领地的城市建设很具有代表性，它几乎集中了当时最重要的手工行业，代表着明代蒙古族的最高水平，很快成为土默特万户乃至右翼万户的政治、经济和文化中心。1557 年，在丰州滩上建造了"五塔和八座大板升"城，具有明代特点，八座板升（土木结构的房屋）连为一体，形成建筑群落。1560（明嘉靖三十九年）被明军毁之一炬后再次重建。板升的建设，为后来库库和屯的营建奠定了基础。

1572 年库库和屯（即今呼和浩特）城的建造，实为明代蒙古族经济史上的一件大事。《阿勒坦汗传》赞颂它是"拥有八座奇美楼阁"以及"玉宇宫殿"的城市，均属仿元建筑。元代建筑的明显特点是殿与宫之间加筑一条柱廊，构成"工"字形。殿内布置富有蒙古族宫帐色彩，如"内寝屏障重复帷幄，而裹以银鼠，席地皆编细簟，上加红黄厚毡重复茸单"。凡属木结构露明部分都用织造物加以遮盖，壁衣、地毯广泛用于宫廷陈设中。明代汉文方面缺乏关于库库和屯形象的描述。清初康熙、乾隆间，高其倬诗《青城怀古》，根据地方传闻，咏明库库和屯："筑城绝塞跨冈陵，门启重关殿百层。宴罢白沉千帐月，猎回红上六街城。"① 城楼雄伟，宫殿壮丽，气象万千。除此之外，丰州川上还先后建造了福化城和许多板升土堡。赵全的土堡周可五里。李自馨等驱汉人为俺答汗"修大板升城，创起长朝殿九重"，次年再"遣汉人采大木十围以上，复起朝殿及寝殿凡七重，东南建仓房凡三重，城上起滴水楼五重，会画工绘龙凤五

---

① 金志章：《口北三厅志》，卷 15《艺文四》。满蒙丛书本。参见胡钟达先生《丰州滩上出现了青色的城》，《内蒙古大学学报》1960 年第 1 期。

彩，艳甚"。赵全又在自己的"土堡中起大凡一所，大厅凡三重，门二。于是题大门曰'石青开化府'，二门曰'威震华夷'。已，建东蟾宫、西凤阁凡二重，滴水土楼凡三座。亦题其楼曰'沧海腾蛟'，其绘龙凤亦如之"。[①] 这些城廓、土堡、宫殿和府邸的修砌，都是明初以来 200 年间所没有的事。1578 年（万历六年）俺答汗与三世达赖喇嘛索南嘉措在青海仰华寺会晤以后，蒙古族各地先后营建大批藏传佛教寺院。现存的呼和浩特大召（弘慈寺）、席力图召（延寿寺），土默特右旗的美岱召（寿灵寺），伊盟的王爱召、准格尔召以及蒙古族人民共和国鄂尔浑河上游的额尔德尼召（光显寺）等，都是明代建筑，显示了当年建筑工程的水平和融合了蒙藏汉建筑艺术所形成的特殊风格。寺庙一般都是砖瓦结构。有的呈楼形，故称"楼子"。在蒙古族左翼地区，封建主的住帐一般都设置在寺庙近旁。寺庙和封建主的住帐约三四十里外为佃户的板升房。这种建设布局，大概就是当时蒙古族城廓的一种特色。寺庙往往是蒙古族学习和交流文化的场所。这些以寺庙为中心的同板升房连为一体的城廓，是那些过着较为定居生活的蒙古族人进行精神和物质交流的基地。这些城廓很像中世纪的欧洲庄园。

1618 年沙俄使节佩特林来华，途经库库和屯，事后对这座城市和城内的建筑、召庙的雕塑等做过生动的报道。据他说："蒙古人的城镇都建成四方形，城角上筑有城楼。城下面铺以粗石，上面才砌砖。城门呈拱形，与俄国城门相似。城门上方也有城楼，里面挂着一个重达二十普特的青铜警钟。城楼的屋顶铺瓦。蒙古境内的房屋都用砖砌，呈四方形，院的围墙很高大；院子里砖砌的亭阁虽不高，可是厅堂的天花板上绘有各种精致的彩色图案，点缀着不同的花卉——确实使人流连忘返！蒙古地方建有两座砖砌的喇嘛庙，这个

---

① 瞿九思：《万历武功录》，卷 7《俺答列传中》。

地区的庙都建成楔形，门朝东南开，顶上无十字架，却有各种古怪的石雕兽像。各庙内均未听说有'尤迪托'。当你进入庙堂时，你会遇到从未见过的奇异景象：对门坐着三尊巨大的女佛像，高达两沙绳半（十七英尺六英寸），从头到脚贴着金箔。佛像都坐在一沙绳高的石兽身上，石兽样样都有，涂着各种色彩。佛像的手中都端着盛羹液的奔巴。它们面前点有永不熄灭的用牛油制的蜡烛。在三尊大佛像的右侧站着八个男像，左侧也有八个像，却都是少女，从头到脚贴着同样的金箔，而且向前伸出手臂作拱手状，一如蒙古人对佛像行礼那样。在庙堂前面那三尊佛像的旁边，还有两个站在兽身上宛如真人的裸体像，你只要隔开几步望去，就分辨不清它们究竟是活人还是泥像了。它们前面点燃着细得和麦秸一般、从不冒火焰的蜡烛。他们在庙里诵经时，用两个大喇叭吹奏，喇叭长一沙绳半，每当吹起喇叭敲击鼓时，他们便都跪倒在地，合掌祈祷。然后两掌又分开，匍匐在地上达半小时之久。你若在他们诵经时走进庙里去，就会感到十分恐怖。庙里有一种难以言喻的令人惊愕的气氛。庙的屋顶都铺瓦。"[1] 佩特林所言，不无失实之处，但这是16世纪初一位目击者关于库库和屯城的形象叙述，读来令人兴味盎然。

天山以南的城镇也很多，虽然大都是蒙古族到达那里之前兴建的，如喀什噶尔、鸭儿看、于阗、英吉沙尔、阿克苏、又力失等，然而，明代时蒙古族对此又进行了重建和扩建。明人桂萼在其奏文中即报告："满速儿时辖下的吐鲁番地区有城镇十五六座。速檀满速儿居一土城，周围约有二百里，南北土门二座，城北墙有高土台一个，阔数丈，各曰土刺，速擅王子居于其上，台上有吊桥，夜则悬

---

① ［英］巴德利：《俄国·蒙古·中国》下卷第1册，吴持哲等译，商务印书馆1981年版，第1049—1050页。

之。秋冬居城郭，春夏随水草孳牧。"① 据《史集》记载，喀什噶尔城还在都格拉特部米儿咱阿巴乞儿时即已修葺一新，新城面积大约有 50 扎里布（约等于 1 平方公里），"城墙上许多地方可以容四个骑兵并肩骑行"。米儿咱阿巴乞儿当时还统一规划了鸭儿看市，此城当时也是其府治之一。他"引水入城，修筑花园"，城中、城外都建有富丽堂皇的殿阁房屋，有的楼房竟有多达一百多个房间。房间里装饰考究，陈设典雅。天花板以灰泥涂制，护壁板系用釉面瓦砌成，上面绘有壁画，房子里有壁龛，中间备有书架。行人大路的两旁是渠水流淌的林荫大道。城之四郊都是人烟稠密的城镇乡村。②

另外，值得一提的一件事，就是黄河上已经有了蒙古族的木船，最早的一艘为赵全的弟弟所造。③ 至于现存于呼和浩特大召的银佛、大召大殿前的铸铁狮、美岱召的壁画等，都是当时有关手工业技术水平的最好物证。

三　手工业艺人

明代蒙古族妇女一般从事家庭手工劳动，诸如奶食品、皮毛加工和缝纫等。很多牧民都是亦工亦牧，自己动手制作一些简单的生活用品。从当时的情况看，在元廷北迁之初，必然存在一批专业手工业者或兼事牧业的手工业者，否则，很难维持长达百年的拉锯战争和封建领主之间的火并。蒙古族手工业与畜牧业以及种植业构成了明代蒙古族社会的经济基础，增强了蒙古族社会的综合实力，为其实现内部统一，以及维持长达两百多年与明朝廷的对峙提供了物

①　《明经世文编》卷 181，进哈密事宜疏。
②　薛宗正：《中国新疆：古代社会生活史》，新疆人民出版社 1997 年版。
③　瞿九思：《万历武功录》，卷 7《俺答列传中》。

质上的保证。

明朝中后期，蒙古族封建领主开始注重对民族手工业的培育，从政策上给予优惠，并且重新招募中原工匠，《三云筹俎考》卷二《夷语解说》"打儿汉"条记，凡部夷"亦有各色匠役手艺精能，造作奇异器具，升为此名"。"打儿汉"又可音译为"达儿罕"，意为"不承担赋税徭役者"，当然是少数，他们被豁免赋役，可以跻身封建主行列。蒙古族帝国时代多为勋臣或宗教高僧封号，明代蒙古族社会封工匠为"达儿罕"，足见当时蒙古族对手工业的重视。随着封建领主和地主纷纷移居城镇，将社会积累大量用于宫殿、佛寺和奢侈娱乐，增大了城镇消费，以及对各种工匠艺人的需求，内地的手工业者，或自愿或被迫，一批批迁至大青山下和其他蒙古族聚居区，他们中间专业窑工、木匠、瓦匠、石匠、油漆彩绘匠、铁匠、兵器匠、银匠、绣匠等齐备。这些人带来内地的手工业技术，加入蒙古族手工业者队伍，他们本人后来逐渐融化为蒙古族。随着黄教的传入，一些藏族工匠也来到这里。[①] 土木之变，明御用监银工徐安被俘，在蒙古族生活了近40年，娶妻生子，并作为泰宁卫使者至京朝贡，显然是以手艺获得了蒙古族封建主的信任。其他兄弟民族的工匠成批迁入，使明代蒙古族的手工业发展进入了一个新的阶段。这一时期涉及的行业覆盖面广，种类多，从一个侧面反映了蒙古族聚居区手工业恢复和发展的状况。

第五节　寺院经济

明代蒙古族的经济形态属于封建领主制经济。名义上蒙古族大

---

① 杨绍猷：《明代蒙古族经济述略》，《民族研究》1985 年第 5 期。

汗是最高领主，实际上明代蒙古族的统一是短暂的，大部分时间处于分裂割据状态，形成大小不等的许多领主，各自为政，大汗不过是其中的一个大领主。每个领主拥有多少不等的领地、属民和牲畜。每个蒙古族人必须依附于一定的领主，承担赋役，不许逃亡。自黄教传入后，打破了这种单一的所有制，出现了寺院经济和寺院领主，成为蒙古族经济中一种特殊的经济形态。寺院经济本质是封建经济，寺院以各领主和其属民的供奉为经济基础，在政治上又维护封建领主的统治。

一 黄教广泛传播并促成寺院经济形成

明代前、中期，信仰萨满教的蒙古族封建主们毫无节制地宰杀牲畜，并用人畜殉葬，对畜牧业和生产力产生了破坏作用，引起了人民群众的不满和骚动。而俺答汗等领主所引进的藏传佛教格鲁派（黄教）主张"好生戒杀"，规定"每月持斋三日，禁止杀牲渔猎"，[①] 改变了过去用人畜殉葬等习惯，在客观上保护了畜牧业和生产力，易为蒙古族民众接受，使黄教能够取代萨满教并广泛传播。而按照藏式修建的寺院，设有各种学部，讲授蒙藏文，学习和翻译佛经等。于是在蒙古族聚居区出现了寺院经济和寺院文化，这又是明代蒙古族经济文化的一个重要变化。

经过长期的发展，藏传佛教形成了严密的宗教组织和制度，进一步强化了宗教的社会性，把广大各民族群众都纳入了一个共同的系统，规范了人们的信仰和道德行为，在一定程度上影响和决定着人们的整个社会生活。正是在广大教徒强烈的宗教需求和宗教情感的作用下，自觉地以物化的形式表示自己信仰的虔诚，使寺院规模

---

① 《蒙古源流笺证》卷7，屏守斋本，第4页。

不断扩大，寺僧人数不断增多，寺院经济越来越发达，以至于整个社会都沉浸在浓厚的宗教气氛中。正是在这种基础上，才得以形成政教合一的社会政治制度：一方面藏传佛教无条件地维护世俗统治，另一方面世俗权力把藏传佛教推到了登峰造极的地步，这就是藏传佛教寺院经济得以迅速发展和急剧膨胀的根本原因。如果说，广大教徒出于宗教情感而表现的物化"奉献"是寺院经济形成的最初原动力和客观基础的话，那么，世俗政权为利用宗教而从主观上加以大力扶植，对藏传佛教寺院经济的宏大起了推波助澜的作用。

元代的藏传佛教寺院经济只是处于雏形阶段。明代格鲁派的创立为藏传佛教寺院经济的产生提供了契机。分析明初宗喀巴"宗教改革"的主要内容，我们可以找到一些藏传佛教寺院经济产生的主观因素：为减少受世俗势力控制的程度，保证教派的自主发展，宗喀巴主张改变教派只与单一的地方政权势力相结合的局限性，同各地方政权势力广泛建立"施主"关系，依靠这种经济资助，逐步建立寺院自有的经济体系，以解决建寺、养僧的开支费用，确保学经修习水平。整顿教规，严守戒律，改革寺院组织，严格学经制度，明确划分寺院管理制度，以突出寺院的经学院性质。这样一来，成百上千的僧侣集中在同一寺院内学经，其日常生活费用自然是一笔相当可观的开支，单凭不固定的布施是无法维持的，必须有固定的收入来源，使新生的格鲁派能够兼异并同，站稳脚跟。宗喀巴十分明确这些利害关系，并且从主观意愿上积极行动。这样，藏传佛教格鲁派（黄教）很快在蒙古族受到广泛的尊奉。

二 寺院的分布和经济来源

明代蒙古族聚居区修建了大量的寺院。仅库库和屯地区，明代就修筑了弘慈寺（大召）、满珠锡理呼图克图、席力图召、美岱召、乌素图西召、喇嘛洞和小召等著名寺院。喀尔喀的阿巴岱汗也在和林附近修建了额尔德尼召。寺院经济是从寺院拥有牲畜开始的。从俺答汗在库库和屯修建弘慈寺（大召）开始，信众就向寺院贡献牲畜，该寺的释迦牟尼银佛像开光时，仅俺答汗就捐献了漫山遍野的牲畜。俺答汗去世后，其遗属又将以九计数的人夫、骆驼、备有金鞍嚼的骟马以及布满原野的六种牲畜献与满珠锡理呼图克图。蒙古族领主们为争取黄教的支持，扩大自己的势力和影响，纷纷投入巨资建寺，并将大量牲畜、财宝乃至土地和属民贡献给寺院。下层民众或被摊派，或出于信仰，也不遗余力地布施。寺院则利用做法事、化缘等方式不断扩大自己的经济实力。因而寺院积聚了越来越多的财富。如固始汗对青海境内的藏传佛教寺院，则采取了厚赏鼎助的诸多措施。据文献记载：四世洞科尔呼图克图嘉木央嘉木措于1646年到青海，受到了固始汗的供养。嘉木措向固始汗请求赐地，固始汗便把丹噶尔（今徨源县）到日月山根的大片土地赐予他，遂修建了洞科寺。[①] "土地之广，田租之多，偏丹邑皆是也"，且有很大的政治权势，"毗接于西宁县迤西各庄，设立各等苛虐刑罚，权埒官吏而横冤过之"。[②] 明神宗万历三十二年（1640年）落成的郭隆寺，是黄教在青海地区修建较早也是最有影响的寺院之一，号称"湟北诸寺院之母"。[③] 建寺经费主要来自互助十三部头人、僧侣、信士的资助和布施。寺院香火地起初是互助十三部，到明末，固始汗又将大通河流域划作其供养地。

寺院的喇嘛虽多，但他们并不从事生产劳动，因此寺院的众多

---

① ［日］若松宽：《西宁东科尔呼图克图的事迹》，《东洋史论丛》1980年4—7月号。

② 张廷武、杨景升：《丹噶尔厅志》。

③ 韩儒林：《佑宁寺及其名僧》。

牲畜必须由喇嘛以外的人来放养，或由世俗领主的属民放牧，或由属民为寺院服役放牧，后来更多的是由封建领主献出的人夫放牧，这些人夫就是寺院的沙比纳尔。封建领主们还划出一块土地作为寺院的牧场和耕地，寺院也可利用自己的资财收购土地。于是寺院既有牲畜又有从事生产的属民（沙比纳尔）和土地，并通过上述方式，取得源源不断的收入，积累了大量财富。入清以后，寺庙林立，资产不断膨胀，于是出租土地，参与商业和高利贷活动，成为左右蒙古族的经济势力之一。

三　寺院经济阶级构成及财产占有方式

新出现的寺院经济和寺院所有制仍然属于封建领主制经济形态，因为寺院的财产、牲畜土地和属民归寺院领主所有。所谓寺院领主就是寺院中的上层喇嘛，寺院有严格的等级制度，它是世俗阶级社会的缩影。贵族、领主子弟出家后，在寺院中处于特殊地位，得到寺院的专门培养，或至西藏进修，又有家中财力支持，很快就会上升到上层喇嘛中去，掌握寺院的教务和财产，他们和世俗领主结合在一起，统治着蒙古族社会。而一般属民出家后，只能充当下层喇嘛，承担寺院的杂役，很难上升为上层喇嘛。处于寺院最底层的沙比纳尔（僧众），一辈子为寺院领主从事劳动，生活最困苦。

寺院财产的占有方式，可分为寺有、佛有和僧众所有三种形式。一是寺有，即是以全寺院名义占有的财产，主要包括以寺院名分占有的地畜产收入和布施收入两项内容。这是私有制的一种特殊形式，它是不成熟的、不纯化的私人占有制，有着封建财产关系的质核和宗教团体外壳的两重属性，即在表面上似乎体现着一种虚幻的集体的意志，而实质上反映的是部分上层宗教人士的权利，财产的主要受益者是一些上层喇嘛，一般僧众只有很少的财产干预权和微薄的受益权。而且这种情况愈来愈严重。财产的主要受益者是上层喇嘛。二是佛有，这是各寺院中以活佛名义占有的财产，由活佛的管家或活佛本人管理，财产的处分权和受益权归活佛私有。这是宗教外衣装饰下的私人占有制，在寺院经济中占有一个不小的比例。如塔尔寺噶勒丹锡坦佛、洞科寺的洞科佛、广惠寺的敏珠尔佛，都有土地达一万亩之多。土观佛的土地达一万四千多亩，另有羊二千多只，牛三百多头。以活佛名义占有的财产，其收入一般用于活佛本人的宗教活动和物质生活的开支。财产的继承权是按照法缘关系确立的，在活佛的宗教地位按"转生"世系确定的情况下，活佛的财产也按照活佛的世系代代相传。比如：敏珠尔一世的财产只能传给敏珠尔二世。三是僧人占有，是一种下层僧人的私有财产。一般僧人宗教地位低下，其经济地位也不优越，有趣的是，寺院喇嘛占有方式也是借用"家"这个社会细胞而建立的。塔尔寺、佑宁寺、广惠寺都有"家"的组织，即往往按世俗亲戚关系，把普通僧众分编为若干小单位，每个单位由一名老成喇嘛带几名僧徒组成，称为一"家"（家中成员自然全是男性）。按法缘关系讲，一"家"内是师徒关系，但追溯他们的世俗血缘关系，又多是叔侄、舅甥等。一"家"人同住一个院落，平日在一起食宿和做功课。有的"家"牧养若干牛羊，剪毛取乳，有的"家"有一两匹马以资驮运骑乘，有的"家"还占有几十亩土地，由全"家"成员集体耕种，或由他们的俗家亲属代耕，收入归"家"所有，以济补炊食之用。个别致富的"家"也有出租土地的现象。一般僧人的"家"庭占有制，在"家"中成员离寺、死亡，"家"庭结构瓦解时，按动产和不动产处理，土地和房屋是不动产，得舍入寺院。粮食、钱物可以由喇嘛的俗家继承一部分。寺院财产中大量的是寺有和佛有。一般僧人占有制是微小的。

第 十五 章
明代蒙古族与其他民族间的经济关系

元朝时形成了蒙古高原和中原地区广泛的经济交流，促进了经济发展。太祖洪武年间，北元与明朝双方剑拔弩张，战争绵延，蒙古族与中原地区的经济联系基本上被人为地切断了，南北方统一市场被破坏了。明成祖后，蒙古族与明朝的经济关系进入了艰难的恢复期。直到俺答封贡后，这种经济关系得到了进一步发展并逐渐进入了全盛发展期。此外，明代蒙古族还与西域各民族、回族等保持着经济联系。

第一节　蒙古族与明朝经济关系的艰难恢复

明代前期蒙古族与明朝的经济联系，以朝贡和马市为基本形式，自成祖永乐初年建立起来以后，虽屡屡间断，但均为时不久便又重新恢复。直至孝宗弘治中，达延汗与明朝关系紧张，这才中断达数十年之久。

蒙古族与明朝双方交换的商品，体现了以狩猎为补充的游牧经济体与以农业为基础、手工业为补充的经济体之间的交流。蒙古族输出以马匹、高级皮裘为大宗，马市等民间贸易还包括骆驼、牛、羊、骡、驴、马尾、皮张等。他们从明朝购买的，主要是布匹、绸缎、粮食，见于记载的还有鱼网、红缨布，以及严格限制数量的铁锅、犁铧；至于一般生活用手工业品，均在交换之列。

一　蒙古族对明廷的朝贡

明成祖继位，出于政治需要，开始怀柔蒙古族。以后即使是"五出漠北，三犁虏庭"大张挞伐的岁月，也并没有放弃经济笼络的一手。1402 年（建文四年）朱棣刚刚攻入南京称帝不久，即遣使谕兀良哈、鞑靼等部曰："朕今统承天位……特令百户裴牙失里赍敕谕尔，其各居边境，永安生业，商贾贸易，一从所便；欲来朝者，与使臣偕至。"① 次年五月，又遣专使谕兀良哈"官军人等"："但来朝者，悉授以官，俾仍居本地，岁时贡献，经商市易，一从所便。"② 重申这一政策，堵塞了三十余年的明蒙贸易通道很快开启。

明代前期，蒙古族对明廷的朝贡，是明蒙间贸易的前提和主要形式。1403 年（永乐元年）十一月，"兀良哈头目哈儿兀歹遣其部属二百三十人来朝贡马"。这是《明实录》所记最早的一个蒙古族朝贡使团，成祖即"命礼部赐钞币、袭衣，并偿其马直，上马每匹钞五十锭，中马四十锭，下马三十锭，每匹仍与彩币表里一"。③ 七年以前，1396 年（洪武二十九年）西域撒马尔罕遣使贡马 1052 匹，太祖诏赐钞 25190 锭。④ 平均每匹马给值不足 23 锭。洪武、永乐间

①　《明太宗实录》，洪武三十五年十一月壬寅。
②　《明太宗实录》，永乐元年五月乙未。
③　《明太宗实录》，永乐元年十一月丙子。
④　王世贞：《弇山堂别集》，卷 89《市马考》。

钞币贬值是事实，但成祖所偿蒙古马值显然是很优惠的。"靖难"中兀良哈三卫与朱棣建立了特殊关系，加上优厚的赏赐，永乐间的朝贡贸易以三卫最积极。

当时蒙古族聚居区政局动荡，几乎是无政府状态。由于经济利益的吸引，许多蒙古族部落，或由三卫荐引，或单独派遣使者，或部长本人亲自到明廷贡马。如1404年（永乐二年）七月，"哈剌温等处鞑官王副把都不花等来朝贡马"；1405年（永乐三年）五月，"鞑靼头目察罕达鲁花遣人归附贡马"；九月"款多伦地面鞑靼纳哈刺等来朝贡马"，"麻里宽里答儿官木连地面哈里察筹万户古列太真卫指挥使阿三朝贡"；十月"泰宁……等卫指挥章乞帖木儿等五十二人及恺腊儿鞑靼把秃、九山鞑靼野麻哈等五十四人来朝贡马"。[①] 这只是永乐二三年间的一部分名单。

1408年（永乐六年）十月瓦剌马哈木等遣使朝贡，次年五月封马哈木、太平、把秃孛罗为顺宁、贤义、安乐三王，给赐诰印。1410年（永乐八年）十二月东蒙古太师阿鲁台遣使贡马，1413年（永乐十一年）七月封阿鲁台为太师和宁王，赐金印。东西蒙古族的实际最高掌权者先后向明廷朝贡，并接受敕封，标志蒙古族与明廷的朝贡贸易全面展开。

朝贡贸易在也先时期，即正统、景泰年间持续大规模地进行，这在明代蒙古族史上是一个高峰。也先死后，马可古儿吉思汗、孛来、毛里孩、孛罗忽、乩加思兰、满都鲁汗以及瓦剌斡失帖木儿等亦断断续续遣使至明廷朝贡，但无论次数或规模均已无法与也先执政时相比。至于兀良哈三卫大体上维持原样。

兀良哈三卫入贡，一般是一年两贡，一次是贺"万寿圣节"，一

① 《明太宗实录》，永乐二年七月癸丑；三年五月庚辰，九月庚子、辛酉，十月乙卯。

次是贺正旦（后改为冬至），每次进贡，每卫定额百人，于喜峰口入边。① 阿鲁台时期的蒙古本部，常例岁或一贡，或再贡。瓦剌则为每年一贡。② 就瓦剌而言，大体是十月由大同入境，参加正旦朝贺，赐宴，次年正月离京，二月出大同。明方则遣使赍敕书、赐物伴送瓦剌使臣返回，并随同下一个使团还京。

每朝贡使团至边，必须交验明廷所赐敕书，或加盖明廷所赐官印的贡表。蒙古族诸部，上至瓦剌三王、阿鲁台，下及羁縻卫所头人，接受明廷敕封，有了明廷所授敕书、印信，这才取得朝贡贸易的特权。1432 年（宣德七年）泰宁卫掌卫事都督佥事脱火赤和朵颜卫指挥使司先后派人至明朝，声称旧所降印为本雅失里掠去，请再赐新印。③ 福余卫的安出，则于 1425 年（洪熙元年）闰七月、1436 年（正统元年）九月先后两次上奏卫印"为寇所夺"，或"为阿鲁台所侵，亡失其印"，请求重颁。④ 1446 年也先势力已接近顶峰，朝贡规模更加庞大，他也要奏请明廷，说是明成祖赐予他祖父的顺宁王驼钮金印，在与安乐王把秃孛罗仇杀时失去，要求再赐新印。⑤ 从这个意义上看，明代蒙古族的朝贡贸易以称臣受封为前提，带有明显的政治性，体现了明朝政权与朝贡部落之间松散的隶属关系。

朝贡作为一种贸易形式，包括三个方面的内容。

一是进贡。蒙古族诸部所贡主要是马匹，此外尚有骆驼、皮张、玉石、海青等。据明朝朝贡通例"凡各处夷人贡到方物，例不给

---

① 万历重修《明会典》，卷 107《朝贡三》。

② 《明史》，卷 327《鞑靼传》；卷 328《瓦剌传》。

③ 《明宣宗实录》，宣德七年正月戊辰，五月甲子。

④ 《明宣宗实录》，洪熙元年闰七月戊戌朔；《明英宗实录》正统元年九月丁酉。

⑤ 《明英宗实录》，正统十一年十一月甲申。

价".① 但为了酬答,有给赐,有回赐。

给赐。凡进贡鞑靼及瓦剌可汗、诸王、一等至四等头目以及使团的一至四等使臣,均有给赐。如永乐、宣德中,赐瓦剌顺宁王彩缎十表里,妃五表里,头目一等者五表里,二等至四等四表里。1437年(正统二年)赐鞑靼虏王彩缎五十表里,虎斑绢十疋,妃八表里,头目一等八表里,二等六表里,三等五表里,四等四表里。外有加赐。至于差来进贡的正副使臣,原定每人赏织金衣一套,靴鞓各一双。以后定例,一等正副使每人彩缎六表里、绢五疋,二等彩缎四表里、绢三疋,三等彩缎二表里、绢二疋,四等彩缎一表里、绢一疋;俱与纻丝衣一套、红毡帽一顶、靴鞓各一双。数内妇女不与红毡帽。

回赐。计算所贡方物,给予相应的彩缎、纻丝、绢以及折钞绢等。贡物与赐物的比例则经常变化,无一定规。比如1411年(永乐九年)回赐顺宁等王,上等马一匹彩缎十表里,海青一连四表里,白狐皮二十七个四表里。宣德间回赐顺宁王及使臣人等进马,中等者每匹彩缎二表里、折钞绢一疋,下等者纻丝一疋、绢八疋、折钞绢一疋,下下者绢六疋、折钞绢一疋;驼每只三表里、折钞绢十疋;海青一连一表里;银鼠皮二百个十二表里;貂鼠皮二个绢一疋;青鼠皮十个绢一疋;土豹一个绢七疋半。有时贡外马匹,

亦可由有关政府部门给价收购。如1404年(永乐二年)兀良哈头目脱儿火察等贡马,又言"有马八百余匹,留北京愿易衣物。命北京行后军都督府及太仆寺第其马之高下给价偿之"。②

二是会同馆开市。进贡领赏毕,会同馆开市。三卫与鞑靼、瓦剌待遇似有差别。三卫许于会同馆开市三日,铺行人等按例携带商

---

① 万历重修《明会典》,卷108《朝贡四》。

② 《明太宗实录》,永乐二年四月己丑。

品（违禁物除外）进入会同馆，与三卫使人两平交易。对于瓦剌等大部，先由礼部出告示，除违禁物品不许贸易，蒙古族聚居区使人可以将赏赐所得缎绢布疋，以及政府不需要的马匹、玉石等，在街市上与官员军民人等两平买卖。1445 年（正统十年）规定，为期五日。

三是使团进京沿途贸易。1454 年（景泰五年）明提督宣府军务李秉上奏："初迤北贡使人境，非应禁军器，听与沿途居民交易。其至宣府、大同，饮食草刍之属，往往皆自货于市，岁以为常。近者乃严禁之。军民私与接语，及违法交易者，全家谪戍海南。故虏使再至边市，军民辄敛避，臣以为：昔尝待之以宽，今遽太严，恐起猜疑之心，失柔远之道。乞弛其禁。从之。"① 所谓"非应禁军器，听与沿途居民交易"，范围相当广泛，使团往返经过宣府、大同等地均可进行，完全能够弥补京师会同馆开市之不足。"近乃严禁之"，大概是土木之变以后的事，景泰五年从李秉奏复弛此禁，则沿途贸易基本上是始终存在的。对兀良哈三卫也是如此。三卫贡使由喜峰口出入，每会同馆市毕，顺天府循例行蓟州遵化，"如三卫夷人回还到彼，听令两平交易，每人许收买牛一只，犁一副、锅一口。不许将违禁之物私自挟卖"。②

蒙古族与明廷的贸易，在也先执政期间，规模巨大。现将《明实录》关于这一时期瓦剌朝贡使团的情况列表如下，以供参考。

---

① 《明英宗实录》，景泰五年十月甲午。

② 以上关于朝贡内容，凡未注明出处者，皆据万历重修《明会典》，卷107《朝贡三》、卷 111《给赐二》。

年　份	使团人数	贡品	史料出处（均引自《明实录》）
1440（正统五年）	卯失刺等男妇 664 人	马 1674 匹，银鼠等皮 320 张，续贡马 90 匹	正统五年十一月癸卯
1441（正统六年）	阿都赤等 2190 人	马 2537 匹，貂鼠、银鼠等皮 21200 个，续贡马、青鼠皮不详	正统六年十月甲申，十二月甲辰
1442（正统七年）	卯失刺等 2302 人	马 2537 匹	正统七年十一月癸亥
1443（正统八年）	把失罕等 283 人	不详	正统九年正月乙亥
1444（正统九年）	卯失刺等 1867 人（包括回回锁鲁檀等）	马 3092 匹	正统九年十月癸丑
1445（正统十年）	①皮儿马黑麻等 1900 人 ②回回锁鲁檀并以必儿、洗必儿等处使臣倒刺火者等 1809 人	①皮儿马黑麻等贡马 800 匹，青鼠皮 13 万个，银鼠皮 1.6 万个，貂鼠皮 200 个。上以其过多，命马收其良者，青银鼠皮各收 1 万个，惟貂鼠皮全收之。余悉令其使臣自鬻 ②不详	正统十年十一月辛未，十二月丙辰；正统十一年正月戊子、己丑
1446（正统十一年）	孛端等男妇 1165 人	不详	正统十二年正月己卯

年　份	使团人数	贡品	史料出处（均引自《明实录》）
1447（正统十二年）	皮儿马黑麻等2472人	马4172匹，貂鼠、银鼠、青鼠皮12300个。皮儿马黑麻续献马200匹，驼7只	正统十二年十一月甲辰，十二月乙丑
1448（正统十二年）	①使臣完者帖木儿、买卖回回锁鲁檀等共3589人②后查实脱脱不花土使臣止有414人，也先使臣1358人，买卖回回752人，共2524人	①不详②后使臣续进马124匹，驼3只	正统十三年十一月壬寅，十二月庚申
1450（景泰元年）	①脱脱不花王使臣皮儿马黑麻等125人②也先使臣昂克把秃等，阿剌使臣失该等2500人③脱脱不花王使臣苦秃不花等205人	①不详②马驼440只，貂银鼠皮500只③马329匹	景泰元年九月壬子、己未景泰元年九月甲子，十月庚寅、甲午景泰元年十一月庚午，十二月已卯、甲申

续表

年 份	使团人数	贡品	史料出处（均引自《明实录》）
1451 （景泰二年）	①也先使臣苏克帖木儿等。 ②脱脱木花王使臣完者帖木儿等91人 ③瓦剌使臣皮儿马黑麻等1652人（此似包括脱脱不花、也先使臣；但也先别遣使察赤轻等于十二月乙酉朝贡，贡品不详）	①不详 ②不详（主要送回被掳明招抚 ③海西使臣高能等6人） 马3363匹	景泰二年二月丙戌，三月壬子景泰二年四月丁酉，五月丁未、庚申 景泰二年十月丙戌，十二月乙酉
1452 （景泰三年）	①也先与阿剌等使臣察占等2945人 ②也先使阿老丁等150余人	马驼等40000只续贡不详 马200余匹	景泰三年闰九月甲申，十一月甲子、己巳 景泰三年十一月丁丑，十二月乙卯；四年正月丙戌
1453 （景泰四年）	也先汗使臣哈只等1143人	不详	景泰四年十月戊戌，十四月甲申

这么多的使臣，这么大量的马匹、裘皮，从明廷获得给赏，给价也十分惊人。以1452年（景泰三年）的进贡为例，当时脱脱不花

汗已经被杀，仅也先与阿剌即遣使三千人，贡马驼四万匹，明廷方面"通赏各色织金彩素纻丝二万六千四百三十二匹，本色并各色阔绢九万一百二十七匹，衣服三千八十八袭，靴鞡毡帽等件全"。① 为运送这批使臣至怀来，明政府令沿途"五府各卫并顺天府共办车三千五百辆，装送虏使赏赐行李"。②

1488年（弘治元年）五月，达延汗驻牧大同近边，营亘30余里，遣人"奉番书求贡"。得到明廷的允许以后，于六月遣使1539人，贡马骡4930匹，明廷令500人入京。③ 1490年（弘治三年）二月，达延汗与瓦剌太师使臣3000余人同时入贡，明廷许蒙古族1100人入关，400人入朝；许瓦剌400人入关，150人入朝。所贡马数不详，明赐小王子并太师"蟒龙、红缨、琵琶、帐房等"。④ 同年十一月，瓦剌太师与小王子部下脱罗干使臣来贡，却回脱罗干使者，许瓦剌200人入京。⑤ 1491年（弘治四年）正月，小王子达延汗与瓦剌太师火儿古倒温遣使朝贡，许1500人入关，500人进京。要求"比旧加赐表里，并货买弓、锅、鞍子、织金膝襕之类"，似乎除违禁物品外，大体得到满足。⑥ 1496年（弘治九年）达延汗援例要求以3000人入京，明同意1000人，但以"瓦剌兄弟相攻，欲回兵袭之"，⑦ 不见下文。1498年（弘治十一年）小王子遣使6000人求入贡，许入关者2000人，来京者500人。使臣"多挟马入边私市"，

---

① 《明英宗实录》，景泰四年正月丙戌。
② 《明英宗实录》，景泰四年正月辛酉。
③ 《明孝宗实录》，弘治元年五月乙酉，六月癸卯，八月己未，九月乙丑。
④ 《明孝宗实录》，弘治三年二月癸巳，三月己卯。
⑤ 《明孝宗实录》，弘治三年十一月癸卯。
⑥ 《明孝宗实录》，弘治四年正月乙酉，二月乙丑，三月辛巳。
⑦ 《明孝宗实录》，弘治九年五月己未。

大同守臣纵令"官军势家用彩缎、衣服、铁器等物易彼达马"。① 达延汗朝贡，这是最后一次。②

达延汗的朝贡，显示了这位蒙古族"中兴英主"的特有风格，第一，经济上要明廷付出代价，政治上则完全平等。通观 200 余年蒙古族对明廷的朝贡，或多或少都带有某种隶属关系，以换取经济利益。唯达延汗时期明显不同。《明实录》说弘治元年小王子"奉番书求贡，书辞悖慢。自称大元大可汗……兵部覆奏谓，北虏虽有入贡之意，然以敌国自居。"③ 自后成为定规。大约是弘治九年，已经商妥但未实行的那一次，当时的兵部职方司观政进士何孟春写信给本部尚书马文升说："比闻北虏有书要三千人入贡。入贡之名可嘉，而所以求贡之词甚逆"，"称与书而不表，与我抗也；称我以南朝，是将北等我也"。据何孟春透露，书中甚至扬言"减我一人，即三千人俱不来"，骄横威胁溢于言表。④ 第二，朝贡同时，继续寇边。在弘治初两次朝贡以后，1493 年（弘治六年）六七月间入甘、凉、永昌、庄浪等处，"抢去头畜十万以上"。次年九月前后又两次入境，"抢掠头畜约十万有余，人口不知其数"。⑤

由于 1498 年入贡"赏赐浸薄"，⑥ 以后连年大规模进攻明朝。其中杀掠最惨的如 1500 年（弘治十三年）五月中旬入大同，西自威远、平房，东迄阳和、天城，南至应、朔、马邑、浑源等州县，"绵

---

① 《明孝宗实录》，弘治十一年二月己巳，五月乙巳，七月己亥，八月辛巳。

② 《明孝宗实录》，弘治十七年三月壬午，六月癸未。

③ 《明孝宗实录》，弘治元年五月乙酉。

④ 何孟春：《上大司马相公书》，《明经世文编》卷 126。

⑤ 《明孝宗实录》，弘治七年十二月己卯。

⑥ 《明孝宗实录》，弘治十三年六月壬寅；《明孝宗实录》弘治十四年九月甲申。

亘千里，烟火聚落百万余家，旬日之间生产荡然，人畜殆尽"。① 1505 年（弘治十八年）由宣府新开口入边，与明军战于虞台岭，明军死 2615 人，伤 1156 人，失马 6500 余匹，这是震惊一时的所谓"虞台岭之败"。② 这些均与明朝日趋腐败，边防弛弱、将领懦怯直接相关。③

二 蒙古族与明朝的马市

马市是以称臣朝贡为前提，与朝贡并行的另外一种明蒙贸易形式。"永乐间，设马市三：一在开原南关，以待海西；一在开原城东五里，一在广宁，皆以待朵颜三卫。"④ 具体时间是 1405 年（永乐三年）。⑤ 当时规定价格，上上马绢八疋、布十二疋，上马绢四疋、布六疋，中马绢三疋、布五疋，下马绢二疋、布四疋，驹绢一疋、布三疋。1406 年（永乐四年）兀良哈等处告饥，愿以马易米，遂定上马每匹米十五石、绢三疋，次上马米十二石、绢一疋，中马米十石、绢二疋，下马米八石、绢一疋，驹米五石、布一疋。1411 年（永乐九年）又定开平马市价，上上马一等绢五疋、布十疋，二等马布十八疋，驹子布五疋。⑥ "开平"，原文如此，疑为"开原"。以后开原城东及广宁二市皆废，但废弃时间不明。1431 年（宣德六年）宣宗遣使敕福余等三卫都指挥使安出等，"听其来朝及往来市易"。⑦

---

① 《明孝宗实录》，弘治十三年七月庚午。
② 《明孝宗实录》，弘治十八年五月戊申。
③ 曹永年：《蒙古民族通史》第 3 卷。
④ 《明史》，卷 81《食货志五》。
⑤ 王世贞：《弇山堂别集》，卷 89《市马考》。
⑥ 同上。
⑦ 《明宣宗实录》，宣德六年七月壬午。

1433 年福余卫安出奏，"岁饥，民贫无食，欲与边城贸易以给，乞免一年买马课税"，宣宗"命所司从之"。[①] 1443 年（正统八年）英宗敕三卫头目，还提到"彼此交易，自有边市"，[②] 好像马市仍断断续续地维持着。成化间三卫屡求开马市。1478 年（成化十四年）陈钺抚辽东，复开三卫马市，由于通事刘海、姚安肆意侵害牟利，朵颜诸部怀怨，扰广宁，不复来市。兵部尚书王越请令参将、布政司官各一人监之，禁止侵克，并治刘海、姚安罪，令海西及朵颜三卫入市；开原每月一市，广宁每月二市，以互市之税充抚赏。[③] 武宗正德年间开原、广宁互市仍行不衰。辽东开原、广宁两处马市，虽以待朵颜三卫，但是蒙古族其余诸部也利用这一窗口，与明朝交易。据载，1449 年土木之变，有沙狐狸者陷于瓦剌，曾随侍英宗，后"被留虏中，虏授为士卒头目，浸用事，纳妇生子，遂致富贵。亦时奉虏命至朵颜三卫开马市。如是者殆四十年"，[④] 至 1485 年（成化二十一年）始返归明朝。蒙古族其余部落参与辽东马市，这是一例。

大同马市始于 1438 年（正统三年）。这一年四月，大同巡抚卢睿建议，"大同宜立马市，庶远人驼马军民得与平价交易。且遣达臣指挥李原等通其译语。禁货兵器、铜、铁。从之"。[⑤] 十余年后土木之变发生，大同马市中断。1462 年（天顺六年）孛来所遣使臣察占等率 300 人朝贡，明朝以人数过多，令"将紧要使臣带领来京，其余从人俱留大同安歇，给予口粮下程，有货物交易者，听其就彼交易"。[⑥] 1499 年（弘治十二年）大同马市仍在进行。除辽东、大同三

---

①　《明宣宗实录》，宣德八年七月丁卯。

②　《明英宗实录》，正统八年七月丙辰。

③　《明史》，卷 81《食货志五》。

④　《赐归降华人职官》，《登坛必究》卷 38，刻本。

⑤　《明英宗实录》，正统三年四月癸未。

⑥　《明英宗实录》，天顺六年五月壬戌。

处定期马市而外，还有不定期马市。1408 年（永乐六年）成祖敕甘肃总兵何福："凡回回、鞑靼来鬻马者，若三五百匹，止令鬻于甘州、凉州；如及千匹，则听于黄河迤西兰州、宁夏等处交易，勿令过河。"① 首先由政府决定"或全市，或市其半"，② 其余当与军民贸易。朝贡使团所携贡外马匹，亦可于甘肃等地鬻卖，其中良马，政府往往出面"官市之"。③

这之后明与达延汗关系恶化，中断了半个世纪，直到俺答汗时期才达成了嘉靖三十年马市，但十分短暂。1550 年八月，明世宗与严嵩、徐阶等内定"临城胁贡"过于丢脸，要求俺答"退出大边外，另遣使赍番文，因大同守臣为奏，事乃可从"。杨增奉旨赍金宝密使俺答营帐，双方妥协，俺答撤出边外，并按商定的程序，于当年十二月至 1551 年（嘉靖三十年）春天多次叩宣大边请通贡。

1551 年三月，俺答派他的义子脱脱（即恰台吉）率领十余骑，至宣府宁远堡暗门，叫出明朝通事，"攒刀为誓，求通贡市；赠通事马二匹，留真夷虎刺记等四人为质而去"。不久又缚送明朝叛卒朱锦、李宝至边，以示悃诚。④ 宣大总督苏祐上疏报告了这一情况，认为俺答态度十分积极，但是他又认为，蒙古族"部落不一，谲诡无常"，难保以后不起衅端，所以"职惟为今日之计，当外示羁縻之术，内修战守之务。若求贡之事，决不可轻信而遽许之，以遂彼之奸，亦不可逆诈而峻绝之，以激彼之怨"。具体办法呢？苏祐说："虏复惓惓以宣大陕西各边通行开立马市，买卖马骡牛羊为言。"既然对方提出"先许开市，以济目前"，那么可顺其情，"令其将各部

① 《明太宗实录》，永乐六年三月壬戌。
② 《明太宗实录》，永乐四年九月壬戌。
③ 《明太宗实录》，永乐十一年七月丁酉。
④ 《明世宗实录》，嘉靖三十年三月壬辰。

夷众，于宣大延宁分投开市，以我之布帛米粮，易彼之牛羊骡马"。
这样一举数利；若"虏果奉约惟谨，终岁不内犯，俟至来春，然后
议其通贡"。①

原议通贡，至此变成了开市；如果开市一两年间不来侵犯，再
议通贡。这一政策上的变化，反映了明朝统治集团内部的矛盾以及
明世宗态度的转移。1550年俺答城下胁贡成功，对于大明王朝来说
实是奇耻大辱。明世宗素来以英主自许，一贯威柄在御，尤其无法
忍受。八月二十一日他无可奈何地接受了徐阶的意见，并派杨增厚
币回报俺答；二十三日当徐阶将内定方略，以廷臣集议的形式上奏
时，御旨却是另一种完全相反的意见："虏酋入犯神人共愤，如议集
兵剿杀，不得轻信伪书，致堕虏计。"② 大言"集兵剿杀"，纯是一
副胜利者的姿态。在他看来，皇帝的脸是丢不得的，尤其在臣民面
前，即使迫订秘密的城下之盟，公开场合也必须高唱豪言壮语。同
年十月，世宗谕阁臣曰："外域之臣，敢于我前带信坐观城池，可
软？不一征诛，何以示惩！"指示兵、户二部"先集兵聚粮"，准备
出征。又谕仇鸾"卿勿怠此戎务，必如皇祖时长驱胡虏三千里乃
可！"③ 这既是给自己铺设台阶，也为了求得心理上的平衡。然而就
当时的明朝而言，无论是政治或是军事，都已不允许他这么做了。
不能打败蒙古族，就得践约接受通贡。然而世宗决不愿意走这条路。
当年力主通贡的翁万达一针见血地道破了其中的奥秘："北虏近方拥
众人犯畿甸，今却以贡为请，似轻中国，挟我以必从"，不管如何掩
饰，都是丢脸的城下之盟；还有一层，"北虏近来屡屡求贡，边臣议

---

① 苏疏见《明世宗实录》，嘉靖三十年三月壬辰，以及《明经世文编》
卷216。二者均为摘要，互为补充，此处兼引。

② 《明世宗实录》，嘉靖二十九年八月甲申。

③ 《明世宗实录》，嘉靖二十九年十月癸未。

奏，大略欲以战守为实事，许贡为权机。节奉明旨行各该镇，严加拒绝。当其时也，虏不大举寇边者已二三年，计若可许，犹且难之，况声罪致讨，万万无可许之理。"① 明世宗本人大话说过了头，现在许贡，不仅表明自嘉靖十九年以来的"明旨"统统错了，而且目下"长驱三千里"的高调也成了讽刺。

唯一勉强可行的只有开马市。明成祖以来的马市虽直接与朝贡相关，但毕竟是两回事。去年八月，仇鸾就曾向世宗建议，通贡固不能行，可以援辽东、甘肃、蓟州例开互市。世宗很欣赏，要兵部详议。② 然时俺答已入北口，无暇顾及。仇鸾通过时义与俺答保持密切接触，1551 年三月，俺答提出先开市，不能排除是受了仇鸾的暗示；而仇鸾则被世宗引为心腹。所以苏祐的奏折很快通过廷议，世宗也勉强批准兵部议处：派吏部侍郎史道赴大同经略边事，许于大同五堡边外开立马市，发马价银十万两，令买绸段等物充用；宣府、延、宁诸镇亦听各督抚与就近各夷部落开市；每年两次。③ 四月二十五日至二十八日，开大同马市于镇羌堡。俺答汗先期至，"诫诸酋毋饮酒失事，毋与驽马，马必身腰长大毛齿相应然后入。于是俺答及脱脱巡徼关市下，诸酋肃然"，④ 结果共易马 2700 余匹。马尚多，以段布既竭而止。俺答"进谢恩马九匹，番长（表）一通"，取回人质虎剌记等四人出边。明按例赐俺答大红绉丝膝襕花样衣一表里，全（金）顶大帽一、金带一，脱脱大红绉丝一表里，夷使臣丫头智及人质虎剌记等四人各青绿绉丝一表里。⑤ 随后，宣府设马市于新开口堡，把都儿、辛爱、伯腰、卜郎台吉、委兀儿慎台吉凡五部入市，

---

① 翁万达：《俺答求贡议》；《明经世文编》卷 225。
② 《明世宗实录》，嘉靖二十九年八月丁丑。
③ 《明世宗实录》，嘉靖三十年三月壬辰。
④ 瞿九思：《万历武功录》，卷 7《俺答列传（中）》。
⑤ 《明世宗实录》，嘉靖三十年四月丙戌，五月乙巳。

共易马二千余匹。① 同年冬，陕西三边总督王以旂亦报延宁马市完成，凡易马互千余匹，"狼台吉等约束部落，终市无哗，涉秋及冬，三边绝警"。②

十余年来为之大动干戈的贡市，终于迈出了第一步；明蒙双方似乎有可能和平相处了，然而潜藏的危机并没有消失。

在蒙古族方面，一些信奉白莲教的汉人头目不愿意明蒙和解。此前，大同、山西一带许多白莲教徒先后逃亡草地，他们以迷信手段博取俺答信任，怂恿蒙古族封建主入边侵扰。其中最著名的有肖芹、乔源、吕明镇、张攀龙、丘富等。他们唯恐贡市成功于自己不利，千方百计煽动俺答"仍谋入塞剽掠"。肖芹等人的行径遭到许多蒙古族封建主的反对；征得俺答汗的同意，脱脱于七月初执肖芹等引渡明朝。俺答执送肖芹，再一次表明了对贡市的诚意。但是这种靠大规模的武装进攻，迫使对方承诺的贸易往还，也无疑大大滋长了蒙古族封建主的骄横。战争既然可以争取马市，那么也可以得到其他想得到的一切。因此一旦条件改变，和平马上就会被战争所代替。

在当时，真正的危机却来自明朝，主要还是明世宗本人。由于政治腐败，导致城下之盟，明朝一些正直的士大夫感到痛心疾首，因而形成一股强大的反马市舆论。兵部车驾司员外郎杨继盛的著名的乞罢马市疏可以看成是一篇代表作。他们反对马市，相信世宗能够兴兵雪城下之耻，自是书生之见；但他们反对苟且之政，直觉地感到城下迫贡所带来的无穷后患，这不能一概否定。明世宗也反对马市，却完全出自专制君主的淫威。兵部原议每年开市四次，他减成两次，几天以后又改变主意，"复谕辅臣，岁市二次，可止与目前

---

① 《明世宗实录》，嘉靖三十年五月庚戌。

② 《明世宗实录》，嘉靖三十年十二月甲寅朔。

一行。仍亟行史道等，令示以中国上体好生，俯轸民患，特准一次。自是已后，十年不敢犯，输情上表，方再准一次。贡谓必不许。勿得示弱。"① 马市尚未开张，世宗已关闭了大门。

马市原议，明以段布米麦，易蒙古族牛羊马匹。马市初开，诸部酋长急于易马，明亦但具段布应之。七月初，脱脱执送肖芹等，因通知明边臣："富虏能以马易段，贫者唯有牛羊，请易菽粟。"史道上报朝廷，认为："马段之易，虏之富者利之，贫虏畜唯牛羊已尔。虏富者十二，而贫者十八，今不一为通融，恐为饥寒所迫，衡决约束，有防大计。"② 主张从之。原议本有以牛羊易粮食一款，马市既开，就不应该成为问题。但世宗态度已变，朝廷反对气氛愈演愈烈，宣大总督苏祐等人为自身利害计，亦主张不许，最后仇鸾也放弃始说，于是世宗决定："虏变诈，要求不可准。令大将及各总督镇巡官一意以战守为事！"撤史道回京，断绝了与蒙古族的往还。不久又诱杀俺答使者丫头智。

1552 年（嘉靖三十一年）九月，世宗终于下诏"罢各边马市"，③ 明令"复言开马市者斩"。④ 明世宗最后单方面撕毁协议，关闭了马市的大门。双方又回到从前的战争状态。此后，除 1559 年（嘉靖三十八年）俺答一度至陕西边外乞贡未允，⑤ 再无任何妥协的迹象。明朝与蒙古族之间，又打了 20 年大战，比起马市前的 50 年战争，更频繁，更激烈，明朝方面的损失也更加惨重。这在 200 多年的明蒙关系上是空前也是绝后的。

─────────────────

① 《明世宗实录》，嘉靖三十年三月甲辰。
② 《明世宗实录》，嘉靖三十年八月壬戌。
③ 《明史》，卷 18《世宗纪》。
④ 《明史》，卷 222《王崇古传》。
⑤ 《明世宗实录》，嘉靖三十八年六月己酉。

三　明蒙走私贸易和生活用品的求讨

在与蒙古族的经济交往中，明朝政府的确明令规定过一些商品属于违禁物，禁止出售给蒙古族使臣；并且三令五申，违者将遭到严惩，包括处死。这些违禁品是"兵器、铜铁"①、花云锻②等。但是铁锅、犁铧等铁制基本生产生活用品似乎只是严格限制，并未禁绝。1440 年（正统五年）朵颜卫头目朵罗干的朝贡使臣回还，易得犁铧，为关隘所阻。英宗谓兵部臣曰："远人当怀柔，农具故未有禁，听其归勿阻。"③ 这是明证。三卫贡使每人每次许买犁铧一副，锅一口。三卫每年两贡，每贡卫各百人，那么，一年将有六百人次，购得犁铧六百副，锅六百口。犁铧与锅均为耐用消费品，至少对于三卫来说，不致过于缺乏。至于东西蒙古族诸大部，1449 年也先大举进攻明朝时，列举出兵的原因说："我每奏讨物件也不肯与，我每去的使臣故买卖的锅、鞍子等物也都不肯着买了。"④ 也先自己证实，锅、鞍子等物原来是可以购买的，不肯买与只是近一两年的事。1450 年（景泰元年），明朝重新规定"许买铜汤瓶、锅、红缨、鞍辔、剪子等物"，⑤ 又开放了禁令。一度禁卖铁锅，显然与当年猎獗的武器走私有关。明朝打击武器走私，做过了分，把"故买卖的锅、鞍子"都禁了，当然不对，但也不宜苛责。关于军器走私，明朝早

① 《明英宗实录》，正统三年四月癸未。
② 《明孝宗实录》，弘治十二年五月壬午。
③ 《明英宗实录》，正统五年五月甲辰。
④ 佚名：《正统临戎录》。
⑤ 万历重修《明会典》，卷 111《给赐二》。

有禁令，且屡禁不止。① 正统间也先东征西讨，急需武器，尤其是铜铳之类的先进火器，明朝则日趋腐败，所以武器走私十分猖獗。在这方面，明朝的边吏起了带头作用。大同镇守太监郭敬是节制一方的最高官吏，他依仗与王振的亲密关系，"递年多造铜铁箭头，用瓮盛之，以遗瓦剌使臣。也先每岁用良马等物赂振及敬以报之"。② 上层既如此，在京及沿途"官军人等无赖者"更肆无忌惮。1442 年"瓦剌贡使至京，官军人等无赖者以弓易马，动以千数，其贡使得弓，潜内衣箧，逾境始出"。③ 1445 年（正统十年）"瓦剌使臣多带兵甲弓矢铜铳诸物。询其所由，皆大同宣府一路贪利之徒，私与交易者"。④ 1452 年（景泰三年）瓦剌使臣察占筹至京，仍"带来在馆盔甲、腰刀、弓箭、把铳等物，每件有至二三百以上者。此必初入境时沿途军民贪图微利，潜卖与之"者。⑤ 当时也先一面朝贡，一面犯边，并正在积极准备发动大战，这种情况下大量兵器走私，对明朝无疑构成一种威胁；尤其是铜铳之类的火器，"虏所甚畏"，⑥ 是明朝防御的有效武器，当然不能允许外流。

每蒙古族朝贡使团抵京，除了定额给赐、按贡品数量多少折算的回赐外，尚有"求讨"一项。也先太师、脱脱不花汗以及某些大头目，可以通过使臣，向明朝"求讨"某些物品，"在彼头目一等二等，并三等内有系虏酋亲，及亲信用事者，俱请旨给赐"。⑦ 求讨

---

① 《明太宗实录》，永乐五年十月壬辰；《明宣宗实录》，宣德九年二月癸酉。

② 《明英宗实录》，正统十四年九月丙戌。

③ 《明英宗实录》，正统七年十月乙卯。

④ 《明英宗实录》，正统十年十一月庚寅。

⑤ 《明英宗实录》，景泰三年十一月庚辰。

⑥ 《明英宗实录》，景泰元年闰正月甲戌。

⑦ 万历重修《明会典》，卷 111《给赐二》。

多为生活用品，有时也会遭到拒绝。1445 年（正统十年），瓦剌使臣桑加失里等奏，"其太师也先求人参、木香诸药，阴阳占候算卜诸书"，英宗说，"厚往薄来固柔远人之道，弟彼贪得无厌，且词涉不孙，其俱勿予"。① 同一个朝贡使团里有喇嘛禅全，也先为其"乞大赐封号，并银印，金襕袈裟，及索佛教中合用五方佛画像、铃杵、铙鼓、缨珞、海螺，咒施法食诸品物事"，英宗也以"也先妄求，既无旧例，岂可勉徇。其勿与"。② 更多的情况是按求讨如数赐予各种物品。这里以 1439 年和 1441 年（正统四年和六年）为例，分类摘录所赐脱脱不花可汗和他的两个妃子的物品，作为参考。

衣服：织金四爪蟒龙膝襕八宝衣一，宝金彩绣纻丝衣八，织金胸背麒麟并四宝四季花褡护比甲各一，等等不下十种；各种织金纻丝彩缎，每种数匹不等。

冠帽：金嵌宝石绒毡帽一顶，金钑大鹏压缨等事件全，伽蓝香间珊瑚帽珠一串。

腰带：全相犀角麒麟系腰一。

靴：铜线虎尾三尖云头套靴一，皂麂皮蓝条铜线靴一。

佩刀：减银摺铁刀并鞘一。

仪仗：鞭鼓喇叭号笛各一，黄身勇字鱼肚旗一，鱼尾号带飞虎招旗二。

生活用具：砗红兽面五山屏风坐床一，锦褥九，各样花枕九；销金凉伞一，油绢雨伞一。

书籍：夷字《孝经》一本。

乐器：秋木面乌木裹琵琶一，花梨木火拨思一，篌篌、火拨思、二弦各一副。

---

① 《明英宗实录》，正统十年十二月己酉。
② 《明英宗实录》，正统十一年正月庚辰。

其他：胭脂，各色绒线、丝线、蜡等。① 每次都大同小异。有时还赐予"铅砂焰硝",②"帐房、药材等物"。③

第二节　蒙古族与明朝经济关系的全盛时期

俺答封贡后，蒙古族与明朝的经济交往进入了一个新的时期，经济联系的各种形式齐备，渠道畅通。

一　明蒙互市地点日益增加

从隆庆俺答封贡到后金统一漠南的 60 多年里，在蒙古族与明朝的交接部，开辟了许多互市市场。

长城的中西段，宣府、大同、山西、延绥、固原、宁夏、甘肃七镇，分属宣大山西总督和陕西总督节制；在蒙古族则是右翼领主的辖区。1571 年俺答封贡，宣大、陕西方面实现了和平，于是一系列的互市市口在这里相继建成。1571 年（隆庆五年）最先开辟的马市为大同得胜堡、新平堡，宣府张家口堡，山西水泉营，延绥红山边墙暗门之外，宁夏清水营旧厂。④ 大同方面，后来增设守口堡马市，以待原与黄台吉同在新平堡互市的兀慎、摆腰诸部。又在助马堡、宁虏堡、杀胡堡、云石堡、迎恩堡、灭胡堡等处设小市市场。⑤

---

① 《明英宗实录》，正统四年正月癸卯，六年正月甲子。

② 《明英宗实录》，正统八年正月壬午。

③ 《明英宗实录》，正统十四年正月己酉。

④ 《明穆宗实录》，隆庆五年八月癸卯，九月癸未。

⑤ 王士琦：《三云筹俎考》，卷 3《险隘考》；杨时宁《三镇图说》，玄览堂丛书本。

宁夏方面，后来增设中卫、平虏二市场。① 甘肃方面，后来增设高沟寨与铧尖墩小市，洪水堡扁都口市场。② 另有临时性小市。

长城东段，蓟镇边外，早已是朵颜牧地。三卫进贡，例由喜峰口入边。朝廷规定三卫贡使会同馆开市以后，回归时可于蓟州沿途购买控额的铁锅、犁铧，至于其他商品当能随心采购。此外石塘、古北、曹寨、马兰、松棚、喜峰、太平、燕河、台头、石门诸处，皆为抚赏地点，守堡官员可以酌情换盐米、给酒食。辽东之开原、广宁，永乐初即开马市，以待三卫和女真。后曾短期关闭，成化十四年重开，并一直维持下来。1595 年（万历二十三年），明又在两个对蒙古族的马市之外，于义州大康堡开广宁木市。后木市日多，至万历末，广宁镇夷堡、锦州大福堡、宁远兴水县堡、宁远中后所高台堡、辽阳长安堡等地均已开设了木市。③

于是，东起辽东，绵延向西至肃州，在明朝与蒙古族的全部边界线上，出现了近四十所各种形式的交易地点。它们依次是：辽东开原庆云堡马市，辽阳长安堡木市，广宁镇夷堡木市，义州大康堡木市，广宁团山堡广宁马市，锦州大福堡木市，宁远兴水县堡木市，宁远中后所高台堡木市；蓟州除了北京至喜峰口三卫贡使沿途贸易而外，石门、台头、燕河、太平、喜峰、松棚、马兰、曹寨、古北、石塘，均为抚赏地点；宣府张家口堡马市；大同新平堡马市，守口堡马市，得胜堡马市，助马堡市场，宁虏堡市场，杀胡口市场，云石堡市场，迎恩堡市场，灭胡堡市场；山西水泉营马市；延绥红山墩边墙暗门马市；宁夏清水营马市，平虏马市，中卫马市；甘肃高

---

① 《明神宗实录》，万历二年十一月戊寅，十三年闰九月戊午。

② 《明神宗实录》，万历三年十月壬申，六年二月癸未，十三年闰九月戊午。

③ 程开祜：《筹辽硕画》，卷首《辽东图》。

沟寨和铧尖墩市场，洪水堡扁都口马市。自东向西，排列在数千里长城线上。

二 明蒙互市形式多种多样

明朝与蒙古族相互对峙二百多年，双方先后建立起朝贡、马市、小市和边境抚赏等经济联系形式；至明后期这些形式同时存在并都有所发展。

朝贡。朝贡在蒙古族诸部与明朝之间，既是一种贸易，又是建立其他形式的经济联系的政治前提。但从1571年俺答封贡以后，朝贡的重要性发生了变化。第一，朝贡的直接经济价值降低了。明代蒙古族的朝贡贸易，在也先时期达到了顶峰，庞大的使团，以及巨额给赐、回赐，使明方不堪负担，成为明蒙关系破裂的一个重要因素。隆庆封贡定规，俺答及右翼诸部岁贡使不超过150人，贡马不超过500匹，且使团不能入京，贡马给赏均于大同进行。第二，朝贡不再是贸易的绝对必需的前提。俺答封贡，蒙古族大汗察哈尔图们汗亦求封，明朝廷以形势相异，不允。故终明之世察哈尔大汗未得敕封。但是，朵颜三卫嘉靖中已为察哈尔所蹂躏，三卫诸部或被吞并，或为所挟，泰宁、福余尤甚。所以自嘉靖以后，享有三卫朝贡和互市权利的，有许多实际上是察哈尔、内喀尔喀的部落。还有记载说："插汉远在东偏，领赏卖马，必由两哨。"① 通过俺答东西两哨也可以卖马领赏。天启、崇祯间，明朝为了应付后金日益严重的威胁，相继出巨资抚赏左翼诸部。至此朝贡与抚赏、贸易完全分离。朝贡地位的低落，标志明蒙交往的经济因素进一步突出。

马市。辽东与宣大山陕的马市是两种类型。

---

① 谷应泰：《明史纪事本末补遗》，卷3《插汉寇边》。

辽东方面。弘治间规定每月开马市一次或两次。开原马市每月初一日至初五日开市一次；广宁马市，每月初一日至初五日，十六日至二十日两次。但是到万历年间似乎已突破这一成规，随时均可入市贸易。[①] 蒙古族贵族、牧民与内地商人直接交换，全部为民间贸易。入市抚赏本金，主要靠"抽分"，即商品交易税。除马市之外，辽东尚有多处木市，蒙古族以木材等交换生产和生活必需品。

宣大山陕方面。马市每年开市一次，每次一月；起初定在春天，但为了适应畜牧经济的特点，后来一般是在秋天进行。宣大山陕马市，从王崇古最初的建议看，似乎纯属民市，但在实施时，崇古恐互市之初，商民鲜至，有难应酬，请以库贮马价银等作为市本，购买缎布等与蒙古族交易。于是相沿成例，出现所谓官市与民市。每开市，"官市毕听民私市"。官市全为马匹，"其款有八：曰银马，自六两至十两共四等；曰蟒獭马，每匹蟒段一疋，水獭皮自六张至二十张共五等；曰金段马，每匹金段一疋，水獭皮自十张至十五张共二等；曰虎皮马，每匹四张；曰豹皮马，每匹豹皮自三张至六张共三等；曰梭布马，每匹梭布四十疋，有青布者，有无青布者共二等；曰官货马，每匹真远钱羽分段中潞绸各一疋，青梭布一疋，蓝白梭布十疋"。[②] 民市则蒙古族以马、骡、牛、羊、皮张、毛毡等，交换汉商之铁锅、粮食、布疋以及其他日用手工业品。

小市。小市的开辟主要是为了弥补一年一度大型马市的不足，特别是为了满足"穷夷"的迫切愿望。1572年（隆庆六年）即封贡开马市的第二年五月，王崇古上疏说：黄台吉部"素称穷悍无赖，冬时尚恃打猎，春来愈见狼狈。有畜者每次于巡边各口，求官权易，一牛易米豆石余，一羊易杂粮数斗；无畜者或驮盐数斗，易米豆一

---

① 参见辽宁省档案馆等编《明代辽东档案汇编》下册，第715—847页。
② 王士琦：《三云筹俎考》，卷2《封贡考》。

二斗，挑柴一担，易米二三升，或解脱皮衣，或执皮张马尾，各易杂粮充食。其瘦饿之形，穷困之态，边人共怜之"。建议除于春月贡市时，每部给布各数百匹，米豆各一二百石，令散给本部穷夷而外，"其巡边各口，每遇虏酋执书求小市，查照臣原议，听参将守备官，准令边外各以牛羊皮张马尾等物，听军民以杂粮、布帛两平易换，量抽税银，以充抚赏。庶虏中贵贱贫富，各遂安生"。[①] 1573 年（万历元年）兵部在一份奏折中说："今边冲口，每月望后俱有小市，虽以抚安穷夷，尤当严加防范。"[②] 王崇古的方案很快被批准付诸实施。

宣大山西方面的小市，如上述兵部所言，设于沿边冲口，每月一次，在十五日以后进行，所以也叫月市。大同镇的助马堡、宁虏堡等市场就是这样的小市。西海、松山一带诸部，为俺答、吉能支属，马市、小市本应在宣大延宁等地市口进行，明方为照顾道远不便，同意在甘镇开马市于洪水堡扁都口，而在高沟寨或铧尖墩设小市。[③] 这里的小市好像不是每月一次，所以不是月市。

小市主要是为安抚贫苦牧民，马匹、牛羊、皮张、马尾、毡裘、盐碱、柴草等均可入市，以换取粮食、布匹、成衣、锅釜、针钱、糖果等日用品。小市地点多，限制少，开市频繁，更加有利于蒙汉人民的经济交流。

抚赏。朝贡、马市、小市均有抚赏，多为实物，实际上是上述贸易形式的有机组成部分。除此之外，还有一种抚赏。"计朝贡互市，皆有抚赏外，又有沿边报事及近边住牧换盐米、讨酒食夷人，旧规守堡官量处抚待"，"赏赐传报夷情夷人，白中布二匹，桌面二

---

① 王崇古：《酌许虏王请乞四事疏》，《明经世文编》卷318。
② 《明神宗实录》，万历元年正月庚寅。
③ 高沟寨与铧尖墩二地轮流开市，三年一轮。

张，酒二壶"。① 这是辽东的情况。蓟州为京师屏蔽，山后散居朵颜诸部，顺则传报声息，对于明朝的防务关系甚大，所以极重抚赏。据王崇古说，隆庆初，"蓟镇三卫之抚赏，每岁银达一万三千余两，而该镇扣军粮权采办以佐之，尚不下二万余两"。② 蓟州一镇每年抚赏三卫金额竟达 33000 余两，超过 1571 年俺答封贡当年宣大三镇四个马市抚赏费总额 3842 两的八倍半。这是一笔可观的金额，以缎布等实物形式，由上述石门、台头、燕河、太平、喜峰、松棚、马兰、曹寨、古北、石塘诸口，输入蒙古族聚居区。

宣府一镇抚赏"属夷"的费用，据上引王崇古疏，也达到白银万两。天启、崇祯，明边事大坏，无可收拾。为安抚林丹汗，不断增加赏金，至崇祯元年规定每年赏 81000 两以示羁縻。这种巨额抚赏不是贸易；但抚赏一般为缎布等货品，即有银两亦投入互市市场，所以还应该认为是经济交流的一种形式。

互市交易的方式有两种，一种是通过货币交换，一种是实物交换。明朝按牲畜的等级定出价格，由明朝官方、商人或汉族百姓用银、钞购取，然后领主和牧民又用银、钞购取汉地的粮食、布、缎、茶叶和各种器物。明朝规定，除了入贡的善马以外，"待命于市堡"的余马分为三等价格，"上马匹十二金，中十金，下八金，最下老弱及羸畜毋得入"。③ 这里的一金是指一两银子。官市上也可以物易物，"马价以布缯兼予"，"以锅折马值"，因此，在开市之前，明官方也准备了大量的粮食、布匹、铁锅及各种用具。民间互市多数是以物易物。

① 嘉靖重修《辽东志》卷 3《兵食》。

② 王崇古：《为遵奉明旨经画北虏封贡未妥事宜疏》，《明经世文编》卷 317。

③ 《万历武功录》卷八，《俺答列传下》。

三 明蒙互市限制不断减弱

明朝与蒙古族的贡市贸易，前期始终存在着一些限制，兵器、铜铁、花云锻等均属禁止出口的商品。当时双方处于交战状态，明方限制兵器出口，情有可原；一些标志封建等级的高级丝织品的限制，也不妨碍正常的经济交流。但是，由兵器扩大而为铜铁，这就使蒙古族人民生产生活所必需的铁锅、农具等得不到正常的供应。不过，尽管明朝廷一直提到禁止出口铁锅、农具，其实并没有认真执行；后期尤其如此。

蓟辽边外的朵颜等三卫，由于与明朝的特殊关系，铁锅和农具，很早就得到了有控制却比较充裕的供应。明后期得到进一步开放。辽东开原自永乐初即开辟达达马市和女真马市，其达达马市以待三卫，主要是福余卫。《开原图说》引高折枝曰：开原边外蒙古族、女真诸部"皆利我市赏，便我市易，我若闭关不与通，我布帛、锅口、田器等项，皆彼夷日用所需，彼何从得？"田器无疑铁制；所谓"锅口"，有关部门规定"辽东开原、建宁之市，以广锅入市"。[①] 据1577 年（万历五年）负责开原蒙古族马市抽分和抚赏的指挥同知戴良栋报告，这一年末，库存用于抚赏的铁锅达 3994 口。当时，从新安关入口的蒙古族"买卖夷人往那吉等六百五十名口"，明方抚赏官锅就有 404 口。[②] 此外，他们还可以在市场上自由购买。嘉靖中叶以后，辽东泰宁、福余诸卫基本上是左翼察哈尔、内喀尔喀部族，所以蓟辽方面出口的铁锅、农具，显然可以供应左翼及左翼友邻部落

---

① 王崇古：《为遵奉明旨经画北虏封贡未妥事宜疏》，《明经世文编》卷317。

② 辽宁省档案馆等编：《明代辽东档案汇编》下册，第 802、806 页。

的需要。

右翼的情况要复杂一些。自弘治以后，明与蒙古族大汗部族的贡市贸易中断。接着吉囊、俺答又与明朝打了 50 年大仗，正常的经济联系渠道被堵死，以铁为原料的制品，锅、农具等更是特别敏感的禁运品。所以隆庆封贡，明朝廷商讨开辟互市，关于铁锅问题，争论更激烈，拖延的时期也更长。1571 年（隆庆五年）二月，王崇古奏《确议封贡事宜疏》提出，"其互市之规，宜如弘治初北虏三贡例，虏以金银、牛马、皮张、马尾等物，商贩以段绸、布匹、锅釜等物择日开市"。① 经过激烈的争论，互市批准了，但铁锅问题并未解决，朝廷仍坚持"其铁锅并硝黄、钢铁皆禁勿予"，② 只以砂锅充市。三月，崇古再疏，谓"铁锅为虏炊爨之需，今与之衣，而不与之器，虏众何能自赡？或谓锅为兵刃所出，不可资虏，不知虏虽得锅，不能炼铁。否则如辽东开原建宁，以广锅为市。盖广锅生铁，不受炒炼，或可仿行"。③ 兵部提议"其广锅行督抚亲验"。有司炒炼"生广锅十斤，炼得铁五斤，尚未堪打造"，潞锅"十斤仅得三斤，若旧锅用久，仅得二斤"。崇古于 1572（隆庆六年）五月复上奏炒炼结果，请求给锅。兵部会户部、礼部议，以为"广、潞二锅，虽有粗精之别，而均犯出境之禁。无已，则以铜锅代之"。④ 实际上是以铜锅和砂锅进入马市，然铜锅价格昂贵，砂锅一碰就碎，牧民不愿意购买，结果生活仍然困难。

---

① 《明穆宗实录》，隆庆五年二月庚子；王崇古《确议封贡事宜疏》，《明经世文编》卷 317。

② 《明穆宗实录》，隆庆五年三月甲子。

③ 《明穆宗实录》，隆庆五年三月庚寅；王崇古《为遵奉明旨经画北虏封贡未妥事宜疏》，《明经世文编》卷 317。

④ 《明穆宗实录》，隆庆六年五月乙巳；王崇古《酌许虏王请乞四事疏》，《明经世文编》卷 318。

　　万历初，方逢时继王崇古为宣大总督，时俺答屡求铁锅、农具，情甚迫切。逢时写信给当时的内阁首辅张居正，说："诸夷火食已非一世，彼来人云：往年抢掠所得铁器，岁以数千计，今三四年破损锈烂，日就消耗，不可复得，分子嫁女，有一锅而各分其半者。此情颇真，亦可悯也。我之不与，恐其为害耳。"又说："至于农器，乃附近穷夷与我华人为耕种之计。若使诸夷皆火食力耕，彼足自养，则驰骋冲突抢掠之心，或可渐阻，未必无益。此二事恐当烦再议。"① 经过张居正等人的努力，朝廷决议"农器不必概给，铁锅照朵颜三卫例，量给若干"。② 这一年冬天开马市，方逢时于水泉、得胜两市，各备锅五百口，准折马价绸布，结果"诸散夷仍爱绸布，不愿得锅。二处共用锅不满三百口"。③ 长期的对峙和战争，明蒙双方成见甚深。明朝唯恐蒙古族炒炼为武器，迟迟不敢开放铁锅之禁，事实表明，蒙古族人民的铁锅需求量并不大，他们更没有用它去制造武器。铁锅问题解决了，而"禁予农器如初"。④ 但是农具问题蒙古族方面再没有提出来，似乎已经通过别的方式，如走私，得到了解决。

　　1580年（万历八年）明兵科都给事中戴光启等奏："频年以来，武弁军民，往往私通夷房，或擅行市易，而应禁之货币，潜投或密与约交，而一切之关防顿废。"⑤ 政府规定禁止出口的生产生活必需品已经很少，外加多年和平，关防顿废，所有禁令事实上均已失效。明蒙之间经济联系的大门完全打开。

---

　　① 方逢时：《上内阁张太岳论虏情书》，《大隐楼集》卷12。

　　② 《明神宗实录》，万历二年十月乙卯。

　　③ 方逢时：《上内阁张太岳论铁锅书》，《大隐楼集》卷13；《明神宗实录》，万历二年十二月丁未。

　　④ 瞿九思：《万历武功录》，卷8《俺答列传下》。

　　⑤ 《明神宗实录》，万历八年正胃壬子。

四 明蒙互市的积极作用

明朝隆庆万历以后，蒙古族与内地之间各种形式的贸易市场遍布长城全线，人为的贸易限制基本上被废除，明蒙经济交流空前繁荣。

王士琦描述得胜堡市口的盛况，说"每遇互市，东西名王率众数万，烽屯城下"。[①] 明万历《宣府镇志》叙述张家口马市开市之日，"贾店鳞比，各有名称"，"南京罗缎铺、苏杭绸缎铺、潞州绸铺、泽州帕铺、临清布帛铺、绒线铺、杂货铺，各行交易铺长四五里许"，[②] 俨然是一座繁富的商业城镇。1618 年沙俄使节佩特林来华，曾途经位于明朝边境之内紧靠长城的锡喇喀勒噶城，即张家口。佩特林对这个重要马市市场作了一个十分有意思的报告。他说：这里"除毛料外，各式货物齐全，但不见有任何宝石。他们有大量的丝绒、缎子、条纹绸和塔夫绸，以及金绣带铜的绸缎；还有各种花卉、各种糖、丁香、肉桂、大茴香、苹果、香瓜、西瓜、南瓜、黄瓜、大蒜、萝卜、洋葱、芜菁、白菜、芹菜、辣根、罂粟、麝香葡萄、杏仁、大黄和其他不知名的瓜果蔬菜。城市商号林立，货物一应俱全"。[③] 上述史实从不同侧面记载了当时明蒙互市的繁华景象。

蒙古族与明朝在各类市场上的交易额非常大。以宣大山西三镇为例，1571 年（隆庆五年）通官市马价银与抚赏费用为 60317 两。[④]

---

① 王士琦：《三云筹俎考》，卷 3《险隘考》。
② 《古今图书集成·职方典》，第 155 卷。
③ ［英］巴德利：《德国·蒙古族·中国》下卷第 1 册，吴持哲等译，第 1055 页。
④ 《明穆宗实录》，隆庆五年九月癸未。

1572 年（隆庆六年）增至 71046 两。① 1588 年（万历十六年）户科给事中穆来辅说，三镇市费"且三十万矣"。② 至 1612 年（万历四十年）已达 413000 两。③ 前后 42 年，猛增近 7 倍。三镇私市未见统计数字。只有 1571 年马市初开，王崇古疏奏三镇得胜堡、新平堡、张家口、水泉营四市，通共官市马 7030 匹，私市马骡牛羊 22000 头匹。官市马价银为 56475 两；私市多牛羊，价值不及马匹，加上皮张、马尾等，至少相当官市马价银的一半，估计 3 万两，是不过分的。如此计算，1621 年宣大山西三镇私市马骡牛羊、皮张等价，不低于 20 万两。与官市两项相加，则万历四十年宣大山西三镇的贸易总额，约为 60 万两。这还不包括该地区众多小市的贸易额。如果加上蓟辽、陕西诸边各种形式的互市，蒙古族与明朝全年的贸易额，应当会有 100 万两左右。天启、崇祯间，明朝出巨款抚赏林丹汗等人，这批银两亦投入市场，数量更加可观。1629 年（崇祯二年）王象乾议款察哈尔林丹汗"约俺、卜诸部赏，及虎墩辽阳旧赏，合诸部马价七十余万。象乾议益八万，共八十万"。④ 这 80 万两不包括私市部分。

各个互市设在长城线上，商品却来自明朝各地。马市初开，"崇古乃广召商贩，听令贸易。布帛、菽粟、皮革远自江、淮、湖广，辐辏塞下"。⑤ 官府亦派人远道采办商品。隆庆五年筹备开市，"我市本暂请借客饷金四万。不足则请云中库出年例客饷金三千，官遣一人偕行贾往临清，而以千三百治缎，千二百治绸，五百治布。缎

---

① 《明穆宗实录》，隆庆六年十一月乙巳。

② 《明神宗实录》，万历十六年闰六月壬午。

③ 《明神宗实录》，万历四十年十月壬午。

④ 彭孙贻：《明史纪本末补编》，卷 3《西人封贡》，中华书局标点本，《明史纪事本末》附。

⑤ 《明史》，卷 222《王崇古传》。

必二两以上，绸亦欲坚厚阔机，布用兰红诸色。不足则借朋合一万一千两，班价七千两，发四道，道各五千两，分往张家湾、河西务治金缯诸货"。① 次年三月，"云中遣指挥使偕商往临清、张家湾、河西务易缯布、水獭皮、羊皮金诸货"。临清、张家湾、河西务等地是当时著名的货物集散地，苏杭的绸缎、松江的棉布都在这里转手销售。以后似乎还派人至各产地直接采办。1589 年（万历十七年）山西巡抚沈子木言："本镇互市应用段匹、梭布、水獭、狐皮等物，发价银四万余两，委官往各省收买。在湖广，其弊制于牙行；在苏杭，其弊制于委官。以后欲将皮张行湖广抚臣，临期定价收买；段布行应天、浙江抚臣，先期审定机户织造。从之。"② 进一步减少中间环节，将苏杭的丝织，湖广的制裘业，直接与蒙古族马市联结。

在长城线上诸市口从事贸易的蒙古族人，也来自蒙古高原各地，乃至极西北边。

漠南右翼诸部自隆庆封贡以后，成为明朝互市的主要对象，这是人所共知的事实。左翼察哈尔、内喀尔喀以及科尔沁，则控制朵颜，吞并泰宁、福余，而以三卫名义获得贡赏和互市的权利；同时也可以通过土默特万户左右两哨领赏卖马。漠南诸部均能够从各类互市地点，出售牲畜和畜产品，购买铁锅、缎布、粮食等生产生活必需品，是不会有疑问的。

漠北外喀尔喀、漠西瓦剌，远隔大漠，万里迢迢，明代汉文史乘没有留下他们参与马市的记录。但事实上他们同样在利用各类互市点，与内地进行经济交流。

1618 年沙饿使节佩特林在长城的一个关口，亲眼见到，"城门口熙熙攘攘，约有三千人；阿勒坦汗的人将货物运到这里来交易。

---

① 《万历武功录》，卷 8《俺答列传下》。
② 《明神宗实录》，万历十七年六月丙戌。

他们也赶着马来关口同中国人做生意，但中国人只准许其中少数人通过长城"。① 佩特林所说的阿勒坦汗，是外喀尔喀和托辉特部的硕垒乌巴什。和托辉特地处喀尔喀的极西北边，尚且至长城互市，喀尔喀其余落部与中原的经济交往就更方便、更频繁了。在这以前，1616 年沙俄使节丘麦涅茨等在阿勒坦汗处见到喀尔喀汗派去的人，曾向他们探询喀尔喀汗及其领地的情况，这些人告诉俄国的哥萨克，喀尔喀"和中国保持友好关系，互相通商"。②

佩特林还提到黑喀尔木克（即瓦剌）与中原的互市。他说：大明皇帝将"货物分配给中国各城市，由各城市再通过边境转运到蒙古族聚居区，到阿勒坦汗处，到黑喀尔木克等部落"，以换取马匹。③

明中期以后，长城作为防御侵扰、隔绝蒙汉两个民族交往的封闭性工程，日益森严和完备；然而在这条长城上开凿的经济联系孔道却越来越多。这是历史的辩证法。和平友好的经济交流终于取代了过去血肉横飞的厮杀。元朝灭亡以来，二百余年的南北对立，已经失去了继续存在的根据。但是，蒙古族诸部林立，汗权不振，无法再次统一南北；明朝则在农民革命的狂涛中簸荡飘摇，行将陷于灭顶之灾。统一的历史重任，要由新兴的满洲来完成。④

第三节 蒙古族与其他少数民族的经济关系

明代蒙古族除与明朝的经济联系外，还与其他民族保持着经济

---

① ［英］巴德利：《俄国·蒙古·中国》下卷第 1 册，吴持哲等译，第 1042 页。

② 同上书，第 1018 页。

③ 同上书，第 1060 页。

④ 曹永年：《蒙古民族通史》第 3 卷。

交往，有着十分紧密的经济联系。

一　蒙古族与西域各少数民族的经贸关系

元惠宗北迁以后，蒙古族与中原的联系被切断。蒙古族封建主不满足游牧经济所提供的朴素简陋的生活，转而求助于西域。当时察合台汗国已经分裂，西部河中撒马尔罕一带为帖木儿汗国所占，明朝称为撒马尔罕，东部则陷于"各自割据，不相统属"的状态，其别失八里、哈密等与瓦剌相邻。统治者大多为蒙古族贵族，主要是察合台宗王后裔。历史的渊源，使蒙古族封建主与西域各地统治者，在政治上维持着较密切的关系，也促进了双方的经济交流。

1388 年捕鱼儿海之战，明军曾在脱古思帖木儿汗的斡耳朵俘掳数百名撒马尔罕等地商人。[①] 1404 年到达撒马尔罕的西班牙公使克拉维约亲见，撒马尔罕"城内屯集货物，到处充斥。其中有来自世界上最远处之货物。自俄罗斯及鞑靼境内运来之货物，为皮货及亚麻"。[②] 陈诚《西域番国志》"撒马尔罕"条："城内人烟俱多，街巷纵横，店肆稠密，西南番客多聚于此，货物虽众，皆非其本地所产，多有诸番至者。"蒙古族之皮张被商人贩运到了撒马尔罕。1407 年明朝得到报告，鬼力赤汗曾多次到哈密市马。[③] 较远的东蒙古都与中亚的经济往来如此频繁，可想而知较近的西部瓦剌与之的经济联系就更为密切。

脱欢、也先父子，在政治和经济上，一方面致力于吞并蒙古族

---

①　《明太祖实录》，洪武二十四年九月乙酉朔。

②　［西班牙］《克拉维约东使记》，杨兆钧译，商务印书馆 1957 年版，第157 页。

③　《明太宗实录》，永乐五年六月戊子。

诸部，另一方面力图向中亚扩张自己的势力。他们悉心经营哈密、沙州、赤斤、罕东等地处中西交通咽喉部位的明关西四卫，就是为了控制这条贸易通道。1446 年（正统十一年）也先令头目塔剌赤等至哈密强迫忠顺王倒瓦答失里的母亲、妻子和兄弟去瓦剌，"适有撒马尔罕兀鲁伯曲烈干遣使臣满剌麻等一百余人进贡方物，路经哈密，被塔剌赤等逼诱同往瓦剌"。① 这一史实清楚地记录了也先的具体做法和战略意图。

正统、景泰年间，也先不断扩大与明朝的朝贡和马市贸易，并且发动 1449 年的战争，大肆掠夺，同时，大大加强与西域之间的贸易往来，景泰年间的人口贩卖或许可以证明它的繁荣。1448 年，就有陕西延安卫舍人周辅，"先被达贼虏去，卖与回回为奴，至是来归"② 的记载。土木之变以后，明朝得悉"中国被虏之人自北回南者"多有在哈密地方居住，有的还可能遭到拘杀，遂于 1452 年（景泰三年）分别敕谕哈密忠顺王倒瓦答失里、赤斤蒙古和罕东等卫头目，要求他们将途经该地的走回汉人，妥善送至甘肃。③ 1455 年（景泰六年）明朝终于摸清了实情，敕哈密忠顺王说："累闻迤北走回人言：汉人男女有先被达贼抢去，有转卖与尔哈密地方者；有自逃回尔地方潜住者；有经过尔处，被尔部下拘留不发者，前后约有三千余人。中间被尔部下卖与撒马尔罕地面去者约一千余人，其余尚有二千余人。"④ 要求派人尽数送还。只哈密一地就集中了被掳汉人 3000 人，其中 1000 人由哈密转卖撒马尔罕。瓦剌直接卖给撒马尔罕等地的汉人更不知有多少了。

---

① 《明英宗实录》，正统十一年五月庚辰。
② 《明英宗实录》，正统十三年二月丙寅。
③ 《明英宗实录》，景泰三年十二月癸巳、乙巳。
④ 《明英宗实录》，景泰六年五月壬申。

二 蒙古族与回族的经贸关系

在蒙古族与明朝的经济交往中，我们总能看到回回商人的身影，他们对于加强双方的经济联系起着十分重要的作用。1407 年（永乐五年）阿鲁台"遣回回哈费思来朝，且奏求药",[①] 似乎不仅元代的回回人仍有一部分留居蒙古族聚居区，也还有不少新来的人。脱欢、也先时期，瓦剌使团中回回人实际起着主要作用。受明朝册封并见于《明实录》的一些高级使臣，如皮儿马黑麻、哈只阿力、阿老丁、兀马儿、锁鲁丹、塞伏剌等，姓名所显示的浓厚的伊斯兰色彩，透露他们大多是回回人。其中皮儿马黑麻自 1436 年（正统六年）随脱欢所遣正使阿都赤至北京开始见于史册，后又以也先、脱脱不花汗、麻儿可儿汗、孛来的正使身份，率朝贡使团多次至明，最后于 1457年（天顺元年）归降明朝，此人在蒙古族与明朝之间进行外交和贸易活动 20 余年，已经引起学界的注意。[②]

也先派到明朝的朝贡使团中有很多"买卖回回"随行，《明实录》将他们包括在瓦剌使臣之中，无法区分。1444 年（正统九年）瓦剌脱脱不花王及也先使臣卯失剌等 1867 人朝贡，礼部以人多一日之中难于合宴，决定第一天宴瓦剌卯失剌等，次日宴回回锁鲁檀等。[③] 由此看到他们的存在，而且人数肯定不少。1445 年（正统十年）回回锁鲁檀等随瓦剌使臣至明，这一次买卖回回及以必儿、洗必儿等处使臣达 1809 人。1446 年（正统十一年）瓦剌等处贡使

---

① 《明太宗实录》，永乐五年十二月丙申。

② ［日］萩原淳平：《明代蒙古史研究》，昭和五十五年同朋舍刊，第81—87 页；杜荣坤、白翠琴：《西蒙古史研究》，广西师范大学出版社 2008 年版，第 159—162 页。

③ 《明英宗实录》，正统九年十月甲子。

1165 人中包括回回阿里、锁鲁檀等，但人数不明。1447 年十一月，据《明实录》载"瓦剌使臣皮儿马黑麻等二千四百七十二人来朝贡马"。[1] 其实，皮儿马黑麻所领使臣只有 2149 人，其中包括所"诱挟买卖回回锁鲁檀等"，另外也先"又诱令哈密使臣脱脱不花同撒马尔罕使臣马黑麻的等男妇三百三十九人自陕西入贡"，[2] 总共组成了这 2400 多人的庞大使团。1448 年（正统十三年）脱脱不花汗和也先的 2524 名贡使中，也有买卖回回阿里、锁鲁檀等 750 名。这么多的中亚商人，被也先"诱挟"参与瓦剌和明朝的朝贡贸易，可见他们在沟通蒙古族与西域的经济联系方面所起的积极作用。只是由于史料缺载，我们已无法得知详情了。

---

① 《明英宗实录》，正统十二年十一月甲辰。
② 《明英宗实录》，正统十二年九月丁巳。

中国少数民族经济史丛书

杨思远 主编

蒙古族经济史

下卷

中国社会科学出版社

目　录

下　卷

第四篇　清代蒙古族经济史 ……………………………… 韩　强（515）

第十六章　满族对蒙古族的经济统治 ……………………………（517）

　　第一节　满族征服蒙古族的经济根源 ……………………（517）

　　第二节　满族对蒙古族的经济政策 ………………………（526）

　　第三节　蒙古族土地关系变迁与集权官僚制经济确立 …（537）

第十七章　盟旗制度下的蒙古族畜牧业 …………………………（541）

　　第一节　"分而治之" ………………………………………（541）

　　第二节　牧主成为新兴阶级 ………………………………（549）

　　第三节　社会财富过度集中导致牧民负担沉重 …………（556）

第十八章　清代汉族移民对蒙古族经济的影响 …………………（567）

　　第一节　由"明禁暗放"到"禁而不绝" ……………………（567）

　　第二节　半农半牧区、农业区的出现 ……………………（572）

　　第三节　土地公共占有制向私人占有制转变 ……………（579）

　　第四节　蒙古族商业、手工业和城镇的兴盛 ……………（587）

第十九章　清代蒙古族寺院经济 …………………………………（594）

　　第一节　寺院经济兴盛的原因 ………………………………（595）

　　第二节　寺院经济畸形发展 …………………………………（601）

　　第三节　寺院经济的衰落 ……………………………………（611）

第二十章　清代蒙古族与其他民族的经济关系 …………………（620）

　　第一节　与满族的"通贡"、赏赐与联姻 …………………（621）

　　第二节　蒙汉互市与通商 ……………………………………（629）

　　第三节　新疆、青海蒙古族与其他民族的经济关系 ………（635）

　　第四节　蒙古族对俄贸易 ……………………………………（640）

第五篇　晚清至民国蒙古族经济史 ………………………李　静（645）

第二十一章　帝国主义列强对蒙古族的经济侵略与满蒙

　　　　　　"新政" ……………………………………………（647）

　　第一节　沙俄等帝国主义列强对蒙古族的经济侵略 ………（649）

　　第二节　帝国主义列强对蒙古族经济掠夺的多种方式 ……（656）

　　第三节　洋教对蒙古族的经济侵略 …………………………（665）

　　第四节　清政府对蒙古族的"新政" ………………………（673）

　　第五节　蒙古族人民反帝、反官僚、抗垦、抗租斗争 ……（686）

第二十二章　晚清蒙古族经济从集权官僚制到半殖民地

　　　　　　半官僚制的转变 ……………………………………（694）

　　第一节　晚清蒙古族社会性质与经济、政治制度变迁 ……（694）

　　第二节　晚清蒙古族人口的缓慢增长 ………………………（699）

　　第三节　晚清蒙古族畜牧业由盛转衰 ………………………（708）

　　第四节　晚清蒙古族农业经济的进步 ………………………（721）

　　第五节　晚清蒙古族手工业和商业的畸形繁荣 ……………（729）

　　第六节　晚清蒙古族混乱的货币制度 ………………………（737）

第二十三章　民国时期多个反动政权对蒙古族的经济剥削 …（747）

第一节　北洋政府的治蒙政策与蒙垦 ……………………（749）

第二节　国民政府的进一步蒙垦与蒙古族牧民反垦 ……（961）

第三节　沙俄策动外蒙古"独立" ………………………（766）

第四节　日本伪满兴安政权对蒙古族的经济掠夺 ………（777）

第五节　日本伪蒙疆政权对蒙古族的殖民统治 …………（787）

第二十四章　民国时期殖民和半殖民化的蒙古族经济 …（798）

第一节　民国时期蒙古族人口的不平衡增长 ……………（798）

第二节　民国时期畜牧业的继续衰退与技术改良 ………（807）

第三节　蒙古族农业的"破坏性增长" …………………（814）

第四节　民国时期蒙古族工商业的殖民地化 ……………（819）

第五节　民国时期蒙古族金融业的新旧交替 ……………（824）

第二十五章　抗日根据地和解放区的蒙古族新民主主义经济 ……（833）

第一节　共产党领导下的蒙古族解放事业 ………………（833）

第二节　大青山抗日根据地的财政与金融 ………………（839）

第三节　蒙古族民主改革与货币统一 ……………………（847）

第二十六章　晚清至民国蒙古族与其他民族的经济关系 ……（853）

第一节　蒙满经济关系的弱化与破裂 ……………………（853）

第二节　蒙汉经济由隔离走向融合 ………………………（857）

第三节　蒙古族与藏、维及外国民族的经济关系 ………（863）

参考文献 ………………………………………………………（870）

· 下　卷 ·

第 四 篇
清代蒙古族经济史

韩　强

第 十 六 章
满族对蒙古族的经济统治

有清一代，满蒙一家，主次有别。自女真东起，满洲贵族便极力拉近与蒙古族各部的关系，并最终联合蒙古族势力入主中原，问鼎天下，蒙古族各部亦成为其藩属臣民。蒙古族各部被迫臣服的原因，主要在于其经济上的衰弱和满洲的极力诱惑。清廷通过设立理藩院（初为蒙古衙门）和推行封禁政策等措施，加强对蒙古族的经济统治，沿袭千年之久的封建领主制经济易位于集权官僚制经济，蒙古族世代相传的游牧业在发展方式上有了质的变革。

第一节　满族征服蒙古族的经济根源

按辩证法来讲，矛盾的发展不外乎两个原因：内因、外因，其中，内因是事物变化发展的根据，外因是事物变化发展的条件，外因通过内因起作用。蒙古族各部沦为满洲的藩属，根本原因在于各部经济实力衰落，各自为政，无心反抗。经济基础决定上层建筑，经济软弱，则政治无力。满洲通过利益引诱和政治联姻，极力拉拢蒙古族各部，最终征服之。

一　蒙古族畜牧业衰落

蒙古族自古以游牧为生，畜牧业是其经济生活的支柱，是维持民族繁衍生息、发展壮大的根基，是蒙古族自立于世的显著标志。如果没有强盛的经济实力，成吉思汗不可能征战欧亚大陆，同样，如果蒙古族畜牧业一直欣欣向荣，则蒙古族不会在政治格局变换中处于下风：在明代受明王朝节制，而终清一代，又附属于清王朝。蒙古族畜牧业的衰落，成为满族征服蒙古族的主要原因。

盛世不再，屈复故地。元末统治黑暗，君民离心，蒙古族建立的第一个王朝终被全国各地的农民起义推翻，元室北迁，重归祖地。从此，蒙古族重新进入分裂、动荡时期。明王朝采取"以蒙治蒙"的政策，旨在煽动蒙古族各部"各相为战"，时而支持瓦剌攻伐东部蒙古，时而鼓动东部蒙古削弱瓦剌，而自己则坐收渔翁之利，任凭蒙古族经济衰弱，民生凋敝。[①] 虽然后期蒙古族出现过短暂的、局部的统一，但这种局面很快消失。蒙古族各部之间的矛盾愈演愈烈，征伐不断，加之与明王朝的冲突始而未决，大量的人力、物力投入到战争中。虽然蒙古族畜牧业在这一阶段有了一定的发展，但相对连绵不绝、残酷苛刻的封建剥削，甚至出现了倒退迹象。进入 17 世纪，作为黄金家族嫡系大汗、统领察哈尔部的林丹汗，为了统一蒙古族，与明王朝的矛盾冲突减少。明王朝也急于联合林丹汗，共同抵御后金。故林丹汗依恃明王朝对各部横加兵威，所以各部便起而对抗林丹汗。时间跨度长、空间范围广的蒙古族混战就此开始。此番蒙古族的各部纷争与成吉思汗之统一蒙古完全不同：成吉思汗统

---

① 详见晓月《漠南蒙古归附后金经济原因管窥》，《内蒙古社会科学》1989 年第 3 期。

一蒙古族，结束了蒙古族聚居区分裂、混乱的局面，是一种历史的
进步；而由林丹汗发起的对蒙古族各部的讨伐，则是倒退的、落后
的，林丹汗妄图重举霸业，但却忽视了最根本的元素：财力来自明
王朝，而非自力更生。明王朝绝不可能希冀蒙古族东山再起，与后
金一起威胁自己的统治。经过长时间的纷争，蒙古族各部损失惨重。
而明王朝和满洲不费一兵一卒，坐视蒙古族各部逐渐衰敝不堪。当
力不能抵时，蒙古族各部纷纷离弃甚至背叛林丹汗。这样，蒙古族
势力的削弱，不只是外部，而更多的是因内部的割据、战乱，乃致
造成分崩离析。[①] 任何一个民族，只有团结奋进，才会经济强大，只
有繁荣发展，才可自立自强。明末清初的蒙古族，缺乏统一的发展
纲领，各自为政，拘泥于传统的游牧经济而不知变革，经济衰微，
势必依附满洲。

二　蒙古族各部经济独立

自元室北迁蒙古高原之后，蒙古族各部便出现了分化的趋势。
至明末，漠南、漠北、漠西蒙古各部均各自为政，割据一方，成吉
思汗时期蒙古族部落经济雄厚的实力便被分裂的政权形式所溶解。
经济的独立，尤其是传统的游牧经济的独立，给外来势力创造了征
服蒙古族聚居区的机会。此时的蒙古族聚居区，三面临敌：沙俄欲
吞并漠北蒙古而频频试探其政治倾向；明王朝希望联合蒙古诸部抵
御后金；后金觊觎蒙古族聚居区已久，意欲并而用之。

后金铁骑不断西进，严重威胁到明王朝北部边疆的安宁，城池
失陷，百姓流离失所。为此，明王朝逐渐关停与蒙古族聚居区的互

---

① 白凤岐：《试析明末清初满族、蒙古族关系史上的因果性》，《满族研
究》1990 年第 1 期。

市关口，以防范后金的进犯。随着蒙古族聚居区与明王朝互市的停止，蒙古族各部失去了以往从内地换得的部分生产生活用品，严重影响到游牧经济的发展。在这一时期，蒙古族各部单凭自己的实力而延续各自的封建统治，着实困难，于是，进一步的分化过程油然开始：以察哈尔林丹汗为首的蒙古族贵族上层的一部分人物，继续依靠明王朝，企盼明王朝的市赏；以科尔沁鄂巴为首的另一部分蒙古族贵族上层则投靠了后金。[①] 蒙古族世代以传统的游牧业作为支柱产业，经济结构极为单一，且传统的游牧经济抗风险能力低下，遇有恶劣自然灾害或者其他外部损害，都会对经济造成极为消极的影响。蒙古族的传统游牧业与内地传统的小农经济有相似之处，二者在发展模式上皆为自给自足型，但一般情况下，小农经济可以实现完全的自足，农民在衣、食、住、行方面都可以不借助于外力，即可自行生产；传统的游牧业虽然可以解决牧民大部分的衣食之需，但牧民仍需要内地的物资补充生活用品的欠缺，这也就决定了蒙古族各部落在经济上的劣势。此外，蒙古族各部规模大小不一，有的较小的部落仅有七八百人口，二三百户，如此经济规模，怎可有真正独立于世的能力。圣主成吉思汗时期，如若不是统一蒙古族聚居区各部，使各部经济实力合为一体，霸业恐亦难成，百万铁骑，耗资巨大，非一二部落可以承受。明末清初这一阶段，蒙古族外有列敌，内部分裂，成为清王朝的藩属，并非偶然。

三 与明廷经济关系恶化

（一）明廷赏赐为林丹汗独揽

元室北迁之后，与明王朝一直处于时战时和状态。明王朝为了

---

① 阎光亮：《清代内蒙古东三盟史》，中国社会科学出版社 2006 年版。

巩固北部边疆的安宁，除了定期与蒙古族各部开展互市贸易外，还会赠予一定的岁币，以安抚蒙古族各部。后金的崛起，严重威胁到明王朝的统治。为了扼制异族势力的兴起，明王朝统治者只能联合与满洲毗邻的蒙古族，以为反满联盟。明末，蒙古族聚居区实无共主，察哈尔部首领林丹汗以成吉思汗皇室嫡裔自居，在名义上代表蒙古族聚居区。明王朝与林丹汗相约，共同抵御后金。但条件是：明王朝必须增加每年赠予林丹汗的岁币，岁币数额达到 4 万两之多；并且将原由明王朝直接赠予漠南东部蒙古族诸部的岁币统统撤销，转交林丹汗控制。[①] 以 1629 年为例，明朝给察哈尔林丹汗两年辽东赏银 40 万两，两年大同赏银 24 万两，两年山西赏银 10 万两，宣府赏银 18 万两，新赏 81000 两，计银约百万两。其中大部分是马市银两，即市本。[②] 由此，漠南东部蒙古族诸部主要的外部收入被林丹汗截获，严重影响到这些部落的对外交换，给生产生活造成了极大不便。由此，东部蒙古族各部与察哈尔部的矛盾日益尖锐，冲突在所难免。

（二）贸易关市停办

俄国著名的蒙古学家弗拉基米尔佐夫曾说过："对汉人文化产品，主要是食品、织物以及金属制品的需要，推动蒙古从掠夺和袭击转向与明朝建立贸易关系。"[③] 中原和漠南正常的经济交往由来已久，主要是贸易互市的形式。通过贸易关市的定期抑或不定期的开办，蒙古人可以用牛、羊、马等牲畜或者畜产品换得粮食、食盐、

---

① 详见《蒙古族简史》编写组《蒙古族简史》，内蒙古人民出版社 1977 年版，第 48 页。

② 达力扎布：《蒙古史纲要》，中央民族大学出版社 2006 年版，第 178 页。

③ ［俄］弗拉基米尔佐夫：《蒙古社会制度史》，刘荣焌译，中国社会科学出版社 1980 年版，第 201 页。

布匹、茶叶、铁器等日常生产生活必需品，弥补游牧经济的欠缺。然而，明末清初，随着后金势力的崛起，其与明王朝的军事斗争愈演愈烈，努尔哈赤的八旗兵沿长城一带不断向西推进，致使张家口、杀虎口等明蒙互市关口被迫关闭。互市的消失，对内地汉人的影响也许并不显著，但对于蒙古族贵族和普通牧民则是沉重的打击，严重威胁到他们的正常生活。当时，蒙古人如若想获取外部供给，只有两条途径：一为传统的进攻明边，一为索取市赏。但军事进攻必然要损失生产力——人员，得市赏则要承担对方附加的政治条件，即与明王朝联手钳制满洲势力。这些因素反过来又导致蒙古族社会经济的恶性循环。①

及至明王朝的赏赐绝无，互市匿迹，蒙古族各部开始寻找新的经济依靠。当时，蒙古族所需物资，除中原可给外，只有满洲。满洲在努尔哈赤和皇太极的励精图治下，农业发展迅速，畜牧业、手工业和商业也有了很大程度的提高，加之满洲军队在征战过程中掳掠了大量的财富，使满洲成为当时东亚的后起之秀，在经济方面仅次于明王朝，与高丽等国家或部落也有着较为密切的经济往来。蒙古族各部大部分以前皆与满洲交恶，但单一的游牧经济结构和游牧业抗风险能力低下的现实，迫使蒙古族各部逐渐与满洲遣使示好，希冀满洲可以代替明王朝，成为蒙古族各部新的稀缺物资提供者。②满洲执意消灭明王朝，入主中原，但苦于自身实力暂时弱于敌方，见蒙古族各部有意与之通好，自喜不待言。由此，蒙古族大部分封建主归附满洲。经济依靠，军事协助，文化互通。

---

① 阎光亮：《清代内蒙古东三盟史》，中国社会科学出版社 2006 年版。

② 晓月：《漠南蒙古归附后金经济原因管窥》，《内蒙古社会科学》1989 年第 3 期，第 79—81 页。

四 满洲极力拉拢蒙古族各部

(一) 馈赠物品

拉拢蒙古族贵族上层，馈赠其大量物品，一直是满洲对蒙的重要策略和手段。在《清太祖实录》《清太宗实录》等重要史料中，随处可见满洲皇帝赏赐蒙古族贵族的记载。此处仅略列一二。太宗朝天聪七年（1633年），"庚戌，遣达尔汉台吉妻归国，赐甲胄、雕鞍、缎布、银器、女朝衣等物"。[①] 1621年，喀尔喀台吉古尔布什与台吉莽果尔率所属600户以及牲畜归附努尔哈赤，努尔哈赤赏给他们：各赐裘一、貂三、猞猁狲、虎、貉皆二、狐一；缘貂朝衣五、缘獭裘二、缘青鼠裘三、蟒衣九、蟒缎六、缎三十五、布五百、黄金十两、白银五百两、雕鞍一、鲨鞍七、玲珑撒袋一、撒袋实弓矢八、甲胄十、僮仆、牛马、田宅、杂具毕备。[②] 从这两例中，我们可以清晰地看出，满洲对蒙古族贵族的赏赐，以绸缎、华服、金银等蒙古族聚居区稀罕之物为主，这些物品可以满足蒙古族贵族的生活需求，彰显身份。

满洲不仅对自愿归附的部落给予额度不等的奖赏，对以往与满洲敌对的蒙古族王公，如若遣使通好，也一视同仁，照例赏赐绸缎、粮食、金银、人口等。蒙古族各部所贡财物，皆以牛、羊、马、驼为主，满洲皇帝一律"酌纳之"，更加易于俘获蒙古族各部的人心。满洲通过对蒙古族各部的丰厚赏赐，使蒙古族各部感恩戴德，眷顾天恩，在意识上自然而然地开始倾向于满洲皇帝，而对蒙古族的

---

① 《清太宗实录》，卷13。

② 宝玉柱：《清代蒙古族社会转型及语言教育》，民族出版社2003年版，第65页。

"共主"林丹汗越来越疏远。

（二）满蒙联姻

封建统治者擅于利用各种形式加强与邻邦的往来，贵族之间的联姻作为主要形式，尤为明显。比较有代表性的朝代，如汉代、唐代等，都通过贵族宗室之女远嫁邻邦，以达到拉拢的目的。特别是唐代，文成公主入藏，在政治、经济、文化等方面都加快了内地与青藏高原的交流，成为传世佳话。后金统治者深谙此理，联姻"战术"之运用得心应手，与蒙古族各部的联姻效果显著，为后起的偏远部落赢得了入主中原的先机。

有清一代，十二朝皇后有 6 人出于蒙古族，且大都为成吉思汗后裔博尔济锦氏；皇妃中出于蒙古族者为 16 人。清王朝前期，满洲公主和亲蒙古族各部者达 23 人，[①] 其中，天聪至顺治年间为 12 人，中又有八人为蒙古族后妃所出，可见当时的满蒙联姻强度之大。满蒙联姻始于清太祖努尔哈赤，努尔哈赤为建立女真与蒙古族的亲善关系，主动提出愿纳蒙古族贵族之女为妃，根据历史记载，1612 年，努尔哈赤以"闻蒙古科尔沁贝勒之女甚贤，遣使往聘"[②] 明安贝勒将女儿许配给努尔哈赤，由此揭开了满蒙联姻的大幕。科尔沁部是满洲联姻的主要对象，太宗皇帝的孝端皇后和孝庄皇后皆出自科尔沁部，因此，科尔沁亲王的级别和俸禄都远高于其他蒙古族亲王。通过联姻拉拢蒙古族各部，是满洲怀柔政策的一个方面。大规模、长跨度的贵族联姻，拉近了满蒙之间的关系，形成了错综复杂的舅甥关系网络，为满洲扩张势力埋下了深厚的伏笔。此外，满洲公主下嫁，势必有大量的人员、金、银、牛、马等陪嫁品，公主、额驸

---

① 金启孮：《清代蒙古史札记》，内蒙古人民出版社 2000 年版，第 103—105 页。

② 《东华录》，明万历四十年春正月。

的年俸最高可达 1000 两白银，遇有进京朝觐、公主或额驸身故，朝廷另有赏金。不仅如此，满洲贵族纳蒙古族女子为妻妾，亦有赏赐与蒙古族。《清朝太祖太宗世祖朝实录蒙古史史料抄》中记载：1625年"科尔沁载桑贝勒遣子台吉吴克善送女与四贝勒为妃。……因吴克善亲送其妹，优待之。赐以人口、金银、蟒缎、布帛、铠甲、银器等物甚厚，送之还"。[①] 满洲通过这一系列经济利益诱惑，进一步俘获蒙古族各部，使其感恩戴德，甘心向满洲俯首称臣。

（三）贸易通商

除馈赠物品和联姻之外，满洲也特别重视与蒙古族各部的贸易往来，不止一次派人到土默特、归化城进行贸易。据《清太宗实录》记载，"癸丑。是日，命阿尔津为帅，偕俄莫克图、谭拜、谭台柱、孟库鲁……张屯等率商人百余及八家官员，携货往归化城贸易"。[②] 在清代前期的历史记载中，关于贸易方面的史料明显少于馈赠、赏赐和联姻，也说明了清王朝对与蒙贸易的重视程度较为微薄。

贸易的目的在于互通有无。满洲入关前雄踞东北平原大部，经过努尔哈赤和皇太极的励精图治，经济实力雄厚，形成了牧业、农业、手工业、商业并举的发展模式[③]，而此时的蒙古族，畜牧业仍是其绝对的支柱产业，畜牧产品的出让构成对外贸易的主要部分。满洲与蒙古族在产业方面不具有很强的互补性，主要贸易产品存在同质矛盾，互通有无很难开展，因而导致双方的贸易频率较低。蒙古族之所以与明王朝贸易频繁，根源在于产业的互补性和贸易产品的不可替代性，蒙古族的马、牛、羊等畜产品是明王朝耕作文明所急

---

① 齐木德道尔吉、巴根那：《清朝太祖太宗世祖朝实录蒙古史史料抄——乾隆本康熙本比较》，内蒙古大学出版社 2001 年版。

② 《清太宗实录》卷三十六，崇德二年六月癸丑。

③ 关德章：《努尔哈赤经济思想及实践活动》，《辽宁大学学报》（哲学社会科学版）1990 年第 5 期，第 32—34 页。

需的物资，而明王朝所产的粮食、铁具、布帛、茶叶等也是蒙古族所不能自给的，即使有些产品可以自给，但远不能自足，因此双方的贸易持续了几千年，时断时有，从未绝迹。

第二节　满族对蒙古族的经济政策

满族将蒙古族置于藩属地位之后，在经济方面全面管控蒙古族。理藩院的设立标志着清廷治蒙制度化正式开始，理藩院在蒙古族的分旗划界、给俸、赈济、赋税等方面予以规则制定和实施。同时，为了稳固清廷对蒙古族的统治，清廷对蒙实行封禁政策，禁止蒙汉通婚和直接贸易往来，限制汉人蒙垦和禁止蒙古族各旗之间越界放牧。蒙古族与中原地区的联系一直处于滞后状态，为此清王朝在蒙古族聚居区建立和加强了驿站制度，使蒙古族与内地的沟通变得更加顺畅，也有利于上传下达。

一　理藩院全面管理蒙古族经济事务

理藩院是清朝政府治理蒙古族事务、行使中央集权的最高职能机构。[1] 其前身为"蒙古衙门"，后随着蒙古族事务以及其他民族事务的繁多，机构改制为"掌外藩之政令，制其爵禄，定期朝会，正其刑罚"[2] 的中央机构，代表清王朝行使对蒙古族各部的分旗、划界、封爵、俸禄、会盟、赈济、朝贡、赋税、贸易等具体事务。例如，理藩院旗籍司，掌管内扎萨克各旗划界、封爵、驿递、会盟等

---

① 卢明辉：《清代蒙古史》，天津古籍出版社1990年版，第60页。
② 《钦定大清会典》卷63。

事务；王会司，掌管内扎萨克王公等的俸禄、办理朝贡、赏赐等事务；柔远司，掌发给外扎萨克及喇嘛的俸禄、安排朝贡、赏赐等事务。[①] 并负责制定相关法律法规、典章规程，《理藩院则例》是理藩院治蒙的具体实施法律文书，此外，《蒙古律例》以及《清会典事例》也在治蒙过程中发挥了重要的作用。

理藩院对蒙古族经济事务的管辖可从《理藩院则例》中清晰看出：

关于税收。自清王朝开始对蒙古族实行集权官僚制之后，蒙古族牧民不仅要向清廷缴纳贡奉，还依然要对蒙古族王公贵族敬奉畜产品，有清一代，蒙古族牧民的税赋较重。史载："顺治初年定，蒙古王、台吉等每年征收所属，有五牛以上及有羊二十者，并准取一羊。有羊四十者，准取二羊，虽有余畜，不得增取。"[②] "有二羊者，准取米六锅。有一羊者，准取米一锅。其进贡、会盟、游牧、嫁娶等事，视所属至百户以上者，准于什长处取一牛一马之车。有三乳牛以上者，准取乳油一腔。有五乳牛以上者，准取乳酒一瓶。有百羊以上者，准增取毡一条"。[③] 虽然清朝统治者一再警告蒙古族王公贵族要轻徭薄赋，但朝廷的赏银以及俸禄并不能够支撑贵族们巨大的开支，尤其是遇有进京朝贡、年班、公主省亲、敬献寺院等重大活动时，扎萨克们都会增加对牧民的盘剥。

关于俸禄。"科尔沁土谢图、卓里克图、达尔汉三亲王，俸银二千五百两，俸缎四十。其余亲王俸银二千两，俸缎二十五。……骑都尉，俸银五十五两。云骑尉，俸银四十二两五钱。"[④] 清王朝的一

---

① 详见乌云毕力格、成崇德、张永江：《蒙古民族通史》第4卷，内蒙古大学出版社2002年版，第250－251页。

② 乾隆朝内府抄本《理藩院则例》。

③ （嘉庆）《钦定大清会典事例》，卷743。

④ 乾隆朝内府抄本《理藩院则例》。

品大员年俸也不过一二百两，仅相当于蒙古亲王的十分之一不到，可见当时清王朝对蒙古族的怀柔政策，已通过金钱俸禄的诱使发挥得淋漓尽致。

关于赈济。如遇灾荒，清王朝一般都会给予蒙古族各旗多寡不均的赈恤，以帮助蒙古各旗恢复生产。例如雍正时期，科尔沁、敖汉等处"收获未丰"，清王朝分别赏赐科尔沁五旗3000两、敖汉等十一旗6000两。并明确规定"将未能丰收者，察明赏给"①。除了清廷直接下拨赈济之外，还会要求旗内扎萨克等资助落魄王公、牧民，"今先察明贫困之户，著本旗扎萨克及富户喇嘛等抚养，不足则各旗公助牛羊"。如若扎萨克在赈济方面出现过时，则理藩院照例"仍治以罪"。通过一系列的赈济措施，蒙古族的经济得以维持。但我们也必须清晰地看出，清廷的赈济一来在于稳固蒙古族人心，使其对清廷感恩戴德；二来赈济绝不会帮助蒙古族扩大再生产，其额度仅足以恢复生产。史载："每贫台吉，给牛三头，羊十五只。每贫人，给牛二头，羊十只"②。如此数额，仅足以维持一户牧民家庭的简单再生产，免于饥荒；如若想扩大再生产，则需要较长时间的积累。维持蒙古族现有的经济水平，使其不至于富足，是清廷治蒙一贯的原则。

二 蒙旗三种财政类型的划分

清代前期的内蒙古，在政治体制上被划分为两类，即内属旗和外藩扎萨克旗。前者包括察哈尔八旗以及土默特二旗，后者涵盖六盟四十九旗。内属旗直接由清廷管辖，没有自治权；而外藩扎萨克

---

① 乾隆朝内府抄本《理藩院则例》。
② 同上。

旗虽然在一些事务方面节制于理藩院，但在政治、经济、司法方面仍享有相对较大的自主权。因此，两大蒙旗类型在财政方面有很大的差异。察哈尔八旗和土默特二旗在政治地位、军事义务上大体相同，但察哈尔八旗主要为清廷经营官办牧厂，管理者为八旗官兵，财政类型属于国家拨款型；土默特二旗则在自己的属地内自行耕牧，战时奉调出征即可，财政类型属于中央严格监管下的自收自支型。外藩扎萨克旗在财政方面则很少依赖清廷，只在特定时期接受清廷一定的赈济、赏赐。①

（一）以土默特二旗为代表的自收自支型财政模式

土默特二旗的旗内财政收支原为部落领主负责，后随着政治体制的改革，财政监管权旁落，土默特二旗的财政模式成为中央严格监管下的自收自支型，在很大程度上束缚了二旗的经济发展。

清廷首先在土默特设立财政管理机构，即由旗务衙门的户司主要负责两翼的财政事务；其次，建立严格的奏销制度②，将清廷用于内地的财政监督方式移入蒙地；再次，在财政收入分配中，土默特二旗逐渐被清廷排挤，沦为真正的隶属者。例如，在土地分配方面，乾隆朝以后，大量的土地被划拨为官地，用于支付驻防八旗官兵的粮饷和军政费开支；在税收方面，土默特二旗原为蒙古族与内地大宗贸易的集散地，征收贸易税的历史由来已久，因此贸易税成为土默特二旗重要的财政收入来源。然而，清廷不甘将如此丰厚的税银全归蒙旗所有，遂设置专门的税收机构和人员，税银一般作为驻军

---

① 张永江：《试论清代内蒙古蒙旗财政的类型与特点》，《清史研究》2008年第 1 期。

② 钱粮奏销制度是清代内地地方政府及其有关部门按"四柱"格式会计记账用的会计报告表册，通过奏销表册，中央政府可以有效地监控各地方的预决算事务。

粮饷和归化城都统的开支。① 在繁荣时段，归化城土默特每年的财政收入可达上万两，其财政收入主要包括地租、当课税、房租、牲畜交易税及煤税等，财政支出除前述军饷、政务开支外，还有驿站经费、民政费、文教费、宗教费等。正如张永江指出的，土默特二旗的财政类型由以往的完全自主管理转变为完全的公共财政，这种财政类型在收入方面，要建立在为满足社会公共需要而筹集资金的基础上，支出方面亦要始终以满足社会公共需要为宗旨。②

（二）以察哈尔八旗为代表的国家拨款型财政模式

察哈尔部在被清廷征服之后，便失去了对其本有牧地的所有权。清廷在察哈尔部所属领地内设立了大小不等的官私牧厂，其中除"官地"外，左右两翼还设置了 25 处满蒙王公牧厂，而察哈尔自己的牧厂却很少，从地方财政的角度来看，察哈尔八旗几乎没有自己的地方财政，它是典型的军队体制，和内地八旗组织系统、社会功能完全一样。③ 各旗总管虽有固定驻地和办公地点，但无征税之权，办公所需一切财物均仰仗国家，由理藩院统一制订财政计划，经张家口都统署解拨。至于总管、将领、兵丁的俸饷，起初均由清廷直接拨付。清末，随着清王朝整体财政的入不敷出，加之察哈尔放垦的逐步扩大，清廷停止财政拨付，察哈尔的财政开支改为就地解决。清朝时期，呼伦贝尔八旗节制于黑龙江将军衙门，属于内属蒙旗，其财政类型与察哈尔八旗类似，但也有不同之处，清代的呼伦贝尔

---

① 包银山：《清代至民国时期土默特财政管理体制探析》，《内蒙古师范大学学报》（哲学社会科学版）2010 年第 3 期。

② 张永江：《试论清代内蒙古蒙旗财政的类型与特点》，《清史研究》2008 年第 1 期。

③ 同上。

财政类型为就地自筹与国家拨款相结合①，因此也具有一定的代表性，此不赘述。

（三）外藩扎萨克旗的中央补贴型财政模式

外藩扎萨克旗虽然在一些事务上节制于清廷，但其大部分的政治、经济、司法等事务依然可以自主决定，表现在财政方面尤为突出。

从隶属关系来看，外藩扎萨克旗的财政模式为收支独立、中央补贴型，即各扎萨克的财政收支均由扎萨克自主支配，不纳入国家财政监管范畴。清廷不予筹措，也不予监督。各旗收入不必上交国家财政，开支情况也不需向中央呈报，一切财政事务均由旗自理。②但是，由于游牧经济天生存在虚弱性和单一性的特点，如若遇有重大自然灾害或者战事，损失必然惨重，此时，清廷通过赈济、赏赐等方式，尽可能地减少蒙古族王公贵族和平民的损失。除此之外，清廷也会定期、不定期地给予蒙古王公、下嫁蒙古的满洲公主等大量的赏赐。从蒙旗内部来看，外藩扎萨克旗财政具有官私界限模糊的特点。由于扎萨克兼有清朝地方领导者与封建领主双重性质，旗署的一切公务开支全由扎萨克自行解决，在扎萨克自身收支与旗署收支方面难以划清界限；另外，旗内的平民虽然战时可充当国家的兵丁，但平时则为扎萨克的属民，属民在经济上依旧依赖扎萨克。蒙旗财政与王府财政在外藩扎萨克通常是一个概念，但在名义上有些微差别。

在清王朝经济鼎盛时期，清廷给予外藩扎萨克旗的赏赐相当厚

---

① 阿鲁贵·萨如拉：《清代呼伦贝尔的地方财政及其特征》，《清史研究》2009 年第 4 期。

② 张永江：《试论清代内蒙古蒙旗财政的类型与特点》，《清史研究》2008 年第 1 期。

重，而随着国势渐弱，赏赐的数额以及次数随之减少。清末，外藩各旗大力招垦，所得收入除上交国库补贴军饷外，皆落入蒙古族王公贵族之手。但是，没落的蒙古族王公大多挥霍无度，蒙旗债务问题日趋严重，财政赤字逐年加大，经济凋敝，民不聊生。

三　封禁政策

人是有意识的，而且在社会中生活不能不与他人发生各种关系。对于官僚政治来说，这种社会关系是相当可怕的，特别是民众会由此而联合成社会势力，那是很危险的。为此，最高统治者会采取各种方式将民众隔离，使之永远处于孤立的状态。① 清朝统治者虽然将蒙古族置于藩属地位，但唯恐蒙古族之间相互联合或者蒙汉之间联合对抗其全国政权，为此，对蒙古族实行了一系列的封禁政策。

（一）禁止蒙汉通婚

蒙汉两族通婚，可追溯至秦汉时期。伴随着通婚，人员的往来以及生产方式和生产工具的流通必不可少，从而可以增进中原与塞外的经济交流，促进两族共同发展。然自清以来，统治者认为蒙汉之间的通婚不利于其对蒙古族的治理：一是蒙汉两族大规模通婚，会密切二者的关系，容易结成联盟；二是蒙汉通婚会在一定程度上加快蒙古族的发展，这是清王朝统治者所不能容许的。由此，禁止蒙汉通婚，禁绝两族的文化和经济交流，成为清王朝治蒙的一大重要手段。

满族作为入主中原的少数民族，势恐两面受敌：助其成就伟业的蒙古族、不满于异族统治的汉族，因此，只能采取隔绝措施，分化联结，才可江山永固。但是，延续数千年的蒙汉通婚必然不会因统治者的决策而从此断绝，民族融合乃大势所趋。纵观历史脉络，

---

① 刘永佶：《官文化批判》，中国经济出版社 2011 年版，第 315 页。

边疆少数民族与汉族的通婚从未间断，只是规模或大或小而已。然而，清王朝统治者不知顺应历史潮流，对蒙汉通婚严加禁止。《蒙古律例》载：汉人"任意娶蒙古妇女者，一经呈告，将已娶妇人离异，交娘家领回，其主婚之蒙古枷号三个月，满日鞭一百；民人亦枷号三个月，满日鞭一百，递回原籍。该管蒙古妇女之台吉，罚三九牲畜，失察之扎萨克，罚俸六个月"。[1] 扎萨克台吉、塔布囊的年俸银只有100两，而如若旗中有一蒙女嫁汉，该旗扎萨克则被罚以50两白银，可见清廷对蒙汉通婚禁绝的决心之大。

（二）严禁蒙汉直接贸易往来

互通有无的贸易往来是蒙古族聚居区与内地长期形成的经济联系，由此，蒙古族贵族和牧民通过出让剩余畜产品而换得生产生活必需品，内地则亦通过贸易填补经济生活的欠缺。清王朝唯恐蒙汉贸易促进双方的交流，增进双方的关系，并因此威胁到自身的统治，所以对蒙汉贸易采取严格的管制措施。内地商贾如若想到蒙古族地区贸易，必须经过清廷指定的关口方可放行，如张家口、古北口、杀虎口、喜峰口等。同时，必须到欲前往的蒙古族地区的直接管辖机构注册登记，领取印票。例如，贸易商贩前往土默特二旗开展贸易，须向归化城将军处办理出关手续。印票注明商人姓名、货物名目、起程日期以及具体经商地点等内容，所有贸易商贩必须在一年内返回，留在蒙古族地区开设店铺或者无票贸易者，依法处置。同时，严禁商人携带日常生活所用金属器皿之外的军器、铁器和铜铁等金属进入蒙古族地区。严禁内地百姓私自在蒙古族地区伐木、采矿。[2] 清王朝通过这一措施，既顾及了蒙古族需要内地补充生产生活

---

① 详见卢明辉《清代蒙古史》，天津古籍出版社1990年版，第91—92页。
② 达力扎布：《蒙古史纲要》，中央民族大学出版社2006年版，第265页。

资料的需要，又不至于放开蒙汉之间的自由贸易，符合其一贯的治蒙政策。

（三）限制汉人蒙垦

清初，为了"保护"蒙古族各旗的牧场不被毁坏，清王朝对进入蒙地开荒的行为严加禁止，但蒙垦现象从未断绝。到乾隆、嘉庆时期，蒙地开荒已有一定规模，大量汉人进入蒙地，蒙汉杂居已不鲜见。为此，清王朝再次下达严苛的禁垦法令，并规定蒙古族各旗，自扎萨克王公以下，若违例招垦，按其私招汉民之多寡，处以不同的罚俸，或"革职留任"。严重违禁者，"永远革职，不准开复"，台吉、塔布囊以下官吏违例者，一律按情节轻重，处以罚牲畜三九，或鞭一百等处分；蒙古族牧民私自招垦者，处以鞭、枷号等刑罚。[①]如果再次私自招垦，则发配山东、河南等地驿站充当苦役。对于前往蒙地私自开荒耕种的内地汉民，轻者递回原籍，令其不得再回行垦，而他们已经耕种的土地，一律撂荒，或者交由土地的主人处置。如若开垦面积广大，则此汉人也需要受到刑罚，轻重视情况而定。不仅如此，放行汉人出关的官员人等，如若存在失职或者失察，也需要受到惩罚，轻则罚俸，重则革职。清王朝之所以对蒙垦的管理如此严格，原因不外乎想一直控制蒙古族各旗的经济供给。蒙古族聚居区本不种植粮食等农业作物，所需除互市补充之外，清王朝的赏赐也不在少数。如若不对蒙垦严加限制，而使蒙地对粮食等能够自产自足，在经济生活中的自立性则会逐渐增强，势必威胁到清王朝的统治，丢掉清王朝遏制蒙古族聚居区发展的一个重要砝码。

（四）禁止蒙古族各旗越界放牧

长久以来，蒙古族的祖先就游牧于广阔的蒙古高原上，成吉思汗的先祖便是由今呼伦贝尔游牧到蒙古共和国的。然而，自蒙古各

---

① 卢明辉：《清代蒙古史》，天津古籍出版社1990年版，第92—93页。

部臣服于清王朝之后，划旗分界，大跨度的游牧已不可能，各旗牲畜只可在旗界内放牧，越界则视为违例，相关人员会受到惩罚。《太宗实录》有载："因私越钦定地界驻牧，诸贝勒自行定仪，请各罚马百、驼十。"① 《大清会典事例》称："越自己所分地界肆行游牧者，王罚马百匹，扎萨克贝勒、贝子、公七十匹，台吉五十匹。庶人反者，本身及家产皆罚取，赏给见证人。" 由于起初惩罚的力度不够大，越界放牧者间或有之，于是《大清会典事例》中对越界放牧的惩罚记录更改如下："越自己所分疆界，肆行游牧者，王、贝勒、贝子、公、台吉等，无论管旗不管旗，皆罚俸一年，无俸之台吉及庶人反者，仍照旧例罚取牲畜。"② 《理藩院则例》中又载："蒙古扎萨克王、贝勒、贝子、公、台吉等，有因本旗地方无草，欲移住相近旗分及卡伦内者，于七月内来请，由院委官踏勘，勘实准行。若所居地方生草茂盛，甚于所请之处者，将妄请之扎萨克议处。至他月来请者概不准。"③ 清朝统治者通过严禁越界游牧，割断了蒙古族各旗之间的交流往来，蒙古族各旗安于由清廷划定的草场界限，不敢越"雷池"半步，达到了清朝统治者进一步分化、孤立蒙古族的目的。

四　在蒙古族地区建立和加强驿站制度

驿站制度的建立，包括官驿站和驿路的创立，是清王朝稳定蒙古族封建统治秩序、统治蒙古族的重要工具。同时，驿站制度也为

---

① 《清太宗实录》，天聪三年五月乙酉。
② 《大清会典事例》卷 979。
③ 中国社会科学院中国边疆史地研究中心编：《清代理藩院资料辑录》，1988 年。

蒙古族与中原的经济贸易往来提供了可能。

清朝政府在蒙古族地区总共设置四大驿站，即漠南驿站、漠北驿站、天山北路台站、天山南路军台。四大驿站又包括几十至上百不等的分支驿站。这些驿站起初皆用于军事，后演变为传递政令、通商贸易的重要网络节点。

驿站管理体系严格。在中央层面，为理藩院负责全面管理，兵部协助监督检查。在地方层面，各驿站由理藩院派驻各地的将军、都统、办事大臣等协同驿站驻旗扎萨克具体负责。驿站所需人员、马匹、物资等，皆由蒙旗扎萨克供给。蒙古族各旗扎萨克如不按规定供应驿站的差马，罚"三九"牲畜；不按规定供应廪羊者，罚"一九"牲畜。① 而受罚扎萨克自然不会从自家草场中选取牲畜缴纳，最终承受这些物资供给的重任都落在了蒙古族平民的身上。驿站工作人员分为两类：一为理藩院派驻的官员，其薪俸由政府按规格统一发放；二为从事基本劳作，即服役的牧民，他们大多是"各路穷户""强健者"，每人可获得政府"乳牛五头，羊三十只"的报酬，"以资养赡"。

驿站制度加强了蒙古族与中原的经济交流。蒙古族地区设置的四大驿站，驿路交错纵横，拉近了蒙古族与内地各民族的空间距离，对双方的经济贸易往来产生了极大的影响。尤其是规模庞大的旅蒙商，便是沿着这些驿路和驿站深入蒙古族地区腹地，与蒙古族人民进行交易。

---

① 卢明辉：《清代蒙古史》，天津古籍出版社 1990 年版，第 106—107 页。

第三节　蒙古族土地关系变迁与集权官僚制经济确立

蒙古族的封建领主制经济延续了数千年，至清，随着清王朝对蒙古族的全面统治的确立，盟旗制度代替了封建领主制，草场所有权旁落，清廷成为蒙古族草场的最终所有者。蒙古族原有的封建体制被新的集权官僚制所取代，原有的经济形式随之发生彻底变革，集权官僚制经济最终成为清代蒙古族经济的必然选择。

一　草场所有权归清廷

随着清王朝对蒙古族的全面统治，草场所有权最终由蒙古族封建领主转向清廷，延续了几千年的蒙古族领主所有制被中央政府所有制所取代。

草场所有权的旁落，源于盟旗制度的设立。盟旗制度的实质是确立土地所有权主体。在农业文明时期，谁掌握了土地所有权谁就是国家的主人，谁失去了土地所有权谁就丧失了国家的主权。统治阶级赖以生存的基础是土地。清政府作为所有权主体，必须通过各种制度，废除原有的蒙古族封建领主所有权和对牧奴的人身所有权，把蒙古族的土地所有权集中于以大清皇帝为名义的中央政府。[①] 虽然清廷在蒙古族各旗册封的亲王、郡王、贝勒、贝子、公、台吉等对草场可以行使分配、使用的权力，但他们也只不过是清廷在蒙古族

---

① 乌日陶克套胡：《蒙古族游牧经济及其变迁》，中央民族大学出版社2006年版，第145—146页。

地区的代理者而已。同时，盟旗制度的设立，也便于清王朝不断调整蒙古族的势力分布，不断缩小、瓦解蒙古族各旗的草场范围，以达到其"分而治之"的最终目的。

盟旗制度的设立，彻底改变了蒙古族的封建领主土地关系，以大清皇帝为首的清廷成为蒙古族所有草场的真正主人，并通过法律的形式将这种所有确立下来，对所有草场拥有最终的所有权、支配权和处置权。

诚然，草场所有权归清廷，由清廷统一分配和调整，在一定程度上促进了蒙古族牧业经济的恢复和发展，减少了以往为草场矛盾而从未间断的各部纷争。但是，我们必须清晰地认识到，传统的、真正意义上的草原游牧从此荡然无存。蒙古地区开始进入一种相对稳定区域内的游牧经济发展模式，普通牧民只能在旗界内、在非王公所属的牧场进行游牧。这种旗内游牧虽不同于无固定区域的长程游牧，但毕竟保持了游牧生产方式，这同当下我国牧区普遍推行的草场家庭承包制度，人为地将草场隔离，牧民定居、牲畜定牧，在很大程度上对草场造成了难以恢复的破坏，有根本性区别。令人欣慰的是，目前一些地方已经开始试点草场整合项目，即牧民联合，打破樊篱，草场划一，建立冬夏营地，重归适合草原生态的游牧方式。[①]

二 封建领主制经济被集权官僚制经济逐渐取代

清代蒙古族游牧经济的发展变化，始于蒙古固有的封建关系改革的条件下。清朝统治者以王公制取代蒙古族封建领主制，以创设盟旗制度废弃蒙古部落制，摧毁了蒙古族旧的封建秩序，有效地将

---

① 详见杨思远《巴音图嘎调查［蒙古族］》，中国经济出版社 2009 年版。

其置于藩属地位，蒙古族原有的封建经济制度随之崩溃，社会经济完全纳入清朝的集权官僚制经济体系。到鸦片战争前，蒙古族已进入发达的游牧制社会。[①] 盟旗制度的设立和集权官僚制行政体系的完善，使蒙古族延续了几千年的封建领主制经济被集权官僚制经济所取代。

盟旗制度是清朝统治者统治蒙古族的基本封建经济制度和政治制度。通过建旗划界，清朝统治者对蒙古族的封建领地进行了大幅度、全方位的调整，结束了蒙古族千百年来为争夺草场而发起的无数纷争，使蒙古族进入一种相对平衡、稳定的发展阶段。

根据蒙古族各部的效忠程度、归附的先后顺序以及各部实际情况，清廷将蒙古族地区划分为两种不同类型的旗：内属旗与外藩旗。蒙旗中大多为外藩扎萨克旗。清朝统治者通过废除蒙古族遗留的封建领主统治形式，如兀鲁思、艾玛克、鄂托克等，任命蒙古族贵族为扎萨克旗长，旗长可世袭，辖于盟隶于理藩院。旗地和平民由旗长以及旗内王公贵族支配，但是，旗长必须听命于清廷，旗地与平民最终所有权和处置权归清廷所有。内属旗是清朝统治者通过武力征服建立的，包括总管旗、都统旗、佐领旗、喇嘛旗等，内属旗不设旗长，而由清廷选派将军、都统、总管、办事大臣等管理。内属旗不再是蒙古封建领主的世袭领地，其草场和平民皆直接归清朝统治者所有，草场除一部分划拨给平民使用外，皆为官地，由清廷派驻官员经营。官地一般用于官牧场和八旗牧场，后期也有大面积的开垦现象。

盟旗制度实质上是对蒙古族封建体制的改革。游牧业是蒙古族的基础产业，草场是游牧业的基本生产资料，清王朝通过对草场的

---

① 刑亦尘：《清代蒙古游牧经济浅议》，中国蒙古史学会：《中国蒙古史学会论文选集（1983）》，内蒙古人民出版社1987年版，第336—337页。

间接或直接控制，全盘掌握了整个蒙古族经济。

蒙古地区的集权官僚制行政体系是在废除和瓦解蒙古族旧的统治秩序的基础上完成的，它是清朝统治者拉拢、驾驭蒙古族封建贵族的樊篱。王公贵族等级，是在清朝统一蒙古族过程中产生的。清廷根据蒙古人的军功大小、效忠程度，给予不同的爵位，形成蒙古族社会新的统治阶级。[①] 清廷设置的蒙古族爵位分别有亲王、郡王、贝勒、贝子、镇国公、辅国公、台吉或塔布囊[②]（又分为一、二、三、四等）。亲王、郡王等子嗣除可袭爵之外，亦可谋得自己的品级，《理藩院则例》载：定例内蒙古亲王之子弟，年已及岁者，授为一等台吉，郡王、贝勒之子弟，授为二等台吉，……亲王之长子，著赏给公品级，郡王、贝勒之长子，授为一等台吉，……[③]漠北喀尔喀部落虽然保留汗号，但已名存实亡。在王公贵族内部，又分为管旗扎萨克和闲散王公。管旗扎萨克拥有对一旗内部草场和平民的支配权，而闲散王公只拥有其所属领地和所领箭丁、随丁等的支配权。王公贵族等级的建立和完善，在一定程度上削弱了蒙古族领主贵族的经济特权，确立了集权官僚等级制度对蒙古族的经济统治和政治制衡，所有蒙古族王公贵族均听命于大清皇帝，自上而下的集权官僚制在广袤的蒙古族地区最终形成。

---

① 刑亦尘：《清代蒙古游牧经济浅议》，中国蒙古史学会：《中国蒙古史学会论文选集（1983）》，内蒙古人民出版社1987年版，第337页。

② 成吉思汗的嫡系子孙封为"台吉"，非成吉思汗嫡系子孙或者异姓封为"塔布囊"。

③ 乾隆朝内府抄本《理藩院则例》。

第十七章
盟旗制度下的蒙古族畜牧业

众建以分其势，是清朝统治者治蒙的关键。通过在内外蒙古设佐分旗，推行盟旗制度，清朝统治者实现了完全控制蒙古族的目的，蒙旗成为蒙古族社会基本的经济单位，一直延续到民国。盟旗制度的设立不仅更改了蒙古族延续已久的封建等级体制，还催生了新的社会群体——牧主阶层，其与统治阶级共同构成剥削集团，使蒙古族牧民备受压迫。同时，终清一世，蒙古族畜牧业虽然取得了一定的进步，但蒙古族社会财富高度集中，分配严重失衡。不仅如此，广大蒙古族牧民还要承担繁重的层层压榨，最终导致蒙古族畜牧业衰落，其他生业顺势萌芽。

第一节　"分而治之"

清王朝将蒙古族置于藩属地位之后，重新编排了蒙古族的社会体制，设佐划旗，推行盟旗制度，以蒙旗作为基本经济、政治单位，直属清廷节制。清王朝为了稳定蒙古，大力扶持蒙古族畜牧业，旨在维稳后方，但客观上有利于畜牧业的恢复和发展。

一 蒙旗成为基本经济单位

蒙旗，是盟旗制度下建立的基本行政、军事和经济单位。盟旗制度是在蒙古族原有的爱马克、鄂托克①的基础上，参照满洲八旗的体制所建。1636 年，后金改国号为清，蒙古族各部的政治地位发生了根本变化：由满洲的盟友转为其藩属臣民。为了有效地控制蒙古族各部，稳定大清王朝的后方，自建清始，清朝统治者在蒙古八旗的基础上，历经数朝，直至乾隆年间，在内、外蒙古设佐分旗，推行盟旗制度，将本已支离破碎的蒙古族，进一步细分为互不统属的众多蒙旗。苏联学者弗拉基米尔佐夫曾指出："在 17 世纪，把许多蒙古封建联合体一个跟着一个逐渐地附属于自己的满洲人，竭尽可能地在各处建立统一的秩序。他们通常并不破坏已形成的领地、封建联合体或汗国，他们只是在这些联合体的内部和外缘，设立了硬性的界限。以前的大领地、汗国，现在称为爱马克，封建领主的封地，现在称为和硕（旗）。以领主、主君、蒙古那颜、从前封建主的子孙为首脑的旗（和硕），是游牧领地，即基本的封建单位。"②

清朝把整个蒙古划分为外藩蒙古和内属蒙古两部分，外藩蒙古又有外扎萨克蒙古和内扎萨克蒙古之别，内蒙古四十九旗为内扎萨克，喀尔喀八十六旗、科布多十九旗、伊犁将军管辖十三旗、青海二十九旗、阿拉善旗和额济纳旗为外扎萨克蒙古。③ 内属蒙古与外藩

---

① 爱马克、鄂托克在元代既有，是北元时期蒙古族基本的行政单位，无论是过去的诸王领地，还是千户、百户，只要单独存在，在北元时期都被称为爱马克。一个单独的爱马克，就可以是一个"兀鲁思（国土）"。

② ［俄］弗拉基米尔佐夫：《蒙古族社会制度史》，刘荣焌译，中国社会科学出版社 1980 年，第 300 页。

③ 杨强：《清代蒙古族盟旗制度》，民族出版社 2004 年版，第 27 页。

蒙古最大的不同在于：内属蒙古不设扎萨克，无会盟，各旗由该地区的将军、都统、大臣直接管辖，并统于理藩院。"凡游牧之内属者，曰土默特……布特哈之内属者也如之""凡游牧之内属者，曰察哈尔，曰巴尔呼，曰厄鲁特，曰扎哈沁，曰明阿特，曰乌梁海，曰达木，曰哈萨克，统其治于将军，若都统，若大臣而达于院。"① 之所以有此区别，是因为内属蒙古以前的领主曾反抗过或者无功于清朝，因此剥夺原领主的土地，归清廷直接管辖。另外，清廷仿照满洲八旗制度，创设了蒙古八旗；为拉拢喇嘛教上层，使蒙古族上下感恩戴德，清廷在蒙古族地区建置喇嘛旗七个。② 蒙古八旗直属于清廷统管，为军事组织；喇嘛旗设扎萨克喇嘛等一干人员，以治旗务，不承担清廷的贡赋、兵役等。

会盟制度在蒙古族社会古已有之，清朝统治者加以利用，在适用旗制的基础上予以改造。盟旗制度下的会盟不是一级行政建制，只是在清廷的监督下，蒙古族封建领主定期举行的旗务会议。通过会盟，有利于各旗之间协调各项事务，最重要的是，清朝统治者可以此来加强对蒙古王公贵族的监督和控制，稳定自己在蒙古族地区的政治权威。

清初以来，划定旗界，编审人丁，将旗境内土地和牧民授予扎萨克，是以清廷与蒙古王公之间建立的主从关系为基础的。旗地在设旗之初，是由清廷作为封地授予扎萨克的土地，并非将封地所有权利全部下放给扎萨克，扎萨克在旗内要受到清朝统治者的极大限制。当然，扎萨克在处理旗内赋税、刑罚、草场分配等问题方面，保留了一定的自治权。

---

① （嘉庆）《大清会典》，《理藩院·旗籍·典属·徕远各司》。
② 详见卢明辉《清代蒙古史》，天津古籍出版社 1990 年版，第 78—79 页。

旗地作为基本的生产资料，大致可以分为官地、公地和私地三种。[1] 官地一般是指清王朝直接占有的土地，是清王朝看作国有土地而设立的地亩。清王朝在蒙古族地区所有的公仓、义仓、台站地、八旗牧场、公主府地、香火地以及拨给扎萨克的官地等皆属于官地。官地的大面积渗入，进一步加强了清王朝对蒙古族的压迫和剥削，同时这种对蒙地的直接控制，也表明了集权官僚制在蒙古族地区已完全确立。公地是依据民族法而特设的公共土地，包括公共牧地、荒地、狩猎地和采薪地等，这些土地归旗内牧民共同占有和使用。即所谓"旗下公地"，蒙民共有。私地包括生计地、差役地、福分地和仓租地等[2]。顾名思义，私地属于个人所有，一般由统治阶级赏赐或者私下霸占产生，清后期，随着蒙垦规模的扩大，蒙古王公贵族为了获得"押荒银"，更是将蒙地大量下放给入关汉民，私地猛增，公地锐减，蒙古族牧民生活步履维艰。

设佐建旗，划分牧场，蒙古族进入更加分散的状态。清朝统治者严格遵循"众建以分其势"的原则，将本已疏于联合的蒙古族各部彻底分散开来，封禁政策的实施，使各蒙旗以各自旗地为经营范畴互不统属，各自为政，建立起对中央王朝直接负责的行政体制，真正成为大清王朝的藩属臣民。

二　清廷对蒙古族畜牧业的扶持

"以蒙古为屏"，是清朝统治者一贯坚持的防御战略，为此，清王朝一直重视蒙古族的社会稳定。所以，扶持蒙古族畜牧业发展，

---

[1]　［日］田山茂：《清代蒙古社会制度》，商务印书馆1987年版，第172页。

[2]　详见杨强《清代蒙古族盟旗制度》，民族出版社2004年版，第172页。

缓和蒙古王公贵族与牧民的阶级矛盾，是清廷治蒙的重要手段。

轻徭薄赋，使民自足。在清朝统治下，蒙古族牧民不仅向封建国家缴纳贡品，承担守卡、驿递等劳役，还向本旗王公贵族呈纳贡赋。[①] 遇有战祸，徭赋加倍。而蒙古族一直以传统的游牧业为支柱产业，除满足人畜基本再生产以外，所剩甚少，对苛捐杂税承受力较弱。为此，轻徭薄赋，适度减轻蒙古族牧民的经济负担，有利于蒙古族社会的稳定。康熙帝曾指出，理藩院"遣官往外藩蒙古地方赈济，务期贫人均沾实惠，勿受豪强嘱托，致有滥冒偏枯"。[②] 雍正帝对蒙古王公贵族的贪得无厌更是愤慨，多次训谕蒙古，称："若仍然厚敛重徭，纳之于阽危之域，使之至于散亡，孰为尔等纳赋？孰为尔等供徭？""尔等各子其民者，如何减赋，如何裕其农工，如何孳其牲畜，尔等王贝勒大臣等议之。"[③] 清朝统治者不仅严格限制蒙古族王公贵族对牧民的徭赋额度，而且在贡品方面对蒙古王公贵族也要求甚少：康熙"二十四年题准，蒙古王等年节进贡，每旗止令进羊一只，乳酒一瓶"，又"二十九年奉旨，科尔沁王、台吉并王妃夫人等所进汤羊，每年定例太多，嗣后进羊数不得过二三"。[④] 由此可见，清朝统治者重视减轻蒙古族牧民的负担，缓和蒙古族的阶级矛盾。然而，蒙古王公贵族对牧民的超经济剥削从未停止过，较北元时期，普通牧民的生活虽有改善，但效果微弱。

赈济蒙古，泽惠蒙民。蒙古族传统的游牧业具有抗风险能力低下、再生产周期较长的特点，因此，遇有战争、灾荒、长距离迁徙

---

① 赵云田：《清朝统治蒙古经济政策的几个问题》，中国蒙古史学会：《中国蒙古史学会论文选集（1983）》，内蒙古人民出版社1987年版，第326—328页。

② 《清圣祖实录》卷96，康熙二十年五月己末。

③ 《清世宗实录》卷10，雍正元年八月丙子。

④ 乾隆朝内府抄本《理藩院则例》。

等情况，必然遭受巨大的损失。有清一代，划界建旗，封禁蒙古，蒙古族进入相对和平的时期，畜牧业发展相对稳定，同时，也鲜有远距离、大规模的迁徙。但蒙古高原气候恶劣，夏多高温干旱，冬常低温冻害，对传统畜牧业构成威胁。如若灾荒导致蒙古族各旗生计困乏，清廷一般都会采取赈济措施，帮助各旗渡过难关。对于王公贵族，多采取借贷方式。史载喀尔喀蒙古有的贫困台吉无马可骑，清廷着例："台吉内，有马一骑者，给牝马九，有二骑者，给牝马八，有三骑者，给牝马七……无马贫穷台吉，皆给牝马十"①，概由官办牧厂内拨给，八年以后按原数偿还即可。对于穷困牧民，"由院请旨，遣官察勘，发帑赈济，将该扎萨克王、贝勒、贝子、公、台吉塔布囊等次年俸银，予行支取，一并入于赈济项内使用。赈济后，该扎萨克王等仍不能养助属下，又至穷困者，即将穷困之户撤出，给予该会内贤能扎萨克等养赡"。②

清廷拨付的赈济款项，不仅包括国库支出，还包括受济蒙旗扎萨克王公次年的俸银。除了受灾赈济之外，长距离迁徙造成的灾况，清廷也会予以扶持。乾隆三十六年（1771 年），游牧伏尔加河一百余年的土尔扈特部回归祖国，在经历沙皇俄国的围追堵截、长距离高强度的迁徙之后，土尔扈特部人员、牲畜损失惨重。清廷拨给大量的米、麦、布等，另通过官牧厂划拨或贸易等，赏赐马、牛、羊等共二十余万头（匹），为土尔扈特部的重生提供了坚强的物质支持。通过一系列赈济措施的推行，蒙古族畜牧业得以很快地从灾荒中恢复。据统计，1684—1722 年，清廷赈济蒙古达 40 余次，1728—1735 年，也有 15 次之多③。诚然，清朝统治者赈济蒙古族的本质在

① 《清圣祖实录》卷 204，康熙四十年六月甲子。

② 乾隆朝内府抄本《理藩院则例》。

③ 杨强：《清代蒙古族盟旗制度》，民族出版社 2004 年版，第 176 页。

于稳固大清的后方阵营，但也起到了养赡蒙古、泽惠蒙民的作用。

严控蒙垦，保护牧场。《理藩院则例》规定，不准口内人等出边开垦地亩，违者照私开牧场例治罪。不准蒙古王公私行招聚民人开垦地亩，否则，连同失察盟长受罚俸处分。对私募开垦封禁牧场加以治罪：情节严重的土公革职罚畜；台吉、官员、平人杖一百，流三千里。对越旗私开公中牧场的台吉、官员分别治罪：台吉革职，三年无过准其开复；管旗章京径行革职；平民鞭一百[①]。大量蒙垦不仅侵占草场，而且极易造成草场沙化，破坏草原生态环境。通过对蒙垦的严格控制，保护了蒙古族畜牧业赖以生存的草场，为蒙古族传统畜牧业的传承提供了可能。然而，鸦片战争后，随着清王朝国力日益衰微，蒙垦带来的收益成为清王朝重要的财政收入来源。由此，严控蒙垦，名存实亡。

三 盟旗制度对蒙古族游牧经济的影响

清朝统一蒙古族各部之后，使其成为清王朝的藩属臣民。为了控制蒙古，清王朝在漠南、漠北、漠西蒙古各部设佐划旗，瓦解了蒙古族旧的封建割据的社会组织形式，使蒙古族进入相对稳定的发展阶段，客观上为蒙古族畜牧业的发展提供了契机。

北元时期，蒙古各部征伐不断，畜牧业遭受极大损失。有清一代，清廷通过保护草场、赈济、轻徭薄赋等措施，有力地推动了蒙古族畜牧业的恢复和发展。康熙中后期，蒙古族各旗的畜牧业已基本复苏。经过康、雍两朝的经营后，乾隆朝畜牧业迅速发展，在乾隆后近百年间，蒙古族畜牧业经济发展到高峰时期，至嘉庆年间，"富有驮马以千计，牛羊以万计，即赤贫之家亦有数十只，以为糊口

---

① 《钦定理藩院则例》卷10。

之资"。①

喀尔喀部在与噶尔丹部战乱时，畜牧业几近毁灭。南迁之后，清廷予以设旗建盟，赈济扶持。经过将近一百余年的发展，喀尔喀蒙古族各旗的畜牧业恢复较快，出现了繁荣景象（见表 17 – 1）。

表 17 – 1   雍乾时期清政府对喀尔喀蒙古牲畜的征购②

时　　间	地　区	清政府征购数额			
		驼（峰）	马（匹）	牛（头）	羊（只）
雍正六年至九年 （1728—1731）	喀尔喀蒙古	81000	148600		475000
乾隆十八年 至二十三年 （1753—1758）	喀尔喀蒙古	221100	150000	22300	469000

资料来源：据《喀尔喀史》第 165 页数据制成。

喀尔喀各旗驻于蒙古高原北缘，相对于漠南蒙古来说，水草都较次之，且人口稀少。但通过表 17 – 1 可以看出，喀尔喀蒙古族各旗畜牧业依然发展良好，仅清廷征购即达到如此数目，其畜牧业实际规模必然惊人。

新疆准噶尔部在清代以前，纷争不断，畜牧业凋敝不堪。乾隆以后，逐渐平息了叛乱，准噶尔部被编佐划旗，进入其畜牧业发展史上不可多得的稳定、快速增长期。到 18 世纪中叶以后，仅准噶尔商队先后到肃州、东科尔等地与中原商贾的八次贸易中，赶来交换

---

① 《乌里雅苏台志略·风俗》。

② 赵云田：《清朝统治蒙古经济政策的几个问题》，中国蒙古史学会：《中国蒙古史学会论文选集（1983）》，内蒙古人民出版社 1987 年版，第 334 页。

的羊共有 386012 只、马 13340 匹、牛 7199 头、骆驼 9424 峰。此外，还有大批牲畜赶至归化城、张家口等地用于定期的贸易互市。[①]

另外，清廷以及蒙古族王公贵族在蒙古族地区设立了大量的官牧厂和私牧厂，这些牧厂拥有的畜群，动辄以千万计。史载："前巡行塞外时，见牲畜弥漫山谷间，历行八日，犹络绎不绝"[②]，清廷设在察哈尔的官牧厂，仅羊群一项，就达"一色万群三百万"之盛。虽然这些官牧厂的收入绝大部分归统治阶级所有，与蒙古族牧民关系不大，但依然可以反映出清代蒙古族畜牧业繁盛一时的景象。这一景象的取得，与盟旗制度息息相关。安定、和平的社会环境，是清代蒙古族畜牧业经济得以维持、发展的条件，同样，更是任何社会形态进步的前提。

第二节　牧主成为新兴阶级

有清一代，蒙古族建立了集权官僚制，推行了集权官僚制经济，虽然保存了清以前的一些社会关系，但也作了比较大的改革。在这一时期，蒙古族社会阶级出现了很大的变化，新兴阶级涌现，牧主成为蒙古族社会后起的剥削群体。他们通过苏鲁克制、雇佣制、赡养制等方式，压榨蒙古族牧民——阿勒巴图。

一　清代蒙古族社会阶级划分

社会关系是一个社会实体的骨架，是构成一个社会实体的基础。

---

① 详见卢明辉《清代蒙古史》，天津古籍出版社 1990 年版，第 114 页。
② 《口北三厅志》卷 6。

而社会关系又以各阶级为节点，是阶级关系的直接反映。在经济生活中，社会阶级的划分直接决定了财富的分配和流向。清代蒙古族的畜牧经济也不例外，它以清代蒙古族的社会阶级关系为基础，以清代蒙古族阶级划分为准线。

清代蒙古族游牧经济的发展变化，是在改革蒙古族固有的封建关系的条件下开始的。[①] 清朝统治者以集权官僚制取代蒙古族的封建领主制，以盟旗制度废弃蒙古族部落制，摧毁了蒙古族旧的封建秩序，有效地将其置于藩属地位。随着政治体制的改革，蒙古族传统的封建领主制经济被迫让位于集权官僚制经济。新的经济体制催生了新的阶级关系，清代蒙古族的阶级划分有了很大的变化。

居于清代蒙古族社会上层的为王公贵族和上层喇嘛。清以前，蒙古族的统治阶级多称济农、洪台吉、宰桑、那颜、汗等。清王朝统一蒙古各部后，根据蒙古族上层人士的军功大小、效忠程度，封官晋爵，大赏蒙古，废除以前的贵族封号。依满例，赐封蒙古族上层分别为：亲土、郡土、贝勒、贝子、镇国公、辅国公、台吉或塔布囊（分一、二、三、四等）爵位。喀尔喀部落虽保留汗号，但名存实亡，形同虚设，被清制封爵架空。

蒙古族王公贵族在经济方面的特权可分为四种：一为根据等级高低，可领有人数不等的随丁、陵丁，公主下嫁蒙古亦可占有陪嫁户。史载："蒙古亲王给壮丁六十，郡王五十，贝勒四十，贝子三十五，公三十，固伦额驸四十，和硕额驸三十，多罗额驸二十，以供役使。"[②] 又"蒙古亲王，守墓人十户，郡王八户，固伦公主与郡王

---

① 刑亦尘：《清代蒙古游牧经济浅议》，中国蒙古史学会：《中国蒙古史学会论文选集（1983）》，内蒙古人民出版社1987年版，第336页。

② 乾隆朝内府抄本《理藩院则例》。

同。贝勒、贝子各六户。和硕公主、郡主均与贝勒同。……"[1] 亲王之女陪嫁户为五户、郡王之女四户、贝勒之女三户、贝子至辅国公衔之女陪嫁户均为两户。[2] 蒙古王公贵族所占人丁甚多，且此等随丁、陵丁、陪嫁户皆为世代承袭，严重削减了从事牧业生产的人数。二为王公贵族对旗内土地拥有支配权。设佐分旗之后，整个蒙古族地区皆为大清皇帝所有，"溥天之下，莫非王土；率土之滨，莫非王臣"。然而，蒙古族王公贵族依旧拥有对旗内土地的直接支配权。他们霸占水草丰美的草场作为私牧厂或者开荒地，将余下土地作为公地交出牧民维持生计。三为清朝律例袒护蒙古族王公贵族，为其保证劳力供给、提供司法庇护。例如，蒙古族牧民不仅要经营自家畜牧业，还要定期或不定期为王公贵族放牧、贡赋徭役，因此，清廷严格限制牧民活动范围，不准随意离开旗地，否则严惩；王公贵族欺凌牧民，只罚牲畜，而牧民如有不敬，则重罚不贷。四为蒙古王公贵族享有免予承担各种赋役的权利，清廷征赋，只限于牧民。如若需王公贵族贡赋，则一并由旗内牧民承担，王公贵族无须自支。

有清一代，利用喇嘛教羁縻蒙古、教养蒙民，是清王朝治蒙的一大法宝。因此，尊崇上层喇嘛，建置喇嘛旗，给予其经济、政治权力，是清廷拉拢上层喇嘛的原则。外蒙古的哲布尊丹巴呼图克图、内蒙古的章嘉呼图克图以及大大小小的活佛、执掌政教的寺院住持等，都是僧侣贵族。[3] 他们以个人或寺院的名义占有庙丁，役使、剥削庙丁，为其牧放牲畜、精耕田亩。后随着蒙古族地区商业的发展，寺院开始经营商品贸易，出租店铺。上层喇嘛对蒙古族牧民的剥削

---

① 乾隆朝内府抄本《理藩院则例》。

② 刑亦尘：《清代蒙古游牧经济浅议》，中国蒙古史学会：《中国蒙古史学会论文选集 (1983)》，内蒙古人民出版社 1987 年版，第 337 页。

③ 详参《蒙古族简史》编写组《蒙古族简史》，内蒙古人民出版社 1977 年版，第 66 页。

虽然较王公贵族为轻，但其涉及范围甚广，整个蒙古族地区都受其影响，任其压迫。

平民阶级，主要包括箭丁、随丁、陵丁、站丁、庙丁等，他们是蒙古族主要的生产者，承担蒙古族社会发展的主要任务。其中，箭丁人数最多，是各种赋役的主要承担者，每年按照政府规定缴纳一定的实物税，不定期支应各种官差以及服兵役等；随丁实为王公贵族的家奴，大多由箭丁充任，供主人差使，不承担其他任何义务；陵丁是为王公贵族守陵、备办祭祀用品的平民；站丁主要来源于"各路穷户""强健者"，他们终身为驿站服务，经常忍受过往官员的勒索，生活困苦不堪；庙丁是寺院和上层喇嘛的世袭牧奴，不受王公贵族节制，只听命于寺院住持或活佛等，他们一般为寺院牧放牲畜、加工畜产品、运输物料、修葺房屋等，而富裕的庙丁则可免服劳役。

奴隶在清代蒙古族社会已不常见，散布在上层人士的家中，以家仆居多。奴隶多来源于身份世袭、平民卖身、犯罪发配、战争被俘或旗民外逃等。[①] 奴隶是封建统治阶级"活的生产工具"，世世代代为主人牧放牲畜，从事最繁重的劳动，处于整个蒙古族社会的最底层。但奴隶并非完全没有自由，在得到主人允许的情况下，他们可以结婚，并且可以拥有一定的私人财产和相对独立的经济生活。

总的来看，在清代的蒙古族社会，主要的对立阶级是王公贵族、上层喇嘛与平民阶级、奴隶。这一时期，蒙古族社会不仅延续了民族内部的压迫、剥削矛盾，还新生了另一重矛盾，即民族矛盾，满族统治阶级与蒙古族之间的矛盾。在这一新生矛盾中，主要的还是满族统治阶级与蒙古族牧民的矛盾，蒙古族上层人士作为满族统治

---

① 乌日陶克套胡：《蒙古族游牧经济及其变迁》，中央民族大学出版社2006年版，第163页。

者的盟友，与满族统治者共同构成完整的剥削阶级。

二　阿勒巴图上层逐渐演变为牧主阶级

北元时期，蒙古族分为两大对立阶级，即封建统治阶级与被统治阶级。统治阶级又可分为：贵族领主、非贵族封建主和僧侣封建主；被统治阶级由平民和奴隶组成，其中，平民有三等：上层（赛音库蒙）、中层（普通劳动牧民）、下层（穷苦牧民）。至清，随着蒙古族畜牧经济的发展，平民中的上层逐渐形成一个颇有实力的新的社会阶层——牧主。

牧主的来源主要有三种。一为担任旗内各级官吏的箭丁。依律，箭丁可在蒙旗内担任一般官吏，如梅林、参领、佐领、骁骑校、领催等，这部分人可以被免除一切赋役，且有薪俸，佐领以上的官员还可领有一名至四名人丁，所属平民亦须听其差使，供其剥削。二为因作战、服役、输财有功或者其他原因，被终身或一段时间内豁免各种贡赋。三为在王公府邸中管理实务的随丁、庄丁，以及为活佛和寺院管事的庙丁。[①] 这三类人等，因与蒙古族上层关系紧密，可获得一定的土地、金钱赏赐，并且免于赋役，所以都比较富有。他们一般都拥有大量的牲畜，占据较好的草场，有的甚至还拥有家奴。终清一世，牧主阶级越发壮大，他们的经济地位和力量日益接近王公贵族，以致清末，一些牧主的实力超过没落的台吉王公等。牧主在蒙古族阶级关系中的地位，同汉族中的地主。清朝后期，逐渐开放蒙禁，蒙古族地区出现了大量的新兴的地主，他们与牧主一道，构成蒙古族近代以来主要的剥削阶级。

---

① 《蒙古族简史》编写组：《蒙古族简史》，内蒙古人民出版社 1977 年版，第 67 页。

三 牧主对阿勒巴图的剥削方式

（一）苏鲁克制

苏鲁克是蒙古族特有的一种剥削方式。新兴的牧主阶级没有征用阿勒巴图劳役的特权，因此他们采用"苏鲁克"的方式剥削一般牧民。牧主利用牧户的贫困处境，将畜群交给牧户放牧；凡不是天灾疫病等正常原因死亡的牲畜，皆由牧户负责赔偿，无力赔偿者，以劳务充免。正常损失的交皮子，繁殖牲畜概归牧主，未成活的交羔皮；牧户通常可乘用马、驼，兼营农业的牧户还可以训练耕牛使用。[①] 另外，牧户也可以少量剪羊毛、挤奶等，获得很少量的仔畜。但是，牧户必须向牧主缴纳黄油、毡子、奶制品、炒米等。

（二）雇佣放牧制

雇佣制在内地各行各业中出现较早，而真正在蒙古族畜牧业中始现，是在清代。在牧区，牧工的封建依附性很强，他们大多是逃旗的蒙古族牧民或者汉民。按照清朝律例，旗民外逃、汉人私入蒙地，皆以罪论处。在官府纠察驱逐的情况下，牧主贿赂官府把他们收容下来，便以担保人自居，以极低的报酬役使他们。牧主、牧户之间的这种雇佣关系，已不再属于人格依附，而是一种货币关系。[②] 牧工最好的情况也只可应对一人吃穿，或每年获得三五只羊或与此相当的大牲畜。[③] 也有以货币计算工资的，但牧工收入更是甚微，如

---

① 《蒙古族简史》编写组：《蒙古族简史》，内蒙古人民出版社1977年版，第67—68页。

② 刑亦尘：《清代蒙古游牧经济浅议》，中国蒙古史学会：《中国蒙古史学会论文选集（1983）》，内蒙古人民出版社1987年版，第337页。

③ 《蒙古族简史》编写组：《蒙古族简史》，内蒙古人民出版社1977年版，第68页。

在伊克昭盟准格尔旗，1778 年（乾隆四十三年），一个牧主雇佣一个牧工放牛，每月工钱 200 钱；1821 年（道光元年），放羊牧工年薪为 8500 钱。[①] 牧工在清代的大量出现，说明了两点：第一，随着蒙古族畜牧业的恢复和发展，社会生产力水平不断提高，蒙古族地区和内地一样，出现了资本主义的萌芽，即以牧主阶级为主的、独立于王公贵族和平民之外的新兴阶级，催生了私有化经济，产生了对劳动力的需求；第二，牧工来自逃旗的牧民和内地的汉民，他们原本在公牧场放牧或在自家耕田劳作，之所以会冒罪充作牧工，说明其原有的生产生活资料已不足以维持再生产，而产生这一现象的根源，则在于集权官僚制体制下，社会生产资料兼并严重，蒙民、汉民丧失生活依靠，只得受雇为工，任人压榨。

（三）赡养制

清制，扎萨克等蒙古王公贵族可以将贫困的属民交给富牧户赡养。牧主利用这种制度，允许贫困牧民寄食家中，无偿役使他们。[②] 实际上，这些"寄食者"都成了牧主的家奴。之所以会出现穷困牧民，有自然和人为两个原因。如前所述，蒙古族畜牧业抗风险能力低下，遇有恶劣天气等灾荒，则极易造成惨重损失。普通的牧民家庭，本来基业甚微，牛羊稀少，遇有大雪极寒、干旱少雨等，必然承受不住，难以为继，只好投靠牧主，以期赡养，为仆为奴。至于人为，需考虑蒙古族牧民担负的沉重徭役。他们不仅要为王公贵族代牧劳役，还要呈贡大量的实物供王公贵族和上层喇嘛享用。遇有紧急征讨，则所赋倍增。清朝后期，蒙古族牧民还要忍受高利贷和

[①]　详见黄时鉴《清代内蒙古社会经济史概述》，《蒙古史论文选集（第三辑）》，呼和浩特市蒙古语文历史学会编印，1983 年，第 194 页。

[②]　《蒙古族简史》编写组：《蒙古族简史》，内蒙古人民出版社 1977 年版，第 68 页。

旅蒙商的盘剥，生计益艰。有些牧民最终倾家荡产，牲畜全无，一家老小，或卖身为奴，或栖身牧主门下，或逃旗以为他生。

第三节　社会财富过度集中导致牧民负担沉重

在一系列的社会力量重组、划分之后，蒙古族财富分配问题日益凸显，社会财富和生产资料过度集中，经济矛盾复杂化、尖锐化。尤其是在清朝后期，蒙古族畜牧经济更是步履维艰，不进反退。

一　生产资料和社会财富被统治阶级高度占有

清以前，蒙古族生产资料和社会财富的分配便极为不公，封建领主是土地和牧民的所有者，掌控了大部分的草场、牛羊。自清统一蒙古，设佐划旗，推行集权官僚制，在蒙古族地区设立官私牧厂，将大量财富集中于清朝统治者和王公贵族阶层。这一时期，苏鲁克制、雇佣放牧制、庙仓剥削等新型剥削方式盛行，蒙古族牧民依旧受蒙古族王公贵族的经济压榨，其劳动成果被王公贵族无偿侵占。

苏俄学者兹拉特金曾就清代蒙古族社会各阶级牲畜占有情况作过比较："在18—20世纪的蒙古，存在过一种富人和贵族私有者的普遍类型的经济，他们平均占有3000—4000匹马、6000—8000只羊、600—800头牛、400—600峰骆驼。"[1] 文中的"蒙古富有的和上层人物"指的便是蒙古族王公以及各等级牧主，由此文推断，当时蒙古族上层平均占有10000—13000头只的各种牲畜。文中对中等户

---

① И·Я·兹拉特金，蔡曼华：《游牧民族社会经济史的几个问题》，《世界民族》1981年第5期，第31页。

拥有的牲畜数也做了估算："只有 N. M. 迈斯基……做过一次精确的调查，他提供的资料认为，要养活一户五口之家，需要 13 头牛、90 只羊、3 峰驼和 14 匹马。"① 即一户中等户维持生活所需的牲畜数大约为 100 头只。而贫困户是很难达到这一标准的。嘉庆年间，蒙古族"富者驮马以千计，牛羊以万计。即赤贫之家亦有羊数十只，以为糊口之资"。② 史载，元朝律法规定"其有马、驼及二十，羊及五十者，是为有力，余无次数者，官给中统钞五十锭补买与之"。虽然，元清两代，时隔久远，畜牧业发展水平高低有差，但其贫困标准不会有太大变化。元朝官定牧户牲畜头数少于 70 头只即为贫困，清代蒙古族畜牧业逊于元代，我们也可据此推断，清代蒙古族牧户的贫困标准必然低于 70 头只。由此可见，蒙古族贫富差距甚大，贫富二者拥有的牲畜数相差千百倍。富者愈富，贫者愈贫，社会财富的鸿沟越来越宽，为后来社会矛盾的爆发埋下了深厚的隐患。

社会财富集中的最显著的表现在于牧厂的设置。牧厂分为八旗牧厂、官办牧厂、私人牧厂。官办牧厂和八旗牧厂的实际主人为清朝皇帝，他是蒙古族最大的牧主，占据了蒙古族地区最好的草场和最多数量的牲畜。例如，察哈尔、达里冈爱等历来是蒙古族最富庶的地方，有清一代，皆为清朝皇帝霸占，建立了八旗牧厂和官牧厂，仅达里冈爱牧厂便有骒马 60 群、走马 1 群、驼 16 群、乌梁海骒马 3 群。③ 每年口外官牧厂"马孳生既及二十万，牛以六万算，羊实有二十余万"④，可见官牧厂规模之庞大、实力之雄厚。私人牧厂多为满洲王公贵族所有，其草场来源以皇帝赏赐、私人圈占为主。这类

①　И·Я·兹拉特金，蔡曼华：《游牧民族社会经济史的几个问题》，《世界民族》1981 年第 5 期，第 32 页。

②　《乌里雅苏台志略·风俗》，第 66 页。

③　详见杨强《清代蒙古族盟旗制度》，民族出版社 2004 年版，第 178 页。

④　蒋良骐：《东华录》，中华书局 1980 年版。

牧厂收益亦颇丰，所得皆归王公，为其牧放牲畜的蒙古族牧民只能得到很少的报酬，聊以糊口。

在清王朝统治者、满蒙王公贵族的阶级统治之下，终清一代，蒙古族牧民始终处于社会的最底层，政治受压、经济任榨。蒙古族社会财富和生产资料的高度集中，与内地地主阶级兼并土地遥相辉映，互为补充，成为末世王朝经济的生动写照。

唐朝诗人李绅的《悯农诗》，脍炙人口，流传千古。其中第二首诗云："春种一粒粟，秋收万颗子。四海无闲田，农夫犹饿死。"即使普天之下再无可垦之田，即使粮食丰收、谷仓满溢，贫苦的农人依然会忍饥挨饿，甚至饿殍遍野。产生这一现象的根源，无外乎在集权官僚体制下，土地兼并之风盛行，生产资料高度集中而分配失衡。土地大量被皇室和官僚地主所有，而占人口绝大多数的农民却只占有很少的一部分。不仅如此，农民还需缴纳大量的苛捐杂税，所以，虽然丰收，农民最后所得甚少。全社会生产资料被地主阶级高度占有，分配失衡，农民只能依靠很少的一部分生产资料困苦度日。

反观清代蒙古族，情形相差不大。在清代，牧场由蒙古族王公贵族分配，因而他们可优先获得水草丰茂的草场，不仅如此，官牧厂、私牧厂等也占据了大量的上等草场，阿勒巴图只得在较次的地块放牧。由于阿勒巴图与王公贵族还有一定的人身依附关系，所以，还需要不定时向王公贵族缴纳大量的实物、劳务贡赋。因此，有清一代，在相对稳定的环境下，蒙古族畜牧业虽然取得了一定的进步，但我们必须清晰地看到，在整个蒙古高原，大部分的生产资料归清王朝和蒙古族王公贵族直接占有，他们人数只占蒙古族社会的小部分，却霸有很大一部分的生产资料；阿勒巴图虽然是人口的大部分，但只占有小部分的生产资料。即使清代蒙古族畜牧业较北元时期有了一定的发展，然而在分配严重失衡的情况下，生产成果大部分归王公贵族享有，阿勒巴图依然贫穷不堪，或者仅可以维持简单再生产。况且，不论蒙古族畜牧业好坏，王公贵族总能从阿勒巴图手中无偿取得他们的产品，以满足自己的需求。李绅的《悯农诗》虽然旨在揭露农耕民族地主阶级与农民阶级之间的深刻矛盾，但也完全可以映照出蒙古族社会矛盾的本质。

分配问题，古已有之。纵观中国历史发展脉络，王朝更迭最显著的一个原因，无不是土地的兼并问题，即社会生产资料的分配失衡问题。分配不均，贫富差距悬殊，这一问题不妥善、积极地解决，极易引起社会矛盾激化、社会关系紧张。

二　牧民徭赋过重

（一）上缴大量实物赋税

有清一代，蒙古族牧民不仅要向蒙古族王公贵族上交大量的实物贡赋，还要承担清廷摊派的各种苛捐杂税，赋税压力巨大。

清廷对蒙古王公贵族课征旗民的数额作了明确的规定，"有牛五头以上、羊二十只以上者，取羊一只。羊四十只以上者，取羊二只，超过此数，不再加征。……有牛二头者，取米六釜，有牛一头者，取三釜。……进攻、会盟、移营、嫁娶等时，属民如在百家以上，则每十家取马一匹，牛车一辆。有乳牛三头以上者，增取奶子一肚，五头以上者，增取奶酒一瓶，百头以上者，增取毡子一张"。① 但蒙古王公贵族很少根据清朝律令征税，其所征数额远超牧民承受范围。蒙古王公贵族所有庞大畜群，大部分来自牧民的赋税。王府一切开支，"无一不派诸蒙户"。王公贵族若遇罚畜，则亦摊派给牧户。清朝后期，蒙古族王公贵族骄奢淫逸，用度无制，所欠高利贷等数额

① 乾隆朝内务府抄本《理藩院则例》。

惊人，动辄以白银万两计，牧民却成为最后的还款人，饱经多方
摧残。

缴纳军赋，也是牧民的一项义务。推行盟旗制度之后，蒙古族
地区被划分为外扎萨克蒙古、内扎萨克蒙古、内属蒙古等，其中，
内扎萨克蒙古盟旗之长有统兵之责，而外扎萨克蒙古没有，但也要
和内扎萨克蒙古一并缴纳军赋。缴纳军赋有三种形式，一是通过蒙
古族王公报效朝廷的方式向旗民摊派收取。即每逢重大战事，王公
即向旗民征缴大量军用马匹、驼只、食用牛羊等。另一种形式是直
接征收银两。如 1855 年（咸丰五年），清政府向喀尔喀四部征收军
赋，规定每户牧民缴纳赋银 80 两。其中，土谢图汗部 110000 两，
车臣汗部 88980 两，扎萨克图汗部 43800 两，赛音诺颜部 70066 两，
四部合计 312846 两。[①] 三为兵备。清代蒙古地区兵丁合 ，蒙古族
壮丁，18—60 岁，皆编丁入册，每三年编审一次。依清制，"每三
丁共一骁骑，遇有出征等事，以二丁差遣，一丁留家"。[②] 壮丁不仅
服兵役，出征时还要自备马匹、军器、口粮等。蒙古族骑兵，攻击
力强，被攻击力也强，因此，每位骑兵需备有三到四匹马，方敢出
征应战。可见，兵丁马匹一项，耗资必然巨大，而此支出，皆由蒙
古族牧民负担。

（二）为统治阶级无偿提供劳役

蒙古族牧民不仅要向清廷和蒙古族王公贵族贡奉大量的实物，
还需要受其无偿驱使，提供大量劳役。如若没有此等徭役，清廷及
王公贵族的大量牲畜就无人牧放，蒙古族畜牧业的基础就失去了存
在的条件。

---

① 详见蒙古国家档案馆藏同治朝经济档案，2－6 号，第 1126 捆。转引自
[蒙古] 锡林迪布《十九世纪、二十世纪之交的外蒙古》，第 46—47 页。

② 乾隆朝内务府抄本《理藩院则例》。

为蒙古族王公贵族经营畜牧业。有清一代，特别是鸦片战争以前，蒙古族王公贵族所拥有的牲畜头数，每户不下万余头只。如此规模，人力需求甚大，非其随丁、庙丁等所能满足。为此，必须征用牧民劳力，为王公贵族服役。移场迁营、守护牧放、接羔、保羔、饮水、挤奶、乳制品加工、剪毛、储运毛、剥皮、皮毛加工、运输草料、修葺棚圈等一切繁重事项，都是维持和保证畜群扩大再生产所不可或缺的生产过程，耗力甚费，皆由牧民负责。[①] 除此之外，牧民还要负责王府摊派的其他一切杂役，如平民女子（六岁至十七岁）要到王府服杂役，侍奉主人，做打扫庭院、打柴背水等零活。[②] 服役时间也有相关规定，一般为一个月、三个月、半年及一年等。在此期间，牧民不仅要照料自家牲畜，还要为王府卖力，难以兼顾，实为艰辛。

牧放官畜。清廷在蒙古族地区广设官牧厂，牧厂五畜俱全，头数浩繁，"查商都达布逊诺尔，达里冈爱牧厂，总计马驼十二万八千有奇，牛三万九百有奇，羊三十四万九千八百有奇"。[③] 官牧厂的牧放任务，除八旗牧厂部分由官兵负责外，其余皆为蒙古族牧民承担。牧民为清廷代牧牲畜，定期向官府上交孳生部分。大部分牧厂采取奖励牧丁的方式来经营，即将很少的一部分孳生牲畜分给牧丁，作为其私有财产。然而，这一奖励必须建立在这样一个基础上：牧丁超额完成清廷规定的孳生比例。如若遇有灾荒，牧厂倒毙之牲畜，"俱系蒙古赔补"，在这种情况下，牧丁不仅得不到报酬，还要倒赔牧厂。天灾常有，蒙民早已习惯，而人祸难

---

① 卢明辉：《清代蒙古史》，天津古籍出版社 1990 年版，第 116 页。
② 乌云毕力格、成崇德、张永江：《蒙古民族通史》（第 4 卷），内蒙古大学出版社 2002 年版，第 339 页。
③ 《清实录》，乾隆二十五年。

测，蒙民深受其害。

（三）保障驿站后勤供给

维持驿站交通，是蒙古族牧民的一项沉重负担。清廷规定，蒙古族各旗扎萨克有承担驿站帮办牲畜任务者，如借灾推诿，要受惩罚。各地驿站必须按照理藩院所发印文，对过往差遣人员供应差马、廪羊等，不许借故规避。蒙古族各旗扎萨克如不按规定供应驿马，则罚"三九"牲畜；不按规定供应廪羊，则罚"一九"牲畜。[①] 蒙古族王公贵族绝不会将自家马、羊供应驿站，牧民是这一繁重供应的最终承担者。且如若受罚，也一并由旗内牧民支付。俄国学者波兹德涅耶夫游历喀尔喀时，目睹了乌尔图哈拉驿站驿丁们的悲惨生活，"这个驿站有三户人死去了十头牛，每户只剩下一头牛。还有一户死去了近一百五十只羊，只剩下二十一只"，"陷于极其窘迫的状况"。[②]

除供应驿站所费实物之外，蒙旗牧民还要充任驿丁。驿站等级不同，所需驿丁人数也参差不齐："喜峰口一路，除旧有二驿外，置驿丁六百名，古北口一路，除旧有三驿外，置驿丁三百名。独石口一路，置驿丁四百五十名。"[③] 大量的劳动力被迫为驿站赋役，人为地限制了蒙古族畜牧业的发展。

（四）寺院贡赋

喇嘛教不仅在精神上奴役蒙古族牧民，而且在人身上也一样驱使，无偿地占有他们的劳动——牧民要向寺院经常提供劳役和施舍财物。清代占蒙古族人口比重颇大的僧侣集团挥霍着牧民们创造的

---

① 卢明辉：《清代蒙古史》，天津古籍出版社 1990 年版，第 107 页。
② ［俄］波兹德涅耶夫：《蒙古及蒙古人》（第一卷），内蒙古人民出版社 1983 年版，第 160 页。
③ 乾隆朝内务府抄本《理藩院则例》。

劳动成果。① 日本学者田山茂曾就喇嘛教对蒙古族牧民的压榨做过特别精彩的描述："在广漠无际的草原上耸立着堂皇富丽的喇嘛庙宇，试将其内部的绚烂威仪和那污损成灰色的蒙古包一比，便可大致了解它压榨旗民膏血到如何地步。"② 喇嘛教对蒙古族牧民的经济压迫主要表现为：（1）劳役和实物征收。蒙古族牧民需经常无偿地为寺院提供劳役，如代为放牧、修葺寺院、耕种田亩等；每逢宗教节日、活佛等外出之时，蒙古族牧民还需向寺院和活佛缴纳一定的牛羊，王公贵族贡奉寺院物品亦摊派给旗民。（2）利用宗教的神秘性，蛊惑蒙古族牧民，以布施、施舍的形式向牧民索取财物。"喇嘛等口作诡言，假以供佛持戒为名，潜肆邪淫，贪图财物……又索取生人财帛牲畜，诡称人免罪于幽冥，其诞妄为尤甚。……乃蒙古等深信喇嘛，靡费财物，忏悔罪过，欲求冥魂超生福地云云。"③（3）行高利贷，坐享其成。史载，"而喇嘛实为蒙户债主，通计月息约合三分、五分，或至加一加二以上不等。秋收所入，除还债唪经抵用以外，所余无几。不待来春，又须俟借贷度日矣"。④ 寺院的收入绝大部分皆出自蒙古族牧民，在王公贵族、上层喇嘛的重重剥削下，一部分牧民入不敷出，被迫借贷，而所贷之资，本属于自己。如此荒唐之事，令人咋舌。

---

① 乌云毕力格、成崇德、张永江：《蒙古民族通史》（第4卷），内蒙古大学出版社2002年版，第339页。

② ［日］田山茂：《清代蒙古社会制度》，商务印书馆1987年版，第218页。

③ 《清太宗实录》，天聪十年三月庚申。

④ 《喀尔喀法典》。

三 畜牧业衰落及多种生业兴起

有清一代，蒙古族畜牧业仍处于游牧形态。在设佐划旗之后，畜牧业进入了相对稳定的发展状态，取得了一定的进步。然而，畜牧业生产技术依然低下，封建剥削、商业剥削层层压榨，大量垦荒导致草场退化、沙化等，这一系列的因素导致蒙古族畜牧业逐渐走向衰落。畜牧业是蒙古族的支柱产业，是蒙古族的立族之本，支柱产业的式微，为其他产业的兴起提供了可能。

生产技术落后，是蒙古族畜牧业的硬伤。在牧区，牧民向自然界作斗争的唯一办法仍然是游牧。鲜有打井和开辟水源、贮草和建立饲料场地等生产技术革新。广大的牧民依旧不懂如何改良牧业生产工具和牲畜品种，他们在严重的风雪、疾病面前，束手无策，"靠天放牧"，是牧民遵循的生存法则。况且，在严重剥削和分散的、细小的经营方式下，牧民也实在没有可能改变传统的牧放方法。由于生产技术落后，不但往往使畜群大量死亡，造成不可计数的损失，而且很多畜产品也任其浪费，无法全部加以利用。[①] 牧区经济的落后，加深了牧民对其他生业的依赖，特别是给旅蒙商、汉族地主、高利贷者以可乘之机。

统治阶级，包括清廷和蒙古王公贵族等，为了不断满足自己的需求，横加征敛，敲取民脂民膏。对蒙古族牧民的超经济剥削，是以王公贵族为主体的蒙古族游牧经济的基础。这种具有强制性的劳役地租性质，是造成蒙古社会畜牧业经济发展缓慢、生产力低下，

---

① 陶克涛：《内蒙古发展概述》（上），内蒙古人民出版社 1957 年版，第 183—184 页。

生产技术长期落后的主要原因。[①] 除此之外，旅蒙商的重利盘剥，也吸走了大量的财富。来自内地的旅蒙商在商品交换极不发达的蒙古族地区如鱼得水，采取种种恶劣手段，牟取暴利，欺压蒙民。蒙古族牧民长期与外界隔绝，不熟悉商品市场价格，无商品交换经验，为此只能听从旅蒙商的摆布。旅蒙商以此为商机，利用不等价交换、赊卖滚利等办法积累了巨额财富。仅大盛魁一家商号就有资金1000万两白银。[②] 但旅蒙商的目的不止于此，敲骨吸髓，掏空蒙古，才是他们的商业追求。他们将商品交换所获资金转换为金融资本，发放高利贷。蒙古族王公贵族大多深陷其中，而蒙古族社会具有债务连带制度，即王公有债，属民分担，而高利贷利息甚巨，以致整个蒙古族地区都成为旅蒙商的债务人。[③] 牧民很少持有货币，还债手段以牛羊马等为主。牧民所有牲畜，不仅要供特权阶级剥削，还要受商业借贷资本敲诈，遇有灾年，民不聊生，如入水火。

此外，蒙垦面积不断扩大，蒙古族王公贵族将公地外放给来垦汉民，获取"开荒银"，以满足奢侈用度。清末，国库亏空，军饷告急，清廷开始放宽蒙禁，准许汉民大量垦荒。从长城边缘，到大漠深处，都出现了阡陌农田的景象。但蒙古族聚居区气候脆弱，土质特殊，并非所有地段都适宜垦荒，且当时环保意识淡薄，最终造成蒙古族聚居区出现了大面积的沙化草场，很多地方也出现了草场退化的迹象。更重要的是，垦荒面积日益扩大，侵占牧民草场，牧民只好缩小畜群规模，或移牧较差地块。

畜牧业的衰落，催生了多种生业。18世纪以后，蒙古族地区伴

---

① 卢明辉：《清代蒙古史》，天津古籍出版社1990年版，第116—117页。

② 乌云毕力格、成崇德、张永江：《蒙古民族通史》（第4卷），内蒙古大学出版社2002年版，第351—352页。

③ 同上书，第355页。

随农业、商业贸易的发展，出现了草原城镇和市民阶层，手工业和采矿业得到了一定的发展。充足的天然资源和畜产品资源，为手工业发展提供了广阔的原料基地；得天独厚的森林、煤炭、盐碱等矿产开发利用。[1] 这一系列的新生产业，不仅增加了蒙古族社会的财富，加强了与内地的经济联系，而且对冲破清王朝的封禁政策和王公贵族的束缚，起到了一定的积极作用。特别是农业的快速发展，使蒙古族地区出现了三种经济区：牧区、半农办牧区、农业区，彻底改变了蒙古族延续千年之久的生计模式，蒙古族经济发展进入新的轨道。

---

① 卢明辉：《清代蒙古史》，天津古籍出版社 1990 年版，第 172—178 页。

第 十 八 章
清代汉族移民对蒙古族经济的影响

蒙汉来往，亘古未绝。终清一世，内地汉族移民出关入蒙，对蒙古族经济最大的影响莫过于农业的繁盛发展。起初，清朝统治者限制汉民蒙垦，后随国力式微，逐渐开放蒙禁，使原本水草丰茂的蒙古族聚居区出现了连片的农业区、半农半牧区。生产力的变革，势必引导生产关系的调整。蒙古族土地制度由公共占有向私人占有转变，阶级关系更加复杂，新兴地主阶级成为蒙古族经济中的重要主导力量。汉族移民的迁入，也加快了蒙古族的商业、手工业和城镇的发展，蒙古族出现了市民阶层，社会发育程度逐步提升。

第一节 由"明禁暗放"到"禁而不绝"

清初，为全面隔绝蒙古族与内地的联系，清朝统治者在蒙古族地区推行封禁政策，严禁汉民出关蒙垦。但政策并未彻底执行，仍有很少量的内地农民入蒙，他们春去秋归，称为"雁行客"。雍正朝时期，为缓和内地的阶级矛盾，一改以往的封禁政策，借地养民，变相鼓励一部分内地农人入蒙垦殖，直到乾隆年间，封禁政策再一次收紧。然而，清朝统治者虽设置重重关卡，但"禁而不绝"，入蒙民众从未间断，清末，为应付日渐亏空的财政，清廷被迫放弃蒙禁。

一　"雁行"

春去秋归，实为"雁行"。清初，虽然禁止内地农民出关，但从未绝对禁止。且"今地少人稠，各地民人往边外居住耕种者甚多，比年又皆丰收，附近京师之人，俱赖此谷，大有裨益"。① 为了更好地管理出关垦殖农民，清廷规定：（1）不许在蒙古娶妻生子；（2）春去秋归，从事季节性劳动，不许在口外定居；（3）不许携带家眷前往。对出口者，查明年貌、姓名、籍贯，一一登记入册，"给以印册"。②"雁行"由此而生。

从人口学的角度讲，"雁行"人不属于真正的移民。移民是指具有一定数量、一定距离，在迁入地居留一段时间的移动人口。"雁行"这种候鸟式的人口迁移方式，持续了近一个世纪，直到18世纪中叶，随着蒙禁政策的逐渐松弛，靠近长城的蒙古族地区才出现了零星村落。19世纪中叶以后，蒙垦得到清廷许可，农业区、半农半牧区大量涌现，内地农民开始正式落户蒙古族地区，"雁行"就此消失。

"雁行"的出现，一方面证实了内地农民出关垦殖，丰富了蒙古族传统经济，也有利于增加内地的粮食供给，所以得到了清廷的默许；另一方面，清廷严格限制出关人数，以喀喇沁三旗为例，康熙年间只发放800张印票，供内地农民出关，说明清朝统治者不希望在塞外聚集大批内地农民，恐"俱为蒙古"，影响其对蒙古族的政治

---

① 《清圣祖实录》卷250。

② 成崇德：《清代西部开发》，山西古籍出版社2002年版，第262页。

统治。

二 汉族移民的主要来源

自顺治朝时，满洲贵族在华北地区圈占大量良田，致使农民流离失所，加之地主阶级残酷剥削，内地农民则多由喜峰口、古北口、独石口、张家口、杀虎口、山海关和陕西边外关口"闯关"，出边谋生。这些农民大部分来自河北、山东、山西，一部分来自河南、陕西、甘肃等省，[①] 其余省份鲜有入蒙垦殖之人。

终清一代，土地兼并之风盛行，不少农民流离失所，加之山东、河南等地多灾荒，因此"今河南、山东、直隶之民，往边外开垦者多，大都京城之米，自口外来者甚多"，由于价格便宜，"京师亦常赖之"。[②] 虽然清廷一再严格限制出关农民人数，但是汉族农民的数量与日俱增，仅内蒙古东部，"山东民人往来口外垦地者多至十万余"。[③] 内蒙古西部地区，地广人稀、土地肥沃。山陕农民赴蒙地耕种，渐成规模。于是"陕北临套诸县农民，起初春出秋归到蒙古地区种地"。在鄂尔多斯的东部和南部靠近山陕的地方，"则有河曲、神木、府谷等县农民沿套边开垦，渐成村落"。[④]

三 借地养民

借地养民政策始于雍正，终于乾隆，即借蒙古之地，养内地之

---

① 成崇德：《清代西部开发》，山西古籍出版社 2002 年版，第 263 页。

② 《清圣祖实录》，康熙四十八年十一月庚寅。

③ 《清圣祖实录》，康熙五十一年五月壬寅。

④ 陈喜波、颜廷真、韩光辉：《论清代长城沿线外侧城镇的兴起》，《北京大学学报》（哲学社会科学版）2001 年第 3 期，第 14 页。

民。雍正颁令户部："唯开垦一事于百姓最有裨益……嗣后各省，凡有可垦之处，听民相度相宜，自垦自报，地方官不得勒索……不得阻挠。"① 此令一下，大批内地灾民涌入蒙古族地区。1743 年，天津发生旱灾，河北、山东等地农民也纷纷流往口外，清政府令喜峰口、古北口、山海关等："如有贫民出口者，门上不必拦阻，即时发出"，"但今日流民不比寻常，若稽查过严，若辈恐无生路矣……令其不必过严，稍为变通，以救灾黎。"② 由此，出关农民日益增多，蒙古族地区出现了大量的村落，以农民聚集较多的塔子沟为例，村庄竟达百十余个，③ 可见借地养民规模之大。

清廷入关以后，面临的最大问题并非满蒙矛盾，而是满汉关系。为了拉拢汉族民心，稳定社会秩序，清朝统治者只得允许放行汉民入蒙开垦，以解灾荒，减轻政府压力。后随着清王朝在内地的统治稳固，经济恢复，便开始注重对蒙古族的控制，为防蒙汉联手，严下禁蒙政令，取消借地养民。

四 严禁出关却"禁而不绝"

乾隆十四年（1749 年），清廷颁布诏令，严禁内地农民出口和私垦，令出口之民回籍，撤回典地，严禁蒙古各扎萨克旗及八旗察哈尔等容留民人居住和垦殖，史载："蒙古旧俗，择水草地游牧，以孳牲畜，非若内地民人，依赖种地也。康熙年间……容留外来民人，迄今多至数万，渐将地亩降价出典，因而游牧地窄，至失本业……

---

① 《清世宗实录》，雍正元年四月乙亥。

② 《清高宗实录》，乾隆八年六月丁巳、乾隆九年正月癸巳。

③ 详见乌日陶克套胡《蒙古族游牧经济及其变迁》，中央民族大学出版社 2006 年版，第 177 页。

著晓谕该扎萨克等，严饬所属，嗣后将容留民人居住，增垦地亩者严行禁止……"① 理藩院也周知蒙古，凡蒙古王公、扎萨克、旗内官员私自招垦、容留民人居住者，视其情节轻重处以罚俸、革职、鞭打、罚畜等。嘉庆、道光时期，又多次重申有关禁令，规定对私自招垦的王公旗员和私自出口开垦的农民都予以严厉处罚。② 然而，蒙古族地区需要农产品，王公贵族需要额外的地租，内地农民以私垦谋生，所以，封禁令效果微薄，始终未能有效阻止出关农民人数的增加和蒙垦面积的扩大。

康熙初年确立的发展蒙古族农业的政策，一直延续到乾隆十四年禁垦令的颁布，历经80年之久。不容否认，正是这一积极的农业政策奠定了清代内蒙古农业大发展的基础。实在说来，清朝确立这一政策的出发点只是为了解决当时迫在眉睫的来自内蒙古各部和自身军事行动的粮食需求，减轻清廷的财政压力。至于接踵而来的畜牧业受到压迫、内蒙古迅速农业化，是清廷当初没有也不可能料及的。③ 乾隆以后，尽管清廷改行禁垦政策，在山海关、古北口、喜峰口等处严密稽查出关农民，但内地农民另辟蹊径，转从海上乘船北行。随着内地日益增长的人口压力，政府被迫放松限制，向关外疏导，从而形成越禁越垦的怪现象。由此，"严禁"出关，却"禁而不绝"，入蒙民人络绎不绝，从未间断。

---

① 《清高宗实录》卷348，乾隆十四年九月丁未。

② 达力扎布：《蒙古史纲要》（修订本），中央民族大学出版社2011年版，第180页。

③ 张永江：《粮食需求与清初内蒙古农业的兴起》，《清史研究》2003年第3期，第41页。

第二节　半农半牧区、农业区的出现

农业区、半农半牧区的出现，意味着蒙古族逐渐放弃了传统的游牧经济，逐渐适应农耕经济。在蒙古族地区，最早形成农业区、半农半牧区的是喀喇沁。至清中后期，农业已经成为蒙古族经济的重要组成部分，尤其是在漠南蒙古，更有超越牧业之势。为了减轻政府的财政负担，增加军饷等的供给，除私垦之外，屯田规模也日益扩大。蒙古族"漫撒子式"的耕作方式逐渐被汉族移民的精耕细作取代，耕作制度得以改良。随着汉族移民的日渐增多，清廷在蒙古族地区实行"蒙汉分治"，设置厅、府、州、县等管理机构，处理蒙地民人事务，而蒙古族牧民依然由扎萨克管辖，以蒙治蒙，以满治汉。

一　半农半牧区、农业区的形成和分布情况

有清一代，蒙古族地区的农业区、半农半牧区主要分布在以卓索图盟为主的东部蒙古地区、归化城土默特地区、察哈尔地区以及河套地区。[①] 农业区、半农半牧区形成的显著标志，是农业人口和农田面积在一个地区处于优势地位，或者占相当大的比重。此外，厅、府、州、县的设立，也表明一个地区的农业发展达到了较高的程度，农业人口成为主要居民。以下就几处农业开发程度不同的地方，对蒙古族地区农业区、半农半牧区的形成做扼要叙述。

雍正、乾隆年间，卓索图盟喀喇沁地区的农业发展较快，尤其

---

① 成崇德：《清代西部开发》，山西古籍出版社 2002 年版，第 27 页。

是喀喇沁左旗和中旗，至乾隆十三年（1748年），喀喇沁中旗已有汉佃丁42924口，103屯。喀喇沁中旗汉农佃种地774顷零40亩；喀喇沁左旗有400顷零80亩。① 由于大片草场被开垦成农田，蒙古族牧民放牧受到很大影响，一些牧民只得放弃传统的畜牧业，改营农耕，逐步向自耕农转化。道光年间，喀喇沁右旗因"商民日集、占垦地亩日广"，终至"蒙古人无地牧放牲畜"，由此，历经一百余年，喀喇沁由一处水草丰盛的草原，完全转化成与内地无异的广袤农田。祖业尽失，费制革旧。

张家口外牧地，由于招垦，形成了大片的农业区和半农半牧区。史载："民粮牧地，雍正年接收直隶张里厅拨归经营，并陆续开垦，共地四千三十一顷三十八亩"，"太仆寺折色牧地，乾隆年间开垦升科，共地五千二百七顷五十八亩"，"礼亲王牧地，乾隆年招佃升科，共地一千三百三十二顷三十九亩"，"永安牧地，乾隆年招民认垦，共地二千五百六十四顷二十一亩"。② 这些亩数仅是张家口一带官垦的一部分，私垦则另算。据不完全统计，仅张家口、独石口两厅，有垦地约4707.96顷，③ 1737—1887年，归化城土默特地区就约有57606.95顷垦地。④ 新疆土尔扈特蒙古人回到新疆后，有一部分人定居从事农业或半农半牧业，从汉族和维吾尔族农民学习农业技术。⑤ 由此，大量草场被垦为农田。有些地区，不再适宜游牧，蒙古族牧民便转行从事农耕或者手工业；有些地区农业化程度较低，牧

---

① 乌云毕力格、成崇德、张永江：《蒙古民族通史》（第4卷），内蒙古大学出版社2002年版，第293页。

② 《归绥道志》卷18。

③ 《口北三厅志》，乾隆二十三年。

④ 《土默特志》卷5。

⑤ 达力扎布：《蒙古史纲要》（修订本），中央民族大学出版社2011年版，第181页。

民则农牧兼营，维持生计。

二　屯田

自秦汉以后，中央政府就会安排内地民人前往西北、西南等地屯田。屯田主要有两种，一为军屯，二为民屯，以军屯为主，即为军事战争筹备粮饷。有清一代，屯田范围之广、数量之多，非历代所可比拟。

蒙古族地区的屯田始于康熙年间，为攻打噶尔丹做准备，康熙三十三年（1694 年），下令将归化城大、小黑河下游的"善里"，"分划九区"，"每亩纳米一升七合二勺"，"招民认种"。康熙三十四年（1695 年），又在归化城南和大、小黑河流域划出约 334 顷的土地，定为粮庄地，分交三庄头承种，"每庄岁征米二百石，作为旗兵米粮"。① 屯田起初较为兴盛，后平准战争告一段落，屯田意义渐失，因此被放置下来。

康雍时期在蒙古族地区的屯田主要分布在漠北的科布多、赛音诺颜和土谢图汗部境内，各屯田区随着战争的变化而时废时兴。乾隆三年（1738 年）以后，清军南撤，漠北屯田相继停止。漠北屯田主要有绿旗兵屯和犯屯两种形式。绿营兵主要调自陕西、甘肃等地，三年换成一次，平时一般只从事屯种，无戍防任务。屯田所需锄、锨、镢等农具皆从山西调运。乾隆年间在蒙古族地区的屯田活动主要在归化城一带，屯田有户口地、粮庄地、大粮地三种。② 户口地即为兵丁的口粮地，所有权归清廷，兵丁只拥有使用权，不准买卖。

---

① 成崇德：《清代西部开发》，山西古籍出版社 2002 年版，第 25 页。
② 详见成崇德《清代西部开发》，山西古籍出版社 2002 年版，第 25—27页。

户口地本应由兵丁自行耕种，但蒙古族兵丁不善农耕，所以多招民垦种。粮庄地辖于内务府，使用权在庄头，每年所征用作驻防旗兵米粮。大粮地亦归清廷所有，由民人承种，租粮交由归化城厅和绥远城，以备军需。

清代前期，在漠西蒙古族地区，为解决对准噶尔征伐用兵的粮草供应，清廷在伊犁河流域和青海和硕特部的黄河流域开垦地亩进行军、民屯田。至乾隆中期，仅在天山北路蒙古族聚居区，已有军屯农田十七万七千余亩，民屯农田达十四万七千余亩。[①]

总的来看，虽然清廷在蒙古族地区的屯田范围很广，但实际规模较其他地区略小。然而，屯田的意义却很深远，对蒙古族经济的发展起到了巨大作用。通过屯田，将内地的耕作施肥、农田整修、水利灌溉等技术，以及各种铁、木器农用工具，带入了素来不谙农耕的蒙古族地区，将先进的生产知识和文化传播开来。[②] 所以，屯田在一定程度上具有桥梁的作用，加速了蒙古族与汉族的经济、文化交流。不过，清廷屯田的本意只为了借蒙地而伐蒙部，并未真正想发展蒙古族经济，并且屯田所获除补贴军饷外，皆运往关内，蒙古族牧民所得实质利益甚少。

三　"漫撒子式"到精耕细作

蒙古族的种植历史比较久远，但种植技术却很落后，缺乏完备的耕作制度。蒙古族牧民在春天开出一小块土地，将作物种子漫撒之后，浇水即可。此后牧民则赶着牛羊迁往夏牧场，至初冬时节，

---

① 详见卢明辉《清代蒙古史》，天津古籍出版社1990年版，第125页。
② 陈桦：《清代区域社会经济研究》，中国人民大学出版社1996年版，第223页。

返回营地，再行收割。自然生长期，不施肥、不驱虫、不灌溉，作物产量可想而知。据《蒙古风俗志》记载："人们把黍子用漫撒子的办法在春天撒在地上，用木桩标上这块地方，放牲畜不往这块地上放。到了七月，割掉穗子堆放在平坦而硬的地方，把牲畜赶来踏上一阵，脱粒后用锨等工具风一风，然后把粮食挖窖埋起来。"[①] 这种"漫撒子式"的耕作方式一直伴随着蒙古族畜牧业的发展，万历二十三年末（1596 年初）到达中国东北的朝鲜使者申忠一在他的行记中说："蒙古于春耕时，多聚人马于平墅，累日使之践踏粪秽。后播黍、稷、粟、蜀、秫诸种，又使人践踏。至耘治收获时，令军人齐力云。"显示在明代，蒙古的种植技术虽有一定进步，但仍处在原始粗放阶段。[②] 清代以前，蒙古族地区的农业只是畜牧业的补充而已，提供少量的粮食和饲草料，因此对蒙古族经济发展的影响不大。

随着屯田和私垦规模的不断扩大，内地先进的农耕技术传入蒙古族地区，放弃游牧的蒙古族牧户逐渐接受外来文明，操行农耕，身份也转变为农户或者农牧兼营户。蒙古族原有的粗耕农业也逐渐向精耕细作的方向发展。汉族农民将内地的农田管理技术传授给蒙古族农民，蒙古族农民增加了耕种的农作物品种，不再局限于大麦、青稞等生长期较短的作物，有的还种植了果木蔬菜，丰富了自己的生活。[③] 不仅如此，汉族农民还向蒙古族牧民学习畜牧业生产技术，将畜牧业作为家庭重要的副业。蒙汉文化相得益彰，互利共赢。

农业生产技术的提高，使得粮食产量显著增加。康熙朝后期，有些蒙旗开始设仓贮米，"以备水旱赈济之用"。据记载，至康熙五

---

① 罗布桑却丹：《蒙古风俗志》，辽宁民族出版社 1988 年版，第 148 页。

② 张永江：《粮食需求与清初内蒙古农业的兴起》，《清史研究》2003 年第 3 期，第 32 页。

③ 《蒙古族简史》编写组：《蒙古族简史》，内蒙古人民出版社 1977 年版，第 74 页。

十七年（1718 年），归化城、喀喇沁各旗、热河、八沟、巴林等地都建有仓廒，贮粮较多。乾隆时期，仓贮数量已经相当可观。乾隆四十九年（1784 年），哲里木盟十旗、昭乌达盟十一旗等存谷粮达到 445269.80 石，其中仅喀喇沁右旗就有 44000 石。[①] 在向来依仗游牧为生的蒙古族地区，出现了只有内地才有的粮仓，足以证明蒙古族农业经济的发展有了质的提升。遇有灾荒之年，就近开仓赈济蒙古，成为可能。

四　蒙汉分治

以蒙治蒙，本是明王朝节制蒙古族各部的一大法宝。清朝统治者沿用此法，但只取其理，开创盟旗制度，盟旗长官直接听命于清朝皇帝，是为清王朝藩属。然而，随着汉族移民的进入，导致蒙古族地区农耕经济范围逐步扩大，要有效管理这些汉族移民就要建立相应的机构。清朝统治者一直唯恐蒙古族势力壮大，如若将日益增多的汉族移民划归蒙古族扎萨克管辖，势必利于蒙古族各盟旗发展经济。使蒙古自足而不致有余，是清廷治蒙的一大原则。自然，蒙汉分治，以满治汉，才符合清王朝的根本利益。

自雍正朝开始，清廷在汉族移民比较集中的蒙古族地区设立理事厅，任命理事同知、通判等官，由满、蒙旗人担任，专门管理流入蒙古族地区的汉民事务，实行蒙汉分治。蒙古族王公贵族除继续收取地租外，不得干预汉民事务。清廷委派的地方官管理汉民的户籍、刑狱，汉民除向蒙古族王公贵族交租外，还需向地方政府缴纳赋税，以后逐渐改为由地方官收租，分给蒙古族王公贵族应得的一

---

① 乌云毕力格、成崇德、张永江：《蒙古民族通史》（第 4 卷），内蒙古大学出版社 2002 年版，第 239 页。

部分租税。最终由清政府发给农民执照，使他们有了土地支配权，断绝了与蒙古族王公贵族的租佃关系。至乾隆初年，清廷在蒙古族地区设立的理事厅主要集中在蒙古族地区的中东部，如张家口厅、独石口厅、多伦诺尔厅、热河厅、塔子沟厅、归化城厅、清水河厅、神木厅、长春厅等。[①] 这些地区的农业发展程度较高，汉族移民相对密集。这些厅府的设立，如同清王朝在蒙古族地区的据点，随着厅府势力的不断膨胀，蒙古族牧民赖以生存的草场不断被蚕食、分割。

厅本是府的派出机构，最初并不是一级独立的行政建制。厅的长官，即同知或通判也不是正印官，手中只有关防而无印。起初，为了不至于激起蒙古族王公的反对，清廷只得在设治的地区将厅移植过来作为过渡，并在同知、通判前加理事或抚民衔，以示可以掌管厅内一切地方行政。直至乾隆四十三年（1778 年），清廷将热河厅和察哈尔地区的一部分厅改制为一府一州五县，标志着州县制在蒙古族地区的正式确立。经济基础决定上层建筑。州县制是建立在农业经济基础上的政治体制，也是中央集权体制的基础。蒙古族地区农业的发展和蒙古族自耕农、汉族移民的大量涌现，成为蒙古族地区行政建制州县化的内在动因。[②] 诚然，清朝统治者也希望能够以州县制取代盟旗制度，以满汉官吏取代扎萨克，如此蒙古族地区则可永无后患。因为蒙古族各地区的开垦时间先后有别，开垦范围参差不齐，所以州县制的设立也呈现出不同的特征。但是，州县制在蒙古族地区的推行，还是影响到了蒙古族原有的制度，盟旗制度的嬗变，为清中后期的政策调整埋下了伏笔。

---

① 达力扎布：《蒙古史纲要》（修订本），中央民族大学出版社 2011 年版，第 180 页。

② 杨强：《清代蒙古族盟旗制度》，民族出版社 2004 年版，第 206—208 页。

第三节　土地公共占有制向私人占有制转变

普天之下，莫非王土。清初，盟旗制度下，蒙古族的土地所有权皆归清廷，清廷辖下的蒙古族扎萨克拥有土地支配权。根据蒙古族的传统，土地占有权依然归全体蒙古族人所有，但是私人占有的土地自始至终都存在。随着蒙古族地区开垦程度的逐步提升，新兴地主阶级成为蒙古族经济的主要领导者，包括蒙、汉地主。产生这一阶级的根本原因，在于土地典押制和永佃制的流行。蒙古族地区的经济形式发生了显著变化，货币地租代替实物地租，土地兼并盛行，伴随着蒙汉矛盾，勾勒出有清一代蒙古族经济的巨大变迁：土地公共占有被私人占有逐渐替代。

一　新兴地主阶级大量涌现

乾隆以后，随着蒙古族地区农业的持续发展，出现了蒙、汉地主和农民阶级。蒙古族地主产生于蒙古王公、箭丁上层和富有者。蒙古族扎萨克王公、闲散台吉、僧侣贵族利用封建特权占有牧地，招民私垦，收取押荒银[①]和地租，成为大地主。在开垦较多的蒙旗，旗里为了维持箭丁的生活，给其分配一定数量的户口地。各地户口地数额不等，有的以箭丁为单位，每丁40亩，[②] 或一顷。[③] 有的以

[①]　押荒银是蒙古族地区特有的封建剥削方式之一，押荒银缴纳越多，则地租越少。

[②]　《热河蒙旗之概要》。

[③]　《土默特旗志》卷5。

人口为单位，每个成年男女 20 亩。一部分旗内官员和有军功的箭丁，除领有户口地外，还获得份额不等的赏赐地和差役地，他们将这些土地典押出租给蒙、汉农民耕种，成为中小地主。还有一些生活富裕的箭丁向扎萨克王公申请荒地，转手租佃给蒙汉佃农耕种，成为地主。[①] 大多数箭丁虽领有面积不等的户口地，但蒙古族牧民多不谙农事，同时还要承担蒙古族王公贵族摊派的沉重的赋役，无暇经营农业，所以多将户口地出租或转佃给汉族农民，收取地租。

汉族地主绝大多数是由地商（揽头）演变而来，他们是从较早来到草原谋生的农民中分化出来的。与蒙古族地商相似，他们先从蒙古族王公贵族那里以"永远管业"的形式承租大片荒地，取得永佃权。然后或转手出租，居间盘剥；或招民榜青，直接经营。充当揽头的有的是个体经营者，有的则是旅蒙商号。清末蒙古族地区的地局、垦务公司也属此类。[②] 由于善于经营，汉族地主的实力逐渐超越蒙古族地主，大量的蒙古族地区的耕地成为汉族地主的"永世之业"，不少蒙古族王公贵族和阿勒巴图失去了固有的领地，任人排挤。

蒙古族王公贵族从地商那里得到的收益主要分为两部分，一为押荒银，或称押地钱、地价钱，一般按承租土地数量多寡，一次付清。地商通过缴纳押荒银而获得土地的永租权；二为地租，根据亩数按年征收。蒙、汉地主从蒙古族王公贵族手中获得永租权，再将土地租佃给蒙、汉农民耕种，成为名副其实的土地占有者。

蒙、汉地主阶级除将土地转租给他人之外，还可以雇佣他人为

① 达力扎布：《蒙古史纲要》（修订本），中央民族大学出版社 2011 年版，第 187 页。

② 乌云毕力格、成崇德、张永江：《蒙古民族通史》（第 4 卷），内蒙古大学出版社 2002 年版，第 347—348 页。

自己耕种。这种雇佣关系最初产生于汉族农民与蒙、汉地主之间。汉族移民初到蒙古，无任何生产资料和生产工具，只得受雇为地主劳作，成为雇工，在内蒙古东部地区，称其为榜青。榜青分为两种：里青和外青。[①] 里青是地主提供全部的生产资料和口粮，榜青户进行耕作，秋收后，扣除地主垫支部分，双方分成。外青是地主只提供生产资料，不提供口粮，秋收后，扣除垫支，分成。后来，一部分蒙古族牧民失去牧场，衣食无保，便开始在本旗内或者迁往其他蒙旗，充当榜青，维持生计。

二　土地典押制和永佃制

农业兴起后，在蒙古族的半农半牧区，土地私人占有的情况越发明显。旗扎萨克以及一般的王公贵族、寺院和活佛等，依仗特权，大量圈占草场，租给汉族包地户开垦，收取地租，作为新的更大的剥削来源。[②] 起初，蒙古族王公贵族以一定年限和金额将草场典押给包地户，待对方将草场经营成熟以后，则按熟地收取更高的地租。典押期满，蒙古族王公贵族收回土地，原由包地户在所租土地上建立的房屋院落也一并收回，不得拆除。

典押制，顾名思义，即蒙古族王公贵族将土地典给汉族地主、商人，即揽头，收取一定的典当金额，期满，蒙古族王公贵族赎回土地，继续典押。典押现象的发生，是以货币经济的相当发展为前提的。典出者需要货币，承典者能够支付货币。出现典押土地的现

---

① 达力扎布：《蒙古史纲要》（修订本），中央民族大学出版社 2011 年版，第 187 页。

② 《蒙古族简史》编写组：《蒙古族简史》，内蒙古人民出版社 1977 年版，第 68 页。

象，显然同商品货币经济的发展有关。① 然而，并不是所有的土地都可以赎回。尤其在清代中后期，不少蒙古族王公贵族骄奢淫逸，挥霍无度，将典押款悉数耗尽，而又无额外资金来源，只得将土地彻底典给汉族地主。长此以往，蒙古族地区的沃野良田逐渐落入异族之手。王公贵族失去土地，强取豪夺阿勒巴图聊以为生的户口地，致使阿勒巴图穷困潦倒，无所依靠。

雍正年间，在借地养民政策的引导下，汉族农民大量迁入蒙古族地区，租地面积迅速扩大，一种更加完善的租佃制度——永佃制逐步形成，并且成为蒙古族地区租佃关系的主要形式。在永佃制下，承租土地者在订立永租契约时，先缴纳一笔佃价，取得永佃权，按照契约规定缴纳租金。② 一般情况下，契约会注明"永远管业"字样，如果承租者无违反契约之行为，则出租者概不能撤回土地另行出租，也不能增减地租。在永租地内，承租者可以打井、盖房、植树等，可自由使用承租地。因此，为了获得垄断土地，许多汉族地主和高利贷者大多选择永佃制，承揽大面积的土地。

在永佃制下，承租者除了交租外，还需要承担贡赋。③ 蒙古族土地出租者虽然不可以赎回地权，但承租者却可以交还租地权。因为蒙古族土地名义上归清政府所有，所以租权不可随意转让，禁止买卖土地，因而永租权的转让必须采用倒兑的办法以规避法律。通过这一形式，永租权实际上得以转让，这与土地的买卖基本上无异，承租者还可以享有地价上涨的利益。

简而言之，永佃制就是蒙古族土地出租者凭借对永佃地的绝对

---

① 王玉海：《清代喀喇沁地区的土地租佃问题》，《蒙古史研究》（第三辑），第185页。

② 杨强：《清代蒙古族盟旗制度》，民族出版社2004年版，第199—200页。

③ 《大清会典事例》卷979。

占有权来享有收租权，并以此作为其经济生活条件。土地被永佃出去之后，则再也不属于蒙古族所有，犹如在银行存了一笔无期款项，只可得到利息，本金却再无归还之日。蒙古族王公贵族成为以地租剥削为主的蒙古族地主，食利盘剥。而对于承揽土地的汉族地主、地商、高利贷者而言，一旦获得永租地，就可立即将土地转租出去，赚取差价，或者招募榜青进行耕种，自己经营。所获收入，除缴纳地租之外，皆归自己所有。

三　实物地租被货币地租取代

在蒙古族地区的农业区、半农半牧区，地租的形式不尽相同，但大体上都经历了马克思指出的三个阶段，即劳役地租、实物地租、货币地租。[①]　其中，有清一代，劳役地租只存在于清廷皇庄等处，这里的劳动者与农奴无异，不但无自由可言，而且世代子孙均为"满洲世仆"。劳役地租只占蒙古族地区地租很小的份额，所以，此处不作过多研究。

实物地租是劳役地租的进步形式。正如马克思所说："产品地租的前提是直接生产者已处于较高的文明状态，从而他的劳动以及整个社会已处于较高的发展阶段。……驱使直接生产者的，已经是各种关系的力量，而不是直接的强制，是法律的规定，而不是鞭子，他已经不得不自己负责来进行这种剩余劳动了。"[②]　农民向地主缴纳租税以粮食为主，但也包括其他形式，如乾隆年间，喀喇沁地区的实物地租分为两部分：正额和杂额。正额为谷物，每顷地三石至五

[①]　详见马克思《资本论》（第三卷），人民出版社2004年版，第892—906页。

[②]　同上书，第898页。

石，杂额主要为猪、草、马料、粳米、白面、柴薪、小差银等，一般每顷地收猪一头、马料一斗、细米一斗、草一二百斤（束）、小差银五百文，[①] 合计约折粮二石。加上正额，全部租金约为每顷五石至七石，以后续有增加。在同期的喀喇沁左旗，每顷地租额约为十石。[②] 实物地租虽可使农民有更多的时间为自己劳动，且可刺激生产技术的改进，然而租额很高，农民往往不仅要缴纳全部的剩余产品，还要从必要产品中抽出一部分作为地租。[③] 实物地租弱化了农民被地主强制的程度，增加了他们家庭经济的相对独立性，而农民中的分化和财产不平等现象也因此开始。

货币地租愈往后愈带有普遍的性质。实行这种地租形态的地区，农民缴纳给地主的已不是实物，而是由实物换算成的货币——银两。货币地租的盛行，是与蒙古族地区的交换、城市手工业、商品生产和货币的流通有关的，[④] 是以这些变化的显著出现为前提的。这种转化还要以产品有一个市场价格，并或多或少接近自己的价值出售为前提。[⑤] 货币地租逐渐取代了实物地租，也将农民与地主阶级的主从关系转变成货币关系，地主对农民的强制关系被新生的契约关系所取代。农民对地主的依附性更加降低，他们的经济主动性和生产积极性日益提高。很多蒙古族王公贵族将自己的土地，甚至是公有土地典押租佃给农民，农民逐渐成为土地的支配者。之所以货币地租会取代实物地租而在蒙古族地区盛行，还有一个比较重要的原因，

---

① 《锦热蒙地调查报告》中卷。喀喇沁右旗地契。

② 《乾隆十七年喀喇沁左旗汉人佃户调查表》。

③ 陶克涛：《内蒙古发展概述》（上），内蒙古人民出版社 1957 年版，第178—179 页。

④ 同上书，第 179 页。

⑤ ［德］马克思：《资本论》（第三卷），人民出版社 2004 年版，第 901页。

即由于商品经济在蒙古族地区的发展，实物地租已经不能适应蒙古族各阶层的日常支付，尤其是蒙古族王公贵族对货币的需求越来越迫切，他们的货币收入来源除了清廷拨付的俸禄和赏银外，其余皆仰仗放地，收取货币地租，这在很大程度上促进了蒙古族地区地租形式的演变。

随着时间的推移，货币地租逐渐上涨，以喀喇沁地区为例，从乾隆年间的每顷八九十文，增长到光绪年间的二百文。① 但仅就租额来看，蒙古族地区的租额明显少于内地，如喀喇沁要比承德地区每顷十五石②的租额少许多。但从以下几方面考虑，蒙古族地区的地租并不比内地少：（1）蒙古族地区土地新辟，土壤肥力欠佳，气候、水源等因素也都不如内地；（2）蒙古族地区的佃农不仅要缴纳赋税，还要承担蒙旗分摊的"衙门差事"；（3）有些地区的土地出租者强行收取两租甚至多租。由此来看，蒙古族地区的农民，无论蒙汉，其地租压力不可小觑。

四　农牧矛盾

蒙古族地区农业的大规模发展，表明蒙古族的经济活动范围扩大，生活来源增加，单一的游牧经济逐步向多种经济成分过渡，结束了蒙古族作为一个单纯游牧民族的历史，开创了农牧并重或农牧互补的新的经济发展模式。

然而，矛盾是普遍存在的。农业的发展对蒙古族的畜牧业造成了一定的影响，终清一世，因农牧争地引起的农牧矛盾，成为困扰蒙古族畜牧业生产的一个重要问题。所谓农牧矛盾，简而言之，就

---

① 《锦热蒙地调查报告》中下卷。喀喇沁三旗地契。

② 《热河蒙旗之概要》。

是从事农业生产的汉族移民，同以牧业为生计的蒙古族牧民形成的农牧之间的矛盾，因此也可称为蒙汉两族间的民族矛盾。从根本上说，乃是阶级矛盾的具体反映。[①] 蒙汉地主势力在清廷的认可下，相互勾结，招垦认垦，无计划盲目开发，造成草场破坏、面积萎缩，广大蒙古族牧民失去基本生产资料，或投充为奴，任人役使，或弃牧从农，殆失祖业，承担蒙汉地主的双重压榨。可见，蒙汉两族劳动者之间的农牧纠纷，并不是农牧矛盾的主要方面，更不是两族经济交往的主流。因此，将农牧矛盾的根源单纯归咎于汉族移民的蒙垦，有失偏颇。蒙汉两族普通劳动者长期共同劳动，遭受同样的压迫和剥削，命运攸关，这才是事情的本质。

农牧矛盾，根本上是清朝政府和蒙汉地主阶级造成的。清代前期，清廷为了缓解内地的人地矛盾，稳固新生的全国政权，借地养民，许可内地农民出关开垦，由此给蒙垦打开了大门。虽后来又严禁民人出关，但禁而不绝。并且清廷在蒙古族地区设立了州县，等于认可蒙垦的合法性。蒙古族王公贵族多有一定的私人牧场，作为基本生活来源。畜牧业经济产品单一，抗风险能力低下，相较于农业，经济收益也远逊之。为了获得更多的财富供自己消费，蒙古族王公贵族便招民认垦，收取押荒银和地租，坐享其成。公共牧地本是蒙旗内部全体蒙古族人的共同财产，蒙古族王公贵族也依仗特权，不顾蒙古族牧民的生计，放垦收租，或分配每户数量很少的户口地。蒙古族牧民不善农耕，只得将户口地佃租给汉族地主或者农民，最终往往都失去土地，另谋他业。汉族地主大多由揽头、旅蒙商、高利贷者转变而来，他们握有重金，常以永佃的方式获取大面积的土地，或租给民人，或榜青自营。内地农民出关蒙垦，本意旨在养家

---

① 刑亦尘：《清代蒙古游牧经济浅议》，中国蒙古史学会：《中国蒙古史学会论文选集（1983）》，内蒙古人民出版社 1987 年版，第 344 页。

糊口，并非愿与蒙古族牧民发生矛盾。在清代以前，就有内地农民在蒙古族地区生活，蒙汉两族劳动者相处融洽，相得益彰。至清，若不是清政府和蒙古族王公贵族自愿招垦，断不会有农牧矛盾出现。

第四节　蒙古族商业、手工业和城镇的兴盛

受传统经济形式的影响，蒙古族自古就有轻商重牧的理念。随着汉族移民的大量涌入，人口开始聚集，蒙古族聚居区开始出现城镇，商业经营活动也逐渐兴起，"买卖城"作为蒙古族地区特有的商业形式应运而生。汉族移民在与蒙古族牧民交往的过程中，融合蒙汉手工艺，促进了蒙古族传统技艺的革新。商业、手工业、城镇的迅速发展，给蒙古族经济注入了商品经济的元素，蒙古族的传统游牧经济由此走向衰落。

一　"买卖城"与城镇

"买卖城"的概念来源于"买卖人"，"买卖人"是蒙古人对旅蒙商人的称呼。商人进入蒙古族地区后，在其聚居地开设货栈，内地商号则并设分号，经营发展贸易，衍生为"买卖城"。关于"买卖城"形成的原因，需要具体情况具体分析。库伦"买卖城"的出现与宗教信仰有关。库伦城的形成以寺院为中心，但是寺院教规又不允许在寺院附近开设店铺，因此商人就在远离城镇的地方支设帐房进行经营，并逐渐定居下来，开设分号或货栈，形成"买卖城"。科布多、乌里雅苏台"买卖城"的出现与康乾时期平准有关，属随

军贸易产物。① 此外，蒙古族地区主要贸易商品的特殊性，也是"买卖城"形成的重要原因。蒙古族地区贸易商品以牲畜为主，如将此项贸易移至人口稠密的城区，必不可行。为此，买卖城的建立势在必行。与此同时，与牲畜有关的贸易随之兴起。所以，买卖城的经营项目除牲畜贸易外，日用百货、丝绸布帛、茶酒烟糖和土产杂货等都有涉及，产品多至上千种，更有兼营放贷金融、旅店运输、手工业制品以及粮食、醋酱油、烧酒酿造等。"买卖城"也就逐渐发展成为一个"贸易城"。② 但是买卖交易的进行是以人口的密集和交通的发达便利为依托的，所以，"买卖城"必定和城镇有着千丝万缕的联系，并受其制约。

古人云："鞑子蒙古乃诸游牧国总称，无城郭宫室，驾毡帐逐水草而居，谓之行国。"③ 这是蒙古族地区在明清以前的生动写照，进入清代，蒙古族地区才逐渐出现了真正意义上的城镇。城镇的兴起，商业、手工业及运输业的发展，标志着草原地区单一的游牧经济逐渐走向多种经济发展的道路，原始的经济资源得到初步开发，从而使草原与内地在经济上更加紧密地联系在一起。④ 清代蒙古族地区城镇兴起的情况，大体可以划分为以下几种类型：一是由长城贸易边口发展起来的城镇，如张家口、杀虎口、归化城等；二是在蒙古腹地因军府建制和寺院建设而发展起来的城镇，如乌里雅苏台、科布多、库伦、多伦诺尔等；三是因外地移民增多和商业发展而形成的城镇，如热河、经棚、包头；四是因盟旗、厅县等基层衙署的设立

① 祁美琴、王丹林：《清代蒙古地区的"买卖城"及其商业特点研究》，《民族研究》2008 年第 2 期，第 64 页。

② 同上，第 65 页。

③ 林谦纂：《国地异名录》，见《小方壶舆地丛书》第一帙。

④ 陈东升：《清代旅蒙商初探》，《内蒙古社会科学》1990 年第 3 期，第 97 页。

而形成的市镇建设等。① 归化城是内蒙古较早的城市，雍正末年在城东五里又另建"绥远"新城，奠定了今日呼和浩特城市的雏形。归化、绥远二城在乾隆时已发展成为内蒙古第一大商业城市。18世纪中叶以后，多伦诺尔成为内蒙古第二大商业城市。这两个城市是内外蒙古与内地贸易的中心，商业兴盛，人口密集。② 此外比较有名的商业城镇还有赤峰、小库伦等。至19世纪初，外蒙古的库伦也发展为大商业城市，成为整个外蒙古的商业批发和零售中心。

定期集市贸易是蒙古族地区的一种重要贸易形式。这种贸易以寺院和兵营为中心进行定期交易。比较有名的集市、庙会有甘珠尔庙、大板、准噶尔庙、南寺、丹噶尔寺等。③ 每逢集市之日，蒙古族牧民和汉族商人，驱赶牲畜，驮载货物，从四面八方赶来交易。这种集市交易额远没有城镇大，交易主体大多为小商小贩和蒙古族牧民。但由于地处牧区，为蒙古族牧民的生产生活提供了便利。

蒙古族自古有轻商重牧的传统，所以一般不从事商业。自汉商进入蒙古族地区之后，一部分蒙古族王公贵族为贪图利润，开始投资和汉商合伙或出资委托汉人代理经营。在蒙古族阿勒巴图中，也有一些人开始从事商业，他们将畜产品及粮食运至归化城、张家口、多伦诺尔以及北京等城市出售，买回砖茶、布匹、日常用品及农具等。还有一些蒙古族商人从归化城运货远至乌鲁木齐出售。④ 商业的兴盛，与旅蒙商息息相关。然而，在蒙古族地区从事商业的以汉人

---

① 祁美琴、王丹林：《清代蒙古地区的"买卖城"及其商业特点研究》，《民族研究》2008年第2期，第63—64页。

② 《蒙古族简史》编写组：《蒙古族简史》，内蒙古人民出版社1977年版，第76页。

③ 成崇德：《清代西部开发》，山西古籍出版社2002年版，第291页。

④ 《蒙古族简史》编写组：《蒙古族简史》，内蒙古人民出版社1977年版，第76页。

为主，营业所得亦大部归汉人。但商业的发展还是为蒙古族经济增添了新的内涵，单一的游牧经济逐渐被多元经营所取代，蒙古族劳动者的经济生活也明显丰富。直至清代后期，旅蒙商、高利贷者等重利盘剥，商业成为蒙古族经济的一大隐患，整个蒙古族经济的衰落乃至破产，都缘于此。

二 蒙汉手工技艺融合发展

在清政府和蒙古族王公贵族的提倡下，喇嘛教在其发展过程中，逐渐囊括了蒙古族文化成果，把它纳入宗教文化领域而相互为用。使蒙古族的艺术、建筑、医学等大都被包括在喇嘛教中，常以喇嘛教文化的形式出现，从而渗透到蒙古族人民日常生活之中而变为传统习俗。① 因此，蒙古族的手工业大都沿袭喇嘛教的模式，且多为家庭手工作坊，产品一般仅供家庭消费。

清代，蒙古族地区手工业生产的发展，是在内地大量手工业者涌入蒙地定居，蒙汉手工业生产者相互结合、取长补短、共同开发的结果。② 蒙古族传统的手工业只有制乳、制毡、鞣皮等少数几个种类。随着汉族工匠的流入，大量新的手工行业在塞外逐步兴起并走向专门化生产。汉族移民中"多有医卜星相诸技，泥瓦木铁工匠之流"，蒙旗"资而用之，亦有颇多之便利"。③ 有清一代，遍布内蒙古草原的大小寺院，大多由汉族工匠设计、施工。至于民居，蒙古族世代以蒙古包为家，随着农业的渗透，不少蒙古族牧民选择定居

---

① 毛·尼玛、王晓龙：《巴州喇嘛教述略》，《西北民族研究》1991年第2期，第107页。

② 卢明辉：《清代蒙古史》，天津古籍出版社1990年版，第174页。

③ 闫天灵：《清代及民国时期塞外蒙汉关系论》，《民族研究》2004年第5期，第84—85页。

从事农耕，但因不懂房屋建造，所以都雇佣汉族工匠，其他诸如砌圈、打井等手工杂活也无一例外。

汉族铁匠店、银匠店、铜铺等手工作坊在蒙古族地区出现后，逐渐摸清蒙古族的风俗习惯，将蒙古族王公贵族和普通牧民对手工产品的需求与内地手工艺进行整合，因此，蒙古族需要的各种铜铁用品，如铜壶、铜锅、奶筒、酒壶等，以及金银首饰、宗教用品等都可就地取得。汉族工匠的擀毡技艺较蒙古族传统的"滚毡"方法精细，在擀毡出现后，蒙古族牧民开始喜欢用汉族工匠制作的毛织品，例如毛毡、毛被套、毡鞋、毡袜、毡雨衣等。此外，一些内地的木匠、铁匠深入蒙古族地区腹地，为蒙古族牧民制造和修理各种生产生活用品，给蒙古族牧民带来极大的方便。

农业的发展带来了粮食加工业。清初以来，蒙古族各农业区都出现了酿酒的烧锅，还有制粉、榨油、豆腐、酱油等作坊。[①] 这些新兴手工业的加入，逐渐改变了蒙古族的生活习惯。蒙古族先前只饮奶酒，如今有粮食酒；以前家庭烹饪多以蒸煮为主，如今学习汉族移民方法，开始使用植物油、酱油、醋等，生活质量明显改善。

与农业移民一样，汉族手工业者、商人的移入，满足了蒙古族社会的多样化需要，在塞外同样取得了十分广阔的生存空间。到塞外做买卖的山西商人，初时春去秋回，后来为了长期做这种生意，便逐渐定居下来。[②] 归化城、包头、多伦诺尔等塞外市镇，最早一批城市人口就是工商业者、手工业者。有的旅蒙商在发迹后，转而经营农业，变为定居地主或者农户。

---

① 《蒙古族简史》编写组：《蒙古族简史》，内蒙古人民出版社1977年版，第77页。

② 闫天灵：《清代及民国时期塞外蒙汉关系论》，《民族研究》2004年第5期，第85页。

三 商品经济在蒙古族地区的发展

蒙古族地区城镇分布点日趋扩大，使蒙古族中的城市定居人口也在不断增长和发展。有一部分蒙古族牧民从祖辈传统的粗放游牧业生产中分化出来，改牧经商或从事手工业，从游牧转为定居，[①] 从牧民转化为城市居民。这种以畜牧业生产为主体，蒙汉等各族人民混合定居，共同经营商业、手工业、运输业等多种经济成分的发展，对蒙古族商品经济的发展具有积极的促进作用。蒙古族社会经济伴随着这种新的生产关系，逐步提高生产力水平，开始孕育发展着带有资本主义性质的商品经济。

商品经济由商品生产和商品交换两部分组成。商品是用来交换的劳动产品，具有使用价值和价值两重属性。起初，蒙古族牧民生产的畜产品，仅供家庭消费和缴纳赋税，虽属于产品，但不用于交换，没有交换价值的产生，所以不属于商品，即便有交易，也仅为以货易货。

随着旅蒙商和汉族手工业者、农民的不断涌入，蒙古族牧民开始接触商品经济。商品经济的产生和发展，进一步加深了畜牧业生产和广大蒙古族阿勒巴图对商品交换的需要和依赖性。商品交换关系的发展，也更有助于改变蒙古族社会由于生产力尚不发展和生产技术落后，造成许多宝贵的资源无法利用和大量土、畜产品任其弃毁等严重的社会财富浪费状况。[②] 例如，过去蒙古族牧民根本不从事生产或生产仅供家庭消费的木材、盐碱、药材、山货、矿产等，被汉族移民视为不可多得的优良资源；蒙古族畜牧业生产技术较为落

---

① 卢明辉：《清代蒙古史》，天津古籍出版社 1990 年版，第 145 页。

② 同上书，第 146 页。

后，畜产品浪费现象严重。通过发展商品交换，蒙古族牧民开始发掘和利用这些从前未尽利用的社会资源和土、畜产品，将其作为商品，去交换他们日常需要的生产生活用品，或者货币。虽然这种商品经济还处于比较低级的阶段，但是相对于历来以自给自足为生的游牧经济，蒙古族社会经济的发展已经有了质的变革。通过商品交换和流通，使蒙古族的畜牧业与内地市场紧密联系在一起，使蒙古族地区的经济与内地社会经济的沟通联系更加密切。蒙古族社会的商品生产和商品交换，逐步纳入全国统一的市场范畴，成为清王朝非常重要的经济力量。然而，由于蒙古族素来不善于经商，不谙商品经济之实质，所以在清代中后期也受尽了商业的压榨。

第 十 九 章
清代蒙古族寺院经济

从历史上看，佛教寺院经济在中国从无到有，是适应中国的社会环境和长期的制度变迁的结果，其间受到了国家权力、文化习俗与佛教本身戒律等多重因素的作用。[1] 藏传佛教寺院经济是以寺院经营或以寺院领主经营的一种经济形式，宗教渗透到经济领域是其主要特征。[2] 在古代，由于藏传佛教的政治性较汉传佛教为高，所以其寺院经济与汉传佛教相比，特色鲜明。

清代寺院经济作为藏传佛教在蒙古族地区畸形发展的重要表现和蒙古族社会经济的重要组成部分，有自己独特的经济结构、经营方式和收入来源。从其经济形态看，它由生产资料（寺院土地、寺院所属牲畜）、劳动者（沙毕纳尔）以及佛事收入（社会各阶层供奉的银钱、财物等）等构成。[3] 蒙古族寺院经济的兴盛主要来自清

① 何子文：《古代的佛教寺院经济及其社会功能》，《中国集体经济》2009年第12期下，第133页。

② 罗莉：《论寺院经济——中国寺院经济现象的历史考察与现实分析》，博士学位论文，中央民族大学，2003年，第86页。

③ 胡日查：《清代蒙古寺院经济研究》，《蒙古史研究》第九辑，第181页。

政府的支持和蒙古族各阶层人士的虔诚，大量的财富、人口涌入寺院，导致寺院经济畸形发展。清代中后期，随着国家财政扶持的减弱和世俗经济的衰落，蒙古族寺院不改以往的奢靡消费方式，寺院收支赤字严重，资不抵债，盛世难再。

第一节　寺院经济兴盛的原因

清代蒙古族寺院经济兴盛的根本，在于藏传佛教成为蒙古族的民族宗教，只有绝大部分的蒙古族各阶层都认可藏传佛教的教义，清廷才会利用、扶植喇嘛教以羁縻蒙古族，使其不战而拜服。王公贵族和阿勒巴图对喇嘛教的笃信，也是寺院经济兴起不可缺少的关键因素，大量的社会财富涌入寺院，为寺院经济的发展奠定了物质基础。

一　藏传佛教成为蒙古族的民族宗教

元代以前，蒙古族信仰萨满教，崇拜"翁衮"之神。忽必烈时期，蒙古族上层开始重视佛教，元帝尊藏传佛教格鲁派创始人宗喀巴大师为国师，由此奠定了藏传佛教对蒙古族精神统治的基础。16世纪末17世纪初，在俺答汗等蒙古族各部首领的积极倡导和支持下，藏传佛教格鲁派很快风靡全蒙古地区，无论广度和深度都远远超过元代，成为蒙古族各阶层的民族宗教。哲布尊丹巴、内齐托音、咱雅班第达、锡勒图等有显赫宗教地位的活佛系统和大召、小召、锡勒图召、准噶尔召等蒙古族地区著名的寺院均在这一时期建立，而且这些呼图克图、活佛和寺院已经拥有众多的徒众和雄厚的资产。① 16 世纪末 17 世纪初藏传佛教格鲁派在蒙古族各部的广泛传播，为清代蒙古族寺院经济的兴起和畸形发展创造了极为有利的社会和宗教环境，通过宗教信仰，两百万蒙古族王公贵族、牧民紧密地联系在一起，休戚与共。

有清一代，格鲁派一分为四，互不统属。其中，达赖喇嘛是格鲁派的最高领袖，影响最大，主掌西藏；班禅呼图克图坐拥青海；哲布尊丹巴呼图克图管辖漠北喀尔喀宗教事务；章嘉呼图克图统领内蒙古、京师、热河、多伦诺尔诸喇嘛及寺院。以上四者属于呼毕勒罕，即活佛，除此之外，还有一些地方性的高级喇嘛，他们共同构成清代蒙古族喇嘛教的上层，拥有众多的属民和土地。活佛之下为扎萨克喇嘛，略同于扎萨克王公，掌一旗之政，即喇嘛旗的长官。其职位有扎萨克达喇嘛、副扎萨克达喇嘛、扎萨克喇嘛之分。各寺院上层喇嘛有：锡勒图喇嘛，住持寺院；达喇嘛，辅佐住持；商卓特巴，管理寺院庶务；德木齐，协助达喇嘛和商卓特巴统辖徒众；格思贵，执法喇嘛。② 这些都是清代蒙古族喇嘛教的上层，属于僧侣贵族，在其之下，是为数众多的喇嘛，他们共同构成整个蒙古族喇嘛教的整体。如果把清代蒙古族寺院经济比作一张网，这个整体分布为网络的节点，他们自己不创造价值，却汇集了所有的财富，坐享其成。

---

① 胡日查：《清代内蒙古地区寺院经济研究》，辽宁民族出版社 2009 年版，第 14 页。

② 详见达力扎布《蒙古史纲要》（修订本），中央民族大学出版社 2011 年版，第 184—185 页。

二　中央政府对宗教的利用、扶持

历史上，宗教的社会职能之一就是维护剥削阶级的统治。历代封建统治者正是利用宗教对人民的影响，把自己的统治笼罩在神的灵光中，因此都极力在政治上册封宗教领袖人物，思想上宣扬宗教，经济上对僧侣、寺院赏赐大量金银，划拨香火地，赐建寺院，供给僧人"粮饷"，豁免寺院赋税差役等，推动了寺院经济的发展。这使得寺院经济一开始产生，就有其深刻的社会根源。[①]

兴黄教，安蒙古。清初，对西藏的政策构思是"兴黄教，即所以安众蒙古"，也就是说，清初采取扶植藏传佛教教派之一的格鲁派的策略，意在抚绥蒙藏人民，并进而利用蒙古诸部对西藏进行间接统治。[②]但根本上讲，清朝统治者扶持喇嘛教，只是利用其对蒙古族的麻醉作用，来实现其驾驭蒙古族的目的："然蒙古衰弱，中国之利也，以黄教柔训蒙古，中国之上计也。……是则以慈悲销杀伐，以因果导狷狼，宗喀巴之功。中外华夷，实利赖之。"[③]到清代中叶，几乎每个蒙古族家庭都有男丁出家，接近1/3的蒙古族男性成为不牧不耕的僧侣，食香火，诵佛经，脱俗世。如此一来，蒙古族再无与清廷抗衡的能力，彻底沦为藩属臣民。

原苏联学者弗拉基米尔佐夫曾经说过："满洲皇帝在蒙古人民大众的眼中成了佛的化身，好像是佛教的领袖。佛教僧侣封建主、为数众多的寺院喇嘛，自然地把满洲皇帝当作了他们的光辉和他们增

---

① 罗莉：《论寺院经济——中国寺院经济现象的历史考察与现实分析》，博士学位论文，中央民族大学，2003年，第90页。

② 同上文，第88页。

③ 《圣武记》卷12。

进福祉的泉源而倾心归附于他了。"① 满洲皇帝尤其礼遇蒙古族喇嘛教首领，史载："康熙三十年覆准，哲布尊丹巴呼图克图进贡九白，照定例赏给三十两银茶桶一，茶盆一，缎三十，布七十。赏来使缎三，布二十四，仆从布六。又定，哲布尊丹巴呼图克图来朝进贡，照科尔沁土谢图亲王例，到京日，内亲王、郡王、贝勒、贝子、公、内大臣以下、一品官以上，咸蟒袍补服，设茶于城外郊迎，回时，亦照此例郊饯。"② 此等规格的迎送，仅次于天子之例。哲布尊丹巴呼图克图位尊喀尔喀喇嘛教之首，深受满洲皇帝厚待，必定为其广结蒙民，成为满洲皇帝在喀尔喀的宗教代言者。

清朝规定，蒙古族寺院的大喇嘛及其徒众不承担世俗社会的一切差役，对外不服兵役、劳役，不缴纳实物税，达喇嘛可以无偿占有下级喇嘛和沙毕纳尔的劳动，支配寺院财产。照蒙古族王公之例，一些等级较高的呼图克图、活佛等会得到清廷定期或不定期的赏赐。③ 对于进京朝觐的达喇嘛，清廷都会"每格外加恩赏赉，以示厚往薄来之意"。④ 另外，清廷还会每月支给喇嘛钱两，供其生活所需。理藩院照等级不同，分每日给银从六分六厘到一钱五分不等，米均为二升五合。同时在各大寺院实行经费补贴制度，在黄教五大寺院实行财政包干制，多余的部分由地方开支。在京师、热河的寺院实行薪金制，以热河外八庙为例，分为七等：达喇嘛：月银 11.23 两，米 6.7 石；副达喇嘛：月银 9.4702 两，米 5.025 石；苏拉喇嘛：月银 3.7302 两，米 2.25 石；德木齐（寺院总务）：月银 2.8605 两，

---

① ［苏］弗拉基米尔佐夫：《蒙古社会制度史》，刘荣焌译，中国社会科学出版社 1980 年版，第 299—300 页。

② 乾隆朝内府抄本《理藩院则例》。

③ 乌云毕力格、成崇德、张永江：《蒙古民族通史》（第 4 卷），内蒙古大学出版社 2002 年版，第 376 页。

④ 《清高宗实录》卷 1369。

米 2.05 石；格思贵（掌寺院教务戒律）：月银 2.8 两，米 2.05 石；
普通喇嘛：月银 2 两，米 0.75 石。[①] 各等级喇嘛享用皇粮俸禄，对
满洲皇帝感恩戴德，心甘情愿为清朝统治者效力，成为清朝统治者
对蒙古族宗教统治的工具。

三 蒙古贵族和广大阿勒巴图信奉喇嘛教

不惜万金，礼佛敬神。清代藏传佛教在蒙古族各阶层的精神生
活中占据了绝对统治地位，佛教教义成为人们处理一切事务的准则。
集中社会所有的财富，供奉呼图克图、活佛等，是蒙古族表达自己
对佛敬仰的最主要途径。

内齐托音呼图克图是藏传佛教传入内蒙古东部地区的奠基者，
也是科尔沁等部王公贵族共同供奉的"博格达"喇嘛。康熙三十三
年（1694 年）前后，内齐托音二世回到科尔沁颜和硕寺，举行大
型祈愿法会。届时蒙古族王公纷纷前来贡献财物，其中，土谢图亲
王沙津 2000 两白银，贝勒阿必达 1000 两白银及各种宝物、衣物；
阿尔山王 1000 两白银；博迪达台吉之母献一个价值 1500 两白银的
银曼荼罗、27 个元宝、一个金曼荼罗、价值 1000 两白银的马鞍以及
价值 500 两白银的貂皮大衣；斡齐尔台吉夫人、儿子毕力衮达来捐
价值 50 两白银的银曼荼罗、300 两重大银碗及其他衣物；达尔罕亲
王、公主布施大量金银器物及 2000 两白银；郭尔罗斯部台吉乌尔图
那苏图捐 300 两白银。总计此次出行，内齐托音二世获供奉银 50000
两，获马、驼、牛 3000 余头，获曼荼罗、哈达、黄金、珍珠、东

---

① （同治朝）《热河园庭现行规则》卷 5、卷 60。

珠、珊瑚等珍宝，绸缎、貂皮、上等衣物以及金银器物等不计其数。① 除了供奉金银珠宝外，蒙古族王公贵族还把土地和属民无偿捐给寺院和呼图克图、活佛。这些土地成为寺院禁地，属于寺院私产，所获收益成为寺院经济的重要组成部分。

不满现实，远足朝圣。"百姓在参拜时所献的供奉以及主要是在节庆期间赠送给呼图克图的礼品，大概就是维持呼图克图的宫殿及呼图克图本人生活的基本财源。"② 随着藏传佛教在蒙古族中的影响越来越大，一些蒙古族牧民已不再满足对家乡寺院的独拜，开始走向五台山、多伦或甘肃、青海、西藏等地的著名寺院，以朝圣来荡涤灵魂，企盼脱离生死轮回。蒙古族牧民作为虔诚的佛教徒，每到一座寺院都会慷慨捐赠，不惜倾尽家财。王公贵族礼佛，目的在于祈祷子孙万代皆可荣华富贵；普通牧民虔诚供奉，表达他们对来世的憧憬，恰恰也说明对现世的不满。

媚应清廷，广建寺院。有清一代，蒙古族王公贵族为了应和清王朝对藏传佛教的尊崇、鼓励政策，以祈祷皇帝万寿而诵经为理由，各旗扎萨克王公几乎各建家庙，烧香供佛。而各旗扎萨克王公又在本旗境内建立起全体旗民供奉的规模较大的旗庙，由旗财政支付旗庙所属坐床喇嘛的钱粮以及日常所需。③ 至康熙末年，科尔沁右翼中旗扎萨克土谢图亲王沙津、阿喇善、鄂勒齐图等在本旗境内先后兴建12座寺院。地方官吏和普通牧民也纷纷效仿，但鉴于财力有限，以小型苏木庙、村庙为主。史载，清朝末年，科尔沁右翼中旗境内

① 《内齐托音二世传》，载《清代蒙古高僧传译辑》，全国图书馆文献缩微复制中心，1990 年，第 185 页。

② ［俄］波兹德涅耶夫：《蒙古及蒙古人》（第一卷），内蒙古人民出版社 1989 年版，第 611—613 页。

③ 胡日查：《清代内蒙古地区寺院经济研究》，辽宁民族出版社 2009 年版，第 24 页。

仍有 103 座寺院。① 漠南约有寺院 1200 余座，漠北约 700 余座。② 由此，蒙古族地区的寺院建设出现三个等级：旗庙、苏木庙、村庙。另外，内扎萨克蒙古还有盟属各旗共同供奉的大庙。为数众多的寺院的建立，为蒙古族寺院经济的畸形发展奠定了物质基础。

第二节　寺院经济畸形发展

蒙古族藏传佛教寺院众多，但其中只有一小部分是靠清政府拨款筹建的，大部分寺院主要是靠蒙古族王公贵族为了讨好清廷，慷慨解囊倾力修建的。一些有名望的高僧大德为了给自己树碑立传，在千方百计向信徒化缘、布施的基础上，扩建寺院及其殿堂，许多蒙古族信徒从信仰虔诚的角度出发，不惜把自己的资财献给喇嘛和寺院，为修建寺院尽自己的一份力量。③ 拥有大量固定资产和非固定资产的僧侣上层，如呼图克图、活佛、扎萨克达喇嘛系统，以及为数浩繁的寺院的不断涌现，成为蒙古族寺院经济畸形发展的主要推动力量。

一　喇嘛、庙丁过多

劳动资料、劳动对象、劳动力，是生产力发展的三大要素。其中，劳动力运用劳动资料作用于劳动对象，是生产力发展的决定性

① 内蒙古档案馆档案，全宗号 504 - 2 - 2291。

② 达力扎布：《蒙古史纲要》（修订本），中央民族大学出版社 2011 年版，第 176 页。

③ 胡日查：《清代内蒙古地区寺院经济研究》，辽宁民族出版社 2009 年版，第 49 页。

因子。庙丁，则是清代蒙古族寺院经济的这一因子。庙丁是清代蒙古族社会下层阶级中的特殊阶层，是寺院和呼图克图以及喇嘛旗的阿勒巴图。他们对所在旗扎萨克或政府部门不服兵役、不承担世俗劳役，不缴纳实物税，而世代对所属寺院和呼图克图以及喇嘛旗扎萨克负有绝对供养的义务，是寺院经济中的主要生产者和劳动者。[①]他们不仅要为寺院和呼图克图牧放牲畜、耕种田地，还要承担各种实物、劳役赋税。

庙丁的来源主要有四种。（1）朝廷赏赐。清廷为了彰显对喇嘛教的尊崇，对蒙古族地区敕建的寺院或在理藩院登记造册的有影响力的呼图克图等上层喇嘛，不仅赏赐大片的土地、草场和数量浩繁的牲畜，还划拨给寺院和呼图克图等大量的庙丁，供其驱使。例如，锡勒图库伦建立喇嘛旗之初，清太宗皇太极命蒙古族各部派遣若干户（共108户）为"哈里雅图"，作为该喇嘛旗扎萨克达喇嘛的庙丁。（2）蒙古族王公贵族捐献。蒙古族王公贵族为了表达自己对喇嘛教的虔诚，将自己拥有的阿勒巴图捐献给寺院和呼图克图等。此种类型的庙丁构成是清代蒙古族庙丁的主要部分。例如，科尔沁右翼前旗的格根庙240户，约1100人的庙丁，就是科尔沁十旗王公赠送的，其中，扎萨克图旗、达尔汗旗、博王旗赠送的最多。[②]（3）蒙古族王公贵族作价转让。因灾害或贫困所困，一些蒙古族王公贵族会将自己所属的阿勒巴图或者家奴卖给寺院和呼图克图。据记载，乾隆年间，乌拉特等旗扎萨克和诸台吉除把所属的部分阿勒巴图、家奴无偿捐献给五当召洞阔尔呼图克图外，另将一部分阿勒巴图作

---

① 胡日查：《清代内蒙古地区寺院经济研究》，辽宁民族出版社2009年版，第114页。

② 德勒格：《内蒙古喇嘛教史》，内蒙古人民出版社1998年版，第711页。

价出售。有的以十五两银、一匹马为价，有的则以三十只羊、五头牛卖出，甚至一户仅以二十多只羊、四五头牛卖给呼图克图。[①]（4）阿勒巴图自愿沦为庙丁。为了逃避不堪忍受的苛捐杂税、兵役劳役，或家境破落、难以为继，一些阿勒巴图自愿投靠寺院，成为寺院的属民。他们需要履行个人申请、请人担保、寺院申报、旗扎萨克批准等手续。

据俄国学者兹拉特金在《蒙古人民共和国史纲》统计，清代后期漠北喀尔喀地区各寺院中，共有在庙喇嘛人数 105577 名，约占蒙古族男性总数的 44%。[②] 各等级喇嘛整体形成庞大的寄生阶层，除每日诵经外，不参加任何生产劳动，只有召庙所属的黑徒，即庙丁才是负担一切劳役的被压迫者。

据《清实录》记载：康熙四十六年（1707 年），呼和浩特各召庙的黑徒，总计 3580 余口。又据《绥远城驻防志》载：呼和浩特八大召以外的广济寺，嘉庆四年（1799 年）"该寺现有喇嘛 123 名。黑人 52 户，209 名。"[③]"黑人"即是庙丁，广济寺的庙丁人数比喇嘛人数多几乎一倍。据清代文献记载，乾隆三十五年，漠南、漠北、漠西共有蒙古族约 221 万人。[④] 按照人口学的原则，男女比例大致为 1:1，则蒙古族男性约为 110 万人。又根据清代蒙古族男性 40% 左右出家的比例，可知当时蒙古族喇嘛人数当在 40 万左右，清末喀尔喀共有喇嘛 105577 人，而喀尔喀是蒙古族分布最为稀少的地区，在漠

---

① 金峰：《呼和浩特史蒙古文献资料》（第三辑），内蒙古文化出版社 1988 年版，第 67—90 页。

② 卢明辉：《清代蒙古史》，天津古籍出版社 1990 年版，第 88 页。

③ 金启孮：《呼和浩特召庙、清真寺历史概述》，中国蒙古史学会：《中国蒙古史学会论文选集（1983）》，内蒙古人民出版社 1986 年版，第 275 页。

④ 陈国干：《清朝利用喇嘛教统治蒙古的政策》，中国蒙古史学会：《中国蒙古史学会论文选集（1981）》，内蒙古人民出版社 1986 年版，第 264 页。

南和漠西地区，喇嘛人数必定在此之上，所以，我们估算蒙古族喇嘛总人数在 40 万左右，较为可信。以广济寺为例，其庙丁人数是喇嘛人数的一倍，再大胆估算，可得出清代蒙古族庙丁总数为 60 万至 70 万，约占蒙古族总人口的 1/4 至 1/3。

二　寺产繁多

寺院土地是清代蒙古族寺院经济结构中最基本的生产资料，也是清代蒙古族土地所有制形态的重要类型。[①] 根据土地经营方式，清代蒙古族寺院土地可分为牧场、耕地和地铺三种。

寺院或呼图克图所属的牧场一般是在寺院建立初期由当地旗扎萨克或官员从所辖游牧区域中划给寺院或呼图克图、活佛等上层喇嘛的。这种土地划归当初，一般由扎萨克等官员出面，"出具甘结，照档注册，立明边界，造具详细图说"[②]。在清代呼和浩特地区寺院中，以席力图召牧场最为广阔。据《蒙古及蒙古人》记载，席力图召的牧场地处大青山以北，"这些土地由克克伊尔根城（武川）向北伸展出去，在南边与此城郊区的耕地毗连；在西边同茂明安旗土地相连；在北边同喀尔喀达尔罕贝勒旗相连；在东边同四子王旗的土地相接。"[③] 可见，席力图召牧场范围之广，面积之大，不下上万顷。

漠北喀尔喀的哲布尊丹巴是清廷以及蒙古族王公贵族共同敬奉的高级喇嘛，通过表 19-1，我们也可以清晰地推断出当时哲布尊丹

---

①　胡日查：《清代内蒙古地区寺院经济研究》，辽宁民族出版社 2009 年版，第 50 页。

②　妙舟：《蒙藏佛教史》，江苏广陵古籍刻印社 1993 年版，第 143 页。

③　[俄] 波兹德涅耶夫：《蒙古及蒙古人》（第二卷），内蒙古人民出版社 1989 年版，第 81 页。

巴所属的牧场面积定无法估量。

表 19 - 1　　　　喀尔喀蒙古哲布尊丹巴呼图克图所属的
大沙毕纳尔的牧户及牲畜数目　　（单位：头、只）

年份	户	人口	驼	马	牛	羊	牲畜总数
1764	8513	61286	11117	102013	203201	117533	433864
1782							2395182
1785							1872941
1788	14670	77654	29747	289896	309484	1377734	2006861
1800	15630	82403	34743	268365	29482	1235644	1808234
1821	16190	82224	33788	202837	197991	1076811	1511427
1825	16653	83687	34630	204179	118530	1092379	1446718
1852	14424	76041	15993	120527	167770	537869	842159

　　资料来源：蒙古国科学院历史所存档案 ZH149 - 170 号；德·策德布：《大沙毕》，乌兰巴托，1964 年。转引自乌云毕力格、成崇德、张永江《蒙古民族通史》（第 4 卷），内蒙古大学出版社 2002 年版，第 286 页。

　　清代中后期，随着汉族移民的不断涌入，大片的农业区、半农半牧区在蒙古族地区尤其是漠南出现，农业经济成为蒙古族经济的重要组成部分。蒙古族寺院不仅占有大量的草场，也通过多种形式获得了面积巨大的耕地，成为蒙古族大地主中的一员。

　　清代蒙古族寺院所属耕地的来源主要有五种：（1）当地扎萨克或官员划给的香火地。香火地又称养赡地、庙地，划给寺院香火地是当地政府布施寺院的重要形式。康熙初年，土默特左旗扎萨克贝勒先后把瑞应寺周围和其他邻近村落的约 40800 亩土地划给该寺住持察罕迪延齐呼图克图。[①] 此类土地除扎萨克直接划给外，寺院也可请求而获得。（2）寺院私自招垦。寺院上层喇嘛凭借自己的权势，在所属草场上招民开垦。（3）捐献所获土地。为了表达自己对佛教的虔诚信仰，蒙古族王公贵族以及一些比较富有的阿勒巴图会向寺院捐献自己的土地。（4）俗世典卖土地。为满足用钱之需，没落的王公贵族和下层贫困民众把户口地典当或直接卖给寺院。贫困蒙民通过把户口地一次性卖给寺院吉萨获得现银，或者以户口地典当给寺院，借出高利贷，在这种情况下，蒙民多以到期无力偿还本息而把土地作价让给寺院。（5）直接购买。动用庙仓现钱直接购置土地，也是清代蒙古族寺院土地财产的重要来源。

清代蒙古族寺院拥有的耕地一般分布较为零散，面积大小不一，历史材料中均未查找到具体的耕地数额，一些关于此项的数据也只是星列在史书中，不成体系。但我们还是可以大致推测出，寺院所属耕地多者上千顷，少者亦有百十余亩。哲布尊丹巴、内齐托音等高等级喇嘛和一些在蒙古族中影响力较大的寺院，其所属耕地数量肯定不亚于某个蒙旗，甚至有过之而无不及。

终清一代，新兴的蒙古族商业贸易城镇或商品交易集市多以寺院为中心，从这种意义上来说，寺院和寺院经济在某种程度上带动了清代蒙古族商业贸易的繁荣和发展。[②] 清代蒙古族寺院不仅拥有广阔的牧场和耕地，而且位于城镇商贸中心的寺院还拥有租金丰厚的地铺和房地产，这些地铺紧邻寺院，成为寺院不可多得的经济资源。清代中后期，清政府停止发放寺院经费和喇嘛的俸银，一些地方政府将寺院土地所有权归于喇嘛，并允许其对外出租。后随着汉族移

---

① 胡日查：《清代内蒙古地区寺院经济研究》，辽宁民族出版社 2009 年版，第 70—71 页。

② 同上书，第 102—103 页。

民不断涌入蒙古族地区，其中一部分落户城镇，开始从事工商业，寺院便将这些地铺租给汉族商人，赚取地租，补贴寺院各项开支。起初，蒙古族地区的城镇除因行政建制，如西宁办事大臣、伊犁将军、察哈尔都统等设治而兴外，其余大多均依寺院而建，即寺院为城镇最主要的组成部分，城镇房产亦多为寺院所属。因此，后期充入城镇的汉族商人等，也只得向寺院租赁商铺，蒙古族商品经济的萌芽和发展，都与寺院息息相关。

三 寺院收入庞大

清代蒙古族寺院收入渠道广泛，主要分为五种，即各级政府拨给寺院和上层喇嘛的经费、寺院所属庙丁从事生产劳动的收入、佛事收入、寺院财产的增值收入以及商业贸易收入。各种收入源源不断地涌入庙仓，为寺院带来滚滚财富。

各级政府拨给经费。中央层面，主要是规定敕建寺院喇嘛的俸银数额和不定期的赏赐。按清廷规定，扎萨克达喇嘛每日给银一钱五分一厘八丝一忽、米二升五合；副扎萨克达喇嘛每日给银一钱五分一厘一毫八丝一忽、米二升五合；扎萨克喇嘛、达喇嘛、副达喇嘛、苏拉喇嘛、德木齐等都有数额不等的给俸，米均为二升五合。另外，这些上层喇嘛还有不同数量的黑豆、草料，其限额之内的随从格隆、班第也可享有一定的钱粮。[①] 但清廷只负责制定给银级别，钱粮并非由国库直接拨给，而是由寺院所在地旗政府负责。清代，凡能够进京朝觐的喇嘛都可得到数量不等的赏赐。例如，乾隆三年（1738年），清高宗赐进京的哲布尊丹巴二世黑貂皮60张、绢9匹、龙样织锦1匹。后又赏赐"黄色围帐73丈，房屋25间，……另有

---

① 乾隆朝内务府抄本《理藩院则例》。

大量米面、果品、蔬菜、盐等物"。[①] 地方层面，主要是支给敕建寺院的经费和喇嘛的日常用度。如土默特旗，乾隆二十五年（1755年），按规定发给仁佑寺经费如下：（1）购买香烛及祭祀用的食品、水果一项，每年白银47两；（2）发给达喇嘛1名，每日膳费10两；（3）发给达喇嘛6名班第，每人每月膳费5钱；（4）发给参加呼拉尔的20喇嘛300两白银，按每人每月1两计；（5）每年发给27名喇嘛口粮79库里大米，遇有闰年全寺经费另拨白银25两，大米6库里。[②] 此外，根据寺院等级，旗政府还要向其支给"苏木银""山银"等，作为寺院的日常用度。

生产劳动收入。庙丁是寺院经济的主要生产者，寺院畜牧业和农业收入的大部分是庙丁剩余劳动产品。寺院所属庙丁的生产劳动收入除农牧业所得外，还包括庙丁参与商业、交通运输所得的收入。寺院通过放"苏鲁克"，将牲畜交给庙丁放牧，庙丁须上交孳畜以及畜产品的绝大部分给寺院，自己只能保留很少的牲畜乳汁和绒毛来维持生活。从事农耕的庙丁，在上交庙仓后，亦留有很少一部分粮食供家庭消费。他们交纳的牲畜、畜产品、粮食等，都属于寺院的生产收入。清代中后期，随着蒙古族地区工商矿业的兴起，一些庙丁开始参与商业和运输业。

佛事收入。佛事收入属于非生产收入，主要包括银钱、牲畜、土地以及庙丁等，是寺院收入非常重要的组成部分。康熙三十三年（1694年）前后，内齐托音二世回到科尔沁右翼中旗境内的巴颜和硕庙，举行大型祈愿法会。此次出行，获供俸银50000两，马、牛、

---

① 《哲布尊丹巴传》，载《清代蒙古高僧传译辑》，全国图书馆文献缩微复制中心，1990年，第238页。

② ［俄］波兹德涅耶夫：《蒙古及蒙古人》（第二卷），内蒙古人民出版社1983年版，第70、169页。

驼 3000 余头，获金银曼荼罗、哈达、黄金、珍珠、东珠、珊瑚等珍宝，绸缎、貂皮、上等衣物等不计其数。[①] 清代喀喇沁中旗和硕庙每年举行大型甘珠尔经会两次。据嘉庆十年至十九年（1805—1814年）该寺收支账本，两次甘珠尔经会获得的布施收入分别为："嘉庆十年 1028442 文；十一年 1050926 文；十二年 1016150 文；十三年 1023990 文；十四年 1177472 文；十五年 1160218 文；十六年 1264856 文；十七年 1389736 文；十八年 1546222 文。"[②] 除法会收入外，修葺、扩建、新建寺院时，蒙古族各阶层人士也会慷慨解囊。乾隆四十九年（1784 年），协助诺颜色旺桑洛卜捐献 1000 两白银修建鄂尔多斯的准葛尔召。外出化缘是佛教特有的集资方式，清代蒙古族寺院的喇嘛多在春秋两季出寺化缘，所得以钱银、牲畜为主。阿拉善和硕特旗广宗寺格根仓三年期间的化缘总收入为 5858.572 两白银，钱 1047930 文，[③] 可见当时蒙古族各阶层对喇嘛教信仰之虔诚。

增殖收入。寺院财产的增殖收入一般包括牲畜的自然繁殖和寺院所有土地、地铺的租金收入。寺院牲畜一般以"苏鲁克"方式交由庙丁牧放，所获孳畜皆归寺院，另外，寺院也会将一部分牲畜委托给当地的阿勒巴图，收取其自然繁殖收入或其他实物。租金收入是寺院财产增殖收入的重要来源，寺院将所属耕地、草场、商铺等出租给蒙汉农民、牧民以及商人，订立契约，按期收租。据道光十五年（1835 年）账本统计，喀喇沁中旗和硕庙雅尔乃仓所属 90 顷 57 亩耕地的年租粮为 188 石 2 升半，租银 100085694 文；玛尼仓所

---

① 《内齐托音二世传》，载《清代蒙古高僧传译辑》，全国图书馆文献缩微复制中心，1990 年，第 185 页。

② 内蒙古档案馆档案，全宗号 504 - 1 - 957。

③ 内蒙古自治区编辑组：《蒙古族社会历史调查》，民族出版社 2009 年版，第 174 页。

属 16 顷 81 亩 7 分 7 厘耕地的年租粮为 3 石 4 斗，租银 224712 文。[1] 除土地地租外，商铺租金亦不可小觑。嘉庆十四年（1809 年）至十五年（1810 年），席力图召从市内 18 处店铺收取租金 616410 文。[2] 一直到清代末年，广宗寺格根仓土地和房屋租金多达 4500 两、515500 钱，[3] 这些租金都成为寺院日常经费的重要来源。

高利贷收入。由于清代蒙古族各阶层对于喇嘛教的虔信，大量金钱涌入寺院，成为寺院和呼图克图的私产，庙仓成了无形的银库或者票号，一些急需用钱的蒙古族王公贵族、阿勒巴图，以高利贷的形式向寺院借款，利滚利，寺院财富越积越厚。以宁祺寺为例，其高利贷利息最高可达 36%，最低亦为 10.1%，嘉庆年间的利息较高，平均为 31.34%，道光年间有所降低，平均为 21.3%，即借款 5000 文，到期连本带息需还 6700 文。如此咋舌的高利息，即便是地下钱庄也很少见，由此得到的利息总收入，必然惊人。

商业贸易收入。庙仓从事商业活动所获利润，也是寺院收入的一部分。清代喀喇沁中旗和硕庙德木齐、尼尔巴等从塔子沟、乌兰哈达、北京等地贩卖日常用品，增加庙仓经济收入。如道光八年（1828 年），该寺德木齐经手购买物品的本钱为 12099 文，盈利为 14390 文。[4] 经他们之手转卖给蒙古族牧民的商品主要包括食盐、鼻烟、茶叶、米面、食油、糖果、草料、煤炭、木材等，其中以蒙古族牧民日常生活必不可缺的食盐为最，且运盐利润高，是蒙古族寺院经商的首选。

---

[1] 内蒙古档案馆档案，全宗号 504 - 1 - 2291。

[2] 胡日查：《清代内蒙古地区寺院经济研究》，辽宁民族出版社 2009 年版，第 172 页。

[3] 内蒙古自治区编辑组：《蒙古族社会历史调查》，民族出版社 2009 年版，第 173 页。

[4] 内蒙古档案馆档案，全宗号 504 - 2 - 1288。

康熙三十四年（1695年），托音二世出使西藏，沿途供应全由清廷国库供给，在这种情况下，托音二世仍携带三万两白银作为自己的费用。[①] 呼和浩特的延寿寺"年久失修，琉璃瓦俱已破损"，内齐托音二世请奏自费修缮，按每块琉璃瓦三钱银子价格计算，"共用银三千两"。[②] 当时庙仓积累之丰厚，可以窥见。

第三节　寺院经济的衰落

清代前期，蒙古族寺院经济在各种势力的推动下，长期畸形发展，积累了巨额财富。随着清朝统治者治蒙政策的调整，喇嘛教的优待礼遇逐渐弱化，国家财政对寺院经济的扶持力度下调。蒙垦的深入，进一步加剧了蒙古族经济的分化，蒙古族地区经济普遍萧条，蒙民贫困化加剧。外部的削弱是寺院经济衰落的次要原因，寺院内部的混乱才是主要原因。贪污腐败、奢侈浪费，资不抵债，走向破产。

一　国家财政扶持减弱

道、咸以降，清廷对喇嘛教的政策做了重大调整。道光帝对喇嘛教"礼数之衰"为历朝所未有，清廷对喇嘛教的态度由过去的尊崇、礼遇变为冷淡和疏远。清廷认为其边疆大臣已代替活佛成为蒙

---

① 金启孮：《呼和浩特召庙、清真寺历史概述》，中国蒙古史学会：《中国蒙古史学会论文选集（1981）》，内蒙古人民出版社1986年版，第274页。

② 《内齐托音二世传》，载《清代蒙古高僧传译辑》，全国图书馆文献缩微复制中心，1990年，第195页。

古族真正的控制者，蒙藏地区政治力量的对比发生有利于清廷的变化，边疆的半壁河山尽在掌控之中。[①] 波兹德涅耶夫指出："在此呼图克图时代，清廷已无虑蒙古之叛乱，不谓不迎合活佛意而赠以礼物，反乘其弱点，有所传谕，而于其请愿，则无一次采用也。"[②] 清政府不仅限制寺院的规模和喇嘛的人数，还对寺院和呼图克图、活佛所属的庙丁人数的增长进行了严格的控制。庙丁完全隶属寺院，是寺院经济主要的劳动力。为了防止寺院庙丁人数过多，诱发不稳定因素，清廷多次下令，意图遏制庙丁人数的增长。晚清以来，国库空虚，喇嘛的俸银、钱粮难以为继，于是"一些喇嘛则肯定地说，朝廷现在赋予召庙以呼和浩特土地的所有权，并允许把这些土地出租给市民，以此来代替以前拨给寺召的生活费"。[③] 这种做法与清代前期尊崇、优待喇嘛教有天壤之别。

进入晚清，清政府国力衰微，尤其是在蒙古族地方政府财政危机尤为突出的情况下，各级政府对寺院和喇嘛的经济支持力度明显下降。有清一代，蒙古族各扎萨克衙门等地方政府一直担负着寺院和喇嘛的一部分宗教开支和俸银、钱粮。晚清，随着蒙旗阿勒巴图阶级生活水平的不断下降，旗财政来源枯竭，无法支付原定额内的寺院和喇嘛相关经费开支。[④] 以土默特旗旗庙宁祺寺为例，清代前期，该旗60个苏木（佐领）额定每年各给该寺银4两，总计应缴纳

---

① 陈国干：《清朝利用喇嘛教统治蒙古的政策》，中国蒙古史学会：《中国蒙古史学会论文选集（1981）》，内蒙古人民出版社1986年版，第264页。

② ［俄］波兹德涅耶夫：《蒙古及蒙古人》（第一卷），内蒙古人民出版社1989年版，第499页。

③ ［俄］波兹德涅耶夫：《蒙古及蒙古人》（第二卷），内蒙古人民出版社1983年版，第89页。

④ 胡日查：《清代内蒙古地区寺院经济研究》，辽宁民族出版社2009年版，第220页。

240 两白银，作为该寺的基本日常开支经费。但从嘉庆六年（1801年）的收支账本看，仅有一个苏木足额缴纳，其余 19 个苏木最多缴纳 3200 文，最少缴纳 800 文，其中，多数苏木尚欠嘉庆三年至五年的额定给银，甚至有的苏木从未缴纳过此种银子。[①] 可见，宁祺寺此项收入拖欠严重。对于寺产较多的寺院来说，240 两白银无关紧要，而对于收入微薄、庙丁稀少的寺院来说，则是维持其正常运转的有力保障。

多伦诺尔的汇宗寺、善因寺，是康、雍二帝敕建、供呼图克图居住的皇家寺院。特别是汇宗寺的建造，开创了清廷直接在蒙古族地区建造喇嘛庙的先例。为此，康熙帝"命百二十旗各一僧居之"[②]，善因寺亦如是，喇嘛的生活用度皆由各旗支付。清代后期，这些喇嘛的钱粮等生活补助明显下降。据波兹德涅耶夫调查，清末，支给常驻两寺的喇嘛俸银最高的是三音诺颜部的一个旗，年俸为白银 62 两。南部各旗年俸为白银 60 两，太仆寺旗为白银 56 两，最少的如喀喇沁一旗仅有 5 万文。[③] 由于一些旗不按规定支给喇嘛俸银，加之蒙民供奉减少，使得这些寺院破败不堪，喇嘛生活困苦。据记载："为了弥补本寺院喇嘛们生活费的不足，这些寺院往往从出租房屋、土地以及从所经营的运输业收入中抽出一部分补助他们，使这些喇嘛免于冻馁，可是他们的住房大都是很糟糕的。……喇嘛的住处如此困苦，与这里壮丽的敕建寺院相形之下，简直令人惊诧。"[④] 各级政府财政补贴的明显减少，使蒙古族喇嘛教寺院无力修葺，任

①　胡日查：《清代内蒙古地区寺院经济研究》，辽宁民族出版社 2009 年版，第 220—221 页。

②　《口北三厅志》卷 4。

③　[俄] 波兹德涅耶夫：《蒙古及蒙古人》（第二卷），内蒙古人民出版社 1983 年版，第 353—354 页。

④　同上书，第 352—355 页。

其破落；使喇嘛生活贫困，难以为继。财政支给的减少，根源在于世俗经济的萧条。

二 世俗经济普遍萧条

清代蒙古族寺院经济的基础来自蒙古族各阶层的支持。清代中后期，随着国力式微，蒙古族经济也出现停滞不前甚至倒退的迹象。蒙古族地区经济萧条，牧民贫困化加剧。失去了强硬基础的蒙古族寺院经济，必将衰落。

劳动力是一个经济体发展的根本保证，劳动力的匮乏势必阻碍经济的长远发展。由于黄教戒律和清廷法令，都禁止喇嘛娶妻，使蒙古人口数下降。据清朝文献统计，乾隆三十五年（1770年），内蒙古有蒙古族人口109万。外蒙古和西蒙古有1126450人，共2216400余人。140后，即清末蒙古族总人口为252万，仅增长了13%，而全国总人口增长率却达到了300%。① 游牧业属于劳动密集型产业，需要劳动力的充足供给。清代中后期，作为蒙古族经济重要组成部分的农业，对劳动力数量的要求更是庞大。然而，由于喇嘛教对蒙古族的麻醉和奴役，超过1/3的蒙古族男性出家为僧，不婚娶、弃农牧，造成蒙古族劳动力严重短缺，阻碍了蒙古族经济的持续发展。普通蒙古族牧民家庭因缺少男劳动力而被迫减少畜群数量，导致小牧经济不断萎缩。蒙古族经济整体上又由这些不断衰敝的小经济体组成，加之蒙古族上层开支浩繁，入不敷出，经济萧条，也非偶然。

放开蒙垦，使蒙难持。晚清以来，为了履行丧权辱国的各种条

---

① 陈国干：《清朝利用喇嘛教统治蒙古的政策》，中国蒙古史学会：《中国蒙古史学会论文选集（1981）》，内蒙古人民出版社1986年版，第266—267页。

约，解决财政危机，清廷放开蒙垦，"移民实边"，大量的内地农民涌入蒙地，打乱了蒙古族社会秩序，更大范围地垦殖广大蒙民赖以生存的草场。在蒙垦比较严重的地区，蒙古族牧民被迫放弃单一的游牧经济，从事农业或半农半牧。然而，一些蒙古族牧民不善农耕，只得将户口地租佃给汉民，收取租金度日。而伴随着租佃年限的过久，租金的赖账或一再拖欠，或生活所迫欠债等原因，广大蒙古族牧民不断失去维持生活的基本保障，丧失了对户口地的占有权。除此之外，蒙垦的进一步扩张，导致蒙旗财政出现严重赤字。蒙古族王公贵族为了维持自己的特权和奢侈生活，在进一步加大对牧民盘剥的同时，通过放垦或出卖蒙地收取地租，或仰赖高利贷，由此，蒙旗财政日趋恶化。在蒙垦大潮中，蒙古族寺院的草场和土地也未能幸免。清廷下令，寺院香火地一律纳入蒙垦范围，但可从地租中分出一部分作为寺院日常开支费用，寺院收入明显减少。

与丰美的草场一同减少的，还有蒙古族人民对喇嘛教的信仰。在农业区、半农半牧区，蒙古族人民逐渐融入农耕文化中去，慢慢接受了儒家思想，在一些地区建造了土地庙、娘娘庙等，疏远了与喇嘛教的关系。另外一部分蒙民迁徙到游牧业保持比较完好、但却人烟稀少的地区，与寺院的接触也越来越少。蒙民贫困，且疏于黄教。由此，喇嘛教寺院失去了大量的信徒和来自信徒的最大一笔收入——布施和化缘收入。失去信徒和经济来源，意味着藏传佛教逐渐失去在蒙古族地区生存的土壤。

金融盘剥，胜于猛虎。旅蒙商等带来的商品经济对蒙古族传统经济的激烈冲击，使蒙古族传统的畜牧业经济遭到严重破坏。尤其是随着商业贸易和货币交换关系的发展，蒙古族地区出现了商业高利贷和金融高利贷的恶性扩张。① 为了更大限度榨取财富，内地旅蒙商和外国商团诱导蒙古族王公贵族和牧民选择赊购的方式进行消费。为了偿还急剧积累的高额债款，蒙古族的牲畜和畜产品更多地向市场出售，而产量却每况愈下，只得再求助于借贷和赊购。旅蒙商抓住蒙古族各阶层不谙商贸的弱点，利用狡诈手段积聚财富，阴谋彻底控制蒙古族经济。清代三大旅蒙商号之一的大盛魁，每年从外扎萨克喀尔喀蒙古征收的用于抵付债款利息的牲畜，就达几十万只羊及几万匹马。② 大盛魁在蒙古族地区经商一两百年，商号遍及草原各大城镇，可想而知，其对蒙古族牲畜的掠夺，必然达到一种疯狂的程度。王公贵族和牧民为了偿还贷款早已苦不堪言，何谈敬佛问禅，对寺院的供奉和重视，大不如前。

三　寺院收支赤字严重

清代蒙古族寺院支出主要包括佛事开销、喇嘛阶层的日常消费、修建寺院以及偿还高利贷借款等几个方面。随着蒙古族经济的衰落，寺院收入大不如前，而相应开支却照旧不误。上层喇嘛日趋腐化堕落，贪污、浪费现象严重，寺院财政出现了严重困难。

以阿拉善和硕特旗广宗寺为例，同治九年（1870 年）九月初一至同治十年（1871 年）十二月三十日，广宗寺诺颜拉卜楞吉萨各种收入总计银 13803.1453 两，铜钱 9576037 文；各种开支 17068.470 两白银，铜钱 11699548 文。另外，该吉萨外借银 3921.1722 两，铜钱 1018441 文（从中去除外欠者银 633.077 两）；库存者铜钱 55667

---

① 胡日查：《清代内蒙古地区寺院经济研究》，辽宁民族出版社 2009 年版，第 231 页。

② 同上。

文；尚亏银 3765.3265 两，铜钱 2123511 文。① 可见，诺颜拉卜楞吉萨不仅出现了收支赤字，且负有巨额外债。广宗寺只是清代中后期蒙古族喇嘛教寺院的一个代表，绝大部分的寺院都陷入了财政困境。

与呼图克图、活佛相关的宗教活动、政治活动所需经费也是寺院各种开支中的巨大一笔。康熙三十四年（1695 年），内齐托音二世受康熙委派出使西藏，一次支用白银即达 33000 两。其中，此次向西藏各寺的施舍和供品"共用黄金三百余两，白银三万余两，绸缎近千匹，哈达、彩绸一万条"。② 此时正处于蒙古族寺院经济繁盛的时期，动用如此之多的金银，尚可承受。然而，清代中后期，上层僧侣不顾经济实力的衰微，依然挥霍无度。道光十六年（1836年），五当召为了栋阔尔呼图克图圆寂而做善事，护送西藏达赖喇嘛、班禅额尔德尼为首的高僧及向那里的各大寺院献银 2757 两。③如此巨大的开支，让寺院经济难以承受。

上层僧侣的贪污和腐败进一步加快了寺院经济的衰退。光绪二十九年（1903 年）和光绪三十二年（1906 年），伊盟广慧寺沙布隆堪布达喇嘛图布登扎勒主动上书，请求开垦香火地，两次报垦 1417顷，地价分为四等，上地每顷 40 两，中地 30 两，中下地 20 两，下地 10 两，共收押荒银 28502 两，广慧寺实分得 13000 两，皆入图布登扎勒私人腰包，无一分上缴庙仓。④ 据波兹德涅耶夫的调查，19

---

① 内蒙古自治区编辑组：《蒙古族社会历史调查》，民族出版社 2009 年版，第 171—172 页。

② 《内齐托音二世传》，载《清代蒙古高僧传译辑》，全国图书馆文献缩微复制中心，1990 年，第 187—190 页。

③ 金峰：《呼和浩特史蒙古文献资料》（第四辑），内蒙古文化出版社1988 年版，第 425—426 页。

④ 宝玉：《清末绥远垦务》，《内蒙古史志资料选编》（第一辑·下），内蒙古地方志编纂委员会总编室编印，1985 年，第 100 页。

世纪末的呼和浩特寺院破落不堪，他在同喇嘛的交谈中了解到，"现在寺召的金库根本就看不到这些钱。整个道光年间和咸丰初年，大约相当于我们的 1820 年到 1850 年底，在呼和浩特喇嘛的生活中是最荒唐的年代了。格根、呼毕勒罕、召庙的掌权者和高级僧侣们为了能够晋位升职，每年都往北京跑，在那里用巨款购买礼物，以使自己的宝座增加一块奥勒博克。他们在家里吃喝玩乐，根本不顾寺召的管理。在这种情况下，寺召的收入当然很快就被挥霍一空。为了填补这笔款项，他们不得不借债，用以后的收入作抵。1860 年发生的东干人的暴动，结束了呼和浩特喇嘛生活中的这一黄金时代。到 1870 年，山西的生活及各方面都开始繁荣起来时，破产的汉人首先就要求归还旧债。这样一来，各寺院的全部租金收入就都转到汉人银号业主的手中去了"。① 出现这种现象的根本原因，在于寺院属于独立的经济单位，而上层喇嘛掌控全局，却缺乏有效的监督机制。

不仅上层喇嘛不务正业，寺院管事喇嘛贪污或舞弊庙仓资产的现象也很普遍。根据史料记载，呼和浩特大召之管事诸尼尔巴喇嘛在几个月之内竟贪污了庙仓本钱几十万文。② 在喀喇沁地区的寺院账本中，支出不明而流失的庙仓银钱到处可见。据当时记账本的喇嘛口供，庙会期间收到的钱粮银或代替的地租银由师傅喇嘛自主使用，在记其具体数字时，师傅喇嘛若同意记入账本，记账喇嘛才能如实地记录。然而，记账喇嘛从来不知道师傅喇嘛的使用情况，使得师傅喇嘛舞弊庙仓资产有机可乘。到牧区化缘获得的收入更为管事喇嘛的舞弊行为提供了诸多方便。如管事喇嘛们可以写谎账，换牲畜

---

① ［俄］波兹德涅耶夫：《蒙古及蒙古人》（第二卷），内蒙古人民出版社 1983 年版，第 90—91 页。

② 金峰：《呼和浩特史蒙古文献资料》（第四辑），内蒙古文化出版社 1988 年版，第 389 页。

（以小换大，以弱换壮，以牡换牝），虚报开支（如骑自己牲畜，报称租赁的牲畜），等等。这样谎报下来，化缘获得收入的2/3落入私人囊中，交给寺院的不过1/3。[①] 喇嘛本属于出家之人，无欲无求，但由于商品经济在蒙古族经济中的广泛建立，蒙古族传统观念被打破，人们对于货币的追求达到了前所未有的程度。这是商品经济的成功，却是宗教的败落。

---

① 胡日查：《清代内蒙古地区寺院经济研究》，辽宁民族出版社2009年版，第215—216页。

第 二 十 章
清代蒙古族与其他民族的经济关系

　　纵观蒙古族的经济发展，可以清晰地发现蒙古族始终与其他民族保持着或紧或松的经济关系，也正是这种千丝万缕的经济联系，使蒙古族经济能够延续至今，从未断绝。有清一代，与蒙古族发生经济关系的民族分布在蒙古族主要聚居区的周边，如满族、汉族、藏族、维吾尔族以及沙俄等。其与满族的经济往来主要体现在政治层面，一方面是满族对蒙古族的赏赐、廪给，另一方面是蒙古族对满族的朝贡、敬奉。与汉族的经济关系除边口互市和京师互市等形式外，这一时期特殊的贸易方式——旅蒙商对蒙古族的重利盘剥是清代蒙汉经济关系的重点。新疆、青海等地的蒙古族依靠地缘优势，努力开展与周围民族的经济往来，弥补了单调的畜产品在日常需求上的空缺。蒙俄贸易自古有之，清代的蒙俄贸易不再局限于单一的贸易形势，边境贸易、民间贸易、集市贸易、买卖城等各种形式使蒙俄贸易迅速发展。

第一节　与满族的"通贡"、赏赐与联姻

有清一代，满族作为主体民族，在与其他民族的经济交往中处于绝对的优势，它可充分利用政治统治地位，引导民族间的经济往来。蒙古族作为臣属民族，在与满族的经济关系中处于从属地位。满族统治者为了巩固自己的统治，拉拢蒙古族王公贵族，不仅给予他们丰厚的俸禄，还会定期、不定期地予以各种品目繁杂的赏赐。蒙古族为了表达自己对满族统治者的忠诚，通过年班、朝贺等方式向满族统治者供奉贡品，其中包括牲畜、珍宝等。此外，满蒙联姻不仅具有重要的政治意义，从某种程度上来讲，还具有非常重要的经济意义。满族公主、格格下嫁蒙古族王公贵族，不仅陪送大量的金银珠宝，还有相关人员的陪送，通过联姻，满蒙之间的经济联系逐步加强，经济文化交流的程度也随之提升。

一　清廷对蒙古族的赏赐

（一）王公贵族的俸禄、廪饩

按家世高低、部众多寡、功劳大小，清廷分别授予蒙古族贵族封建爵位：亲王、郡王、贝勒、贝子、公、台吉等，喀尔喀四部、杜尔伯特部、土尔扈特部的首领特许袭用汗号。"凡内扎萨克之爵，其等有六：一曰亲王，二曰郡王，三曰贝勒，四曰贝子，五曰镇国公，六曰辅国公。"外扎萨克"凡封爵，有汗以列王、贝勒、贝子、公之右，无塔布囊而有台吉"。① 为了进一步笼络蒙古族贵族，清廷

---

① 乾隆朝内务府抄本《理藩院则例》。

照例予以发放俸禄，俸禄分为俸银和俸缎，逐年下拨。

表 20 - 1　　　　　　　　清代蒙古族王公年俸

	银两	缎匹
科尔沁土谢图、卓里克图、达尔汗亲王	2500	40
其余亲王	2000	25
科尔沁扎萨克郡王	1500	20
其余郡王	1200	15
贝勒	800	13
贝子	500	10
镇国公	300	9
辅国公	200	7
扎萨克台吉	100	4

资料来源：（乾隆朝）《理藩院则例·俸币》。

嘉庆、道光年间，每年赐予蒙古族王公贵族的俸银总额约为15万两，俸缎约为1500匹。

蒙古族王公贵族来京，清廷都会着例发放一定的廪给，供王公贵族在京日常花销。如固伦公主入京省亲，公主及随从等人每日可得给银六两三钱五分，坐马草料每日共给银八钱六分九厘，公主来京路费四十两七钱九分，回家路费四十两一钱九分；和硕公主及随从可获五两二钱五分；和硕额驸及随从每日可获给银三两二钱五分，回家路费十五两一钱。史载，"康熙六十一年议准，青海亲王来京，日给银三两二钱，郡王日给银三两，贝勒日给银一两九钱，贝子日给银一两八钱，公日给银一两七钱，扎萨克一等台吉日给银一两。……闲散台吉日给银六钱，属下台吉日给银四钱，斋桑、斋桑格隆各日给银二钱。……核给六十日"。① 清廷的这一举措进一步彰显了满洲贵族对蒙古族的重视，蒙古族王公贵族不仅可以定期得到清廷的俸禄，在京期间还有额外的生活补贴，其对清廷必定俯首帖耳，感恩戴德。

（二）定期、不定期赏赐

蒙古族王公贵族除了可以获得清廷拨付的俸银、俸缎外，还会定期或不定期地收到清廷的赏赐，依品秩高低，赏赐数额、内容、频率不一。

定期赏赐一般多在蒙古族王公贵族进京朝贡之时。史载，"每年进贡九白之扎萨克等，赏给重三十两银茶桶各一，茶盆各一，缎各三十，布各七十。赏来使缎各三，布各二十四。仆从布各六"。② 喀尔喀、青海厄鲁特蒙古族王公贵族来京朝觐，皆按内扎萨克王公例予以赐宴、赏赍，史载，"赏年例来朝之喀尔喀亲王，视内扎萨克郡王例，郡王、贝勒视贝子例，贝子、公、台吉等各视其品级为差，所赏缎、布、鞍辔、银茶桶、茶盆、茶叶诸物，各照价值，由户部折银赏给"。③ 对于卫拉特蒙古，其来使也可获得清廷大量的赏赐。"定厄鲁特贡使赏例。厄鲁特贡使，一等者上号蟒缎、帽缎、彭缎各一，毛青布二十四；银茶桶一，重三十两；……次等者补缎一，彭缎一，毛青布十六。……小台吉及塔布囊各官来使，各彭缎一、毛青布八；随从一人，各毛青布四"。④ 当然，这个规定并非一成不变，也可视来贡人员级别高低更行赏赐。如阿巴赖诺颜到北京敬贡貂皮、马匹等物，为彰显清廷对其的格外恩典，除赏赐缎、布之外，

---

① （乾隆朝）《理藩院则例》。
② 同上。
③ 同上。
④ 《清世祖实录》卷54，顺治八年闰二月丁丑。

另加赏银两、辔、鞍等。①

每逢遇有重大节庆，清廷都会额外赏赐蒙古族。康熙二十一年（1682 年）冬，清廷为庆祝平定"三藩之乱"，派内大臣奇塔特至准噶尔颁赏赉，赏赐物品同年班。

（三）土尔扈特部东归后的经济扶持

17 世纪 20 年代末，为避免与准噶尔部的矛盾升级，土尔扈特部迁往伏尔加河和乌拉尔河下游水草丰茂的草场，历经几十年的恢复和发展，日渐壮大，由此引起了沙皇的高度警觉，欲并而用之。然而土尔扈特部首领坚决不从，与清廷、西藏等的联系也从未断绝，回归故地的想法逐渐成熟。厌烦了俄国的民族压迫和繁重的兵役，1771 年，土尔扈特部开始东归，终于当年六月底抵伊犁境内。

长途的跋涉和颠沛流离，使土尔扈特部丧失了几乎全部牲畜，衣食无保，贫苦不堪。清廷驻疆大臣奏称："伊等虽有马驼，均甚羸弱，牛则缺少，间或能见几头。人们衣着褴褛，稍许寒冷，即身披毡子等，以御风寒。足上无靴鞋，仅以皮衣等物裹之。小孩多赤身露体，一丝不挂。伊等既无蒙古包，亦无帐房。随便歇于旷野之中，遇有树林，即入林中。"② 为了安抚土尔扈特部众，使其归顺清廷，乾隆帝命："分拨善地安置，仍购运牛羊粮食，以资养赡。置办衣裘庐帐，裨得御寒。并为筹其久远资生之计，令皆全活安居，咸获得所。"③ 为了及时帮助土尔扈特人渡过难关，使他们能"安居""得所"，清政府拨付库银 20 万两，从新疆、甘肃、陕西、宁夏以及内蒙古等地，调拨了大量物资，赈济土尔扈特部众。据载，当时征调

---

① 《清世宗实录》卷 55，顺治八年三月丙申。

② 王熹、林永匡：《清朝中期的土尔扈特贸易》，《西北民族研究》1988 年第 2 期，第 100 页。

③ 《清高宗实录》卷 914，乾隆三十七年八月丙寅。

的物资主要有：马牛羊 20 余万头，米面 4 万多石，茶 2 万余封，羊裘 5 万多件，棉布 6 万多匹，棉花近 6 万斤，以及大量毡庐等。① 其中，从达里冈爱、商都达布逊官牧厂调拨马牛 4 万头、羊 6 万只；另在伊犁、哈密、塔尔巴哈台等地采买、获捐牲畜近 10 万头。衣物多购自甘肃等地，从肃州等地运往哈密的皮袄有 14000 件，毡衣 1610 件，从内地运往哈密的皮袄为 8000 余件及毡衣等物；卫拉特蒙古族各旗也纷纷慷慨捐赠，只库车、沙雅尔地方之伯克自愿将 2000 匹布、2000 斤棉花运至伊犁。② 这些物资的输入，为土尔扈特部众提供了基本的生活物资，达到了人人可温饱、户户有牛羊的水平。

除此之外，清廷还对土尔扈特部上层人士进行册封和赏赐。乾隆三十六年（1771 年），渥巴锡等一行 13 人应诏赴避暑山庄觐见。乾隆帝赐封渥巴锡为卓里克图汗，随同归来的部族首领，亦封亲王、郡王、贝勒、贝子等爵衔。据档案记载，乾隆帝一次就赏赐渥巴锡白银 5000 两、策伯克多尔济 4000 两、舍楞 3000 两，几乎每宴必赏，赏赐名目繁多。③ 由此，土尔扈特部上下各阶层都尽受清朝皇帝之恩德，逐渐恢复生产，安家乐业。

二　蒙古族对清廷的贡赋

蒙古族对清廷的贡赋主要体现在年班和朝贺方面。年班制度是指清廷针对蒙古族王公贵族所制定的每逢年节来京朝觐的一种制度，来京王公需向皇帝敬献贡品，以示忠顺，并且可获得大量的赏赐。

① 乌云毕力格、成崇德、张永江：《蒙古民族通史》（第 4 卷），内蒙古大学出版社 2002 年版，第 212 页。
② 吐娜：《从清政府对土尔扈特部的优恤与安置看其民族政策》，《西域研究》1997 年第 4 期，第 59—60 页。
③ 同上书，第 61 页。

按照清廷规定，蒙古族王公贵族轮班来朝，岁岁如此，故称年班，此项制度也一直延续至清末。

早在康熙年间，清政府就对蒙古族王公年班贡献物品的数额和种类作出明确规定。"康熙十三年题准，每年节进贡，科尔沁等十旗共进十有二九，计羊百有八只，乳酒百有八瓶。"其他蒙旗则按"九九""三九"之例进贡，"由院察收，交与礼部"。① "青海、土尔扈特贡藏香、氆氇、马，喀尔喀、厄鲁特贡驼马、汤羊。"② 后为彰显皇帝爱蒙之情，酌减蒙古族各旗进贡之数，如内蒙古各旗王公、台吉年节进羊一只、乳酒一瓶。但实际进贡数额远远超出定额。准噶尔除了贡驼马外，有时也会加贡黑狐皮、貂皮等物，和硕特部鄂齐尔图汗偶尔加贡白鹰等。③ 蒙古族王公贵族之所以会额外加贡，无非是想向清朝皇帝表达自己的忠顺之心，借此获得加官进爵、额外赏赉的机会。

三 满蒙联姻

政治联姻一直都是封建统治者惯用的外交手段，通过封建贵族之间的婚嫁，达到拉拢、控制的目的。有清一代，为了怀柔蒙古，清朝统治者将联姻制度运用得淋漓尽致，满蒙联姻盛况非常。入关前，满蒙联姻已多达 80 多次，入关后，清廷建立"备指额驸"制度，并订立了"南不封王，北不断亲"的策略，清朝皇帝以九五之尊掌握了满蒙联姻的控制权，主动向蒙古族王公贵族下嫁皇家公主、

---

① 乾隆朝内务府抄本《理藩院则例》。
② 《钦定大清会典事例》卷 986。
③ 《清世祖实录》卷 124，康熙二十五年正月丙寅。

格格,在长达 300 年的时间里,出嫁蒙古族的公主、格格多达 431 人。[①] 这些公主、格格不仅将大量的陪嫁物品带入蒙地,每年还可获得清廷大量的俸银、俸缎和不定期的赏赐,其生活水平不亚于从前。

满族公主、格格下嫁蒙古族王公,按定例都有纷繁庞大的陪嫁物品。以清太宗长女嫁敖汉部台吉班第为例,陪嫁物品包含牲畜、衣服、首饰、家具、器皿等:"马二十五匹,驼十头,雕鞍辔十八副,圆帐房三座,象车一辆,雕花床一张,伞四把,银碟碗二十个,……绣花捏折女朝褂、朝衣,……共六套;袍子、衬衣、素服共十五套,蟒缎、闪缎、被褥五套,嵌有东珠二十八颗之金项圈二、金手镯一对,脚镯一对,……素金佛二对,带板二十个,结发东珠十四个,红绿带板三十七对,大琥珀一块,海烟鱼绿松子石一块,琥珀、珊瑚、素珠十,琥珀珠十,白素珠十。"另外,陪嫁物品中还有额驸的部分,"绣缎、镶缎朝衣四件,幔子一床,帐子一床,枕头二个,白毡三块,红毡三块,袍子、褂子、素服共七套,玉草凉帽二顶,金腰带一条,玉腰带一条,靴三双,雕鞍三幅。"除陪嫁物品外,还有相应的陪送人员:公主奶母及奶公、随侍满蒙夫妇五对、女子七口。[②] 大量的陪嫁物品和陪送人员入蒙,在很大程度上拉动了满蒙之间的文化交流,公主府邸也因此成为满蒙之间经济、文化交织的重要节点。

公主、格格以及蒙古族额驸均可享有清廷拨付的俸银、俸缎,作为日常生活的补贴。按照品秩,俸银、俸缎的数额有差(见表 20 - 2)。

---

① 杨强:《清代蒙古族盟旗制度》,民族出版社 2004 年版,第 126 页。
② 杜家骥:《清朝满蒙联姻研究》,人民出版社 2003 年版,第 308 页。

表 20-2　　　清代下嫁蒙古之满族公主、格格及其额驸年俸

	银两	缎匹
固伦公主	1000	30
和硕公主	400	15
郡主	160	12
县主	110	10
固伦额驸	300	10
和硕额驸	255	9
郡主额驸	100	8
县主额驸	60	6

资料来源：（乾隆朝）《大清会典事例》卷 51《户部·俸饷》。

除表 20-2 所示外，清代下嫁蒙古族王公贵族的宗室女中，享有年俸的还有郡君每年俸银 60 两，缎 8 匹；县君每年俸银 50 两，缎 6 匹；乡君每年俸银 40 两，缎 5 匹。额驸亦有定额配给：郡君额驸年俸 50 两，缎 5 匹；县君额驸年俸 40 两，缎 4 匹；乡君额驸无俸银、俸缎。[①] 此外，清朝皇帝以及宗室也多娶蒙古族王公贵族之女为妻，其中，尤以科尔沁为最，孝端、孝庄等皇后均出于此部。满蒙在政治上的联姻关系，使蒙古族王公贵族成为清朝统治者有血缘关系的忠诚支柱，为北部边疆的安宁和发展提供了可靠的保障。

四　满蒙经济关系趋于政治性

满族作为清代的统治民族，将蒙古族置于藩属地位，听其安排，

---

① （乾隆朝）《大清会典事例》卷 51，《户部·俸饷》。

任其调派。因此，清代蒙古族与满族的经济关系最为特殊，名为经济，实为政治。清朝统治者深知蒙古族并非心甘情愿臣服，只得运用怀柔政策拉拢、安抚蒙古族，所以对蒙古族王公贵族的加官封爵、俸禄赏赉都只是出于政治目的，意在使蒙古族对其感恩戴德，永仰天威。清朝统治者将宗室女下嫁蒙古族王公贵族，并陪送大量的金银珠宝，一方面是监督蒙古族王公贵族的政治动向，另一方面也是对其的一种间接赏赐，丰富他们的经济来源。

蒙古族对清廷的贡赋数量其实很有限，远不能对蒙古族经济构成较大的负担。清廷只是希望通过年班这种制度来监视蒙古族王公贵族，并加深对他们的了解。清廷在漠南、漠北的官牧厂牧放有数以万计的牛、羊、马、驼，所以蒙古族王公贵族贡品的多少根本不在清廷考虑的范畴之内。

第二节　蒙汉互市与通商

蒙古族与汉族的通商贸易亘古不绝。至清，满族统治者严格限制蒙汉之间的经济往来，但由于蒙古族传统的、单一的游牧经济离不开汉族小农经济，因此在有限制的条件下允许蒙汉开展互市和通商，以满足蒙古族的需求。蒙汉互市延续了边口互市的传统，同时为了彰显清廷对蒙古族的怀柔之心，清朝统治者还特许蒙古族王公贵族可到北京开展贸易，即京师互市。除了蒙古族前往内地通商贸易外，汉族商人也顺势北上，在蒙古族聚居区开展通商贸易。旅蒙商的出现极大地缓解了蒙古族对内地商品的迫切要求，为蒙古族牧民的生活提供了便利。然而，后期旅蒙商抓住蒙古族牧民不谙商务特点，肆意压榨、剥削蒙古族牧民，给其造成了沉重的负担。

一 官市贸易仍以易货贸易为主

（一）京师互市

京师互市，即清廷允许蒙古族王公贵族来北京贸易。当蒙古族商队到达边口时，商队正副使节以及各部王公贵族可到京师互市。康熙二十五年（1686年），规定："厄鲁特部落如噶尔丹等四大台吉，准令来京互市。其余小台吉，俱于张家口互市，著为例。"[①] 京师互市的规模一般不大，清政府规定以两百人为限，定期四年一次。清政府在京师御河西岸设里馆，在安定门内设"外馆"，专供来京蒙古族王公贵族和使臣居住。汉商在里馆、外馆周围开设店铺，同蒙古人做买卖。[②] 京师互市的另一部分重要商队来自漠西蒙古的卫拉特各部。卫拉特各部来北京贸易，有南北两条贡道，南道由西宁经兰州、西安到达北京，北道从青海横过甘肃走廊经河套入居庸关或古北口到达北京。[③] 清初，卫拉特各部的商队频繁进京贸易，特别是噶尔丹统一天山南北后，贡使、商队来京的频次和规模不断攀升，以1684年为例，噶尔丹派入内地的贡使和商队人数少则一次数百人，多至千余人甚至数千人。如此商队在京城贸易，势必引起清朝统治者的担心。为此，康熙帝下令，凡进京贡使、商队，只准许200人入边，其余人等只得在张家口、归化城等地贸易。乾隆五年（1740年）又规定，卫拉特蒙古族商队须由哈密、经肃州、西安至北京一

---

① 《皇朝政典类纂》卷116。

② 达力扎布：《蒙古史纲要》（修订本），中央民族大学出版社2011年版，第181页。

③ 乌云毕力格、成崇德、张永江：《蒙古民族通史》（第4卷），内蒙古大学出版社2002年版，第308页。

路行走，每四年开市一次，自备盘缠路费，每次来人不能超过二百。[1] 官市贸易可以弥补通贡的不足，丰富蒙古族的生产生活，同时也彰显了清廷对蒙古族的怀柔政策，因此一直延续到清后期。

（二）边口互市

清政府承袭历代王朝"马市"贸易的传统，自清初就颁令设立边口互市。"凡外藩各蒙古来贸易者，俱令驻于关外，照常贸易，勿得阻抑。其喀尔喀部落来市者，令驻于口外，申报户部。"[2] 从此，边口互市成为蒙古族与内地汉人来往通商的主要场所。清初，喀尔喀蒙古在张家口、古北口贸易。康熙年间，令卫拉特蒙古于归化城、张家口贸易，鄂尔多斯于定边、花马池贸易。雍正五年（1727年），令青海蒙古于西宁贸易。[3] 此外，塔子沟、八沟、乌兰哈达、杀虎口、三座塔等亦是边口互市的重要地点。清政府之所以决定边口互市，主要是因为"蒙古贸易，籍全牲畜"，[4] 且蒙古族商队人数众多，数百人亦为常见，如此大规模的商队进入口内，对社会秩序有一定的影响。然而清政府为了表示对蒙古族的怀柔之心，又不可断然拒绝贸易，所以令其在边口交易，以求两全。

蒙古族牧民赴边口互市，先要禀明扎萨克王公并管旗章京、副章京，以一章京为首领，令十人以上合伙而行。此外，清政府允许边口互市的蒙古族牧民有限制地进入口内。

蒙古族商人以马、牛、羊等牲畜及畜产品、地方特产等，换取生活必需品。但是，清政府严格限制蒙古族人购买军器、铁器。若购置军器数量较少，或系一般常物，则由理藩院所属地方衙门发给

---

[1] 《清高宗实录》，乾隆五年正月甲子。

[2] 《皇朝政典类纂》卷 116。

[3] 《蒙古志》卷 3。

[4] 《清世宗实录》卷 31。

部照，准其贸易；若数量较多，则由理藩院请旨后再令购买。蒙古族人购买铁器亦需要由该部扎萨克予报理藩院地方机构——夷情衙门给以印票，填报件数、斤两等。各扎萨克王公采买驼马，亦需报理藩院具奏请旨。[1] 由此看来，清廷对边口互市的态度是矛盾的。一方面，鉴于蒙古族传统的游牧经济需要农耕经济的补充，为了安抚蒙古，稳定北疆，只得开放互市，允许蒙汉贸易，以期互通有无。另一方面，清朝统治者深知蒙古族并非完全臣服，随时都有叛乱可能，因此，必须严格限制军器、铁器等战争必备物资的供给，唯恐蒙古作乱，危及全国政权。清廷的这一担心并非多余，清中后期，特别是清末"新政"在蒙古族地区的广泛推行，引起了蒙古族的激烈反抗，起义不断，战火不休。

边口互市有官私之分。私即内地商人和蒙古族牧民的贸易；官则是清朝政府与蒙古族王公贵族的贸易。在官方互市中，蒙古族的驮马均被清政府购买，如乾隆九年（1744年），卫拉特蒙古准噶尔部来肃州贸易，清政府以公帑给值，收买准噶尔部运来的全部牲畜，共计羊23000多只。[2] 清政府大规模地开展与蒙古族的互市贸易，一方面是为了满足内地需求；另一方面想通过这种方式促进蒙古族畜牧业的发展，稳定蒙古族的生产生活。

在边口互市中，理藩院设税务司员办理税收业务。在八沟、塔子沟、乌兰哈达、三座塔等处，各派理藩院司员一人驻扎，由院两年更代。[3] 税收业务的开展，也从侧面反映了当时边口互市的兴盛程度。

---

① 赵云田：《清朝统治蒙古经济政策的几个问题》，中国蒙古史学会：《中国蒙古史学会论文选集（1983）》，内蒙古人民出版社1987年版，第331页。

② 《清高宗实录》卷213，乾隆九年三月癸卯。

③ 赵云田：《清朝统治蒙古经济政策的几个问题》，中国蒙古史学会：《中国蒙古史学会论文选集（1983）》，内蒙古人民出版社1987年版，第332页。

二　旅蒙商对蒙古族的重利盘剥

由于清廷封禁蒙古，内地商人不得在蒙地定居，故只能往来蒙古族地区经商贸易，春去秋来，内地称其为"旅蒙商"，蒙古族称其为"买卖人"。

旅蒙商有晋帮、京帮、河北帮、陕帮等，尤以晋帮居多，"塞上商贾，多宣化、大同、朔平三府之人"。旅蒙商经营品种丰富，从绸缎到五谷茶酒，凡蒙古族牧民日常生活用品、消费品无所不备，无所不销。旅蒙商最初以行商形式出现，他们"以车载杂货，周游蒙境"，或用骆驼驮运杂货，前往草原与蒙古族交易。后来，随着资本积聚，一些旅蒙商人开始在张家口、归化城、多伦诺尔等地定居下来，开设铺面，由行商转为坐商。[①] 当时的旅蒙商号几乎控制了蒙古族对外的商业往来，到咸、同年间，多伦诺尔的"商号增至四千余家，且多殷富"。驻张家口的旅蒙商号经营范围遍及内外蒙古、天山北路、青海、乌梁海等，几乎整个蒙古族分布地区都有他们的足迹，其中，茶叶贸易成为张家口的特色，"茶以张家口为枢纽，货物辐辏，商贾云集"。[②]

旅蒙商利用蒙古族牧民对汉族经济（主要是手工业品及某些农产品）的依赖性、对市场情况不了解等特点，以贱买贵卖的方法，大量赚取蒙古族牧民的产品，"沿边各旗扎萨克游牧，往往有商民以值数钱银之砖茶，赊于蒙古，一年偿还，捪不收取，必欲按年增利。年复一年，索其大马而收之，此弊不但有关蒙古生计，而贪饕如此，

① 成崇德：《清代西部开发》，山西古籍出版社 2002 年版，第 293—294 页。

② 《蒙古志》卷 3。

竟有被蒙古忿恨致毙者"。① 旅蒙商与蒙古族之间的民族矛盾，是汉族移民与蒙古族之间经济矛盾的又一次升级。

先期旅蒙商号的巨额盈利，引起了高利贷经营者的浓厚兴趣，他们伙同大小钱庄、票号和旅蒙商人，开始为蒙古族提供借贷业务。蒙古族王公贵族为了满足其骄奢淫逸的物质享受，向高利贷商号、钱庄等大量"赊取货物，借贷银钱"，之后把债务全部转嫁其属民头上，为其偿还。② 但高利贷者往往采取"驴打滚"利息计算法，用不断收旧债放新债手段，牢牢缠住债主，使其祖孙数代难以偿清债务。

大盛魁是在喀尔喀经营规模最大的旅蒙商号，其在 18 世纪 30 年代开始在土谢图汗、车臣、扎萨克图三个汗部经商，春季赊账出售商品给牧民，秋季则让牧民以牲畜还款。他们把牲畜转售内地，购买货物再卖给牧民，从中牟取暴利。他们还放高利贷，想方设法盘剥贫苦牧民。克鲁伦巴尔和屯盟长给定边副将军的一份报告中称："这些旗的阿拉特们被饥饿所迫，有的死亡，有的逃散……十二旗之民生计艰难，实有不能维持生活者。……需付新旧债务所用之马驼达 4986，羊 32459，付给汉商的债银达 174143 两……"③

这种封建商业高利贷的盘剥，加速了广大蒙古族牧民的贫困化，从而随着商品经济在蒙古族地区的不断发展，日益加深了无良高利贷者与蒙古族牧民之间的矛盾。

---

① 陶克涛：《内蒙古发展概述》（上），内蒙古人民出版社 1957 年版，第 188 页。

② 卢明辉：《清代蒙古史》，天津古籍出版社 1990 年版，第 139 页。

③ 乌云毕力格、成崇德、张永江：《蒙古民族通史》（第 4 卷），内蒙古大学出版社 2002 年版，第 221 页。

三　蒙汉通商，利大于弊

蒙古族与汉族的经济关系，可以追溯到蒙古族的祖先——突厥。蒙古族与汉族一直保持着经济往来，双方各取所需，互通有无。清代，蒙汉延续传统，互市通商，为两个民族的经济发展提供了强大动力。特别是旅蒙商的出现，不仅将内地的商品带入蒙地，还在蒙古族聚居区传播内地的文化，使一部分蒙古族牧民开始接受和认可内地的先进理念。

然而，后期随着旅蒙商经营理念的扭曲，开始大力盘剥和压榨蒙古族牧民，特别是运用高利贷手法，将蒙古族牧民积累的财富洗劫一空，以致后者生活潦倒不堪，从而引起蒙古族牧民与汉族商人不可调和的矛盾。

总体来看，蒙汉通商将商品经济元素融入蒙古族经济中，打破了蒙古族传统的游牧经济模式，促使蒙古族经济不断进步。所以，蒙汉通商有利有弊，功大于过。没有通商，蒙古族经济将继续封闭、保守、落后；选择通商，虽然会有阵痛，但结局有利于经济进步。

第三节　新疆、青海蒙古族与其他民族的经济关系

清代，游牧在新疆、青海一带的蒙古族主要是准噶尔部、土尔扈特部与和硕特部。准噶尔部占据丰美的水草，加之首领治理有方，经济发展水平一直走在前列，牲畜数量浩繁，在与西北各民族的经贸往来中，其规模最大。土尔扈特部在乾隆时期东归，鉴于经济基础比较薄弱，其除与周边民族进行小规模的贸易外，主要的贸易对象还是清政府。青海的和硕特部依靠地缘优势，在西宁和丹噶尔城

与汉、土、回、藏等民族开展互市，以有易无。

一　准噶尔部与西北各民族经贸往来

准噶尔同内地，主要是西北各民族的贸易关系，早在巴图尔珲台吉统治时就已开始。中经僧格、噶尔丹和策妄阿拉布坦的经营，到了噶尔丹策零及其子统治时，贸易达到了空前繁荣。不仅商队往来频率大大提高，贸易规模的发展在准噶尔历史上亦属罕见。[①] 贸易物品不仅包括牲畜和畜产品，如牛、羊、马、驼、貂皮、狼皮等，还有大量的地方特产。准噶尔部在贸易中获利颇丰，这也为其称雄漠西提供了物质基础。

噶尔丹策零统治时期，准噶尔部共有五次定期互市，其商队携进内地贸易之牲畜繁多，计马6327匹、牛6704头、驼3644峰、羊372820只。[②] 牲畜之外，毛皮亦是准噶尔同内地交易的主要商品。准噶尔商队少时携带毛皮数万张，多则十多万、二十多万张。因此，毛皮虽然不是贸易最主要的商品，但有时其贸易额也会占据贸易总额的大部分，如乾隆八年（1743年），吹纳木克商队在青海东科尔贸易，其贸易额估计不过白银十余万两，但仅毛皮一项就获白银七万八千余两，占贸易总额一半以上。[③] 毛皮中以沙狐皮、羊羔皮、大狐皮、黄狐皮为主，另外也有一定数量的貂皮、狼皮、猞猁皮以及虎皮、豹皮等。

---

① 蔡家艺：《十八世纪中叶准噶尔同中原地区的贸易往来略述》，中国蒙古史学会：《中国蒙古史学会论文选集（1981）》，内蒙古人民出版社1986年版，第243页。

② 蔡家艺：《清代前期准噶尔与内地的贸易关系》，中国蒙古史学会：《中国蒙古史学会论文选集（1983）》，内蒙古人民出版社1987年版，第271页。

③ 同上书。

地方特产也是准噶尔部对外贸易不可或缺的商品，葡萄、硇砂、羚羊角等在贸易中也占有一定地位。1744 年，额连胡里商队到肃州贸易，携葡萄 29260 斤、硇砂 12230 斤、羚羊角 4388 只。乾隆年间，葡萄 1 斤价钱为白银一两五钱，硇砂一斤价一两二钱，羚羊角 1 支值一钱，[①] 仅以葡萄为例，商队可获白银 43890 两之多。不过，葡萄、硇砂的价值逐渐下降，且清廷一再限制这类物产的贸易，所以其贸易数量也越来越少。

进藏熬茶是蒙古族王公贵族表达自己对佛教虔诚信仰的重要形式，通过熬茶，布施寺院，敬拜达赖、班禅等高级活佛。根据史料记载，准噶尔部的三次进藏熬茶共携进内地牲畜达两万余，其中马 7016 匹、驼 5780 峰、牛 495 头、羊 13192 只。[②] 这些牲畜除一部分被售出作为路资外，其余都会作为贡品敬送给寺院。

二　土尔扈特部与清政府的贸易

土尔扈特部回归之后，由于生产资料的严重匮乏，很快又陷入贫困境地。起初，渥巴锡部众按照伊犁将军等的允诺，前往乌鲁木齐换取米面，另外，渥巴锡、策伯克多尔济、默门图等人的属下也各以驼只、银两、银币、毯子、毡子等与察哈尔等贸易。其中，渥巴锡部众换得牛 77 头、羊 1002 只；策伯克多尔济部众换得牛 26 头、羊 1016 只；默门图部众换得牛 50 头、羊 1410 只。这种零星的小额贸易虽然可以在一定程度上维持土尔扈特部的畜牧业发展，但是解决不了根本问题。

---

① 蔡家艺：《清代前期准噶尔与内地的贸易关系》，中国蒙古史学会：《中国蒙古史学会论文选集（1983）》，内蒙古人民出版社 1987 年版，第 272 页。

② 同上书，第 271 页。

为了缓解部众的燃眉之急，渥巴锡等人请求与清政府开展贸易，换取牛、羊等维持生计。为了稳定新归的蒙古族牧民，清政府下令由伊犁将军等协理与土尔扈特部的贸易。如乾隆三十七年（1772年），七月下旬，渥巴锡的商队和公坦属下前往伊犁请求贸易。渥巴锡属下换过骟马80匹、乳牛66头、羊14606只；公坦属下换过骟马6匹、羊662只。九月中旬，渥巴锡、巴木巴尔等部商队前来伊犁贸易，清政府共换给儿骟马15匹，乳牛163头，羊、山羊7723只。共换得驼271只、银一百一十六两二钱五分、银币141个。① 类似的贸易还有很多，土尔扈特部通过与清政府的不定期贸易，逐渐恢复了畜牧业生产，牧民的生活水平开始稳步提高。

乾隆三十八年（1773年）后，土尔扈特部与清政府在乌鲁木齐、伊犁、塔尔巴哈台等地的贸易停止。代之而起的是土尔扈特各游牧区域间，以及与附近城镇之间的、以交换日常生活资料和互通有无为目的的零星贸易，② 即与维吾尔族、哈萨克族、回族等周围民族的小额贸易。

三　和硕特部与周围民族的经贸往来

清初，蒙汉交界地带的互市并未废止。河西地区除甘州洪水堡外，又增设西宁镇海堡和北川口互市二处。③ 这三处均为青海和硕特蒙古族各部互市市场。雍正初年平定青海罗卜藏丹津叛乱之后，重新确定将河州双城堡和西宁以西的日月山地方作为青海和硕特蒙古

---

① 林永匡、王熹：《清代西北民族贸易史》，中央民族学院出版社1991年版，第489—490页。

② 同上书，第497页。

③ 《清世宗实录》卷122，顺治十五年十二月乙丑。

族与内地互市的地点，① 这其中尤以丹噶尔城为著。

丹噶尔城位于今青海省内日月山东侧，湟源县境内，素有"海藏咽喉"之称。雍正初年，辟此处为青海和硕特蒙古族与内地商民的互市市场，雍正五年（1727 年），于此筑城。延至清中叶，这里已成为"汉、土、回民并远近番人暨蒙古往来交易之所"，商业贸易的发展使丹噶尔的人口、城镇规模迅速扩大。到嘉庆、道光时期，丹噶尔民族贸易已至极盛，"商贾云集，事务繁杂"，清政府遂于道光九年（1829 年）于此派设同知"为理商也"。② 随着行政建制的不断完善，丹噶尔城日益成为青海和硕特蒙古族与其他民族交易的重要地点。

四　民族间经济往来取得了共赢的效果

新疆、青海的蒙古族通过与周围民族的通商往来，不仅促进了自身的发展，对周边民族的经济进步也起到了推动作用。

贸易的发展不仅是周围各民族对蒙古族的支援，同时也是蒙古族对周围各民族的支援。蒙古族限于传统的、单一的游牧经济，在日常生产生活中亟须与其他民族，尤其是与汉族进行交换，取得茶叶、粮食、布匹、铁器等。同时，汉族等也需要蒙古族较为低廉的牛、羊、马等牲畜，这些牲畜不仅充当内地汉人发展农业生产的役畜，还可为其提供大量较为便宜的皮毛以供御冬。

频繁的贸易往来使蒙古族与其他民族有了更多相互接触的机会，对于促进民族感情的接近提供了有利条件。贸易之前，蒙古族与周

---

① 《清世宗实录》卷 31，雍正三年夏四月己卯。

② 杜常顺：《明清时期黄河上游地区的民族贸易市场》，《民族研究》1998 年第 3 期，第 71 页。

边民族接触甚少，仅限于少量的、偶尔的经济往来。贸易之后，新疆的准噶尔部、土尔扈特部蒙古族与内地汉人、新疆维吾尔人以及哈萨克人、青藏高原的藏民等都有了很深的接触，青海和硕特蒙古族也与周边的汉、回、藏、土等民族交往日深，民族间彼此了解程度不断提高，这也为统一的中华民族的形成奠定了经济基础。

第四节　蒙古族对俄贸易

17 世纪初，随着沙俄殖民势力向东扩张，俄国商人与蒙古族开始有了商业接触。[①] 蒙俄贸易始于漠西蒙古，后贸易范围由北向南、由西向东循序推进、扩大。早期的蒙俄贸易以易货贸易为主，贸易规模较小，主要是使团、商队贸易，后期随着贸易规模的扩大，出现了真正意义上的商品经济形式。在《尼布楚条约》和《恰克图条约》签订之后，大量的俄国商人深入蒙古族腹地，汉族商人也趁势北上，贸易对象因此从以蒙俄为主转向以汉俄为主，蒙古族在中俄贸易中的地位逐渐被汉族商人所取代。

一　早期蒙俄贸易以易货贸易为主

蒙古族和俄国的早期贸易，比较频繁的是俄国与卫拉特蒙古各部的贸易活动，双方都派出了大大小小的贸易使团。仅 1635—1653 年，双方互派使团至少达 17 次，在准噶尔部称雄天山北路时期，双方仍保持着正常的贸易关系。蒙俄使团贸易初期，双方通过使团互

---

① 阿岩、乌恩：《蒙古族经济发展史》，远方出版社 1999 年版，第 249 页。

赠"礼品"，换货贸易，另外商队也在对方辖地购销贸易。俄国使团向蒙古诸汗和台吉赠送呢料、红皮革、棉布、纸张、锡器和鞍具等礼物，蒙古方面也派人回赠紫貂皮、中国丝绸、马匹、茶叶等物。[①]使节交换礼品后，商队开始在对方城堡或庭帐中做贸易。

　　使团贸易之外，集市贸易也是蒙俄早期贸易中一种非常常见的形式。例如，准噶尔北部地区的亚梅什湖是民间集市贸易的中心。在17世纪末，这里每年都要举行历时2—3周以上的大规模集市。卫拉特各部众、布哈拉人、鞑靼人、俄国商人从各地汇集而来，进行交易。其中，卫拉特人是从肃州和西宁等内地集市贸易购置商品来这里进行贸易。[②] 同时，民间贸易、边境贸易也在蒙俄贸易早期开始普遍出现，但交易额普遍较小，交易物品多以动物皮毛等为主。

　　蒙古族王公贵族不仅自营贸易，还开展相应的贸易服务。厄鲁特蒙古族各旗不仅拥有商队，定期赴内地马市交易并贩运大量货物到边境市场上与俄国商人做生意，同时，他们还充当中、俄两国商人跨境贸易和中介贸易的联络人，为两方商人提供粮食、运输货物的驼畜，并派遣蒙古族武装护送过境人员和货物。当然，蒙古族王公贵族提供的这些服务都是有偿的，这项数目可观的经济收益，是中俄建立边境贸易关系后，蒙古族王公贵族重要的收入来源。[③] 本是重义轻利的民族，开始注重经济收益的增长，由此可见，商品经济的理念开始在蒙古族经济中逐渐确立。

---

　　① 　乌云毕力格、成崇德、张永江：《蒙古民族通史》（第4卷），内蒙古大学出版社2002年版，第318—319页。

　　② 　同上书，第319页。

　　③ 　卢明辉：《清代蒙古史》，天津古籍出版社1990年版，第155页。

二 蒙俄贸易重点的转移

17 世纪 80 年代以后，俄国殖民势力东侵，对黑龙江上游地区的蒙古族牧民进行不择手段的搜刮掠夺，不仅杀害大量的蒙古族牧民，还肆意毁坏帐房、抢走牲畜、人丁等，更为严重的是，俄国殖民势力不断蚕食喀尔喀的领土。俄国的这一举动引起了以土谢图汗为首的喀尔喀部众的不满，由此引起了边境的不安。为了稳定边疆，安抚蒙古族，清政府下令停止蒙俄边境贸易。1689 年，中俄两国政府代表在尼布楚签订《尼布楚条约》，结束了两国长时间的边界纠纷，也确立了初步的贸易关系。此后，蒙俄贸易的重点逐步向喀尔喀蒙古与东西伯利业沿边地区转移。

康熙五十九年（1720 年），经理藩院议准，清政府在库伦设立中俄贸易市场，允许喀尔喀蒙古族各旗与俄国商人进行直接的商品交易。① 库伦由此成为蒙俄贸易的重要节点。不仅俄国的国家商队前往库伦与蒙古族开展贸易，私人商队也积极利用这一有利条件，大发横财，他们的贸易额甚至超过国家商队数倍。除此之外，许多俄国商人不顾政府禁令，私自深入喀尔喀腹地，与蒙古族、汉族商人交易贵重皮毛、烟草和大黄。蒙古族王公贵族凭借蒙俄贸易中占据优势的条件，取得了蒙古族商人在边境城市自由经商的权利。

蒙俄贸易重点再次转移。库伦贸易终因俄方守边官员的恣意妄为而废止。雍正五年（1727 年），中俄两国政府签订《恰克图条约》，划定了中俄在西伯利亚地区的边境线，并规定："按照所议，准其两国通商，现已通商，其人数仍照原定不得超过二百人，每三

---

① 乌云毕力格、成崇德、张永江：《蒙古民族通史》（第 4 卷），内蒙古大学出版社 2002 年版，第 320—321 页。

年进京一次；除两国通商外，有因在两国交界处所零星贸易者，在色楞额之恰克图、尼布楚之本地方，择好地建盖房屋，情愿前往贸易者，准其贸易，周围墙垣栅子酌量建造，亦毋庸取税"等。①《恰克图条约》的签订重新规定了中俄贸易，蒙俄贸易进入新的发展阶段。之后，中俄两国商人蜂拥而至，在恰克图等地建造永久性商店，从事贸易活动，"买卖城——恰克图贸易"盛极一时。然而，恰克图贸易几乎变成了内地汉商与俄国商人的交易，蒙俄贸易由此开始萎缩。恰克图"对俄贸易最盛时，约居十分之七八，对蒙贸易居十之三四"。②后随着清王朝与俄国签订了一系列不平等条约，俄国商人可从其他地方获得货物或者自行到中国内地采购，恰克图贸易每况愈下，成交量大不如前。

三　蒙俄贸易的影响

蒙俄贸易持续数百年，对蒙古族和俄国的经济发展都产生了深远的影响。

对俄国的影响。17世纪中期，俄国在西伯利亚的版图急剧扩张，随之而来的并入当地土著民族和开发西伯利亚的移民也逐渐增多。他们对商品的需求量更加扩大。虽然俄国不断从欧洲俄国本土运送大量的商品前往西伯利亚，但由于路途遥远、自然环境恶劣以及运输条件简陋等因素，商品供应远远不能满足需求。通过进一步发展蒙俄边境贸易，输出西伯利亚盛产的动物皮毛等土特产品，换取中国内地生产的价格低廉的棉织品、茶叶、手工艺品等，是当时解决西伯利亚商品匮乏的唯一出路。蒙俄贸易的开展，在很大程度上有

---

① 《恰克图条约》（节选自《中国通史》第十卷）。
② 王金绂：《现代外蒙之概观》，商务印书馆1935年版，第173页。

利于巩固沙皇政府"新获得的"西伯利亚领土，并为后期沙俄对中国的侵略埋下了伏笔。

对蒙古族的影响。首先，蒙俄贸易的开展，大大加强了蒙古族与内地和俄国的经济交流，对于打开蒙古族的封闭隔绝局面，促进蒙古族社会生产力和商品经济的发展都有极其重要的意义。在长期粗放的游牧经济条件下，蒙古族养成了重义轻利、耻于经商的观念，对商品经济和市场竞争一无所知，剩余产品在满足日常生活之外，别无用处，只得浪费，因此在蒙古族地区有"六月驼毛飘满地，浑疑春尽落杨花"的说法。随着边境贸易商品交换关系的发展，蒙古族牧民逐渐意识到这些物品的价值，开始懂得"变废为宝"。此外，蒙古族牧民不善于经商，但随着与内地、俄国商人的交往，看清了经商的门路，一些蒙古族王公贵族组建商队、驼队，不仅自己经营贸易，还为汉、俄商人提供贸易服务，赚取佣金。如果没有蒙俄贸易，蒙古族商业意识的转变必定会推后。其次，蒙古族传统的游牧业具有技术含量低、抗风险能力弱等特点，夏秋季节，牧民将牲畜赶往牧场，任由采食；冬春季节，遇到恶劣自然灾害，由于缺乏足够的草料，往往会出现大量牲畜倒毙的情况。随着蒙俄贸易的开展，蒙古族牧民从俄国哥萨克人那里学会了割草技术，逐渐改变了靠天牧畜的落后模式，对牲畜的过冬过春和接羔保畜技术都有极大的推动作用。最后，蒙俄贸易的开展促进了一批城镇的兴建，如库伦、恰克图、张家口、归化城等，在很大程度上都源于贸易的发展。城镇的兴建，是蒙古族经济发展的显著标志，为后来蒙古族商品经济的扩展奠定了坚实的基础。

第 五 篇
晚清至民国蒙古族经济史

李 静

第二十一章
帝国主义列强对蒙古族的
经济侵略与满蒙"新政"

　　1840 年（道光二十年），鸦片战争的爆发标志着晚清时代的到来，中国随之进入半殖民地半官僚社会。鸦片战争爆发后，蒙古族的经济社会关系变得更为复杂，阿拉特阶级所承受的剥削和压迫也愈加深重。

　　英、法、美等帝国主义列强通过鸦片战争打开了中国大门，针对蒙古族签订了《天津条约》《北京条约》等一系列不平等条约，攫取巨额经济利益。腐朽没落的清政府对外一再忍让，令帝国主义列强有恃无恐，沙俄效仿英美，将魔爪伸向中国。对中国蒙古地区早已"垂涎三尺"的沙俄侵略者也加快了侵略步伐，对中国蒙古族的侵略初以沙俄为烈，后以日本为剧。面对巨额的条约赔款，软弱无能的清政府力图通过"变法"改变现状，1901 年的"新政"中，在蒙古族表现得为明显和全面的当属"移民实边"政策，该政策的实施使蒙古族民众承受的剥削程度更加深重。

　　如图 21 - 1 所示，晚清时期的蒙古族社会存在四大阶层，以沙俄、英、法、美和日本为代表的帝国主义侵略者、清政府官僚统治者、蒙古王公贵族和蒙古阿拉特阶层。四大阶层的排列如同金字塔，帝国主义列强处于金字塔的顶端，侵略势力通过战争和不平等条约

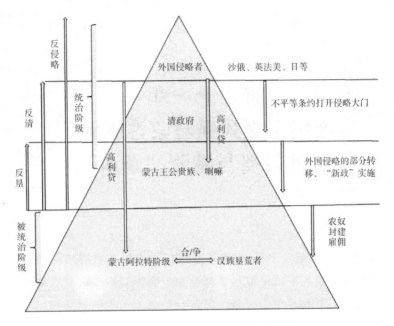

图 21 - 1　晚清蒙古族各阶级关系概览

的签订向清政府掠夺土地和赔款，为偿还赔款、解决财政危机，清政府将目光聚焦到了蒙古地区，企图通过施压蒙古王公贵族，开垦蒙荒充盈国库。为维护统治特权、满足对物质生活的贪欲，蒙古王公贵族只能加重对蒙古族民众的剥削。当然，四大阶层由上而下的剥削并不只是一对一的直接剥削，而是金字塔上层直接或间接地剥削其下的任意一个阶层，所有的剥削最终都由阿拉特阶层承担。可见，外国侵略者、清政府和蒙古王公贵族、喇嘛等均为剥削阶级，蒙古阿拉特阶层为被剥削阶级，剥削阶级通过不同形式的剥削获得最底层劳动者的剩余产品和剩余价值。剥削阶级为矛盾的主要方面，但其内部利益也并非为完全一致。

帝国主义列强凭借与清政府签订的不平等条约攫取了多项特权，将其侵略势力伸入蒙古族，掠夺原材料、倾销商品、输出资本、占据牧场土地、采掘工矿、培植买办阶级以及压制内地旅蒙商的发展，导致蒙古族和蒙古地区的商品经济呈现畸形繁荣，同时也损坏了蒙古族畜牧业的发展。帝国主义侵略势力对阿拉特的剥削除商品赊销形式的高利贷外，多为隐蔽式的间接剥削，如通过对清政府的赔款要求和对蒙古王公贵族等统治阶层的高利贷发放与回收，间接地将剥削的压力转移至阿拉特阶层。清政府为偿还赔款，加紧对蒙古族的剥削，除利用蒙古王公贵族"加官晋爵"的欲望，通过征收牛、羊、马、骆驼等生活、生产、军用资料外，还实施了多项"新政"，大肆开垦蒙地。以汉民为主的移民大量涌入，分占了蒙古族的土地，使蒙古族阿拉特生活愈加潦倒。阿拉特阶层处于金字塔的最底层，不仅要从事农牧业的生产劳动，而且承担着各种徭役赋税，还要帮蒙古王公贵族及喇嘛等统治阶层偿还高利贷，生活之悲苦难以想象。

面对繁重且无休止的经济和人身压迫，阿拉特阶层展开了多次反抗。如与沙俄、英、美等侵略势力的争夺领土斗争和反洋教斗争；针对清政府强征暴敛的反抽丁斗争；针对满清"新政"和"移民实边"政策的反清、反垦斗争以及针对蒙古封建王公提高地租爆发的聚众抗租斗争等。

第一节 沙俄等帝国主义列强对蒙古族的经济侵略

一 沙俄对中国蒙古族的经济入侵

沙俄对中国蒙古地区的觊觎之心由来已久。早在 1689 年清政府就与沙俄签订了第一个边界条约——《尼布楚条约》。1727 年 9 月 1 日《中俄布连斯齐条约》的签订具体规定了划分两国中段边界的相关原则。同年 11 月签订的《中俄恰克图条约》对边界、商务、逃人、宗教、外交等方面的内容进行了规定，并重申"准其两国通商"，促进了两国边境贸易的发展。但实质上条约是不平等的，沙俄通过条约获得了从北京到恰克图进行自由贸易的权力。通过上述条约的签订，沙俄侵占了中国蒙古地区的大片领土并有愈加扩张之势。沙俄吞并中国蒙古的愿望"激励"着沙俄在鸦片战争后对中国蒙古族展开全方位的侵略。

鸦片战争后，英、法、美等帝国主义列强在中国的鸦片贸易更加猖獗，贸易范围由南部沿海扩展到北方内陆，蒙古族聚居的内蒙古地区也难免于难。英、法等帝国主义侵略者由天津、大连等地海关走私鸦片和商品，输入到张家口，在内蒙古地区销售①，但对蒙古地区鸦片走私最为严重的则属沙俄。沙俄趁鸦片战争后清政府对中俄陆路通商贸易的放松，将鸦片混在其他货物中，从恰克图运至内蒙古地区进行销售。

沙俄还将鸦片运至了其他蒙古地区，如青海、新疆厄鲁特、甘肃等蒙古族聚居区进行销售。其主要途径是与英国侵略者合作，经克什米尔、印度、浩罕等地进入中国新疆伊犁准噶尔蒙古族聚居区销售。据《清宣宗实录》记载，1839 年，清政府在新疆的官吏查获外国商人在新疆地区走私贩运鸦片 97979 两；1841 年，在南疆地区查出英、俄商人参与浩罕走私鸦片 4800 两。② 马克思也曾证实了"沙俄通过陆路贸易，对中国输出鸦片"③ 的历史事实。

沙俄在中国蒙古地区进行鸦片贸易的主要突破口是蒙古王公贵

---

① 卢明辉：《清代蒙古史》，天津古籍出版社 1990 年版，第 188 页。

② 《清宣宗实录》卷 321，光绪二十四年十二月上，中华书局 1987 年影印本。

③ 《马克思恩格斯选集》（第 2 卷），人民出版社 1995 年版，第 9—11 页。

族，自上而下传染散播。沙俄等列强对蒙古族开展的鸦片贸易不仅从中盘剥了蒙古族的大量钱财，而且使吸食鸦片成为蒙古族的一种习惯，极大地损害了蒙古族人的身体健康。随着蒙古地区鸦片贸易的迅速扩大，内蒙古的大片良田开始改种鸦片。据记载，卓索图盟喀喇沁每年烟土产量在百万两以上，价值白银三十四五万两。① 鸦片的种植为沙俄等列强在蒙古地区的鸦片贸易提供了原料来源，缩减了其购进和运输成本，不仅使其获利剧增，同时也使其更易控制蒙古族及蒙古族聚居区。

沙俄通过鸦片贸易开始了对蒙古族的经济侵略，获取高额利润。尽管如此，沙俄在蒙古族的侵略特权并没有得到"光明正大"的规定和开拓。第二次鸦片战争后，趁清政府应付英法等侵略者之际，虚伪的沙俄侵略者以"调停者"的身份出现并趁火打劫，通过与清政府签订多个不平等条约，贪婪地在蒙古族聚居区攫取多项经济特权。

1858 年 6 月 30 日，中俄签订《天津条约》，除获得了与英法列强在华同等的经济特权外，条约还规定："俄国与中国来往行文及京城驻居俄国人之事宜，京城、恰克图二处，遇有来往公文，均由台站迅速行走。以半月为限，不得延迟耽误。"另外，还规定："运送应用物件，每届三个月一次，一年间分为四次，照指明地方投递，勿致舛错。"通过条约内容可知，沙俄以共同管理从恰克图到北京的邮递公文为名，控制了由恰克图至北京这条通信和交通线路，管理监督沿途蒙古地区的多个驿站，打通了一条侵略蒙古族的合法线路，方便了其对蒙古族的政治、经济、军事掠夺。

1860 年 11 月 14 日，趁英法侵略者再次向中国发动军事进攻之机，沙俄又故技重演，以"调停"为名，逼迫清政府签订了中俄

---

① 姚锡光：《筹蒙刍议》卷上《东部内蒙古情形》。

《北京条约》。其中，《北京条约》的第四至第八条规定了沙俄在中国蒙古地区的经济特权。其主要规定有："在两国交界之处，准许两国所属之人随便交易，并不纳税"。此项规定看似平等，实则是帮助沙俄商人逃避大量关税。因为沙俄主要进口掠夺蒙古地区的皮毛、矿产、木材等原材料，出口甚少；"俄国商人，除在恰克图贸易外，其由恰克图照旧到京，经过库伦、张家口地方，如有零星货物，亦准行销"，"俄罗斯国商人及中国商人至通商之处，准其随便买卖，该处官员不必拦阻"。此项规定表明俄国商人在蒙古地区的自由贸易权利得到"官方"的正式肯定；"中国给予可盖房屋、建造堆房、圣堂等地，以便俄罗斯国商人居住，并给予设立坟茔之地，并照伊犁、塔尔巴哈台，给予空旷之地一块，以便牧放牲畜"。伊犁、塔尔巴哈台是新疆厄鲁特蒙古族的聚居重镇，允许俄国人在此居住生息等于在厄鲁特蒙古族埋下了一颗危险的种子；"俄罗斯国可以在通商之处设立领事馆"，领事馆的设立使沙俄攫取了领事裁判权，并使其各种罪行得到了"法律"的庇护。

中俄《北京条约》的签订不仅没有满足沙俄对中国蒙古族的侵略欲望，反而使其变本加厉，逼迫清政府在1862年签订了《中俄陆路通商章程》，1869年4月签订了《改订陆路通商章程》。这两项章程规定："两国边境贸易百里之内，均不纳税"；小俄商在蒙古各地进行贸易亦不纳税，中方亦不阻拦；俄商在张家口销售货物"十分之二"的规定被取消，俄商可任销货物。这些规定使中国内外蒙古和新疆厄鲁特蒙古族聚居区成为沙俄独占的无税贸易区，为其大肆进行经济掠夺打开了大门。1881年，中俄签订的《陆路通商改订章程》将沙俄在上述两个章程中所取得的经济特权扩展至"天山南北"的厄鲁特蒙古族聚居区。同年，《中俄伊犁条约》准许俄商在伊犁、塔尔巴哈台、喀什噶尔等地进行贸易均不纳税；开放中俄边境新疆至外蒙古的35个卡伦，准许俄商自由出入。

通过上述多项不平等条约，沙俄在中国蒙古族聚居区的贸易活动攫取了大量的经济利益，也为后来外蒙古的独立埋下了隐患。据统计，1861 年沙俄对我国外蒙古的贸易总额不到 22 万卢布；1900年则增至 1700 万卢布，贸易额增加了近 80 倍。19 世纪 80 年代后半期，乌里雅苏台市场上的棉织品有 3/4 是俄国制品。伴随经商而来的所谓"探险队""考察队""旅行团"接连不断，他们实际是沙俄派到蒙古地区进行测量地形、绘制地图、搜集情报，从事政治、军事阴谋活动的。①

二 英法美等帝国主义列强势力侵入蒙古

鸦片战争后，英、法、美、德等西方列强首先打开侵略中国的大门，但由于蒙古地区位居中国西北内陆，且列强的侵略行为是逐渐进行的，因此，直到 19 世纪 90 年代中后期，英、法、美、德等西方资本主义势力才相继侵入中国蒙古族聚居区。对中国蒙古族聚居区的经济掠夺活动也由漠南向漠北和新疆、青海等厄鲁特蒙古族聚居区延伸。

《天津条约》和《北京条约》的签订，天津口岸的开放，则为西方列强侵略中国蒙古族打开了方便之门。西方列强通过不平等条约获得了贩运、销售货物免税特权和输入、输出各种货物与原料只需缴纳 2.5% 的子口税的特权。这些特权极大地便利西方列强在蒙古族聚居区掠夺原材料和倾销商品，从中获取高额利润。另外，鸦片战争以前，蒙古族商人和汉族旅蒙商是蒙古族聚居区贸易活动的主要参与者，但随着商品经济的逐步引入，当地蒙古族商人因经营产

---

① 蒙古族简史编写组：《蒙古族简史》，内蒙古人民出版社 1977 年版，第84 页。

品结构单一遇到发展屏障，汉族旅蒙商因各种赋税征收使得商品价格高涨，而此时，西方列强则以较低的价格在蒙古族聚居区倾销商品，极大地排挤了蒙古族商人和汉族旅蒙商。无力竞争的蒙汉商号被迫停业关闭，其中一部分转化为服务于外国资本的洋行、买办，代理西方列强压榨盘剥蒙古族民众。

另外，西方列强还通过不平等条约获得了在中国各地自由传教的权力，蒙古族聚居区不幸地成为洋教重点"轰炸"的对象。披着传道外衣的洋教成为西方列强侵略蒙古地区的先遣队，它们将蒙古族聚居区规定为"蒙古教区"，并将其划分为东、中、西三个教区分别管理，勾结官府、豪绅、地痞流氓等势力对蒙汉民众进行传教活动，而传教的最重要手段则是买、租、借、占蒙民的大量土地和草场，手段之卑劣，剥削之深重无以复加。

帝国主义列强虽然在侵略搜刮蒙古族聚居区甚至将其变为殖民地的意图是一致的，但在如何瓜分蒙古族资源，争夺蒙古族市场上各帝国主义列强之间也存在着矛盾。为此，各帝国主义列强通过扶植各自的洋行和买办争相在蒙古地区占领"据点"，划分各自的资本势力范围。如沙俄利用其陆路贸易的便利优势，牢固地控制着漠北喀尔喀蒙古和新疆伊犁、塔尔巴哈台、乌鲁木齐等厄鲁特蒙古的贸易市场；英、美帝国主义占据了由张家口、多伦厄尔扩展至归化城、包头等城市的漠南蒙古中西部地区的贸易市场；法国资本势力主要占据归化城以西的蒙古市场；德国的资本势力则以营口为起点，逐渐深入向漠南东南部的卓索图盟、昭乌达盟的城镇市场。在内蒙古东部的通辽、郑家屯、海拉尔、满洲里等地城镇贸易市场，先为俄资本势力所控制，其后，日本帝国主义势力伸进东北地区后，便成为日、俄资本势力角逐争夺的主要场所。[①]

---

① 卢明辉：《清代蒙古史》，天津古籍出版社 1990 年版，第 198 页。

三　沙俄与日本对蒙古族的侵略活动

1894 年，甲午中日战争爆发，战败的清政府被迫与日本侵略者签订了丧权辱国的《马关条约》，将辽东半岛割让给日本。辽东半岛是侵占蒙古地区的桥头堡，侵占辽东半岛意味着日本帝国主义也挤入了侵略中国蒙古地区的帝国主义列强阵营。

日本侵占中国东北和蒙古族聚居区的野心使有着同样侵略野心的沙俄非常不满，为此，沙俄便勾结德、法侵略者，意图获取并控制日本所侵占的辽东半岛。1895—1896 年，沙俄联合法国资本开设的华俄道胜银行，成为对抗日本侵略蒙古地区的最大利器。通过华俄道胜银行，沙俄获得了在蒙古地区修筑铁路、开采矿藏、开设工厂、代收税款等一系列特权，引起了日本及其他侵略者的不满。

1900 年，沙俄作为八国联军的一分子，在镇压义和团运动的过程中不仅积极侵占北京，而且还趁机单独派出部队占领了中国东北三省、内蒙古和新疆地区。同怀野心的日本不甘将中国东北三省和蒙古地区这块"肥肉"让与沙俄，于是在 1904 年 1 月，瓜分中国领土的日俄战争在中国东北地区爆发，最终以沙俄失败而告终，二者在美国朴茨茅斯签订了《朴茨茅斯合约》，划分了各自在中国东北和蒙古地区的势力范围。

日俄战争后，双方的矛盾并没有得到彻底解决，但为了保住各自的既得利益，以免英美等帝国主义列强趁机插手它们的势力范围，沙俄和日本勾结起来，在 1907 年签订了"日俄协定"并附《日俄密约》，规定内蒙古东部为日本势力范围，而内蒙古北部和外蒙古地区为沙俄的势力范围。在其各自的范围内，沙俄和日本帝国主义不仅大肆地进行土地开垦、矿藏开采、畜牧经营、运输、森林、盐务等经济掠夺活动，而且设立各种专门机构，派遣大批间谍深入蒙古族聚居区搜集各种情报资料，拉拢蒙古王公、贵族、喇嘛等贵族阶层，教唆其进行分裂活动，为伪满政权的建立和外蒙古的独立打下基础。

第二节　帝国主义列强对蒙古族经济掠夺的多种方式

俄、日、英、法、美等帝国主义列强通过各种不平等条约在中国蒙古族聚居区划分了各自的势力范围，对蒙古族农牧民进行多种方式的经济搜刮。如低价收购原材料、倾销工业品、培植并利用洋行、经营高利贷等。阿拉特阶层所经受的盘剥种类越来越多，程度也越来越深。

一　倾销商品与掠夺原料

19世纪后半期，资本主义各国工业生产发展迅速，周期性危机更为突出，面临着急需扩大的原料需求和商品销售市场，资源丰富的蒙古族聚居区无疑成为它们倾销商品和掠夺原料的基地。以沙俄为首的帝国主义侵略者首先在蒙古族攫取巨额利润，英、法、美、德等西方列强迅速效仿，日本虽最晚侵入，但其经济掠夺行为更为猖獗。

自17世纪中叶开始，俄国同中国蒙古族就维持着贸易关系，并打造了闻名于世的恰克图贸易中心。鸦片战争后，沙俄凭借不平等条约取消了贸易关税，使恰克图变成了自由贸易区。沙俄以恰克图为突破口同蒙古族进行大量贸易活动，交易形式既有货币交易也有实物交易，但多为实物交换，主要是俄商用茶叶换取蒙古族的畜产品、皮革皮毛以及金属制品等。据俄国税关调查，俄中恰克图贸易输出入平均额的情况是：1840—1849 年为 9366000 元；1850—1859 年为 10357000 元，而到 1863 年即达 8069000 元。① 双方贸易增长速度之快可见一斑。

第二次鸦片战争后，凭借在中国蒙古地区多年来的贸易掠夺经验和新获取的贸易特权，沙俄基本上控制了南起张家口，北抵恰克图，东自呼伦贝尔，西迄伊犁等，整个蒙古地区物产集散的城镇贸易市场上的牲畜、皮毛、野兽裘皮和土特产等原料。② 沙俄不仅进一步扩大了其在蒙古族的贸易范围，而且对蒙古族的原料掠夺更加疯狂，俄蒙贸易额迅速攀升。

表 21 - 1　　　　　　　　　　俄蒙贸易输出入统计③

单位：百万卢布

年度	俄蒙贸易总额	俄对蒙输出额	由蒙输入额	顺逆差
1906	9.1	4.55	4.55	—
1907	9.5	4.5	5	- 0.5
1908	9.4	3.7	5.7	- 2
1909	10.5	2.5	8	- 5.5
1911	11.7	1.4	10.3	- 8.9
1913	11.1	2.7	8.4	- 5.7

资料来源：根据潘公昭《今日的外蒙》第 114 页编制。

从表面数据来看，蒙对俄贸易始终维持顺差，俄国大量白银流

①　日本参谋部编：《新译蒙古地志》，第 97 页。

②　卢明辉：《清代蒙古史》，天津古籍出版社 1990 年版，第 194 页。

③　内蒙古社会科学院历史研究所：《蒙古族通史》（下册），民族出版社 2002 年修订版，第 842 页。

入中国，受利者应为蒙方，而实际上沙俄的掠夺本质被掩盖了。沙俄通过在蒙铸造、发行货币的权利，大量发售卢布，不仅用纸币兑换中国白银，而且还用来收购蒙古族聚居区畜产品等各种原材料，无须动用分两白银即可将蒙古族白银掠取一空，使蒙古族农牧民在公平交易的幌子下遭受经济掠夺。

沙俄对蒙古聚居区的商品倾销主要表现为对该地区茶叶贸易的垄断，利用砖茶贸易对蒙古族进行残酷的经济掠夺。砖茶对蒙古族来说是生活必需品，鸦片战争前，蒙古族的砖茶贸易主要由内地旅蒙商进行，鸦片战争后，情形开始发生变化。沙俄在中国湖南、湖北等地设立砖茶采制厂，利用蒸汽机等先进设备加工砖茶，产量高，成本低，并利用不平等条约获得了免纳子口税的经济特权，以出口俄国的名义，经汉口至杀虎口、归化城、乌里雅苏台运输至外蒙古和厄鲁特蒙古地区进行抛售，排挤旅蒙商，牟取暴利。1866 年，沙俄逼迫清政府取消茶叶复进口税，导致沙俄在中国蒙古族茶叶净销量剧增。如 1866 年，俄商运往恰克图复倒贩进口的砖茶为 2399291 磅，1867 年猛增至 8679501 磅。[①] 由此可见，俄商已经获得了蒙古地区砖茶贸易的绝对垄断权。

沙俄在蒙古地区的侵略为英、法、美等西方资本主义国家和后来居上的日本做了表率。英、法、美、德、日等西方列强也凭借各自在蒙古族获得的经济特权开始对蒙古族进行疯狂的经济掠夺。不仅掠夺牲畜、毛皮、药材等工业原料，而且大量倾销布匹、洋烟、砂糖等工业产品。以天津港输出蒙古族原材料为例加以简单说明。1879 年，由天津港出口的驼毛近万担，十年后，已达到 2.5 万担；1875 年，天津港输出的蒙古族羊毛仅 41 担，1882 年增至 2300 担，

---

① 姚贤镐：《中国近代对外贸易史资料（1840—1895）》，中华书局 1962 年版，第 1301 页。

1885 年增至 2 万担，1894 年竟然已增至 20 余万担，增长速度之快令人目不暇接。可见，天津港的开放为西方列强打开了一道侵略蒙古族的方便之门，然而，由天津港输出的蒙古族物资只是一小部分而已。

二　利用洋行进行资本输出

为了便于更广泛、更方便地掠夺蒙古族原料和向蒙古族倾销商品，外国侵略者从侵略之初就向蒙古族输出资本。其输出资本的方式有多种，其中扶植买办阶级和开设洋行是较为重要的两种方式。帝国主义列强通过开设洋行不仅便于商品倾销和原料掠夺，而且还能进行大规模的资本输出，是列强最得力的剥削工具。

蒙古族的第一家洋行位于库伦，由俄商于 1860 年开办。1868 年，科布多也出现了两家俄国洋行。而随着俄商的逐年增多，到 1903 年，俄商在库伦及其他蒙古族聚居区的洋行已增至 15 家，使得库伦成为当时俄国在蒙古族的资本活动中心。据统计，规模较大的俄国洋行每年的平均贸易额可达到 50 万卢布，中等规模的洋行年平均贸易额也可达 20 万—30 万卢布。俄商还在蒙古族聚居区设立贸易站、代销站以及流动商业点，完全控制了蒙古族聚居区北部的贸易市场。

开设于 1896 年的华俄道胜银行是沙俄对蒙古族进行资本输出、原料掠夺、高利贷盘剥等一系列经济侵略活动的典型代表。作为一个"政治金融的混合机构"，沙俄意图通过华俄道胜银行来控制蒙古族的经济，在库伦、乌里雅苏台、满洲里、海拉尔等地城镇设立分行①，并在这些地区擅自发行总额达 4500 万卢布的金、银卢布和银两值三种纸钞，在蒙古地区市场上流通，掠取了大量的原材料，使蒙古族白银迅速外流。通过滥发纸币尝到甜头的沙俄帝又多次以华俄道胜银行的名义发行 2 亿多军用卢布纸钞，在库伦、乌里雅苏台、科布多、满洲里、海拉尔等地市场上泛滥，在资本输出的同时，挤兑了中国货币，控制了蒙古地区的金融。

不仅如此，沙俄还通过华俄道胜银行攫取了在蒙古族聚居区修筑铁路、开采矿藏、开设工厂以及代收税款等多项权利。如沙俄利用华俄道胜银行攫取了建筑中东铁路特权后便任意圈占铁路两旁六十华里以内的大片森林、矿山、农田和牧场。1902 年中东铁路修竣后，仅呼伦贝尔地区被沙俄抢占夺去的牧场、农田就达四十一万九千一百余亩，并占去火燎沟、叉林河、皮洛沟和乌图木克特河一带的大林场多处，被侵占的森林面积达两千余平方华里②。另外，沙俄还以修铁路耗煤为由霸占了呼伦贝尔扎赉诺尔、奇乾河等大煤田和多处金矿。

看到沙俄在蒙古地区通过开设洋行大肆掠夺资源，攫取巨额利益，英、美、法、德、日等帝国主义列强也相继效仿，先后在绥远、包头、多伦、赤峰、海拉尔、满洲里以及新疆、青海等地的蒙古族聚居区开设洋行。英商有怡和、太古、仁记等洋行及亚细亚公司，主要经销煤油、洋烛、砂糖等工业品，收购畜产和其他土特产品；美商有美孚洋行、英美烟草公司等，以经营烟草和煤油为大宗，收购皮毛、药材等；法商有华顺、立兴等洋行，其贸易活动范围在归

① ［蒙古］锡林迪布：《十九二十世纪之交的外蒙古》，乌兰巴托出版社 1963 年版，第 36 页。

② 卢明辉：《清代蒙古史》，天津古籍出版社 1990 年版，第 206 页。

绥以西等地区，收购皮毛为主；德商有礼和、瑞记、捷昌等洋行。[①]
日本在蒙古地区设立洋行较晚，但有后来居上之势。1899年，日本
先后在蒙古地区开设了正金银行、正隆银行和东亚兴业会社，并通
过这些洋行与其他帝国主义列强争夺对修筑铁路、开采矿山、修建
工厂等投资权利和吸纳清政府的贷款等。

另外，为了满足列强对蒙古族经济掠夺的贪欲，帝国主义列强
通过其洋行勾结和利用熟悉当地商情的旅蒙商或买办商人为其收购
农牧副产品等各工业原料并推销商品。此种方式，不仅能扩大洋行
的经营活动范围，同时也加重了其对蒙古地区经济的掠夺。

三 高利贷盘剥

高利贷是帝国主义列强对蒙古族民众进行经济掠夺的一种重要
方式。帝国主义列强通过开设银行和培植买办阶级，并与旅蒙商
相勾结，共同通过高利贷手段盘剥和榨取蒙古族各阶层的钱财。
高利贷发放的对象是蒙古王公贵族和广大的阿拉特阶层。高利贷
剥削有商品赊销和货币贷款两种方式，对阿拉特阶层的高利贷主
要采取商品赊销方式，对蒙古王公贵族阶层发放高利贷多采用货
币贷款方式。但不论高利贷发放给谁，采用何种方式，最终都是
通过阿拉特阶层的劳动产品予以支付。

蒙古王公贵族借取高利贷的主要动机在于其对统治权力和物质
生活的贪欲。帝国主义列强对蒙古族进行经济侵略的同时也使其商
品市场更为丰富，对物质享受的贪欲使蒙古王公贵族对金钱的渴望
更为强烈。同时，为了偿还巨额战争赔款，清政府将财政压力的一

---

① 内蒙古社会科学院历史研究所：《蒙古族通史》（下册），民族出版社
2002年修订版，第846—847页。

部分转移至蒙古王公贵族，要求蒙古王公贵族捐输银两和马匹，捐的越多，加官晋爵就越高，蒙古王公贵族为了加官进爵甚至为了为其子弟购买官位，也开始了对货币的追逐。蒙古王公贵族获取货币的方式有两个，一是加紧对阿拉特阶层的压榨，通过各种赋税徭役等搜刮大量银两；二是通过向洋行和旅蒙商等高利贷者借取货币贷款。而这两种方式最终都由蒙古阿拉特阶层"买单"。例如，仅有千余牧民的土谢图汗部大申登得布旗，在 1898 年由该旗的蒙古王公向俄国商人和旅蒙商贷款借银十万两，而蒙古王公贵族将这笔债务统统转嫁给所属的台吉和牧民，由其代理偿还。但这笔债款是"变卖了该旗牧民和台吉的全部牲畜和财产也是偿还不了的"①。

蒙古阿拉特阶层借取高利贷多数是生活所迫。阿拉特阶层在日益繁重的赋税和租金等经济掠夺下生活愈加贫困。农牧业生产具有季节性特点，在春夏青黄不接时期，阿拉特的生活温饱难以保证。此时，外国洋行、旅蒙商和买办商人就会乘机将面粉、砖茶、烟糖等生活必需品和生产所需的必要工具赊销给牧民，约定在秋冬收获后用牲畜、皮毛、土特产以及猎物等偿还。然而，在赊销时外国央行等商人并不讲明商品价格以及偿还标准，偿还时，憨厚的蒙古族农牧民只能听任外国无良商人漫天要价，偿还价格高出商品原本价格一倍多是常事，有时甚至高出十倍甚至数十倍，此种商品赊销形式的高利贷使蒙古族民众遭受巨大的经济损失。

沙俄经营商品赊销高利贷业务是所有列强中最具代表性的。沙俄洋行并不培植和利用买办商人，而是直接深入蒙古族牧区进行商品销售。俄商一般会讲蒙语，而且多与当地蒙古王公贵族和官吏勾结，加之从不平等条约中获取的多项贸易权利，使其进出蒙古族聚

---

① ［俄］什·桑达克：《19 世纪末 20 世纪初外蒙古政治经济状况》，《蒙古经济历史考古学文集》，莫斯科东方文献出版社 1939 年版。

居进行贸易活动顺畅自如。"内地商民前往各蒙旗贸易，尚且限定地界，而俄商则任便往来，所持俄文护照，但书前往蒙古一带字样，漫无查考。"[1] 沙俄洋行凭借信用关系将布匹、面粉、烟茶等生活必需品全部赊销给牧民，到牧业旺季，再以牲畜、皮毛等产品加倍收回以作补偿。凭借此种高利贷方式不仅使俄国商行获取暴利，就连趁机进入蒙古地区的小本生意商也凭此发迹。

四　投资工矿业

投资工矿业是帝国主义列强对蒙古族进行经济侵略的又一重要方式，也使蒙古族所受经济侵略更为深重。外商通过投资初级工业和投资矿业公司来掠夺蒙古族的原材料和矿产资源，从中牟取暴利。

为了方便工业原料的掠夺与销售，外国侵略者在蒙古地区投资开办了一些原料初级加工企业，其加工的原料可在蒙古族聚居区或中国境内销售，也可运往国外，不仅降低了劳动力成本和运输成本，同时也扩大了销售范围。这些加工厂有洗毛厂、屠宰场、皮革厂、羊肠厂等。俄商在俄蒙交界处设有多家皮革厂，负责加工皮张，大部分产品就近销售，小部分运回国内；日本在南满铁路沿线设有多家洗毛厂；德国在海拉尔附近设有羊肠厂，加工和腌渍小肠以供出口；英国不列颠出口公司在海拉尔设有屠宰场，将分割好的肉进行简单处理和冷冻后运往国外。外商所开设的初级加工企业雇佣当地廉价劳动力，榨取蒙古族雇佣劳动者创造的超额利润，此种经济掠夺已经带有明显的资本主义性质。

帝国主义列强早就觊觎蒙古族丰富的矿产资源，并在鸦片战争

---

[1]　左舜生：《中国近代百年史资料初编》，中华书局 1938 年版，第 583 页。

后，有步骤、有计划地进行掠夺。1898 年，清政府允许各地华商向外国资本借贷办矿，或"华洋合股，设立公司"开办矿业，正合外商掠夺蒙古族资源矿产之意，趁机在蒙古族聚居区投资工矿业，主要涉及金、银、煤以及伐木、采盐等多种资源的开采与掠夺。其中最具代表性的为 1898 年沙俄开办的蒙古金矿公司。

华俄道胜银行是蒙古金矿公司的"股东"，柯乐德则是蒙古金矿公司的怂恿者。1898 年，华俄道胜银行出资 500 万卢布在外蒙古组织了一个银行团，该银行团的主要目的是开采中国蒙古地区矿藏。在柯乐德的指导和斡旋下收买了乌里雅苏台将军连顺，其以"蒙古地方金苗畅旺，成宜招商开采，以裕财源而尽地利"[1] 之名将开采蒙古金矿资源上报清政府，清政府在经济利益的诱惑下，准许以俄国占有 60% 的股份的"合办"形式在土谢图汗和车臣汗部设厂采金，1900 年，银行团即改组设立了"外蒙图车两盟金矿公司"，即后来的蒙古金矿公司。然而，蒙古族民众坚决反对将金矿开采权交予俄国。民众的阻拦使清政府有所退缩，但沙俄态度强硬，并扬言"华人若竟不办，则恶俄人独立承之，险阻艰难，有所不计。乃至购买机器，招募天津工人，赴库开采"[2]，怯懦的清政府再次屈服于沙俄的淫威之下，大规模的矿场资源掠夺行动就此展开。

据统计，1898 年至 1919 年 21 年间，蒙古金矿公司在外蒙古探明金矿 21 处，实际开采 15 处，开采面积已占外蒙古总面积的一半。据清政府统计，该公司在 1906—1911 年的黄金产量逐年增加，如图 21 - 2 所示。

---

① ［俄］谢缅尼科夫：《巴德玛耶夫档案》，《内蒙古近代史译丛》第一辑，内蒙古人民出版社 1982 年版，第 82 页。

② 《中俄关系资料汇编》（上册），第 116 页。

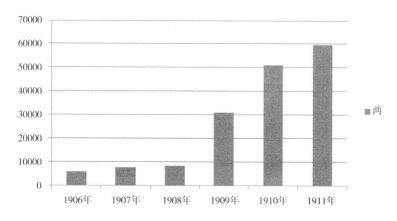

图 21 - 2 蒙古金矿公司 1906—1911 年黄金产量

资料来源：根据阿岩、乌恩《蒙古族经济发展史》，远方出版社 1999 年版，第 273 页数据整理绘制。

到 1911 年 9 月，蒙古金矿公司生产黄金 163476.6 两，除去缴纳关税 2452.49 两和王公提成 3269.53 两外，6 年间共掠走黄金 135685.57 两。计算可知，清政府所获取的关税收入仅为该公司黄金总额的 1.5%，蒙古王公贵族的提成也只有该公司黄金总量的 2%，俄国侵略者却掠取了黄金总产量的 83%，剥削程度之深可见一斑。而蒙古金矿公司只是帝国主义列强所投资的诸多工矿企业中的一个缩影而已。

第三节 洋教对蒙古族的经济侵略

西方殖民主义的海外扩张活动一向与其"传教事业"密不可分。随着殖民者海外扩张的加剧，传教士已经成为殖民者进行经济掠夺的重要工具，他们以传教为名，在海外进行间谍活动，为列强的进一步侵略扩张做准备。洋教选择的传教和侵略方式走的是"从乡村到城市"的道路，在小村庄安身后再逐渐扩张至城市，先深入草原牧区和人口稀少的农村建立侵略据点，这与以占据沿海城市再深入内陆及农村的殖民侵略方式有所不同，但二者的侵略本质毫无二致。

一 法、比天主教对"蒙古教区"的争夺

鸦片战争前，欧美等资本主义国家的传教士不仅在中国沿海地区进行宗教传播，并已深入内陆地区，以天主教的影响力和破坏力最大。天主教在中国的传播由几个修会完成，蒙古地区天主教的传播主要由法国"遣使会"负责。早在19世纪30年代，遣使会的传教士就偷偷地潜入察哈尔盟的西湾子进行考察和传教，后在梵蒂冈教廷的支持下，法国遣使会在西湾子设立了"蒙古主教"，向内蒙古东、西部地区开展传教活动。

第一次鸦片战争后，西方列强通过《黄埔条约》攫取了在通商口岸自由传教的特权，第二次鸦片战争后，《天津条约》和《北京条约》的签订使列强的传教特权进一步扩充。尤其是中法《北京条约》的签订使法国获得了在中国各地任意传教的权力。而在条约签订的过程中，担任翻译的法国传教士C. M. Mouly擅自添加了"任佛（法）国传教士在各省租买田地，建造自便"的内容，给披着宗教外衣的殖民分子攫取蒙古族财富提供了便利。到19世纪60年代，法国遣使会已经在内蒙古的昭乌达盟和西部的兴和、宁远（今凉城县）等厅以及大青山以北的后坝地区（今武川县和四子王旗一带）建立了许多教民村和教堂，作为自己的侵略据点。[1]

第二次鸦片战争后，列强可在中国各地自由传教的特权激起了

---

① （清）李杕：《拳匪祸教记》（增补本），1885年，第274页。

更多西方殖民者的贪欲。1861 年，比利时野心家 Theophil Verbiest（中文名：南怀仁）召集一批贪婪的侵略者，欲成立一个专门针对中国的传教修会。成立教会的申请在第二年得到了比利时教会和梵蒂冈教会的批准，即"圣母圣心会"，其主要参与人员为比利时和荷兰的天主教士。1864 年 9 月 1 日，梵蒂冈指定了中国的"蒙古地区"作为该会的传播范围①。然而，法国遣使会在"蒙古教区"已经立足，圣母圣心会难以轻易进入。第二次鸦片战争后，法国在中国的势力范围逐渐扩大，在京津等地的侵略活动更频繁，对"蒙古教区"的顾及逐渐减少，趁此时机，圣母圣心会通过比利时政府和教会与法国外交部及梵蒂冈教廷进行争取"蒙古教区"的谈判，历时三年，1865 年 12 月初，南怀仁带领首批圣母圣心会传教士在西湾子村接替了法国遣使会的"传教"工作。然而，无论是法国遣使会还是比利时的圣母圣心会，其掠夺蒙古资源、剥削蒙古族民众的本质是相同的。

二　比利时"蒙民归奉圣教"传教计划的破产

法国遣使会与圣母圣心教有着同样的侵略计划，即"蒙民归奉圣教"。可见，它们把蒙古族民众作为传教的对象，主要目的在于通过宗教传播使蒙古族民众"归奉圣教"，从而控制整个民族，最终将蒙古地区变为其殖民地。

本着"蒙民归奉圣教"的最终目的，圣母圣心会选择的传教地点多为蒙民聚居之地。当其得知鄂尔多斯的蒙古族人数较多时，便积极地将传教势力集中至鄂尔多斯。为了使传教顺利，圣母圣心会

---

① ［法］隆德里，《西湾圣教源流》，北平西什库天主教遣使会印字馆，1939 年，第 157 页。

做了各方面的准备。首先，亲近蒙古族人民，传教士纷纷学习蒙古语，了解蒙古族的风土人情，在吃、穿、用、住、行等方面均实行"蒙古化"，如吃肉饮乳、穿皮衣、住蒙古包、以马为交通工具等。另外，圣母圣心会还在传教之前讨好、拉拢蒙古各旗的王公贵族，获得王公贵族的首肯后，肆无忌惮地在蒙古地区进行传教和侵略活动。

圣母圣心会开始对蒙古族进行传教时是以牧民为着手点。伪装慈善家是传教士们对蒙古族人民进行传教的主要手段，如通过救济一些穷苦牧民、免费给牧民看病等方式来拉拢牧民入教。然而，由于蒙古族牧民们本身信奉喇嘛教，并且对外国侵略者恨之入骨，强烈抵触和反对加入洋教，不仅不会被传教士的小恩小惠所收买，而且还极其反对教会在当地建设教堂。牧民如此强烈的反应使圣母圣心会感到从牧民入手传教有所困难，洋教士开始改变传教策略，从"蒙古中上层人士"入手。蒙古中上层人士人数相对较少，可各个击破，而且当蒙古中上层人士"归奉圣教"后由其再进行传教会更为顺利，由此，教会势力便会迅速扩大。此种传教策略确实使圣母圣心会的传教和侵略活动有所进展，成立了堂口，发展了"蒙古教友"，然而，蒙古族人民仍然排斥洋教，加入洋教的蒙古族人数远少于洋教预期。这种结果预示着"蒙民归奉圣教"计划的破产，但为了继续坚固"蒙古教区"，加大对蒙古地区的经济掠夺，教会开始将传教目标转移至汉人。正如天主教绥远教区主教 Louis Van Dyck（中文名：葛崇德）所叙述的："经过很多努力，传教士看见毫无效果，终于转向汉人居住的地方了。"① 可见，蒙古族人民坚持反抗洋教的民族气节使洋教企图控制蒙古族和蒙古地区的阴谋被粉碎。

"蒙民归奉圣教"计划的破产并不意味着洋教士已经放弃了对蒙

---

① 《绥远教区葛崇德主教向罗马传信部作五年传教事务报告》，第 1 页。

古族农牧民进行宗教传播，更不意味着侵略分子放弃了控制整个蒙古族的野心，很多传教士一直学习蒙古族的语言、文化、历史并顽固地在"蒙古人中间辛苦传教"，为长期的侵略活动做准备。洋教将传播对象转向汉人也并不顺利，汉人对侵略者和洋教的憎恶不亚于蒙古族，于是洋教又改变了其传教和侵略的策略。

三　洋教会以多种方式掠夺蒙古族土地

无论是汉族农民还是蒙古族牧民，土地都是他们安身立命的根本，传教士认识到这一点后便开始使用各种办法对蒙古族的土地进行掠夺。西南蒙古教区神甫 Alphomse Bermyn（中文名：闵玉清）曾强调说："要想很好传教，就要打闹土地……除这方法外，再无其他较好的办法。"[1] 因此，洋教每设立一个教堂，首先要做的便是租买土地，以土地来威胁、利诱蒙汉民加入洋教。洋教以土地对农牧民的威胁表现在"凡是教堂的佃户都得信奉天主教"[2]，而以土地引诱农牧民入教则表现在"凡是信奉天主教者均能种堂地，住堂房，向教堂借口粮……"[3] 当时流传下来的顺口溜形象地解释了人们入教的情况："天主圣母玛利亚，热身子跪在冷地下，神父！哪里拨地呀？噢来！红盛义去种吧！你为什么进教？我为铜钱两吊。为什么念经？为了黄米三升。"[4]

---

[1]　戴学稷：《西方殖民者在河套、鄂尔多斯等地的罪恶活动——帝国主义利用天主教侵略中国的一个实例》，《内蒙古近代史论丛》第一辑，内蒙古人民出版社 1982 年版，第 70 页。

[2]　《绥蒙土地问题研究提纲》油印本，1949 年，第 54 页。

[3]　同上书，第 22 页。

[4]　宿心慰：《天主教传入磴口地区述略》，磴口县政协文史资料委员会，1989 年。

掌握了传教"秘诀"后，洋教便开始以各种方式掠夺侵占土地，或向王公"租"，或向土地的原占有者"买"，再或者让信徒"捐"，不论何种方式都无异于讹诈强夺。据一个洋教士的记载，1869—1896 年，南壕堑、哈拉户少、二十四顷地、香火地、平定堡、小淖尔、三盛公、山弯子、小桥畔、大发公、大羊湾、玫瑰营子 12 个教堂就占有了 1887 顷土地。① 若完全统计，数据应远不止于此。圣母圣心会霸占土地问题最为突出的是河套和鄂尔多斯，下面以两地为例进行具体阐述。

当圣母圣心会起初来到河套与鄂尔多斯时，仍期盼以假慈善和小恩小惠吸引蒙汉民"归奉圣教"，因此，其在占有土地时还多采用租或买的形式，但不论是租或买，都是形式，因为价格低至难以想象的地步。如教会在三道河曾以八吊钱向一个汉族地商买进 39 顷良田，每亩折合二钱银子，② 更甚者，有时购买土地一顷仅折合一钱银子，价格之低世所罕见。而若是租用，租价更低，且租金只是一种象征罢了。而且包租的土地一般没有时间限制，名义上只有土地的"使用权"，而实际上已将土地据为己有。就连教会侵略者自己都承认："普通租种蒙人的土地，一次言明，每年应缴租银若干，或米粮多寡，每年纳租，就每年可以租地，因此实际上便等于永远承租了。"③

即便是租金和买价到了如此低廉的地步，教会侵略者仍不满足，它们开始以讹诈手段侵占蒙古地区的大片土地。例如，在 19 世纪 90 年代，杭锦旗的马匹闯进教会的土地吃了些青苗，西南蒙古教区神

---

① 王守礼著，傅明渊译述：《边疆公教社会事业》，上海普爱堂上智编辑馆 1950 年第三版，第 12 页。

② 戴学稷：《西方殖民者在河套、鄂尔多斯等地的罪恶活动——帝国主义利用天主教侵略中国的一个实例》，《内蒙古近代史论丛》第一辑，内蒙古人民出版社 1982 年版，第 68 页。

③ 同上书，第 69 页。

甫 Alphomse Bermyn 趁机讹诈，逼迫杭锦旗将河套平原上的一片土地租给教堂，并规定"许教会退地，不许蒙人要地"[①]；又如，1895年，闵玉清借口鄂托克旗有人闯进教堂打破圣像等物，要求旗里赔偿，若不赔偿就将亲自到北京上告清政府，无奈之下，鄂托克旗以重罚损坏圣像者和赔偿一大片土地化解了事。关于洋教讹诈蒙古各旗土地之例屡见不鲜，贪婪与无耻的本性暴露无遗。

据不完全统计，截至 1900 年，仅在河套地区，圣母圣心会从蒙古王公贵族、汉族地商以及贫苦农牧民手中买、租、抢占的土地面积达四五百顷以上，而每顷的实际面积约为三顷，实际上洋教占领的蒙古族土地多达一千四五百顷。这些土地或是水草丰美的牧场，或是土质肥沃的良田，被洋教占领土地的农牧民被迫入教，不入教的则被赶至沙漠或深山，生活凄苦无比。

四　强盗般的掠夺狂潮

洋教残酷的经济掠夺引起了广大蒙古族农牧民的不满，1900 年，义和团运动爆发并传播至蒙古地区，蒙汉人民进行了多次反洋教斗争，摧毁了多个洋教堂，给洋教以沉重打击。然而，义和团运动最终被清政府和外国侵略者联合镇压，蒙古地区大规模的反洋教斗争也最终无果。此时，厚颜无耻的天主教士借口反洋教斗争中教堂等财物遭受破坏，趁机大肆勒索各蒙古族旗县，一轮更为疯狂的经济掠夺迅猛袭来。

仅内蒙古西部八个蒙旗就遭圣母圣心会掠取赔款 722000 两，如

[①]　戴学稷：《西方殖民者在河套、鄂尔多斯等地的罪恶活动——帝国主义利用天主教侵略中国的一个实例》，《内蒙古近代史论丛》第一辑，内蒙古人民出版社 1982 年版，第 69 页。

无足够银两偿还，可以以牲畜为抵押，尚不足者便以土地为抵押。各旗县具体赔款数额如表21－2所示。

表21－2　　义和团运动后圣母圣心教会在蒙古西部各旗索取的赔款数额

单位：两

达拉特旗	370000	扎萨克旗	14000
准格尔旗	27000	阿拉善旗	50000
鄂托克旗	84000	土默特旗	1500
乌审旗	45500	四子王旗	1100000

　　资料来源：戴学稷：《西方殖民者在河套、鄂尔多斯等地的罪恶活动——帝国主义利用天主教侵略中国的一个实例》，《内蒙古近代史论丛》第一辑，内蒙古人民出版社1982年版，第68页。

　　1900年以前，圣母圣心教会在蒙古地区的经济掠夺尚有所顾忌，通过一些貌似"合法"的手段掠取土地，建立教堂为据点，而在1900年以后，洋教的侵略已变得放肆且野蛮，如同强盗般地掠取蒙古族的大量土地，由点到面地扩充侵略范围。1900年以前，圣母圣心会在鄂托克旗和三盛地区只设有几个孤立的小据点，而在1900年赔款以后，其势力范围已经延伸至布杜尔滩和白泥井滩，由几个据点扩展为一整片控管范围。

　　除此之外，1900年以后，洋教对蒙古族教民的剥削更加深重，不仅要承受越来越重的地租，而且要缴纳名目繁多的教堂费用。教堂地租分为实物地租和货币地租两种形式，货币地租每顷每年少的索租银20两，多的达30两；实物地租在这个时期一般是三七分。[①]

---

　　① 《巴盟教区历史沿革》，巴盟天主教爱国会编写《中国人民最痛恨的人——外国传教士极其爪牙》（稿本）。转引自戴学稷前引文，第79页。

除地租之外，教民们还要应付宗教费，向洋教士奉献礼物、礼金等，还要承担教堂给他们加上的各种劳役，教民们不仅没有自己的土地，就连温饱都难以维持，生活之困苦不言而喻。与教民形成鲜明对比的则是圣母圣心会的贪欲和奢侈，1900 年后，每个教堂都是牛羊驼马成群、粮谷满仓、金银财宝成堆。

第四节　清政府对蒙古族的"新政"

鸦片战争前，清政府始终保持着对蒙古社会的封禁政策，一来保持蒙古社会资源不受外族侵占，给予蒙古王公高度自主权，体现"满蒙一家"的治理理念；二来限制蒙古社会的商业资本活动，甚至限制蒙古各旗内部的交流往来，使其孤立发展，越来越顺从清政府的统治。其中，禁止开垦蒙地是封禁政策中较为重要的一项内容，也正是此项政策的严格规定与执行，蒙古族以游牧为主的生产方式才得以保持和延续。然而，鸦片战争后，帝国主义列强的入侵使日渐腐朽的清政府承担了巨额战争赔款，国力日衰，民不聊生。为偿付赔款，维持清政府摇摇欲坠的统治地位，清政府以"变法图强"为口号在 1901 年实施了"新政"。然而，清政府在蒙古地区的"新政"不仅打破了蒙古族的封禁状态，也严重破坏了蒙古族的经济发展。

一　清政府对蒙古地区"新政"的原因

尽管清政府的"新政"政策面向全国，但蒙古地区却成了重点"变革"对象之一。造成此种现象的原因有多种，如外国侵略者的盘剥使清政府谋求新的生财之道，汉族实力的壮大和蒙古族经济的日渐衰退使"满蒙一家"成为历史，沙俄势力的南下扩充使清政府意识到"实边"的重要性，对蒙古地区丰富的物产资源觊觎已久等。

其一，鸦片战争后，帝国主义列强打开中国的大门，商品倾销、资本掠夺和战争赔款使得白银大量流出，清政府的财政危机加重。清政府唯一的解决办法就是加重苛捐杂税，压榨百姓，但尚难弥补国库之空虚。义和团运动后，《辛丑条约》的签订更让清政府的赔款又加重一层，清政府对百姓的苛赋重税也就加重一层。但此时，不仅百姓生活一贫如洗，早已无法支付沉重的赋税，同时，除田赋归清政府外，其他的重要税收都由帝国主义把控，在清政府几近走投无路之际，幅员辽阔的蒙古族聚居区为清政府提供了一条谋财之道。

其二，鸦片战争前，"满蒙一家"的统治观念不仅体现了满清对蒙古族的重视，也体现了满清对蒙古族的畏惧。蒙古族顺服安稳于清政府的统治，不仅为满清政府维护边疆安全筑起了一座天然的屏障，而且能为清政府提供精锐的骑兵部队，助其稳固政权。然而，鸦片战争后，帝国主义的坚船利炮使蒙古族骑兵在杀伤力上大打折扣，加之蒙古族在长期的封闭状态下，商业经济发展开始落后于汉族，蒙古族对满清政府的利用价值已逐渐消失，持续两百多年的蒙古族封禁政策被打破，蒙古族成为清政府搜刮的对象。

其三，帝国主义的入侵和清政府的搜刮使中国农村经济破产，农民挣扎在死亡边缘。为求活路部分农民选择了起义反抗，部分则逃荒至塞外蒙古地区。随着农民起义的规模越来越大，破坏力越来越强，为维护统治地位，清政府采取了大规模的移民政策，大批汉民逃荒至蒙古地区，蒙古族土地被重新分配。

另外，沙俄和日本在东北三省和蒙古族聚居区的势力范围越扩越大，对清政府的政权稳固构成极大威胁。为维持摇摇欲坠的腐朽统治，清政府开始了对蒙古族聚居区的"实边"行动。

可见，清政府将"新政"矛头指向蒙古族的原因有多种，但最根本原因则是通过对蒙古族民众的剥削与搜刮，维护其即将没落的统治政权。清政府给此种卑劣的"新政"行为贴上了"恤蒙实边""筹蒙殖民"的标签，自1902年（光绪二十八年）"移民实边"政策实施开始，蒙古"新政"正式拉开帷幕。

二 "移民实边"政策的提出

对于"移民实边"政策是否属于清政府对蒙"新政"中的一项内容，学术界仍存在争论。一方认为"移民实边"政策与清末对蒙"新政"是两个并行不悖的政策，互不从属；另一方则认为"移民实边"政策是清政府对蒙"新政"的一项重要内容，二者密不可分。针对该问题，1986年邢亦尘先生在《内蒙古社会科学》上发表了题为《略论清末蒙古地区的"新政"》的论文，明确批评了将两政策混为一谈的错误说法，指出"移民实边和新政是截然不同的两个历史概念和政治事件"①，"是维护王朝统治的两种不同政策"②，并从两政策实施的背景、目的、方法和性质分别加以阐述。针对邢亦尘先生的学术观点，1988年白拉都格其先生在《内蒙古大学学报》（哲学社会科学版）上发表文章《关于清末对蒙新政同移民实边的关系问题——与邢亦尘同志商榷》中逐一反驳了邢亦尘先生关于"移民实边"和清政府对蒙"新政"的观点，并给出其对两政策关系的认识：

"清末清政府的所谓新政，本质上仍然是为了继续维持其封建专制统治。所以，从全国范围来讲，事关对外屈膝妥协、和缓列强压

---

① 白拉都格其：《关于清末对蒙新政同移民实边的关系问题——与邢亦尘同志商榷》，《内蒙古大学学报》（哲学社会科学版）1988年第2期，第41页。

② 同上。

力，对内强化统治机器、改变财政困境的措施，如设立外务部、练兵处，编练新军，筹措兵饷、赔款等，对于确属带有资产阶级改良主义色彩的措施，则往往是由各地各阶层分别筹办、创设后得到承认，如工商企业、新式学堂等；甚至迫于各界舆论、社会压力不得已而为之，如改行宪政、设立咨议局等。具体到蒙古地区，移民实边既可以带来巨额财政收入，又可以加强对蒙古的控制。所以，它作为清政府在蒙古推行新政的主要措施之一，开始最早，施行最厉，并且能贯彻始终。"[1]

作者赞同白拉都格其先生的观点。所谓"移民实边"就是打破蒙古社会的封禁状态，允许汉族农民进入蒙古地区开垦蒙荒，通过对蒙古族土地的重新丈量和租买，改变了蒙古族土地所有权。"移民实边"是清政府对蒙"新政"的核心内容，该政策的实施以山西巡抚岑春煊上奏为标志。

1902年（光绪二十七年）以前，蒙古地区处于封禁状态，但民垦即私垦较为盛行，由官方丈放土地较少。鸦片战争后，清政府一些大臣便针蒙古地区的政治、经济情况向清政府上书要求解除对蒙古地区的封禁政策，如时任山西巡抚张之洞曾上书指出："蒙古强则我之墙遮也，蒙古弱则彼之鱼肉也"；东三省首任总督徐世昌认为："今欲经营蒙古……必以殖民入手，而殖民尤以垦荒为始基"[2]，还有刚毅、胡聘之、康有为等人的上书均体现了开垦蒙荒的意图，但均未得到清政府的准许。1900年，八国联军攻进北京，慈禧太后携带光绪帝仓皇逃离京城，转入山西避难。同年十二月，清政府发出上谕表示要变法图强，要求各省督抚给出变法建议。为此，山西巡

---

① 白拉都格其：《关于清末对蒙新政同移民实边的关系问题——与邢亦尘同志商榷》，《内蒙古大学学报》（哲学社会科学版）1988年第2期，第41页。

② 徐世昌：《东三省攻略》，吉林文史出版社1973年版。

抚岑春煊在 1901 年 4 月以开垦晋边蒙地为变法建议提出奏请，但未引起清政府的重视。

1901 年 7 月 25 日，清政府与八国联军签订了丧权辱国的《辛丑条约》，确定中国向英美等 11 国侵略者"赔款"四亿五千两白银。同年十一月，岑春煊再次奏请开垦蒙地，如是说：

"臣维现在时局艰难，度之竭蹶，兵费赔款之巨，实为历来所未有……其言救贫者，则或议裁节饷费，或拟振兴工商。然汰兵省官，所节无几，矿路制造，效难骤求。以縻财河沙之时，而归取锱铢之入，是虽理财之常经，仍无应急也。查晋边西北乌兰察布、伊克昭二盟蒙古十三旗，地方旷衍，甲于朔陲，伊克昭之鄂尔多斯各旗，环阻大河，灌溉便利……以各旗幅员计之，广袤不下三四千里，若垦十之三四，当可得田数十万顷。二十五年前黑龙江将军恩泽奏请放扎赉特旗荒地，计荒价一半可得银四十万两，今以鄂尔多斯、近晋各旗论之，即放置一半亦可三四倍……何可胜言，是利于国也。"①

岑春煊在清政府面临巨大财政危机的情况下为其提供了一个解决燃眉之急的良策，如奏折所述，只是按以往途径争敛赋税只能提供正常的财政消费，不能应急，但只要对与山西西北交界处的乌兰察布和伊克昭二盟蒙地进行放垦便可获巨额利润，解决赔款之压力。可见，"移民实边"政策是挽救清政府严重经济危机的一件法宝，通过大量放垦蒙地和开发蒙古资源达到敛财济国的目的。此次岑春煊的奏折不再被否定，而是迅速获得了慈禧太后和光绪帝的批准，官办绥察蒙旗垦务由此拉开了帷幕。

随着岑春煊申请开垦蒙古西部地区荒地获批并迅速实施后，内蒙古、青海、新疆等地的蒙古族聚居区的蒙荒开垦申请也相继获得了批准。1908 年（光绪三十三年）理藩部左丞姚锡光上奏请求开垦

---

① 　陶克涛：《蒙古发展概述》（上），内蒙古出版社 1957 年版，第 216 页。

东部内蒙古荒地，其言："昭乌达、哲理木二盟之巴林、达尔罕各旗，未垦荒地纵横千万余里，除游牧不垦外，尚可开地数十万顷……此荒若以三十二年办理扎隆克图荒价，预算共可得银千万余两，除授予蒙古荒价一半及办公等费外，尚可得银四万余两……"[①]清政府接受了姚锡光开垦东部蒙古荒地的奏请，于次年设蒙荒局，派朱启钤前去督办，蒙古东部地区的土地被大肆丈放。

此种放垦蒙荒的奏折纷纷上呈，纷纷获批，大片蒙地被迅速放垦。如呼伦贝尔副都统宋小濂向东三省总督徐世昌提出的放垦蒙地申请被批准，呼伦贝尔大片草原牧场变为农田。新疆、青海等地也招募回、汉农民进入蒙古族聚居区"试行开垦"。开垦蒙荒成了地方和中央获取财政收入的最重要渠道。有蒙地之开垦则钱财滚滚，无蒙地之丈放则财政空虚。土地财政已有古鉴。自然，站在清政府等统治阶级的立场看待蒙荒开垦，利大于弊，这统治阶级中也包括部分蒙古王公贵族；而站在蒙古农牧民的角度来审视所谓的"移民实边"政策，其损害无穷，在此尖锐的利益冲突中，蒙古农牧民必然会发起反垦斗争。

三 "移民实边"政策的具体措施

1902年4月，贻谷被钦命为督办蒙旗垦务大臣，赴绥远办理蒙旗垦务。贻谷到任后，便设局清丈放荒。据统计，1902年至1908年，内蒙古西部地区共放垦土地七百五十七万余亩；东部仅哲里木盟七旗共放荒二百四十五万余晌。[②] 包括蒙古王公贵族在内的统治阶级如此大规模放荒蒙地是受巨额利润所诱惑，而这些利润多来自对

---

① 专办内蒙垦务奏折，见《东三省蒙务公读汇编》（第一卷）。
② 卢明辉：《清代蒙古史》，天津古籍出版社1990年版，第220页。

蒙汉农牧民的压榨与盘剥，具体的盘剥手段有以下几种。

（一）整理旧垦

前文曾提及，对于蒙古地区放荒土地早已有之，主要方式是蒙古王公贵族将土地私放给因逃荒等原因流入蒙古地区的汉民，获取地租收益，即所谓的"私垦"。但对于此种私垦方式，清政府获利甚少，因此，为了筹款，首当其冲就是要对以往私垦的土地进行重新整理。

整理旧垦有两种主要方法，一是清丈，二是升科。清丈即对确定垦荒的蒙占族土地进行重新丈量。清政府规定："所有从前未报各地及已报未经清丈者，另一律自行据实赴局呈报，迨委员堪丈之际，如果与原报地数相符，即饬令速交押荒，用为己业，尚有以多报少及抗不呈报者，一经查出，即将该地撤回，招佃另租，绝不姑宽。"① 通过对蒙地的清丈，原本属于蒙民的牧场被放垦为农田，此种带有强制性的土地清丈给蒙古的畜牧业生产带来沉重打击，同时也改变了蒙古族土地的所有权。而对蒙地进行清丈的目的就是将土地租卖给外来移民，向承垦佃户征收押荒银。押荒银又称"荒价银"，是承垦佃户向垦务机构缴纳的垦荒押金，因一开始以库平银为单位而得名。押荒银的征收数额因地而异。一般按照土地的肥沃和旱涝程度将土地分为上、中、下三等。每个等级土地的价格各不相同，如在科尔沁右翼旗中部的县是每垧（1 垧 = 6—10 亩）地的价格，上等的计四两四钱白银，中等的计二两四钱，下等的四五钱。② 所征收的押荒银中除提取一小部分作为垦务机构的管理费用外，其

① 陶克涛：《蒙古发展概述》（上），内蒙古人民出版社 1957 年版，第 217 页。

② ［蒙古］H. 阿勒坦策策格：《19 世纪后半期至 20 世纪初期的内蒙古》，王德胜译，郭守祥校，《内蒙古近代史译丛》第二辑，内蒙古人民出版社 1988 年版，第 27 页。

余部分由垦务局和报垦的蒙古王公贵族五五分成。承垦佃户缴纳押荒银后即对其所认领的土地一定年限的垦种权，适种一定年限后即可按照普通田地收税条例征收钱粮，这就是整理旧垦的另一种方式——"升科"。熟地试种一年后即行升科，而对于王公马场、官荒空地等是在试种三年后升科。无论是清丈还是升科都受到了蒙古民众的极力反对，因为清丈严重破坏了蒙古族世世代代的生活领地，也极大地缩小了蒙古族人民的生存范围。清政府及蒙古王公贵族借对承垦地升科之机会加重了对蒙古族农牧民的土地所征收赋税的数额。

（二）官商合办垦务公司

官商合办垦务公司为统治者在放垦蒙地中持续获利提供了一种新的选择。开办垦务公司的建议是由姚锡光提出的，他认为"招有资本之家，集合公司，则开兹新土，期以巨万现金吸入东蒙，则不数年间，无岁之区将成都会。实力即充，以御外侮乃有凭借"。姚锡光的"远见卓识"给清政府提供了一个较好的建议。按照姚锡光设立垦务公司的建议，贻谷立即以"去地商把持之恶习"的名义设立了东西领路"奏办蒙旗垦务公司"。但实际上两家公司均为官商合办，且在股份和"本银"中，商股均占一半甚至一半以上。可见，官商合办垦务公司不仅为地商资本家打开了方便之门，同时也为清政府和部分蒙古王公贵族另辟敛财之路。

公司可向垦务局以免费或者极低的押荒银领取大片土地，后再将土地转卖出去坐收地价，所得收入按章以各种形式交付官局后，余利按官商股份均分。而蒙古族民众以大量土地仅仅获取由垦务局发放的少量荒银，虽极为不满，但迫于权势，终无力申诉、抗衡。

（三）"报效"献地

开垦蒙荒使蒙古王公贵族的利益受到损失，其不能再向汉民私放或租佃土地，随之失去的是巨额的地价和岁租收入。因利益受损，开放蒙荒也引起了王公贵族的普遍不满。然而，为保持爵位和统治权力，蒙古王公贵族们还是会迎合并支持清政府的"移民实边"政策，因为只要保持爵位，蒙古王公贵族们就可继续获得放地权力或便利。蒙古王公贵族会以各种方式向清政府奉上土地，以示"报效"。

伊克昭盟在慈禧七十大寿时就以蒙地作为寿礼进献。"……本年恭奉太后七旬万寿，谭恩赐福，欢彻环区，率土倾心，欣呈方物，奴才等拟将两旗公中之地，北起阿拜素，南止巴盖补拉克，长七八十里；东起图林河鄂博，西止达古图补图，宽十里、二三十里、四五十里地方，归官放垦，应得押荒银两尽数报效。"① 此种蒙古王公贵族主动或被迫献奉的土地即为"报效地""万寿地"或"祝嘏地"，献地的方式在内蒙古近现代经济史上是绝无仅有之事。

（四）其他方法

清政府除利用上述主要方法对蒙古族土地进行放垦外，还通过"代垫强放""屯垦"等方法侵占蒙古族土地。蒙古王公贵族因各种原因欠下大量外债而无力偿还时，清政府会借机帮助偿还，但会通过丈放大片蒙古草原以作补偿。如伊克昭盟的达拉特旗因偿付圣母圣心会勒索的 37 万两白银，无力还清，清政府代偿 14 万两，但却丈放了达拉特旗两千顷的土地，类似情况屡见不鲜。"屯垦"也是"移民实边"政策的重要方法之一，青海、新疆地区的蒙古族地区多使用此种方法，清政府通过在此地区推行"兵农合一"和"万兵于农"政策大量殖民，侵占蒙古族大量土地。

总之，不论清政府以何种方式来推行"移民实边"政策，其最

① 钦差垦务大臣：《绥远城将军贻谷奏为蒙藩献地祝嘏请旨赏收折》，清将军衙署公文选注，李克仁编注，内蒙古人民出版社 1995 年版，第 21 页。

终目的都是达到"速放则利速厚"的经济掠夺，以维护其腐朽的封建统治，而从未发挥真正的"实边"之效。对于蒙古族来讲，不论是蒙古族王公贵族还是蒙古族农牧民，其利益都遭到了严重的侵害。不可否认，"移民实边"政策加速了蒙汉两族的融合，也带动了蒙古族农业的发展，但此评论绝对不是站在蒙古族的角度做出的。对于蒙古族经济社会发展而言，若是自然的、正常的移民，所形成的蒙汉民族融合是一种社会进步，但由于"移民实边"政策而导致的蒙古族地区的汉族移民，在现在看来是促进了蒙汉民族关系的发展，但在当时，汉民的进入是与蒙古族争抢土地，也就是争抢生存之地，必然会引起蒙古族的强烈不满，二者之间是有矛盾存在的。而对于"移民实边"政策促进了蒙古族农业的发展说法确为事实，但对于当时的蒙古族民众来说，选择农业是被迫之举，相比农业的发展，蒙古族游牧业的衰退更让蒙古族民众痛心。

四　部分东蒙古王公的"励精图治"

清政府对蒙古族的"新政"除"移民实边"这项重要内容外，还"鼓励"蒙古王公贵族积极投身实业，通过发展具有资本主义性质的实业达到"励精图治"的目的。一部分被称为清室嫡系的东蒙古封建王公，为表忠心，也为维护其封建专制统治特权，借清政府"新政"之机，他们也主张在蒙古地区实行"门户开放"，通过"变法图强"来保住封建特权统治地位。

很多资料中认为积极投办实业的东蒙古王公是开明而进取的，认为他们是关注民族存亡，为解决蒙古社会的衰弱和贫困才进行变法改革。此观点的提出只看到了"兴办实业"的形式，认为其相比以往的生产方式具有进步性，但并没有看到蒙古王公贵族们兴办实业的目的和本质。

实际上，部分东蒙古王公响应清政府"新政"的目的就是维护其自身的统治特权，但其实施"新政"的具体做法却很矛盾。他们一方面寄希望于清政府能够通过"新政"达到"励精图治"的效果，稳固摇摇欲坠的集权统治，自身也从中收益；另一方面，他们又不信任清政府能够力挽狂澜，为给自己留条后路，他们以"广借外债，振兴实业"为名，与帝国主义列强举办"合办""拓殖"事项，勾结帝国主义列强。帝国主义列强却借此机会大肆侵吞、掠夺蒙古地区的各种资源，剥削广大蒙古族民众。

早在1900年，"新政"在蒙古地区实行之前，科尔沁亲王阿穆尔灵圭与日本资本家"合办"了蒙古实业公司，并以他的名义进行注册。该公司的经营范围包括交通运输、垦殖、盐务等多项事业。与此同时，喀喇沁左旗台吉阜海与日本资本家合办开设了开发大兴安岭森林资源的阜海木殖公司。深知蒙古王公财政拮据的日本帝国主义，趁机以贷款或投资"合办"企业为名，诱惑王公们秘密签订"合办"契约，规定资金不足的蒙古王公可以土地、矿产和牲畜作为抵押，表面上似乎是一种合作条件的宽泛，实际上为掠夺蒙古资源冠上了合法的名义。

1905年，喀喇沁君王贡桑诺尔布先后从北京隆茂号、德国道胜银行、日本正金银行和英国汇丰银行贷款11万余两，在旗内大行"新政"，经济方面主要是在喀喇沁旗乃门爱拉开设"三义洋行"，销售自己生产的产品和国内外商品；开设一批综合性的小型工厂，生产肥皂、蜡烛、绒毯、燃料等，并有织布、染色设备；派遣工人到浙江等地学习养蚕技术，并购买桑苗、蚕种，择地开辟桑园，发展养蚕业等。

清政府见蒙古王公与帝国主义列强甚为"亲近"，恐引政变，故在1907年，清政府照会各国驻华公使，商议并规定：蒙古各旗王公不得与各国直接交涉；各国亦不得借款给蒙古各旗王公。同时，清政府设立蒙古各旗交涉局，专办蒙古对外交涉事项。① 然而，如前所述，蒙古王公们对清政府治理国家已无信心，他们对清政府的禁令采取阳奉阴违、我行我素之策，以"广借外债，振兴实业"为由，继续以土地、矿藏作为抵押开展"合办""拓殖"活动。

1908 年，贡桑诺尔布向清廷提出《敬陈管见八条》，即"设立银行，速修铁路，开采矿山，整顿农工商，预备外交，普及教育，赶练新军，创办巡警"②；1910 年和 1911 年，阿穆尔灵圭在先后向清廷呈递了《整顿蒙疆宜先勘修铁路》和《借外资实行兴业设治等条陈自强办法》等奏折，主张"广借外债振兴实业"。清政府虽无奈但也无力制止，东蒙古地区以资本主义方式组建的"实业"迅速发展。

1909 年 6 月，昭乌达盟巴林右旗扎萨克亲王扎噶尔与日本资本家热谷川藏私自签订所谓"合办"东蒙古拓殖盛德公司的契约，规定经营范围有："开垦荒地，酿造烧酒，开采矿苗，经营牧畜，收买畜品，批适杂物，发行钱贴"等数十种类。③ 资本总额 10 万元，双方各出资 5 万，日方现金出资，扎噶尔无力支付，便将房屋、耕地、矿山（包括金矿，大理石矿和煤矿等）等折合为现金垫支，并规定，垫支的土地、矿山所有权是"蒙古拓殖盛德公司"的财产。扎噶尔的做法引起了其他蒙古王公的效法，均纷纷举办合办事业，以此振兴蒙古实业。

蒙古王公开办实业除与帝国主义列强"合办"方式外，也会通

---

① 卢明辉：《清代蒙古史》，天津古籍出版社 1990 年版，第 230—231 页。

② 《清德宗实录》卷五八六。转引自拉都格其《关于清末对蒙新政同移民实边的关系问题——与邢亦尘同志商榷》，《内蒙古大学学报》（哲学社会科学版）1988 年第 2 期，第 42 页。

③ 原中国科学院经济研究所藏：日本档案《东部蒙古盛德公司设立经过及其将来远景》，档号 107–277 号。

过"内部合作"方式组建"实业"，较有影响力的则属蒙古实业公司的开办。1910年，由科尔沁亲王穆尔灵圭召集，由外蒙古赛音诺颜汗部扎萨克亲王那彦图、阿拉善期扎萨克亲王塔旺布里甲拉、喀喇沁郡王贡桑诺尔布、奈曼旗扎萨克郡王苏珠克图巴图尔、土尔扈特郡王帕勒塔、科左后旗辅国公博迪苏等王公共同发起、组建了蒙古实业公司。以公路和水路运输为主营业务，而张家口至库伦的公路运输线和归绥至宁夏的黄河航线是公司的两大重要工程。公司拟采用股份制方式融资100万两，其中，蒙古王公以发起人身份认购20％的股权（20万两），其余80万两股票向全国发行，由大清银行、交通银行等金融部门代理发行。开业之初，公司便利用筹集的50万两筹建张家口到库伦段公路，在筹建公路过程中还承揽了哲里木郭尔罗斯后旗的垦务，"大有仰仗清朝政府的支持和扶植，垄断整个蒙古地区各业开发的势头"①。但后因辛亥革命的爆发，政局动荡，公司于1914年宣告破产。

20世纪初，东蒙古王公在清政府"新政"的影响下，所从事的创办实业活动多以失败告终。多数学者对蒙古王公"改革图强"的做法予以肯定，认为其改变了蒙古社会单一的经济结构，触动了蒙古族古老的自然经济体系及思想观念。但在作者看来，对蒙古王公以开办实业为名而进行的一系列活动应分角度予以评价。若站在蒙古族经济发展的角度来讲，蒙古王公开办实业开启了蒙古族近代工业化进程，具有一定的进步意义；但站在蒙古族民众的角度来看，"新政"并没有给蒙古族民众的生活带来好处，反而破坏了蒙古族的生产生活方式。蒙古王公的"改革"是以维护自身统治权力为核心，并未考虑改变蒙古阿拉特的生计，使蒙古土地被大肆开垦，矿藏被

---

① 内蒙古社会科学院历史研究所：《蒙古族通史》（下册），民族出版社2002年修订版，第900—901页。

肆意掠夺，民众所受剥削更为严重，生活更为困苦。无法得到民众支持的蒙古"新政"也只能以失败而告终。

第五节　蒙古族人民反帝、反官僚、抗垦、抗租斗争

前四节展现了处于金字塔上层的帝国主义列强、官僚统治阶级以及蒙古王公贵族对蒙古族人民的经济剥削和政治压迫，本节则重点阐述处于金字塔底端的蒙古族百姓对帝国主义、清政府官僚主义以及蒙古封建主义的反抗。鸦片战争后，随着帝国主义列强的疯狂侵略和晚清政府的大肆蒙垦，蒙古族劳动人民承受的经济负担愈加沉重，反帝、反官僚、抗垦、抗租的革命运动此起彼伏。蒙古族农牧民因所受经济剥削最为深重而深具革命性；又因帝国主义列强与蒙古民族的矛盾上升为主要矛盾，蒙古族上层部分官僚统治者为维护自身利益也加入某些反帝斗争中，使革命运动具有广泛的民族性。

一　以反洋教为中心的蒙古族反帝斗争

鸦片战争后，帝国主义列强成为中国各族人民的主要敌人。蒙古族深受帝国主义列强的侵略和掠夺，但从未停止过反抗，蒙古族人民支援第一次鸦片战争和蒙古族骑兵固守大沽口都是反帝斗争的表现。洋教的疯狂掠夺进一步激化了蒙古族劳动人民与帝国主义侵略者的矛盾，以反洋教为中心的蒙古族反帝斗争风起云涌。

第一次鸦片战争中，内蒙古各阶层通过捐献马匹、银钱等方式支持前线反帝斗争。据《清实录》记载，察哈尔官兵捐马 3600 匹，察哈尔叶古则二呼图克图捐马 250 匹，喀喇沁扎萨克克兴额捐马 150 匹。战争末期，清政府更增调察哈尔蒙古骑兵 2000 名到天津防守，

调哲里木、昭乌达、卓所图三盟蒙古骑兵 3000 名在近口地方驻扎备调。蒙古族各阶层纷纷捐钱支持蒙古族士兵参加反侵略斗争，如喀喇沁中旗布仁特固斯、张月各捐钱 1000 吊，喇嘛希纳瓦捐钱 600 吊等①。

1956 年 10 月，第二次鸦片战争爆发，腐败无能的清政府在英法联军的淫威下签订了《天津条约》，原本就蛮横的英法联军更加肆无忌惮。1958 年 6 月，英法公使普鲁斯率英法联军舰队从上海北上到北京交换批准书，却提出从大沽口登陆的无理要求，而对此要求，清政府未予准许，告知需从北塘登陆。遭到拒绝的普鲁斯蛮横地宣称："我一定要使清朝皇帝及其大臣相信，一旦我提出要求，就要把它索取到手，如不顺从我的要求，我已准备凭借武力威胁来索取。"② 遵照此言，英法联军强行拆毁了中国大沽口海防工事，强行武装登陆。

在大沽口守军中，蒙古族骑兵有两千多名，占守军数量一半以上，主要来自哲里木和昭乌达两盟，由科尔沁右翼后旗亲王僧格林沁统帅。僧格林沁忠心于清政府，根据清政府的指示实施"隐忍静候"方针，继续"晓谕"英法侵略军从北塘登陆。然而，英法联军蛮横至极，坚持从大沽口登陆，并于 6 月 25 日开始猛烈攻击大沽口炮台。侵略者的无耻行为激怒了驻守大沽口的广大蒙古族骑兵，同时也激发了广大蒙古族守军郁积已久的反帝情绪，蒙古族骑兵反抗英法联军、保卫大沽口炮台战役就此拉开帷幕。在大沽口反侵略战争中，"两盟马队，于枪炮如雨之中，往来驰突，连环枪炮，击毙极多。……该官兵复能排列壕沟之外，连番冲击，自昼至夜，鏖战数

---

① 蒙图素德：《中国就民主主义革命时期内蒙古人民的革命斗争》，《内蒙古大学学报》（社会科学版）1964 年第 2 期，第 5 页。

② 同上。

时之久，击退夷众，力保营盘。实属奋勇功图，不避锋镝，洵为英勇得力之军"①。在广大蒙古族守军的强力抵抗下，大沽口战役以英法联军大败而终。

大沽口战争是第二次鸦片战争中中国方面获得的唯一胜利，这次战争震慑了帝国主义列强。英国报刊将大沽口战役评价为"中国人对抗欧洲军队获得的第一次'大胜'"②，英法联军报复性称蒙古族骑兵为"怯懦的蒙古人"，但实际上的怯懦者恰恰是侵略军。然而，受挫的英法联军为挽回"尊严"，于1960年8月再次向大沽口发动了更为猛烈的进攻。广大蒙古族骑兵依然浴血奋战，顽强抗争，但前线再顽强的抵抗也抵不过清政府的软弱妥协，内外因同时作用下，大沽口阵地最终陷落。尽管如此，蒙古族人民反抗帝国主义侵略的意志和决心未变。

披着宗教外衣的外国传教士是各帝国主义列强向蒙古族聚居区扩张的急先锋，他们不仅通过勾结清朝官吏和汉族士绅侵占掠夺蒙古族资源，而且通过勾结蒙古王公贵族来推进侵略计划，外国传教士的目的是配合帝国主义政府企图将广大蒙古族聚居区变为殖民地。

洋教在蒙古族聚居区的传播和传教士的疯狂掠夺，一再引起蒙古族人民的强烈不满，反洋教斗争情绪高涨，民间自发性反洋教斗争接连爆发。例如，达拉特旗札兰章京台吉率领70多蒙古族百姓烧毁了一座设在该旗的天主教堂；集宁一带蒙古族百姓烧掉了洋教堂霸占所土地上的青苗等。民间的自发性斗争充分体现出了蒙古族反对洋教的斗争精神，但规模尚小，不足以给洋教沉重打击，直到

---

① 恒福折：《明清档案馆军机处录副档（英法联军类）》，咸丰九年六月初四日。转引自蒙图素德前引文，第6页。

② ［德］马克思：《新的对话战争》，《马克思恩格斯全集》第13卷，人民出版社1962年版，第580页。

1990 年义和团运动的爆发。

义和团最先从山东、直隶进入内蒙古东部蒙古族聚居区。该区域内蒙古族人民零散的反洋教斗争与义和团运动相结合后促成了声势浩大的反洋教斗争。如对天主教东蒙古教区总堂的多次进攻，对赤峰井沿教堂和城内教堂的进攻与焚烧，以及对内蒙古西部西营子、岱海、香火地、公沟堰等地教堂的多次进攻，均沉重地打击了洋教侵略者。

烧毁二十四顷教堂，处死"老洋魔"韩默理，将蒙古族民众反洋教运动推向高潮。达拉特旗二十四顷教堂是天主教在内蒙古西部的总教堂，义和团运动在蒙古族聚居区爆发不久，二十四顷教堂"吃教"恶棍石险生等因争夺土地"率领多人至托克托城厅所属之河西准噶尔旗属麻地壕村，杀死高占年等九命，弃尸黄河"①，制造了所谓的"孙义楼事件"。事后，洋教主韩默理不但未对蒙古族民众有所解释，反而"藏匿正凶"，引起了当地群众的震怒，在与义和团的联合下，7 月 19 日烧毁了二十四顷总教堂，活捉并处死主教韩默理，将蒙古族人民的反帝、反洋教斗争推向高潮。此后，蒙古族人民连同义和团接连攻打了阿拉善三盛公教堂，乌兰察布盟四子王旗境内的铁圪旦沟教堂、乌尔图沟教堂，鄂托克旗小桥畔教堂等众多洋教据点。据统计，义和团运动时期，内蒙古各教区的大小天主教堂（不包括基督教堂）共被摧毁 73 座，外国传教士七人被杀。②

---

① 李杕：《拳匪祸教记》（增补本），光绪三十一年上海山湾印书馆。转引自蒙图素德《中国就民主主义革命时期内蒙古人民的革命斗争》，《内蒙古大学学报》（社会科学版）1964 年第 2 期，第 15 页。

② 李杕：《拳匪祸教记》（增补本），光绪三十一年上海山湾印书馆。

二 蒙古族人民的抗租、抗丁斗争

如前所述，鸦片战争后的蒙古族人民在多重经济剥削下生活苦不堪言，但为满足清政府庞大的军费开支和蒙古王公骄奢淫逸的物质享受，蒙古族民众所承受的赋税、租丁一年胜过一年。在巨大的经济压迫下，蒙古族人民纷纷展开了抗租、抗丁斗争。八枝箭蒙古族人民抗丁、"独贵龙"抗租起义、"勿博格得会"抗差钱征派均是蒙古族人民抗租、抗丁斗争的典型。

"箭"是蒙语，汉译"苏木"或"佐领"。"八枝箭"原是土默特右旗素克杜尔台吉管理的八个半佐领，但因素克杜尔膝下无子，其死后，八枝箭被该旗王公献给康熙，后又被康熙赏还旗王，辗转赠予使八枝箭所受压迫甚于一般箭丁。早在乾隆年间，八枝箭就因所受压迫甚深多次控告其管辖王公。鸦片战争后，德勒克色楞贝子接管八枝箭，其为带兵随从增格林沁镇压太平军而向八枝箭强征兵差和军用物资，进一步恶化了八枝箭的生存处境。完成镇压太平军任务后，德勒克色楞对八枝箭的经济剥削仍有增无减，徭役、赋税节节攀升，以供其常年在京的骄奢生活。对德勒克色楞的残暴统治八枝箭积愤已久，在1855年、1856年和1857年连续三年内多次派代表到清廷理藩院或卓所图盟盟长衙门呈控，指出蒙古族牧民"无事不役，无苦不当，苦的八枝箭地产尽绝，赤贫如洗，终身受苦，复加逼勒，致有饿死父母者，卖儿女者"云云。[1] 但均未有回应，反而导致德勒克色楞更加凶横无忌。

无奈之下，在福泰的带领下，八枝箭发起了以抗租、抗丁为中

---

① 《理藩院折附》，咸丰十年八月二十二日。内蒙古社科院历史所：《蒙古族通史》，民族出版社2001年版，第1036页。

心的反封斗争。1857 年，福泰带领民众夺回了被王公霸占的部分地
亩，砍伤了旗府派去的披甲（清代八旗兵的别称），没收带鞍马匹，
二百多蒙古族人民集合起义，十年内抗交任何差派，三次抗丁，四
次调兵均未出征，不但王公无可奈何，连"盟长、委员、司令均无
所措置"，直至 1870 年。1864 年太平天国运动被镇压后，清政府便
将注意力转向了各地的革命运动。在清政府和蒙古王府的严密搜查
和强力镇压下，福泰等八枝箭反封斗争领导者于 1870 年纷纷被捕。
为平息民愤，清政府虽"革职"了部分苛派钱的官吏并表示核减差
派，但又以种种罪名将八枝箭主力派往南方充当苦差，抗丁斗争以
失败告终。

　　"独贵龙"为蒙语，汉译"环形"，是伊克昭盟蒙古族民众革命
斗争的一种独特形式。为避免敌人轻易找到运动领袖，也为了展示
运动参与者的平等地位，"独贵龙"运动的参加者不论开会还是签名
均环列成圆。发生于 1858 年的乌审旗蒙古族人民抗租、抗捐斗争是
目前公认的伊克昭盟近代最早的"独贵龙"运动。此次运动是乌审
旗蒙古族农牧民针对扎萨克贝子八达尔呼及其属官和上层喇嘛发动
的，运动中，蒙古族农牧民要求蒙古王公和上层喇嘛减少苛捐杂税、
减少摊派债款、避免土地强占等损害蒙古族牧民经济利益的掠夺行
为。因这一要求道出了蒙古族农牧民的普遍心声而得到了广大蒙古
族民众的支持，"独贵龙"运动声势浩大地开展起来。为平息蒙古族
农牧民的反抗情绪，八达尔呼及上层喇嘛表面上同意了农牧民的请
求，暗地里却加紧了对"独贵龙"组织的调查，对其实施报复性镇
压，监禁了"独贵龙"组织的部分参与者，运动以失败告终。

　　"勿博格得会"译为"老头会"，是卓所图土默特左旗的一种运
动形式，主要反抗蒙古王公的差钱征派。"缘该旗先因差钱太重；并
该贝勒、塔布囊（清代蒙古王公封爵名——作者注）等将公中牧场
招民开垦，及各塔布囊派属下差项，将箭丁庄头等，任意作践，以

致众忿难平，遂于咸丰十年间，各村年老人等互相商允，设立老头会，以差重地寡等情，赴京控告。"① 可见减轻差钱，制止王公招垦自肥是老头会产生的原因，赴京控告是其活动的主要方式。1860—1864 年，老头会成员呈控案总计 36 起，大大揭露了蒙古王公罪行，同时也得到了广大蒙古族民众的支持。在老头会发展后期，土默特左旗的广大民众不再停留于呈控，在请愿得不到结果时，他们开始对蒙古王公展开武装斗争，但终因清军和蒙古王公的残酷镇压而失败。

晚清时期，类似于上述抗租、抗丁的蒙古族反抗运动还有很多，如白凌阿起义、金丹道起义均是如此。虽然蒙古族群众的抗租、抗丁运动最终均因晚清政府与蒙古族王公的残酷压迫而失败，但其维护自身经济利益，争取经济权益的斗争精神长存。

三 蒙古族人民抗垦斗争

如果说义和团运动将蒙古族人民的革命斗争焦点集中到了帝国主义列强及洋教上的话，"移民实边"政策的出台与推行则使清政府和蒙古封建王公成为众矢之的，蒙古族社会的经济矛盾更加尖锐。义和团运动被镇压后，20 世纪头十年间，蒙古族群众掀起了以抗垦为中心的革命运动。

西部伊克昭盟乌审旗蒙古族人民首先举起了针对"移民实边"政策的抗垦大旗。乌审旗札萨克贝勒衔贝子察克杜尔色楞是首先同意报垦的蒙古王公之一。早在 1900 年，察克杜尔色楞就开始私自放

---

① 额勒和布等折，同治三年（1864 年）十二月八日，明清档案馆军机处录副档，民族事务类。转引自蒙图素德《中国旧民主主义革命时期内蒙古人民的革命斗争》，《内蒙古大学学报》（社会科学版）1964 年第 7 期，第 9 页。

垦蒙地，广大蒙古族百姓虽有反抗，但均未能制止。1903年，察克杜尔色楞又带头报垦了乌审旗的新旧牌子地，1904年又趁慈禧七十大寿之际献上大片祝嘏地，1905年，贻谷开始派员垦种祝嘏地，对此，乌审旗人民屡次呈请停止开垦，但察克杜尔色楞不但置民众请愿于不顾，反而宣称"居于指定开垦地段之旗民，应迁居地外，各安生业。严禁旗民啸众生事，有碍设局丈放"。[①]但察克杜尔色楞的恐吓并没有吓退蒙古族"独贵龙"组织，反而坚定了"独贵龙"继续抗垦的决心。至1905年年末，乌审旗"独贵龙"已有两千多参与者，并在海留图召庙成立了"独贵龙"总部，号召民众停缴一切官差摊派的赋税徭役，当办垦官吏进入乌审旗时，"独贵龙"便集结群众驱逐官吏。乌审旗的"独贵龙"运动迫使清政府连续四年无法丈放祝嘏地。

除伊克昭盟乌审旗外，杭锦旗、准噶尔旗、内蒙古东部郭尔罗前旗等蒙旗均接连发生了"独贵龙"抗垦斗争，给蒙古族王公及清政府统治阶级以沉重打击。蒙古族民众的反帝、反官僚、抗垦、抗租斗争是各统治阶级残酷剥削的结果，也是蒙古族人民维护自身经济利益的尝试与努力，属于旧民主主义革命范畴，由于缺乏先进阶级的领导，这些斗争均以失败收场。

---

① 察克杜尔色楞致协理朝克图厄齐尔的公文，光绪三十一年八月十三日，内蒙古历史研究所藏伊盟"独贵龙"运动资料之一。转引自蒙图素德前引文，第11页。

第二十二章
晚清蒙古族经济从集权官僚制到
半殖民地半官僚制的转变

帝国主义的入侵不仅暴露了清政府的腐败，也葬送了清政府的"江山"，蒙古族连同整个清政府一起进入了半殖民地半官僚社会。社会性质的整体转变也使蒙古族经济呈现多种变化，如蒙古族人口增长缓慢，传统畜牧业逐渐走向衰落，农业发展取得较大进步，蒙古族商业贸易发展畸形繁荣，货币金融业虽发展混乱，但总体呈进步趋势。晚清时期的蒙古族经济有所发展，但这种发展是在剥削蒙古族人民的基础上，以牺牲蒙古族长远利益为代价而取得的。

第一节　晚清蒙古族社会性质与
经济、政治制度变迁

晚清时期是蒙族经济发展的转折点，帝国主义的入侵与清政府的"移民实边"政策使蒙古族社会性质由集权官僚制转向半殖民地半官僚制。此处官僚制内涵丰富，不仅包括清政府对蒙古族的集权官僚统治，还包括蒙古王公和上层喇嘛对蒙族民众的封建剥削。社会性质的转变使晚清时期的蒙古族行政体制与经济制度发生了相应变化。

一　晚清蒙古族社会性质的转变

社会性质的转变源于鸦片战争后帝国主义列强与清政府对蒙古族的经济压迫与掠夺。盟旗制度既确立了清王朝对蒙古族的中央统治，又隔离了各蒙旗之间的经济贸易往来，使蒙古族各阶层直接听命于清王朝统治。清王朝通过盟旗制度将集权官僚制带入蒙古族社会，改变了蒙古族一直延续的封建领主制。乌日陶克套胡在其博士论文《蒙古族游牧经济及其变迁研究》中指出，"自清代起，蒙古社会全面接受了农耕社会的政治、经济、文化，进入集权官僚制"，并认为"集权官僚制阶段的蒙族经济仍是以游牧为主的游牧经济，但随着社会文化、经济的变迁，逐渐演变为牧业、半农半牧、农业经济。其主要生产资料土地归国家所有，国家以均配土田的方式将一部分土地分给蒙古原来的领主占有，又以赐田、禄田、勋田等方式将一部分土地分归官吏占有，允许土地占有权的买卖等。形成国家拥有土地所有权，官僚地主、官僚牧主、自耕农等拥有对土地的占有权，以及无地佃农和牧农从牧主或地主手里租用土地使用权这三层权力关系，这也是基本的经济关系……在蒙古族社会中这种关系变现为'集权官僚牧主'与'牧民'的经济关系"[1]。可见，根据乌日老师的研究，蒙古社会自清王朝设立盟旗制度起即已进入了集权官僚制社会，笔者赞同并引用此观点。需要指出的是，在清朝蒙古族集权官僚制的整体框架下，蒙古族社会内部的封建领主制依然存在，蒙古王公、贵族和上层喇嘛仍有各自的领地，并拥有自己的属民，这些蒙古族属民既承受着官僚剥削，又承受着封建压迫。

---

[1]　乌日陶克套胡：《蒙古族游牧经济及其变迁研究》，博士学位论文，中央民族大学，2006年，第26页。

鸦片战争后，日、俄、英、法、美等帝国主义了列强钳制住了腐败无能的清王朝，割地、赔款等出卖主权行为屡屡发生，作为兵家必争之地的蒙古草原自然逃不掉帝国主义侵略者的侵袭，其通过与清政府签订不平等条约的形式割占了原属蒙古族的土地，获得了在蒙古族聚居区经商、传教、修筑铁路以及开设洋行等经济特权。不仅如此，帝国主义列强通过培植内地高利贷商人，收买蒙古王公、贵族和上层喇嘛等手段逐步向蒙古族聚居区渗透，通过非公平交易掠夺蒙族畜产、矿藏等多种资源，蒙古族农、牧民承受着来自帝国主义列强和高利贷商人的盘剥。此时，虽然蒙古社会集权官僚制的三层经济关系未变，但却在殖民侵略的冲击下，蒙古族社会性质由集权官僚制转变为半殖民地半集权官僚制。

二 晚清盟旗制的衰变

清政府将满洲八旗制度与蒙古族鄂托克①、爱马克②相结合后形成了清政府统治蒙古族的行政建制——盟旗制度。清代蒙古地区存在着许多"盟"和"旗"，他们既是基层政权组织，又是军事组织和社会组织。每旗设扎萨克（即旗长）等官员管理，数旗合为一盟，设盟长和副盟长，清政府通过理藩院管辖各盟旗，人们一般称此为"盟旗制度"。③ 盟旗制度集中了满清政府对蒙古族的统治权，但在

① 鄂托克是明代中后期蒙古族军政合一的社会单位，意为部落、疆域、屯营地，以地缘为基础，是一定地域内的游牧结合体，每个蒙古人都必须属于某个鄂托克，若干鄂托克联合在一起，构成万户。

② 爱马克是游牧于同一地区，且拥有共同牧地的同族牧民集团，是部落的分支，但以地缘和族缘为共同基础，是近亲家族的结合。

③ 孟和宝音：《近代内蒙古行政建制变迁研究》，博士学位论文，内蒙古大学，2009 年，第 21 页。

强调中央集权的基础上，蒙古族王公、贵族仍有一定的自治权。它强化了各旗与清政府间的联系渠道，蒙古族地区因此获得了相对稳定的社会环境，但这一制度也阻滞了蒙古民族整合的步伐，弱化了蒙古民族内部的各种历史联系。[①] 总体来讲，盟旗制度在满清政府对蒙古族的统治中发挥着举足轻重的作用。

鸦片战争后，帝国主义列强强纷纷发起了对蒙古族的侵略，清政府的"移民实边"政策促使大量内地汉民进入蒙古族聚居区进行蒙垦，为管理与日俱增的内地汉民，清政府设立了制同内地的府、厅、州、县。盟旗制与州县制并存成为晚清蒙古族行政建置的一大特点。尽管在晚清以前，部分蒙古族聚居区就已经设立府厅州县，实行州县制，只是渐进地分地而设。清政府"新政"实施后，府厅州县设置的速度加快、面积扩大，而且基本上均设在新丈放垦地上，极大地加强了清朝对蒙古族的直接统治。

盟旗制的衰变影响了蒙古族社会各个阶层。对于蒙古王公来讲，盟旗与府厅州县同时存在使其喜忧参半，"喜"缘于出租、售卖蒙地获得的经济利益，忧则体现在蒙旗土地面积的缩小和行政权力被道府州县官吏的取代，蒙旗与州县之间矛盾重重；而对于蒙古族牧民来讲则无异于一场噩梦。汉民的涌入和蒙垦的扩张侵占了蒙古族牧民的牧场，改变了蒙古族的生产生活方式，增加了蒙古族百姓的生存压力，垦民与牧民之间矛盾冲突不断。

三　晚清蒙古族经济制度的演变

晚清蒙古族行政建制与社会性质的变化加速了蒙古族经济方面

---

① 周竞红：《清末民国时期内蒙古地区政区管理体制变迁及对蒙古族的影响》，《中央民族大学学报》（哲学社会科学版）2004 年第 6 期，第 157 页。

的改变。其中，三方面变化较为明显：资本主义经济的扭曲发展、蒙古族经济关系发生变化以及蒙古族生产生活方式的改变。

首先，晚清蒙古族出现了资本主义萌芽，但这种萌芽并不是自发自然的现象，而是一种强制且激进的过程。帝国主义列强通过输出资本、掠夺原料和开设洋行等冠冕堂皇的经济贸易行为掠夺着蒙古族农牧民。尽管如此，资本主义生产关系在蒙古族聚居区的出现仍是不可否认的事实。带有资本主义性质的工行与蒙古族雇佣工人的出现是帝国主义列强掠夺蒙古族经济的产物和手段，蒙古族工人创造的剩余价值就是其掠占的对象。资本主义生产关系的零星出现虽加深了蒙古族农牧民承受的经济剥削，但却将蒙古族经济由传统引向现代，为当时缺乏牧场和牲畜的蒙古族牧民提供了一条通过出卖劳动力谋求生存的途径，从长远来讲，晚清蒙古族资本主义生产关系的出现与发展虽然是建立在掠占蒙古族经济的基础上，但也为封闭的蒙古族经济打开了一个窗口，拉近了其与其他民族经济发展的距离。

其次，集权官僚制基本生产关系发生变化。蒙古族生产关系是以土地为核心建立和展开的。前文已经引用了乌日老师对集权官僚制下蒙古族三层基本生产关系的总结，在此需要说明的是，帝国主义列强入侵使蒙古族社会滋生了一个新的阶层——买办阶级。买办阶级主要由旅蒙商和高利贷商人构成，为帝国主义所豢养，又与蒙古王公、贵族相勾结，成为帝国主义列强侵略蒙古族的得力工具。买办阶级的出现虽然没有改变集权官僚制下蒙古族原本的三层权力关系，但却极大地加重了蒙古族牧民的经济负担。如高利贷商人抓住蒙古王公贪图物质享乐的虚荣心理，为其提供高利贷"服务"，负债累累的封建王公贵族则将这种高利贷负担转移至其管属的农牧民。另外，买办阶级通过与蒙古王公勾结，租赁或购买大片土地成为"二地主"，再通过出租土地的方式剥削蒙古族破产牧民。

最后，蒙古族生产生活方式发生改变。蒙古族自古以游牧为主要生产生活方式，帝国主义列强入侵以及清政府"移民实边"政策的实施将具有资本主义性质的工商企业和农业生产方式大面积带入蒙古族聚居区，出现了晚清蒙古族牧业迅速衰落、农业显著进步、工商业畸形发展、货币金融异常混乱的局面。生产方式的改变也使蒙古族生活方式发生重要变化，具体表现在吃、穿、住、行等多个方面，如粮谷和蔬菜改变了蒙古族食肉饮乳的饮食习惯；汉民服饰逐渐代替蒙古袍被蒙民广泛接受；定居房屋代替移动蒙古包成为农区和半农区蒙古族农牧民的主要住所；铁路、公路等现代运输方式也被引入蒙古族聚居区，以马代步的单一教交通形式被改变，而所有这些具体改变将在下面章节中加以研究。

第二节　晚清蒙古族人口的缓慢增长

人是经济发展的主体，人口因素是经济史研究的重要方面。对人口的考察要质量兼顾，人口数量决定了劳动力数量，在某种程度上反映出一国在一段时间内的经济发展状况；人口质量的高低体现了劳动者素质技能水平的高低，也体现着就业结构与经济结构。对晚清至民国时期蒙古族经济史的研究应从分析该时期蒙古族的人口要素开始。

一　晚清的两次蒙古族人口调查

有清一代，对蒙古族人口的统计主要采用比丁制度，本节以内蒙古地区的蒙古族丁户管理方法为例加以说明。比丁制度是及时、准确地统计壮丁数量的户籍管理制度。凡18—60岁的蒙古族男子均有当兵的义务，列为壮丁，150 名壮丁编一佐领（苏木），50 名为常备现役兵，100 名为预备役兵。比丁以旗为单位，每三年编审一次，所有壮丁都要记入档册，比丁档册由主管蒙藏事务的理藩院（清末新官制改称为理藩部）负责制作和完成。每遇比丁之年，理藩院（部）首先需选派出调查专员，规定其在 10 个月内完成档册建立。比丁档册按旗分发，包括多项统计内容，如现有壮丁姓名、年龄、数目，原有壮丁姓名、年龄、数目等。统计完成后由调查专员将比丁档册报送至旗盟长，盟长审阅后呈送至主管蒙旗事务的都统或将军，再由其成交给理藩院（部）备核。蒙古骑兵是清政府常备部队的重要组成部分，三年一次的比丁自然也备受重视。比丁时，程序规范，要求严格，不得有半点隐瞒，更不允许私卖和逃散丁口，如被查出存在上述现象的话，除处罚逃散兵丁外，对该旗王公和主管此事的大小官员均一并处罚。

然而，比丁制度只能统计出蒙古族 18—60 岁的男子兵丁数量，对于在此年龄范围之外的男性及全部蒙古族女性无法统计，因此难以代表蒙古族人口的真实数量。晚清时期，清朝官制改革，伴随着新官制的实施，户部被民政部代替，户籍管理职能随之转移至户部。在新官制下，清朝参考几个主要资本主义国家的户籍法，制定了《户口调查章程》，进行了两次户籍调查，伴随着两次户籍调查的开展，通行于清朝两百余年的保甲制度宣告结束。

光绪三十三年（1907 年）三月，民政部曾奏请查清各省"藩属"户数，要求各省据实呈报，这便是晚清时期的第一次户籍调查。但不论是内蒙古地区的蒙古族的人口统计还是其他地区的蒙古族人口统计，均无资料，甚是可惜。第二次人口调查是"预备立宪"的产物，唯有在人口数量确定的基础上，选举、纳税、征兵等新政才能顺利进行。

依清政府《户口调查章程》的规定，宣统二至三年（1910—

1911年），人口调查活动在全国各省、地区全面展开。然而，1911年10月10日武昌起义的爆发推翻了清政府的腐朽统治，由民政部发起的人口调查也随之结束。尽管部分省份人口调查结果已按期报送至民政部，但终因资料凌乱不全、未报送者尚多等原因，使全国人口及蒙古族人口的全面、准确统计殊为困难。

二　晚清蒙古族人口数据统计与分析

对于晚清蒙古族人口数量的研究，主要资料源于清末第二次人口调查，辅之以其他史料，尽管数据收集与分析难度较大，但仍有多项成果可资借鉴。内蒙古蒙古族人口数量较多，数据相对充分，外蒙古、新疆、青海等地的蒙古族人数较少，且居住分散，数据统计难度大，可查证资料较少。鉴于此，本书以晚清时期内蒙古地区的蒙古族人口统计数据为主要分析对象，辅之以外蒙古等其他地区晚清时期的蒙古族人口状况的研究。

首先，根据《清朝续文献通考》卷二十五，《户口一》记载："内蒙六盟民数，东三盟，昭乌达盟十三旗二十万人，岳（卓）索图盟七旗二十二万人，哲里木盟十旗五十万人。西三盟、锡林郭勒盟五万人，伊克昭盟、乌兰察布连同西土默特、阿拉善旗共十七旗二十余万人……黑龙江有依克明安旗约万人，呼伦贝尔十七旗三万人，奉天彰武县有新苏鲁克、陈苏鲁克两旗二万人，吉林新城扶余县有纳尔罕蒙古一旗约万人，察哈尔十四旗约三万人以上。"[①] 此项统计数据较为全面地记载了内蒙古各盟旗的蒙古族人口，数据资料颇具价值。依其统计，清末蒙古族人口总计127万

---

① 张植华：《清代至民国时期内蒙古地区蒙古族人口概况》，《内蒙古大学学报》（哲学社会科学版）1982年第2、4期，第54页。

人，可信度较高。但此项人口统计数据过于笼统，且缺少额济纳旗的蒙古族人口数据。

其次，根据王士达《民政部户口调查及各家估计》一文的附表可获得晚清时期蒙古族多数盟旗的人口统计数据，该数据也是根据1910—1911年的人口调查而来，具体数据如表 22-1 所示。

表 22-1　　　　　1912 年内蒙古各旗蒙古族人口数量　　　　单位：人

盟旗名	蒙古族户数	蒙古族人口数	每户平均人口数
哲里木盟	106126	484996	4.57
卓所图盟	45942	209955	4.57
昭乌达盟	25534	116741	4.57
锡林郭勒盟	14803	67650	4.57
乌兰察布盟	6812	31131	4.57
伊克昭盟	35914	164127	4.57
归化城土默特	6419	29335	4.57
阿拉善旗	1048	4789	4.57
额济纳旗	131	599	4.57
总计	242729	1108832	4.57

资料来源：王士达：《民政部户口调查及各家估计》，宣统三年。

表 22-1 共统计了九个盟旗的蒙古族人口，相对《清朝续文献通考》的人口统计数据而言，本数据更详细、具体，若在上述统计数据基础上再加上呼伦贝尔和察哈尔等盟旗的人口，总人口数也在120 万左右，与《清朝续文献通考》中记载的晚清蒙古族人口数量可相互印证，提高该数据的参考价值。然而，该数据也存在不尽如人意之处。表 22-1 显示，内蒙古地区蒙古族人口数量以哲里木盟最多，额济纳旗最少，但平均每户人口均为 4.57 人，如此均等的户均人口值得怀疑。

最后是来自 1933 年《中国经济年鉴》修正民国元年内务部汇造

宣统年间民政部的调查户口统计表，该数据来源也是清末第二次人口调查，具体数据如表 22 - 2 所示。

表 22 - 2　　　　　　　　　1912 年内蒙古蒙古族人口　　　　　　　单位：人

盟旗名	总户数	总人口数	男性人口	女性人口	男女性别比（ = 100）	平均户人数
热河盟旗	58071	293826	137250	156576	87.66	5.06
察哈尔各旗	1374	45783	23283	22500	103.43	3.50
锡林郭勒盟	13606	65037	32157	32880	97.80	4.78
归化城土默特	6419	30683	15171	15512	97.80	4.78
乌兰察布盟	6812	32561	16097	16464	97.78	4.78
伊克昭盟	35914	171669	84880	86789	97.80	4.78
阿拉善旗	1522	7275	3597	3678	97.79	4.78
额济纳旗	1718	8112	4010	4102	97.78	4.72
哲里木盟		193000 [*]				
呼伦贝尔各旗		30000 [**]				
合计	137136	877946	316445	33499	97.23	4.65

说明：[*] 哲盟蒙古族人口据王士仁编《哲盟实剂》第一章第三节，春和石印局 1913 年石印版。

[**] 呼伦贝尔蒙古族人口据刘锦藻编《清朝续文献通考》卷 25 户口 1，商务印书馆 1936 年铅印。

资料来源：王龙耿、沈斌华：《蒙古族历史人口初探（17 世纪中叶～20 世纪中叶）》，《内蒙古大学学报》（人文社会科学版）1997 年第 2 期，第 33 页。

表 22 - 2 详细地统计了内蒙古十个盟旗蒙古族人口的总户数、总人口数和每户平均人口，对各盟旗男、女人口及二者之比也详细列明，提高了数据的可信度。对表 22 - 2 的数据分析可知，1912 年

内蒙古蒙古族总人口为877946人。另因此时还处于喇嘛教的鼎盛期，喇嘛数量达12.8万之多，若加上喇嘛人数，内蒙古蒙古族实际人口可达1005946人，比清初时的1280750人减少274804人，下降21.4%[①]。

比较表22-1和表22-2不难发现，二表数据虽均来自晚清第二次人口调查，但均不完善，可彼此互补。与表22-2相比，表22-1缺少呼伦贝尔各旗、热河盟旗和察哈尔各旗的蒙古族人数统计数据；而相比表22-1而言，表22-2则缺少了卓所图盟和昭乌达盟的人口统计数据。另外，尽管是同一盟旗，两份表格所提供的数据却不尽相同，最明显的是哲里木盟的蒙古族人口数。表22-1中，哲里木盟的蒙古族总人数为484996人，而表22-2中，哲里木盟蒙古族总人数仅为193000人，相差近30万人。

事实上，晚清时期内蒙古蒙古族人数的具体数字已很难统计清楚，对于两份数据，我们也不敢妄加判断哪一个更为准确。但相比而言，更倾向于表22-2提供的数据，原因在于该数据更为详尽地给出了总人口和男女人口及其比例，而且，每户平均人口也不像表22-1呈现出来的那么平均。但表22-2中，哲里木盟蒙古族人数过少值得怀疑，对于哲里木盟的蒙古族人口，更倾向于表22-1中的统计，原因在于其与《清朝续文献通考》中对于哲里木盟蒙古族人口数量的记载相印证，可信度较高。为此，晚清时期内蒙古蒙古族人口数应如表22-3所示。

---

① 王龙耿、沈斌华：《蒙古族历史人口初探（17世纪中叶～20世纪中叶）》，《内蒙古大学学报》（人文社会科学版）1997年第2期，第34页。

表 22 - 3 晚清时期内蒙古蒙古族人口数量 单位：人

盟旗名	总户数	总人口数	平均户人数
热河盟旗	58071	293826	5.06
察哈尔各旗	1374	45783	3.50
锡林郭勒盟	13606	65037	4.78
归化城土默特	6419	30683	4.78
乌兰察布盟	6812	32561	4.78
伊克昭盟	35914	171669	4.78
阿拉善旗	1522	7275	4.78
额济纳旗	118	8112	4.72
哲里木盟	106126	484996	4.57
卓所图盟	45942	209955	4.57
昭乌达盟	25534	116741	4.57
呼伦贝尔各旗		30000	
总计	299946	1496638	4.63

可见，晚清时期，内蒙古各盟旗蒙古族总人口为 1496638 人，再加上 12.8 万喇嘛，蒙古族实际人口应为 1624638 人，相比清初时的 1280750 人，增加了 343888 人，上涨了 26.9%。然而，人口增长并不代表内蒙古蒙古族人民生活康泰，反而体现了蒙古族人民生活的苦难。众所周知，"清代是我国历史上发展人口的高峰时期。从乾隆年间到清末，汉族人口由一亿左右猛增至四亿以上，增长率是三倍多"[①]，但在同一时期的内蒙古蒙古族人口仅增长了不到三分之

---

① 张植华：《清代至民国时期内蒙古地区蒙古族人口概况》，《内蒙古大学学报》（哲学社会科学版）1982 年第 2、4 期，第 55 页。

一，其中缘由发人深思。

与内蒙古不同，外蒙古、新疆、青海的蒙古族人口均呈下降趋势，如表 22 - 4 所示。

表 22 - 4　　　　外蒙古、新疆、青海蒙古族人口清初、末比较

地区	清初蒙古族人口	清末蒙古族人口
外蒙古	631324	542500
新疆	90000	70000
青海	100000	30000
合计	821324	642500

数据来源：根据王龙耿、沈斌华：《蒙古族历史人口初探（17 世纪中叶～20 世纪中叶）》中所提供数据整理而得。

需要说明的是，晚清时期并没有新疆和青海蒙古族人口的具体数据，王耿龙、沈斌华是根据已掌握的最早且最可信的数据推算而得。清初，新疆有 9 万多蒙古族人口，至 1949 年，仅为 52453 人，以此下降速度推算，清末新疆蒙古族人口在 7 万人左右，下降22.2％；青海在清初时有近 10 万蒙古族人口，但至 1930 年仅有20150 人，同理推算晚清时期的青海蒙古族人口约为 3 万人，下降70％。从表 22 - 4 可知，外蒙古虽没有新疆和青海蒙古族人口下降幅度大，但整体也呈下降趋势。新疆、青海蒙古族人口下降的主要原因在于与他民族的杂居，受主体民族影响，部分蒙古族人口在生活习俗、语言等方面被同化，户籍登记上也将其视为其他民族。但外蒙古与内蒙古的蒙古族人口下降和缓慢增长却多为经济原因。

三 半殖民地半官僚制是蒙古族人口增长缓慢的根源

人口增长缓慢或下降由多种原因造成，但具体应考虑两个因素：新增人口数和人口死亡数。人口增长缓慢可能是因为人口死亡率不变而新增人口数降低造成，也可能是新增人口数不变而人口死亡率提高导致，抑或是二者同时发生的结果；人口出现负增长则表现为新增人口数小于人口死亡数。晚清时期蒙古族人口增长缓慢和负增长也是如此，但究其根本，半殖民地半官僚制则是罪魁祸首。

第一，清朝夺得政权后即对蒙古族聚居区实行了盟旗制度，集权官僚制随之渗透至各盟旗。为获得清政府的垂青，也为了加官晋爵，诸多蒙古王公贵族对清政府的指令言听计从，甚至谄媚奉承。为了满足奢侈的物质享受，多数蒙古王公贵族不仅逐渐忽视了本盟旗的经济发展，还逐渐加重了对本盟旗蒙古族人民的经济掠夺，导致蒙古族民众生活负担沉重。晚清时期，帝国主义列强的巨额赔款促使清政府加重了对蒙古族人民的经济掠夺，使得蒙古族人民喘不过气来；另外，商品贸易的发展促使多数贪图享受的蒙古王公贵族加重了对本盟旗蒙古族人口的经济剥削。帝国主义和集权官僚制的沉重经济剥削使蒙古族人民生活苦不堪言，衣食难保，如再遇自然灾害，性命难保也是常有之事，蒙古族人口增长缓慢势所必然。

第二，集权官僚制导致清政府腐败无能，对外战争屡战屡败，但对蒙古族的征兵却与日俱增。由于蒙古骑兵历来都是清政府兵丁的主力，每遇战事，蒙古族便成为征兵的主要对象之一。晚清时期，战火连绵，外蒙古和内蒙古的蒙古族骑兵在第一、二次鸦片战争、镇压太平天国起义和捻军起义中均被大面积征调，作战中伤亡较大。前文也曾提及，蒙古族在18—60岁的男子均被编入伍，战争伤亡巨大，抑制了人口增长。

第三，在集权官僚制下，晚清时期的蒙古族人民承受了来自多方面的经济剥削，为避免沉重的赋税及徭役负担，喇嘛教成为众多男子的避难所。晚清时期，喇嘛教在蒙古族中发展至鼎盛。男子纷纷选择加入喇嘛教，尽管喇嘛教内也存在自上而下的经济剥削，进入喇嘛教的蒙古族男子也要无偿地为上层喇嘛出卖劳动力，但在喇嘛教的"庇护"下，经济负担相对较轻。众多蒙古族男子加入喇嘛教成为蒙古族人口增长缓慢甚至下降的重要原因之一。

同样，蒙古族人口数量的缓慢增长也反过来影响了蒙古族经济的发展，劳动力匮乏严重阻碍了蒙古族生产发展，如蒙古族畜牧业逐渐走向衰落，蒙古族手工业成为众多涌入蒙古族聚居区的汉民的生计，蒙古族商贸业更是被外来资本所占领，而这一切已不能单纯归因于蒙古族人口数量多少，蒙古族人口素质高低是更为重要的原因。

第三节　晚清蒙古族畜牧业由盛转衰

"靠山吃山，靠水吃水"，蒙古族聚居于蒙古草原，以草原为依托发展畜牧业是蒙古族的基本生产方式。畜牧业经济对蒙古族产生、发展、壮大、繁荣的全程均发挥了关键性作用。牧场、牧主、牧民、畜产品是蒙古族畜牧业发展的四大要素，传统的蒙古族畜牧业采用"苏鲁克"制度，牧民在牧主所有的牧场上为牧主放牧，牧业生产的畜产品绝大部分归牧主所有，小部分归牧民所有。随着帝国主业列强的入侵和清政府"移民实边"政策的出台与实施，蒙古族聚居区进入了半殖民地半官僚统治时期，大批外来商人与汉民进入蒙古族聚居区，利用牧主、压迫牧民、霸占牧场、掠夺性收购畜产品，蒙古族畜牧业日益走向衰落，蒙古族畜牧业四大要素及其原有关系也随之被打破，具体如图22-1所示。

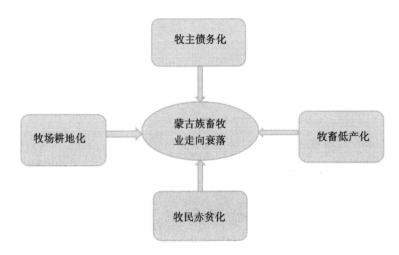

图22-1　晚清时期蒙古族畜牧业四方面的转变

　　牧场辽阔、牧草丰美的天然优势为蒙古族发展畜牧业提供了有利的物质保障。蒙古族轮牧、休牧等科学的放牧方式也保证了蒙古族畜牧业世世代代的可持续发展。然而，在蒙古族社会，牧场虽然在名义上是公共所有，实际属于少数王公贵族和喇嘛。牧场是蒙古族的财富，而晚清的"移民实边"却将这笔财富砸碎掏空。牧主和牧民是蒙古族畜牧业发展的主体，二者既相互依存又相互对立。作为"牧主"，蒙古王公贵族不仅拥有牧场，同时也拥有牧民，更拥有牧民生产的畜产品。牧民是直接的劳动者，但却不是劳动成果的最终拥有者。在牧主的"恩赐"下，牧民可以获得一小部分的劳动所得。尽管如此，在帝国主义列强入侵之前，牧民的境遇相对要好一些，因为蒙古族牧民主要承受着来自蒙古王公贵族的一重压迫，而在晚清，则承受着来自帝国主义列强、清政府和蒙古王公贵族的多重剥削。畜产品是蒙古族赖以生存的物质资料，同时也是各剥削阶级掠夺的对象。晚清以前，畜产品归蒙古王公贵族即牧主所有，进入晚清，畜产品从单纯满足蒙古族生活需要变为重要的出口商品，不再为蒙古王公所独有。不仅如此，因畜牧环境的破坏，晚清时期蒙古族畜牧产量迅速降低。

一 牧场耕地化

蒙古族畜牧业发展同时体现着人与自然和人与人之间的经济关系。人与自然的关系主要表现为蒙古族牧民与草场、牲畜的矛盾，而人与人之间的经济关系则表现在牧民与牧主之间的矛盾，后一矛盾成为蒙古族畜牧业发展中的主要矛盾。晚清，蒙古族畜牧业经济关系变得更为复杂，牧主与牧民之间尽管仍存在矛盾，但已渐退其次，蒙古族与帝国主义列强、清政府之间的矛盾逐渐上升为蒙古族畜牧业发展中的主要矛盾，就连蒙古族与汉族垦荒者之间的矛盾也在逐渐上升，焦点主要集中在畜牧业的两端——草场和畜产品。

早在1958年，朱峰就将土地即牧场规定为蒙古社会的首要生产资料，牧畜仅次之。陶克涛同样认识到了牧场对于游牧民族的重要性，指出，"拥有牲畜未必就标志着拥有了主要的生产资料……如果没有更带决定性的条件，单单纠缠于牲畜这种资料，并不有助于认识匈奴社会的经济关系"，因此，"必须肯定土地对于牧业生产的决定性作用"。[①] 可见，不论是站在历史角度，还是站在草原畜牧业自身发展的角度，牧场在蒙古族的生产、生活中均发挥着重要作用，关乎蒙古族畜牧业的兴衰。

---

① 陶克涛：《毡乡春秋·匈奴篇》，人民出版社1987年版，第257页。转引自包玉山、特格西毕力格《关于游牧畜牧业的几个理论问题》，《中央民族大学学报》（哲学社会科学版）2008年第9期，第47页。

　　然而，在经济利益的诱惑下，即便是作为基本生产资料的牧场也逃脱不了几近毁灭性的交易。随着清朝汉族人口的迅速增长和连年战荒，清朝内地人口与耕地之间的矛盾愈演愈烈。蒙古族聚居区土地辽阔，水草丰美，破产的内地汉民纷纷涌入，并将汉族耕种之习渐渐渗透至蒙古族，牧场被耕地侵占，至晚清时期已愈加明显。

　　大面积蒙古族牧场的耕地化有着深层的经济根源。蒙古族牧场被汉民耕地所占据，这不仅与汉民人口增加、耕地减少、迫于生计有关，也与清政府和蒙古族工公贵族贪图经济利益密切相连。表22-5可以清晰地展现出清代内地汉族人口与耕地的关系，土地的短缺成为内地汉民进入蒙古族聚居区，将蒙古族牧场转变为耕地的重要原因之一。

表 22-5　　　　　　　　　　清代汉族人口与耕地关系

单位：人/顷/%/亩

年代	人口数	耕地面积	人均耕地面积	人口增加指数	耕地增加指数	耕地
顺治十八年 （1661 年）	105342045	5493576	5.2	100	100	34
康熙二十四年 （1685 年）	117057240	6078431	5.1	111	110	33
雍正元年 （1723 年）	128659270	6837914	5.3	122	124	35
乾隆十八年 （1753 年）	183678259	7081142	3.8	174	128	34
乾隆三十一年 （1766 年）	208095796	7414495	3.5	197	134	27

续表

年代	人口数	耕地面积	人均耕地面积	人口增加指数	耕地增加指数	耕地
嘉庆十七年 （1812 年）	333700560	7915251	2.3	316	144	17
同治十二年 （1872 年）	277133324	7576918 △	2.7	263	137	17
光绪十一年 （1885 年）	377636	9119766 ▲	2.4	358	166	15

说明：本数据以顺治十八年（1661 年）为基准，指数的计算是依小竹文夫《清代的耕地开垦》所载耕地面积及《清代的人口》所载的人口统计算出来的。△表示同治十三年的数据，▲代表光绪十三年的数据。

资料来源：［日］田山茂：《清代蒙古社会制度》，潘世宪译，商务印书馆1987 年版，第 295 页。

从表 22－5 可看出，从 1661 年到 1885 年二百余年内，清朝汉族人口猛增了约 3.5 倍，耕地却只增加了 1.5 倍多，人均耕地面积从 5.2 亩下降至 2.4 亩。人口与土地的矛盾成为汉民进入蒙古族聚居区开垦蒙地的直接原因。根据小竹文夫的研究，汉民开始进入蒙古的顺治十二年前后，是 7000 万人；限制汉人进入蒙古的康熙末年是一亿二三千万人；到禁止出关开垦的乾隆年间则是 17000 万人（乾隆七、八年）到 2 亿人（乾隆三十七年）；迨至乾隆末年，竟超过 3 亿人；以后仍逐渐增加，到禁令成为具文允许部分开放的光绪初年，计为三亿七八千万人；正式开放的光绪二十七八年间超过 4 亿人。①

尽管内地耕地紧张促使大量汉民涌入蒙古族聚居区，但若掌管土地使用权的蒙古王公贵族或上层喇嘛强烈抵制外来汉民，汉民一

---

① 关于研究清代中国人口统计的中外成果，在小竹文夫《近代中国经济史研究》"清代的人口"一章中，第 244—245 页有所记录。

厢情愿地迁入也无济于事。问题的关键在于，集权官僚制下的蒙古王公贵族及上层喇嘛，为博得清政府的欢颜，也经受不住出租、变卖土地的利益诱惑，心甘情愿地为外来汉民提供土地租赁"服务"。面对大量汉民进入蒙古族聚居区的趋势，清政府一方面对蒙古族土地大中禁令，另一方面又采取"借地养民"政策，允许其直辖牧场招纳汉民开垦，安置内地流民并收取租银。至乾隆二十六年至六十年（1761—1795 年），清廷直辖的察哈尔右翼四旗牧场土地，招民垦种，六次地亩升科，共开垦土地 27013 顷 56 亩。①

　　既然清朝政府可以在其直辖的官牧场招垦开荒，收取租税，蒙古王公和牧场官吏自然随之效仿，私垦由此盛行。列强进驻后，在商品经济发展的刺激下，蒙古王公贵族的生活日益奢侈，消费大增，清政府的俸银及对蒙古阿拉特的贡赋剥削所得已难以满足其奢靡生活的庞大开支，此时，其手中的牧场支配权便为其提供了"生财之路"。蒙古族聚居区内，蒙古王公、贵族、上层喇嘛以及清政府驻蒙官吏与汉民之间的土地租佃、典押、买卖关系也随之发展起来。到光绪二十七八年，蒙地的公然开发得到允许，这使蒙古王公贵族之前的私垦土地"合法化"，蒙古人与汉人之间的耕地契约与收租等问题也变得更为复杂，为此，各地垦务局开始着手整理土地。整理土地的基本方针却是把蒙古族寄生地主所拥有的、收取微不足道地租的土地，转让给实际上握有管理权的汉人佃户。② 可见，在移民实边政策下的土地整理，实际上是对蒙古族土地的公开掠抢。政策的转变体现出了蒙古族的整体衰退，而这种衰退表面上看是蒙古骑兵不再是清军的主要力量，实际上则是在经济利益的诱惑下，帝国主义

---

① 《丰镇厅志》卷五，"田赋"。转引自卢明辉《清代蒙古史》，天津古籍出版社 1990 年版，第 265 页。

② 同上书，第 189 页。

列强及清政府对蒙古资源的觊觎和掠夺。

　　蒙古族土地的放垦，不仅给帝国主义列强提供了在蒙古族聚居区站稳脚跟的机会，同时也为清政府拓宽了财路，缓解了内地人口与耕地的矛盾。同样，蒙古王公、贵族、上层喇嘛及驻蒙官吏通过放垦牧场收取的租银也在一定程度上满足了其对奢靡生活的向往，并为其在放垦蒙地过程中将土地据为己有提供方便。同样是蒙地放垦，蒙古族阿拉特阶层非但未获得半点好处，却多了一个土地使用的"竞争者"，生活变得更为窘迫。总之，清政府与蒙古王公贵族等既得利益阶层的短视政策，不但破坏了大面积的蒙古族牧场，阻碍了畜牧业的发展，同时，随着汉民的涌入，蒙古族畜牧业为主的产业结构也被打破。这种改变既是人为的结果，也是历史的必然，但蒙古族为此付出了巨大代价。

二　牲畜低产化

　　牲畜是蒙古族主要的财富，兼具畜牧业生产资料和生活资料双重性质。因此，既是"种子"又是"果实"的牲畜是蒙古族畜牧业发展的关键，唯有连绵不断的牲畜繁衍，才有蒙古族畜牧业的持续发展。牲畜产量是衡量畜牧业生产力水平的重要标志，在正常年份，如无人为影响，蒙古族畜牧业牲畜产量应稳定增加，至少是持平，但自乾隆后期起，蒙古族牲畜产量开始呈下降趋势，而且至晚清时期，下降速度更快，下面以喀尔喀旗为例加以说明。

　　图22-2直观地展现出了喀尔喀蒙古的一个庙仓牲畜数量的减少状况，仅70年间，牲畜头数便锐减近30%，晚清时期，牲畜产量下降尤为明显。另外，喀尔喀车臣汗部，1828年拥有牲畜1545998头（只），1835年为1319028头（只），1841年为1224741头（只），

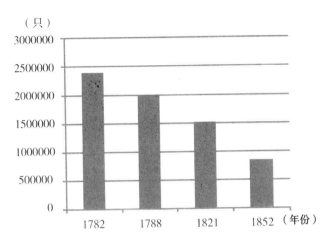

（只）

图 22-2　喀尔喀大活佛哲布尊丹巴呼图克图所属庙仓牲畜头数变化情况

13 年间锐减近 20%。① 根据徐世昌在《东三省攻略》中的记载，至 19 世纪末，哲里木盟十个旗的牲畜头数在十年内也下降 50%。上述这些数据，可与图 22-6 所提供数据相互印证，共同印证了晚清蒙古族牲畜产量的下降。

　　造成晚清时期蒙古族牲畜产量下降的原因有多种，主要有以下几个方面：首先，连年战荒使清政府加大了征调甚至强占蒙古族牲畜的力度。1840 年，清政府的大门被帝国主义列强的坚船利炮打开后，战争就未曾停息。在第一、二次鸦片战争、镇压太平天国起义和义和团运动、西北回民起义等多次战争中，蒙古骑兵是清政府征调兵丁的主要对象，牲畜则是兵丁的重要战略保障。每逢战事，清政府就对蒙古阿拉特征缴大量军用马、骆驼和供食用的牛羊。按照蒙古骑兵的作战习惯，每名骑兵要配三匹上等战马，战争不断，战

____

①　乌云毕力格、成崇德、张永江：《蒙古民族通史》第 4 卷，第 258—259 页。

马的征调便会与日俱增，战争中伤亡在所难免。清政府还对蒙古族征调牛、羊等牲畜，以获取皮毛、肉食等军队"粮草"及满足清政府生活需求，且征调之牲畜必为上乘。在多次征调和掠夺下，蒙古族牲畜的数量和质量均有所下降，蒙古族牲畜产量也随之下降。同时，蒙古王公为表忠心，向牧民大肆搜刮牲畜上献清政府。如在1862—1869年，清政府镇压西北回民起义时，曾号召伊克昭盟、锡林郭勒盟、阿拉善旗、察哈尔八旗、乌兰察布盟王公强制牧民捐献一万一千二百余峰骆驼和上万头（匹）马牛羊。不仅如此，还向漠北盟旗征调了"八千个帐幕、四千头骆驼、八千匹马和十万只羊"①。

其次，如前文所述，汉民涌入使大量蒙地被开垦，大面积牧场变为耕地，牧场面积的缩小也是牲畜数量及其产量降低的原因之一。另外，耕作制度不仅要耗用牛马，更重要的是农耕生产方式在渐渐地改变着蒙古族牧民的生产生活，影响蒙古族畜牧业的发展。

最后也是最重要的原因，即为帝国主义列强和高利贷商人的疯狂掠夺。蒙古族聚居区丰富的畜牧业资源激发了帝国主义列强的掠夺欲望，在巨额利益的诱惑下，帝国主义列强一方面通过强硬的方式掠夺，另一方面则通过貌似公平的交易掠夺蒙古族牲畜及其他畜产品，外国商人和内地高利贷商人就是蒙古族牲畜及其他畜产品的主要贩运商。本章后文将进一步论述。

三 牧主债务化与牧民赤贫化

阿拉特阶层是晚清至民国时期蒙古族畜牧业的主要劳动力。阿拉特归属于领主，不论是阿拉特本人还是其牲畜或草场，都归其领

---

① ［蒙古］纳察克道尔吉：《外蒙古阿拉特运动史略述》。

主——蒙古王公、贵族、上层喇嘛支配。蒙古封建主具有对其领地牧场的实际支配权，最好的牧场留归自己和亲属放牧使用，剩余的牧场作为公有牧地，分配给所属的阿拉特使用，再通过剥削阿拉特阶层保证自身财富的不断增加。阿拉特占有部分牲畜，通过在其领主分配的牧场上进行个体游牧，维持日常生活。但这种占有也是相对的，因为在其领主遭受经济损失如支付罚款、偿还债务时，其所属的阿拉特就应无条件以其牲畜代为偿还。另外，阿拉特除缴纳正常的劳役地租、实物地租和货币地租外，在其领主纳贡、会盟、婚丧嫁娶等有花费的重要场合均需向主人提供牲畜，就连私有财产的处置，阿拉特也要受到领主的控制和监督。

阿拉特是蒙古族封建领主制经济体系的重要组成部分。若没有封建领主的牧场，阿拉特的牲畜便无处放牧；若没有阿拉特及其牲畜，蒙古族封建领主对物质生活的贪欲便无法满足，其拥有的大量畜群也无人照料。此种经济制度以阿拉特阶层拥有牲畜为基础，只要这一基础稳固，蒙古畜牧业的封建领主制就会一直延续。即便是清政府用以管制蒙古社会的盟旗制度也未能改变该经济制度。然而，在清朝后期，伴随着阿拉特阶层牲畜的普遍丧失，蒙古封建统治者赖以存在和极力维护的封建领主制畜牧业经济基础开始瓦解。

蒙古王公、贵族等封建领主超经济的压榨和剥削是阿拉特阶层普遍丧失牲畜的直接原因。随着蒙古族商品货币经济的发展，蒙古王公、贵族追求奢靡生活的愿望更为迫切。不论是与帝国主义列强同流合污，还是讨好巴结清政府，抑或满足自身的物质享受，都需要具备一定的物质基础，而蒙古封建领主唯一可剥削的就是其所属阿拉特。蒙古王公、贵族和上层喇嘛，贪图享受，肆意挥霍，向外国资本和汉族高利贷商人借贷巨额债款，若不能如期偿还，债务会随着利滚利成倍增长，所有这些债务都转嫁到了阿拉特身上。表面上看，蒙古王公和上层喇嘛是外国资本和高利贷的永久性负债人，实际上蒙古广大的阿拉特已被外国资本和高利贷商人沉重的债权所捆绑，成为他们的永久放牧人。在苏联历史学者卡利尼可夫的《蒙古民族革命运动》一书中就如此描述："外蒙古的牧民成为商业高利贷资本的无法偿还的债务人。1911 年，该地区的全部债务达到一千一百万两的巨额，在许多旗有半数以上牧民的牲畜是外国洋行的。"[①]

光绪十二年（1886 年）九月十七日，喀尔喀蒙古车臣汗部盟达木丁巴扎尔旗扎萨克给其盟长的报告，揭露了该旗阿拉特所处的极端贫困状态。该旗"欠（库伦俄商）达施顿多夫洋行 10000 块砖茶的债务，……达顿商号的经纪人因收债息，在旗里已住一年多，走时抢走了所能拿走的一切东西：牲畜、皮毛，共值 3000 块砖茶；……支付库伦南北驿道的驿站赋役的费用共计 700 两以上，我们不得不把喇嘛的红披肩也夺来抵补开支；……修缮多伦诺尔寺庙，旗须出四百多两；……大盛魁商号（乌里雅苏台的）经纪人共收债息 2800 两；三合义商号（北京）经纪人要求付债息款 500 两……"同是车臣汗部盟，普勒夫日阿巴旗扎萨克给盟长的报告中指出："旗里半数臣民已经破产……目前我旗不仅无力偿还债务和提供办公开支，而且处于死亡的边缘。……去年饿死八人，今年达十四人。"[②]上述两个事例不仅体现了晚清时期蒙古各旗王公贵族在外国资本和汉族高利贷商人控制下严重的负债情况，也反映出了蒙古族阿拉特的极度贫困状况。

在前所未有的、超过阿拉特经济能力的剥削下，原本生计艰难的阿拉特牧民纷纷破产，另谋生路。丧失了牲畜的阿拉特们，就不

---

① ［苏］卡利尼克夫：《蒙古民族革命运动》，莫斯科俄文版，1926 年，第 21 页。

② ［俄］什·桑达克：《十九世纪末至二十世纪初外蒙古政治经济状况》，其摘自清朝卷宗第 1 类，3 月，93、97 卷。

再需要封建领主拥有支配权分配的牧场，从而逐渐脱离了对其封建领主的人身依附关系，变成出卖劳动力的"自由"民。①

晚清时期，阿拉特阶层贫困加剧，部分蒙古族牧民脱离畜牧业生产，除由于外国资本、高利贷商人、蒙古王公、贵族的沉重剥削外，还有来自寺庙的贡赋、上层喇嘛的剥削。蒙古族聚居区各寺庙供佛开支和喇嘛们的生活费用，尤其是上层喇嘛的奢侈消费均来自沙比纳尔（寺庙的牧奴）的贡赋和苛捐杂税。晚清时期，外蒙古修建了 700 多座寺庙，共 10 万多喇嘛，而此时外蒙古地区的总人口也不过七八十万，沙比纳尔不仅要供 10 万喇嘛的生活费用，还要承担700 多座寺庙的建筑、维修及佛事费用，其所承受的经济剥削的沉重程度可想而知。另外，各寺院还经常以举行各种祈福仪式或维修寺院为名向高利贷商人举债，或向沙比纳尔摊派钱两和难以计数的畜产品。据《光绪二十六年调查博克多格根的沙比纳尔和牲畜结果》查明，到 1900 年为止，哲布尊丹巴呼图克图私人拥有马牛羊 42259头，并领有沙比纳尔 16000 人，每年向他们征收阿勒巴（贡赋）30万两银②，砖茶 168000 块，煤油 20 万斤，酸马奶五百桶、酸乳酪86300 斤。另外还向阿拉特征收马 7500 百匹。③ 可见，上层喇嘛已经和蒙古王公贵族一样，以剥削沙比纳尔的剩余劳动来获得自身财富的增长。

驿站、卡伦等劳役徭赋也是蒙古族百姓承受的繁重剥削之一。鸦片战争后，为加固边防，充实驿站和卡伦，蒙古族阿拉特不仅要为驿站提供大量可供更换的马、骆驼与帐幕，而且去驿站赋役的阿

---

① 卢明辉：《清代蒙古史》，天津古籍出版社 1990 年版，第 251 页。

② ［蒙古］纳察克道尔吉：《外蒙古阿拉特运动略述》，莫斯科俄文版，1958 年。

③ ［俄］什·桑达克：《十九世纪末至二十世纪初外蒙古政治经济状况》，转引自卢明辉《清代蒙古史》，天津古籍出版社 1990 年版，第 251 页。

拉特还需自备乘骑和驮运物品的骆驼。在增设临时性驿站时，驿站所需役丁、马和骆驼等各种物资、费用均有阿拉特牧民承担。除承受驿赋役外，阿拉特还需承受繁重的军赋和边界卡伦赋役。根据同治朝经济档案记载："咸丰五年（1855年），清朝政府向喀尔喀蒙古四部各征收军赋，规定每户牧民缴纳赋银八十两，每名应征入伍蒙古骑兵缴纳生活费四十两。是年，土谢图汗部缴纳白银一十一万两，车臣汗部缴纳八万八千九百八十两，扎萨克图汗部缴纳四万三千八百两，三音诺颜额汗部缴纳七万零六十六两。四部共缴纳赋银三十一万二千八百四十六两。"① 可见，繁重的驿站、卡伦劳役徭赋进一步加重了蒙族百姓的经济负担。

在外国资本、汉族高利贷商人、清政府、蒙古族王公、贵族和上层喇嘛的多重经济剥削下，蒙古族阿拉特牧民纷纷破产，迫于生计另谋出路。有的阿拉特放弃畜牧业生产，选择农业种植，抑或半农半牧；有的阿拉特则利用蒙古族传统手工业糊口度日；有的阿拉特甚至走上了经商之路。大量阿拉特牧民退出后的蒙古族畜牧业随即衰落。总之，蒙古族土地大面积被耕地占据、牲畜的产量下降、作为"牧主"的蒙古族王公、贵族和上层喇嘛的负债累累以及阿拉特牧民因赤贫而脱离畜牧业，共同促使了蒙古族畜牧业的衰退。蒙古族封建领主制畜牧业经济开始崩溃，旧的生产方式得以存续的条件丧失，推动了蒙古族农业的发展。

---

① 同治朝经济档案：2－6号，第1126捆，蒙古人民共和国国家档案馆藏，转引自《十九世纪二十世纪之交的外蒙古》，第46页。

第四节　晚清蒙古族农业经济的进步

一般来讲，农业和畜牧业是两个既相互独立又相互补充的产业，但在蒙古族社会，农业和畜牧业的关系较为特殊，二者之间存在一种此消彼长的关系，互补性远远小于替代性。前文阐述的促使晚清蒙古族畜牧业衰退的几个因素恰恰成了蒙古族农业发展的有利条件，大量汉民的涌入带来了相对先进的农耕技术，也为农业发展提供了劳动力资源；大片蒙地被开垦为耕地，为农业发展准备了条件；蒙古族阿拉特牧民在繁重的经济剥削和汉民的影响下，逐渐从传统畜牧业中脱离出来，封建领主制畜牧业逐渐被官僚地主制农业所代替。诸多有利因素共同促使晚清蒙古族农业迅速发展，具体表现为以下几个方面。

一　耕地面积扩大

晚清"移民实边"政策实施的目的在于通过对蒙古族聚居区土地的开垦来安置内地破产流亡农民和手工业生产者，以此缓和内地日益尖锐的阶级矛盾，同时增加清廷的财政收入。在这一政策下，蒙古族农业经营地域由沿边（长城、黄河边缘）延伸至草原腹地，经营面积逐渐扩大。现以达尔罕王旗农业发展情况为例加以说明。

达尔罕王旗是哲里木盟诸盟旗中面积最广、更受清政府重视的扎萨克旗之一，该旗能够较为典型地反映出晚清至民国时期东部内蒙古盟旗的社会经济状况。因此，不仅在本章中以该旗为例，在下一章中对民国时期蒙古族农业发展状况的研究也将以该旗为例。晚清时期，随着清政府"借地养民"与"移民实边"政策的实施，涌入该旗垦荒、定居的内地移民更多。清代以来，在达尔罕王旗的大规模土地开垦共五次①，具体情况如下：

1. 开垦采哈新甸。光绪十一年（1885年），作为代理扎萨克的卓里克图亲王济克登旺库尔为偿还其欠下的债务，私自将面积约520平方公里的采哈新甸转让给了债权人。此后其又将该片土地分别卖给500多名汉人，颁发了约130份"上地执照"，收取了大量的售卖金。

2. 开垦挑辽站。1910年，达尔罕王旗开始出售挑辽站，售卖土地面积达1280平方公里，售卖金的五成缴纳国库，五成由扎萨克达尔罕王和温都尔王平分。

3. 开垦巴林爱新。在达尔罕王旗内，各闲散王公都拥有自己的领地，因领地多供游牧，无须明确的界限，但在开垦时，领地的界限不明就成了纷争的焦点。在旗内，不论是哪个王公要开垦或变卖土地，都必须得到扎萨克的同意和主导。然而，扎萨克也面临着领地无明确界限的困扰，难以直接指挥。另外，在东三省都督或大总管的指示开垦蒙地的情况下，闲散王公可不经扎萨克的允许自行开垦。1912年，为偿还债务，卓里克图王家族售卖从巴林塔拉至爱心庙之间总计67000垧的牧场，即是如此情况。

4. 开垦河南河北。1913年，闲散固山贝子达赉制订了售卖河南河北的计划（此处的"河"指辽河），其中，售卖辽河南岸土地面积约1400方②，辽河北岸土地2000方。

5. "东夹荒"的开垦。"东夹荒"是指将土地以较低资金租给

---

① 红梅：《清末民国时期达尔罕王旗经济结构变迁问题研究》，硕士学位论文，内蒙古师范大学，2011年，第7页。

② 根据土地局于伪康德二年3月发布的《土地丈量单位换算表摘要》记载，蒙地有三个重要丈量单位，即中亩、垧和方。其中，1中亩＝223.027坪，1垧＝10中亩，1方＝45垧。

临近原住蒙古族牧民和在私垦中进入蒙旗的汉族农民耕种的土地。1911年，达尔罕旗温都尔汗王申请开垦600方"东夹荒"，1927年该开垦计划正式实施，但仅一年时间，开垦面积就达到740平方公里，远远超过售卖面积。

达尔罕王旗土地的开垦与售卖不仅扩大了该旗的耕地面积，安置了大量内地汉民，也为该旗农业的发展提供了条件。在耕地面积逐渐扩大、耕作之习日益养成以及蒙古族牧民贫困化的经济状态下，越来越多的蒙古族牧民开始放弃畜牧业转向农业，或者二者兼营，蒙地农业定居区、半农半牧区和纯牧业区三种生产方式较清代早期规模更大，地域范围更广。当然，在整个蒙古族聚居区，三种生产方式不是完全独立的，而是相互并存的。在一个盟旗中，三种生产方式会同时存在。达尔罕王旗第九区的农耕面积及生产方式可作一例。

表 22 - 6 达尔罕王旗第九区耕地面积及生产方式

村名	土地面积（天地*）	耕地面积（天地）	自耕农数（户）	生产方式
第一村	81000	1548	129	半农半牧区
第二村	18900	735	82	农业定居区
第三村	189000	1163	148	半农半牧区
第四村	10800	576	34	农业定居区
总计	299700	4022	393	

说明：*根据［日］下山多次郎的《满铁调查报告》第二辑第1册（黑龙江省档案馆编）记载：1天地＝1晌地＝0.67垧地。

资料来源：根据［日］下山多次郎的《满铁调查报告》第二辑第1册（黑龙江省档案馆编）"科尔沁左翼中旗第九区调查报告"，第411页的记载整理而得。

农业定居区主要分布于漠南蒙古地区，如伊克昭盟河套地区、乌拉特前、中、后三公旗南部的后套地区和归化城土默特旗所辖的土默川和察哈尔右翼四旗辖境的丘陵滩地；昭乌达盟、卓索图盟和哲里木盟南部各旗；郭尔罗斯前、后旗、杜尔伯特旗辖境地区等。这些盟旗河流纵横、土壤肥沃并且平整广袤，非常适宜农作物生长。这些盟旗的土地在汉民的开垦下，农业迅速发展。到晚清，这些蒙旗的大部分地区已经开始采用水利灌溉，农业已经进入稳定高产的发展阶段。在汉民农耕文明的影响下，蒙古族牧民渐渐发现了农业生产的利益，也开始积极学习农业耕作技术，经营畜牧业的同时兼种少量农田。农业生产不仅可以为牧民提供充足的食粮，同时也为牲畜提供了料草，提高了人、畜抵御人为和自然灾害的能力。渐渐地，农业生产方式被牧民接受和传播，越来越多的牧民在距农田和牧场的交会处搭盖房屋，并在住宅周围修建棚舍，蒙古族"人随畜迁"的传统游牧生产方式被农业定居生活所取代。

半农半牧区的形成，一是因为内地移民的大量涌入已将最适宜农业发展的蒙古族地区占据；二是因为深入西、北蒙古族聚居区可摆脱苛政的残酷剥削。半农半牧区主要分布在锡林郭勒盟和呼伦贝尔盟的南部草原、阿拉善旗南部、额济纳旗弱水流域地区，甚至深入喀尔喀蒙古地区。在这些地区，汉民可选择水土丰沃的盆地或林木繁茂的山区进行开垦，零星开发，条块耕种。然而，这些地区的蒙古族牧民多以传统游牧为主要生产方式，在汉民的熏陶下，部分蒙古族牧民也渐渐学会少许耕作技术，兼营少量农业。春播后，蒙古族牧民便将畜群赶到远离农田的夏季牧场游牧，入冬时，将农田收割完毕后再将畜群赶至冬季牧场放牧。到晚清时期，除内蒙古上述盟旗外，新疆的厄鲁特蒙古地区和漠北的喀尔喀克鲁伦河流域地区等蒙古族聚居区均出现半农半牧的生产方式。

纯牧业区是指那些基本上没有经过开垦的天然牧场，或已有小部分地块被开垦，但农业种植仅是为了补给牲畜草料的蒙古地区。纯牧业区之所以仍以粗放的游牧业简单再生产为生，很大程度上源于这些地区的自然条件不适宜农业生产。如锡林郭勒盟、乌兰察布盟、哲里木盟和呼伦贝尔盟的北部蒙旗地区，阿拉善、额济纳旗北部和新疆天山北路厄鲁特蒙古地区和青海蒙古各旗以及漠北喀尔喀四部、阿尔泰和乌梁海蒙古的大部分地区。[①] 这些地区均为少雨高原，气候严寒，不适宜农作物生长，因而也少有汉民迁入，传统的游牧生产方式一直延续。牧民仍过着"人随畜迁"的游牧生活，游牧仍以蒙古包（毡幕）为居室，二、三户或四、五户屯居，牲畜露天宿营，不修建棚圈。在一处草场放牧两三个月后迁移至下一处草场，如此循环，一年四季居无定所。

晚清时期，蒙古族聚居区的农耕面积扩大意味着牧场面积的缩小，也意味着蒙古族土地使用权和所有权的部分丧失，破坏了蒙古族的传统畜牧业。但从另一方面来看，农耕面积的扩大在促进蒙古族农业发展的同时也加速了蒙古族生产生活方式的转变。在农业定居区和半农半牧区，大部分牧民通过农业生产，不仅获得了租金收入，也部分地解决了粮食问题和牲畜草料问题。随着农业在蒙古族经济中所占比例的进一步加大，在部分蒙旗，农业逐渐成为财政收入的主要来源。如1907年前后的喀喇沁王府的收入，几乎全部来源于农业地租和捐税；清末科尔沁左后旗的昌图、康平、辽源等地每年征收租银50万余两，占全旗财政收入的80%以上。

[①] 卢明辉：《清代蒙古史》，天津古籍出版社1990年版，第264页。

二 农业生产技术的改进

晚清"移民实边"政策实施之前，蒙古族聚居区也有少量私垦汉民进行农业生产，在汉民的影响下，蒙古族牧民也从事简单的农业生产，但经营技术粗放，仍停留在原始的"漫散子"①（也写作"漫撒籽"）式经营阶段，多为"既播种，四出游牧，及秋乃归，听其自生自长"②。然而，大量汉族农民的涌入带来了专业且先进的生产工具、精细的耕作技术和优良的农作物品种，淘汰并革新了蒙古族落后的农业生产技术，加速了蒙古族土地的开发和农业的发展。

在大批汉民到来之前，蒙古族的耕种较为粗放。具体记载如下："蒙古种地，岁易其地，待雨乃播，不雨则终不破土，故饥岁恒多。雨后相水坎处，携妇子牛羊以往，毡炉孤立，布种辄去，不复顾。逮秋复来，草莠杂获，计一亩所得，不及民田之半。"③"移民实边"政策促使大量内地汉民带着传统的农业生产工具和生产技术涌入蒙古族聚居区。带入的农业生产工具有铁犁、锄头、镰刀、镐头、磨盘、风车、木叉、石滚子等。在汉民的影响下，蒙古族牧民也渐渐学会了使用这些工具，通过这些工具，蒙古族牧民不仅学会了耕、耙、耪等农业培植技术，也吸取了轮作倒茬、改良土壤、施肥浇水、选用良种、掌握农时等农业生产经验。清

---

① "漫散子"是大兴安岭东麓蒙古牧民的一种副业性质的农业，以种糜子自食为主。技术极粗糙，不翻地，不锄草，不施肥，不去茬，春天雨后在湿润地方下种，等到秋天草草收割而已。

② 《清稗类钞》第五册，"农商类"。

③ 内蒙古地方志编纂委员会总编室：《内蒙古史志资料编》第3辑，第172页。

末的达尔罕王旗牧民就普遍掌握了轮作耕种法，还学会了按时节规律耕种。

表 22 - 7　　　　　　达尔罕王旗白音塔拉村农作物耕种状况

	第 1 年	第 2 年	第 3 年
农作物	大豆	高粱	莫石豆
播种深度	8 尺	8 尺	8 尺
播种量	9 斗	6 斗	10 斗
播种期（阴历）	4 月 30 日	4 月 6 日	4 月 13 日
株距	0.5 尺	0.8 尺	0.3 尺
播种法	条播	条播	条播
收获期	8 月中旬	8 月中旬	8 月中旬

科学的耕种技术是农业发展的保障，在科学耕作技术的指导下，农业定居区和半农半牧区的农作物产量得到了提高，蒙古族牧民的生活水平和发展农业的积极性也随之提高。

三　农作物品种增多、产量提高

在蒙古族农业没有得到发展之前，蒙古族农业种植面积小、品种少、产量低，主要的种植品种为玉米、高粱、大豆、荞麦等常见品种，但因耕种技术原始落后，产量较低。伴随着汉族农民的迁入，多样的农作物品种也被带到蒙古族聚居区，如瓜子、芝麻、绿豆、大麦等。但在史料中，对于农作物品种和产量的记载较少，现以达尔罕王旗农作物品种和产量的一组数据简要说明。因数据只有一年，无法进行比较，因此亦难以做出纵向发展趋势的判断。

表 22 - 8　　　　达尔罕王旗第五区与第七区农作物种类、

耕种面积及产量比较

作物种类	耕种面积（天地）		一天地产量（石）		总产量（石）	
	第五区	第七区	第五区	第七区	第五区	第七区
大豆	1954.6	600	2.6	96	5141.06	57760
高粱	536.3	1078	2.4	178	13045.1	191570
玉米	530.2	423	1.8	102	943.55	43050
黍子	197	1981	1.2	53	2470.42	104780
荞麦	1533	908	1.2	62	1861.36	55360
粟	3618.3	1077	2.6	126	9235.1	135660

资料来源：由［日］下山多次郎《满铁调查报告》第二辑第 1 册（黑龙江省档案馆编）"科尔沁左翼中旗第九区调查报告"，第 40 页和 596 页的记载整理而得。

从农作物品种来看，两区均种植了玉米、高粱、大豆、黍子、粟等常见的农作物，除此之外，达尔罕王旗第五区还种植 606 天地的蓖麻、2 天地的小麻子、79 天地的绿豆、20 天地的大麻和 2 天地的稗子；第七区也种植了瓜子等其他农作物。由此可推断清末蒙古族农业定居区和半农半牧区的农作物品种已相当丰富；从种植面积来看，两区种植面积都较大，且第五区农业耕作总面积较第七区更广；但从农业产量来看，不论是单产量还是总产量也不论是何种农作物，第七区均较第五区更高。造成此种现象的真实原因已无从考证，可能的原因出在耕作技术上。但根据上述数据可看出，达尔罕王旗不论是农作物品种还是产量均呈整体上升趋势。

随着蒙古族聚居区农业的发展，尤其是南蒙古地区农业产量的迅速提高，农产品不仅能够满足汉民和蒙古族牧民的生产生活消费，还能有所剩余，作为商品销至纯牧业区和山西、甘肃、河北北部等相邻省份，满足这些地区的粮食需求。但农产品贸易经过外国商人和汉族高利贷者之手后，作为农产品生产者和所有者的蒙古族牧民和汉族农民却只能获得最微薄的收益。

上述几个方面是蒙古族农业进步的主要表现，但农业的发展并不意味着蒙古族农牧民就过上了衣食无忧的安乐生活。他们仍然是社会的最底层，承受着来自多方面的经济剥削，名目繁多的赋税仍是蒙古族农牧民逃脱不掉的噩梦。内蒙古西部地区的乌兰察布、伊克昭盟南部开垦区的农民均因沉重的赋税而逃亡，村庄遗弃，土地撂荒。波兹德涅耶夫将其在从张家口到归化城路经察哈尔盟旗和乌兰察布盟南部地区所看到的景象记录如下："……许多开垦的土地又荒芜了，村庄遗弃，饿殍遍野。有些农村还有一些在贫困中挣扎的农民，住在残壁露天的破屋中苟延残生，但是，由于饥饿潦倒，已经无力再去耕种土地。"① 可见，在半殖民地半官僚制统治下，不论蒙古族牧民还是汉族农民在农牧业发展中做出多少贡献，收获多少畜产品和农产品，仍处于社会食物链的最末端，被压迫和剥削的命运终难改变。

第五节　晚清蒙古族手工业和商业的畸形繁荣

晚清蒙古族工矿业的情况在上一章已有所叙述，这里重点研究蒙古族手工业和商业。推动晚清蒙古族手工业和商业发展的是几股外来力量：外国资本、内地高利贷商人和内地手工业者。随着内地

---

① ［俄］波兹德涅耶夫：《蒙古及蒙古人》第二卷，第二章"张家口到呼和浩特"。

手工业者进入蒙古族聚居区，具有蒙古族民族特色的手工业逐渐被内地手工业者掌握，手工业的商品化程度逐渐提高。内地手工业者发展和传播蒙古族手工业是迫于生计，而非牟取暴利；与内地手工业者不同的是，外国资本和内地高利贷商人的进入虽然也带动了蒙古族商业的发展，但其目的并非如此，而是通过尽可能地压迫、剥削蒙古族牧民，获取暴利。

一 商品性蒙古族手工业的发展

鸦片战争以前的蒙古社会是粗放的畜牧业生产和牧民家庭小手工业相结合的供牧民自给自足的生产形式。牧民不仅要生产自己所需要的畜产品，也要生产自给性的手工业品，这种简单手工业以阿拉特牧民家庭为单位。蒙古族手工业的多种制作技术主要源于牧民的日常经验，如皮张加工、制作衣帽、乳品加工、肉食品加工、毛织品加工以及简单的生产生活用具的制作。但到晚清时期，随着大批汉民的涌入，蒙古族手工业在生产方式和生产者上都发生了变化，独立手工作坊和手工工厂代替了家庭式辅助性手工业，汉族移民取代蒙古族牧民成为手工业的主要生产者。

为逃避天灾人祸，山西、山东、陕西、直隶等省份的大量汉民涌入蒙古族聚居区谋求生路。大部分汉民进入蒙古族聚居区后开荒耕种，落农为业，剩余部分有的受雇于蒙古族王公贵族，为其放牧，还有一部分就是手工业者，如木匠、铁匠、银匠、皮毛工匠、畜产品和粮食加工者等。来到蒙古族聚居区之初，内地手工业者主要以出卖劳动力和手艺为生，如在蒙古族聚居区的城镇、寺庙、驻防兵营或村庄从事各种作坊式匠役劳动，或进入山林，从事伐木、采集、狩猎、挖煤等劳动，成为林场、矿厂的工人。在他们了解了蒙古族聚居区生产、生活环境后，便根据蒙古族牧民的生产、生活需要发展一些手工业，建立自己独立的手工作坊，就地取材，就地生产，并逐渐可以生产出蒙古族聚居区过去只有依靠旅蒙商从内地运输才能获得的多种手工业品。

畜牧业联系着蒙古族牧民的衣食住行，而蒙古族手工业既依赖于畜牧业又服务于畜牧业，不仅以畜产品为原料，又为畜产品的生产提供帮助。晚清时期，内地手工业者也意识到了这一点，而且多采用"以工易物"的方法进行鞣革、毡毯、制鞍等手工业生产。"以工易物"的手工业生产方式是指内地手工业者深入牧民屯落，就地收购原料，就地加工，就地销售，这种方式既方便手工业者获取生产原料，节约运输成本和库存费用，又利于牧民就近获得所需的手工业品，一举两得，也因此较受欢迎。比如，生产毛毡的手工者可在牧民剪羊毛时，带着工具深入牧民居住点，一边作为雇佣工人，为牧民剪羊毛，一边可以设立临时作坊，收购羊毛等原料，根据牧民需要生产各类毛毡。从手工业者角度看，既能收入雇佣工资，又能节约成本，获取较高收入。而从蒙古族牧民的角度来看，因劳动力匮乏，制作工艺原始，牧民自己生产不仅耽误时间，而且质量粗糙，购买由汉族手工业者制作的产品不仅质量和款式符合自身需求，而且相比旅蒙商的交易来说，受骗的可能性也大大降低。

对于蒙古族来说，虽然内地手工业者的进入打破了其传统的以家庭为单位的生产方式，也同样存在对蒙古族牧民的不平等交易，但总体来讲，内地手工业者的进入对蒙古族手工业发展具有强有力的推动作用。首先，蒙古族传统手工业技术得到了传承与发展。内地手工业者在吸收蒙古族手工业品的制作工艺基础上对其进行改进，进行相对"标准化"的生产。如皮衣、皮带、毡鞋帽等生活必需品的生产即如此；其次，汉族手工业者在利益最大化的促使下能够更充分、合理地利用蒙古族畜产品资源，同样的畜产品通过不同的生产加工方式能生产出不同种类的产品，丰富了蒙古族手工业品市场；最后，汉族手工业作坊的发展解放了蒙古族牧民的部分劳动力，牧民可以将生活必需品的制作时间和力量用在畜牧业的发展上，有利于畜牧业的发展。

内地手工业者在蒙古族发展手工业不仅有利于蒙古族的畜牧业，对蒙古族的农业、建筑业及蒙古族农牧民的日常生活都有所助益。在蒙古族农业有所发展后，蒙古族手工业的生产范围扩展至农耕工具的铸造和农产品的加工。在归化城、多伦诺尔、乌里雅苏台等城市，制作镰刀、锄头、犁、镐头等农具的汉族手工业作坊逐渐增多。漠南蒙古地区农村也出现了许多酿酒、榨油、制粉、豆腐、酱油、醋等农产品加工的手工业作坊。另外，内地手工业者逐渐将房屋建筑和家具制造等技术带入蒙古族农业定居区和半农半牧区。如在清末，大量木匠、泥瓦匠等手工业者随移民涌入伊犁、乌鲁木齐、塔尔巴哈、科布多等地的蒙古族聚居区，并在此开设作坊，制造车辆和木制家具、修建房屋等。

总之，内地手工业者在继承蒙古族传统手工业的基础上对蒙古族手工业进行了继承与创新，虽不是蒙古族亲自经营，但不论是原料、工艺还是服务对象均是蒙古族农牧民。汉族手工业的进步总体上也有利于蒙古族畜牧业、农业等相关产业的发展。但内地手工业者和蒙古族农牧民一样，同样处于被剥削和压迫的社会最底层，在外国资本和内地高利贷商人进入和疯狂掠夺下，蒙古族的手工业也受到了巨大冲击。

二 促使蒙古族商业发展的条件

晚清以前，蒙古族商业贸易发展缓慢，原因在于多数蒙古族聚居区仍不具备发展商业的条件。如交通不便、运力不足，商品种类少、价格不统一，无统一货币、市场关系不成熟等。清末，在利益的趋使下，外国资本和内地高利贷商人逐渐克服上述不利条件，甚至将不利因素转为有利条件，因为不利于正常商业发展的因素恰好能让高利贷商人有"空子"可钻。

首先，蒙古族聚居区交通不便，商品种类较少且价格不统一等导致市场关系不成熟，恰恰让高利贷商人感觉到了蒙古族牧民对外来商品缺乏认识，这种信息不对称为欺骗提供了便利。这种欺骗不仅表现在可以掩盖商品使用价值上的欠缺上，也表现在可以漫天要价。除抓住蒙古牧民因新奇而购买的心理外，高利贷商人还掌握了牲畜的上市季节，即"蒙古羊只，每年从四月到九月间在指定地点买卖"①，对牧民牲畜不能出售但又想购买商品时，赊购方式应运而生，牧民一旦赊购，便掉进高利贷的深渊。

其次，民国以前，货币并未在蒙古族聚居区广泛流通，羊和砖茶扮演一般等价物的角色。但在清末，蒙古族社会开始流通秤两银、元宝银和银币等，这些货币的使用更方便外来商人对蒙古族牧民的欺骗。在使用秤两银作为交换媒介时，小秤出、大秤入是外来商人常用的欺骗手法。元宝银和银币虽然有固定价格，但几乎全部被外来商人改铸，不仅质量低劣，而且真假难辨，蒙古族牧民在交换中利益受损成为必然。

最后，债务连带保证责任制为高利贷商人牟取暴利提供方便。连带保证制度是清朝为维护其封建制度，以束缚旗民于旗领地为基础，利用共同体的生活方式而制定的。② 即不论是扎萨克的债务

---

① 《清朝实录》，道光三年三月庚午。

② ［日］田山茂：《清代蒙古社会制度》，商务印书馆 1987 年版，第 222 页。

还是旗民的债务，只要是旗承认的，均由全旗旗民共同负责偿还。① 此种规定使高利贷商人很容易找到贸易突破口，只要一人或一户负债，全体旗民均成了他的债务人，何况交易是与众多旗民共同发生的。

在众多"有利"条件下，通过冠冕堂皇的"公平交易"，外国资本和内地高利贷商人开始疯狂掠夺蒙古族牧民。

三 高利贷商人的贸易掠夺

在上一章我们曾重点叙述和分析了外国资本对蒙古族农牧民的残酷经济掠夺，此处将以外国资本扶植的内地高利贷商人作为重点研究对象。晚清时期，蒙古族上至王公贵族，下至阿拉特牧民，均受到高利贷者的盘剥，程度之深、手法之卑劣前所未有。

利用赊卖制度。迈斯基曾如此记述内地高利贷商人对蒙古族牧民执行的赊卖制度："春季汉商以羊作担保赊卖给蒙古人砖茶一块（银0.8两），到第二年春天，索取一岁羊羔二只（二两），已赚得百分之一百五十的利润。倘延期偿付，到第三年春天，索取二岁羊羔二只（三两），年利是百分之一百三十七。到第四年，索取三岁或成年羊一只（六两），这样竟获年利百分之二百一十六。"② 另外，华而金对清末内地高利贷商人以羊为担保赊卖砖茶的赊卖制度也有如下描述："一块价值一卢布八十哥比的砖茶，到年末付款，就要四卢布五十四哥比，利润高达百分之一百五十。"③ 可见，赊卖制度可以使内地高利贷商人以极低的成本获取高额的利润，但蒙古族牧民

① ［俄］尤柯：《鞑靼、西藏、中国旅行记》上，第186页。
② 迈斯基：《外蒙古共和国》下，第28－29页。
③ 华而金：《蒙古人民共和国》第二项，第12页。

所受的剥削和损失却是极大的。

钻法律空子。《清国行政法》第二卷第五章第四节第七项和《大清律例》卷十四中均禁止借贷利息超过三分以上，违规者将严加处罚，并规定一本一利，不得索取超过本钱的利息。但内地高利贷商人对蒙古族牧民的赊销和借贷利息一般都超过三分，蒙古族牧民也不得不承受，一是因为赊销或借贷多发生在蒙古王公、贵族及上层喇嘛身上，但本息的偿还却落在牧民头上；二是因为蒙古族牧民的数字观念不如汉族敏感，豪放的性格让其在精打细算的内地高利贷商人面前吃尽苦头。因此，牧民对三分及以上的利息习以为常，加之清政府与高利贷商人官商合污，对高利贷的高利率睁一只眼闭一只眼。另外，贷款或赊销利息超过本金的情况也常有发生，但高利贷商人通常将超过本金的利息滚入原本金，再更新借据了事。对于内地高利贷商人而言，他们只希望蒙古族牧民每年支付利息，未偿还的本金就成了源源不断的利息来源，而蒙古族牧民一旦负债，就难以摆脱连年付息的命运。

利用"苏鲁克"制度。蒙古族牧民多利用牲畜偿还内地高利贷商人的本金与利息，但高利贷商人并不会将经商或索债得来的牲畜全部运走，而是留下来育肥，待价格上涨再出售，或者利用"苏鲁克"制度，通过订立契约，内地高利贷商人将牲畜预托给蒙古族牧民。契约中通常将预托条件规定如下："1. 增值仔畜归预托者所有；2. 死亡牲畜须缴给预托者，受托者不负赔偿义务；3. 受托者得自由使用牲畜或挤奶；4. 决算期为一年。"① 可见，通过"苏鲁克"，牧民和高利贷商人均有利可图，因此，此种方法在蒙古族聚居区普遍盛行。表22－9即可说明。

---

① 大场政能：《关于东部蒙古地带牲畜预托的习惯》，《满铁调查月报》第21卷，第Ⅱ号，第181页。

表 22 - 9　　　　　　光绪三十二年（1906 年）蒙旗高利贷商人
与牧民的苏鲁克情况

商号	地区	代养牲畜群数	代养牲畜头数
永发源	达尔罕旗四井子	36	1500
永发源	图什业图旗高力板	25	1300
永发源	扎萨克图旗	13	600
景泰号	达尔罕旗四井子	12	700
连成号	达尔罕旗四井子	25	1000
德发号	达尔罕旗四井子	5	300
广太号	图什业图旗高力板	200	8000
顺兴号	图什业图旗高力板	400	10000
义顺号	图什业图旗高力板	20	900
永聚广	图什业图旗高力板	35	2000
万顺得	图什业图旗高力板	20	1800

资料来源：根据［日］大场政能《关于东部蒙古地带牲畜预托的习惯》，
《满铁调查月报》第 21 卷，第Ⅱ号，第 181 页提供数据整理而来。

增加商店数量。内地高利贷商人多为来自山西、北京等城市的
商号，如归化城的大盛魁，山西的寿生昌、有盛和、长义德、源盛
德，北京的源生和、三合义、永生海等。利益的诱惑必然使这些商
号之间发生激烈的竞争，占据更多的蒙古族牧民点和村落成为发放
高利贷和增加贸易量的重要手段，开设商店就是占据"市场"的有
效途径之一，因此，蒙古族聚居区商店数量逐年增加。图 22 - 3 中
张家口商店数量的增加情况就是很好的说明。

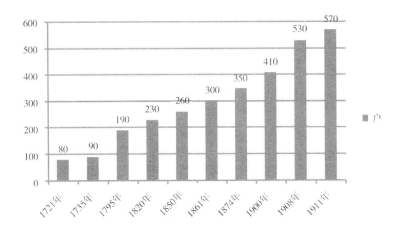

图 22 - 11　张家口商店数量变化情况

资料来源：［日］后藤十三雄《蒙古游牧社会》，第 101 页。

外国资本和高利贷商人追求利润最大化的经济掠夺行为，不仅使蒙古族农牧民深陷债务贫困，而且大量的资源掠夺和产品输出造成蒙古族商业繁荣的假象。看似红火发展的蒙古族商业实际上是外国资本和高利贷商人借以获取暴利的行为，富了外国资本和内地高利贷商人的腰包，却苦了越来越贫困的蒙古族牧民。

第六节　晚清蒙古族混乱的货币制度

随着蒙古族商业的发展和清政府货币政策的改革，晚清时期的蒙古族货币市场逐渐发展起来。各种质地、各种发行机构、各种形式的货币代替了蒙古族传统的以羊、砖茶等商品充当一般等价物的交换习惯。铸币或纸币的流通方便了蒙古族与外来商人的贸易，但也因对不同货币的不甚了解，蒙受外来商人欺骗的情况更加严重。同时，多种货币流通使蒙古族货币市场出现了前所未有的变革，也造成了蒙古族货币市场前所未有的混乱局面。

晚清蒙古族货币市场的混乱主要表现在币种繁多、质地复杂、信用度参差不齐，而造成如此混乱局面的原因则在于半殖民地半集权官僚制下，外国列强、内地高利贷商人、清政府等剥削阶级对蒙古族丰富资源的觊觎和对蒙古族牧民的疯狂掠夺，纷繁复杂的货币既是交换媒介，同时也是各剥削集团对蒙古族牧民进行剥削的一种手段。本节将通过列举晚清蒙古族经济中流通的不同币种来展现当时混乱的货币市场。

一 实物货币

对蒙古族货币的研究首当其冲要从实物货币开始。根据价值形式发展史可知，货币出现前三个阶段即简单的偶然的价值形式、扩大的价值形式和一般价值形式均采用特殊商品充当等价物[①]。金银固定充当一般等价物后，商品等价物退出历史舞台，货币出现。但金银等金属货币及后来的纸币取代金属货币需要一个过程，在一些偏远、封闭、落后的地区或部落尤其如此。

晚清时期，阿拉善、锡林郭勒、呼伦贝尔的部分偏远蒙古族聚居区仍处于自然经济阶段，以物易物的交易方式仍普遍存在，商品充当一般等价物就成为交换的重要媒介，这种充当一般等价物的商品可以称为实物货币。经过多年的发展，牲畜和砖茶成为蒙古族最重要的实物货币。其中，砖茶是蒙古族日常生活的必需品，用于进

---

① ［德］马克思：《资本论》第 1 卷，人民出版社 1975 年版，第 61—85 页。

行小额贸易交换，而牲畜货币则用于大额。蒙古族"五畜"——绵羊、山羊、牛、马和骆驼都可作为交换媒介，牛、马或骆驼多用于大宗交易，羊以长成的绵羊或山羊为单位，用于计价和结算既不适宜用砖茶也不适宜用牛、马、骆驼为媒介的交易。除整头牲畜可以作为交换媒介外，一些畜产品也可以进行零星的日常交易，如羊皮、驼毛、羊毛等，皮以张为单位，毛则以斤为单位。

砖茶代货币作为交换媒介之一在蒙古族聚居区通行长达百年之久，除因其对蒙古族日常生活的重要性外，还因为其具有携带方便、价格标准易确定的特点。内地商人携带布匹、粮食和砖茶等生活日用杂品深入蒙古族腹地来交换蒙古族的各种畜产品，其中米、布可以直接交换毛皮，所携带的其他用品则以砖茶定价。

在《内蒙古金融志》中就可以找到关于砖茶类型和价格的记载："砖茶有'二四'（每箱装 24 块，以下类同）、'三七'、'三九'之别。'二四'砖茶每箱价值 33 元（银元），每块重 5 斤半（库平 16 两 1 斤，实重 596.8 克），约值 1.3 元。'三七'砖茶味美而禁得起泡，红色而叶肥，被视为上品，为一般蒙古人所喜爱。其中尤以湖南产的最受欢迎，若持 1 块该砖茶换皮毛，可当 2 元银币使用。'三九'砖茶则每块约值 6 角，亦可以当 1 元银币通行。还有一种被称为'千两茶'的砖茶，似以柳树模型支撑，如柳干，粗如碗口，长约 5 尺，外包以竹箬及麻袋，每棵重 1000 库平两，折合22.25 公斤。若出售或用于交换时，则横锯成块状，此茶亦曾作为货币流通于内外蒙古各地。"①

但在晚清时期，随着外来商人的涌入，蒙古族聚居区充斥的货币种类越来越多，用砖茶、牲畜等作为实物货币的物物交换形式也

---

① 《内蒙古金融志》编纂委员会编：《内蒙古金融志》（上卷），内蒙古人民出版社 2007 年版，第 100 页。

渐渐退出历史舞台，但这种退出是一个循序渐进的过程，实物货币在晚清蒙古族纯牧区的日常交换中仍发挥着重要作用。

二 铁钱、铜钱与铜元

有清一代，清政府的货币制度是以银钱平行为本位，其中根据钱的不同质地，流通最广的为铁钱和铜钱。铁钱的通用要早于铜钱，盛行于清朝咸丰年间，在蒙古族聚居区考古发现的铁钱就以咸丰重宝为主。光绪初年，清政府宣布铁钱在金融市场停用作废，但在偏远蒙古族聚居区的日常交易中还会零星地使用铁钱，直至铜钱广泛流通后才渐渐退出流通领域。铜钱的铸行以光绪十三年（1888年）为界分为两个阶段，1888年以前，铸行"制钱"，即传统的方孔圆钱；1888年以后至清灭亡的二十几年里则改用机制方孔圆钱和无孔圆钱，也就是俗称的铜元。

据考古发现，在一些蒙古族商业城市如包头、归化城等地的金融市场上曾有清朝方孔制钱的流通，并以东三省、山西、陕西等铸造地居多。在晚清的蒙古族市场上，蒙古族农牧民在购买日用品时曾使用过一种名为"拨兑钱"又称"城钱"或"街市钱"的货币，方孔制钱可以在拨兑钱找零时派上用场。二者的比价在不同阶段各不相同，方孔制钱的价值越来越低。如最初时二者比值为100∶18（又称一八钱），后来渐渐变为100∶22、24、28、32、37等。但随着铜元和纸币等钞票进入流通领域，方孔制钱在蒙古族货币市场上几乎只发挥找零的作用。

清朝末年，机器制钱代替了两千多年的手工制钱工艺，铜钱也由原来的方孔圆钱变为了无孔圆钱，货币流通由铜钱过渡到了铜元，（俗称"铜子"）。起初，铜元可作为银元的辅币，但渐渐发展到只为制钱作价，与银元的固定比价随即消失。铜元共分五等——1文、

2 文、5 文、10 文和 20 文，因做工精巧、等级分明等优点而大受欢迎，在蒙古族聚居区也是如此。考古研究和实地考证后发现，内蒙古从东到西各盟市均出土过铜元，如科尔沁左翼中旗大瓦房出土过20 多公斤铜元，乌盟、呼盟等蒙古族聚居区也出土过铜元若干。出土的铜钱制造商繁多，浙江、江西、山东、奉天、河南、湖北等地铸造的铜元都曾在晚清蒙古族货币市场上流通过，这不仅从侧面印证了晚清蒙古族商业的繁荣，同时也证实了铜元在晚清蒙古族货币市场上的重要地位。

三　银两和银元

清政府虽然实行的是银钱平行本位制，但却将重点放在"银"上，且曾明确提倡将白银作为货币的计价和结算单位。白银具有银两和银元两种形式，且这两种形式均在晚清的蒙古族金融市场上发挥重要作用。

银两大体上可分为元宝、中锭、小锭和散碎银子四种，大元宝每枚重 50 两，中锭约 10 两，小锭 1—2 两或 2—5 两不等，散碎银子则在 1 两以下。但四种银两的形状没有统一规定，可根据各地的铸造习惯和方便而定。晚清时期，蒙古族货币市场上的银两流通与清朝前中期类似，在归化城、包头、多伦等蒙古族商业较繁盛的城镇，不同种类银两的流通继续在蒙古族商业贸易中扮演着支付、汇兑、放贷资金等重要角色。如蒙古族城镇中商业发展较快也较繁盛的归化城能够发展起来的重要原因之一，就是晋商在此的金融活动，如开设典当行、钱庄、票号和账局等金融机构，在交易中也统统采用银两作为计算和支付单位。但随着银两的大面积和长久使用，其成色却大打折扣，不仅铸造者在有些银元宝中混杂铅、锡等其他金属，而且这些假银子还可以在市面上以假乱真进行流通使用，银两的信用度随之降低，银元应运而生。

银元俗称"现大洋"，以元为单位，每枚重库平七钱二分（含纯银九成，计六钱四分八厘）①。晚清时期，流通于蒙古族货币市场上的银元主要有外国银元和清政府铸造的银元两种。随着外国资本的大量进入和外国高利贷商人对蒙古族资源的疯狂掠夺，外国银元也成为蒙古族货币市场上的重要币种，外国洋行纷纷崛起，多国币种充斥蒙古族货币市场，混乱局面可想而知。在外国银元的冲击和刺激下，晚清政府也开始铸造和发行银元，在贸易往来中，清政府所发行的各类银元大量涌进蒙古族货币市场，在商业贸易中发挥着和银两同样重要的作用。

四　纸币

纸币的混乱发行是造成晚清蒙古族货币市场混乱的一大元凶。清政府共发行过三次纸币：顺治年间的钞贯，咸丰年间的官票和宝钞，光绪年间及以后的银行兑换券。

（一）兑换券

晚清蒙古族货币市场上尽管还有前两种纸币的流通，但以银行兑换券为主。光绪二十三年（1897年），清政府下令设立了中国通商银行，第二年即发行了银两和银元的钞币，成为中国最早的银行兑换券。光绪三十一年（1905年），大清户部银行成立，并开始由商务印书馆印制大清户部银行兑换券。该银行兑换券正面用满文和汉文书写，背面用英文书写，因兑换券只限当地兑换，故票上都印有发行地名称。此后，各省的官银钱局也纷纷效仿，印制银两和银

---

① 《内蒙古金融志》编纂委员会编：《内蒙古金融志》（上卷），内蒙古人民出版社2007年版，第94页。

元钞币，导致晚清蒙古族的兑换券市场混乱不堪。如中国银行券就有大洋票和小洋票两种；建于光绪三十一年的东三省官银号兑换券发行的铜钱票、小银元票，以沈平银为本位的银票和大龙票四种兑换券；热河官银钱号发行的银两票、银元票、铜钱票等，发行机构甚多，不再一一列举。这些钱号在蒙古族主要城镇如阿拉善、归化城、赤峰等地纷纷开办商号来供兑换券的发行和流通。截至清末，仅在阿拉善定远营便开办了祥泰隆、永盛和、万泰家、永盛隆、魁圣元、万兴德六家商号。其所发行的兑换券在呼伦贝尔、兴安盟、通辽等蒙古族聚居区均有流通，在晚清蒙古族民众的日常生活中发挥着重要作用。另外，在兑换券盛行的晚清蒙古族货币市场中，一些民间的旅蒙商开设的商铺也发行各自的兑换券，如卓索图、哲里木盟境内的旅蒙商所办的当铺业、烧酒业、杂货商号等也纷纷发行各自的流通券，且数量相当可观。

（二）外国流入与发行的钞票

作为一种掠夺手段，外国商人纷纷在中国开设洋行，发行钞票。至清末，在中国境内发行钞票的外国银行就有十二三家，最常见的则属麦加利、汇丰、德华和花旗等银行发行的银元和银两钞票，这些外国钞票也随着商业贸易流入晚清的蒙古族货币市场。除外国银行发行的钞票外，从外国流入的钞票也为数不少，如日本银行兑换券（俗称的"老头票"）、日本横滨正金银行兑换券、俄西亚国立银行兑换券（前身为中俄合办的华俄道胜银行）等外国钞票因其信誉度较好而纷纷流入晚清蒙古族货币市场，流通数额大、范围广，甚至在乌珠穆沁一带纯游牧地区也有流通。

（三）凭帖

清朝中后期，旅蒙商在蒙古聚居区的贸易兴隆，赊销活动频繁。为方便赊销，旅蒙商与蒙古族民众之间通常采用订立赊销协议并开立字据，即出具"钱帖"的方式展开商品的赊销而后兑换，这种

"钱帖"就叫做凭帖。"凭帖"类似于今天的债券，是一种到期后可凭票兑换钱票现银的结算账务凭证。凭帖有官帖和私帖之分。

私帖俗称帖子，由私人钱庄、银号、当铺以及商号等机构发行，其目的在于弥补制钱、白银等货币的入不敷出和占据、垄断市场。私帖多为借据，上面印有金额、发行商铺号、号码、发行年月日，并盖有商务会的印章。私帖又有钱帖和银帖之分，但二者均只能在人们共知共信的范围内通用。私帖的面额有以清朝制钱为标准，大的当 35 吊文，小的当 1 吊文。有的以小洋钱为标准，大的当 50 角，小的当 1 角。前者称为钱帖，小的称毛票。[1] 私帖在旅蒙商的经营活动中较为盛行。如光绪年间，归化城就流通使用过商粮发行的"制钱帖子"，持帖者可用该帖购买粮、油、面粉制品，十分方便。

清朝中后期，归化城、张家口、多伦诺尔等地较大的旅蒙商号每年派遣商队到蒙古族聚居区进行贸易往来（草地买卖，俗称"出拔子"）时所使用的"字据"和"钱帖"，曾先后流通于漠南漠北的蒙古族市场。旅蒙商在蒙古族牧区收购牲畜时会向牧民出具一张商号自制的"钱帖"，上面载明收购牲畜折合的总钱数，交给牧民收藏，待次年该旅蒙商号再次"出拔子"时，牧民可凭该手中的"钱帖"任意选购旅蒙商带来的商品。但是，私帖的信誉度相对较低，出具凭帖的商号若经营不善倒闭的话，牧民手中的凭帖也就一文不值。而且即便出具凭帖的旅蒙商号经营良好，牧民手中凭帖可按约定兑换的话，牧民也是处于交易的被动地位。因为旅蒙商要在次年用货物偿付购买牲畜的款项，若遇通货膨胀，牧民利益就会受损，旅蒙商却可在销售商品时按当时市场价格出售甚至更高；但若遇通货紧缩，旅蒙商还是会按以前的价位出售，蒙受经济损失的蒙古族

---

[1] 《内蒙古金融志》编纂委员会编：《内蒙古金融志》（上卷），内蒙古人民出版社 2007 年版，第 98 页。

牧民甚至都不知道自己的利益已经受损。

与私帖相对应的是官帖。官帖由官钱局和银号发行，其发行目的一般有二：一是缓解财政困难，弥补现钱和现银的不足；二是遏制私帖的泛滥和外国货币的巨额流入，避免经济损失。可见，官帖所发挥的作用类似于今天的国债，因此，较私帖而言，官帖虽发行时间晚，但信誉度却比私帖高。晚清蒙古族货币市场上流通的官帖主要是吉林永衡官银号、齐齐哈尔广信公司和奉天官银号发行的以制钱为本位的凭帖。

当然，晚清蒙古族货币市场的混乱程度是难以用上述几种货币的流通来概括的。实物货币、铁钱、铜钱、铜元、银两、银元以及各种纸币和信用货币出现在晚清蒙古族货币市场上虽有先后，但也同时存在和使用，每种类型的货币均有多种形式。可见，在晚清蒙古族货币市场上，不仅货币种类繁杂，而且在用途、流通年限、流通地区等均有所区别，货币的信用度随发行者的经营状况而定，较多不可控因素导致各种货币的信用度不高，而信用度较低造成的损失只能由蒙古族农牧民承担。

通过本章对晚清蒙古族人口、畜牧业、农业、手工业、商业和货币市场的研究可发现，晚清的蒙古族经济发生了巨大转变：封建制经济为半殖民地半官僚制经济所取代；单纯的畜牧业生产方式为农业生产方式和半农半牧生产方式所取代；传统自然经济渐渐消失，商品化程度快速提高，市场快速发展，呈现出表面繁荣的假象。之所以说是一种表面繁荣，原因在于繁荣的评判多是站在非蒙古族的角度上做出的。蒙古族经济的发展在一定程度改变了蒙古族的生产、生活方式，使蒙古族经济在发展中不断被开放，这种进步性确实不可否认。但从整体上来讲，晚清蒙古族经济的表面繁荣之下，掩盖的却是蒙古族底层民众越来越悲惨的生活。一国、一地区经济的发展需要不断提高该地经济的开放性和包容性，但这种开放和包容是建立在本民族经济发展基础上，而不是建立在损害本民族经济利益基础上。从表面上看，晚清时期的蒙古族经济具有较强的开放性和包容性，但这却是建立在蒙古族经济和蒙古族民众利益受损的基础上，这种发展对蒙古族经济来说必然是虚假的和不可持续的。

晚清蒙古族经济在外国商人、内地高利贷商人、清政府的多重压迫下，失去了越来越多的牧场、丢掉了越来越多的资源、承受着越来越沉重的剥削，上至蒙古王公、贵族和上层喇嘛等蒙古族官僚阶级，下至蒙古族底层农牧民，都在被剥削的范围之内，只不过蒙古王公、贵族和上层喇将这种剥削转移到了蒙古族农牧民身上，还掩耳盗铃般地视而不见罢了，承受沉重经济负担的只有蒙古族底层农牧民。可见，晚清蒙古族经济史是一部蒙古族农牧民的血泪史。

第二十三章
民国时期多个反动政权对
蒙古族的经济剥削

民国时期（1911—1949 年）是中国近代史上最为混乱的一个时期，此时期的蒙古族经济承受的剥削也是前所未有。1911 年 10 月 10 日，由孙中山领导的新民主主义革命推翻了清王朝的腐朽统治，中国持续两千多年的封建君主专制制度随即灭亡，但蒙古族所承受的经济剥削却并未随之消失，取而代之的是北洋政府、国民政府、日本、俄国等军阀和列强的轮流甚至同时的经济压迫。在这个黑暗且混乱的历史时期内，蒙古族基本上失去了经济的自主权，更谈不上经济的发展。在多重剥削下，蒙古族民众有忍受，也有反抗，著名的嘎达梅林起义就是发生于此阶段，但终因需要反抗的压迫势力太多、太强而失败，但其保护蒙古族牧场、为蒙古族的经济利益而斗争的精神世代颂扬。

经过作者研究发现，民国时期有多个反动政权或单独或同时对蒙古族经济进行统治，主要有北洋政府、国民政府、日伪政权和沙俄帝国主义。上述所有反动统治均以掠夺蒙古族丰富的资源、扩充自身势力范围为目的，以压迫和剥削蒙古族人民为手段，沙俄和日本两个帝国主义国家尤甚。日本和俄国将蒙古族聚居区分割成了几个部分：外蒙古、内蒙古东部、内蒙古中西部和青海、新疆等地的蒙古族聚居区。其中，外蒙古在沙俄的策动下于民国时期建立了独立政权，成为沙俄的"附属国"；内蒙古东部由日本侵略者占据，在日本伪满政府统治下，原内蒙古东部各盟旗被划分到兴安省各分省；内蒙古中西部和新疆、青海等蒙古族聚居区也被日本侵略者占据，并在张家口建立了"伪蒙疆政权"，对这些地区的蒙古族民众进行残酷的经济压迫和掠夺。

值得庆幸的是，民国时期还存在着一个与上述反动政权相对立的政权最终将蒙古族人民从水深火热中解救出来，这个政权就是由中国共产党领导的新民主主义革命政权，其通过在蒙古族聚居区建立根据地和解放区的方式带领蒙古族人民摆脱了反动政权繁重的经济压迫，走上了没有经济压迫和剥削的自治发展道路。

通过上述分析可知，民国时期的蒙古族经济先后或同时由多个政权统治：北洋政府（1912—1928年）、国民政府（1927—1949年）、沙俄主导的外蒙古独立政权（1911—1946年三和三分）、日本伪满政权下的兴安蒙古伪政权（1931—1945年）、伪蒙疆政权（1939—1945年），但最终在中国共产党新民主主义革命政权（1921—1949年）的领导下获得了经济上的完全解放。因此，本章将以时间和统治政权两条主线来研究民国时期的蒙古族经济，将民国时期蒙古族经济划分为两大部分：众多反动政权剥削压迫下的蒙古族经济和中国共产党领导新民主主义政权下的蒙古族经济，其中将重点研究各反动政权对蒙古族农牧民的经济压迫。

民国时期蒙古族民众所受经济压迫主要来自以日俄为首的帝国主义列强、北洋政府和国民政府以及蒙古封建王公和上层喇嘛，三者对蒙古族农牧民的经济压迫使蒙古族基本形成殖民地、官僚制和封建制三重社会性质，具体如图23-1所示。

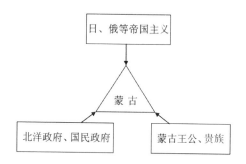

图 23 - 1 民国时期蒙古族民众承受"三座大山"经济压迫

第一节 北洋政府的治蒙政策与蒙垦

辛亥革命后，以袁世凯为首的北洋政府篡夺了革命果实，为博得各帝国主义国家的支持，北洋政府不仅维持原清政府丧权辱国条约不变，甚至变本加厉，放纵日俄等帝国主义列强在蒙古族聚居区的经济侵略，为蒙古族聚居区后来沦为外国殖民地和附属国埋下隐患。同时，为博取蒙古王公贵族对其政权的认可，袁世凯对蒙古王公采取了"概仍其旧"政策，大部分蒙古王公在利益的诱惑下屈从于北洋政府，但并没有换来其对蒙古族经济剥削的减轻，因为晚清的蒙垦政策也同样"概仍其旧"地实施着，且程度更深，范围更广。

一 北洋政府向日本出卖中国蒙古族的权益

1911 年辛亥革命爆发后，清王朝陷入崩溃的绝境。趁此之机，失势三年的袁世凯迅速集结北洋集团的军事、政治力量，博得了帝国主义和国内立宪派的信赖。袁世凯先是打着"实行君主立宪"的旗号，强夺了清政府的一切权力，于 1911 年 11 月，出任内阁总理；

接着，又举着"赞成共和"的幌子，通过对民主革命派暂时的妥协换取绞杀革命的时间，最终夺取了中华民国临时大总统的职位，而这一切都是建立在向各帝国主义国家出卖国家领土和主权基础上。

袁世凯对各帝国主义列强的巴结正合后者之意。清朝灭亡后，各帝国主义列强正欲寻找一个如同晚清政府一样的代理人来维护各自既得利益，并再次扩大侵略范围。袁世凯就是最适合的候选人。帝国主义对中国的侵略用其代言人拉铁摩尔的话："只要他们能够找到这样一个——在十九世纪末找到了李鸿章，二十世纪找到了袁世凯，他们总是愿意在贷款、武器装备、军队训练各方面给予充分的帮助，使他们充分地强有力地来为他们的利益而统治着中国"① 可见，袁世凯就是帝国主义的代理人，以其为首的北洋政府实际上就是各帝国主义国家培植的傀儡政权。

1913 年 10 月 10 日，袁世凯在其总统就职演说中就明确指出："所有前清政府及中华民国临时政府与外国政府所签订条约、协约、工业，必应恪守，及前政府与外国公司人民所订立之正当契约，亦当恪守。"② 除此之外，为获得各帝国主义列强对其政权的肯定，袁世凯不顾国家利益和各族人民的强烈反对，悍然答应俄国在外蒙古享有的多项权利，并同意由日本取得对四平至洮南、长春至洮南、开源至海龙三条铁路的借款权和洮南至承德、吉林至海龙两条铁路修筑的借款优先权③，使日本的侵略势力由南满扩张至内蒙古东部地区，为国民政府时期日本兴安伪政权对蒙古族的统治埋下祸根。

---

① 胡绳：《帝国主义与中国政治》，人民出版社 1978 年版，第 127 页。转引自张艳丽《梁启超的财政思想研究》，硕士学位论文，郑州大学，2007 年 5 月，第 10 页。

② 刘春玲：《袁世凯在外蒙古子之中的外交政策》，《白城师范学院学报》2005 年第 4 期，第 74 页。

③ 王芸生：《六十年来的中国与日本》第 6 册。

第一次世界大战爆发后，趁沙俄忙于应付欧洲战祸之机，日本帝国主义进一步加快了侵略中国东三省和蒙古地区，利用袁世凯称帝之心，以承认袁世凯复辟帝制为交换条件，于1915年1月18日签订了灭亡中国的"二十一条"，其中，损害蒙古族人民利益的就有五条：（1）允许日本人在南满和内蒙古建造铁路；（2）未经日本帝国政府同意，不得允许与其他各国在南满和内蒙古辐射铁路之权，或为建造铁路向他国借贷款项，及将该地税课抵借外债；（3）中国政府在南满和内蒙古聘用政治、财政、军事各顾问、教习时，必须先向日本政府商量；（4）允许日本人在内蒙古"合办"工商业和建筑业，为农业开垦土地租借权及所有权；（5）允许日本人在内蒙古制定矿山的采掘权，并许其居住往来从事各种工商业及其他业务等。为满足称帝野心，袁世凯于5月9日签订接受的"二十一条"，将中国蒙古族重大经济权益拱手送给了日本帝国主义。

"二十一条"签订后，日本侵华政府即开始了对内蒙古东部蒙古族人民的经济侵略，如向内蒙古东部各地派遣"调查队"，进行土地、矿藏等各种自然资源的调查；派遣特务、间谍等深入各蒙旗煽动、收买蒙古王公；以投资"合办"企业为名，贿赂、收买蒙古王公用土地、矿山、牲畜等入股，趁机据为己有。而所有这一切经济侵略还仅仅是为后期的全面的疯狂侵略做准备而已。

二　北洋政府对蒙古王公"概仍其旧"政策

盟旗制度下，蒙古族封建王公和僧侣的荣华富贵与清王朝的兴衰紧密相连，尽管晚清政府的"新政"和"移民实边"政策引发了蒙古王公对清政府的不满，但在基本利益上并无原则性分歧，因此，对于清王朝的灭亡，蒙古王公倍感恐慌。另外，由晚清"移民实边"政策造成的民族矛盾和阶级矛盾愈加突出，加之沙俄的挑拨与策动，蒙古族王公"独立"之势愈演愈烈。针对于此，北洋政府一边通过武力震慑，平定"独立"浪潮，一边则通过大规模的封赏政策，收买蒙古王公和上层僧侣，并通过法令规定，蒙古族王公和僧侣等统治阶层权力"概仍其旧"。

1912年8月19日，北洋政府发布了《蒙古待遇条例》，该《条例》一共九款，重点强调了以下几方面："1. 各蒙古王公原有之管辖治理权一律照旧；2. 内外蒙古汗、王公、台吉世爵各位号，应予照旧承袭，所享之特权亦照旧无异；3. 各地呼图克图喇嘛等原有封号，概仍其旧；4. 世爵奉饷应从优支给"①；"5. 唐努乌梁海五旗、阿尔泰乌梁海七旗系属副都统及总管治理，应就原来都统及总管承接，职任之人，改为世袭；6. 蒙古人通晓汉文并合法定资格者，得任为京、外文武各职等"②。除此之外，还颁布了《蒙古王公年班制度》《加进实赞共和之蒙古各扎萨克王公封爵》《蒙回藏王公等爵章条例》《蒙藏王公服饰条例》等多项优待制度，在蒙古王公的管理体制、权利、称谓、服饰等多方面因袭亡清旧例，虽然形式上有所改装，但实质如一。根据当时《建设》杂志的不完全统计，内蒙古六盟四十九旗王公，被加进爵位者七十多人次，进品、加衔、擢升官职、承袭爵禄者一百八十多人次。及岁台吉分别授予职衔者3390人。其中，京外喇嘛得到"名号加封"、"给予职衔"、"实职奖叙"、"加封"四字二字者，约在240人以上。③袁世凯北洋政府仅在短短时间内如此大规模地加封蒙古族王公、喇嘛，即便统治蒙古族二百

---

① 民国《政府公报》，1912年8月（法律）第103号。转引自田志和《关于蒙古封建王公制度向民国延续问题》，《中国蒙古族史学会论文选集（1983）》，内蒙古新华书店1987年9月第一版，第359页。

② "中国大事记"，《东方杂志》第九卷，第四号。

③ 田志和：《关于蒙古封建王公制度向民国延续问题》，《中国蒙古族史学会论文选集（1983）》，内蒙古人民出版社1987年9月第一版，第360页。

多年的有清一代也望之感慨，这不仅使蒙古族上层官僚阶级亲袁势力迅速膨胀，也为北洋政府对蒙古族民众的进一步剥削打开了方便之门。

袁世凯的利诱和笼络政策，极大地满足了蒙古王公和上层喇嘛的贪欲，以贡桑诺尔布、扎噶尔、阿穆尔灵圭、那颜图为代表的蒙古王公贵族开始移步换形，放弃"独立"之意，心甘情愿地当上了北洋军阀政府宣抚经略蒙古族的重臣要员，并积极奔赴内外蒙古各地，宣传"翊赞共和"，成为北洋政府的"宣抚使"。为更好地统治蒙古族人民，北洋政府在1915年5月又恢复了辛亥革命后被取消的理藩制度，更名为蒙藏事务局，直隶大总统，贡桑诺尔布被任命为北洋政府蒙藏事务所总裁并晋封为亲王爵。有贡桑诺尔布这个好例子在先，其他各盟旗王公亦对实行"共和民主"制"声随响应，俱表同情"①，袁世凯对"归顺"蒙古王公皆予以晋爵加禄等优厚恩典赏赐，使其各得其所，而被封赏的蒙古族王公，皆表喜形于色，披戴民国时代新贵桂冠，欣然就命。可见，北洋军阀的利诱政策将其与蒙古王公的利益联系在一起，从此，蒙古王公和上层喇嘛成为北洋军阀控制蒙古族经济的有力工具和可靠后方。北洋政府对蒙古王公的赏赐，的确没有枉费心机，蒙古王公对袁世凯复辟帝制活动报以积极响应。

当1915年袁世凯自为帝制复辟时，蒙古王公联合会②十分活跃，那颜图亲王出任全国请愿联合会副会长，内蒙古六盟长也出来写《呈文》，要求"速定国体""还我旧观"，张嘉活佛推戴袁世凯"速

---

① 北洋吉林省公署档案：《吉林剿抚蒙乱详细报告书》。

② 武昌起义后，为挽救清王朝覆亡的命运，蒙古王公们于1911年10月24日在京成立的保护自身封建特权的政治小团体，亦称"蒙古同乡联合会"。

登大位"①。袁世凯复辟闹剧成形后，蒙古王公也身在其中翎顶冠戴，就连蒙古族曾经的"独立"者和叛乱者在认识到袁世凯政府是自己利益的保护者时也纷纷转身"翊赞共和"，走上了与北洋政府合作的道路。

袁世凯"概仍其旧"政策打着共和的大旗，为自己的集权统治收买人心，被利诱的蒙古王公成了袁氏集团统治和剥削广大蒙古族聚居区的得力工具。与北洋政府对蒙古王公的赏赐"概仍其旧"的同时，对蒙古族民众的经济剥削也同样"概仍其旧"。北洋军阀在蒙古族聚居区的大兴蒙垦政策就是最好的说明。

三　北洋政府的蒙垦政策

晚清政府的"移民实边"政策为袁世凯北洋政府提供了生财之路。北洋政府沿袭清政府开垦蒙地政策，对蒙古族土地进行了大肆开垦，但在开垦程度、范围、政策鼓励等方面相比晚清政府有过之而无不及。

（一）蒙垦政策制定背景

提到北洋政府时期的蒙垦，不能不提到一个对中国农业发展极为重要的人物——张謇。站在整个中国近代农业发展角度上来讲，张謇功绩卓著，但若站在蒙古族立场来看，张謇的蒙垦政策极大地损害了蒙古族的经济利益，破坏了蒙古族畜牧业经济。其蒙垦政策不但没有如其所言成为"为蒙民之保障"，反而使蒙古族畜牧经济被侵蚀程度进一步加深。

北洋政府时期，张謇任农贸总长，开垦荒地是其发展农业的一

---

① 田志和：《关于蒙古封建王公制度向民国延续问题》，《中国蒙古史学会论文选集（1983）》，第359—360页。

项重要措施。任职期间，他力图将垦荒事业推向全国。他指出："窃惟国家富力之消长，恒以物产之衰旺为枢机。居今日而欲求贫，道莫要于垦荒，而尤以先行整理官荒，未入收时一定不移之办法。吾国幅员辽阔，甚多……如刻逐加清理，一律招人领垦，则非特地无旷土，目前可消纳游民，而将来垦熟升科，并足增国家收入。"① 张謇站在国家角度提倡荒地开垦，充分利用土地资源无可厚非，但垦荒政策应根据拟开垦地区原有经济结构和土地质量而定，蒙古族土地以草地为主，土层较薄，适宜放牧而非耕种。不视具体情况盲目垦荒，其恶果渐现且持续至今。

然而，在张謇看来，开垦蒙古荒地，有五益而无一害。"尽除前清理藩院所施于蒙一切之苛例，予所欲而去其所恶，皆宜联络蒙情，使不惑于外物，一利也；边内外贫苦人民得享垦地之利，以殖生计，二利也；地辟民聚则边自实，不致招空穴来风之痼，三利也；因蒙汉之垦务，于水利区划等事，政府稍扶助之，使易成立，而亦可稍加其费以增岁入，四利也；我政府助其经营，使蒙人知感，足以收共和统一之真际表示以对外，五利也。"② 可见，张謇"五益论"均是站在北洋政府的角度得出，对于世代生存在蒙地上的蒙古族人民并无顾及，蒙古族土地只是其实现政绩的手段罢了。而袁氏政府在利益的驱动下，借着张謇的"五益论"，顺理成章地开始大兴蒙垦。

---

① 张謇：《请先就淮北苇荡、淮南盐场垦荒并分简专员呈》，曹从坡等编《张謇全集》卷2，第223页。转引自魏瑞娟《论张謇的农业思想及实践》，硕士学位论文，郑州大学，2005年5月。

② 张謇：《条陈开放蒙地破除旧例另布新规呈》，曹从坡等编《张謇全集》卷2，第241—242页。转引自魏瑞娟《论张謇的农业思想及实践》，硕士学位论文，郑州大学，2005年5月。

（二）国家指导性垦荒条例的推动

1912 年 3 月，北洋政府颁布了《国有荒地承垦条例》，共 29 条；7 月颁布了《国有荒地承垦条例实施细则》，总计 18 条；11 月颁布了《边荒承垦条例》，共 24 条。尽管这些政策是适用于全国荒地开垦的一般性法令，但却是蒙古族荒地开垦条例的指导性纲领和参照蓝本。最值得提及的是上述条例对荒地开垦的鼓励政策，其吸引力之大使普通民众难以抗拒。《边荒承垦条例》按土地肥瘠程度将土地分为五等，等级较高的土地，承垦保证金较高，等级低的土地，保证金则较低，但相对于以往垦荒的保证金来说，均较低。若承垦一般荒地，每亩保证金最高 1.5 元，最低 0.3 元；承垦边荒的话，每亩保证金最高 0.3 元，最低仅 0.05 元，以此鼓励承垦贫瘠土地。若承垦者按时竣垦，所有保证金如数退还；若承垦者提前竣垦，不仅保证金退还，还减收地价 5%—30%；边荒提前竣垦，则提前一年至提前十年逐年递减地价的 10%—60%，鼓励力度可见一斑。国民政府在继承北洋政府各项蒙垦政策的基础上，又先后颁布了《移民实边案》《边疆移垦办法大纲草案》等垦荒政策，继续在全国范围内大行垦务。

（三）蒙垦专项政策的出台与实施

在全国性垦荒政策的推动下，从未间断过的蒙垦又达到了一次高峰。1914 年 2 月，北洋政府农商部、内务部和财政部联合制定和发布了《禁止私放蒙荒通则》，蒙藏事务局制定了《垦辟蒙荒奖励办法》，这两个针对蒙古族荒地开垦的专门性法案的制定与实施，极大地推动了蒙地垦荒进程。其中，《禁止私放蒙荒通则》将所有蒙地收归北洋政府所有，按其所制定的规则发放，不允许任何个人私放土地，该政策不仅强化了晚清政府的官垦程度，而且也进一步削弱了蒙古王公的权力，剥夺了蒙古族民众的土地所有权；《垦辟蒙荒奖励办法》规定"凡各蒙旗愿将该旗地亩报垦或自行招放者及领垦蒙荒者给予奖励"[①]。这种对招垦者和放垦者均予以奖励的鼓励办法，对蒙荒开辟的加速作用是双重的。

需要指出的是，袁世凯帝制复辟后对全国行政体制进行了改革，设省、道、县三级。作为"试点"的内蒙古被划分为察哈尔、热河和绥远三个特别区，特别区相当于省，各特别区下分别设置伊道（伊克昭盟）、热河道和绥远道来管理蒙旗事务。特别区由袁世凯选派的亲信担任都统，加以管辖。此种政治体制不仅承袭了清政府对蒙古族"分而治之"的治理理念，同时也有效地强化了袁世凯的集权统治和对蒙古族的控制。

在国家蒙垦政策的引领下，各特别区也根据自身情况纷纷制定蒙垦政策。察哈尔都统于1915年向全国发出整顿蒙垦的报告，蒙地垦务作为要政受到高度重视。为此，察哈尔特北区在《禁止蒙旗私放荒地章程》和《垦辟蒙荒奖励办法》的指导下，陆续颁布了《察哈尔清丈章程》《开放羊群、大马群荒段章程》等详细垦荒政策，指导垦荒的具体实施，其他特别区也类似于此。一时间蒙地垦荒的各种政策、条文由各级政府以不同形式制定和实施，蒙地垦荒"风风火火"地开展起来。

蒙垦期间，各特别区下设招垦局专管蒙垦事务。察哈尔商都招垦局事务繁忙，每日堪丈土地少则几十顷，多则上百顷。仅两年时间，放垦地亩即达6000余顷。1918年，察哈尔商都垦务局撤局改县，在商都县知事的大力推广下，至1925年，商都县所有牧地全部拓垦完毕，升科1万余顷。有招垦即有承垦，承垦者多为邻省军阀和地主豪绅，蒙古族土地渐渐地集中于少数汉族大地主手中。如在鄂尔多斯地区占有了大量土地，晋陕豪绅占据了郡王旗、乌审旗和

---

① 王卫东：《鄂尔多斯地区近代移民研究》，《中国边疆史地研究》2000年第12期，第12页。

鄂托克旗的主要牧场。占地 6000 亩以上的达 25 人，其中，占地最多的为陕西人高士修，达 90 万亩，谢振祥也有 20 万亩土地，仅这 25 人就占有土地达 188 万余亩。[①]

另外，极具诱惑的蒙垦鼓励政策也促使寻求生存的内地汉民涌入蒙古族聚居区承垦蒙地。为配合和进一步促进蒙旗垦殖工作，交通部分别于 1925 年和 1926 年颁发了《垦民乘坐火车减收四成规则》与《垦民家眷承租火车免费办法五条》，配合并推动了内地移民蒙垦进程。总之，在多项蒙垦政策推动下，北洋政府时期的蒙垦行动达到高峰。

在自上而下多项蒙垦政策、条例的指导和推动下，蒙古族大片土地被纷纷丈量、开垦，不仅官垦盛行，而且新式农垦公司也有了进一步发展。尽管有政策限制，但受利益驱使，一些民间经营性农垦也有所发展，蒙古族土地官垦、商垦和私垦并起局面形成。

四　各路军阀强夺蒙古族土地

北洋政府时期，国内军阀混战，割据称雄，自古以来就是兵家争夺之地的蒙古族聚居区更是战事不断，军阀横行，大面积蒙古族土地被各路军阀以各种名义收归己有。此时期内，活跃在蒙古族聚居区的大小军阀众多，蒙古族人民承受着来自张作霖奉系军阀、马福祥宁夏军阀、阎锡山山西军阀和张少曾绥远军队等多路军阀的剥削。这些军阀与蒙古王公相勾结，通过其所操纵的政治权利，对蒙

---

① 梁冰等：《鄂尔多斯史志研究文稿》（第四册），《伊克昭盟的历代开垦和近代社会形态之变化》，伊克昭盟地方志编委会，1984 年，第 135—136 页。转引自王卫东《鄂尔多斯地区近代移民研究》，《中国边疆史地研究》2000 年第 12 期，第 13 页。

古族进行程度更甚于晚清的经济掠夺。即便与军阀"合作"的蒙古王公，也是如此。晚清政府蒙垦时，规定将放垦所收押荒银的一半分给蒙旗王公和办公费用；至北洋政府时期，各路军阀得寸进尺，不仅强迫蒙古王公大肆丈放各旗土地，而且仅分给蒙古王公一成到二成的押荒银。另外，各路军阀还经常克扣北洋政府支付给蒙古王公的俸禄银，使蒙古王公不仅无法享受到袁世凯"概仍其旧"政策的福利，反而在各路军阀的威慑下境况大不如前。蒙古王公惧于军阀权势，对其所承受剥削敢怒不敢言，但为满足其骄奢淫逸的生活开支，其将所受剥削变本加厉地全部转嫁至阿拉特属民身上。

除了蒙古王公转移的经济剥削，各路军阀大兴蒙垦对蒙古族阿拉特牧民的经济掠夺也是无底线的。各路军阀大肆开垦蒙地是从1912年黑龙江督军发布"将东西布哈特、齐齐哈尔等三旗蒙人生计地"陆续放垦的指令开始的，在其指令下，上述三旗土地放磬，三旗蒙民流离失所；1916年，奉系军阀张作霖以微薄的地价强制开放了哲里木盟科尔沁左翼中旗所辖西辽河南北沿岸的"蒙人垦牧生息之膏地四千余方（每方为450亩）"，原生活于此的蒙古族牧民被赶到沙碱化地带放牧；奉系军阀还以"军垦"或建立军马场等各种名义，任意无偿侵夺蒙旗肥沃土地，仅吴俊升一人就侵夺了哲里木盟科尔沁部各旗"竟有五六个县之大"的土地，而这片土地原本的蒙古族主人不但不再拥有土地，甚至被迫流落深山或土地贫瘠处放牧生存；绥远都统张少曾继清末贴谷于内蒙古西部地区的"官牧场"，并强占归化城土默特旗所辖的大青山煤矿；山西军阀井岳秀武装强占了伊克昭盟乌审旗、鄂托克旗等地的牧场和盐……此类事例不胜枚举。尽管各路大小军阀均强夺了蒙古族土地，但最甚者当属张作霖奉系军阀。

五 张作霖奉系军阀蒙垦与嘎达梅林抗垦斗争

以张作霖为首的奉系军阀是北洋军阀的重要派系之一，其主要势力范围在东北三省，区位优势便于其掠占蒙古族土地。张作霖通过勾结并压制蒙古王公的办法获得对地方的控制权，然后再派驻亲信进入蒙垦地区任地政委员督办蒙垦事务，其胞兄和义弟均担任蒙垦地总管，颐使地方官吏，利用省长的权位和势力以极低的价格强买最肥沃的土地，而后再逐步侵吞周围蒙地。大肆开垦蒙地使蒙古族牧场急剧缩小，牧民流离失所。如在对哲里木盟达尔罕旗的蒙地开垦时，张作霖就与达尔罕亲王那木济色楞王爷勾结，通过半利诱半强制的手段开垦该旗的大片草场。针对张作霖的蒙垦行为，札萨克达尔罕亲王那木济勒色楞的总兵那达木德（通称嘎达梅林）向那木济勒色楞提出反垦请求无果后，为保卫牧场，嘎达梅林多次向蒙务局提出反垦建议，却以官职被免收场。

张作霖不仅无视以嘎达梅林等蒙古族人民激烈的反垦情绪，进一步加大了蒙垦力度。1924 年，其拟定了《内蒙开垦大纲》，组织移民开垦蒙地的同时还派遣军队屯垦，在放垦和清丈过程中敛财。至 1928 年，达尔罕旗 3/4 的草场均被开垦，牧场面积急剧缩小逼迫该旗蒙古族牧民背井离乡。"东北易帜"后，张学良继承其父在蒙古族聚居区的蒙垦"事业"，继续开垦抢占蒙古族牧场。野蛮的蒙垦行为再次促使嘎达梅林代表提出反垦请求，却被北洋军阀投入监狱，后被其妻琪琪格救出。请愿无望只有武力抗争，嘎达梅林越狱后便组建了一支 700 多人的反垦队伍，打着"打倒测量局，不许抢掠民财"的口号掀起了一场反对军阀蒙垦的"独贵龙"运动。嘎达梅林带领反垦队伍袭击垦务局，驱逐测量队，作战范围逐渐由达尔罕旗发展至哲里木盟并转战昭乌达盟等地，但终因实力悬殊，嘎达梅林抗垦斗争被镇压，嘎达梅林被张学良杀害。然而，嘎达梅林起义鼓舞了蒙古族人民保卫牧场的勇气和决心，也在某种程度上打击了北洋军阀，延迟了放垦草原的计划。

第二节 国民政府的进一步蒙垦与蒙古族牧民反垦

国民政府推翻北洋政府后，同样大兴蒙垦，蒙古族人民所承受的灾难愈加深重。但对于北洋军阀和国民政府的剥削，同属一丘之貉的蒙古王公虽不心甘情愿，但却敢怒不敢言，只能将其所承受之剥削统统转嫁至阿拉特牧民身上。丧失土地又承受多重剥削的牧民生活境况苦不堪言，矛盾激化之下，蒙古族人民保卫牧场的反垦斗争再次达到高潮。

一 国民政府蒙垦准备

1927 年，蒋介石篡夺国民政府最高领导权后，不仅没有履行孙中山三民主义关于民族平等的主张，反而对蒙古族人民变本加厉地掠夺，蒙垦程度进一步加深。为尽快完成内蒙古设省置县行政体制改革，国民政府承袭了北洋政府放垦蒙荒的各项政策措施，展开了新一轮的蒙地开垦。国民政府将袁世凯时期所设的绥远、察哈尔及热河三个特别区均改为省，并在各省设垦务局，在各县设分局，在各省全面开展蒙垦事务，掀起了新一轮土地掠夺浪潮。

1928 年，国民政府统治之初因政府腐败、军阀混战导致流民增加，军员过剩。面对这些问题，国民政府大地主、大官僚阶级开始纷纷建议对广大蒙古族聚居区实行屯垦，"为以兵固防守，以农奠国基，以地安国人，虽他人以优越的政治力与经济力临我，前途一定乐观。固移民实边，开发富源，实为长治久安之计也"①。国民政府以此为借口趁机屯垦了蒙古族的大面积土地。

国民政府时期的主要蒙垦措施是移民开垦。为顺利推动蒙垦，国民政府陆续出台了《绥远垦殖委员会"民垦办法"》《农垦银行办法》《移民土地开垦十四条办法》等多项官方条例，加速蒙垦步伐，扩大蒙垦范围，蒙古族人民的土地进一步被掠夺。

二　国民政府的大肆蒙垦

（一）阎锡山军垦

军垦是国民政府蒙垦的重要方式之一。1930年，阎锡山掌握了晋绥两地的军政大权，因军员过剩进行了大面积军屯。1933年，在其颁布的《失业军人垦殖优待办法》中提出"往绥西屯垦者，由公家给百亩地，需要的款项由公家贷给，并每月给予维持费"②。在该项奖励政策的推动下，阎锡山将一支1040人的绥远垦殖委员会屯垦队发往蒙地，开启了军垦计划。蒙垦队进入绥远后便与蒙古王公相勾结，不择手段地掠夺大片蒙古族土地，仅一年时间，蒙垦队在绥西就放丈了1828顷蒙地。蒙古王公为博取阎锡山恩宠，甚至将一些熟地和牧场让予开垦，蒙古王公与军阀均借机渔利，牧民却流离失所，苦不堪言。

（二）土地集中

解决流民问题是国民政府蒙垦的原因之一，但绝不是其最重要的目的。在贫苦汉民纷纷移民蒙地时，大面积土地已不知不觉地被

---

① 安汉：《西北垦殖论》，南京国华印书馆1932年版，第1页。
② 梁冰等：《鄂尔多斯史志研究文稿》（第四册），《伊克昭盟的历代开垦和近现代社会形态的变化》，伊克昭盟地方志编委会，1982年。

大地主、大官僚阶级霸占，蒙地垦伐程度越深，土地兼并显现越重，这是由国民政府集权官僚制性质决定的。以乌审旗土地集中为例：

"当时在乌审旗较大的地户有张鲁堂（山东人），谢振祥（陕西省榆林人）在呼吉尔图及乌兰沙巴尔台一带有 20 万亩左右的地，柴汉文（陕西省榆林人）在浩勒报吉乡及查汗淖尔一带有 10 万亩地，王随有、王老栋（陕西省榆林人）、魏朋素、曹根杜等人在黄陶勒盖、乌兰陶勒盖、马森库伦一带占有 20 万亩左右；龚吕之（陕西省神木人）在乌兰沙巴尔台、阿拉巴尔一带有 5 万亩左右的地，张罗驹（陕西省榆林人）、刘子英（陕西省绥德人）在巴音柴达木一带有 1 万亩的地。除他们外，还有大大小小的很多中小地主，各占有一定的土地。"[①]

（三）陈长捷经济渗透

1941 年，蒋介石任命陈长捷为伊克昭盟警备司令部司令，所谓"党政军一元化"政策在伊盟实施。陈长捷到任后便实行了"一挤二压"的"反共灭蒙"政策，欲将共产党挤出伊克昭盟，并通过对蒙古族的残酷压迫攫取暴利。陈长捷通过对蒙古族政治、经济和军事三方面的渗透政策进行肆无忌惮的压迫，以达到掠夺蒙古族财富和最后消灭蒙古族的目的。

1941 年以后，伊盟连年荒旱，食粮异常缺乏，但陈长捷却雪上加霜，继续肆意搜刮蒙古族人民，征派粮米，课以重税。1942 年初，国民党绥远省政府已向伊克昭盟征收了 2 万石粮食；年底，陈长捷领导的"伊盟守备军总部"又向伊盟的六个旗摊派了三万石粮食，并规定十日缴齐。当时，六旗共约三万六千户，除了已征的二万石外，每户平均还须立刻交出近一石的粮食。而且"征粮一斗，须加

---

① 《伊克昭盟志》，1994 年，第 378 页。

缴二升，并附草十斤"①。牧区根本不产粮食，国民党也要"征粮"。在陈长捷的"严厉催缴"下，牧民被逼得只好远至数百里以外出卖牲畜后买了粮食缴纳。同时，对牧民还要征畜，国民党在伊盟"'将所有大小牲畜，登记尺量烙印，索取十分之三'②，留下的十分之七，牧民也不能随意处理。征粮征畜名字上是要'发价'的，但实际上一征了之，无任何报酬。国民党军队所到之处，'将民众等窖藏喂养耕牛之粮草，任意挖掘而起'，'将民众所有粮食尽行抢去'，'遂意侵占民房，抢掠财物'，'将仅有之田牛，强行宰食'，加之无休无止地拉夫、征车等，蒙古族人民因此而遭受巨大损害"③。

经济渗透的另一重要内容即为强垦蒙地。陈长捷打着"开发边疆"的名义大量开垦伊克昭盟的土地，计划在伊克昭盟内垦丈蒙地10000顷。经过多轮垦荒和日本侵略军的多轮"扫荡"后，1941年的伊克昭盟已无地可垦，民不聊生。然而，陈长捷并没有就此罢休，继续向各旗王公摊派蒙垦任务，甚至超出理性限度。如向土地面积仅有3000平方里左右的扎萨克旗摊派开垦土地6000亩，霸道程度可见一斑。而陈长捷的反动统治尚不止于此，其甚至"将大小伊金霍洛旗陵地、庙宇、鄂博等神灵禁地，分别威胁当地官员签名盖印，即时占取"④。武装强占土地严重威胁到蒙古族各阶层人民的生命财产安全。

① 沙克都尔扎布：《扎萨克事变之原委》，中国科学院南京史料整理处档案，代号141，档号2096。

② 沙克都尔扎布1943年5月12日关于"伊盟事变"的通电。

③ 黄时鉴、张思成：《关于"伊盟事变"》，《内蒙古近代史论丛》第一辑，内蒙古人民出版社1982年版，第270页。

④ 沙克都尔扎布1943年5月12日关于"伊盟事变"的通电。转引自黄时鉴、张思成《关于"伊盟事变"》，《内蒙古近代史论丛》第一辑，内蒙古人民出版社1982年版，第271页。

三　"伊盟事变"抗垦斗争

在陈长捷"三透政策"下，伊盟蒙古族人民过着牛马不如的生活，由此对国民党罪恶统治普遍产生了不满情绪。当时，中国共产党在伊盟坚持地下斗争，并在伊盟南方建立了陕甘宁边区。受中国共产党的革命影响，伊盟人民不甘压迫的反抗斗争情绪不断滋长。反抗以陈长捷反动统治的"独贵龙"运动最先爆发于达拉特旗，1942 年 8 月，达拉特旗人民针对国民党组编保甲和征购军粮、牲畜、皮毛的掠夺行为进行了多次反抗，仅 8—10 月短短两个月内就连续爆发四次，虽遭到了国民政府的强力镇压，但却成了"伊盟事变"的先声。

1942 年 11 月至 1943 年 2 月，陈长捷捕杀了乌审旗西协理奇国贤；强迫各旗保安队接受"训练"，加征三万石粮，成立"屯垦督办公署"，计划开垦 30 万亩土地，诸多残暴行为进一步激起了蒙古族民众的反抗情绪。

1943 年 2 月 21 日，激怒已久的札萨克旗保安队官兵义杀了陈长捷忠实走狗白音仓，成为"伊盟事变"的导火线，事件发生后，陈长捷派出一个连开进札萨克旗进行弹压，札旗官兵与群众被逼上了武装反抗的道路。札萨克旗反抗国民党反动统治的武装起义以保安队士兵和人民群众为主力，并得到了伊盟各阶层人民的支持，既有壮年，也有老人和十二三岁的孩童，札萨克旗蒙古族仅 2500 人，但参加斗争就将近 1000 人。伊克昭盟蒙古族起义者向国民党当局提出了反对开垦蒙地、拒绝蒙地驻兵、减轻派购军粮、按月发放（保安队）粮饷等要求。表达了反抗国民党反动统治的坚强意志。

札萨克蒙古族人民的起义遭到了国民党的强力镇压，起义部队被步步逼退，在中国共产党的帮助和保护下，安顿在乌审旗洪柳河以南地区（简称河南区）巴图湾一带。中国共产党坚决反对国民党对"伊盟事变"的非正义武装镇压，为坚持团结，顾全大局，中国共产党主张并促进"伊盟事变"和平解决。5 月 12 日，起义军提出了解决"伊盟事变"的六点要求："1. 立饬陈、何部队之侵略行动并由扎、乌两旗及伊盟撤回；2. 严惩肇事罪魁陈长捷、何文鼎等，并释放被捕之蒙胞；3. 退还及赔偿蒙胞所有遗失及损失物品，拨款救济被捕之蒙胞；4. 保证我蒙胞在中央（国民党中央）领导下应享有自治权，信教自由及保存风俗习惯之权利；5. 保障我蒙胞人权并不得任意更换军政职员与不得杀害；6. 此后应免去任意征收蒙胞土地驼马牛羊食料等。"①

要求提出后，经过四个月的谈判，为"宣慰"伊盟蒙古族人民，国民党当局表面上答应了撤销陈长捷职务，暂缓蒙地和粮食、牲畜征派，撤出在札萨克旗的驻军。至 1943 年 10 月初，起义军返回札萨克旗。

第三节　沙俄策动外蒙古"独立"

150 多万平方公里的外蒙古（今蒙古人民共和国）曾是中国领土的一部分，外蒙古的蒙古族人民也曾是中华民族的重要成员，但自 1911 年起，外蒙古与中国三合三离后，最终于 1946 年彻底离开了祖国的怀抱。外蒙古独立是沙俄、外蒙古、民国各政权三个主要"当事人"共同作用的结果。外蒙古独立涉及政治、经济、军事、外交等多个方面，但不论是通过何种军事和外交手段来达到外蒙古独

---

① 黄时鉴、张思成《关于"伊盟事变"》，《内蒙古近代史论丛》第一辑，内蒙古人民出版社 1982 年版，第 278 页。转引自中国科学院南京史料整理处档案，代号 141，档号 2096.

立之政治目的，其根源都在于各方"当事人"对自身经济利益的维护。

一 民国时期外蒙古的三次"独立"

外蒙古"独立"主要经历了三个阶段：1911—1917年，外蒙古第一次"独立"后回归；1917—1924年，外蒙古再次独立；1924—1949年，各政权僵持到外蒙古最终彻底独立。外蒙古"三合三分"的"独立"过程是中国政府（包括清政府、北洋政府和国民政府）、外蒙古反动势力和俄国帝国主义（1917年的沙皇俄国和1917年之后的苏联政权）博弈的结果，也是俄国帝国主义殖民掠夺、中国政府软弱妥协的结果。

（一）外蒙古从"独立"到"自治"

外蒙古地处祖国边疆，与沙俄毗邻，自清以来，沙俄就开始了对外蒙古的经济渗透，通过培植亲俄势力逐步将外蒙古殖民地化。晚清政府错误的"新政"和"移民实边"政策，不仅极大地损害了蒙古族人民的经济利益和民族感情，也威胁到了沙俄在中国的势力扩张。但这却为沙俄煽动外蒙古"独立"提供了机会。

1911年辛亥革命爆发，觊觎外蒙古已久的沙皇俄国看到了机遇。沙俄趁清政府危在旦夕、无暇顾边之际，派出其驻库伦的领事煽动外蒙古各王公活佛脱离清政府的统治，"独立"成国。在沙俄的策动下，1912年11月30日，外蒙古亲俄活佛哲布尊丹巴在库伦宣布"独立"，次日，部分外蒙古王公僧侣纷纷跟随，宣告"独立"。为巩固外蒙古刚刚诞生的亲俄政权，维护沙俄势力范围，沙俄于12月2—5日与外蒙军队联合包围了清政府驻库伦的办事大臣衙门，解除了清军的武装。12月16日，库伦的叛乱分子在沙俄的支持下正式宣布成立所谓的"大蒙古国"①。

北洋政府成立后，虽欲出兵外蒙，但遭到了沙俄的强烈反对。同时，北洋政府建立之初，政局不稳，为维护军阀独裁统治，袁世凯并未坚持与沙俄交涉外蒙古问题。而且当时沙俄因担心将外蒙直接据为己有会引来国际干扰，加之其自身尚不具备完全接管外蒙古的实力，故通过与英、美、日等帝国主义国家的勾结得到其"谅解"，再通过与外蒙古直接谈判的方式承认外蒙古的"独立"主权，侵吞外蒙古各种资源。1912 年 11 月 3 日，沙俄与外蒙古"独立"当局签订了《俄蒙协约》，通过该条约沙俄获得了在外蒙古自由居住往来、经商、开矿、务农、开设银行等多项经济特权。1932 年，沙俄与外蒙古又签订了《关于蒙古族的协定》，次年签订了《俄蒙电线条约》和《俄蒙开矿条约》，通过这种貌似公平合法的条约、协定，沙俄取得了在外蒙古的实际主权，外蒙古沦为沙俄独占殖民地。

沙俄的这一行径引起了国内包括蒙古族在内的各族人民的强烈抗议，为缓和矛盾，沙俄利用了袁世凯请求列强承认其反动政权并迫切需求贷款的心情，于 1913 年诱使北洋政府签订了《中俄声明文件》，道貌岸然的沙俄帝国主义以承认外蒙古属于中国领土的一部分为条件，换取了中国政府对外蒙古自治权的承认，并规定"凡关于外蒙古政治、土地、交涉事宜，中国应与俄国政府协商，外蒙古亦得参与其事"②，但协商只是名义，实际上外蒙古事务的控制权已掌握在了沙俄手中。至 1914 年 6 月，沙俄认为外蒙古公然独立时机已经成熟，于是指示外蒙古库伦活佛出面照会英、法、德、美等国公

---

① 熊建军、陈少牧：《关于民国时期外蒙古独立事件的回顾与思考》，《党史研究与教学》2007 年第 2 期，第 72 页。

② 王铁崖：《中外旧约章汇编》（第 2 册），上海三联书店 1982 年版，第 87 页。

使宣布外蒙古在库伦的独立国成立。

北洋政府尽管腐败，无奈国内民众的不满情绪，与俄、蒙三方进行了四十多次会晤谈判后于 1915 年 6 月 7 日签订了《中俄蒙协约》，获得了在库伦设置办事大员公署、在恰克图设置佐理员公署的权力，并规定北洋政府册封外蒙古王公爵位和喇嘛的名号照旧不变。《中俄蒙协约》的签订标志着外蒙古由"独立"转向"自治"。

为加强与外蒙古的经济联络，《中俄蒙协约》后，北洋政府向库伦派驻了办事大员，在外蒙古实行了有利于蒙古族经济发展的多项政策。如取消外蒙古蒙古族人头税和房屋税，减轻外蒙古蒙民经济负担；在库伦设立中国银行，规定凡外蒙古官方支付均以中国银元为本位，中国银行发行纸币成为通用货币，俄币逐渐被取代，外蒙古金融大权掌握在北洋政府手中；积极改善外蒙古的交通，汽车等现代交通工具的引进改变了外蒙古以骆驼为主要运输工具的传统运输方式，便利了与内地的商贸往来，促进了外蒙古商品经济的发展。而此时，正值第一次世界大战期间，受战事影响，沙俄输入外蒙货物日渐减少，甚至停止供应，汉商对外蒙古商品经济发展的重要性更为突出。同时，袁世凯对蒙古族王公的"概仍其旧"政策也开始对"独立"的蒙古王公发挥作用，"回归"之意日盛。

1917 年 10 月，十月革命推翻了沙皇的专制统治，新生的苏维埃政权声明放弃沙俄时期在中国占领的满洲和其他地区，被占领地区可自行选择归属和政权形式。这一消息无疑令外蒙古亲俄势力大失所望，沙俄"放弃"外蒙古后，卢布迅速贬值，外蒙古财政困难，经济萧条。为维护外蒙古经济稳定，1919 年 11 月 7 日暂时失去靠山的外蒙古"自治"政府主动致电北洋政府，要求将"自治"改回清朝旧制，以寻求北洋政府的援助。此种情况下，北洋政府顺水推舟，于同年 11 月 22 日宣布废除《中俄声明》和《中俄蒙协约》，恢复外蒙古清朝旧制。

（二）外蒙古人民革命胜利后成立"独立国"

苏维埃政权建立之初，为维持政权稳定，博取国际认同，虽名义上放弃了对外蒙古的控制权，但却没有承认中国对外蒙古的主权，这表明苏俄延续了沙俄对外蒙古的侵略图谋。1919 年 7 月，苏俄政府发表声明称外蒙古是一个自由且独立的国家，任何国家不得干涉其内政，并立即要求与外蒙古建立外交关系，苏俄的这一举动暴露了其侵占外蒙古的野心。苏俄的援助与策动再一次激起了外蒙古的"独立"浪潮。1921 年，牧民苏黑巴托尔与乔巴山共同组建了"蒙古人民党"，在苏联的援助下攻打了北洋政府驻扎的买卖城，战事告捷，北洋军队被迫撤出买卖城。3 月 19 日，"蒙古人民党"组建了"蒙古临时人民政府"，并于 7 月 10 日与外蒙古王公联合成立了"蒙古人民革命政府"，实行君主立宪制。11 月 5 日宣布"独立"。对于外蒙古"人民革命政权"的建立，苏俄第一时间表示赞同，并通过与外蒙古签订《苏蒙修好条约》，承认其为合法政府。1924 年，外蒙古君主立宪制废除，"蒙古人民共和国"成立。苏联以维护外蒙古边防稳定等理由向外蒙古派驻红军，外蒙古成为苏联的"卫星国"。外蒙古亲苏政府建立和苏联公然驻军引起了全国人民和各路军阀的愤怒，但各路军阀为保存实力均不愿出兵外蒙，北洋政府只是通过言辞犀利的声明声讨外蒙古与苏联的可耻行径，否认外蒙古独立政权。但对外蒙古亲苏政权和苏联来说，这种声明形同虚无。

（三）外蒙古独立

1927 年，蒋介石掌管中央政权后忙于剿共和抵抗日本侵略，无暇顾及外蒙古问题，直至 1945 年第二次世界大战结束之际，美、英、苏在雅尔塔会议商讨对日作战时才涉及外蒙古问题。然而，作为战胜国的中国不但没有夺回外蒙古主权，反而因蒋介石集团贪图一己私利将外蒙古拱手让予苏联。

雅尔塔会议上，斯大林提出维持外蒙古"独立"现状，此提议得到了美、英同意。美、英、苏三大帝国主义列强在国民政府不在场的情况下达成了出卖中国外蒙古主权的"雅尔塔协议"，对此提议，蒋介石虽感愤怒，但顾及自身利益和强大的国际压力，最终以"苏联出兵击败日本后，在苏联尊重东北的主权、领土完整；不干涉新疆的内部事务；不援助中共"①为条件同意了外蒙古"独立"。1945年8月14日，国民政府与苏联签署了《中苏友好同盟条约》及附件，随后按《条约》规定，10月22日，外蒙古当局组织了公决投票，投票结果为97%同意独立，3%弃权，无人反对，投票形式化一目了然。可见，投票行为只是蒋介石寻找一个台阶下罢了。1946年1月5日，国民政府宣布外蒙古独立，但此次外蒙古独立后再也未能回到祖国的怀抱。

二　沙俄殖民主义是外蒙古"独立"的罪魁祸首

一切纷争均是利益之争，任何矛盾背后都有其产生的经济原因，外蒙古独立亦复如此。外蒙古独立是多方当事人经济利益冲突与博弈的结果，也是多种因素共同作用的结果，但究其根本还是源于俄国的殖民掠夺。

沙俄及后来的苏联与外蒙古独立密不可分，可以说，没有沙俄的策动和操纵就没有外蒙古的独立。中俄在1727年签订的《布连斯奇界约》中就明确规定了中、俄两国的中部边界（现大部分成为俄蒙边界），"以恰克图和鄂尔怀图之间的第一个鄂博为起点，由此向东至额尔古纳河，向南至沙毕纳衣岭（即沙宾达巴哈）为界，以北归俄国，以南归中国"。该条约明确划清了中俄边界，一定程度上遏制了沙俄对外蒙北疆的侵略。然而，沙俄吞并外蒙古的野心一直未

---

① 金伯雄：《外蒙古独立之真相》，《纵横》2003年第9期，第43页。

变，而导致沙俄如此坚持的根本原因在于侵吞外蒙古能得到的巨额经济利益。因为侵占外蒙古不仅能扩大沙俄的领土面积，更为沙俄掠占外蒙古资源贴上了合法的标签。俄国历史学家来勒在递交给叶卡特琳娜二世的《与中国作战的考虑》中就毫不避讳地指出了蒙古土地肥沃、物产丰富和其在地理位置上对俄国的重要性。确定侵吞外蒙古的目标后，沙俄便有计划地采取了行动。

早在 1756 年，沙俄便趁清政府平定准噶尔叛乱之机出兵外蒙古，但却因清政府的有力抵抗而未能得逞。尝到军事作战的苦头后，沙俄转变侵略方针，通过制造舆论和经济占领的方式一步步深入外蒙古，掠夺蒙古族资源。

在第一章第三节中，作者曾重点研究了洋教对蒙古族经济的残酷掠夺，沙俄洋教自然也在其中。然而，沙俄传教士还同时扮演着侦探蒙古族经济情况，制造和煽动外蒙古独立舆论的多重角色，为沙俄侵占外蒙古做各种准备。19 世纪初，俄国传教士巴拉弟潜入外蒙古进行侦查活动的同时就对外蒙古王公公然宣称："俄国政府将永远不允许清朝政府统治满洲和蒙古。看着俄国吧，它是你们的希望！"[①] 除依靠传教士外，沙俄还通过各种刊物传播其扩张主义舆论。如在其《工商日报》中就公然宣称："蒙古与北满天生在地理上和经济上倾向于俄国"；在 1910 年出版的《远东评论》也发表过"蒙古和北满必须并给我们，……正如日本统治朝鲜情况一样"的言论，此种舆论造势为沙俄侵占外蒙古做好铺垫。

第二次鸦片战争让沙俄看到了侵占外蒙的时机，并在 1860 年 5 月前做好了进军满洲和蒙古的准备，实质性的经济侵占一步步展开。1860 年，沙俄通过《北京条约》获得了在外蒙古通商和在库伦设立

---

① 狄龙：《蒙古从中国的分离》，《现代评论》1912 年 4 月，第 580—581 页。

领事馆等多项经济特权；1864 年，沙俄又通过《中俄陆路通商章程》掠得了在蒙古全境进行免税贸易的特权。不仅如此，1900 年，沙俄还想趁义和团运动之机将蒙古和新疆变为第二个和第三个东北。因此，是年 7 月，沙俄政府即以检查库伦外来人口，维护库伦安全为由派出一支近 500 人的军队进入库伦，至 1902 年，军队人数已达 1200 人。1904 年的日俄战争使俄国蒙受损失，为补偿战争的失利，沙俄加快了侵吞蒙古的步伐，沙俄政府、工商实业界、舆论界以及社团等全部出动，一方面，派出各种打着科学研究旗号的"探险队""考察队"和"远征队"深入蒙古腹地搜集情报；另一方面，收买蒙古王公贵族和上层喇嘛，挑拨蒙满、蒙汉关系以培植亲俄势力。如 1907 年沙俄特地在彼得堡建造一座喇嘛庙，以此博得蒙古族的民族感情；1908 年，新任俄国驻华公使在其赴任途中就特地在库伦停留，赠送库伦活佛价值两万元的金银珠宝和望远镜、钟表等物，在库伦获得了良好反响，除此之外，沙俄还通过为蒙古王公贵族提供借款拉拢之。通过这些措施，沙俄逐渐在蒙古培植了一批亲俄势力，为"光明正大"地进驻外蒙古打开大门。1905 年、1911 年俄国分别在乌里雅苏台、科布多设立领事馆；1909 年，俄国工商部设立关于蒙古问题的部务会议；1910 年伊尔库次克建立关于蒙古问题的专门委员会，这些都是为有计划地部署扩大对蒙古的侵略。①

　　沙俄的策动导致了外蒙古的首次"独立"，此后，其沿用上述惯用伎俩教唆煽动亲俄势力反对中国政府。为将外蒙古变为自己的殖民地，侵占外蒙古全部资源，牟取经济利益，俄国一而再再而三地援助外蒙古独立势力，最终导致外蒙古离开中国版图。可见，没有沙俄的殖民扩张就没有外蒙古独立，沙俄是外蒙古独立的罪魁祸首。

---

　　①　海纯良：《清末新政与外蒙古独立》，《内蒙古民族大学学报》（社会科学版）2009 年第 1 期，第 35—36 页。

三 中国政府错误的经济政策加速了外蒙"独立"

外蒙古独立是沙俄、外蒙古、晚清和民国等政府三方力量博弈的结果。外蒙古如同一只肉羊，引诱着各方势力的抢夺。沙俄是抢的一方，清政府等是夺的一方。但晚清及民国各政权对外蒙古的各项错误政策极大地损害了外蒙古蒙古族人民的民族利益和民族感情，严重地破坏了外蒙古的经济发展，刺激了外蒙古寻求独立的神经。晚清等腐朽政权不但缺乏夺回外蒙古的实际行动，反而变相地将外蒙古推出祖国版图，在一推一拉的共同作用下，外蒙古最终倒向沙俄，成为沙俄附属国。

晚清政府出于维护没落统治需要的"新政"和"移民实边"政策，不仅动了外蒙古王公、贵族和上层喇嘛的"奶酪"，而且也威胁到了沙俄在外蒙的利益。"敌人的敌人就是朋友"，在共同经济利益的促使下，晚清政府成为沙俄和外蒙古的共同敌人。1911 年 8 月 15 日，外蒙古博克多格根活佛主动提议与沙俄签订关于贸易、铁路、建筑、邮政等多方面内容的协定，宣布外蒙古独立，成立"大蒙古国"。在博克多格根给沙皇的信中可以找到外蒙古背离其效忠了两百余年的清政府选择独立之路的原因。

"……中国的杜什梅尔（官吏）把蒙古大汗可以自己拿爵位和称号来颁发赏赐、各封建主可以自行承袭爵位占有遗产的权力夺去了，要想获得承袭和赏赐爵位，他们索取成千上万两白银的贿赂。现在有很多的札萨克由于没有足够的财产多年来得不到爵位。中国皇帝许多年来没有赏赐过我们每年例有的绸缎。在举办'新政'、设立各种机关的名义下，有许多汉人来到我们的蒙古。他们把喀尔喀北部数旗变成了农垦区域，定居在那里，汉人企图借此彻底破坏我们的生存手段，巩固他们的边界。极端不能忍耐的是：中国政府移植大量汉人到蒙古，设立受汉人直接管辖的特区，并剥夺和减少许多札萨克的权力。"①

信中，博克多格根通过揭露清政府对其经济利益的损害来寻求沙俄的庇护。但其利益受清政府损害确为事实。首先，清政府要求蒙古封建主用银两买回本属于他们的特权，损害了外蒙古封建主的经济利益；其次，清政府已不再履行对蒙古王公应有经济利益赏赐，引起外蒙古王公的不满；最后也是最不可忍受的是，晚清政府的"移民实边"政策剥夺了外蒙古的大片牧场，损害了外蒙古王公的经济权利。这一切损害外蒙古王公利益的因素加速了其"独立"步伐。1911年8月17日的远东问题特别会议记录对外蒙古独立事件的叙述，也从另一个侧面反映出晚清政府对外蒙古错误的经济政策是促使其独立的原因之一。

"为做好长城以北与中国内地统一的准备，早已废除汉人移居长城以北禁令的北京政府，现已决定以汉人开拓蒙古土地，将中国的矿业条例扩大推行于蒙古，用铁路把喀尔喀最主要的中心与北京连接起来。鉴于达此目的的主要障碍是在蒙古盛行的喇嘛教，北京政府（北洋政府）拟取缔该地的大部分佛教寺院。最后，还决定在蒙古编练和驻扎中国正规军，为此要从蒙古人中招募骑兵……中国对蒙政策的这种转变，立即引起蒙古王公和僧侣们的极度不安，并唤起他们捍卫自己的权利及独特的地方制度的欲望。上谕要求喀尔喀王公对拟实行的新政表示意见，他们一致请求清政府不要破坏自古建立的蒙古制度。随后，1911年7月，王公们在库伦聚会，决定在

---

① 萧俄亥罗夫：《蒙古自治运动与沙俄》，苏联《新东方》1926年第13—14期，第359—360页。转引自海纯良《清末新政与外蒙古独立》，《内蒙古民族大学学报》（社会科学版）2009年第1期，第36页。

库伦呼图克图的领导下联合起来，并脱离中国。"①

毋庸置疑，晚清政府等中国政权对外蒙古愈加深重的经济剥削加速了其"独立"的步伐，但只有沙俄才是推动外蒙古"独立"的罪魁祸首。因为即便没有中国各政府的各项政策，外蒙古也同样会在沙俄的收买和策动下选择"独立"或"被独立"，将外蒙古纳为"殖民地"是沙俄力图达到的既定目的，晚清、北洋和国民政府的错误政策只是为外蒙古加速"独立"提供一个借口罢了。

四 蒙古族王公对自身经济利益的"维护"

外蒙古王公对自身经济利益的维护是其选择"独立"的目的，"独立"只是一种手段。为了自身的经济利益，外蒙古王公、喇嘛如墙头草般左右倒戈，沙皇政府和中国政府哪一个更能维护其经济利益，就倒向哪一方，终因沙俄利诱程度较大而脱离中国。但可怜的外蒙古王公却看不透或者不愿看透沙俄对外蒙古援助的表面背后所隐藏的侵吞外蒙古的野心。相比晚清政府对外蒙古的蒙古族土地赤裸裸地霸占，沙俄则通过表面上助益蒙古族经济发展，实则更为隐蔽和残酷的方式对外蒙古蒙古族进行经济剥削。如为掠夺外蒙古畜产品，沙俄在外蒙古开办了第一批畜产品原料加工场；为提高牲畜质量、增加收益，沙俄在外蒙古建立了第一个兽医站，组织牲畜防疫注射，并向外蒙古运来第一批牛痘，预防天花。沙俄的迷惑加上外蒙古王公贵族对自身经济利益的考量，外蒙古寻求沙俄的庇护成为必然。

---

① 萧俄亥罗夫：《蒙古自治运动与沙俄》，苏联《新东方》1926年第13－14期，第359－360页。转引自海纯良《清末新政与外蒙古独立》，《内蒙古民族大学学报》（社会科学版）2009年第1期，第36页。

可见，外蒙古在沙俄的庇护下宣告独立完全是出于自身经济利益的考虑。即便绝大多数蒙古王公是出于保存自身特权而推动外蒙古独立，从底层蒙古族牧民来讲，他们也不希望安身立命的牧场被汉民肆意侵占，在特定历史条件下的独立之路符合外蒙古蒙古族自上而下的整体利益。殊不知，沙俄对外蒙古蒙古族的经济侵略与晚清政府别无二致，脱离了祖国大家庭的外蒙古如同一枚棋子任由沙俄摆布，永远难以摆脱帝国主义的经济侵略。

第四节 日本伪满兴安政权对蒙古族的经济掠夺

1931 年，日本发动了侵略中国的"九一八"事变，在内蒙古东部蒙古族聚居区建立了伪满兴安政权，通过"蒙地奉上"、"粮谷出荷"、经济统制、劳工苦役、渔业等资源的掠夺实施对蒙古族的经济侵略，极大地破坏了蒙古族经济的发展。

一 伪满兴安政权的建立

"九一八"后，东北三省局势紧张，奉蒋介石之命，张学良撤出东北，日本迅速占领了黑、吉、辽三省，随后便加紧在"东蒙"①建立伪政权的扩张步伐。日本利用晚清以来各政府因大兴蒙垦造成的蒙汉矛盾，游说、煽动蒙古王公贵族，宣扬"蒙汉分治"的满蒙

① 1927 年 7 月，日本和沙俄签订第三个密约，确定以北京经度 116 度 72 分为界，将内蒙古划分为东、西两部，东蒙归日本，西蒙归俄国，彼此承认并尊重在中国蒙古的特殊利益。东蒙以热河（今承德）为中心，包括呼伦贝尔盟、昭乌达盟、哲里木盟、卓索图盟的广大蒙古族聚居区。西蒙地域更为辽阔，包括察哈尔、绥远、大同晋北地区以及宁夏以西的广大地域。

政策。日军占领齐齐哈尔后，随即展开了对蒙古族人民的策动。日本人谄方曾如此宣扬："……蒙古人太可怜了，多年受大汉族的官僚、军阀、地主和奸商的敲诈勒索、剥削压迫，连土匪进村，也先抢你们蒙古族有钱的人家，歧视凌辱，不当人看的现象，到处可见……辛亥革命以来，发生了多少变乱：乌泰王事件、郭道甫事件、多不丹和嘎达梅林举兵等，不幸都失败了。朋友们，这次你们振兴民族的好机会来到了，赶快起来，奔走呼号罢！"[1] 谄方的煽动加上东北军阀在蒙古族聚居区残酷的经济压迫使多数蒙古王公开始有了倒向日本的念头。西科后旗公爷寿明阿曾因建议东北军阀蒙垦前与各旗商议被扣押，此时，他积极赞同与日本"合作"，并组织各旗蒙古王公于 1931 年 12 月 17 日召开了"泰赉会议"，会上谄方便提出了设置兴安省伪政权的计划，得到蒙古王公的认同。紧接着，1932 年 2 月 18 日，时任郑家屯满铁公所所长的菊竹道藏在郑家屯召开了关乎东蒙命运的重要会议，与会蒙古王公三十余人。郑家屯会议是泰赉会议的延续，主要讨论如何建立满蒙政权问题。会议上菊竹道藏继续宣扬："建立满蒙新政权时，我们正在考虑实行蒙汉分治，要保护蒙古人的特殊利益，使他们有自己的政权，有自己的军队，有自己的文化教育和宗教信仰。"如此冠冕堂皇的演说恰好符合东蒙王公的利益，在未能看透日本侵蒙野心的情况下，各蒙古王公决定投靠日本。1931 年 3 月，日本建立了满洲国傀儡政权，同年 3 月 9 日宣布废除盟旗制度，在满洲国国务院内设立了统治蒙古民族的行政机构——兴安局[2]，同年 8 月，兴安局改称兴安总署，统管东蒙

----

① 那木海扎布：《回忆"泰赉回忆"前后》，见《伪满兴安史》，中国人民政治协商会议和内蒙古自治区委员会文史资料委员会编，内蒙古文史书店发行，1989 年 12 月第 1 版，第 2 页。

② 那木海扎布口述：《兴安省的由来、演变及其组织机构》，见《伪满兴安史》，第 7—8 页。

事务。

1933 年 4—5 月，日本在兴安总署下设了东、西、南、北四个分省，同年 10 月，兴安总署改为蒙政部，并取消了分省的"分"字，正式规定了东西南北四兴安省为省的建制，各省详细情况如下：

兴安东省省公署设在扎兰屯，辖布特哈旗、阿荣旗、喜扎嘎尔旗、莫利达瓦旗和巴彦旗 5 旗，全省面积 66784 平方公里，总耕地面积约 11 万公顷，1940 年统计，全省播种面积为 146833 公顷。

兴安南省省公署设在王爷庙，建省之初，共管辖原哲里木盟科尔沁右翼中旗、科尔沁左翼中旗、科尔沁右翼前旗、科尔沁左翼前旗、科尔沁右翼后旗、科尔沁左翼后旗和扎赉特七个旗，后又将通辽县和库伦旗划入，总计辖 8 旗 1 县。全省面积 7900 多平方公里，耕地面积 452366 垧，家畜合计 309688 头（只）①。

兴安西省建省相对较晚，省会设在开鲁，辖扎鲁特左右两旗、阿鲁科尔沁旗、巴林左右两旗、克什克腾旗、奈曼旗、翁牛特旗、开鲁县、林西县，共 8 旗 2 县。兴安西省设多个科室，掌管经济的科室是劝业科，劝业科下设农矿股、畜产股和工商股，成为对蒙古族农牧民进行经济剥削和掠夺的主要部门。

兴安北省即原呼伦贝尔地区，省会设在海拉尔。建省之初对原呼伦贝尔旗县进行了合并调整：原新巴尔虎左翼四旗改为新巴尔虎左翼旗，简称东新巴尔虎；将原新巴尔虎右翼四旗改为新巴尔虎右翼旗，简称西新巴尔虎；将索伦左翼两旗、索伦右翼四旗、布里亚特旗和厄鲁特等旗合并为索伦旗；把呼伦、胪滨两县改为海拉尔市、满洲里市；室韦、奇乾两县改为额尔古纳左、右两旗，原陈巴尔虎旗未变，为此兴安北省总辖 6 旗 2 市。兴安北省建立后日本侵略者便在此展开了残酷的殖民掠夺。

---

① 那木斯来扎布：《兴安南省简况》，见《伪满兴安史》，第 13 页。

为方便殖民掠夺，1943 年 10 月 1 日，日本侵略者将兴安东、南、西三个省合并为兴安总省，省会设在王爷庙（今乌兰浩特市），兴安北省建制平行存在。兴安伪政权成为日本侵略东蒙的工具，在其统治下，蒙古族人民承受的经济剥削更为深重。

二　蒙地奉上

经过三十多年的蒙垦，原属哲里木盟十旗的大面积牧场被垦种，并在垦殖的土地上陆续成立了长春、洮南、昌图 3 府 12 县，按照北洋政府和国民政府时期的放荒规定，各蒙古王公仍具有领地权，各县蒙旗地局征收租税，而开垦蒙地的汉人和外旗蒙古族人口具有耕种收益权但无土地所有权。

蒙旗王公对土地的所有权是日本殖民掠夺的一大障碍，为此，1939 年 7 月，日伪以"贯彻国民经济制度统一、平衡全国财政预算收支问题"为由，召开了蒙古王公代表座谈会，提出废除蒙古王公世袭制，强制土地奉上，收归国有。会后，日本统治者又积极劝导原属哲里木盟的王公、旗长、知名人士将原属哲盟十旗放垦土地的所有权，收租、征税、津贴以及渔利权等一律交归国有，名曰"蒙地奉上"[①]。日伪政权以此名义将已开垦蒙地收归国有后，又通过赎买方式对蒙古王公加以安抚，赎买的标准是伪满政府付给兴安总署 50 万元的一次性土地纪念费，1939 年后每年再拨给 300 万元的定额补助金。

收归"国有"的土地，日伪政权重新丈量，新定纳税和交租标准。为方便租地整理，各蒙旗甚至改组了旗县机构，添置新的土地

---

① 涂波、色彦整理：《"蒙地奉上"与蒙民厚生会》，见《伪满兴安史》，第 115 页。

管理部门。如喀喇沁右旗王公所收蒙租以前均在建平县管理，为方便整理，便将喀喇沁旗与建平县合并，同时还添置了地政局、劳动科、蒙民裕生会等多个管理蒙地的部门。其中，地政局负责全旗土地申告，并规定蒙租合解，没有收租蒙人的文契，汉人单独申告无效；蒙民裕生会是日伪政权开办的"金融机构"，要求蒙古族将所获得土地租款全部交裕生会保管，但利息微薄。通过蒙地的重新丈量和对蒙汉人民的多重剥削，日本统治者所获收益远远超过付给蒙旗的土地报酬。通过"蒙地奉上"政策和所谓的赎买，日伪政权剥夺了蒙古王公的领地权，加深了对蒙古族人民的经济剥削。日本侵略者在策动"蒙汉分治"时提出的所谓"保护蒙古人的特殊利益"的遮羞布，到此时完全被扔掉了，蒙古王公贵族到此时才发觉上了日本人的当。

三 "粮谷出荷"与"出荷牛"

为满足战事需求，在各种统制法实施以后，1941 年，日伪政府又提出了"粮谷出荷"政策，大肆掠夺粮食。为更好地完成粮谷出荷，日本侵略者在各蒙旗设立了相应的辅助机构，如兴农合租社或兴农会等。粮谷出荷之前，日本先通过这些机构垄断全旗经济，再通过颁布粮谷管理法，由"满洲粮谷股份公司"控制全旗粮谷购销，由"满洲粮谷贸易公司"进行管理。

粮谷出荷以村为单位，根据各村土地面积，将粮食产量的 40%—50% 分配至各村，各旗指定收购站，秋收后由村公所统治甲牌长根据土地台账按花名通知交粮数字，必须如期上缴，不得延误，而且价格极低，如同白给。粮谷出荷后，大地主还可以剩下些供自家生活的粮食，中小地主捐税后变成了缺粮户，小耕农除去交地租和出荷粮外，早已没了粮食，只能通过借贷度日，即便是丰年也成了荒年。

乌秀清曾在其《铁蹄下的岁月——记日寇在喀喇沁旗的暴政》一文中有过下述一段描述，赤裸裸地揭露了日伪粮谷出荷对蒙古族人民的剥削和人们生活的苦楚，其描述如下：

"小牛群（喀喇沁旗的一个村）至公爷府（收粮站）七八十里，大车小驮、人挑马载、披星戴月，络绎不绝，到指定粮站交粮。有的农民没有口袋，用被子、门帘、褥子装粮食。有一家没有口袋用棺材装粮，牛车拉着出荷，鬼子见了感觉新奇，哈哈大笑。粮站办事人员摆架子，按钟点上班，老乡排不上号，有的等一两天，人吃马喂，住店盘费，有时卖的粮钱还不够来回的路费。检查员检查粮食时，一不顺眼就说不合格，扬在地上。过秤员更刻薄，不按斤数，随便报秤，老百姓问问数字，开口便骂，举手就打。公爷府粮站设在通兴当西院，因没有仓库，用大猪圈装粮，夹皮墙都装满粮食。出荷完了没人负责保管，风吹雨淋，冬天大墙外被麻雀吃下的糠皮有一尺多厚。"①

被日伪统治的蒙古族劳动人民，仅出荷一次就要受到多重剥削，生活竟不如麻雀。日伪政权掠夺了粮食却大肆浪费，可耻行为令人发指。

日本侵略者对蒙古族牲畜和畜产品的掠夺手法与"出荷粮"类似，强迫蒙古族牧民上缴牲畜，强行收购畜产品。而军用牲畜则无偿摊派，对皮毛等畜产品也实行统制管理，不允许私人买卖。1941年，日本发动太平洋战争，为了满足侵略军的肉食供应，其对伪兴安四省所有旗县实行了"出荷牛"政策。具体情况以东科后旗为例加以说明。

---

① 乌秀清：《铁蹄下的岁月——记日寇在喀喇沁旗的暴政》，见《伪满兴安史》，第160页。

东科后旗是兴安南省拥有黄牛最多的一个旗。1942年，日伪政权实行"出荷牛"政策之初尚未完全了解兴安四省各旗所有牛的总头数，根据估计向各旗摊派了"出荷"牛头数，东科后旗被摊派"出荷"黄牛两千多头，相对于东科后旗来说，这个数字并不算多，较轻松地应付了摊派，其他旗县亦是如此。"轻松应付"在日本人面前暴露了自身的"实力"，日伪政权开始对所有旗县牛数进行普查。普查的方法是由县里制作铝制耳钳，夹在每头牛的右耳上，耳钳上标明旗县名称，数字由一排至十万。有专人对带有耳钳的牛进行登记，被登记的牛不得随便买卖或宰杀，若牛病死或老死，牛主需将带有耳钳的牛皮送至旗公署，经审查核实后注销登记；若牛丢失，牛主首先要向嘎查的保甲汇报，由其出具证明后向旗公署申报。相关规定如有违反，牛主就要受到处罚。

经过普查，日本殖民者发现东科后旗大小公母牛总数为十万头，依据该统计数据，日伪政权在1943年向东科后旗摊派了一万头"出荷"数，而且要好牛、大牛，蒙古族牧民种地用的耕牛和挤奶的乳牛均被掠夺，而且日伪政权"出荷"牛的价格只是市场价格的一半，以收购的名义掠夺蒙古族牧民，使牧民蒙受了巨大的经济损失。

四　经济统制

除粮食出荷外，日伪统治者还颁布了多项统制法以加强殖民统治，加重了对蒙古族的经济剥削，阻碍了蒙古族经济的正常运转。各统制法规定了蒙民购买商品的限额，任何私人买卖行为均属经济犯罪。"粮食出荷"后，日伪政权又颁布了多项"粮食配给"法，蒙古族民众生活困苦不堪。

1939年，日伪政权颁布了《主要特产专卖法》，该法将大豆、黍子、蓖麻子、小麻子的等油料作物定为特产，设立专卖公司廉价搜刮；1941 年，日本侵略者以每 100 斤粮食 1 伪币的超低价格与蒙汉农民签订了《出荷粮条约》，强行摊派，强行缴纳，甚至通过武力强迫出荷；"大东亚战争"之际，为拯救败局，日伪政权又推行了苛刻的粮谷配给。以原粮为标准，城镇居民成人每月供给 18 斤，小孩 14 斤，农村较城镇更为苛刻，每人每月仅配给 13 斤。①

除了对粮食和畜产品进行统制外，1943 年，日本殖民者又推行了物资统制政策，实行生活品"配给"制，棉布、棉线、食油、食盐、火柴、煤油、毛巾、烟酒茶糖等生活日用品均由兴农合作社统一发放，不论是发放数量还是发放次数均少得可怜。城市居民发"配给"票证，农村凭交"出荷"粮多少将"配给"的布、线等票证发放到村，再由村发到屯，屯发到户，凭"配给"票购买日常生活用品。② 配给物品经过层层克扣到蒙汉老百姓手中已所剩无几，甚至根本得不到，即便得到也是等级最低、质量最差的东西，如"更生布"等。

日伪统制法极大地破坏了蒙古族的经济秩序，各地商人藏起了原存货物，大小店铺关门上锁，货柜空空如也。在一些蒙古族城市聚居区内，出现了黑市，商人借机哄抬物价，暗中出售；而在多数蒙古族牧区或农村再没有了小商贩和旅蒙商的身影，蒙古族农牧民连一尺布、一盒火柴也买不到。日伪政府一边对蒙古族商品货物予以统制，一边又减少配给，东蒙古的蒙古族商品市场骤然凋零。

---

① 白广义：《我所知道的伪满兴农合作社》，见《伪满兴安史》，第 125 页。

② 吴庆麟：《日本对突泉县的"粮谷出荷"》，见《伪满兴安史》，第 170 页。

五　垄断达赉湖渔业资源

达赉湖又称"呼伦湖"，是内蒙古第一大湖，也是中国第四大淡水湖。达赉湖水产丰富，盛产30余种鱼虾，被誉为呼伦贝尔草原上的明珠。但1932年后，达赉湖被日伪政权霸占，丰富的渔业资源也被其垄断。

日伪政权建立后即对在达赉湖捕鱼的商号、网数、爬犁、车辆、马匹等进行秘密调查，发现达赉湖不仅水域宽广、资源丰富，而且捕鱼户众多且渔具齐全，这大大激发了日本统治者的掠夺野心。为此，日本政权以"安定湖区渔业、维护生产、养护资源为借口"成立了"兴安水产株式会社"，设置网点27处。兴安水产株式会社的捕鱼生产集中于冬季，通过冰下大拉网作业掠夺达赉湖渔业资源。据统计，兴安水产株式会社每年开网25合，招用渔工800人，租用马400匹、马车几百辆，年捕鱼量在4000—5000吨，年收入在500万日元左右。① 直到1945年日伪政权垮台，达赉湖渔业资源才免除掠夺之祸。

六　劳工苦役

兴安伪政权建立后便立即开始掠占蒙古族的矿产资源，但不论是资源的开发还是前期准备如修建铁路、公路、开设厂矿、架设电线等都需要大量劳动力。当地蒙古族人民就成了日本殖民者首先掠占的对象。1938年，日伪政权颁布了《劳工法》，各县旗设立劳工

---

① 张跃庭忆述，张志波整理：《兴安水产株式会社》，见《伪满兴安史》，第133页。

科，村公所成立劳工股，在地方征集劳动力，名义上是劝募，实际上是强迫。[①] 日本殖民者征集的劳工不仅在本地区做工，而且还会发往外地或外省，甚至是发往日本。背井离乡的蒙古族劳工受尽欺凌，苦不堪言。

日本侵略者每年都要在蒙古族旗县征调几次劳工，每次几十人到几百人不等，有的甚至全家均被抓做劳工。日本侵略者根本不把劳工当人看，不仅劳动量大，劳动时间长，且稍有怠慢就会被日本殖民者拳打脚踢，甚至活活打死。一位来自奈曼特旗沙力好来苏木的劳工回忆："劳工干活稍有怠慢，皮鞭子马上就会落在背上，而且连情绪不好、脸色忧郁都不行。劳工们每天干活都超过 12 小时，每三天还要加一个夜班。"蒙古族劳工除在劳动中备受折磨外，食宿更是难以忍受。一位曾被抓到日本的蒙古族劳工有过这样的叙述："劳工每天早 3 点出工，中午 11:30 收工，休息一个小时候出工干活到晚 9 点。除吃饭休息时间，每天干活时间长达 16 个小时。给劳工们吃的是干饭或稀粥，人吃不饱，身体瘦得只剩皮包骨头。劳工们住的是用树皮钉的简易工棚，100 多人住在一个大工棚，既不避雨，又不挡风，春夏秋冬都住在这个潮湿阴暗的工棚里。"[②] 除征调蒙古族劳工修筑铁路、开采矿藏外，还为其修筑庞大的日伪地下工事，征调蒙古族及其他民族劳工无数。各族劳工不仅在劳动中备受折磨，1945 年日伪政权垮台后，惨无人道的日本殖民者将其地下工事连同里面的劳工统统炸毁，各族劳工被活埋其中，形成了今天海拉尔供国人凭吊的"万人坑"。

---

① 乌秀清：《铁蹄下的岁月——记日寇在喀喇沁旗的暴政》，见《伪满兴安史》，第 162 页。

② 宝勒朝陆忆述，巴根那整理：《蒙汉劳工在日本》，见《伪满兴安史》，第 190 页。

马克思曾指出，资本家来到人世间，从头到脚，每个毛孔都滴着血和肮脏的东西。但相比而言，日本殖民者比资本家还要肮脏，其对蒙古族惨无人道的剥削世所罕见。当然，除了上述殖民政策外，日本统治者还通过设立洋行、高利贷盘剥、抢购蒙古族特产以及强种和贩卖鸦片等手段，搞垮了蒙古族的金融业、商业、农业和畜牧业，导致蒙古族经济走向全面衰落，此部分内容将在下一章详细研究。

第五节　日本伪蒙疆政权对蒙古族的殖民统治

尽管日俄在第三个密约中已经划分了彼此在东、西蒙的势力范围，但已经侵吞了"东蒙"的日本帝国主义又开始向沙俄所管辖的"西蒙"进军。1937 年 7 月，日本制造了卢沟桥事变，关东军发动了察哈尔战役，长驱直入占领了绥远、大同和张家口等西蒙地区，并在这三个地区建立了察南、蒙古联盟政府和晋北三个伪政权。同年 11 月 22 日，日本统治者成立了"蒙疆联合委员会"，统管三个伪政权的经济事务。1939 年 9 月 1 日，日本殖民者将三个伪政权合并，成立了受日本驻蒙军"内面指道"的"蒙古联合自治政府"，1941 年 8 月改称"蒙古自治邦"，现在一般称为"伪蒙疆政权"①。

如果说伪满兴安政权的建立多是出于日本殖民者的政治目的的话，伪蒙疆政权的建立则更多着眼于经济掠夺，以达到其建立"大东亚共荣圈"的目的。蒙疆地区实际上是日本及其满洲国的原料供应市场、商品销售市场和资本输出市场，其中，开辟蒙疆原料供应

①　丁晓杰：《日伪时期蒙疆畜产股份有限公司及其活动析论》，《古今农业》2009 年第 2 期，第 92—93 页。

市场是日本建立伪蒙疆政权最主要的目的。

蒙疆地区资源丰富，农产品和畜产品自不必说，铁矿石和煤炭储量也极为丰富，而这些均是日本国内及其在对外扩张战争中缺乏的重要物资，也是日伪蒙疆政权在该区的主要掠夺对象，最赤裸的掠夺方式当属对西蒙的鸦片入侵，极大地破坏了蒙古族的农业和畜牧业发展。

一 鸦片侵略

鸦片政策是日伪政权掠夺蒙古族经济利益的重要手段，东、西蒙的蒙古族人民均受鸦片茶毒。1933 年，时任承德特务机关长的松氏孝良首先提出了鸦片入侵蒙古族的建议，在其题为《对满洲国邻接占领区统治案》中指出：蒙古地方产业以畜牧业为主，尚处于原始状态中，鉴于资本主义经济几乎没有，对此不能实行统治，所以应该把鸦片、食盐等项，一起看待，实行政府专卖政策。[①] 建议得到首肯的松氏孝良随即制定了热河鸦片专卖制，从"多伦地区"的鸦片毒品入侵开始，逐步将全热河变为满洲国的鸦片种植区。随着日本逐步向蒙疆地区进军，鸦片政策也随之扩展到西蒙各地。然而，在日本占领蒙疆地区两个月前，民国政府各种金融机构已全部撤离，日伪政权主要精力均集中在金融整顿上，无暇顾及鸦片政策，暂时在察南、晋北和蒙古联盟三地实行鸦片旧制。

（一）鸦片经营沿用旧制

1937 年 9 月 3 日，日本侵略者在察南建立伪政权的当天就设立了由财政厅直属的"禁烟清查处"管理鸦片事务，清查处又组建管

---

① 农伟雄：《九一八事变后日本对西蒙的鸦片毒品入侵》，《抗日战争研究》2002 年第 3 期，第 95 页。

理鸦片经营的鸦片公会，唯有鸦片公会的会员才可以进行鸦片买卖和进出口。土商和膏商是鸦片公会的重要组成部分，其中，土商是鸦片买卖的中间商，赚取 2% 左右的佣金；膏商是售卖生鸦片或成品烟膏的零售商。"事变（七七事变——引者注）前，察南地区有 58 家土商及膏商，由于逃走或者闭店，现在减少到 7 家膏商，14 家土商。"[①] 这 21 家烟商加入了鸦片公会，察南伪政权按旧税率对其进行征税，标准与 1936 年察哈尔省鸦片税收相同。

表 23－1　　　　　　　1936 年察哈尔省鸦片税收

税种	税项	金额
印花税	管内销售	1 两 0.15 元
入境税	自陆路运进管内销售	1 两 0.02 元
出境税	自管内运往平津	1 两 0.02 元
过境税	自铁路运往平津	1 两 0.08 元
烟土牌照	烟土营业税（分三等）	每月 40－80 元
烟膏牌照	烟膏营业税（分四等）	每月 60－120 元

　　资料来源：农伟雄：《九一八事变后日本对西蒙的鸦片毒品入侵》，《抗日战争研究》2002 年第 3 期，第 105 页。

　　鸦片的生产、消费以及进出口成为察南伪政权的重要财源。察南区内一年的鸦片销售量约 100 万两，张家口附近的吗啡制造业仅次于天津，每年需要鸦片 200 万两以上。1937 年 10 月 1 日至 12 月 31 日，察南伪政权预算岁入为 533000 元，岁入经常部分为 333000 元，临时部分（借入金）为 200000 元，岁入经常部分中鸦片税为

---

　　① ［日］江口圭一：《蒙疆政权的鸦片政策》，金海译，《内蒙古近代史译丛》第二辑，内蒙古人民出版社 1988 年版，第 52 页。

25000 元。① 但实际上，仅建立之初的一个月，察南禁烟清查处就已经完成了鸦片税收任务的98%，收入高达24401.19 元。晋北伪政权和蒙古联盟政府虽与察南情况稍有不同，但仍借用了察南的鸦片政策，伪政权掠得了多项鸦片税收收入。

对于日本侵略者而言，对殖民地区的鸦片政策实行旧制实属无奈，在其稳定了"殖民地"金融秩序后，对鸦片市场进行了统一整顿，统一的鸦片政策出台后，蒙古族受到的殖民剥削愈加深重。

（二）多项政策加深鸦片侵略

1937 年 12 月 24 日，蒙疆政权公布了《鸦片业务指导纲要》（下文简称"纲要"），这是蒙疆各政权制定的第一个完整的鸦片政策，此政策出台后，日伪政权对蒙古族的鸦片剥削更为深重。《纲要》的出台解决了三个伪政府在鸦片政策上的不统一问题，成为伪蒙疆政权对蒙古族进行鸦掠夺的纲领性文件。

《纲要》规定鸦片买卖、税收、栽培等多方面内容，依然由鸦片公会会员经营鸦片活动，政府不直接参与，蒙古联盟被规定为鸦片重点种植区，吸食鸦片合法化。《纲要》颁布不久，伪蒙疆政府又出台了《蒙疆地区鸦片商人买卖认可要领》和《京津鸦片商人入蒙收购鸦片许可证要领》。这两项补充文件不仅将鸦片买卖垄断到了伪蒙疆政府手中，同时开启了鸦片许可制度，将伪蒙疆政权管辖区内外的鸦片商人控制在其管辖之下。

直接对蒙古族农牧民构成伤害的当属鸦片栽培政策。栽培是鸦片之源，而鼓吹和默认鸦片种植与吸食无疑会导致鸦片泛滥。蒙古联盟是《纲要》指定的唯一鸦片种植区域，被指定种植面积达 34 万亩，以保证伪政权的财政收入。为实现该目标，蒙古联盟还制定了

---

① 《华北、蒙疆现势》，昭和十三年，第681—682 页。

多项具体政策。如《鸦片烟膏零卖暂行规则》将鸦片零售营业税分为十等，按标准收缴；《蒙古鸦片栽培暂行规定》按土地定级规定了鸦片栽培税的数额与上缴；《鸦片公会暂行取缔规则》规定了鸦片公会收购和贩卖鸦片税收标准；《鸦片输送暂行规则》详细规定了鸦片运输的课税标准；《鸦片吸食暂行规则》规定领取鸦片吸食证书者可自愿吸食，无年龄、身体等方面的限制。上述六个文件较《纲领》更易执行，也使各项鸦片税收合法化。

察南与晋北两地虽未被指定种植，但两个伪政权也极为自觉地尾随其后，制订种植计划，晋北伪政权的《罂粟种植暂行办法八条》与察南伪政权的《察南暂行罂粟栽培规则》成为指导两地鸦片种植的纲领性文件。1938 年，晋北伪政府自行种植鸦片 1.5 万亩，税收总额高达 988500 元；察南伪政府管辖地区 1938 年以前虽有鸦片贸易，但无鸦片种植，1938 年 4 月出台的《察南暂行罂粟栽培规则》结束了察南无种植罂粟的历史。与晋北相同，察南 1938 年制定鸦片种植面积 1.5 万亩，鸦片税收收入高达 6427000 元。

（三）蒙古族人民深受“毒”害

对于蒙古族深受鸦片毒害之苦，中国第二历史档案馆中《侵华日军在察绥晋北地区的经济掠夺》一文有过精辟的描述："倭寇在我沦陷区域内推销鸦片，制售毒品，并且设置赌场与妓馆。此种敛财施毒政策，已成为普遍现象。盖必如是方可以破坏我国民经济，消灭我固有道德，摧毁我民族精神，摧残我国民体格。其最终目的，则欲灭我种族，并藉以广开财源，大得税收。"[1] 为达到上述目的，日本殖民者采取了多种途径，蒙古族民众深受其害。

强迫种植。日本殖民者在伪蒙疆地区通过奖励提倡与惩罚强迫

---

[1]　中国第二历史档案馆：《侵华日军在察绥晋北地区的经济掠夺》（续完），民国档案 "2199 藏档" 选粹，2001 年 1 月，第 52 页。

两种方法强迫蒙古族农牧民种植鸦片。按规定种植鸦片或超过规定种植亩数的予以适当减收鸦片税的奖励，而对未完成规定种植的予以经济惩罚，同时，鸦片指定种植区外的蒙古族民众也同样要缴纳烟税，承受一定数量的烟土，老百姓苦不堪言。

严格烟丈。日伪政权指定辖区内鸦片种植亩数后，由县按户口和地亩分配到乡，严格丈量，丈量亩数成为烟土收买时的依据，杜绝老百姓私藏和拒绝出售行为。各地区丈量方法不同，有的县是直接派官员督办丈量，如包头与托县；有的各乡自行丈量；有的则实行两乡互相监督丈量。不论何种方式，均抢占了蒙古族的大片土地，极大地破坏了蒙古族的农牧业生产。

重税收土。鸦片税是伪蒙疆政权的重要财政来源，在暴利诱惑下，日本侵略者在大肆扩大鸦片种植面积的同时还在税收制度和征收方法上大做文章，提高税率、压低鸦片等级是其常用的伎俩，掠夺蒙古族百姓。绥远省在沦陷前每年烟税收入约 256 万元，1939 年跃升至 4223 万元，鸦片税收之重可见一斑。

严查售藏。蒙古族百姓不但被强迫种植鸦片，上缴鸦片税，收获之鸦片也必须售卖给伪蒙疆政权指定的烟土公司，同时派禁烟清查处专员对各乡、各村、各户进行调查与稽核。调查员可随意进出蒙古族百姓家中搜缴鸦片，私藏或私售者，一旦被发现，严惩不贷。除派专员调查外，伪蒙疆政权还在各乡召集特务人员，经训练后派回原村从事鸦片贮藏、烟土售卖和鸦片私藏、私售工作，蒙古族百姓在伪蒙疆政权的强力监督下敢怒不敢言。

统制买卖。伪蒙疆政权对鸦片收买、贩卖、运输等实行统制政策。蒙疆公司专设的烟土部独家经营鸦片贸易。未经蒙疆公司颁发许可证的土店不得营业；未经蒙疆公司批准、未缴纳保证金或未出具保证书的烟馆均不得经营；向不具有许可证的土店购买烟膏者，一经发现立即枪决。严格的政策构成了对蒙古族百姓的极端压迫。

管制私人买卖鸦片的同时，伪蒙疆政权在指定的土药公司制造并贩卖鸦片，白粉、海洛因、红丸、吗啡等一系列鸦片制品，在荼毒百姓的同时收敛巨额财富。

二　金融控制

为维护伪政权的经济统治，伪蒙疆政权建立之初，日本即于1937年11月在呼和浩特建立了伪蒙疆银行，次年开始发行蒙疆银行券（又称"骆驼券"）。伪蒙疆银行是日本政府及驻蒙日军以金融手段掠夺蒙疆的大本营，日伪政权利用蒙疆银行统制伪蒙疆金融，残酷剥削蒙古族人民。

（一）滥发纸币

滥发纸币是日本殖民者维持庞大的军费开销和最大限度地掠夺蒙古族人民的最佳手段。而滥发纸币造成的货币贬值、物价上涨的后果却统统由蒙古族百姓承担。滥发纸币实质上是无偿掠夺蒙疆的财富。在生产不增加的情况下，蒙疆银行纸币发行量每增加1倍，蒙疆人民的一半财富就流入蒙疆银行。[1] 其剥削方式更残酷、更野蛮。图23-2直观地反映了伪蒙疆银行纸币的滥发程度，也反映了伪蒙疆银行的资金空虚。大量的伪蒙疆纸币充斥金融市场，但在1945年日伪政权被推翻时，蒙民手中的伪币也就成了一堆废纸，损失惨重。

---

[1]　张明：《论伪蒙疆银行》，硕士学位论文，河北大学，2007年。

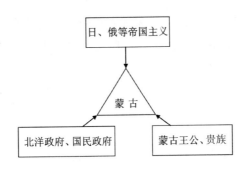

图 23 - 2　伪蒙疆银行纸币发行量增加情况

数据来源：据王龙耿《伪蒙疆时期（1937—1945）经济的殖民地化》所载数据整理。

（二）强制摊派股票和公债

伪蒙疆银行实际上就是日本及其垄断公司的"金库"，在日本政府或其垄断公司资金紧张时，伪蒙疆银行即会向蒙古族百姓强行发行和摊派股票与公债，如"邮政储金券""福利奖券""中国事变爱国公债"等，通过发行股票与国债，日本可以无偿占有和掠夺蒙疆资源，而这些国债与股票只不过是日本殖民者开的空头支票而已，最后都变成了废纸。截至 1945 年 8 月 20 日，伪蒙疆银行发行股票和国债的情况如表 23 - 2 所示。

表 23 - 2　　　　　　　伪蒙疆银行股票和国债发放情况

股票名称	发行金额	票面金额
甲种登记国债	2446 亿元	1.27 亿元
日本公债证券	294 万元	300 万元
满洲国登记国债	960 万元	1000 万元
蒙疆电气业株式会社股票	360 万元（7.2 万股）	50 元（全部缴足）
蒙古食料品股份有限公司股票	10.51 万元（2102 股）	50 元（全部缴足）

续表

股票名称	发行金额	票面金额
蒙疆石油股份有限公司股票	8 万元（4000 股）	50 元（全部缴足）
蒙疆兴业股份有限公司股票	100 万元（2 万股）	50 元（全部缴足）

数据来源：据河北大学张明硕士学位论文《论蒙疆银行》第 23 页数据整理。

除表 23-2 所载股票和国债种类外，还有多种，但因券种不详或数据缺乏而不再一一赘述。日本殖民者通过看似公平的金融交易对蒙古族人民进行着最龌龊的殖民掠夺，其通过发行国债与股票的方式换取蒙古族百姓手中的蒙疆现钞，然后再用换来的钞票通过收购蒙古族的各种原料、购买蒙古族土地等方式对蒙古族百姓进行资源掠夺。日本殖民者以此丰厚了财政，而蒙古族农牧民却钱货两空。

（三）强行存贷款

为最大限度地搜刮蒙古族人民的财富，日本殖民者强迫蒙古族百姓到伪蒙疆银行存贷款。伪蒙疆政权会不定期通知蒙古族各旗县镇到伪蒙疆银行存款，名为通知，实为强迫，以此将百姓钱财据为己有。除此之外，伪蒙疆银行还以推行借贷之名向蒙古族聚居区强行推广合作社与互助社，实际上与强迫存款无异，均是对搜刮民脂民膏的掠夺手段。据 1942 年 12 月的统计，"贷出款已达 2083.9 万元（蒙疆银行副总裁寺峙英雄报告）。蒙疆银行又利用合作社与互助社之美名，组织各种行业合作社与互助社，强迫加入，举凡商贾货物之转移，与金钱之出纳，解散各种行业之合作社与互助社转报日本之特务机关，而收入之款项更须存入蒙疆银行，不得稍有隐蔽。

民间房屋、田产、树木之买卖，亦无不与焉"①。

除此之外，伪蒙疆银行还通过不等价交换强制收购蒙古族物资，粮食、鸦片、棉花等物资均在其统购范围。以伪币强迫高利贷也是其掠夺蒙古族人民的重要方式，至1938年10月，其所发放高利贷金额约53万元，垄断典当业横征暴敛，致使蒙古族农牧民破产现象比比皆是。

三 物资统制

为进一步掠夺蒙疆农牧业产品和矿产资源，日本统治者对所有重要物资均实行全面统制政策，制定了《贸易统制法附则》，规定"1. 羊毛、羊皮及其他兽皮、兽毛类；2. 金矿、银矿、铁矿、铜矿、煤炭、石油等二十三种矿产品及铜铁制品；3. 油脂原料、药材、麻类及鸦片、毛织绒毯及毛毡；5. 牛、马、羊、骡、驴等牲畜及猪"②均属统制品，唯有伪蒙疆政权指定机构方可经营。为加强对蒙古族的经济统制，伪蒙疆政权设立了9个特殊会社，8个准特殊会社，28个普通会社来辅助其最大限度地实施经济掠夺。

特殊会社一般为大型垄断企业，如蒙疆银行、蒙疆电器通信株式会社、蒙疆汽车股份有限公司、蒙疆不动产股份有限公司、大同碳矿等，这些企业相当于伪蒙疆政权的"国有企业"，占据着所有企业资本81.5%的份额，是日伪政权垄断蒙疆电力、通信、房地产、煤炭业的有力工具；普通会社属于中等企业，但同样涉及多个行业，

---

① 察哈尔蒙旗特派员公署编：《伪蒙疆政治经济概况》，正中书局，民国三十二年10月，第68—69页。

② ［日］杨井克巳：《蒙古资源经济论》，东京笠书房，1942年，第214页。

掠占多种物资。如蒙疆石油股份有限公司对蒙疆石油的掠夺式开采，蒙疆兴业股份有限公司掠夺矿产进行军需品的生产，东洋烟草公司对鸦片的统制与掠夺等；普通会社是小型企业，但涉及门类更多、掠夺更为频繁。垄断了蒙疆地区的畜产、药材、云母、制砖、面粉等方面的原料收购、加工制造、产品销售。①

---

① 王龙耿：《伪蒙疆时期（1937—1945）经济的殖民地化》，《内蒙古社会科学》1988年第2期，第56页。

第二十四章
民国时期殖民和半殖民化的蒙古族经济

本章通过对蒙古族人口、畜牧业、农业、工商业及货币金融业的研究展现民国时期蒙古族经济的整体面貌。这一时期蒙古族人口仍增长缓慢，且呈现出不平衡的发展态势；畜牧业因大规模蒙垦和搜刮而继续衰落，但日本侵略者为最大限度地掠夺蒙古族畜产而做出的畜种改良也在某种程度上利于蒙古族畜牧业的发展；农业耕种面积进一步扩大，牧转农现象更为普遍，农业生产方式普及带来的蒙古族生活方式的转变更为明显；民国时期蒙古族金融货币市场仍混乱不堪，多种货币发行使通货膨胀严重，多种金融机构的交替兴衰加速了蒙古族金融业现代化的步伐。民国时期蒙古族经济状况充分说明其殖民和半殖民化的经济性质。

第一节　民国时期蒙古族人口的不平衡增长

多个反动政权对蒙古族惨无人道的剥削导致民国时期的蒙古族人口增长依然缓慢。北洋政府、国民政府及帝国主义的大肆蒙垦与经济掠夺不仅促使大批汉民涌入蒙古族聚居区，威胁蒙古族人口增

长；外蒙古的"独立"也导致中国大量蒙古族人口流失。促使民国
时期蒙古族人口增长的最重要因素当属喇嘛教的没落。总体来讲，
不论是内蒙古蒙古族人口还是新疆蒙古族人口，在民国时期均有所
增长，但在地区分布、性别比例、年龄结构以及蒙汉民构成比例均
有所失衡。

一　民国时期蒙古族人口增长缓慢

民国时期军阀割据，战火连连，在军阀、官僚和帝国主义的经济
压迫下，蒙古族人口如晚清一样增长缓慢。因民国时期蒙古族人口的
相关资料有限，数据搜集略显困难，作者根据所掌握资料分析可知，
民国时期蒙古族人口总体上呈上升趋势，但上升速度仍然缓慢。

表 24 - 1　　　　民国时期蒙古族人口变化情况　　　　单位：人

盟旗别	1912 年人口数	1948 年人口数	增减人数
哲里木盟	484996	561909	增 76913
卓索图盟	209955	237195	增 27240
昭乌达盟	116741	274633	增 157892
呼伦贝尔盟	约 30000	60933	增 30933
乌兰察布盟	32561	52550	增 19989
归化土默特旗	30683	56337	增 25654
阿拉善旗	7275	24000	增 16725
伊克昭盟	171669	66096	减 105573
察哈尔盟	45783	42211	减 3572
锡林郭勒盟	65037	54207	减 10830
合计	1164700	1430071	增 265371

数据来源：王士达《民政部户口调查及各家估计》、国民党政府蒙藏委员
会第 54 号与第 841 号档案材料。

需要强调的是，表24-1的数据并不全面，但从总体上能够反映出内蒙古蒙古族人口的上升趋势。至于该表中1912年内蒙古蒙古族人与第二章统计有所差异，原因在于第二章内蒙古蒙古族人口统计中不仅加入了热河盟各旗和额济纳旗，同时还加上了估算的喇嘛人数，但因40年代的人口数据中未能找到上述数据，为便于比较，1912年热河各旗和额济纳旗的人口数据即未统计进来。即便如此，表24-1也反映出了内蒙古蒙古族人口整体的增长趋势。然而，仔细分析会发现，36年的时间里，内蒙古蒙古族人口仅增长了265371人，增长率约为22.8%；1912年全国总人口为405810967人，1949年为54167万人，增长率为33.5%，相比而言，内蒙古蒙古族人口增长缓慢得多。

与内蒙古蒙古族人口变化状况类似，民国时期新疆蒙古族人口也增长缓慢。民国时期新疆蒙古族人口状况的研究资料繁杂，且相互出入甚大。对于民国时期新疆蒙古族人口的研究，作者赞同孟楠在其《民国时期新疆蒙古族人口分布状况及数量》一文中的研究结果并就此借鉴。她认为，确切统计民国时期新疆蒙古族人口数量难度较大，相比而言，新疆政府统计数据或新疆蒙古各族王公政要的统计报告所提供数据可信度较高。通过深入了解与调查，她推断：在民国的30多年中，新疆蒙古族人口在13万左右，并上下浮动。[①]另外，谢彬的《蒙古游记》和如柏《塔尔巴哈台词查录》均认为，1917—1918年新疆蒙古族人口至少有7万人，作者在第二章述及晚清新疆蒙古族人口时，根据1949年数据推断，也认为晚清时期蒙古族人口为7万左右，至1947年增加到13万人，但30年间增加6万人的速度尚显缓慢。

---

① 孟楠：《民国时期新疆蒙古族人口分布状况及数量》，《西部蒙古论坛》2010年第2期，第30页。

二 民国时期蒙古族人口发展不平衡

民国时期蒙古族人口虽有所增长，但却从多方面呈现出不平衡的发展状态。主要表现在人口地区波动不平衡、蒙汉人口比重失衡、性别比例不平衡以及年龄结构不平衡四个方面。

（一）人口地区分布不平衡

从表24-1可知，在所统计的10个盟旗中，7个盟旗的人口有所增加，3个盟旗人口却有所下降，这表明蒙古族人口因地区差异而呈现不同的变化趋势。仔细研究会发现，3个人口减少的盟旗均为纯牧业区，民国时期蒙垦较重；7个人口增加的盟旗多靠近东北地区，在汉族农民蒙垦和移民过程中逐渐变为了半农半牧区甚至农业区，如归化土默特旗、乌兰察布盟、呼伦贝尔盟等。

畜牧业生产方式在某种程度上限制了蒙古族家庭人口的增加。每个蒙古族牧民家庭一般只有一群牲畜，一片牧场。根据蒙古族牧区习俗，儿子婚后需分出牲畜，自立门户，但草场的承载量是有限的，为避免水草相争，维持正常畜牧业生产，蒙古族牧民家庭一般人口维持在5人以内，晚清时期蒙古族家庭平均人口为4.65人，印证了上述推论，也说明牧业生产方式是蒙古族人口相对缓慢的原因之一。但表24-1中，三个纯牧业区人口减少的根本原因在于北洋政府、国民政府各路军阀的大肆蒙垦，蒙古族牧民牧场被侵占，牲畜被剥夺。繁重的赋税掠夺雪上加霜，蒙古族牧民流离失所，凄苦不堪，人口负增长不足为奇，至民国时期，锡林郭勒盟10旗蒙古族人口没有维持自然增长水平，家庭平均人口减为4人。

生活所迫使东北地区的蒙古族逐渐由牧转农，生产方式的转变对家庭结构产生影响。农业生产所需劳动力大大增加，由牧转农的蒙古族家庭人口也随之增加。在民国时期农区与半农半牧区家庭组成规模比过去扩大，如哲盟科左中旗是蒙古族人口最多的一个旗，在民国时已绝大部分务农兼牧。[①] 据统计，民国时期哲里木盟科左中旗，蒙古族家庭平均人口是 5.84 人，科右前旗 5.96 人，科右中旗 6.3 人[②]，表 24 - 1 中半农半牧区蒙古族的人口增加即是如此。

（二）蒙汉人口比例不平衡

随着大批汉族移民的进入，蒙古族聚居区汉族人口逐渐增加，甚至反超蒙古族人口，导致蒙汉人口比例失调。下面以 1937 年伊克昭盟各旗蒙汉人口比例加以说明。

表 24 - 2   1937 年伊克昭盟蒙汉人口分布情况与人口密度

单位：人/平方千米

旗别	蒙古族		汉族		合计	
	人数	密度	人数	密度	人口	密度
郡王旗	4700	0.13	6300	0.17	11000	0.3
准噶尔旗	37000	0.72	64000	1.24	101000	1.96
达拉特旗	13000	0.35	60000	1.62	73000	1.97
杭锦旗	9000	0.11	20000	0.25	29000	0.36
鄂托克旗	18300	0.12	10000	0.07	28300	0.19
乌审旗	8400	0.17	3000	0.06	11400	0.23
扎萨克旗	2500	0.56	2000	0.44	4500	1.00
合计	92900		165300		258200	

资料来源：王卫东：《鄂尔多斯地区近代移民研究》，《中国边疆史地研究》2000 年第 4 期。

---

① 王龙耿、沈斌华：《蒙古族历史人口初探（17 世纪中叶—20 世纪中叶）》，《内蒙古大学学报》（人文社会科学版）1997 年第 2 期，第 40—41 页。

② 伪北支那通讯社编，《蒙疆》，1939 年 7 月铅印，第 17 页。

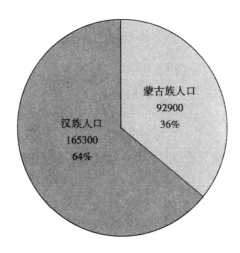

图 24 - 1　1937 年伊克昭盟蒙汉人口比重示意图

　　相比较而言，民国时期伊克昭盟蒙地被垦种较为严重，畜牧业经济遭受极大破坏，蒙古族人民即便未由牧转农，也因沉重的经济剥削而流离失所。表 24 - 2 和图 24 - 1 显示，伊克昭盟大部分蒙旗汉族人口均超过蒙古族，总体上看，蒙古族人口只占伊克昭盟总人口的 36%，汉族人口却占到了 64%，如此悬殊的蒙汉人口比重也从侧面反映出了蒙垦之盛，蒙古族所受经济剥削之沉重。

　　（三）人口性别比例不平衡

　　晚清时期，蒙古族人口男女性别比例基本上保持在 97—103 之间，即便加上喇嘛、兵役等男性人口，人口性别比例也可维持在 125 以下，基本平衡。但到民国时期，蒙古族人口比例逐渐失调，男性人口数量不断增加，男女性别比例基本均在 125 以上，具体情况如表 24 - 3 所示。

表 24 - 3　　　　　20 世纪 30 年代内蒙古蒙古族人口性别比

地区	男（人）	女（人）	比例（%）
呼伦贝尔盟	19039	14025	135.75
哲里木盟	203677	164884	123.52
锡林郭勒盟	22164	14419	127.26
察哈尔盟	15547	12343	125.95
绥远蒙旗	117330	78105	150.22
合计	377763	286776	131.72

资料来源：王龙耿、沈斌华：《蒙古族历史人口初探（17 世纪中叶—20 世纪中叶）》，《内蒙古大学学报》（人文社会科学版）1997 年第 2 期，第 38 页。

民国时期蒙古族人口性别比例较高主要在于农业生产方式的影响。男性增多可为农业生产提供充足的劳动力，维持农牧业的正常生产。同时，民国时期喇嘛教的败落，也是蒙古族男性人口增加的重要原因。

（四）人口年龄结构不平衡

对民国时期蒙古族人口尚未按年龄段统计，对此，王龙耿与沈斌华在其《蒙古族历史人口初探（17 世纪中叶—20 世纪中叶）》一文中采用了倒推方法，通过分析 1982 年蒙古族人口分组比例推算出 1947 年的蒙古族各年龄段的人口比重。1982 年 35 岁者为 1947 年生人，通过分组统计 1982 年 35 岁以上的各年龄段人口比重，可大概推算出 1947 年后各年龄段的蒙古族人口所占比例，具体推算数字如表 24 - 4 所示。

表 24 - 4　　　　　据 1982 年蒙古族人口分组数据推算

1947 年各年龄段所占比重

1982 年			1947 年		
年龄阶段	人口数量	占总人口比重（％）	年龄阶段	人口数量	占总人口比重（％）
35—49 岁	1009236	40.54	0—14 岁	293322	35.25
50—54 岁	323133	12.99	15—19 岁	73271	8.81
55—59 岁	231.888	9.31	20—24 岁	65076	7.82
60—64 岁	216777	8.71	25—29 岁	48205	5.79

资料来源：王龙耿、沈斌华：《蒙古族历史人口初探（17 世纪中叶—20 世纪中叶）》，《内蒙古大学学报》（人文社会科学版）1997 年第 2 期，第 38 页。

分析表 24 - 4 数据可知，0—14 岁人口在蒙古族总人口中所占比例高达 35.25％，年龄逐次上升，人口数量逐次减少，体现出了蒙古族人口年龄结构的不平衡性，但也从侧面反映出了民国时期蒙古族出生率逐年增加，因为 1947 年 25—29 岁者恰好出生于民国建立前夕和初期。从总体上来看，1947 年，蒙古族 0—29 岁人口占蒙古族总人口比重的 57.67％，超过 30 岁以上的蒙古族人口所占比重，也体现出民国时期蒙古族人口年龄结构的不平衡。

三　喇嘛教衰落促进蒙古族人口增长

民国时期蒙古族人口变化总体呈上升趋势，但因各地情况差异而增减不一。民国时期各反动政权对蒙古族的残酷剥削是导致部分盟旗蒙古族人口下降和蒙古族人口整体增长缓慢的根本原因，受尽压迫的蒙古族人口迁居外地，更改户籍也是蒙古族人口减少的重要原因。而农业生产方式的发展和喇嘛教的衰落为蒙古族人口增加创造了条件。

与晚清相比，民国时期更为频繁的战乱、更肆无忌惮的蒙垦以及更深重的经济剥削导致蒙古族死亡率较高，其逻辑与晚清类似。值得提及的是民国时期喇嘛教的衰落对蒙古族人口增长的促进作用。

喇嘛教清代最为繁盛，清末至民国逐渐没落。喇嘛教影响到蒙古族生活的各领域，最直接的影响则是劳动力的减少和人口繁殖缓慢。在蒙古族，"每家必须有一个人出家当喇嘛，因此有三分之一的居民是僧侣"①。不仅减少了家庭劳动力，同时也影响了蒙古族人口的正常增长。

民国时期蒙古族喇嘛教逐渐没落，喇嘛人数由清末的12.8万减少到1947年的6万左右。"日本边疆问题研究所调查，外蒙古地区1917年的喇嘛人数为119577人，占男性人口的41.75%。1921年外蒙古人民革命成功，由于蒙古人民共和国采取措施，喇嘛逐渐成为劳动者。到1928年，喇嘛人数就大大下降，只占男子人口的26.3%，而人口总数就由1924年的546008人增加到了1930年760000人。"②而喇嘛人数的减少则极大地推动了蒙古族人口的正常增长。

民国时期蒙古族人民在诸多反动政权的残酷剥削下仍能保持人口的增长已属不易，尽管增长缓慢、发展不平衡，但从总体上讲，蒙古族人口数量的增加还是为蒙古族经济的发展提供了必需的劳动力资源，推动了蒙古族经济的进步。

---

① ［俄］尼·鲍戈亚夫连斯基：《长城外的中国西部地区》，新疆大学外语系俄语教研室译，商务印书馆1980年版，第64页。

② 张植华：《清代至民国时期内蒙古地区蒙古族人口概况》，《内蒙古大学学报》（哲学社会科学版）1982年第3、4期，第61页。

第二节　民国时期畜牧业的继续衰退与技术改良

民国时期，深受各反动政权压迫的蒙古族畜牧业衰退至历史最低点。大肆蒙垦破坏了畜牧业赖以存在的草牧场；蒙古族人口的缓慢增长及由牧转农的盛行使大量畜牧业劳动力被剥夺；对战乱及各种自然灾害抵御能力不足促使蒙古族畜牧业发展环境进一步恶化；日伪政权的疯狂掠夺使蒙古族畜牧业日益畸形化和殖民地化。不可否认的是，日本殖民者为达到其侵略目的进行的畜牧业改良计划也在某种程度上推进了蒙古族畜牧业发展的现代化步伐。

一　日本侵略者对蒙古族畜牧业的掠夺

北洋政府与国民政府对蒙古族土地的疯狂掠夺对畜牧业的破坏不可否认，蒙古王公的剥削也是加速蒙古族畜牧业衰败的重要因素，但究其根源还在于日本侵略者的殖民掠夺。民国时期，绝大部分蒙古族聚居区成为日本侵略者的殖民地，蒙古族畜牧业成为其军用牲畜和畜产品的供应基地。

颁布各种畜牧业管制法是日本侵略者掠夺蒙古族牲畜及产品的重要一步。通过各种法令对蒙古族畜牧业实施生产及贸易管制。1939 年 10 月与 12 月，伪满兴安政府分别颁布了《家畜及畜产物统制法》和《家畜调整法》，规定牧民饲养和经营的家畜需一律登记造册，以备军用；严禁牧民及蒙古族畜牧业生产者随意买卖、赠送、转移和匿藏家畜，一经发现，严惩不贷。1940 年 2 月 22 日，伪蒙疆政府颁布《家畜运出取缔办法》，将家畜的外运批准权转移至伪牧业总局，加强了对家畜买卖的统制。此后 8 年，共颁布类似法令 43

件。其统制的品种，包括家畜及家畜的胴体、皮革、毛绒乃至血、头、内脏、兽骨等。1938—1939 年，日本侵略者从今内蒙古东部掠走羊毛达 280 余万公斤[①]。各种法令是日本侵略者对其赤裸裸掠夺行为的掩饰。

除采用"法律"手段外，日本侵略者还通过各种垄断企业统制蒙古族畜产品市场，压制蒙古族畜牧业的发展。1937—1938 年，建立了钟纺、三井、三菱、日毛、兼松、大蒙、满蒙毛织和满蒙畜产八大株式会社，对伪蒙疆地区的畜产品进行垄断。[②] 而在所有畜产品中，日本侵略者对羊毛的掠夺最为猖獗。羊毛是日本在侵略战争中的重要战略物资，日本国内自明治维新起羊毛即供不应求，并长期从澳大利亚进口羊毛。1936 年 11 月，"日澳通商纠纷"打断了二者之间的贸易往来，正在日本一筹莫展之际，中国蒙古族沦陷区成为掠取羊毛的"新大陆"，而蒙疆地区则是日本的畜产尤其是羊毛基地。为便于其对蒙古族羊毛的掠夺，日本于 1938 年将 1934 年成立的日满绵羊协会更名为"东亚绵羊协会"，"全面掌握东亚的绵羊事务并实施之"[③]。

日本东亚绵羊协会先后颁布了《蒙疆产业开发五年计划》《羊毛生产力扩充计划》《种公羊贷出合同要项》等多项"法律法规"，规定了绵羊改良、贷放、增殖、羊场的设置经营、种羊管理所的设置经营、绵羊组合设立等多方面内容，不仅加深了对蒙古族绵羊和羊毛产业的管制，同时也使其对蒙古族畜牧业的掠夺更肆无忌惮。除羊毛协会外，日本东洋拓殖株式会社、蒙疆畜产股

---

① 内蒙古自治区畜牧业厅修志编史委员会：《内蒙古畜牧业发展史》，内蒙古人民出版社 2000 年版，第 55 页。

② 同上。

③ ［日］财团法人东亚绵羊协会：《东亚绵羊协会摘要》，东京：东亚绵羊协会，1942 年，第 2 页。

份有限公司、蒙疆毛织厂等垄断企业对蒙古族畜牧业的掠夺均甚
为疯狂。"1939 年至 1941 年，蒙疆地区被日本侵略者掠取绒毛
800 多万公斤，占同期产量的 37%；掠走皮张 490 余万张，占同期
产量的 60%。沦陷八年间，日本侵略者掠走锡林郭勒盟马 5.66 万
匹，牛 5.32 万头，绵羊 26.57 万只，山羊 4.79 万只，骆驼 7558
峰；掠走察哈尔盟马 3066 匹，牛 2.81 万头，羊 4.62 万只，骆驼
420 峰。"[1]

二 牲畜数量骤降

民国时期，蒙古族畜牧业的经营方式仍粗放、原始，在帝国主
义、官僚资本和各路军阀的压榨下，蒙古族畜牧业较清朝更为衰落。
以哲里木盟达尔罕王旗为例，乾隆年间，该旗拥有马、牛、羊牲畜
数量分别为 22842 匹、54240 头、58121 只，至 1936 年，三者分别下
降至 8928 匹、25912 头、9842 只，下降率分别为 60.9%、52.2%、
83.1%，衰落程度可见一斑。

若某一旗县牲畜数量下降情况无法代表蒙古族畜牧业整体衰败
的话，下面一组数据则能充分证明民国时期蒙古族畜牧业牲畜数量
下降的急剧性和整体性。民国时期，被日本侵略者占领的蒙古族沦
陷区畜牧业所受剥削最深，衰败程度最甚，沦陷区牲畜数量变化情
况如表 24 – 5 所示。

---

① 内蒙古自治区畜牧业厅修志编史委员会：《内蒙古畜牧业发展史》，
内蒙古人民出版社 2000 年版，第 55 页。

表 24 - 5 1936—1946 年蒙古族沦陷区大牲畜和羊数量变化情况

（单位：万头）

年份	呼伦贝尔盟	锡林郭勒盟	蒙古东部	蒙绥地区
1936 年	99.9	211.5	521	937.6
1946 年	69.9	110	447	751
下降比例	30%	48%	14.14%	20%

资料来源：内蒙古自治区畜牧业厅修志编史委员会：《内蒙古畜牧业发展史》，内蒙古人民出版社 2000 年版，第 58 页。

表 24 - 5 清晰地反映出了民国时期蒙古族牲畜数量的锐减并不是局部性、阶段性的，而是具有整体性和连续性。近十年的时间里，日伪占领区的蒙古族牲畜头数即下降约 28%，尤以锡林郭勒盟为甚。牲畜既是畜牧业发展的源泉，又是畜牧业发展的结果，牲畜数量的锐减充分体现了蒙古族畜牧业的衰败，也反映出了多个反动政权对蒙古族的深重剥削。

三 畜牧生产力水平低下

民国时期，蒙古族畜牧业仍处于个体、分散的手工生产状态。在养殖技术落后、生产工艺简陋、经营管理粗放、灾害抵御能力不足等，均体现出蒙古族畜牧业生产力水平仍较为低下。蒙古族畜牧业靠天养畜的经营方式在民国时期没有改变，自然灾害就是蒙古族畜牧业发展的一大制约因素。在多个反动政权的残酷掠夺下，蒙古族生活贫苦，在抵御灾害的设备与技术上更显落后，大灾小灾均会造成牲畜的大批死亡。1936 年 3 月，苏尼特右旗遭受罕见雪灾，平地积雪二尺以上，牲畜死亡 75%。1944 年冬，锡林郭勒盟因冬旱死掉约一半牲畜[①]，东蒙地区每年死于狼灾的牲畜高达5万多头。

除此之外，因防疫药械短缺、技术落后，民国时期蒙古族畜牧业深受疫灾之祸。牛肺疫、口蹄疫、羊痘、马鼻疽、猪瘟、猪丹毒、猪肺疫等均是祸害牲畜的常见疫病，但因蒙古族牧民抵御能力有限，牲畜死亡率骤然提高。1942年，今内蒙古东部地区发生牛瘟，死亡率高达31.6%。[②] 可见，民国时期蒙古族畜牧业生产力水平低下是一个不争的事实，也是阻碍蒙古族畜牧业发展的重要因素。

四　畜种与养殖技术改良

蒙古族畜牧业改良以畜种改良为起点。早在晚清时期，内蒙古地区的蒙古族牧民就开始进行畜种改良，先后有美利奴羊、西门达尔牛、西伯利亚牛、奥尔洛夫马、比丘科马血统的改良马、后贝尔加马、后贝尔加牛、康姆格尔牛等国外良种被引进，其中，以俄国畜种居多，英国、德国、美国的畜种也被逐渐引进。而这些外来的畜种与当地的蒙古马、蒙古牛杂交后，形成了一批优秀的畜种后代，如三河马、三河牛、海拉尔牛等畜种即源于此时。

晚清时期蒙古族引进西方优秀畜种改良牲畜效果明显，伴随而至的还有牧场经营、畜群防疫、兽药制剂等方面的改良。民国初期，蒙古族畜种改良主要是牧民自发引入或外商贸易带入。1917年，俄商进入满洲里进行贸易交易时从后贝加尔引入了美利奴羊，并在呼伦湖设置牧场，通过共同放养、杂交改变当地绵羊质量；1924年，英国食品输入公司也在海拉尔河畔设置牧场，用澳洲罗姆尼羊改良

---

① 内蒙古自治区畜牧业厅修志编史委员会：《内蒙古畜牧业发展史》，内蒙古人民出版社2000年版，第63页。

② 同上。

蒙古羊，大大提高蒙古羊产毛量。日本帝国主义入侵后，为满足其畜产品需要，开始在蒙古族聚居区修建现代牧场，引进优秀畜种，改良蒙古族当地牲畜。伪满政权是日本侵略者畜种改良计划的执行者，1934—1939年五年间，伪满洲国先后在东蒙建立了海拉尔种马场、开鲁种马场、通辽种马场和索伦种马场四家培育优良种马场所；伪满洲国兴农部先后建立了国立绵羊改良场、赤峰绵羊改良场、省立林东绵羊改良场等几家种羊改良场。这些种畜改良场不仅引进了贝尔修伦、盎格鲁诺尔曼、盎格鲁阿拉伯、阿拉伯、奇特兰、英纯血、美速步等多种优秀马种1540匹，还引进了美利奴羊和其他改良羊4288只，通过与蒙古族当地牲畜的杂交，极大地提高了牲畜的总体质量。然而，日本殖民者对绵羊由肉用到毛用的品种改良是为其殖民侵略服务的，破坏了蒙古族传统的养殖习惯，影响了蒙古族牧民的经济生活。

在引进优秀畜种的同时，蒙古族牲畜防疫工作也取得了重大进步。民国以来，北洋政府与国民政府尽管大兴蒙垦，但也想通过增加蒙古族牲畜出栏量和减少死亡率来取得更多的经济利益，为此，这一时期政府开始重视牲畜防疫工作，通过在蒙古族聚居区建立兽医机构，设立防疫站等防疫机构对蒙古族牲畜进行检疫。如1936年6月，南京国民政府卫生署就在归绥市（今呼和浩特市区）设蒙绥防疫处，办理绥远、陕西、甘肃等省的兽医防治业务。[①] 另外，日本侵略者为满足其掠夺目的，也较为重视蒙古族畜牧业防疫工作。1937年后，先后在赤峰、西林、通辽等多地设立家畜防疫所，对当地家畜定期检疫，这对降低蒙古族牲畜的死亡率有所帮助。

兽医检疫机构需要专业兽医人员。然而，民国以前，蒙古族畜

---

① 内蒙古自治区畜牧业厅修志编史委员会：《内蒙古畜牧业发展史》，内蒙古人民出版社2000年版，第51页。

牧业发展仍处于原始、粗放状态，在这种凭天养畜、自生自养的生产方式下，专业的兽医人员较少，牲畜若遇疫灾，牧民仅靠日常的畜养经验应对，任牲畜自生自灭。当时蒙古族兽医人员少且以传统蒙医为主，技术设备与药品制剂均有限，不利于畜牧业稳定持续发展。民国以后，西方兽医技术开始不断传入蒙古族聚居区，西兽医技术人员的培训也得到了重视。科尔沁右翼后期的伊胡塔职业学校、科尔沁右翼中旗的白音塔拉实业学校、"厚和豪特市"（归绥市的改称）的伪蒙疆兽医养成所和林东省立畜产学校均在民国时期先后建立，旨在培训中、初级兽医人员，加强蒙古族牲畜防疫。同时，西方兽药也逐渐被引进，不但在蒙古族牧区得到广泛使用，而且蒙古族聚居区已设立了专门的兽药加工厂，蒙药与西药兼具，至1948年，这些药厂已可以生产出炭疽疫苗、羊痘疫苗、猪瘟疫苗及抗病血清等兽药生物制剂十多种，大大提高了蒙古族畜牧业灾害抵御能力。

日本侵略者对蒙古族畜牧业的发展不可否认的是，外国商人与日本侵略者在蒙古族聚居区开办现代牧场、改良畜种、加强防疫和培养兽医等行为在一定程度上推动了蒙古族畜牧业发展的现代化进程，但其目的并非真正为了促进蒙古族畜牧业的发展，而是为其更大范围、更深层次、更为疯狂的殖民掠夺准备条件。从总体上讲，民国时期的蒙古族畜牧业并没有因为各反动政权零星的畜种改良与技术改造而摆脱衰退的命运。残酷的殖民掠夺将蒙古族畜牧业逼向历史最低谷，依赖畜牧业维生的蒙古族牧民也在各反动政权的经济压迫下达到贫困极点，直到中国共产党带领蒙古族人民夺得民族自治权后方逐步得到改善。

第三节　蒙古族农业的"破坏性增长"

民国时期的蒙古族农业依然延续晚清的发展趋势，在多方面均有所进步。但这种发展并不是蒙古族人民自觉自愿的行为，而是被逼无奈的选择。晚清时期，蒙地开垦、移民涌入以及农业生产技术的改良使蒙古族农业有明显的进步，民国时期，上述促进蒙古族农业发展的有利因素依然存在，除此之外，日本侵略者在蒙疆地区的"农业试点工程"在某种程度上推动了蒙古族农业的发展，然而，殖民者强种鸦片政策又破坏了蒙古族农业的发展。因此，民国时期的蒙古族农业发展总体状态可概括为"破坏性增长"。在多种因素推动下，蒙古族农业增长是必然趋势，但此种增长是建立在破坏蒙地、掠夺蒙民基础上，从蒙古族民众角度来讲，这种增长具有破坏性。

一　日本侵略者"农业经营"计划与实施

为满足战略物资需要，日本侵略者将蒙古族聚居区变为殖民地后即开始计划最大限度地掠夺蒙古族农牧资源，但深知竭泽而渔的害处，出于利益最大化考虑，日本侵略者从长计议，通过培植日伪政权，剥夺农牧业经营管理权后，再通过培植农牧业公司，垄断蒙古族农牧业资源，一步步地推进其侵略计划。日本侵略者进入以前，在汉族移民的带动下，越来越多的蒙古族牧民由牧转农，或兼营农业，生产方式仍传统、落后，在土地利用、耕作技术和良种选择上均未有较大突破。日本侵略者入侵后，为了满足其战略需求和长久性殖民掠夺，利用东洋拓殖株式会社（下称"东拓"）在蒙疆地区实施了其所谓的"农业经营计划"。

东拓在蒙疆的农业经营计划涉及多方面内容，主要包括"土地开垦、改良、利用，农场经营，包括各种作物的实验栽培、主要作物品种以及耕地的改良增产、特殊作物的改良增产、农业合理化经营，并提供农业经营和拓殖事业资金"①。经过两个月的专门调查，东拓决定将试点放在萨拉齐，并制定了《萨拉齐县新农试验场利用计划书》指导农业试点的各项工作。《计划书》指出，萨拉齐虽因土壤呈碱性、灌溉不便等不利因素阻碍农业发展，但却仍可因地制宜，充分利用。对于适宜农作物生长的优质土地，可通过大兴水利、品种改良等来提高产量；对于碱性土壤之地，可培植大豆、莜麦、高粱等耐旱农作物和饲料作物，以供军需；而对于不可耕种之地可直接设立农场饲养牲畜，也可设立苗圃，植树造林，防风固沙。东拓对土地的合理利用不置可否，但计划越周详，越能说明其侵略野心之大，对蒙古族农业的掠夺就越甚。

在东拓之前，绥远政府曾于1929年打着"自养、自卫、自治"的口号组织过一支模范新村，在萨拉齐设立新农业试验场，推进农业增收增产计划。但终因计划实施前调查不详，忽略了萨拉齐碱性土壤、地下水水质较差和年均降雨量较少等不利于农业耕种的自然条件，导致农业实验场最终搁置，逐渐荒芜。东拓吸取了绥远政府的教训，首先着手兴修水利，改造民生渠②，并计划改造后的民生渠

---

① ［日］日本外务省外交史料馆：《研修所旧藏记录》，《东拓在蒙疆地域情报调查之件》，1939年（国立公文书馆亚洲历史资料中心，查询编码：B06050259900）。转引自丁晓杰《日本东洋拓殖株式会社在伪蒙疆的经营计划及活动述论》，《抗日战争研究》2010年第1期，第73页。

② 民生渠修建于1929年，全长70公里，是华洋义赈会（中美两国合办）为赈济萨拉齐饥民，通过以工代赈方式开凿的，计划修好后可灌溉境内四万公顷耕地。但因美国工程师塔德在渠道设计和测量的误差，造成河水低于渠坝，渠坝低于地面的现象，难以灌溉，故当地人民将民生渠也叫做"民死渠"。

灌溉土地可达 7 万町步①。民生渠改造的同时，东拓还在受益区内建立农场，试验品种改良、各种农作物和苗圃培植等，以选出优质高产的宜植作物，促进萨拉齐的农业开发。包头南海子农场是拓殖重要的试验农场之一，最初的水稻引进与种植试验即发生于此。设立农场的土地是拓殖通过伪蒙疆政府出面收购的蒙古族牧民的牧场，多数蒙古族牧民被迫放弃赖以维生的畜牧业，转营农业。

东拓对其农业经营计划结果估计乐观，认为"民生渠改造以及农事试验场的细胞化会带来地方农业的增产，提高农民的福利，使农、畜、林业全面发展，由此带动与此相关的原料工业的发展，促进贸易繁荣；同时，民生渠改造还会带来交通、运输线路的扩充，与日本人的入殖、原居住农民的生活安定密切相关，促进地方治安的维持改善；作为对西方工作的据点，该事业的顺利进行在军事上、政治上、经济上以及将来推进西方工作上期待发挥更大的作用"②。但民生渠改造与农场试验两项工程均需要具备充足的人力、物力和财力方能完成，日本拓殖计划以五年为一期，逐步实施，但实际进展却较为缓慢，随着日本投降，拓殖在萨拉齐的农业经营计划也随之停止。

日本侵略者在蒙古族沦陷区的农业经营计划在某种程度上推动了蒙古族农业的发展，但其真正的目的则在于殖民掠夺。对于蒙古族来讲，弃牧转农并非自愿。侵略者站在最大限度地掠夺蒙古族沦陷区经济的立场上，打着促进蒙古族农、林、牧、商等多方面发展的幌子，官商勾结，实质是进行殖民掠夺。

---

① 日本的一种长度单位，1 町 =119 码或 1 公里 =9.167 町。

② [日] 外务省外交史资料馆：《研修所藏记录：许可设置包头南海子农场之件》，1940 年，国立公文书馆亚洲历史资料中心，查询编码：B06050325100。转引自丁晓杰《日本东洋拓殖株式会社在伪蒙疆的经营计划及活动述论》，《抗日战争研究》2010 年第 1 期，第 75 页。

二　蒙古族农业耕作更精细

民国时期，基于外来农业耕作技术的影响及蒙古族农牧民自身的经验积累，蒙古族农业逐渐由粗放转向集约，在水利灌溉、农作物轮种、耕种习惯等方面均有较大改进，集约化农业耕种提高了蒙古族农业产量，成为蒙古族农业的发展趋势。

民国时期，蒙古族农业耕作方式逐渐精细，不论是耕地还是播种均有较大进步。蒙古族农民已经基本掌握了犁耕、耘、耙等平整土地的方法，并在第一年秋收后犁耕一遍土地，犁后再耙，耙后平整，第二年春天耕种前再进一步整理。对土地的反复整理与爱护，体现出了由牧转农的蒙古族农民已经基本适应了农耕生产。平整土地后即是播种，民国时期蒙古族农牧民已经掌握了条播和撒播两种播种方式。条播即在播种前按一定间距和深度打好垄沟，然后逐行下种，下种后盖土并用"辊子"压实；撒播则不开垄沟，直接在平整好的土地上撒种，唯有荞麦和大麻适合撒播，其他农作物如高粱、小麦、燕麦、马铃薯等均适宜条播。

民国时期蒙古族农牧民掌握了农作物轮种技术，根据作物种类和土壤特性，一般分为四年轮作、六年轮作和十年轮作。"四年轮作适于在黏质土壤上轮作，可以把小麦、玉米、燕麦、蚕豆进行轮作；六年轮作和十年轮作可以在沙质土壤上进行轮作；六年轮作为小麦、黄豆、高粱、豌豆、粟；十年轮作是亚麻、大豆、小麦、甜菜、大麦、大麻、豌豆、烟草、小麦、马铃薯。"[①] 除轮作耕种更为科学外，民国时期的蒙古族农业灌溉技术也有较快发展。蒙古族农牧民

---

① 田军：《民国时期后套地区的农业开发》，博士学位论文，内蒙古大学，2010 年，第 113 页。

对农地灌溉技巧已经相当熟练，可根据季节和气候的变化对土地进行灌溉，而且灌溉过程中既要符合农作物的生长习性，也要适应土壤状况，如用桃花水（桃花汛）灌溉的土地最适宜种植谷物；用秋水灌溉的田地最适宜糜子、高粱和各种豆类的生长。可见，蒙古族农牧民在民国时期的农业耕种技术已相当进步，耕种方式逐渐集约化，推动了农业的发展。

三　农业发展改变了蒙古族生活方式

农业的普遍发展，改变了蒙古族以游牧为生的生产方式，为适应农业生产方式的需要，蒙古族人民的生活方式也随之改变，这种变迁从晚清开始，至民国则成为常态。以居住方式和饮食结构的变化最为明显，这种变化是民族融合的结果，但对蒙古族来说也是一种不得不适应和接受的结果。

一方面，随着农耕文明的普遍传播，蒙古族逐水草而居被定居所取代，农业区和半农半牧区范围扩展越广，定居就越普遍。但固定的房屋代替移动的蒙古包是一个漫长的且时间上参差不齐的演进过程。如喀喇沁旗和土默特旗开放蒙荒较早，居住在这里的蒙古族牧民在清朝中叶就受汉民影响实行定居，蒙古包被汉式结构房屋所代替。至清末，两旗全部蒙古族人口几乎全部选择定居；而昭乌达盟和哲里木盟的一些偏远地区，因仍以游牧生产方式为主，居住方式变迁也较慢，至民国初期或末期才逐渐定居。

另一方面，蒙古族农业的发展也使其饮食结构有较大变化。食肉饮乳是蒙古族历来的饮食习惯，而这种习惯在民国时期唯有纯牧区还依然保持，半农半牧区已随着蒙古族农业的发展而发生改变。半农半牧区蒙古族饮食中也有谷物和蔬菜，但仍以传统饮食结构为主。农业区蒙古族则彻底改变食肉饮乳的饮食结构，谷物和蔬菜逐渐成为主食。日本侵略者对蒙古族畜牧业的统制政策规定蒙古族农牧民不可随便宰杀和贩卖家畜，牛羊肉被统制后，猪肉取而代之，成为蒙古族重要肉食之一。可见，农业的发展极大地改变了蒙古族尤其是农区和半农区蒙古族百姓的生活方式。

第四节　民国时期蒙古族工商业的殖民地化

民国时期的蒙古族工商业几乎被日本殖民者垄断，陷入殖民化深渊。日本侵略者通过伪满兴安政权和伪蒙疆政权控制了"东蒙"和"西蒙"的蒙古族工商业，对各种商品贸易进行统制管理，为其军事扩张和建立"大东亚共荣圈"服务。此时期的蒙古族工商业发展几乎全部由日本殖民者所掌控，其对蒙古族盐业的垄断，对交通通信的管制，对矿产资源的掠夺以及对畜产品贸易的殖民统制即是最好的证明。

一　蒙古族盐业的殖民地化

蒙盐既是蒙古族保存畜产品的重要原料，也是日常生活必需品。日本殖民者入侵后，蒙盐成为其化学工业不可或缺的原料，蒙盐资源的垄断成为日本经济侵略的重要内容。蒙古族聚居区的盐资源以湖盐著称，因地处高原，日照充足，水汽蒸发量大，被蒸发的湖沼即会浮现盐层，锡林郭勒盟的达来淖尔（"淖尔"或"诺尔"为蒙语，译为"湖"）和达布苏淖尔、察哈尔盟的安卡力淖尔和吉尔淖尔、巴彦塔拉盟附近的岱海淖尔盐湖以及伊克昭盟鄂尔多斯咸湖等均盛产蒙盐，丰富的蒙盐资源成为日本殖民者的抢掠对象。

日本殖民者侵略之前，盐湖归蒙旗公有，实际被旗王公占据，有的旗王公通过贩卖盐湖获得巨额收益。蒙民可在旗属盐湖上自由采盐，采盐方法较为原始。通常冬末春初气候极干燥时削湖中之土成堆，六七月天气炎热时再向土堆注水，滴出之水入涂石灰的四角池曝一、二日水去盐残。大池一次约 2000 斤，小池约 1000 斤盐可产。[①] 然而，蒙古族农牧民并不十分通晓此法，外来盐工采盐现象较为普遍。

日本殖民者入侵后，蒙古族原始的采盐方式和传统的蒙盐买卖习惯均被打破。伪蒙疆政府于 1939 年 7 月 1 日在张家口成立了榷运总署，管理蒙疆地区盐业贸易，又连续颁布了"盐法及施行规则"和"蒙疆盐业组合法"，对蒙盐采集、运输和买卖均加以规定，全面垄断。两法共 43 条，含盐量在 40% 以上的矿物开采均应遵守此法。其主要规定有："未经榷运总署长的许可不得制造盐，包括对土盐原土的采集及制造；榷运总署长对盐的制造地域、制造时间及制造最高产量做出限制；未经榷运总署长的许可不得输出盐，但伪蒙疆联合委员会有令所定不在此限；盐的收买依据蒙疆联合委员会命令所定交纳相当的代偿金；盐的输出者及收买人所输出及售卖的盐要交纳盐税；盐的课税标准、税率及贩卖价格依据蒙疆联合委员会命令所定；榷运总署长对蒙疆联合委员会定有用途所供之盐可减税及免税。"[②]

可见，日本侵略者培植的榷运总署已经成为蒙盐事务的"总管家"，垄断蒙古族盐业资源，控制着蒙古族盐业发展。然而，日本殖民者仍嫌对蒙盐事务控制力度不够，为最大限度地控制和掠夺蒙盐，

---

① 房建昌：《一九三七～一九四五年间伪蒙疆政权时期盐务述略》，《盐业史研究》1995 年第 2 期，第 15 页。

② 房建昌：《一九三七～一九四五年间伪蒙疆政权时期盐务述略》，《盐业史研究》1995 年第 2 期，第 16 页。

伪蒙疆政权于 1939 年 6 月 25 日纠合当地盐商成立了"社团法人蒙疆盐业组合"，该组合建立后即对蒙盐的采集、收购、加工、运输、贩卖等多项盐务实行一元化经营，蒙古族盐业的殖民化程度进一步加深。

二　蒙古族工矿、交通的殖民地化

日本侵略者在蒙古族沦陷区内完善交通与通信并非出于服务蒙古族公众的目的，而是为其经济侵略提供便利。"倭寇侵入我察绥晋北后，首先统制交通，尽量实施交通网及公路政策，巩固其侵占之区域，并视为重要统制政策之一，数年以来，积极发展。"[①] 便利的交通是日本侵略者对蒙古族经济进行"高效""快捷"侵略的基础，故日本侵略者在蒙古族沦陷区广修道路，完善航空设施，加紧邮电建设。

铁路的修建主要为日本掠夺蒙古族矿产资源服务。通过铁路运输，日本侵略者可成批量、大规模地将掠夺来的蒙古族矿产资源运出，如为将绥西石拐沟煤矿所产煤炭运走，日伪政权组织修建了包头至绥拐沟段全长 140 华里的铁路，至 1941 年已可通车运煤；公路是为方便日本侵略者对其"殖民区"各据点的控制和联络，在蒙疆地区，不论大小城市间均修建公路，通行无阻，即便是较偏僻之处，也可供汽车通行；除铁路、公路外，日本侵略者还在蒙古族沦陷区成立航空公司，修建飞机场，供军、货、人三用。邮电管控与改善交通同时进行，民国时期，日伪政权已在蒙古族聚居区自行印发邮票，且在伪蒙区重要城市均安装电话，郊区或乡村等重要据点也安

---

① 陆军、周宁：《侵华日军在察绥晋北地区的经济掠夺》（续完），《民国档案》2001 年第 1 期，第 47 页。

装长途电话设备，对蒙古族沦陷区进行监管。

除垄断交通、邮电外，日伪政权还通过在蒙古族沦陷区开办各种会社来加深对蒙古族的工矿资源的掠夺。如蒙疆石油有限公司对蒙古族石油资源的垄断、蒙疆矿产公司对各种矿藏的掠取、蒙疆电气株式会社对蒙古族电力的垄断，等等。诸多日本株式会社对蒙古族资源的争相开采，加深了蒙古族工矿业的殖民地化程度。

三 畜产品贸易殖民地化

尽管晚清以后蒙古族畜牧业开始走下坡路，但这只是与自身纵比的结果，与全国其他地区相比，蒙古族畜牧业资源和畜牧业产品仍居前列，畜产品由此也成为日本侵略者的重要掠夺对象，在日伪政权的统制和压迫下，蒙古族畜产品贸易从半殖民地化滑入殖民地化深渊。

日伪政权对蒙古族畜牧业的统制政策亦通过设立株式会社加以实施，大蒙股份有限公司、蒙疆畜产股份有限公司、蒙疆畜产工业股份有限公司、协和畜产加工厂等均是日伪政权掠夺蒙古族畜产品，垄断蒙古族畜产贸易的典型代表。其中，大蒙股份有限公司几乎垄断了整个蒙疆地区的皮毛和畜产生意，业务范围已从单纯地收购和贩运牲畜及畜产品延伸至牲畜的培植和畜产品的深加工。"大蒙股份有限公司用统制的纺织品、砖茶等日用百货，深入牧区换购畜产品，每年向牧区销售的商品金额为3980000元，而从那里掠夺的畜产品总额达8261000元"[①]；蒙疆畜产股份有限公司以贩卖活畜、屠宰牛羊为主业，民国时期，仅在锡林郭勒盟一地就掠占56000匹马、52000头牛和30多万只羊；蒙疆畜产工业股份有限公司主要经营皮

①　蒙疆政府经济部工商科编：《蒙疆社会要览》，1942年9月。

革生意，每年掠占蒙古族"马、骡、驴皮 45000 张，羊皮 30000 张，牛皮 150000 张"① 进行皮革加工。

日本殖民者通过对蒙古族畜牧业的统治，向国外或国内其他地区输出畜产品牟取暴利。从表 24 - 6 可知，1932 年至 1936 年，蒙疆地区的畜产品被大量输出且输出量逐年增加，蒙古族畜产品贸易完全被日本殖民者掌控，殖民地化程度逐渐加深。

表 24 - 6　　　　1932—1936 年伪蒙疆地区由华北输出额统计表

单位：公斤

年份	豚毛	鲜卵	卵制品	毛皮	羊毛（含骆驼毛）
1932	4050	1945	15715	12448	6304
1933	3031	1958	13177	12448	10245
1934	5125	1576	10230	12340	10971
1935	6272	1416	11675	9165	12602
1936	7406	1645	15715	13278	13946

蒙古族盐业、工矿业、交通运输、邮电通信和畜产品贸易的殖民化将整个蒙古族经济陷入殖民地深渊。蒙古族人民群众性、自发性的反抗已难以摆脱整个蒙古族经济的殖民地命运，唯有在中国共产党的领导和组织下，团结各族人民的共同力量才能打破日本殖民主义的经济统制，赶走日本帝国主义，走上蒙古族经济自治道路。

---

① 王龙耿：《伪蒙疆时期（1937—1945）经济的殖民地化》，《内蒙古社会科学》1988 年第 2 期，第 56 页。

第五节　民国时期蒙古族金融业的新旧交替

金融是经济的血液，没有金融的润滑，国民经济难以正常运行，蒙古族经济亦复如此。民国以前，蒙古族金融业仍采用传统的经营方式，金融汇兑、存贷款业务等多由私人经营的账局、票号、钱庄或典当办理。晚清时期，在外国洋行的刺激与推动下，蒙古族银行业萌芽并稍有发展。随着蒙古族商贸业务的发展和对内地及国外金融发展经验的借鉴，民国时期的蒙古族金融业逐渐改变了传统的经营方式，具有现代金融特征的金融机构和金融业务开始涌现，邮政储金业务和保险业务的发端即是证明。但因时局动荡，币制混乱，蒙古族大众储户、投保者以及中小投资者的利益在金融业新旧交替发展过程中蒙受巨大损失。

一　账局、票号、钱庄、典当行纷纷凋敝

民国时期，战乱纷扰，一些曾在蒙古族经济中发挥重要作用的"金融机构"不堪困顿，逐渐没落。如起源于雍正年间的账局、兴起于道光元年（1882年）的票号、发端于清乾隆年间的钱庄以及起源于辽代而在清代正式载入法律的典当业在民国时期均因内外交困，经营不善而倒闭。这些纷杂的"金融机构"的没落是蒙古族金融业发展的必然趋势，是金融业逐渐从传统走向现代的必然结果。但不可否认的是，这些"金融机构"倒闭的最终损失只能由其"客户"承担，而其"客户"以蒙古族农牧民为主。

账局亦称账庄，是城镇工商业店铺兼营放款业务的一种私营金融组织。蒙古族账局起源于清雍正年间，繁盛于鸦片战争前后，没

落于民国初年。开设初期以存放款为主要业务，在发展过程中，出现了利息行市与汇兑等业务，利息随行就市，每日浮动且按长短期利率不等。账局是一个经营借贷和商品的混合经济组织①，多由往来于沙俄与蒙古族农牧区的旅蒙商开设，在蒙古族聚居区开展商品贸易的同时经营资本借贷。然而，因账局一般为私营，且由业资本转化而来，资本规模有限，业务简单，经营墨守成规，在钱庄、典当、银行等专业性存贷金融机构的排挤下，于民国初年纷纷倒闭或专门从事原商品经营或改营其他业务。

票号亦称票庄或汇票庄，是专门经营钱银汇兑业务的金融机构。蒙古族票号起源于清朝中叶，因蒙古族经济的不断发展，一些商业较为发达的城镇如归化城、多伦诺尔等均将贸易范围延伸至外蒙古、甘肃、新疆等地，但贸易往来携带银两既不安全也不方便，此时主营异地贸易统一汇兑结算的票号应运而生。1921 年，日升昌票号的设立开启了中国票号汇兑业之先河。第二次鸦片战争后，沙俄的不断入侵致其与蒙古族贸易往来繁盛，蒙古族商号也迅速增加，仅归化城一地就有商号 13 家。1903 年，清政府"移民实边"政策大力推行，蒙古族土地的大肆开垦给清政府带去了地价、押荒银、租金等多项收入，而这些官款收入均由票号汇兑，票号网络甚为广泛，在蒙古族经济中发挥的作用也愈加重要。

但至民国初期，票号普遍衰落。原因有以下几点：交通不便是票号建立和发展的基础，随着铁路修筑和其他运输条件的改善，票号趁交通不便之利而垄断异地贸易汇兑业务的局面被打破；钱庄、钱局及银行的设立对票号经营构成威胁，钱庄、银行为吸收存款提高利率，为承揽汇兑而降低费用，存款利差一般在 2 厘左右，激烈

---

① 《内蒙古金融志》编纂委员会：《内蒙古金融志》（上卷），内蒙古人民出版社 2007 年版，第 262 页。

的行业竞争下，票号的业务量与盈利水平迅速锐减；蒙古族票号承揽外蒙古与俄商的汇兑业务较多，民国初期外蒙古"独立"极大地影响了蒙古族票号的业务经营，贷款难回，存款频提，日常经营难以为继，众多票号纷纷倒闭；民国时期，受国外金融业的影响，蒙古族金融业已处在由传统金融向近代金融转变的交替关口，但蒙古族票号经营管理理念陈旧，缺乏创新，终以倒闭收场。至1921年，蒙古族票号仅剩归绥大德通一家，但已不再办理汇兑业务，仅靠发放少量贷款勉强维持，后自行消亡，蒙古族票号也随之消失。

钱庄是为便于贸易往来，以发行钱票来代替金融制钱的金融机构。蒙古族钱庄业发端于清康熙年间，由银票和钱铺发展而来。因蒙古族各聚居区贸易方式的差别，钱庄的设置也有所不同。如内蒙古西部的蒙古族钱庄多由私人开办，为往来客商兑换生银或制钱，多设在庙会或集市上，通过摆地摊的形式零星承兑货币。但随着外国资本的入侵和蒙古族商贸业的不断发展，钱庄业务也随之不断拓展，在承兑货币的同时也兼营存放款业务，规模不断扩大，成为晚清重要的金融机构之一。

鸦片战争后，为便于对蒙古族进行经济掠夺，各帝国主义列强纷纷在蒙古族聚居区开设洋行，蒙古族钱庄成为洋行承兑货币的主要金融机构。在帝国主义洋行业务的推动下，"银行不仅进一步发展了存、放、汇以及银钱交换业务，同时还办理票据承兑和贴现，发行银钱票及庄票，代理收付款项和仓库业务，金融功能更加齐备，分庄、分号等分支机构向更多的城镇发展"[1]。业务量的拓展和收益的增加使蒙古族钱庄呈现出畸形繁荣，这种繁荣也是蒙古族钱庄最后的"辉煌"。

---

① 《内蒙古金融志》编纂委员会：《内蒙古金融志》（上卷），内蒙古人民出版社2007年版，第274页。

1933 年 4 月，国民政府进行了"废两改元"的金融改革，作为钱庄基础业务的银钱兑换已无法盈利，降低了钱庄的营业收入。1937 年，日本侵略者在绥远建立蒙古族联合自治政府后，将绥远、包头等地的四十余家钱庄合并为察南、蒙古和晋北三家实业银行，蒙古族钱庄业遭受重大打击，在银行林立的金融环境中举步维艰，至新中国成立前夕已所剩无几。

早在辽代，蒙古族即有典当之习，至清康熙时期，典当正式载入法律。雍正年间，典当行贴规则被正式规定，蒙古族典当业进入繁盛时期。清代，蒙古族典当业还按资本大小、当期长短以及收益多少分为典、当、质、押四等，"典"规模最大、当期最长、收益最高，"当"次之，依次类推。但到了民国时期，典当业的上述分级已不复存在，均称为当铺。

辛亥革命以前，由于历史悠久、信誉度高、资金周转灵活、当价合理，蒙古族当铺业发展迅速且较为稳定。但辛亥革命之后，战荒连年，农牧民生活困窘，所当之物难以赎回，死当骤增，导致典当行资金链断裂、亏损严重；"废两改元"加速了钱庄的衰落，依赖于钱庄贷款生存的大部分典当行也随之败落。1937 年，日本侵略者占领绥远后，强行将绥远的八大当铺改组为伪蒙疆兴亚有限公司，并将包头三家当铺并为兴亚分公司，蒙古族当铺业雪上加霜。1942 年，伪蒙疆政府对蒙古族当铺也进行了彻底性"清除"，将察哈尔盟、锡林郭勒盟、乌兰察布盟、伊克昭盟、巴彦塔拉盟五盟的 47 家当铺均并入日本同和实业银行，蒙古族私人典当铺从此消失，典当业在抗战胜利后被逐步取消。

二　银行林立致货币混乱至极

账局、票号、钱庄和典当行在蒙古族的经济发展的不同时段和不同方面均发挥过重要作用，但终因未能跟上蒙古族经济近代化步伐而被淘汰，取而代之的则是蒙古族银行业的纷纷林立与繁荣。

民国时期，蒙古族聚居区银行林立且设立主体多元，既有北洋政府或国民政府设立的官方银行，如中国银行、交通银行等；有商贾商办银行，如蔚丰商业银行；有军阀创办的私资银行，如阎锡山创办的晋胜银行；也有伪蒙疆政权设立的银行，如伪蒙疆银行、伪同和实业银行、蒙古联盟银行等。上述众多银行在蒙古族聚居区均设有分行，挤占蒙古族金融市场。这些林立在蒙古族聚居区的银行，其业务种类较钱庄更为丰富，不仅可以办理存放款及汇兑业务，还经营信托、期票贴现、买卖生金生银、押款、公司股票代收等多项业务，方便蒙古族农牧民和工商业者的生产经营，也促进了蒙古族金融业的发展。

然而，银行林立且业务种类的增加对蒙古族人民经济生活的积极作用是有限的，伴随而来的负面影响又在某种程度上损害了蒙古族的经济利益。银行林立导致的货币种类繁多，混乱不堪即属此类。民国时期，蒙古族货币种类繁多、五花八门、混乱至极。"这一时期的货币，从其发行部门讲，既有中国发行的，也有外国发行的；既有国家银行发行的，也有地方银行发行的；既有日伪政权发行的，也有人民政权发行的；既有平时发行的，也有战时军事组织临时发行的。从其质地来说，既有金、银（含银两、银元）、铜、镍等金属铸造的硬币，也有钞票、官券等各种纸币，还有少量的棉布币。"[①]此段描述充分表明了民国时期蒙古族货币的混乱程度，而造成这种混乱的原因有多种，如"废两改元"货币改革的推行、货币发行权的分散、历史遗留问题的延伸、以日本为首的帝国主义列强的经济

---

① 《内蒙古金融志》编纂委员会编：《内蒙古金融志》（上卷），内蒙古人民出版社 2007 年版，第 101 页。

侵略等，在众多因素的推动下，蒙古族银行也在激烈竞争中畸形发展，货币流通则混乱不堪。

三 民间借贷依然繁盛

不论是钱庄、当铺还是银行，均可办理贷款业务，但这些业务的对象多以工商业者为主，蒙古族农牧民鲜有参与。造成此种现象的原因多是由于蒙古族农牧民对银行等金融机构缺乏了解，繁杂的贷款手续使农牧民贷户望而却步，而民间借贷方便快捷，简单易行，被广大农牧民所接受。即便是21世纪的今天，少数民族地区民间借贷习俗仍然维持，但与今温州、鄂尔多斯的民间借贷相比仍有所差别。民国时期蒙古族农牧民的民间借贷是蒙古族百姓向商社、地主等借高利贷，而今温州、鄂尔多斯的民间借贷则是商人、企业向百姓借高利贷，借贷方向不同，但结果与本质无异，受害者均是普通百姓。

作为蒙古族农牧民筹资解困的重要方式，蒙古族民间借贷古已有之，民国时期发展尤盛。从图24-2即可看出，蒙古族农牧民在急需资金时，向商人、商店借款是他们的第一选择，其次是向地主与富农借款，向银行与合作社贷款者甚少，当铺和钱庄略好。

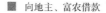

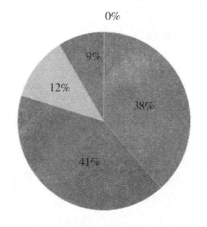

图 24 - 2 1934 年绥远某蒙古族村庄农牧民借贷情况

资料来源:《内蒙古金融志》编纂委员会:《内蒙古金融志》(上卷),内蒙古人民出版社 2007 年版,第 466 页。

民国时期,蒙古族民间借贷名目繁多且形式多样。放斗债、放实物债、放青苗债、买树梢、驴打滚、本子利、印子利、借三还四、把顶十、十付七、九出十三归、大加一、谷利、三三制、倍倍钱、搂搂利、死契粘单等名目繁多的民间高利贷,种类让人眼花缭乱,但不论是以何种形式、何种名义贷借给蒙古族农牧民的高利贷,均非出于帮助贷户解决生活之困苦,而是通过高利贷盘剥使蒙古族农牧民成为"活资本",成为放贷者的永久债务人,而这些放贷者非官即商,且官商勾结,共同掠夺蒙古族农牧民。

四 邮政储金与简易保险的兴起与发展

中国邮政储金制度发布于 1919 年 7 月 1 日,次年,蒙古族聚居区的邮局开始开办储金业务，丰镇、多伦、满洲里、海拉尔、归化、包头等地的邮局纷纷开展了储金业务。开办之初，因交通不便，时局混乱，资金调拨困难，各邮局仅办理存簿储金（活期存款）一种。1930 年 3 月 15 日，邮政储金汇业总局成立，其业务范围也从单一的邮政储金扩展至汇兑业务、国外邮汇业务、简易人寿保险业务、受托代理国库等多个方面。蒙古族聚居区的多个邮局紧随邮政储金汇业总局的步伐，将业务增至存簿储金、支票储金、定期储金和划拨储金四种。

值得注意的是，伴随邮政储金业务的发展，蒙古族保险业逐渐兴起。1935 年 5 月 10 日，国民政府颁布了《简易人寿保险法》，将简易人寿保险定为邮政的专营业务，1936 年，蒙古族聚居区的个别邮局开始正式办理。12—60 岁者均可投保，初期投保金额范围为50—500 元，但后期通胀严重，1943 年，投保最高限额放宽至 5000元，后逐渐增加，至 1947 年，已高达 500 万元。货币贬值导致投保者不仅毫无利益，反而本金亦受损失。

日本侵略者建立伪满洲国后，在兴安各省邮局开办了伪满洲国生命保险。1935 年 9 月，伪满洲国制定了《邮政生命保险法》《邮政生命保险规则》和《邮政生命保险办理规程》等多项法律作为指导邮政推行保险业务的纲领。1937 年，兴安南省、兴安北省邮局相继开办，1938 年，兴安东省和兴安西省邮局也紧随其后。伪蒙疆政权建立后，日伪政权又在蒙疆地区邮局开办了伪蒙疆简易生命保险业务，主要是为便于日本人投保而开办，对蒙古族民众的投保也予以受理，但剥削甚重。

表 24 - 7　　　　　1939—1940 **年伪蒙疆简易保险业务数据**

项目	业务总量	投保金额	支付保险件数	支付金额
伪蒙疆简易生命保险	15037 件	78248 元	138 件	12148 元
日本简易生命保险	4629 件	77260 元	138 件	12148 元
满洲邮政生命保险	345 件	988 元	0	0

数据来源:《内蒙古金融志》编纂委员会:《内蒙古金融志》(上卷),内蒙古人民出版社 2007 年版,第 465 页。

可见,日本在伪蒙疆地区向蒙古族人民办理的保险业务实际上是其侵略和敛财的一种手段。保险平均支付率仅 13.3%,支付金额约占总投保金额的 15%,大部分蒙古族投保者为生命投保,非但未能获赔反而遭受经济损失。

第二十五章
抗日根据地和解放区的蒙古族
新民主主义经济

中国共产党的成立给久经摧残的蒙古族人民带来了曙光。自1922年中共"二大"起，蒙古族人民的解放就成为中国共产党解放全国总任务的重要组成部分。中国共产党通过在蒙古族聚居区建立抗日根据地和解放区，号召并组织蒙古族人民抗日反蒋；通过整顿根据地与解放区的财政和金融来维护蒙古族经济利益，推动抗日根据地和解放区的蒙古族经济发展。历经百年磨难，蒙古族人民终于在中国共产党的领导下获得彻底解放，蒙古族经济从此摆脱了被掠夺、被摧残的命运，走上了自主发展之路，蒙古族经济史翻开了新页。

第一节　共产党领导下的蒙古族解放事业

鸦片战争至新中国成立百年间，蒙古族人民反帝反封建反官僚资产阶级统治和剥削的斗争从未间断过。但旧民主主义革命的局限性使这些斗争最终均以失败告终，1921年中国共产党的诞生给蒙古族人民带来了曙光和希望，在中国共产党领导下，蒙古族和全国各族人民一道，经过艰苦卓绝的武装斗争推翻了"三座大山"统治，蒙古族从此获得解放，走上了民族区域自治的道路。

一　首批蒙古族共产党员的诞生与革命运动

1922年7月中国共产党第二次全国代表大会召开。党的"二大"明确了诸如蒙古族、藏族、维吾尔族等边疆少数民族在经济上的特殊性，做出了反对割据式联省自治和大一统式武力统一的做法，主张依据各少数民族经济发展的不同原则，团结蒙、藏、维各族人民推翻军阀等一切反动势力，建立一个真正的民主共和国。"二大"首次提出的民族平等和民族自治主张为蒙古族解放运动指明了方向。

为贯彻"二大"精神和中共中央指示，中国共产党北方区执行委员会于1924年成立，李大钊为负责人。李大钊高度重视少数民族的革命工作，对蒙古族的解放运动关注最多。受中国共产党政策感召，蒙古族先进青年开始积极探寻救亡图存之路。"1923年夏，我（吉雅泰）和一批有志于民族解放事业的青年从内蒙古土默特旗来到了北京，在北洋军阀政府开办的蒙藏学校学习……我们在政治理想上陷于苦闷的境地，常常聚在一起谈论未来，探讨民族解放的道路，渴望找到蒙古族人民解放斗争的依靠力量……1923年冬天，中国共产党向我们伸出了温暖的手，给我们送来了马克思主义。从此，我们就在当时中国共产党北方局负责人李大钊的亲自培养和教导下成长起来。"[①] 在李大钊亲自领导下，马克思主义在蒙藏学校的蒙古族青年学生中迅速传播，1923—1924年，以乌兰夫、吉雅泰、奎壁、李裕智为代表的蒙古青年纷纷加入中国共产党，成为蒙古族第一批

---

① 吉雅泰：《第一批蒙古族共产党员是这样产生的——追忆李大钊与内蒙古初期的革命活动》，《中国民族报》2007年4月27日，第7版。

共产党员。

伴随着蒙古族反帝、反封建、反官僚、抗垦、抗丁、抗租斗争的纷纷开展，李大钊于1925年将第一批蒙古族共产党员派回内蒙古指导和带领蒙古族人民开展革命运动。各地农民协会纷纷建立，不断进行着反豪绅、反苛捐的斗争。在李大钊的指导和第一批蒙古族共产党员的积极组织下，蒙古族革命运动迅速开展起来，并在中共中央的批准和共产国际的同意下组建了内蒙古人民革命党和由其领导的内蒙古人民革命军，带领蒙古族各阶层人民开展新民主革命运动。

二　共产党对蒙古族解放事业的政策推动

政策的颁布与实施是中国共产党带领蒙古族探索民族解放道路的重要途径。自中共"二大"起，中国共产党颁布了多项政策，以号召和组织蒙古族人民进行反帝、反封建、反官僚的革命运动。在中国共产党各项政策的指导下，蒙古族解放运动蓬勃开展起来。

1925年9月，中国共产党第四届中央执行委员会第一次扩大会议在京召开并作出了《蒙古族问题决议案》，该《决议案》明确指出："我们党应使蒙古人的解放运动与全中国的解放运动结合起来"[①]。在《决议案》的指导下，中国共产党组建了内蒙古工农兵大同盟，与内蒙古人民革命党一起广泛发动蒙古族群众投身革命斗争，蒙古族革命运动呈现一派新气象。

1927年，大革命失败使中国共产党遭受严重损失，蒙古族革命活动也随之陷入低潮，反动势力气焰愈加嚣张。国民政府不仅在南

---

① 包玉清：《共产党与蒙古族的解放》，《内蒙古民族大学学报》（社会科学版）2008年第1期，第53页。

京设立了蒙藏委员会来管理蒙藏事务，同时还将热河、绥远、察哈尔设为行省，对蒙古族实行分割统治与掠夺。"九一八"事变后，大片蒙古族聚居区沦为日本殖民地，蒙古族人民遭受经济之剥削愈加深重。在蒙古族危亡关头，中国共产党带领蒙古族人民坚持反抗斗争。1928年7月中国共产党第六次全国代表大会政治决议中通过了《关于民族问题的决议案》，再一次指出了蒙古族革命的重要意义。按照该《决议案》的要求，对内蒙古的政治经济状况、阶级关系、土地问题、蒙古民族问题与民族解放运动、内蒙古革命的性质、任务等都进行了调查和分析研究，并制定了党的工作方针和政策①，这使蒙古族革命运动更具目的性和系统性。

1930年11月，中共中央在其制定的《关于内蒙工作计划大纲》中拟定了《内蒙的民族政纲草案》，强烈控诉和反抗帝国主义、军阀、官僚以及蒙古王公贵族对蒙古族人民的经济压迫。该《草案》规定："1.赶走帝国主义，没收帝国主义一切金融机关、企业、农场、牧场；2.推翻军阀国民党王公贵族的统治；3.建立内蒙平民共和国，实行完全民族自决、民族平等，联合外蒙及苏维埃的中国；4.取消王公贵族的一切特权，取消奴隶制；5.蒙汉被压迫民众联合起来；6.实行八小时工作制，工人监督生产；7.没收王公寺庙的牲畜归牧民分配；8.取消军阀政府王公贵族的捐税徭役，实行统一的累进税；9.政教完全分离，信教自由；10.联合中国苏维埃革命运动，联合外蒙苏联和世界无产阶级。"② 对蒙古族解放运动给予政治、经济等全面指导。

---

① 包玉清：《共产党与蒙古族的解放》，《内蒙古民族大学学报》（社会科学版）2008年第1期，第53页。

② 中共中央统战部：《民族问题文献汇编》，中共中央党校出版社1991年版，第138页；乌日陶克套胡：《蒙古族游牧经济及其变迁研究》，博士学位论文，中央民族大学，2006年。

1935 年 12 月 20 日，毛泽东主席发表了《中华苏维埃中央政府对内蒙古人民宣言》，亦称《三五宣言》。《宣言》中，毛主席一针见血地揭露了日本殖民者通过欺骗、强盗等手段，掠夺蒙古族土地，奴役蒙古族人民，消灭蒙古民族的侵略本质，呼吁蒙古族各阶层人民团结起来，在中国共产党的领导下进行革命运动，争取民族独立。毛主席代表苏维埃政府向蒙古族人民宣言："原来内蒙六盟，二十四部，四十九旗，察哈尔土默特二部，及宁夏三特旗之全域，无论是已改县治或为草地，均应归还内蒙人民，作为内蒙古民族之领土，取消热、察、绥三行省之名称与实际行政组织，其他任何民族不得占领或借辞剥夺内蒙古民族之土地。"[①] 通过《三五宣言》，中国共产党对蒙古族各阶层人民反抗压迫的实际支援激发了蒙古族人民的斗争热情，也坚定了蒙古族人民维护民族利益，反对压迫的斗争决心。

七七事变使内蒙古东部实际沦为日本帝国主义的殖民地，蒙古族人民的处境愈加艰难。为团结蒙古族人民展开抗日斗争，中共中央于 1937 年作出了《关于蒙古工作的指示》。《指示》强调把蒙古民族的抗日运动作为头等重要的任务，指出蒙古民族团结一致驱逐日寇出绥蒙和蒙汉联合抗日是目前绥蒙工作的最高原则。[②]

1938 年 1 月 1 日，中共中央在《抗日救国十大纲领》基础上继续动员蒙古王公、平民等各阶层团结一致，积极抗日，进一步巩固和扩大蒙古族抗日势力，为蒙古族的解放与日本侵略者斗争到底。

1938 年 12 月 24 日，毛泽东同志作出了《在大青山坚持长期游

---

① 毛泽东:《中华苏维埃中央政府对内蒙古人民宣言》，1935 年 12 月 20 日。

② 《蒙古族简史》编写组:《蒙古族简史》，内蒙古人民出版社 1985 年版，第 389 页。

击战争》的指示，将团结蒙汉人民联合抗日作为大青山抗日游击根据地的一个基本任务，通过实施正确的民族政策加以完成。

1940 年 7 月，中共中央颁发了《关于抗战中蒙古族问题提纲》，明确了中国共产党对蒙古族的基本政策，并指出必须肃清大汉族主义压迫政策，团结蒙古族一切可以团结的力量积极抗日，实现蒙古族真正的民主和民族平等。

三 蒙古族新民主主义革命的彻底胜利

抗日战争结束后，摆脱帝国主义压迫的蒙古族知识分子和上层人士针对走何种道路展开了争论，"高度自治""独立自治"以及"内外合并"等论调纷纷散播。为兑现对蒙古族人民的承诺，保护胜利果实，中共中央于 1945 年 10 月 23 日向晋察冀中央局发出了《关于内蒙古工作的方针》，要求适当解决蒙古民族问题，并提出对内蒙古实行区域自治的主张，为蒙古族民族运动指明了方向。与此同时，在中共中央的指示下，乌兰夫等一批蒙汉干部返回内蒙古开展民主运动，成立了"内蒙古自治运动联合会"，以领导蒙古族开展民族自治运动。1946 年 4 月 3 日内蒙古自治运动的统一会议（"四·三"会议）在热河省承德市召开，会议通过了《内蒙古自治运动统一会议主要决议》，就蒙古族走民族自治道路达成共识。

为推进蒙古族民主运动的蓬勃开展，中国共产党于 1946 年成立并改组了多个行政机构，以领导蒙古族民主运动。如成立中共热北地委，后改为中共昭盟盟委，负责伊克昭盟民主工作；成立中共东蒙工委，领导呼伦贝尔民主运动；成立中共通辽工委以管理哲里木盟民族运动事务等。同年底，中共中央做出了成立内蒙古自治政府的决议，经过一番准备后，1947 年 5 月 1 日，内蒙古自治政府终于在乌兰浩特正式宣告成立。两个月后，内蒙古共产党工作委员会也正式成立，1949 年 9 月下旬，内蒙古全境解放，蒙古族民族民主革命取得彻底胜利。

第二节 大青山抗日根据地的财政与金融

大青山抗日根据地是中国共产党在蒙古族聚居区建立的一个具有重要意义的敌后抗日根据地。在广大蒙汉人民的积极拥护下，大青山根据地军民同日本侵略者展开了英勇顽强的斗争。根据地财政、金融的整顿不仅为根据地的革命斗争提供了坚实的物质基础，同时也在一定程度上减轻了蒙汉人民的经济负担，对蒙古族经济的恢复和发展创造了良好的条件。

一 大青山抗日根据地的开辟

大青山处于阴山山脉中段，横贯包头、归绥、集宁等工商业重镇，因煤、铁等自然资源的富集和相对较大的农牧业产量成为绥察经济中心；平绥铁路沿大青山南麓修建，既是连接华北和西北的重要纽带，也是日本侵略者进行经济掠夺的交通要道；大青山由南至北依次为农区、半农半牧区和纯牧区，农区地广人稀，粮食富余，半农半牧区和牧区均以畜牧业为主，畜产品产量丰富，如此优越的经济条件成为各类政权竞相争夺的战略要地。

1935 年，日本侵略者就曾将魔爪伸向大青山地区，但在傅作义部队的坚决抵抗下被击退。1937 年，日寇卷土重来，大青山在劫难逃，沦为日寇殖民地，并成为伪蒙疆政权的中心。然而，在大青山地区经济遭受日本侵略者疯狂掠夺、蒙汉人民在日寇铁蹄下挣扎度日之际，国民党军队却退居河套地区，置之不理，任凭大青山自生自灭。中国共产党没有放弃大青山及当地蒙汉民众，领导蒙汉人民组成抗日游击支队共同抗日，将大青山抗日烽火迅速点燃。1938年9月，根据党中央的战略决策，八路军大青山支队和第二战区民族革命战争战地总动员委员会晋察绥边区工作委员会以及在战动总会领导下的游击第四支队克服重重困难，在极为险恶的环境中浴血奋战几个月，最终开辟出大青山抗日游击根据地。

大青山抗日根据地的开辟有力地打击了日本帝国主义在大青山地区的嚣张气焰，也揭穿了日本帝国主义破坏蒙汉民族团结的阴谋，给日本殖民者以沉重打击。1940年8月，绥察人民代表大会在武川县西梁村召开，制定了《绥察实施纲领》，大青山抗日游击根据地的最高行政机关——晋绥游击区行政公署驻绥远办事处成立，办事处积极组织抗日力量，筹集抗日物资，为大青山抗日根据地的生存和发展提供物资保障。

二 大青山抗日根据地的财政经济

"兵马未动，粮草先行"。抗日部队物资给养成为大青山抗日根据地首先要解决的财政问题。1940年10月，贺龙、关向应向大青山抗日根据地发出《关于长期坚持大青山战争的指示》，指出："财政经济政策，我们再提议你们（姚喆等）研究。连地方不过二千五百人，一人一马，月计十三元，全年伙食津贴和服装费在内，大致不过肆拾万元。那里的税收，则有牛、羊、马、田赋、盐税等各种税收，如果好好整顿或可够用。但不管怎样，不断向老财捐款的办法必须改正，必要时每年一次救国捐或可采用，但接连不断去捐款，

同样会危害统一战线。"① 根据该《指示》，大青山抗日游击根据地
的财政经济工作逐渐开展起来。

（一）蒙古族人民向根据地提供抗日粮资援助

1938 年 9 月至 1940 年 8 月，大青山抗日游击根据地初期筹措抗
日粮款物资的工作，是由总动委会和八路军大青山支队同时进行，
原因在于总动委会工作人员和工作范围十分有限，只有总动委会和
部队相互配合，才能保证物资供给满足根据地军民的需要。

总动委会依照"有钱出钱、有粮出粮、有力出力、有马出马"
的合理负担原则，在民众中动员物资，积极吸收当地开明地主士绅、
知识分子、蒙族农牧民和友军代表，便利物资筹集。同时，总动委
会取消了根据地游击区旧时代的羊捐、车捐、灯捐等杂税，征收部
分地亩税和敌占区的乐捐，减低正税和地亩税，极大地减轻了游击
区蒙古族民众的负担，得到了蒙汉人民的拥护。

八路军大青山支队坚持合理负担政策开展物资征集和筹资，于
1939 年成立了筹委会，经过一段时间的混乱局面后，部队在物资征
集方面形成了一些统一的方法。如捐助救国公粮是按部队之需要，
以地亩为单位累进征收，一项地以下者不捐，一项地以上者，每项
捐 2 石；筹款主要对象是富户，包括敌占区富有者，每户约捐十至
十五分之一；向蒙民征集马匹按马群的三十分之一抽捐；征集皮衣
以地亩及羊群计算，绥中以乡为单位计算地亩摊派，绥西按每百只
羊收皮 3 张，做成皮衣捐，棉衣由部队自制；所征粮食以乡为单位
集中保管，部队供给处发食粮证，凭证取粮，全年结算。在物资征
派过程中，严禁侵犯蒙民利益，向蒙民捐征物资要合理有限，在游

---

① 杜承武：《大青山抗日游击根据地的货币金融》，《内蒙古金融研究》
2003 年第 2 期，第 35 页。

击区内允许蒙民继续征收地租。① 除此之外，部队还通过积极作战，缴获了日伪大量粮食、马匹、弹药等军用物资，以战养战，缓解了根据地财政困境，得到了蒙汉人民的爱戴。总之，在蒙汉人民的配合与拥护下，部队在物资供给方面取得了很大的成功，有力地保障了大青山抗日根据地的物资供应。

（二）根据地经济繁盛时期的经济政策

1939—1940 年，大青山抗日根据地逐渐改变了建立初期较为困难的财政经济局面，在广大蒙族人民的支持和援助下，根据地各项工作有条不紊地开展，总动委会和筹委会相继取消，取而代之的是抗日民主政权广泛的建立，1940 年 8 月成立的绥察行政办事处及1941 年 4 月成立的绥察行政公署，标志着根据地的经济工作进入了一个全盛的时期。

抗日民主政权广泛建立后，根据地经济发展更为重要，它不仅关乎抗日民主政权的稳固，也关乎抗日武装斗争的后勤补给。绥察行政公署先后制定颁发了一系列有关财经制度、财经政策的条例、训令和办法，以促进根据地经济发展和顺利征集抗日经费与物资，例如 1941 年 4 月颁布的《绥察行政公署施政纲领》、1941 年 10 月发出的《三十年度田赋征收办法》和 1941 年 11 月颁发的《关于征收粮食出口税的办法》等。这些条例办法的颁布，在一定程度上规范了民主政权的经济工作，在减轻当地蒙民负担的同时，有效地满足了抗日武装物资需求。在发布一系列条例的同时，绥察行政公署还通过调整税收、整理财政手续和培训财税人员等措施健全根据地的各项财经制度。

在抗日民主政权建立时期，蒙古族人民对抗日政权的发展给予

---

① 李鸿：《大青山抗日游击根据地的财政经济工作》，《内蒙古大学学报》（哲学社会科学版）1998 年第 1 期，第 38、40—41 页。

了极大的支持和援助，抗日民主政权的党政军工作人员也十分重视保护蒙古族人民的利益。1940 年 7 月，中共中央颁布了《关于抗战中蒙古民族问题提纲》，主要采取以下经济措施：首先，为切实减轻蒙古族百姓负担，抗日政权禁止和劝阻各方面向蒙民征收物资，废除一切苛捐杂税、派捐派款、征收马匹及无偿摇役，减轻水草税等；[①] 其次，凡蒙人地区不经蒙人同意不得垦放土地，协助蒙古民族建立抗日武装，提倡发展畜牧业。允许四子王府和王府官员、士兵及其牧民继续收"租银"，即田赋税；最后，当抗日政府为骑兵支队购买军马时，买卖公平，给予蒙民合理的价钱。通过这些措施，蒙古族人民的经济环境得到很大改善，生活水准得到提高。

此时期内，绥察行政公署充分贯彻合理负担的原则，根据地各项经济建设有序开展，抗日武装后勤物资供应充足，压迫蒙古族人民多年的重担切实减轻，抗日热情空前高涨，根据地经济发展呈现一派繁盛景象。

（三）根据地困难时期和恢复反攻时期的财政经济

1940—1942 年，大青山抗日游击根据地获得了蓬勃的发展，抗日民主政权广泛建立，根据地经济状况一片繁荣，八路军大青山支队物资供给较为充足，军事上也取得了一些胜利，沉重打击了绥蒙地区的日寇。根据地的发展，引起日军的恐慌，为了能够继续控制大青山地区，1942 年夏，日军调集重兵对大青山抗日游击根据地进行疯狂围剿。敌人的"扫荡"和经济封锁使抗日游击根据地遭受巨大损失，经济状况十分困窘，根据地陷入空前的困难境地。

面对日寇的高压和经济困难局面，根据地采取了一系列措施：第一，减少非战斗、生产人员的消耗，集中供应战斗部队和生产人

---

① 李鸿：《大青山抗日游击根据地的财政经济工作》，《内蒙古大学学报》（哲学社会科学版）1998 年第 1 期，第 44 页。

员，减少行政预算，多机构和部门进行合并，提高工作效率；第二，从外地调入多支小部队和工作组进入大青山地区配合该地区的抗日游击战争，随着抗日部队人员的增加，根据地形势有所好转，缓解了日寇对根据地的高压态势，在抢粮征税方面取得了一些成绩；第三，在敌人"扫荡"间隙，根据地军民化整为零，开展大生产运动，包括军政干部在内的所有人员全部投入农业生产，同时派出部队保护生产活动，打击抢粮之敌。这些措施的实施，既保证了根据地军民基本的物资补给需要，也减轻了当地蒙古族人民的负担，使大青山地区中共民主政权和蒙古族人民逐渐度过了日本帝国主义"扫荡"围剿的困难时期。

1945 年 8 月，抗日战争进入尾声，为保证抗日战争大反攻物资供给需要，根据地提出了战地粮食就地征借、购买及缴获解决，坚持公平负担的原则，主要向富农、中农征集，以公平市价购买，多途径保障军需供应，为抗日战争的最后胜利提供有力的后勤保障。

大青山地区环境特殊，远离后方，日寇控制力量强大，抗日斗争异常艰难。在残酷的环境中，大青山抗日游击根据地从建立到发展，历经日军"扫荡"围剿的困难时期，直至大反攻的到来，始终依靠蒙古族人民的大力支持和无私援助，解决了根据地抗日部队的粮草供应问题。蒙古族人民在自身遭受日伪、国民党、土匪的沉重剥削和压迫，生活极端困苦的条件下，主动向根据地抗日民主政权贡献人力、财力、物力，帮助根据地度过重重困难，为抗日战争的彻底胜利付出了巨大牺牲。中国共产党和八路军的英勇抗日赢得了包括蒙古族在内的各族人民的信任，中国共产党在根据地游击区制定的一系列旨在坚持抗战和保护蒙古族人民利益的财政政策，实践证明是完全正确的。

三 大青山抗日根据地的货币金融

大青山抗日根据地没有设立过金融机构，也未发行过货币，曾欲将晋西北根据地的农钞加盖"绥察"字样后在大青山抗日根据地流通，设立晋西银行大青山分行予以管理。但鉴于大青山地区敌强我弱的形势和蒙疆伪币流通的实际情况，晋西北军政委员会又决定取消在大青山使用农钞。① 然而，日寇不仅在蒙疆地区通过蒙疆银行大量发行蒙疆伪钞，还强制蒙疆地区蒙汉百姓以伪币为铸币进行贸易往来，以此掠夺蒙古族资源。另外，日寇占领上海、香港等大城市后即吸收大量法币，后将大量法币转移至大青山等抗日根据地以搜刮原料。大量法币一时间充斥根据地导致根据地法币贬值，日寇趁此机会提高伪币价格并禁用法币，导致法币充斥，一文不值。不论是根据地军队还是持有法币的蒙汉人民均损失惨重。

在此种情况下，绥察行政公署颁布了《关于金融问题的训令》，提出了停止使用法币、吸收银洋、破坏伪币的货币政策。大青山抗日根据地呼吁蒙汉人民认清伪币信用低，不宜储蓄，但并非完全拒绝使用伪币，还是要尽量利用伪币解决根据地的困难。洋银的价值较伪币相对稳定，是日寇和根据地争夺的对象，日寇禁用并掠夺洋银，根据地则以洋银为计算标准征收田赋税款，以吸收洋银。"伪币虽是合法地大批使用，但还要打击。故你们收各种税款时，应以白洋作为计算标准，没有白洋者交伪钞。"② 根据这一指示，根据地决定"1. 政府一切征税标准，暂折为洋银计算；2. 洋银暂定每元可抵

---

① 李鸿：《大青山抗日游击根据地的财政经济工作》，《内蒙古大学学报》（哲学社会科学版）1998 年第 1 期，第 54 页。

② 贺龙、关向应、林枫 1942 年 6 月 2 日致姚古志、白如冰电。

伪币三元，政府收款皆以此标准征收；3. 如伪票继续跌价，或者其他变化时，可随时由行署规定，另行通知；4. 敌人禁用、掠夺洋银，我必须向群众解释洋银向政府抵交田赋税款，以免敌人掠夺。"[①] 通过上述货币金融政策，大青山抗日根据地货币基本得到统一，日寇通过伪币掠夺蒙汉人民的可耻行径在一定程度上得到遏制。

除蒙疆伪币、法币和洋银外，鸦片也是大青山抗日根据地的一种特殊货币。因日本侵略者在蒙古族沦陷区强种鸦片政策导致多数蒙古族聚居区鸦片泛滥。根据地虽对鸦片种植加以禁止，但实际上很难阻止日寇对蒙汉百姓的鸦片掠夺，且根据地在征收赋税和罚款时，蒙汉民实无款可交，唯有通过收缴烟土的方式最大限度地减少日本侵略者对蒙汉人民的鸦片掠夺。另外，鸦片相对于大青山根据地流通的其他货币而言具有其自身特殊之处，首先，鸦片本身价值较高，在当时来讲仅次于银元；其次，鸦片具有再生性，年年可种，年年可收，一般货币则不存在此特点；再次，鸦片既可以兑换伪币、法币和洋银，还可以换回其他所需货物，具有较强的灵活性；最后，鸦片自身不具有任何政治色彩，是日寇和根据地都可接受。但鸦片能成为大青山抗日根据地的"准货币"并不代表共产党对鸦片流通放任自流，而是在特殊历史条件下，具体问题具体解决的一种灵活的金融政策。同时，鸦片作为特殊货币对根据地货币市场的稳定也有一定助益，减轻了蒙汉人民的经济损失。

---

① 杜承武：《大青山抗日游击根据地的货币金融》，《内蒙古金融研究》2003 年第 2 期，第 35 页。

第三节　蒙古族民主改革与货币统一

抗日战争胜利后，共产党领导的民主改革与土地革命在各解放区纷纷开展起来。作为新中国第一个实现民族区域自治的政府，内蒙古自治政府积极投身民主改革的洪流，并根据蒙古族农牧业经济发展的特殊性制定了合理的"土改"与"畜改"政策，在维护蒙古族群众利益的基础上促进了蒙古族农牧业的快速发展。这一时期，蒙古族货币第一次得到了统一，蒙古族经济因货币混乱蒙受损失的状况一去不复返。

一　蒙古族农区和半农区的"土改"

日本投降后，中国革命进入了解放战争时期，共产党在人民群众的拥护和正确的战略指导下于1947年由战略防御转为战略进攻。为进一步调动广大农民的积极性，为解放战争提供人力、物力和财力支持，中国共产党在解放区普遍开展了土地改革运动。1947年10月，中共中央正式颁布了《中国土地法大纲》，宣告在中国彻底"废除封建性半封建性剥削的土地制度，实行耕者有其田的土地制度"，[①]"依靠贫农，团结中农，有步骤、有分别地消灭封建制度，发展农业生产"。根据《中国土地法大纲》的精神，内蒙古自治政府结合蒙古族农区和半农区的实际情况制定了土地改革具体政策：

1. 内蒙古境内的土地，为蒙古民族所公有，废除封建性的土地

---

① 庆格勒图：《内蒙古东部区的土地改革》，《内蒙古大学学报》（人文社会科学版）1998年第1期。

所有制；

2. 废除一切封建阶级及寺院占有的土地所有制；

3. 废除一切乡村中土改前的债务，但贫雇中农与商业买卖间的债务不在废除之例；

4. 农业区实行耕者有其田，原来一切封建地主占有的土地收归公有，然后与乡村其他土地统一平均，按人口分配给全体人民。凡分得土地即归个人所有，并承认其自由经营与特定条件下出租的权利，但仍保留蒙古民族土地公有权；

5. 一切乡村中的蒙汉及其他民族人民分得同等土地，均有土地所有权，并保留蒙古民族的土地公有权。土改后其他民族所有土地一律不纳蒙租，但对自治政府应与蒙古族同等公平负担公民义务。①

在上述土改政策的指引下，内蒙古东部的兴安盟、呼伦贝尔盟、纳文慕仁盟以及当时归属辽宁的哲里木盟和归属热河的昭乌达盟、卓索图盟等农区、半农区的土地改革运动轰轰烈烈地开展起来。

然而，土地改革既是一场经济革命，也是一场阶级斗争，在划分阶级和斗争地主过程中，许多地方因未能充分考虑到蒙古族农民经营农业的特殊情况，以致打击面过宽，波及和伤害了部分蒙古族群众。为纠正土改的这一偏差和错误，乌兰夫同志明确指出："蒙古族农民农业劳动技能比较落后，上升为富农是不容易的，不宜斗争。蒙古人由牧业转入农业是被迫的，因为不会种地等原因，出租自己的户口地、生计地、抚养地的小地主也不宜斗争。至于蒙古族中农为数很少，更应特别注意，绝对不许侵犯。……蒙古族富农剥削不

---

① 乌兰夫革命史料编研室：《乌兰夫论牧区工作》，内蒙古人民出版社1990年版，第6页。

超过其总收入50%的，财产一般不动，土地只分其多余部分。"[1] 乌兰夫的正确指示及时地纠正了内蒙古农区、半农区土地改革的错误，各旗县在乌兰夫的指示下开始缩小打击范围，在充分考虑蒙古族从事农业特殊性的情况下，采取与其相适应的土改政策。以卓索图盟为例，该盟不仅对农区和半农区蒙古族农民采取不同的土改政策，对汉族和蒙古族农民土改政策也有所差别。对于农区蒙古族因出租户口地形成的小地主，对其财产和土地一般不动；在半农区，不仅蒙古族小地主不动，富农也不动。另外，卓索图盟遵守平均分配原则，汉族和蒙古族分得同等土地，另允许蒙古族农民多分一点。其他旗县的土改与卓索图盟虽有差异，但基本精神一致。内蒙古农区和半农区土改维护了蒙古族农民的经济利益，也得到了广大蒙古族农民的拥护和支持。

二　蒙古族牧区和半牧区的"畜改"

内蒙古自治政府建立前，多年战祸侵扰使蒙古族畜牧业由盛转衰，不仅牧区畜牧业生产力遭到破坏，牲畜数量锐减，牧民生活凄苦，牧区经济日趋衰落，濒临破产边缘。内蒙古自治政府建立以后，牧区经济建设和畜牧业恢复与发展成为首要任务。《中国土地法大纲》的颁布加速了全国土地改革步伐，也推动了蒙古族牧区和半牧区的畜牧业民主改革。

畜牧业不同于农业，牧区民主改革与农区土改差别甚大，一味照搬农区土改经验只会破坏蒙古族畜牧业经济。在党中央的指导下，乌兰夫等结合蒙古族牧区和半牧区畜牧业发展特点，制定了切合实

---

① 乌兰夫革命史料编研室：《乌兰夫论牧区工作》，内蒙古人民出版社1990年版，第6页。

际的牧区民主改革政策："承认内蒙古境内的牧场为蒙古民族所公有，废除封建的牧场所有制；废除封建阶级的一切特权，包括政治特权和经济特权；牧区实行保护牧民，保护牧场，放牧自由，在牧工与牧主两利的条件下，有步骤地改善牧民的经济生活，发展畜牧业。"[①] 根据这一民主改革政策，蒙古族牧区和半牧区的民主改革逐步展开。

然而，与蒙古族农区和半农区土地改革一样，改革初期出现了"左"的偏差，在斗争牧主、划分阶级和平分牲畜时认识不足，操作失当，牲畜被大肆屠宰、转移和出卖，畜群被缩减，牲畜数量减少，畜牧业受到极大破坏。据伊克昭盟统计，1946 年全盟牲畜为 143 万头（只），至 1948 年，下降为 93 万头（只），损失程度可见一斑。

为纠正蒙古族畜牧业民主改革中"左"的偏差，乌兰夫组织各级干部认真总结了牧区改革的经验教训，在党中央"人畜两旺"的指示下，针对蒙古族畜牧业发展特点提出了畜牧业改革的"三不两利"政策，即"不分不斗不划阶级"和"牧工牧主两利"。具体来讲，"不分不斗不划阶级"就是不分配牧主的牲畜，不斗争牧主，不公开划分阶级成分。大牧主牲畜可以分给牧民，但牧群不分，分畜不分群，不采取农业区斗争地主的方式斗争牧主。[②] 而"牧主牧工两利"是通过对旧"苏鲁克"制度的改良，形成牧主牧工均"双赢"的新"苏鲁克"制度和新的工资制度。新的工资制度要设计合理，反对不顾实际情况提高或压低牧工工资的行为，限制牧主对牧工的剥削，在保证牧工报酬合理、维持牧工放牧积极性的同时，发

---

① 内蒙古自治区畜牧业厅修志编史委员会：《内蒙古畜牧业发展史》，内蒙古人民出版社 2000 年版，第 65—66 页。

② 崔树华、雪岩：《试论内蒙古牧区民主改革运动中的"三不两利"政策》，《前沿》2002 年第 12 期，第 128 页。

展畜牧业生产。

"三不两利"是针对牧区和半牧区畜牧业发展实际情况制定的适合蒙古族畜牧业发展的重要政策，在该政策的指导下，蒙古族畜牧业终于摆脱了衰败困境，呈现出迅速发展的态势。如 1949 年全区牲畜总头数达到 879.8 万头（只），比 1947 年的 773.7 万头（只）增加了 13.7%，呼伦贝尔盟 1948 年牲畜头数增值比 1945 年平均提高了 45.5%。畜牧业经济的发展，牧民生活显著改善，牧区呈现出"人畜两旺"的繁荣景象。[①]

乌兰夫制定的"三不两利"牧区民主改革政策，不仅推动了蒙古族畜牧业的发展，也为新疆、西藏等地的畜牧业民主改革提供了重要借鉴。"三不两利"政策之所以成功，在于将农区的土改经验与牧区实际相结合，走出了一条牧区自己的民主改革之路。同时，乌兰夫在对内蒙古农、牧民主改革中实事求是、因地制宜的工作方法对于现代西部大开发和少数民族经济工作政策制定与实施也有一定借鉴意义。

三　蒙古族金融货币的逐步统一

内蒙古自治政府建立前，蒙古族地区货币混乱，物价飞涨，市场萧条，为活跃经济，打击敌钞、伪钞，保存和壮大自身势力，内蒙古自治政府开始发行自己的货币，并在货币发行过程中逐步建立内蒙古独立的本币制度，实现金融货币的统一。

为缓解交易筹码短缺之急，东盟地方流通券印刷厂在接受伪满中央银行兴安支店等日伪金融机构基础上于 1945 年 9 月 1 日成立，

---

① 姚红霞、陈秀兰：《牧区民主改革中"三不两利"政策的成功实践》，《档案与社会》2004 年第 5 期（乌兰夫研究专页）。

发行 5 元、10 元和 100 元三种券别，至年底总计发行 400 万元。东盟地方流通券印刷厂代替地方政府行使货币发行权和部分银行职能，稳定了金融市场，推动了蒙古族统一金融事业的建立。1946 年 3 月，标志着蒙古族人民金融事业开端的东蒙银行在东盟流通券印刷厂基础上建立，并以政府名义发行蒙币。为统一东蒙地区货币，1946 年 10 月，《为保护兴安物资巩固内蒙币由》出台，规定"查东北各地物价上涨，我区必需物资大量流出，为掌握物资，巩固蒙币计，特规定外币兑换办法（等价兑换），并指示东蒙银行，凡我军政机关、团体、投资营业今后一律使用蒙币"①。东蒙银行在稳定金融，恢复蒙古族工、农、商、牧各行业的生产中发挥了重要作用。

内蒙古自治政府成立后所颁布的《内蒙古自治政府实施纲要》明确提出了"建立内蒙古银行，发行货币"的工作计划，1947 年 6 月 1 日，东蒙银行改组为内蒙古银行，发行"内蒙币"，在内蒙古各旗县统一流通，内蒙古相对独立的地方性银行体系与货币制度基本建立，在稳定物价、缓解自治区财政压力、援助解放战争等方面发挥重要作用。1948 年，内蒙古农村土地改革和牧区民主改革基本完成，基本具备建立统一地方机构和货币制度的能力，6 月 1 日，内蒙古银行改组为内蒙古人民银行，发行新蒙币，回收以往金融机构发行的一切货币，内蒙古货币制度逐渐统一，内蒙古货币体系基本形成，蒙古族人民遭受金融混乱之苦也从此一去不复返。蒙古族经济史由此进入新的历史阶段。

---

① 赵敏：《内蒙古自治政府成立前后的货币统一》，《北方经济》2006 年第 5 期，第 74 页。

第二十六章
晚清至民国蒙古族与
其他民族的经济关系

1840 年是中华民族的一个历史转折点，对蒙古族亦是如此。随着帝国主义列强的入侵，腐败无能的晚清政府妄图通过出卖领土和主权以求自保，蒙古族经济利益却备受其害。晚清至民国时期，蒙古族行政建制、经济制度以及社会性质均发生变化，同时发生变化的还有蒙古族与其他民族间的经济关系。相比清代前期，晚清至民国时期蒙古族与满族、汉族、藏族、维吾尔族、回族以及外国民族之间的经济关系均发生本质性变化，对蒙古族及与其交往的其他民族的经济发展均产生了重要影响。

第一节　蒙满经济关系的弱化与破裂

"蒙满一家"是满清政府拉拢、安抚蒙古族的重要民族策略，而清代前期的蒙古族也的确享受了清政府优厚的待遇。如保护蒙古族畜牧业、封赏蒙古族王公贵族、建立满蒙联姻制度等，但到了晚清，蒙古族政治、经济地位逐渐下降，满清政府转"亲蒙"为"亲汉"，满蒙经济关系弱化，具体表现在蒙垦封禁被解禁代替和满蒙联姻规制的打破两方面。

一　满清从封禁到解禁的治蒙政策

同为少数民族，即便满族建立了全国政权，但相比汉族而言，满族在人口数量和生产方式上均难以与汉族匹敌。为维护和巩固新生政权，满族拉拢并利用与其境况类似的蒙古族，壮大实力，并通过各项政令保持满蒙原有的生产生活方式，免受汉族渗透，稳固政权。因此，清政府一边通过宣扬"蒙满一家"拉拢蒙古族，一边通过"蒙汉隔离"政策禁格蒙汉交往，最终使蒙古族成为世代效忠清廷的忠实臣民。

倾斜性经济政策是满族拉拢蒙古族的最佳手段。对于以游牧为生的蒙古族而言，只要畜牧业稳步发展，生活就有保证，为此，清政府通过实行蒙禁政策保护蒙古族畜牧业，帮助其增殖牲畜。《理藩院则例》明文规定："不准口内旗民人等出边开垦地亩，违者照私开牧场例治罪。不准蒙古王公私行招聚民人开垦地亩，否则，连同失察盟长受罚俸处分。对私募开垦封禁牧场加等治罪：情节严重的王公革职罚畜；台吉、官员、平人杖一百，流三千里。对越旗私开公共牧场的台吉、官员分别治罪；台吉革职，三年无过准其开复；管旗章京尽行革职；平人鞭一百。"① 除从总体上保护蒙古族畜牧业外，清政府还通过借贷和无偿赈济的方式帮助蒙古族增殖牲畜。对因自然灾害造成的畜牧业损失，清政府通过向蒙古族牧民提供贷款帮其步出困境，而对因战争或迁徙等人为原因造成的畜牧业损失，清政府则通过无偿赈济的方式予以援助。可见，清代前期，作为统

---

① 赵云田：《清朝统治蒙古经济政策的几个问题》，《中国蒙古史学会论文选集》，1983 年，第 327 页。

治阶级的满族通过多项倾斜政策保护和促进蒙古族畜牧业的发展，尽管禁止蒙垦政策也有所反复，但总体上以保护为主，极大地恢复和促进了蒙古族畜牧业的发展。

然而，好景不长，随着鸦片战争的爆发，清政府走向衰落，依附满族政权而立的蒙古族命运也就此改变。由于长期处于封闭状态，不论是在生产方式上还是在商业发展上，蒙古族均与汉族相差甚远。清政府为维护其摇摇欲坠的腐朽政权，开始"弃蒙求汉"，妄图通过缓和汉族人地矛盾稳固政权。在此情况下，蒙古族成为满族政权的牺牲品，持续约两百年的"蒙禁"政策被"移民实边"所代替，"蒙满一家"成为历史。蒙古族畜牧业遭受重创，失去满族政权庇佑的蒙古族社会各阶层生活境况每况愈下。

从保护蒙古族畜牧业经济到吸纳内地汉民蒙垦，这种政策转变体现了蒙满关系的破裂。实际上，自蒙古族臣服于满族统治者并安于现状时起，蒙古族各阶层就沦为了任清政府摆布的棋子，清政府出于政治目的对蒙古族采取的经济安抚政策，不过是一种顺势之举，一旦维护蒙古族经济发展的机会成本大于汉族，蒙古族就将面临重大的经济损失。可见，在集权官僚制下，统治民族与被统治民族之间不论政策上如何宣扬平等与亲近，但始终都是统治与被统治的不平等关系。一旦灾难来临，处于统治地位的民族便无暇顾及被统治民族的经济利益甚至主动出让以博取自身统治的稳固。

二　蒙满联姻制度的瓦解

民族融合本应是一个自然过程，但却往往受到政治力量的推动或阻隔。族际通婚既是民族融合的途径又是民族融合的表现，受到各民族政治、经济等多方面因素的影响。满蒙通婚是清政府安抚蒙古族势力，巩固政权统治的重要举措。"清朝的满蒙联姻长达300年

（1612—1912 年），据皇家的族谱《玉牒》所载，在这 300 年中，满蒙联姻共 559 次，其中出清廷嫁给蒙古的公主、格格达 423 人次，娶蒙古王公之女 163 人。"① 呈现出规模大、层次多、制度化的特点。但总体上讲，满蒙通婚经历了清初繁盛、中后期衰落，晚清瓦解的历程，体现了满蒙关系的亲疏变化。

蒙满联姻促进了蒙古族生产方式的转变。大量随嫁人员进入蒙古族聚居区后，带入了内地较为先进的生产技术与生产方式，推动了蒙古族农业的发展和工商业的进步。然而，随着大量汉民的涌入，清政府撤销了"蒙汉分离"政策并允许蒙汉通婚。鸦片战争后，蒙古族地位更是大不如前，满蒙联姻制度从衰落走向瓦解。帝国主义列强的入侵、内地汉族人地矛盾的日益激化以及蒙古族利用价值和社会地位的降低，共同促使清政府以牺牲蒙古族经济利益为代价换取矛盾的缓和，维护官僚统治。满蒙联姻制度的瓦解只是清朝社会、经济矛盾激化的具体表现而已。

族际联姻作为一种政治、经济工具，在处于统治阶级的民族不再需要时便会被抛弃，但因长期联姻业已促成的民族融合却是一个渐进且持久的过程，不会因联姻制度的瓦解而停止或反复，至少不会立即停止。虽则晚清满蒙联姻制度走向没落，但蒙满两族间的融合已经十分深入，不会因联姻制度的瓦解而导致民族间自上而下经济关系的破裂，两民族的融合仍在继续，只不过在融合速度和媒介上有所改变罢了。另外，族际联姻逐渐衰变的过程必然会影响到两个民族的经济发展，而这种转变往往利于选择放弃联姻制度的主导民族的经济发展，损害被动接受改变民族的经济利益。蒙满联姻制度的衰变即是如此。蒙满联姻制度的逐步取消是处于主导地位的满

① 肖锐：《浅论清朝的满蒙联姻政策》，《满族研究》2010 年第 1 期，第 34—35 页。

族做出的利己决定，以保证其政权稳固、经济发展。而对于蒙古族而言，满蒙联姻制度的瓦解却进一步加速了蒙古族经济的衰落。

第二节　蒙汉经济由隔离走向融合

晚清时期，满清统治逐渐没落，满蒙经济交往退居其次，取而代之的是蒙汉经济关系的逐步建立。对于蒙古族而言，蒙汉经济关系的建立与发展利弊参半，既是必然选择，也是无奈之举。

一　汉族"蒙古化"与蒙古族"汉化"

为更好地安顿日益增多的内地汉民，满清政府及民国各政府将目标投向广袤的蒙古族聚居区。"蒙汉隔离"政策在晚清时期彻底破裂。汉民涌入给蒙古族带来了相对先进的农耕生产方式，也带动了蒙古族工商业的发展。农业的引入与大面积发展在一定程度上弥补了蒙古族单一畜牧业之不足，为人畜提供了必要的物资储备。工商业的发展则将现代交换制度引入蒙古族社会，改变了蒙古族物物交换方式。在满清政府禁垦蒙地时，内地汉民非法偷入蒙古族聚居区，蒙古王公为获得租金收入私自将土地租给汉民垦种，这种小规模的汉族移民纯粹迫于生计，而蒙古王公零星地变卖或租让土地也尚未达到损害蒙古族畜牧业发展的程度，此时的汉民蒙垦可以说是"双赢"的。但晚清"移民政策"打破了这种局面，大量汉民涌入侵占了大片蒙古族草场，极大地破坏了蒙古族畜牧业的发展，蒙汉矛盾日益突出。而这种转变除受到满清政府的政策推动外，内地汉族有意识的"蒙古化"和蒙古族无意识的"汉化"也是促成此种转变的重要因素。

内地汉民进入蒙古族聚居区后，最迫切的愿望就是从蒙古族土地占有者手里获得赖以为生的土地，通过辛勤耕耘，维持生计。处于"弱势"地位的内地汉民为能持久租到土地，有意识地加强与蒙古族民众的交流与沟通。在语言、饮食、宗教信仰等多方面主动"蒙古化"，拉近与蒙古族的距离。如内地汉民主动学习蒙语、饮食乳制品、信仰喇嘛教等。主动"蒙古化"的原因则在于为持续获得土地这一基本生活资料使用权和经营权，维持生计并发展工、农、商业。可见，晚清至民国时期的汉族"蒙古化"，对进入蒙古族聚居区的汉族而言，有利于其经济利益的获取和维护。但这种有意识的"蒙古化"在晚清以后逐渐消失，在政策的鼓励和汉民人口日益增多的条件下，汉族移民通过"蒙古化"方式讨好蒙古族以获取土地使用权的必要性大大降低，取而代之的则是蒙古族的逐步"汉化"。

蒙古族"汉化"是通过汉民悄无声息地逐渐渗透实现的，是蒙古族生产生活方式转变的结果。汉族移民涌入后，蒙汉交流日益频繁，汉族农耕生产方式以及以谷物、蔬菜为主的饮食习惯、固定住所的居住习惯等汉族生活方式逐渐影响到蒙古族牧民，在不知不觉间蒙古族开始"汉化"。当蒙古族或无奈或自愿地接受汉族生产生活方式时，对原有游牧文明下的生产生活方式来讲就是一种冲击和破坏。

蒙古族"汉化"区别于汉族"蒙古化"之处在于，后者是一种有意且暂时的利己行为，而前者则是一种无意但持久的无奈之举。不论是自然演进还是人为影响，在民族融合过程中，具备先进生产方式的民族不论最初因何种原因选择向生产方式相对落后的民族融合，但最终的结果总是生产方式相对落后的民族向生产方式先进的民族靠拢，这是经济发展的必然规律，也是民族融合的必然趋向。

二 晚清旅蒙商的发展与民国时的衰落

汉族与蒙古族的贸易源远流长,兴起于汉朝,繁盛于清朝,衰落于民国,消亡于新中国成立初期。早在汉朝,蒙汉之间就通过"茶马互市"进行贸易往来,此种方式一直延续至明代,但因明代统治者除了时断时续的贡赐贸易外抑制蒙汉民间贸易,旅蒙商买卖活动暂时停止。清政府重视与蒙古族的贸易往来,但为防止蒙汉频繁往来威胁政权稳定,清朝前期仍实行蒙汉分治的隔离政策,严格控制蒙汉贸易,只允许蒙汉在几个固定地点如山海关、喜峰口、古北口、独石口、张家口、杀虎口等进行边口贸易,通过严格的程序和规章加以管制。但蒙古族畜牧业生产难以满足其自身对生活必需品的需要,康熙在"多伦诺尔会盟"后,应蒙古王公之请,开始允许内地商贩进入蒙古腹地,蒙汉贸易迅速发展,旅蒙商进入鼎盛发展时期。鸦片战争后,帝国主义列强的入侵冲击了旅蒙行商市场,但却活跃了旅蒙坐商市场,实力雄厚的旅蒙商集团趁机转变为高利贷商人,进一步壮大了经济实力。"进入道光、咸丰年间后,旅蒙商完成原始资本积累,商业资本向生息资本转变,创办票号,使之汇通天下,清末,晋商已成为清廷的财政支柱,全国的财政三分有其一。而旅蒙商主要金融业务在漠北蒙古地区。"[1] 辛亥革命推翻了满清王朝,失去庇佑的旅蒙商经济开始走向衰落,使旅蒙商雪上加霜的是外蒙古"独立"后全盘否定所欠巨额高利贷,并限制旅蒙商在外蒙古的贸易往来,旅蒙商损失惨重,多重压力和冲击下,旅蒙商号纷纷倒闭,旅蒙商走向衰落。

---

[1] 马春英:《旅蒙商与蒙古族谋生手段的变迁》,硕士学位论文,内蒙古师范大学,2009年,第6页。

农耕经济对游牧经济的补充是联结蒙汉关系的内在基础。汉族移民平稳进入蒙古族居住区，关键环节在于通过客居依附效应下的汉族蒙古化和各种私人交情突破了族际分界，顺利地建立起亲近共处关系。[①] 可见，汉族旅蒙商进入蒙古族腹地除通过刻意"蒙古化"方式外，通过"礼物的流动"建立与牧民的人脉关系也是其打开蒙古族市场的重要手段。

以旅蒙商为中介的蒙汉贸易多是熟人生意，因此，与牧民建立良好人情关系网是旅蒙商进行贸易的首要环节。旅蒙商深谙此理。用山西忻（忻县）代（代县）商人自己的话说就是："学会蒙语串人家，做买卖要送到蒙（古）老乡家。态度要好腿要勤，帮助蒙（古）老乡做营生。捉羊羔，拴牛犊，为做头卖献殷勤"。[②] 旅蒙商对牧民的示好表现也得到了相应的反馈。蒙古族经济观念淡薄，对于到访者盛情招待不计其值。"旅客远来，无论蒙汉，但能以蒙语问起居，候康安，并述明来意，即可留宿。饮食不需出资，而受诚恳之招待。遇值风雪，数日淹留，始终款恰，敬厚靡衰。"[③] 可见，人情交往促进了蒙汉经贸往来，而彼此互利的经济效应又稳固了蒙汉人情关系，形成蒙汉商贸的良性循环。尽管旅蒙商对蒙贸易中也存在大量不诚信行为，但仍在蒙古族百姓的承受范围之内，相比于外国资本的剥削而言，要好上数倍。

旅蒙商的壮大促进了蒙古族商贸城市的发展，也推动了蒙汉互市和城乡贸易的发展。时至晚清，旅蒙商发展已相对成熟，以其为

---

① 闫天灵：《清代及民国时期塞外蒙汉关系论》，《民族研究》2004 年第 5 期，第 85—86 页。

② 刘世纯、任秀：《包头的旅蒙》，《商东河文史》第 2 辑。转引自闫天灵《清代及民国时期塞外蒙汉关系论》，《民族研究》2004 年第 5 期，第 87 页。

③ 傅增湘：《绥远通志稿 939 年》卷，《民族志·蒙族》。转引自闫天灵《清代及民国时期塞外蒙汉关系论》，《民族研究》2004 年第 5 期，第 87 页。

主导的蒙汉互市逐渐融入蒙古族城乡市场中去，互市渐渐消失，成为历史。如明代的平虏（即清代的平罗）互市，即后来的石嘴子互市，到清末时已是有蒙、汉、回等各族人民交易的乡村集市，并继承了历史时期互市开市日期，其集期仍然是每月的初一、初十、二十日；到清末民初，清初设立的花马池互市，逐渐演化为乡村市场中庙会的一种特殊形式——骡马大会。①

以旅蒙商为核心的蒙汉贸易加速了蒙古族畜牧业的商品化进程，冲击了蒙古族以畜牧业为主的单一经济结构。蒙古族牧民从单一、粗犷的牧猎生产经营中分化出来，到城镇从事畜牧猎产品的加工业，从事运输业或旅店业、采盐业、采矿业、商业等。经贸的发展，极大地丰富了蒙古族人民的物质生活，活跃了蒙古地区的市场贸易，使蒙古游牧经济对商品经济的依赖程度进一步加深，从而更加激发蒙古社会扩大畜牧业经济再生产的主动性。② 可见，在蒙汉经济关系中，旅蒙商已成为联系蒙汉经贸的重要桥梁，在蒙古族的经济生活中发挥着重要作用。同时，旅蒙商从兴起到繁荣再到衰落、消亡的过程不仅体现了蒙汉经济关系的紧密度，也体现了蒙汉民族的融合程度。蒙汉贸易往来越频繁，蒙汉两族的融合程度越深，但依照落后生产方式屈从于先进生产方式的规律来看，蒙汉经贸往来越频繁，两民族融合程度越深，蒙古族的汉化程度也越严重。

三 蒙汉通婚得到允许并迅速发展

禁止蒙汉通婚是清政府蒙汉民族隔离政策的重要内容，为此，

---

① 赵天福：《边疆内地化背景下的蒙汉民族贸易变迁（1368—1949）——以宁夏地区的蒙汉贸易为例》，《宁夏社会科学》2008年第4期，第122页。

② 王艺丹：《旅蒙商与蒙古城市的形成和发展》，硕士学位论文，内蒙古师范大学，2009年，第36页。

清政府规定:"凡内地人出口,于蒙古地方贸易耕种,不得娶蒙古妇女为妻。倘私相嫁娶,查出将所嫁之妇离异,还给母家,私娶之民按地方例治罪,知情主婚及说合之蒙古人等,各罚牲畜一九。"[①] 可见,禁止蒙汉通婚虽属政治行为,但却以经济惩罚为手段。尽管蒙古族百姓并非完全意义上的理性经济人,但对于可能损害自身经济利益的行为也会主动规避,以免遭受经济损失。因此,在经济惩罚的威胁下,禁止蒙汉通婚政策得到了很好的贯彻。

然而,鸦片战争不仅使帝国主义列强打开了中国的大门,也迫使清政府出台"移民实边"政策缓解内忧外患。大量汉民纷纷涌入蒙古族聚居区,蒙汉交往日益密切,蒙汉通婚的惩罚成本已小于通婚所获得的利益,蒙汉隔离政策的松动,蒙汉通婚在民间已经成为一种较为普遍的现象,但直到宣统二年(1910年)八月,清政府才正式宣布撤销对蒙古地区的封禁令,允许蒙旗与汉人交易、蒙汉通婚、蒙古族人可以学习和使用汉字等。[②] 至此,蒙汉通婚获得了政策允许,蒙汉民族融合障碍被彻底打破。

时至民国,孙中山的"五族共和"政策虽未得到袁世凯的彻底实施,但蒙汉经济往来已不再受到政策限制。袁世凯为获得蒙古王公贵族的支持,颁布了一系列优待政策,但民国时期,仍有部分军阀如陈长捷等奉行"大汉民族主义"政策,对蒙古族进行残酷的经济压迫,蒙古族地位有所下降。蒙汉经济关系由清代汉族农业和工商业补充蒙古族畜牧业,转变为民国时期蒙古族畜牧业辅助汉族农业和工商业。蒙汉社会地位也从清代蒙古族居尊转变为汉族更受重

---

① 赵云田:《清朝统治蒙古经济政策的几个问题》,《中国蒙古史学会论文选集》,1983年,第329页。

② 赵天福:《边疆内地化背景下的蒙汉民族贸易变迁(1368—1949)——以宁夏地区的蒙汉贸易为例》,《宁夏社会科学》2008年7月,第122页。

视。但这些微妙的变化并未影响到蒙汉正常经济往来和蒙汉通婚，只是随着蒙汉经济往来和蒙汉通婚的日常化，部分蒙古族改入汉族户籍（这在本书关于蒙古族人口的研究中已经提及），蒙古族畜牧业走向衰落，而农业与工商业得到较好发展。

第三节　蒙古族与藏、维及外国民族的经济关系

晚清至民国时期，蒙古族除与占据统治地位的满族和推动其农业和工商业发展的汉族有着直接且密切的经济往来外，与藏族和维吾尔族之间仍保持着密切的经济往来，但因晚清至民国时期，政权更迭频繁，蒙古族与藏族和维吾尔族之间的经济关系发生了相应变化。鸦片战争后，俄日帝国主义民族的入侵，使蒙古族经济成为帝国主义民族的殖民地经济。

一　以佛教为纽带的蒙藏经济关系走向衰落

蒙藏民族关系开端于元代，明代继续延续，清朝达到鼎盛，而在晚清以后，蒙藏民族关系逐渐走向衰落。藏传佛教是联系蒙古族与藏族民族关系的重要纽带，不仅将蒙古族统治者与藏传佛教上层联系在一起，也将蒙藏两族百姓凝聚在一起。正如乌力吉巴雅尔所概括："假如蒙古族和藏族都不崇信佛教，那么，在历史上他们的关系或许是以另一种情形发展。以佛教为纽带开始的两个民族的来往，特别是格鲁派出现之后，在以宗喀巴为旗手，以达赖、班禅为精神领袖的藏传佛教的共同信仰下，两个民族找到了相互利用、彼此照

应的契机，共同建立和培育了特殊的关系。"① 可见，宗教是蒙古族与藏族融合之核心，经济交往则是共同宗教信仰下两民族关系的一种延伸。

蒙藏经济关系的研究者认为，应将研究区域定位于青海和西藏地区，两地的蒙古族均为"卫拉特"蒙古和硕特部，清代迁入。原本信奉萨满教的和硕特部蒙古族民众进入青海、西藏后受藏族影响，逐渐改信佛教。出于同样的信仰，寺院成为蒙藏佛教信奉者的主要交流场地，法式、庙会等宗教节日则成为蒙藏人民商品交换的重要场所，青海河南蒙古族聚居区就是最好的例证。"历史上河南地区的蒙藏民族都从事传统的畜牧业，每逢拉卜楞寺举行盛大法会和节日，牧民们都要赶来进行产品交换，拉卜楞寺一度成为了河曲地区的贸易中心。河南地区的蒙藏牧民用于交易的主要是畜牧产品。外地输入的主要有粮食、茶叶、糖酒、布匹、杂货、油盐等。商品交换促进了河南蒙古族地区的生产和物资的流通，也促进了蒙藏人民之间的经济往来关系。"② 可见，蒙古族与藏族因共同的宗教信仰已建立起了密切的经济往来，并且因两族的宗教信仰建立起来的交易市场，也为两族同外界的商贸往来提供了条件。

但时至晚清，蒙古族藏传佛教受清政府政策影响而逐渐衰落。帝国主义列强的入侵使清政府因各地赔款财政日益亏空，加之蒙古族经济实力与社会地位的下降，清政府削弱了对蒙古族聚居区寺院和喇嘛的经济支持力度，各盟旗为节俭开支也时常拖欠喇嘛和寺院

---

① 乌力吉巴雅尔：《蒙藏关系史大系·宗教卷》，西藏人民出版社、外语教学与研究出版社 2001 年版，第 290 页。转引自马啸《近三十年来蒙藏关系史研究评述》，《西北第二民族学院学报》（哲学社会科学版）2008 年第 3 期，第 49 页。

② 郭晓虎、郎维伟：《蒙藏关系下的文化变迁和民族认同——以青海省河南蒙古族为例》，《西藏研究》2007 年第 4 期，第 43 页。

经费。缺少经费支持的寺庙无力修缮，破败不堪，喇嘛生活日困。据记载，"为了弥补本寺庙喇嘛们生活费的不足，这些寺庙往往从出租房屋、土地以及从所经营的运输业所取得的钱中抽出一部分来补助他们，使这些喇嘛免于冻馁，可是他们的住房大都是很糟糕的。多伦诺尔的喇嘛们住的板升都是各个旗的财产，可是由于这些旗都不拿钱来修缮，围墙里的板升几乎全都处于半倒塌的状况，其中有不少甚至已不能住人；因此原来住在里面的人都早已搬到蒙古包里去了，这些蒙古包搭在庙内一些单独的小院子里。喇嘛的住处如此困苦，与这里壮丽的敕建庙相形之下简直令人惊诧"①。

不幸的是，通过出租房屋和土地等方式获得的生活补给也因清政府"移民实边"政策的出台与实施而遭到破坏，因为寺院所拥有的土地与牧场逃脱不掉晚清政府的大规模蒙垦。在"移民实边"政策的冲击下，蒙古族寺院失去绝大部分土地所有权和土地收益，断绝了寺院存续的经济来源，蒙古族寺院经济雪上添霜，衰落之势延续至民国并难以逆转。

可见，共同的宗教信仰在联系蒙藏两族关系的同时还促进了两族的经济交往，但两族关系的良好维持却离不开经济支撑。另外，清代蒙古族寺院已经浸透了浓郁的集权官僚制气息，而寺院集权官僚制的维持也需要强力的经济支撑。当满清政府步履维艰时，蒙古族寺院经济随之衰落，缺少经济支撑的蒙藏关系也大不如前。然而，历史悠久的蒙藏关系并不会因此断绝，宗教无形的力量仍在持续，双方经济交往亦复如此。蒙古族与藏族密切的经济交往对民族融合

---

① ［俄］阿·马·波兹德涅耶夫：《蒙古及蒙古人》第二卷，张梦玲等译，内蒙古人民出版社1983年版，第352—355页。转引自乌云《近代藏传佛教在内蒙古地区衰落探究》，硕士学位论文，内蒙古师范大学，2009年，第8页。

与祖国统一同样具有重要意义。阿佩·阿旺晋美对此进行过深刻总结：七百多年来，虽然经历了元、明、清三朝，蒙藏民族间的关系不仅没有中断，而且越来越密切。应当指出，西藏成为中国不可分割的一部分，蒙古族起了重要作用。所以说，不懂得蒙藏关系史，就无法弄清西藏是如何统一于中国的道理。①

二　新疆蒙古族与维吾尔族平等互利的经贸关系

蒙古族与维吾尔族经济关系是晚清至民国蒙古族经济史的重要研究内容之一，而对二者经济关系的研究应将焦点汇聚于新疆地区。维吾尔族是新疆的主体民族，蒙古族、回族、哈萨克族、柯尔克孜族等民族也有所分布。新疆蒙古族由两部分组成，一支是所谓的"卫拉特蒙古"；另一支是清朝张家口、热河调戍新疆的察哈尔蒙古八旗兵。②"卫拉特蒙古"由 Oyirad 一词翻译而来，而该词因音译不同还可叫做瓦剌、厄鲁特或斡亦剌惕，由准噶尔、和硕特、土尔扈特和杜尔伯特四大部落组成。其中，土尔扈特部迫于自身畜牧业发展造成的人地矛盾和沙俄的南侵，于 1628 年西迁至伏尔加河流域，1773 年在清政府的感召下"东归"，大部分蒙古族被清政府安置在南疆；和硕特部则在清代逐渐东迁至青海和西藏；准噶尔部则占据天山得天独厚的条件迅速壮大势力，建立了准噶尔汗国，四部会总之地的伊犁也受其管辖。

清代，定居于天山北路的"卫拉特"蒙古以准噶尔部为主，以游牧为生；天山南麓则主要生活着维吾尔人，以农业、畜牧业、商

---

① 马啸：《近三十年来蒙藏关系史研究评述》，《西北第二民族学院学报》（哲学社会科学版）2008 年第 3 期，第 51 页。

② 文志勇：《民国新疆民族关系研究》，博士学位论文，陕西师范大学，2011 年，第 13 页。

业和手工业为生。晚清至民国时期两族经济关系因屯田而建立。

为发展农业生产，准噶尔蒙古统治者曾强令南疆维吾尔人赴伊犁屯垦，称其为"塔兰奇"（即"种地人"），蒙古族与维族逐渐开始了经济往来。清廷收复准噶尔后，为稳定社会、恢复生产，撤销民族隔离禁令，从各地调派兵民赴伊犁戍边屯田。南疆维吾尔族、满族、汉族、锡伯族以及察哈尔蒙古八旗兵等多族移民，或自愿或被迫迁至伊犁屯垦，新疆天山北路蒙古族开始与多民族发生经济往来，而与新疆主体民族的维吾尔族交流尤其频繁。《伊犁志略》记载："道光二十年，在塔什上比地方开挖水渠，安插新增回户一千户，每年纳粮一万六千石。于道光二十一年，在三道湾地方开挖水渠，安置新增回子五百户，每年纳粮八千石。二十三年，在阿尔布孜地方开挖水渠，安置新增回子五百户，每年纳粮八千石。共计回子八千户。每年共纳粮十二万八千石。"可见，"这些移民后裔的新增人口还是按每户每年16石上交定租的。这时的伊犁维吾尔族人口肯定已超过4万以上，共计移民屯点约17处，是伊犁地方最大的农业移民集团，回屯岁交租粮，约为伊犁官兵用粮的百分之六十，是伊犁农业经济的主要支柱之一。"[①] 移民加深了蒙古族与维吾尔族交流，彼此生产生活方式相互影响，促进了民族融合。

蒙古族以游牧为生，维吾尔族善于农业耕种和经商，二者在农业和畜牧业上形成良好互补，蒙古族畜牧业为维吾尔族提供了生产资料和乳肉食品，维吾尔族农业则为蒙古族提供了食粮和牲畜草料。补给双方生活必需品的重要途径就是贸易，互通有无的角色多由维吾尔族承担。蒙古地区的蒙古族百姓对外来物资的需求多由旅蒙商及后来的外国商人和高利贷商人担当，而新疆蒙古族百姓的这种需

---

① 赖洪波：《伊犁历代移民开发与世居民族的形成》，《新疆大学学报》（哲学社会科学版）2000年第1期，第45页。

求多由维吾尔族和回族商人担当。但在贸易方式和交换媒介上，与蒙古地区蒙汉贸易相类，此不赘述。

蒙古族与维吾尔族的经济交往既不存在蒙满两族之间的统治与被统治关系，也没有蒙汉两族之间因土地而产生的激烈冲突，亦不像蒙藏两族之间以宗教为纽带，二者之间经济往来更为平等，"双赢"程度更高。尽管蒙古族与维吾尔族之间经济关系的建立也受政治力量的左右，但两族对这种政治安排虽未十分欢迎，亦未激烈排斥。可见，这种政治安排是符合社会发展规律和双方经济利益的，在屯垦政策推动下，蒙古族与维吾尔族通过经济交往各取所需。

三 俄日帝国主义对蒙古族经济殖民统治的后果

鸦片战争后，清政府进一步衰落，帝国主义列强觊觎中国领土，半殖民地经济形成。对中国蒙古族的资源掠夺以沙俄和日本为甚。沙俄与日本对中国蒙古地区早有掠夺之心，趁清政府败落之机纷纷加快侵略步伐，蒙古族与沙俄、日本之间经济交往的不平等性是由殖民地经济的本质决定的。由于蒙古族与以沙俄和日本为代表的外国民族间不平等经济交往的具体表现前文已详细述及，这里重点分析此种不平等交往对双方产生的经济影响。

从表面看，以沙俄和日本为代表的外国资本的进入似乎推动了蒙古族经济的现代化进程，将资本主义生产方式扩散至蒙古族聚居区，但实际上则恰恰相反。尽管不能说外族入侵对蒙古族经济发展客观上毫无助益，但总体上讲，外族的殖民掠夺和不公平贸易极大地损害了蒙古族经济健康发展，外族入侵没有也不可能将蒙古族经济带入资本主义经济，它所带来的不过是依附性的殖民地经济。

从积极方面来讲，外国资本的入侵为蒙古族引入了资本，推动了蒙古族商品贸易的发展。如在晚清以前，蒙古族以畜牧业生产为主，农业为辅，工商业则发展缓慢，外国资本的进入冲击了蒙古族畜牧业经济，不仅推动了清政府开放蒙禁，发展蒙古族农业的步伐，同时为了达到自身输出商品、掠夺原料和寻求投资项目的目的，外国资本设洋行、修铁路、开工厂，将资本主义生产方式部分地引入蒙古族聚居区，冲破了蒙古族经济发展的封闭状态，使蒙古族经济自元朝之后又一次与世界经济联系在一起。尽管两次联系的性质完全不同，但推动了促进蒙古族经济融入世界经济体系。

站在蒙古族经济视角来看，晚清至民国时期沙俄和日本的殖民侵略，没有使蒙古族发展到资本主义经济，而是沦为殖民地经济。帝国主义民族进行疯狂的原始资本积累，使蒙古族经济遭受空前未有的剥削和掠夺，这种剥削和掠夺养肥了帝国主义民族。在破坏了蒙古族旧的生产方式的同时，却没有带来新的生产方式。蒙古族聚居区出现了近代资本主义工业、商业和银行，但那不属于蒙古族所有，蒙古族牧民却陷入破产境地。蒙古区域经济的近代化与蒙古族经济的衰败可以并行不悖。宗主国民族资本主义生产方式的进步，只能意味着殖民地民族经济的破产，意味着殖民掠夺的步伐更快，范围更广，程度更深。正如亚当·斯密所言："在比较进步的社会中，征服者以自己的费用维持自己的事，就完全不可能了。这其中有两种原因：一是制造业的进步，一是战争技术的改良。"① 殖民掠夺是帝国主义民族维持自身经济利益的一种重要途径，晚清至民国时期被迫打开大门的中国和备受侵扰的蒙古族就是最好的例证。外国资本的入侵对蒙古族经济发展无异于一场噩梦。土地被侵占、资源被掠夺、财富被搜刮、民族被欺凌，使蒙古族经济呈现出半殖民地或殖民地经济性质，严重破坏了蒙古族的畜牧业和世代生存的经济环境。

---

① ［英］亚当·斯密：《国富论》（下），郭大力、王亚南译，上海三联书店 2009 年版，第 218 页。

参 考 文 献

一 古代文献

［1］程钜夫:《雪楼集》。

［2］《大清会典事例》。

［3］《大元马政纪》。

［4］《大元毡罽工物记》。

［5］范晔:《后汉书》。

［6］方逢时:《大隐楼集》。

［7］方龄贵校注:《通制条格校注》,中华书局2001年版。

［8］顾炎武:《日知录》,四部备要本。

［9］谷应泰:《明史记事本末》。

［10］谷应泰:《明史纪事本末补遗》。

［11］《归绥道志》。

［12］郝经:《陵川文集》。

［13］洪皓:《松漠纪闻》。

［14］洪钧:《元史译文证补》。

［15］胡祇遹:《紫山大全集》。

［16］胡行简:《樗隐集》。

［17］《皇朝政典类纂》。

［18］梁份：《秦边纪略》。

［19］刘因：《静修先生文集》，丛书集成初编本，中华书局1985年版。

［20］蒋良骐：《东华录》，中华书局1980年版。

［21］金幼孜：《北征录》。

［22］金幼孜：《后北征录》。

［23］《喀尔喀法典》。

［24］《理藩院则例》，乾隆朝内府抄本。

［25］李焘：《续资治通鉴长编》，上海古籍出版社1986年版。

［26］李心传：《建炎以来朝野杂记》，中华书局2000年版。

［27］李延寿：《北史》。

［28］李杕：《拳匪祸教记》（增补本）。

［29］李志常：《长春真人西游记》。

［30］梁份：《秦边纪略》，青海人民出版社1987年校注本。

［31］林谦纂：《国地异名录》。

［32］刘定之：《否泰录》。

［33］刘锦藻编：《清朝续文献通考》，商务印书馆1936年铅印本。

［34］刘昫：《旧唐书》。

［35］陆文圭：《墙东类稿》。

［36］马祖常：《石田集》。

［37］孟珙：《蒙鞑备录》。

［38］《蒙兀儿史记》。

［39］《明经世文编》。

［40］《明穆宗实录》。

［41］《明太祖实录》。

［42］《明孝宗实录》。

［43］《明宪宗实录》。

［44］《明宣宗实录》。

［45］《明世宗实录》。

［46］《明神宗实录》。

［47］《明英宗实录》。

［48］《内齐托音二世传》，载《清代蒙古高僧传译辑》，全国图书馆文献缩微复制中心，1990 年。

［49］欧阳修、宋祁、范镇等：《新唐书》。

［50］欧阳修：《新五代史》。

［51］彭大雅：《黑鞑事略》。

［52］《钦定大清会典》。

［53］《钦定理藩院则例》。

［54］《清高宗实录》。

［55］《清太宗实录》。

［56］《清圣祖实录》。

［57］《清实录》。

［58］《清世宗实录》。

［59］《清世祖实录》。

［60］《清宣宗实录》，中华书局 1987 年影印本。

［61］瞿九思：《万历武功录》。

［62］《热河蒙旗之概要》。

［63］萨冈彻辰：《蒙古源流》。

［64］宋濂：《元史》，中华书局 1976 年版。

［65］司马迁：《史记》。

［66］《圣武亲征录》。

［67］苏天爵：《国朝文类》。

［68］苏天爵：《元朝名臣事略》。

［69］苏天爵：《滋溪文稿》。

［70］陶宗仪：《南村辍耕录》，王雪玲校点，辽宁教育出版社 1988 年版。

［71］《通制条格》。

［72］《土默特志》。

［73］脱脱等：《辽史》。

［74］脱脱：《宋史》。

［75］脱脱：《金史》。

［76］万历重修《明会典》，国学基本丛书本。

［77］王崇古：《明经世文编》。

［78］王圻：《续文献通考》。

［79］王琼：《北虏事迹》。

［80］王钦若、杨亿、孙奭等编：《册府元龟》。

［81］王士琦：《三云筹俎考》。

［82］王世贞：《弇山堂别集》。

［83］王恽：《秋涧先生大全文集》。

［84］王祯：《农书》。

［85］魏初：《青崖集》。

［86］魏焕：《皇明九边考》，北平图书馆善本丛书本。

［87］魏收：《魏书》。

［88］魏征等：《隋书》。

［89］肖大亨：《夷俗记》。

［90］肖大亨：《北虏风俗》。

［91］徐梦莘：《三朝北盟会编》。

［92］许有壬：《至正集》，清宣统石印本。

［93］姚燧：《牧庵集》。

［94］《永乐大典》。

［95］叶隆礼：《契丹国志》。

［96］尹耕：《塞语》。

［97］虞集：《道园学古录》，四部丛刊本。

［98］余阙：《青阳先生文集》。

［99］于谦：《少保于公奏议》，武林往哲遗著本。

［100］宇文懋昭：《大金国志》。

［101］《元朝秘史》。

［102］《元典章》。

［103］袁桷：《青容居士集》，四部丛刊本。

[104] 曾坚：《中书省户部题名纪》。

[105] 赵汸：《东山存稿》。

[106] 张德辉：《纪行》。

[107] 张穆：《蒙古游牧记》。

[108] 张说、张九龄等：《唐六典》，中华书局1992年版。

[109] 张铉：《金陵新志》。

[110] 张廷玉：《明史》。

[111] 《哲布尊丹巴传》，载《清代蒙古高僧传译辑》，全国图书馆文献缩微复制中心，1990年。

[112] 郑麟趾：《高丽史》。

[113] 郑思肖：《心史》。

二 著作

[1] 安汉：《西北垦殖论》，南京国华印书馆1932年版。

[2] 白至德：《中古时代·元时期》，中国友谊出版公司2012年版。

[3] 白广义：《我所知道的伪满兴农合作社》，中国人民政治协商会议和内蒙古自治区委员会文史资料委员会：《伪满兴安史》，内蒙古文史书店1989年版。

[4] 蔡家艺：《十八世纪中叶准噶尔同中原地区的贸易往来略述》，中国蒙古史学会：《中国蒙古史学会论文选集（1981）》，内蒙古人民出版社1986年版。

[5] 蔡家艺：《清代前期准噶尔与内地的贸易关系》，中国蒙古史学会：《中国蒙古史学会论文选集（1983）》，内蒙古人民出版社1987年版。

[6] 蔡志纯：《从佛、道之争看蒙元统治者的宗教政策》，罗贤佑主编：《历史与民族——中国边疆的政治、社会和文化》，社会科学文献出版社2005年版。

[7] 曹永年：《蒙古民族通史》第三卷，内蒙古大学出版社2002年版。

[8] 察哈尔蒙旗特派员公署：《伪蒙疆政治经济概况》，正中书局民国32年版。

[9] 陈高华、史卫民：《中国经济通史·元代经济卷》上册，中国社会科学出

版社 2007 年版。

[10] 陈高华、史卫民：《中国经济通史·元代经济卷》下卷，中国社会科学出版社 2007 年版。

[11] 陈献国：《蒙古族经济思想史研究》，辽宁民族出版社 2004 年版。

[12] 陈得芝：《蒙元史研究丛稿》，人民出版社 2005 年版。

[13] 陈桦：《清代区域社会经济研究》，中国人民大学出版社 1996 年版。

[14] 陈国干：《清朝利用喇嘛教统治蒙古的政策》，中国蒙古史学会《中国蒙古史学会论文选集（1981）》，内蒙古人民出版社 1986 年版。

[15] 成崇德：《清代西部开发》，山西古籍出版社 2002 年版。

[16] 戴学稷：《西方殖民者在河套、鄂尔多斯等地的罪恶活动——帝国主义利用天主教侵略中国的一个实例》，《内蒙古近代史论丛》（第一辑），内蒙古人民出版社 1982 年版。

[17] 杜家骥：《清朝满蒙联姻研究》，人民出版社 2003 年版。

[18] 杜荣坤、白翠琴：《西蒙古史研究》，广西师范大学出版社 2008 年版。

[19] 高文德：《蒙古奴隶制研究》，内蒙古人民出版社 1980 年版。

[20] 葛公尚、曹枫编译：《狩猎民族游牧民族》，中国社会科学院民族研究所，1982 年。

[21] 韩儒林主编：《元朝史》上卷，人民出版社 2008 年版。

[22] 韩儒林主编：《元朝史》下卷，人民出版社 2008 年版。

[23] 黄时鉴：《清代内蒙古社会经济史概述》，《蒙古史论文选集》（第三辑），蒙古语文历史学会编印，1983 年版。

[24] 黄时鉴、张思成：《关于"伊盟事变"》，《内蒙古近代史论丛》（第一辑），内蒙古人民出版社 1982 年版。

[25] 翦伯赞：《内蒙访古》，文物出版社 1963 年版。

[26] 焦竑：《通贡传》，《明代蒙古汉籍史料汇编》第一辑，内蒙古大学出版社 1994 年版。

[27] 姜戎：《狼图腾》，长江文艺出版社 2004 年版。

[28] 金启孮：《清代蒙古史札记》，内蒙古人民出版社 2000 年版。

[29] 金启孮：《呼和浩特召庙、清真寺历史概述》，《中国蒙古史学会论文选集

（1983）》，内蒙古人民出版社 1986 年版。

[30] 金峰：《呼和浩特史蒙古文献资料》（第三辑），内蒙古文化出版社 1988 年版。

[31] 李幹：《元代民族经济史》上下卷，民族出版社 2010 年版。

[32] 李治安：《元代分封制度研究》，中华书局 2007 年版。

[33] 李逸友：《黑城出土文书》，科学出版社 1991 年版。

[34] 辽宁省档案馆等：《明代辽东档案汇编》下册，辽沈书社 1985 年版。

[35] 梁冰等：《鄂尔多斯史志研究文稿》第四册，《伊克昭盟的历代开垦和近现代社会形态的变化》，伊克昭盟地方志编委会 1982 年版。

[36] 林幹：《匈奴通史》，人民出版社 1986 年版。

[37] 林永匡、王熹：《清代西北民族贸易史》，中央民族学院出版社 1991 年版。

[38] 刘永佶：《中国官文化批判》，中国经济出版社 2011 年版。

[39] 刘永佶：《现代劳动价值论》，中国经济出版社 2005 年版。

[40] 刘永佶：《中国政治经济学——主体·主义·主题·主张》，中国经济出版社 2001 年版。

[41] 刘迎胜：《丝绸文化·海上卷》，浙江人民出版社 1995 年版。

[42] 卢明辉：《清代蒙古史》，天津古籍出版社 1990 年版。

[43] 卢勋、萧之兴、祝启源等：《隋唐民族史》，四川民族出版社 1996 年版。

[44] 罗贤佑：《畏兀儿文化与蒙古汗国》，罗贤佑主编：《历史与民族——中国边疆的政治、社会和文化》，北京社会科学文献出版社 2005 年版。

[45] 罗贤佑：《元代民族史》，社会科学文献出版社 2007 年版。

[46] 毛泽东：《毛泽东选集》，人民出版社 1991 年版。

[47] 毛泽东：《中华苏维埃中央政府对内蒙古人民宣言》，1935 年 12 月 20 日。

[48] 孟广耀：《蒙古民族通史》第一卷，内蒙古大学出版社 2007 年版。

[49] 《蒙古人民共和国历史》上册，内蒙古人民出版社 1986 年版。

[50] 蒙古族简史编写组：《蒙古族简史》，内蒙古人民出版社 1977 年版。

[51] 内蒙古社会科学院历史研究所：《蒙古族通史》上卷，民族出版社 2001 年版。

［52］内蒙古社会科学院历史研究所：《蒙古族通史》中卷，民族出版社 2001
年版。

［53］内蒙古社会科学院历史研究所：《蒙古族通史》下卷（修订版），民族出
版社 2002 年版。

［54］内蒙古典章法学与社会学研究所：《成吉思汗法典及原论》，商务印书馆
2007 年版。

［55］内蒙古金融志编纂委员会：《内蒙古金融志》上卷，内蒙古人民出版社
2007 年版。

［56］内蒙古自治区畜牧业厅修志编史委员会：《内蒙古畜牧业发展史》，内蒙
古人民出版社 2000 年版。

［57］内蒙古自治区蒙古族经济史研究组：《蒙古族经济发展史研究》第二卷，
1988 年。

［58］内蒙古自治区编辑组：《蒙古族社会历史调查》，民族出版社 2009 年版。

［59］钦差垦务大臣：《绥远城将军贻谷奏为蒙藩献地祝嘏请旨赏收折》，清将
军衙署公文选注，李克仁编注，内蒙古人民出版社 1995 年版。

［60］邱树森：《元朝简史》，福建人民出版社 1999 年版。

［61］申友良：《中国北方民族及其政权研究》，中央民族大学出版社 1998
年版。

［62］史卫民：《元代军事史》，军事科学出版社 1998 年版。

［63］释妙舟：《蒙藏佛教史》，江苏广陵古籍刻印社 1993 年版。

［64］陶克涛：《内蒙古发展概述》上册，内蒙古人民出版社 1957 年版。

［65］田志和：《关于蒙古封建王公制度向民国延续问题》，《中国蒙古族史学会
论文选集（1983）》，内蒙古新华书店 1987 年版。

［66］王金绂：《现代外蒙之概观》，商务印书馆 1935 年版。

［67］王守礼著，傅明渊译述：《边疆公教社会事业》普爱堂上智编辑馆 1950
年版。

［68］王铁崖：《中外旧约章汇编》第二册，三联书店 1982 年版。

［69］王小甫：《唐吐蕃大食政治关系史》，北京大学出版社 1992 年版。

［70］王玉海：《清代喀喇沁地区的土地租佃问题》，《蒙古史研究（第三辑）》，

蒙古语文历史学会编印 1983 年版。

[71] 王钟翰：《中国民族史》，武汉大学出版社 2012 年版。

[72] 伪北支那通讯社：《蒙疆》1939 年 7 月铅印。

[73] 文精主编：《蒙古族大辞典》，内蒙古人民出版社 2004 年版。

[74] 吴广成：《西夏书事》，甘肃文化出版社 1995 年版。

[75] 吴庆麟：《日本对突泉县的"粮谷出荷"》，《伪满兴安史》，中国人民政治协商会议和内蒙古自治区委员会文史资料委员会，内蒙古文史书店 1989 年版。

[76] 乌秀清：《铁蹄下的岁月——记日寇在喀喇沁旗的暴政》，《伪满兴安史》，中国人民政治协商会议和内蒙古自治区委员会文史资料委员会，内蒙古文史书店 1989 年版。

[78] 刑亦尘：《清代蒙古游牧经济浅议》，《中国蒙古史学会论文选集（1983）》，内蒙古人民出版社 1987 年版。

[79] 徐世昌：《东三省攻略》，吉林文史出版社 1973 年版。

[80] 薛宗正：《中国新疆：古代社会生活史》，新疆人民出版社 1997 年版。

[81] 阎光亮：《清代内蒙古东三盟史》，中国社会科学出版社 2006 年版。

[82] 姚贤镐：《中国近代对外贸易史资料（1840—1895）》，中华书局 1962 年版。

[83] 杨思远：《巴音图嘎调查［蒙古族]》，中国经济出版社 2009 年版。

[84] 杨绍猷、莫俊卿：《明代民族史》，四川民族出版社 1996 年版。

[85] 杨强：《清代蒙古族盟旗制度》，民族出版社 2004 年版。

[86] 赵云田：《清朝统治蒙古经济政策的几个问题》，《中国蒙古史学会论文选集（1983）》，内蒙古人民出版社 1987 年版。

[87] 张帆、曹永年：《蒙古民族通史》第二卷，内蒙古大学出版社 2002 年版。

[88] 张跃庭忆述，张志波整理：《兴安水产株式会社》，《伪满兴安史》，中国人民政治协商会议和内蒙古自治区委员会文史资料委员会，内蒙古文史书店 1989 年版。

[89] 周良霄、顾菊英：《元代史》，上海人民出版社 1993 年版。

[90] 中国社会科学院中国边疆史地研究中心编：《清代理藩院资料辑录》，

1988 年。

[91] 中共中央统战部：《民族问题文献汇编》，中共中央党校出版社 1991 年版。

[92] 左舜生：《中国近代百年史资料初编》，中华书局 1938 年版。

三 期刊及学术论文

[1] 白凤岐：《试析明末清初满族、蒙古族关系史上的因果性》，《满族研究》1990 年第 1 期。

[2] 蔡凤林：《试论元朝的建立对蒙古民族形成和发展的历史贡献》，《民族研究》1998 年第 6 期。

[3] 陈东升：《清代旅蒙商初探》，《内蒙古社会科学》1990 年第 3 期。

[4] 陈慧慧：《中国古代西南农耕经济与西北游牧经济比较研究》，《合肥师范学院学报》2010 年第 4 期。

[5] 陈喜波，颜廷真，韩光辉：《论清代长城沿线外侧城镇的兴起》，《北京大学学报》（哲学社会科学版）2001 年第 3 期。

[6] 崔树华，雪岩：《试论内蒙古牧区民主改革运动中的"三不两利"政策》，《前沿》2002 年第 12 期。

[7] 狄龙：《蒙古从中国的分离》，《现代评论》1912 年 4 月。

[8] 丁晓杰：《日伪时期蒙疆畜产股份有限公司及其活动析论》，《古今农业》2009 年第 2 期。

[9] 丁晓杰：《日本东洋拓殖株式会社在伪蒙疆的经营计划及活动述论》，《抗日战争研究》2010 年 2 月。

[10] 杜常顺：《明清时期黄河上游地区的民族贸易市场》，《民族研究》1998 年第 3 期。

[11] 杜承武：《大青山抗日游击根据地的货币金融》，《内蒙古金融研究》2003 年第 S2 期。

[12] 范保良：《蒙元时期丝绸之路简论》，《兰州大学学报》（社会科学版）1990 年第 18 期。

[13] 房建昌：《一九三七～一九四五年间伪蒙疆政权时期盐务述略》，《盐业史

研究》1995 年第 2 期。

[14] 放如：《蒙古汗国的货币》，《内蒙古金融研究》钱币文集（第七辑）
2006 年。

[15] 葛艳玲、张世勇：《浅析蒙元与甘青藏族关系的建立及民族间的友好往
来》，《阿坝师范高等专科学校学报》2011 年第 3 期。

[16] 关德章：《努尔哈赤经济思想及实践活动》，《辽宁大学学报》（哲学社会
科学版）1990 年第 5 期。

[17] 郭晓虎，郎维伟：《蒙藏关系下的文化变迁和民族认同——以青海省河南
蒙古族为例》，《西藏研究》2007 年第 4 期。

[18] 海纯良：《清末新政与外蒙古独立》，《内蒙古民族大学学报》（社会科学
版)2009 年 1 月。

[19] 贺卫光：《中国古代游牧民族与农耕民族在经济上的互补与非平衡需求》，
《西北师范大学学报》2003 年 1 月。

[20] 何天明：《试探蒙古汗国时期的屯田》，《内蒙古社会科学》1985 年第
5 期。

[21] 何子文：《古代的佛教寺院经济及其社会功能》，《中国集体经济》2009
年第 12 期。

[22] 和琴：《成吉思汗"汗权"思想探究》，《中央民族大学》2009 年第 6 期。

[23] 胡凡：《论明穆宗时期实现"俺答封贡"的历史条件》，《中国边疆史地
研究》2001 年第 1 期。

[24] 胡铁球：《论我国古代北方游牧民族经济的脆弱性》，《宁夏社会科学》
2002 年第 5 期。

[25] 胡小鹏：《元朝统治下的西夏故地》，《西北师范大学学报》2000 年第
6 期。

[26] 金伯雄：《外蒙古独立之真相》，《纵横》2003 年第 9 期。

[27] 赖洪波：《伊犁历代移民开发与世居民族的形成》，《新疆大学学报》（哲
学社会科学版）2000 年第 1 期。

[28] 李鸿：《大青山抗日游击根据地的财政经济工作》，《内蒙古大学学报》
(哲学社会科学版）1998 年第 1 期。

［29］刘春玲：《袁世凯在外蒙古子之中的外交政策》，《白城师范学院学报》2005 年第 4 期。

［30］刘炎：《论游牧民族宗法封建关系》，《文史哲》1956 年第 5 期。

［31］陆军、周宁：《侵华日军在察绥晋北地区的经济掠夺》（续完），《民国档案》2001 年第 1 期。

［32］马春英：《旅蒙商与蒙古族谋生手段的变迁》，硕士学位论文，内蒙古师范大学，2009 年 5 月。

［33］马芳：《元代吏治研究》，《西北师范大学》2006 年 6 月。

［34］马红霞：《浅论游牧经济的基本特征及其表现形式》，《魅力中国》2009 年 7 月总 83 期。

［35］马啸：《近三十年来蒙藏关系史研究评述》，《西北第二民族学院学报》（哲学社会科学版）2008 年第 3 期。

［36］黔书民：《大蒙古国驿站探源》，《内蒙古社会科学》（汉文版）2003 年 1 月。

［37］孟楠：《民国时期新疆蒙古族人口分布状况及数量》，《西部蒙古论坛》2010 年第 2 期。

［38］农伟雄：《九一八事变后日本对西蒙的鸦片毒品入侵》，《抗日战争研究》2002 年第 3 期。

［39］内蒙古文物考古所：《内蒙古黑城考古发掘纪要》，《文物》1987 年第 7 期。

［40］祁美琴、王丹林：《清代蒙古地区的"买卖城"及其商业特点研究》，《民族研究》2008 年第 2 期。

［41］屈文军：《元代怯薛新论》，《南京大学学报》2003 年第 2 期。

［42］史卫民：《元朝前期的宣抚司与宣慰司》，《元史论丛》第 5 辑，1993 年。

［43］史卫民：《元代军队的兵员体制与编制系统》，《蒙古史研究》第 3 辑，1989 年 2 月。

［44］唐卫青：《蒙古族起源、发展及其游牧文化的变迁研究》，《赤峰学院学报》2009 年第 9 期。

［45］田军：《民国时期后套地区的农业开发》，博士学位论文，内蒙古大学，

2010 年。

[46] 王龙耿:《伪蒙疆时期 (1937—1945) 经济的殖民地化》,《内蒙古社会科学》1988 年第 2 期。

[47] 王龙耿、沈斌华:《蒙古族历史人口初探 (17 世纪中叶～20 世纪中叶)》,《内蒙古大学学报》(人文社会科学版) 1997 年第 2 期。

[48] 王路:《蒙古汗国及其前期蒙古族的畜牧业经济》,《内蒙古社会科学》1980 年第 1 期。

[49] 王卫东:《鄂尔多斯地区近代移民研究》,《中国边疆史地研究》2000 年第 12 期。

[50] 王熹、林永匡:《清朝中旗的土尔扈特贸易》,《西北民族研究》1988 年第 2 期。

[51] 王晓清:《大蒙古国窝阔台合罕时期中原经济动向初探》,《华中师院学报》1985 年第 4 期。

[52] 王艺丹:《旅蒙商与蒙古城市的形成和发展》,硕士学位论文,内蒙古师范大学,2009 年。

[53] 魏瑞娟:《论张謇的农业思想及实践》,硕士学位论文,郑州大学,2005 年 5 月。

[54] 文志勇:《民国新疆民族关系研究》,博士学位论文,陕西师范大学,2011 年。

[55] 肖锐:《浅论清朝的满蒙联姻政策》,《满族研究》2010 年第 1 期。

[56] 晓月:《漠南蒙古归附后金经济原因管窥》,《内蒙古社会科学》1989 年第 3 期。

[57] 熊建军、陈少牧:《关于民国时期外蒙古独立事件的回顾与思考》,《党史研究与教学》2007 年第 2 期。

[58] 姚鸿起:《成吉思汗经济思想初探》,《鄂尔多斯文化》2007 年第 2 期。

[59] 姚红霞、陈秀兰: 《牧区民主改革中"三不两利"政策的成功实践》,《档案与社会》2004 年第 5 期。

[60] 闫天灵:《清代及民国时期塞外蒙汉关系论》,《民族研究》2004 年第 5 期。

［61］杨强：《论蒙古族的土地所有制》，《西北民族研究》2010 年第 2 期。

［62］叶新民：《元代统治者对站户的剥削和压迫》，《内蒙古大学学报》1979 年 8 月。

［63］叶新民：《元上都的官署》，《内蒙古大学学报》1983 年第 1 期。

［64］张明：《论伪蒙疆银行》，硕士学位论文，河北大学，2007 年 6 月。

［65］张久和：《室韦的经济和社会状况》，《内蒙古社会科学》1998 年第 1 期。

［66］张艳丽：《梁启超的财政思想研究》，硕士学位论文，郑州大学，2007 年 5 月。

［67］张永江：《试论清代内蒙古蒙旗财政的类型与特点》，《清史研究》2008 年第 1 期。

［68］张永江：《粮食需求与清初内蒙古农业的兴起》，《清史研究》2003 年第 3 期。

［69］张植华：《清代至民国时期内蒙古地区蒙古族人口概况》，《内蒙古大学学报》（哲学社会科学版）1982 年第 2、4 期。

［70］赵华富：《论十三世纪初蒙古的社会性质》，《山东大学学报》1961 年第 2 期。

［71］赵黎君：《大蒙古国的特点及历史影响》，《科教文汇》2008 年 3 月。

［72］赵敏：《内蒙古自治政府成立前后的货币统一》，《北方经济》2006 年第 5 期。

［73］赵天福：《边疆内地化背景下的蒙汉民族贸易变迁（1368—1949）——以宁夏地区的蒙汉贸易为例》，《宁夏社会科学》2008 年 7 月。

［74］赵越：《论呼伦贝尔发现的室韦遗迹》，《内蒙古文物考古文集》，内蒙古文物考古研究所，1994 年。

［75］赵云田：《清朝统治蒙古经济政策的几个问题》，《中国蒙古史学会论文选集》，1983 年。

［76］周清澍：《从察罕脑儿看元代的伊克昭盟地区》，《内蒙古大学学报》1978 年第 2 期。

四　少数民族文献

[1] 阿鲁贵·萨如拉：《清代呼伦贝尔的地方财政及其特征》，《清史研究》2009 年第 4 期。

[2] 阿岩、乌恩：《蒙古族经济发展史》，远方出版社 1999 年版。

[3] 巴拉吉：《游牧经济的特征及其包含的生态意识》，《内蒙古民族大学学报》2009 年第 6 期。

[4] 白拉都格其：《关于清末对蒙新政同移民实边的关系问题——与邢亦尘同志商榷》，《内蒙古大学学报》（哲学社会科学版）1988 年第 2 期。

[5] 宝勒朝陆忆述，巴根那整理：《蒙汉劳工在日本》，《伪满兴安史》，中国人民政治协商会议和内蒙古自治区委员会文史资料委员会，内蒙古文史书店 1989 年版。

[6] 包高娃：《成吉思汗经济改革探讨》，《内蒙古民族大学学报》（社会科学版）2009 年 9 月。

[7] 包银山：《清代至民国时期土默特财政管理体制探析》，《内蒙古师范大学学报》（哲学社会科学版）2010 年第 3 期。

[8] 宝玉：《清末绥远垦务》，《内蒙古史志资料选编》（第一辑）下，内蒙古地方志编纂委员会总编室编印，1985 年版。

[9] 包玉山：《蒙古族古代商业与商人阶层的发育状况》，《内蒙古师大学报》1998 年第 3 期。

[10] 包玉山、特格西毕力格：《关于游牧畜牧业的几个理论问题》，《中央民族大学学报》（哲学社会科学版）2008 年第 9 期。

[11] 包玉清：《共产党与蒙古族的解放》，《内蒙古民族大学学报》（社会科学版）2008 年第 1 期。

[12] 宝玉柱：《清代蒙古族社会转型及语言教育》，民族出版社 2003 年版。

[13] 勃尔来：《蒙古的古代城市和居民区史略述》，译文载内蒙古大学《蒙古史研究参考资料》，第 19 辑。

[14] 波少布：《古列延游牧方式的演变》，《黑龙江民族丛刊》，1996 年第 3 期。

[15] 薄音湖：《评十五世纪也先的统一及其与明朝的关系》，《内蒙古社会科

学》1985 年第 2 期。

[16] 薄音湖:《把汉那吉的家庭纠纷》,《内蒙古大学学报》2001 年第 3 期。

[17] 达力扎布:《明代漠南蒙古历史研究》,内蒙古文化出版社 1997 年版。

[18] 达力扎布:《明清蒙古史论稿》,民族出版社 2003 年版。

[19] 达力扎布:《蒙古史纲要》,中央民族大学出版社 2006 年版。

[20] 达力扎布:《蒙古史纲要》(修订本),中央民族大学出版社 2011 年版。

[21] 德勒格:《内蒙古喇嘛教史》,内蒙古人民出版社 1998 年版。

[22] 盖山林:《从内蒙古考古发现看元代汪古部社会经济生活》,《中国蒙古史学会成立大会纪念集刊》,1979 年 8 月。

[23] 红梅:《清末民国时期达尔罕王旗经济结构变迁问题研究》,硕士学位论文,内蒙古师范大学,2011 年 4 月。

[24] 贺其叶勒图:《蒙古民族游牧经济与传统生态环境意识》,《内蒙古大学学报》1998 年第 4 期。

[25] 胡日查:《清代蒙古寺院经济研究》,《蒙古史研究(第九辑)》,内蒙古大学出版社 2007 年版。

[26] 胡日查:《清代内蒙古地区寺院经济研究》,辽宁民族出版社 2009 年版。

[27] 黄健英:《北方农牧交错带变迁对蒙古族经济文化类型的影响》,中央民族大学出版社 2009 年版。

[28] 吉雅泰:《第一批蒙古族共产党员是这样产生的——追忆李大钊与内蒙古初期的革命活动》,《中国民族报》2007 年第 7 版。

[29] 罗布桑却丹:《蒙古风俗志》,辽宁民族出版社 1988 年版。

[30] 罗莉:《论寺院经济——中国寺院经济现象的历史考察与现实分析》,博士学位论文,中央民族大学,2003 年。

[31] 毛·尼玛、王晓龙:《巴州喇嘛教述略》,《西北民族研究》1991 年第 2 期。

[32] 蒙图素德:《中国旧民主主义革命时期内蒙古人民的革命斗争》,《内蒙古大学学报》(社会科学) 1964 年第 2 期。

[33] 孟和宝音:《近代内蒙古行政建制变迁研究》,博士学位论文,内蒙古大学,2009 年 10 月。

[34] 那木海扎布：《回忆"泰赉回忆"前后》，《伪满兴安史》，中国人民政治协商会议和内蒙古自治区委员会文史资料委员会编，内蒙古文史书店1989年版。

[35] 那木海扎布口述：《兴安省的由来、演变及其组织机构》，《伪满兴安史》，中国人民政治协商会议和内蒙古自治区委员会文史资料委员会，内蒙古文史书店1989年版。

[36] 南快莫德格：《论蒙古统一西域的影响》，《内蒙古大学学报》（社会科学版）2004年3月。

[37] 齐木德道尔吉、巴根那：《清朝太祖太宗世祖朝实录蒙古史史料抄——乾隆本康熙本比较》，内蒙古大学出版社2001年版。

[38] 庆格勒图：《内蒙古东部区的土地改革》，《内蒙古大学学报》（人文社会科学版）1998年第1期。

[39] 塞尔奥德扎布：《蒙古人民共和国的考古遗存简述》，译文载《考古》1961年第3期。

[40] 色音：《蒙古游牧社会的变迁》，内蒙古人民出版社1998年版。

[41] 沙克都尔扎布：《札萨克事变之原委》，中国科学院南京史料整理处档案，代号141，档号2096。

[42] 苏和：《蒙古古代社会制度与战争的关系》，《内蒙古社会科学》1985年第6期。

[43] 塔娜：《从室韦文化源流谈及蒙古族科尔沁文化形态》，《内蒙古民族大学学报》（社会科学版）2006年第3期。

[44] 泰亦赤兀惕满昌：《蒙古民族的形成与族称》，《内蒙古教育学院学报》1999年第3期。

[45] 唐吉思：《藏传佛教与蒙古族文化》，辽宁民族出版社2007年版。

[46] 吐娜：《从清政府对土尔扈特部的优恤与安置看其民族政策》，《西域研究》1997年第4期。

[47] 涂波，色彦整理：《"蒙地奉上"与蒙民厚生会》，《伪满兴安史》，中国人民政治协商会议和内蒙古自治区委员会文史资料委员会，内蒙古文史书店1989年版。

[48] 乌兰夫革命史料编研室:《乌兰夫论牧区工作》,内蒙古人民出版社1990年版。

[49] 乌日陶克套胡:《论蒙元时期蒙古社会的土地产权关系》,《内蒙古大学学报》(哲学社会科学版)2012年1月。

[50] 乌日陶克套胡:《蒙古族游牧经济及其变迁》,中央民族大学出版社2006年版。

[51] 吴·阿克泰、萨日娜:《游牧经济与蒙古文化》,内蒙古人民出版社1997年版。

[52] 乌云:《近代藏传佛教在内蒙古地区衰落探究》,硕士学位论文,内蒙古师范大学,2009年。

[53] 乌云毕力格、成崇德、张永江:《蒙古民族通史》第4卷,内蒙古大学出版社2002年版。

[54] 亦邻真:《亦邻真蒙古学文集》,内蒙古人民出版社2001年版。

[55] 照日格图:《十三世纪蒙古人强盛的动力机制》,《黑龙江民族丛刊》2012年第1期。

[56] 周竞红:《清末民国时期内蒙古地区政区管理体制变迁及对蒙古族的影响》,《中央民族大学学报》(哲学社会科学版)2004年第6期。

五　外国作者及外国资料

[1] [俄]阿·马·波兹德涅耶夫:《蒙古及蒙古人》第一卷,张梦玲等译,内蒙古人民出版社1983年版。

[2] [俄]阿·马·波兹德涅耶夫:《蒙古及蒙古人》第二卷,张梦玲等译,内蒙古人民出版社1989年版。

[3] [英]巴德利:《德国·蒙古·中国》下卷,吴持哲译,商务印务馆1981年版。

[4] [日]财团法人东亚绵羊协会:《东亚绵羊协会摘要》东京:东亚绵羊协会,1942年版。

[5] [英]道森编:《出使蒙古记》,吕浦译,中国社会科学出版社1983年版。

[6] [瑞典]多桑:《蒙古史》上册,冯承钧译,中华书局1962年版。

［7］［俄］弗拉基米尔佐夫：《蒙古社会制度史》，中国社会科学出版社 1980
年版。

［8］［蒙古］H. 阿勒坦策策格：《19 世纪后半期至 20 世纪初期的内蒙古》，王
德胜译，郭守祥校，《内蒙古近代史译丛》（第二辑），内蒙古人民出版社
1988 年版。

［9］［德］海涅什：《"元朝秘史"词典》，内蒙古大学蒙古语文研究室译，
1986 年。

［10］［日］后藤十三雄：《蒙古游牧社会》，内蒙古蒙古族经济史研究会，
1987 年。

［11］［日］和田清：《明代蒙古史论集》上册，潘世宪译，商务印书馆 1984
年版。

［12］［日］吉田顺一：《史观》，早稻田大学史学会 1980 年版。

［13］［日］江口圭一：《蒙疆政权的鸦片政策》，金海译，《内蒙古近代史译
丛》（第二辑），内蒙古人民出版社 1988 年版。

［14］［苏］卡利尼克夫：《蒙古民族革命运动》，莫斯科俄文版，1926 年。

［15］［美］卡特：《中国印刷术的发明和他的西传》，吴泽炎译，商务印书馆
1991 年版。

［16］［西班牙］克拉维约：《克拉维约东使记》，杨兆钧译，商务印书馆 1957
年版。

［17］［波斯］拉施特主编：《史集》第一卷，余大钧、周建奇译，商务印书馆
1988 年版。

［18］［波斯］拉施特主编：《史集》第二卷，余大钧、周建奇译，商务印书馆
1985 年版。

［19］［美］拉铁摩尔：《中国的亚洲内陆边疆》，唐晓峰译，江苏人民出版社
2005 年版。

［20］［法］隆德里，《西湾圣教源流》，北平西什库天主教遣使会印字馆，
1939 年。

［21］［俄］列宁：《论国家》，《列宁选集》第四卷，人民出版社 1960 年版。

［22］［俄］列宁：《列宁选集》第二卷，人民出版社 1960 年版。

［23］［法］卢勃鲁克：《卢勃鲁克东游记》，耿升、何高济译，中华书局 2002 年版。

［24］《马克思恩格斯选集》第一卷，人民出版社 1995 年版。

［25］《马克思恩格斯选集》第二卷，人民出版社 1995 年版。

［26］《马克思恩格斯选集》第三卷，人民出版社 1995 年版。

［27］《马克思恩格斯选集》第四卷，人民出版社 1995 年版。

［28］［德］马克思：《新的对话战争·三》，《马克思恩格斯全集》（中文版），第十三卷，人民出版社 1962 年版。

［29］［德］马克思：《资本主义生产以前各形态》，人民出版社 1956 年版。

［30］［德］马克思：《资本论》第一卷，人民出版社 2004 年版。

［31］［德］马克思：《资本论》第三卷，人民出版社 2004 年版。

［32］［意］马可·波罗：《马可·游记》，梁生智译，中国文史出版社 2008 年版。

［33］［蒙古］纳察克道尔吉：《外蒙古阿拉特运动略述》，莫斯科俄文版，1958 年。

［34］［日］内田宏美：《唐代室韦墓葬和森林草原地带——以"角弓"的分析为中心》，《唐史论丛》（第 12 辑），三秦出版社，2010 年。

［35］［俄］尼·鲍戈亚夫连斯基：《长城外的中国西部地区》，新疆大学外语系俄语教研室译，商务印书馆 1980 年版。

［36］［俄］诺夫戈洛多娃：《蒙古民族起源的初期阶段——公元前 3000 年末至 1000 年》，申屠榕译，《民族译丛》1986 年第 4 期。

［37］［俄］斯大林：《辩证唯物主义与历史唯物主义》，莫斯科：外国文书籍出版局出版 1951 年版。

［38］［美］斯塔夫里阿诺斯：《全球通史——1500 年以前的世界》，上海社会科学院出版社 1998 年版。

［39］［俄］什·桑达克：《19 世纪末 20 世纪初外蒙古政治经济状况》，《蒙古经济历史考古学文集》，莫斯科东方文献出版社 1939 年版。

［40］［日］田山茂：《清代蒙古社会制度》，商务印书馆 1987 年版。

［41］［蒙古］锡林迪布：《十九二十世纪之交的外蒙古》，乌兰巴托出版社

1963 年版。

[42] [俄] 谢缅尼科夫：《巴德玛耶夫档案》，《内蒙古近代史译丛》（第一辑），内蒙古人民出版社 1982 年版。

[43] [英] 亚当·斯密著：《国富论》下卷，郭大力、王亚南译，上海三联书店 2009 年版。

[44] [日] 杨井克巳：《蒙古资源经济论》，东京笠书房 1942 年版。

[45] [苏] 兹拉特金：《准噶尔汗国史》，马曼丽译，商务印书馆 1980 年版。

[46] [波斯] 志费尼：《世界征服者史》上下册，何高济译，内蒙古人民出版社 1980 年版。